# Vorwort

Der vorliegende Band ist der zweite Teil eines Gesamtwerkes, mit dem deutschen und französischen Schülern der gymnasialen Oberstufe bzw. des Lycée das erste zwei Staaten gemeinsame Geschichtsbuch angeboten wird.

Nach dem ersten Band, der bereits erschienen ist und die Zeit seit 1945 behandelt, thematisiert dieser Teil des Lehrwerks die Periode zwischen 1815 und 1945, die in Frankreich in der classe de première sowie in Deutschland in den Jahrgangsstufen 11 und 12 unterrichtet wird.

Dieses umfangreiche Unternehmen geht auf eine Forderung des Deutsch-Französischen Jugendparlaments zurück, das am 23. Januar 2003 anlässlich der Feierlichkeiten zum 40. Jahrestag des Elysée-Vertrages zwischen der Bundesrepublik Deutschland und der Französischen Republik in Berlin getagt hat: Die Teilnehmer forderten „ein Geschichtsbuch mit gleichem Inhalt für beide Länder einzuführen, um durch Unwissenheit verursachte Vorurteile abzubauen".

Konzeption, Inhalt und Layout des vorliegenden Bands entsprechen denselben Prinzipien, die bereits den vorangehenden Band geprägt haben. Wie sein Vorgänger ist auch er das Ergebnis einer Zusammenarbeit zwischen Herausgebern, Autoren und den Verantwortlichen der beiden Verlage Klett und Nathan sowie der diese Arbeiten begleitenden Projektgruppe, welche die Projektbeschreibung verfasst hat. Wie sein Vorgänger stellt sich auch dieser Band der Herausforderung einer Kooperation zwischen drei Gruppen von Akteuren: zwischen Wissenschaftlern, Lehrern und Verantwortlichen in den Verlagen. Er möchte Antworten auf Fragen geben, die aus einem Geschichtsverständnis resultieren, das Tatsachen ebensoviel Raum gibt wie ihrer Interpretation. Auf dieser Grundlage will das Lehrwerk entschieden die nationale Perspektive überwinden und die Aufmerksamkeit auf Ähnlichkeiten, Unterschiede und Wechselwirkungen richten, die die jeweils vergleichend betrachtete Entwicklung Deutschlands und Frankreichs verbinden, und sie zunächst in ihren europäischen und schließlich in ihren zunehmend globalen Zusammenhang stellen.

Dieser Ansatz bietet Schülerinnen und Schülern zugleich die Chance, Schlüssel zum Verständnis einer komplexen Welt zu erwerben. Das deutsch-französische Geschichtsbuch, das im Einklang mit den Lehrplänen derselben Jahrgangsstufen beiderseits des Rheins steht, bietet darüber hinaus einen dreifachen Mehrwert. Zunächst kann das deutsch-französische Geschichtsbuch in seiner deutschen und in seiner französischen Fassung sowohl im Geschichts- oder Fremdsprachenunterricht als auch in bilingualen Klassen wie zum Beispiel in AbiBac-Zügen verwendet werden. Zweitens zeigt sich dieser Mehrwert in einer beachtlichen Neuerung bei den Materialien und dem pädagogischen Zugang durch die verwendeten Karten, Fotos, Plakate, Karikaturen, Statistiken, Diagramme, übersetzten Texte und Methodenseiten. Zweifellos werden Lehrerinnen und Lehrer, Schülerinnen und Schüler, aber auch interessierte Leser außerhalb des schulischen Bereichs hier neues Material vorfinden, das es ihnen erlaubt, den Blick auf den Anderen und auf sich selbst zu verändern. Schließlich liegt dieser Mehrwert in der Neuartigkeit und im besonderen Charakter der vorgeschlagenen Betrachtungsweise: Ihr wesentliches Merkmal ist der Perspektivwechsel, der das Ineinandergreifen der historischen Entwicklungsstränge, die gemeinsame ebenso wie die umstrittene Erinnerung und die vielfältigen und unterschiedlichen Zugriffe auf ein und dieselbe Wirklichkeit betont – oder auch die Unterschiede zwischen Wörtern, Bedeutungen, Vorstellungen und ihrer Rezeption. Insofern handelt es sich um ein deutsch-französisches Buch zur Geschichte und nicht um ein Buch über die deutsch-französische Geschichte.

Dieser Band, der die Zeit vom Ende des napoleonischen Zeitalters bis zum Ende des Zweiten Weltkriegs behandelt, verdeutlicht den besonderen Charakter der Geschichte Deutschlands und Frankreichs: Nach anderthalb Jahrhunderten der Auseinandersetzungen und Kriege, aber auch des intensiven Austauschs und der Zusammenarbeit, haben beide Länder einen entscheidenden Beitrag zum Aufbau Europas geleistet, dessen bewegende Geschichte noch heute vor unseren Augen geschrieben wird. Der zweite Band des deutsch-französischen Geschichtsbuchs kann auch vor dem Hintergrund dieses ehrgeizigen Vorhabens, das die Vergangenheit mit der Gegenwart verbindet, gelesen und genutzt werden.

Die Projektgruppe für das
deutsch-französische Geschichtsbuch

**Die Projektgruppe für das deutsch-französische Geschichtsbuch**

**Für die deutsche Seite,** unter der Koordination von M. Ott (Auswärtiges Amt/ Büro I des Bevollmächtigten für die deutsch-französische kulturelle Zusammenarbeit) und von C. Klos, dann – seit Januar 2007 – Dr. R. Seider (Büro II des Bevollmächtigten für die deutsch-französische kulturelle Zusammenarbeit): W. Burger (Sächsisches Staatsministerium für Kultus), Dr. S. Krimm (Bayerisches Staatsministerium für Unterricht und Kultus), Prof. Dr. G. Krumeich (Universität Düsseldorf), Dr. U. Lange (Friedrich-Ebert-Gymnasium Bonn), Prof. Dr. Dr. h.c. H. Möller (Universität München), Dr. R. Riemenschneider (Georg-Eckert-Institut Braunschweig), A. Schwermer (Ständige Konferenz der Kultusminister der Länder), Prof. Dr. Dr. h.c. mult. R. von Thadden (Stiftung Genshagen), Dr. R. Wittenbrock (Universität des Saarlandes).

**Für die französische Seite,** unter der Koordination von J.-L. Nembrini (Ministerium für Bildung): Y. Beauvois (Ministerium für Bildung), G. Chaix (Universität Tours), J.-P. Dubois (Ministerium für auswärtige und europäische Angelegenheiten), E. François (Freie Universität Berlin), P. Monnet (Ecole des hautes études en sciences sociales), Y. Poncelet (Ministerium für Bildung), M. Spisser (Ministerium für Bildung), M. Tarpinian (Ministerium für Bildung).

# Inhaltsverzeichnis

# Inhaltsverzeichnis

**Danksagung**

Das deutsch-französische Geschichtsbuch ruht auf vielen Schultern. Das Buch ist für den Einsatz in der gymnasialen Oberstufe beider Länder konzipiert. Es wurde im Zuge eines langen Abstimmungs- und Vorbereitungsprozesses entwickelt, der in seiner Komplexität über die Erarbeitung herkömmlicher Lehrwerke deutlich hinausging. Es ist uns ein Anliegen, all jenen herzlich zu danken, die an der Entstehung dieses Buches Anteil hatten: den Autoren, die zu einer mehrmaligen Überarbeitung ihrer Manuskripte bereit waren, wie auch den Redaktionsteams der Éditions Nathan und des Ernst Klett Verlages, ohne deren Kompetenz dieses Projekt nicht hätte gelingen können. Unser herzlicher Dank gilt schließlich den Mitgliedern der bilateralen Projektgruppe, die durch ihr rein ehrenamtliches Engagement im Dienst der deutsch-französischen Freundschaft und den fruchtbaren Gedankenaustausch mit Autoren und Herausgebern erheblich zur Verbesserung des Inhalts beigetragen haben.

Die Herausgeber

**Die Autoren der Kapitel**

| | |
|---|---|
| **Lars Boesenberg** | Kapitel 5 |
| **Michaela Braun** | Kapitel 2 und 13 |
| **Anne Duménil** | Kapitel 11 und 12 |
| **Bernadette Galloux** | Kapitel 7 und 15 |
| **Peter Geiss** | Kapitel 1 und 4 |
| **Gabriele Große** | Kapitel 3 |
| **Daniel Henri** | Kapitel 7, 17 und 18 |
| **Guillaum Le Quintrec** | Kapitel 19 |
| **Kaspar Maase** | Kapitel 8 |
| **Bénédicte Toucheboeuf** | Kapitel 9, 10 und 16 |
| **Martin Wicke** | Kapitel 14 |
| **Jean-Marc Wolff** | Kapitel 6 |

# Teil 1

## Das Zeitalter der Nationen (1814 – 1914)

1

2

3

4

5

6

7

8

9

10

11

12

13

14

15

16

17

18

Kapitel 1

# Vom Europa der Fürsten zum Europa der Völker? – Nationale und liberale Bewegungen (1814 – 1852)



Nach dem Zusammenbruch des napoleonischen Herrschaftssystems stellte sich in den Jahren 1814 und 1815 die Frage nach der politischen und gesellschaftlichen Neuordnung Europas.

Eine vollständige Restauration von vorrevolutionärer Monarchie und Ständegesellschaft war nicht möglich. Die Französische Revolution hatte die Idee der souveränen Nation weit über die Grenzen Frankreichs hinaus zu einem Modell gemacht. Zugleich förderte der Kampf gegen die französische Vorherrschaft in Europa die Entwicklung nationaler Identitäten. Das hieraus erwachsende Streben nach dem Selbstbestimmungsrecht der Völker stellte die Autorität der Fürsten zunehmend in Frage.

- Welche Bedeutung hatten die Freiheits- und Nationalbewegungen für die Durchsetzung politischer Mitbestimmungsrechte?
- Inwieweit stand die Restaurationszeit im Zeichen der Verarbeitung des revolutionären Erbes von 1789?

1

**Ein Europa der legitimen Monarchen?**

„Einzug der Monarchen auf dem Boulevard Saint-Denis am 31. März 1814", Ölgemälde von Jean Zippel, 1814, 60x81,5 cm, Musée Carnavalet, Paris. Die gegen Napoleon verbündeten Monarchen reiten nach der französischen Niederlage in Paris ein. Die Porte Saint-Denis war seit dem Mittelalter das Tor, durch das die französischen Könige feierlich in die Hauptstadt einzogen. Der triumphbogenartige Neubau aus dem 17. Jahrhundert feiert die Siege Ludwigs XIV. am Rhein und in den Niederlanden.

2

**Oder ein Europa der Völker?**

„Die universale demokratische und soziale Republik – Der Pakt", Lithographie von Frédéric Sorrieu aus dem Jahr 1848, 31x45 cm, Musée Carnavalet, Paris.

# 1. Der Wiener Kongress (1814/1815)

*Welche entscheidenden Weichenstellungen für das 19. Jahrhundert wurden im Rahmen des Wiener Kongresses vorgenommen?*

## Die Restauration – eine Rückkehr in die Vergangenheit?

Nach der Niederlage des napoleonischen Frankreichs trafen 1814 in Wien Vertreter der europäischen Staaten zusammen, um über die Neuordnung Europas zu beraten. Angestrebt war eine Restauration, das heißt Wiederherstellung der Verhältnisse, die vor der Französischen Revolution bestanden hatten. Tatsächlich war dies nur begrenzt möglich. In Frankreich wurde zwar das Königtum der Bourbonen erneuert, nicht hingegen das vorrevolutionäre Ancien Régime. In den deutschen Staaten kam es zu einer Bekräftigung der monarchischen Autorität; unter französischem Einfluss vor 1814 begonnene Reformprozesse (z. B. die Preußischen Reformen) wurden jedoch teilweise fortgesetzt.

Die Verhandlungen im Rahmen des Kongresses wurden von den gegen Napoleon verbündeten Großmächten Österreich, Preußen, Russland und Großbritannien geprägt. Eine herausragende Stellung nahm der österreichische Außenminister Klemens Wenzel Fürst von Metternich ein. Sein Ziel war es, in Europa eine Staatenordnung zu etablieren, die sich auf das Prinzip der monarchischen Legitimität gründete. Die europäischen Völker sollten sich aus seiner Sicht wieder wie vor der Französischen Revolution von Fürsten regieren lassen, die ihre Herrschaft auf Geburt und Gottesgnadentum stützten.

Auf zwischenstaatlicher Ebene sollte die Restauration durch die „Heilige Allianz" (1815) abgesichert werden. Durch dieses Bündnis verpflichteten sich die Monarchen Russlands, Österreichs und Preußens, denen sich später fast alle europäischen Staaten anschlossen, zu gegenseitiger Unterstützung gegen revolutionäre National- und Freiheitsbewegungen in ihren Territorien.

## Die territoriale Neuordnung Europas

Anders als das Prinzip der monarchischen Legitimität fand die Frage nach der nationalen Zugehörigkeit der Bevölkerung bei der Festlegung der Grenzen in Wien keine Berücksichtigung. Weder in Italien noch in Polen oder Deutschland kam es zur Schaffung von Nationalstaaten. Die deutschen Regierungen verständigten sich lediglich auf die Einrichtung eines „Deutschen Bundes", der die Souveränität der zunächst 34 Fürsten und 4 freien Städte nicht infrage stellte.

In territorialer Hinsicht brachte der Wiener Kongress keineswegs eine vollständige Restauration der vorrevolutionären Verhältnisse mit sich: Die Vielzahl der Herrschaftsgebiete des Heiligen Römischen Reiches Deutscher Nation (1789 etwa 1789 Gebiete) wurde nicht wiederhergestellt. Die früher mit Napoleon verbündeten Staaten Württemberg, Baden und Bayern konnten ihre Erwerbungen aus der napoleonischen Zeit behaupten. Preußen sicherte sich mit den ehemals von Frankreich annektierten Territorien links des Rheins („Rheinprovinz") und Westfalen bedeutende Gebiete im Westen Deutschlands und wurde so zum direkten Nachbarn Frankreichs.

## Das „Europäische Konzert" als Friedensordnung

Die Verhandlungen des Wiener Kongresses orientierten sich an der Idee des Mächtegleichgewichts: Neben Preußen, Österreich, Großbritannien und Russland wurde 1818 Frankreich mit dem Ende der alliierten Besetzung (seit der Niederlage von 1815) wieder in den Kreis der Großmächte aufgenommen. Dieses als Europäisches Konzert bezeichnete Mächtesystem trug bis zur Mitte des 19. Jahrhunderts wesentlich zur Friedenssicherung bei.

Vor allem im Revolutionsjahr 1848 äußerten viele Zeitgenossen die Hoffnung, ein Europa der Völker könne als neue Friedensordnung das Europa der Fürsten ablösen. Dieser Traum scheiterte nicht nur am Widerstand der Monarchien, sondern auch an Interessenkonflikten zwischen den Nationalbewegungen, wie sie etwa im Vielvölkerstaat Österreich aufbrachen.

1

**Klemens Wenzel Fürst von Metternich (1773 – 1859)**

Österreichischer Außenminister (seit 1809) und Staatskanzler (seit 1821).

## Begriffe

- **Restauration:** Politische Zielvorstellung einer Wiederherstellung der vorrevolutionären Staats- und Gesellschaftsordnung seit 1814; bezeichnet in Frankreich einerseits die Rückkehr der Bourbonen auf den Thron (1814/15), andererseits aber auch den gesamten Zeitraum bis zu ihrem endgültigen Sturz (1814/15 – 1830).
- **Preußische Reformen:** Nach der Niederlage Preußens gegen Napoleon (1806/07) von der preußischen Regierung eingeleitete „Revolution von oben" zur Modernisierung von Staat (Bildungswesen, Verwaltung, Armee), Gesellschaft und Wirtschaft; wichtige Reformen wie etwa die Bauernbefreiung (seit 1807) wurden nach 1814/15 verlangsamt fortgesetzt.
- **Monarchische Legitimität:** Politisches Prinzip, das allein den traditionellen Fürstenhäusern (im Gegensatz zu Napoleon, der sich auf die Volkssouveränität berufen hatte) ein Herrschaftsrecht zuerkannte.
- **Heilige Allianz:** 1815 in Paris begründetes Bündnis zwischen den Monarchen Preußens, Österreichs und Russlands, das die Solidarität der Monarchen auf der Basis christlicher Werte betonte (mit deutlich antirevolutionärer Tendenz). Außer Großbritannien und dem Heiligen Stuhl traten alle christlichen Staaten Europas dem Bündnis bei.
- **Europäisches Konzert:** Politische Ordnung Europas, die auf der führenden Rolle der fünf Großmächte (Großbritannien, Preußen, Österreich, Russland und Frankreich) basierte. Kongresse dienten der regelmäßigen Abstimmung ihrer Politik. In Deutschland ist auch der Begriff „Pentarchie" („Herrschaft der Fünf") üblich.

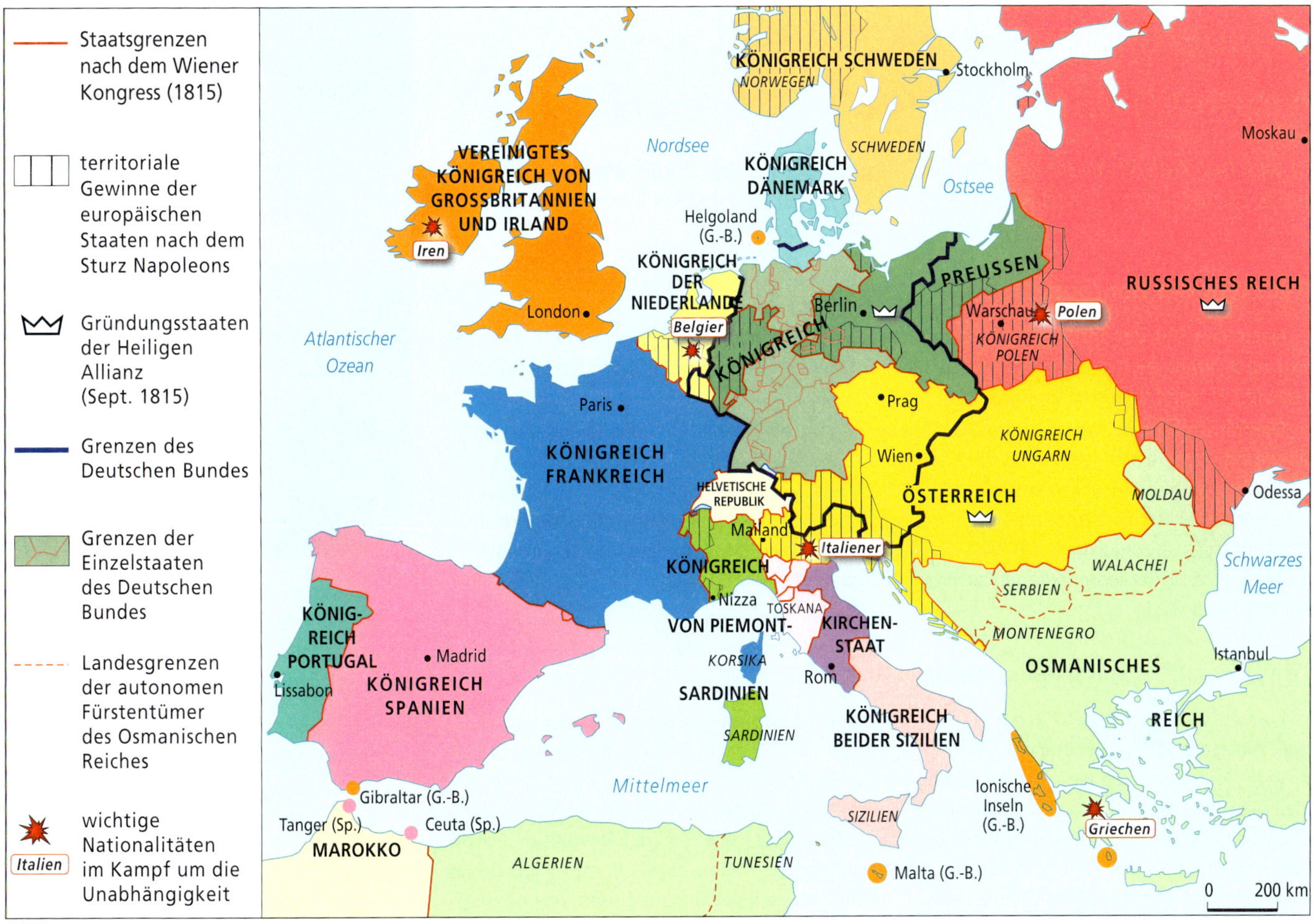


2 **Europa nach dem Wiener Kongress**

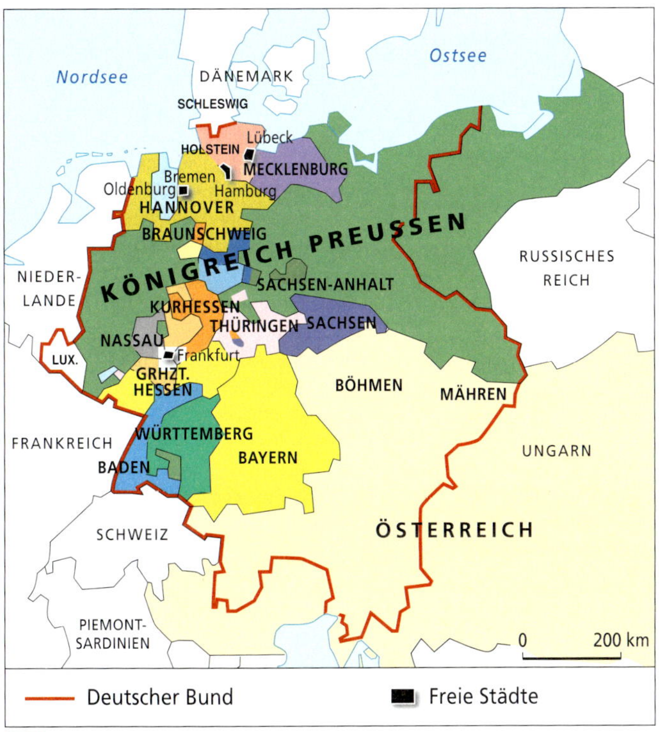


3 **Deutschland: ein Bund souveräner Staaten**

Der Deutsche Bund war kein Staat, sondern ein Zusammenschluss souveräner Fürstentümer und Städte.

4 **Italien: Nation ohne Staat**

Die verschiedenen Territorien Italiens waren nicht einmal durch einen Staatenbund miteinander verknüpft.

# 2. Liberalismus und konstitutionelle Monarchie in Frankreich (1814–1848)

*In welcher Weise hat die konstitutionelle Monarchie die langfristige Etablierung eines parlamentarischen Repräsentativsystems in Frankreich vorbereitet?*

## Rückkehr der Bourbonen

Nach dem Sieg der antinapoleonischen Koalition kehrte Ludwig XVIII. im April 1814 aus dem Exil nach Frankreich zurück. Er bestieg als Nachfolger seines 1793 guillotinierten Bruders Ludwig XVI. den französischen Königsthron.

Die französische Bevölkerung stand dem neuen Monarchen nicht durchweg ablehnend gegenüber. Unmut regte sich jedoch, als die königliche Regierung Tausende von Offizieren der napoleonischen Armee aus dem aktiven Dienst entließ und auf halben Sold setzte. Die Perspektivlosigkeit dieser Berufssoldaten ließ sie die Jahre in Napoleons Dienst mehr und mehr glorifizieren. Dies trug wesentlich dazu bei, dass der Kaiser während der „Hundert Tage" noch einmal kurz an die Macht zurückkehren konnte, bevor seine Truppen bei Waterloo (Juni 1815) endgültig geschlagen wurden.

## Die „Charte" – ein fragiler Kompromiss

Ludwig XVIII. betrachtete sich wie seine Vorfahren als König von Gottes Gnaden, versuchte aber nicht, das Ancien Régime wiederherzustellen. Mit der Charte constitutionnelle oktroyierte er eine Verfassung, die wesentliche Ergebnisse der Französischen Revolution anerkannte: die zivilrechtliche Gleichheit aller Bürger, die Anerkennung der Besitzrechte an ehemaligen kirchlichen und adeligen Ländereien (Nationalgüter), die Privatleute während der Revolution erworben hatten, und zwei Kammern für die Gesetzgebung. Die Abgeordnetenkammer wurde im Rahmen eines Zensuswahlrechts von etwa 110 000 Franzosen gewählt. In diesem eng begrenzten Rahmen wurden erstmals kontinuierlich Wahlen und parlamentarische Verfahrensweisen eingeübt.

Die Interpretation der Charte constitutionnelle blieb umstritten: Die Ultraroyalisten strebten danach, die Autorität des Königs, aber auch die Stellung von Adel und Kirche so weit wie möglich zu stärken; demgegenüber verstanden sich die Liberalen als Verteidiger der Prinzipien von 1789 und forderten die strikte Einhaltung der Charte. In Anlehnung an das englische Modell verlangte der linke Flügel der Liberalen um den Publizisten und Abgeordneten Benjamin Constant und General La Fayette darüber hinaus die politische Verantwortlichkeit der Minister gegenüber der Abgeordnetenkammer, das heißt das parlamentarische Regierungssystem.

## Die Julirevolution – ein Sieg des Volkes?

König Karl X., der seinem Bruder Ludwig XVIII. 1824 auf den Thron folgte, stellte den politischen Kompromiss der Charte infrage: Im Juli 1830 unterzeichnete er Ordonnanzen, welche unter anderem die mehrheitlich liberal orientierte Deputiertenkammer auflösten und die Pressefreiheit aufhoben. Dies führte zu einem Aufstand in Paris; in den Straßenkämpfen der „Trois glorieuses" („drei ruhmreiche Tage") stürzte das Volk die Bourbonenmonarchie.

Zu einer Demokratisierung führte die Julirevolution von 1830 jedoch nicht: Nach der Einsetzung Louis-Philippes (Herzog von Orléans) als „König der Franzosen" wurde der Wahlzensus nicht abgeschafft, sondern lediglich abgesenkt, was mehr Männern das Wählen ermöglichte (1831: ca. 160 000; 1847: ca. 240 000). Auf die sozialen Spannungen, wie etwa den Aufstand der Seidenweber in Lyon (1831, 1834), und Forderungen nach einem allgemeinen Wahlrecht reagierte die Regierung mit Härte und Vertröstungen; so forderte François Guizot, der mächtigste Minister Louis-Philippes, die vom Wahlrecht Ausgeschlossenen auf: „Bereichert euch durch Arbeit und Sparen und ihr werdet Wähler sein!" Die politische Erstarrung des Systems rief jedoch auch innerhalb der gesellschaftlichen Elite Kritik hervor: Ausgehend vom amerikanischen Beispiel hielt der liberale Adlige Alexis de Tocqueville einen Siegeszug der Demokratie auch in Europa für unvermeidlich.

1 **Ein konstitutioneller Monarch**

Ludwig XVIII., König von Frankreich und Navarra (1755–1824), Ölgemälde von Jean-Baptiste Quérin, 269 x 204 cm, Musée National des Châteaux de Versailles et de Trianon. Ludwig XVIII. wird im traditionellen Krönungsornat dargestellt, obwohl nie eine Krönungszeremonie für ihn stattgefunden hat.

### Begriffe

- **Charte constitutionnelle:** Bezeichnung für die Verfassungsurkunde von 1814. Die für mittelalterliche Königsurkunden gebräuchliche Bezeichnung „Charte" soll verdeutlichen, dass der König die konstitutionelle Monarchie (siehe M2) aus eigener Machtvollkommenheit oktroyiert hat.
- **Zensuswahlrecht:** Wahlrecht, das nur Bürgern eine Teilnahme an Wahlen erlaubt, die eine bestimmte Steuersumme erreichen.
- **Ultraroyalisten:** Politische Gruppierung, die eine möglichst weitgehende Wiederherstellung der vorrevolutionären Verhältnisse forderte.
- **Liberale:** Gruppierung, die in der Tradition von 1789 die Freiheit des Individuums betonte und sich zu einem parlamentarischen Regierungssystem, nicht jedoch zur Demokratie bekannte.
- **Englisches Modell:** Vorwiegend von Liberalen vertretenes Verfassungsideal, das sich an der parlamentarischen Monarchie Englands orientierte.
- **Parlamentarisches Regierungssystem** (franz. régime parlementaire): Politisches System, in dem die Regierung (Exekutive) von der Unterstützung des Parlaments (Legislative) abhängig und dieser gegenüber verantwortlich ist.

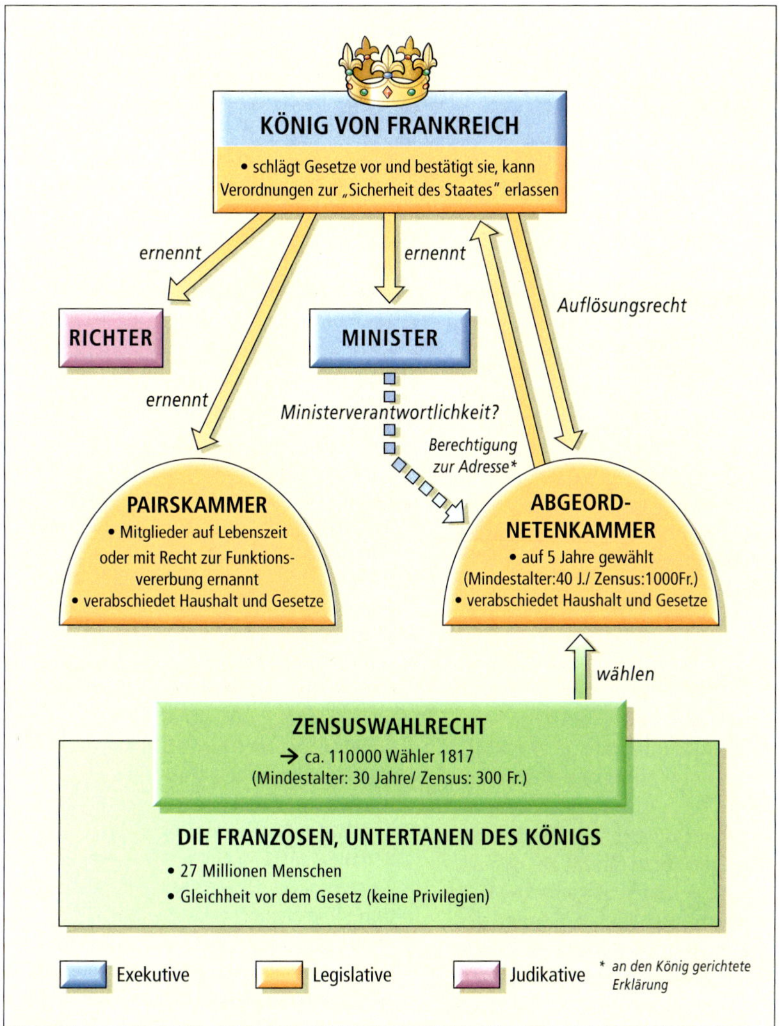


**2 Die konstitutionelle Monarchie – ein Kompromiss**

Das Schema zeigt die wichtigsten Institutionen des französischen Staates in der Restaurationszeit (1814–1830). Das zentralistische Verwaltungssystem Napoleons mit seinen von der Regierung abhängigen Präfekten blieb voll erhalten.

### 3 Die USA – Zukunftsbild eines demokratischen Europas?

*Nach einer Reise in die USA war der liberale Theoretiker Alexis de Tocqueville (1805–1859) von der historischen Unvermeidlichkeit der Demokratisierung auch in Europa überzeugt. Er sah darin nicht nur die Tendenz zur politischen Gleichstellung, sondern auch zur sozialen Nivellierung:*

Ich sah die Gleichheit der Lebensbedingungen [in Europa], die zwar noch nicht die extremen Ausmaße wie in den Vereinigten Staaten erreicht hat, sich diesen aber jeden Tag mehr annäherte; und eben diese Demokratie, die über die amerikanischen Gesellschaften herrschte, schien sich mir in Europa schnell der Macht anzunähern. […] Eine große Revolution vollzieht sich unter uns; alle sehen sie, aber nicht alle beurteilen sie in derselben Weise. Die einen betrachten sie als etwas Neues und versuchen, sie noch aufzuhalten, da sie darin einen Unfall sehen; demgegenüber betrachten sie andere als unvermeidlich, weil sie darin die am stärksten zusammenhängende, älteste und permanenteste Tatsache sehen, die man in der Geschichte kennt. […] Wenn Sie sich ansehen, was seit dem 11. Jahrhundert in Frankreich jeweils innerhalb von 50 Jahren geschehen ist, dann werden Sie nicht umhin können, festzustellen, dass es in der Gesellschaftsordnung immer nach diesen Zeiträumen eine doppelte Revolution gegeben hat: Der Adlige ist immer die soziale Leiter hinabgestiegen, der Gemeine [Nichtadelige] ist hinaufgestiegen. […]

Übers. nach: Alexis de Tocqueville, De la démocratie en Amérique, Bd. 1 (1835). Paris 1986, S. 38 f. und 41.

### 4 Die „Barbaren" der Vorstädte

*1831 kam es in Lyon zu einem Aufstand der Seidenweber (canuts), die eine Einhaltung der mit den Textilfabrikanten vereinbarten Tarife forderten. Der konservativ-liberale Publizist Saint-Marc Girardin kommentierte die Erhebung:*

Die Erhebung von Lyon hat ein ernstes Geheimnis offenbart – das Geheimnis des inneren Kampfes, der sich in der Gesellschaft zwischen der besitzenden und der nicht besitzenden Klasse vollzieht. […] Die Barbaren, die die Gesellschaft bedrohen, befinden sich weder im Kaukasus noch in den Steppen Tartarstans, sondern in den Vororten unserer Manufakturstädte […]. Die Mittelklasse würde sich selbst täuschen, wenn sie ihren Feinden irrsinnigerweise Rechte geben würde, wenn sie Ströme von Proletariern in die Nationalgarde aufnehmen würde, in die städtischen Institutionen, in die Wahlgesetze, in alles, was den Staat ausmacht. Es bedeutet, die Erhaltung der Gesellschaft infrage zu stellen, wenn man denjenigen politische Rechte und Waffen gibt, die nichts zu gewinnen und alles zu verlieren haben.

Übers. nach: Journal des Débats, 8. Dezember 1831; P. Rosanvallon, Le sacre du citoyen. Paris 1992, S. 255 f.

## Fragen und Anregungen

**1.** Erklären Sie den Aufbau der konstitutionellen Monarchie (Organe, Kompetenzen) anhand des Schaubildes. Zeigen Sie auf, welche Errungenschaften der Französischen Revolution in die konstitutionelle Monarchie integriert wurden. (VT und M2)

**2.** Erörtern Sie, inwieweit der Begriff der Restauration für die Schaffung der konstitutionellen Monarchie 1814/1815 angemessen ist.

**3.** Beurteilen Sie die politische Sprengkraft von Tocquevilles „De la démocratie en Amérique" im Kontext der Julimonarchie. (M3)

Diskutieren Sie die historische Begründung, die Tocqueville für den Prozess der Demokratisierung liefert. Ist es Ihrer Meinung nach möglich, zukünftige Entwicklungen aus der Geschichte abzuleiten?

**4.** Arbeiten Sie das Bild heraus, das Saint-Marc Girardin von der „nichtbesitzenden Klasse" entwirft. Stellen Sie eine Verbindung zwischen seiner Auffassung und dem Zensuswahlrecht her. (M4)

# 3. Deutschland 1814–1848: Ist die Einheit in Freiheit möglich?

*Mit welchen Widerständen sah sich die deutsche National- und Freiheitsbewegung konfrontiert?*

## Der Wiener Kongress (1814/15) als Quelle nationaler Enttäuschungen

Während der „Befreiungskriege" gegen das napoleonische Frankreich verstärkte sich vor allem bei den Bildungseliten der Wunsch nach einer nationalen Einigung Deutschlands. Diese Hoffnung wurde durch die Ergebnisse des Wiener Kongresses enttäuscht: Der damals gegründete Deutsche Bund war kein Nationalstaat, sondern ein Zusammenschluss deutscher Fürsten, die ihre monarchischen Souveränitätsrechte behielten. Ihnen stand eine Nationalbewegung gegenüber, die die politische Einheit Deutschlands verwirklichen wollte.

Wesentliche Träger der deutschen Nationalbewegung waren die vor allem im städtischen Bürgertum verankerten Liberalen, die in Anlehnung an das französische und britische Modell nationale Einheit und staatsbürgerliche Freiheit als untrennbar betrachteten. In der Jugend wirkten insbesondere die studentischen Burschenschaften als grenzüberschreitende Vermittler der nationalen Idee.

## Mobilisierung nationaler Kräfte und monarchische Reaktion

Eine wichtige politische Aktionsform der Nationalbewegung war das politische Fest. Veranstaltungen wie das von Burschenschaften ausgerichtete Wartburgfest im Jahr 1817 ermöglichten es, Anhänger zu mobilisieren, Informationen auszutauschen und politische Positionen publik zu machen.

Die von den Rednern eingeforderte politische Einigung Deutschlands musste von den monarchischen Regierungen als bedrohlich wahrgenommen werden, da sie die Souveränität der damals noch sehr selbstständigen Monarchien infrage stellte. 1819 ermordete der Burschenschaftler Karl Ludwig Sand den damals bekannten Schriftsteller August von Kotzebue, der als Gegner der Nationalbewegung galt. Kotzebue war den Burschenschaften auch deswegen verhasst, weil er als Deutscher im diplomatischen Dienst des Zarenreichs Russland tätig gewesen war, das von ihnen als Hort der Reaktion betrachtet wurde.

Die Monarchien reagierten auf diesen politischen Mord mit großer Härte: Der Deutsche Bund schränkte durch die Karlsbader Beschlüsse die Handlungsmöglichkeiten der Nationalbewegung mittels Pressezensur und Verfolgung von Oppositionellen erheblich ein.

## Die französische Julirevolution – ein Wendepunkt?

Die französische Julirevolution von 1830 hatte europaweit spürbare Folgen. Nun sahen sich auch in Deutschland die monarchischen Regierungen verstärkt dem Druck nationaler und liberaler Strömungen ausgesetzt und mussten Zugeständnisse machen: Nachdem die Monarchen Bayerns, Württembergs, Badens und Hessen-Darmstadts schon in den Jahren 1818 bis 1820 Verfassungen erlassen hatten, verwandelten sich nun weitere Staaten, wie etwa Kurhessen, Sachsen und das Königreich Hannover, in konstitutionelle Monarchien.

Besonders deutlich wurde das Wiedererstarken der Nationalbewegung im beginnenden Vormärz auf dem Hambacher Fest im Jahr 1832, wo sich unter den Farben Schwarz-Rot-Gold, aber auch – im Zeichen der völkerverbindenden Solidarität – unter der polnischen Fahne etwa 30 000 Teilnehmer einer demokratisch-liberalen Kundgebung versammelten. Während die in Hambach geforderte politische Einigung zunächst nicht verwirklicht wurde, verständigten sich die meisten deutschen Staaten 1833 auf die Herstellung des Deutschen Zollvereins, dem allerdings Österreich nicht angehörte.

Die liberalen Wirkungsmöglichkeiten blieben in Deutschland insgesamt begrenzt. Als 1837 sieben Göttinger Professoren – die „Göttinger Sieben" – gegen die Aufhebung der Verfassung durch König Ernst August von Hannover protestierten, erregte dies zwar öffentliches Aufsehen, führte aber zu ihrer Entlassung und Flucht aus dem Königreich Hannover.

## Begriffe

- **Deutscher Bund:** 1815 auf dem Wiener Kongress gebildeter lockerer Zusammenschluss der deutschen Fürsten und freien Städte; verfügte mit dem Frankfurter Bundestag über ein Vertretungsorgan der Einzelregierungen ohne demokratische Legitimation.
- **Burschenschaften:** Studentische Nationalbewegung. Die Urburschenschaft wurde 1815 in Jena gegründet.
- **„Befreiungskriege":** Kriege einer europäischen Fürstenkoalition gegen das napoleonische Kaiserreich (1813–1815); schon von zeitgenössischen Intellektuellen, insbesondere aber nach 1815 zu einer nationalen Erhebung der Deutschen stilisiert.
- **Karlsbader Beschlüsse:** 1819 auf Betreiben Metternichs verabschiedetes Gesetzespaket des Deutschen Bundes zur Unterdrückung der National- und Freiheitsbewegung durch Pressezensur, Verfolgung oppositioneller Professoren und Studenten und Verbot der Burschenschaften.
- **Deutscher Zollverein:** 1833 auf Betreiben des württembergischen Volkswirtschaftlers Friedrich List (1789–1846) verwirklichte Zollunion der deutschen Staaten ohne Österreich (in Kraft getreten zum 1. Januar 1834).
- **Vormärz:** In Deutschland Phase zwischen der Julirevolution von 1830 und der Märzrevolution von 1848. Manchmal wird auch die gesamte Periode zwischen 1815 und 1848 als Vormärz bezeichnet.
- **Schwarz-Rot-Gold:** Farben der Jenaer Burschenschaft; irrtümlich als Fahne des Alten Reiches interpretiert; Symbol der deutschen Nationalbewegung; 1848/49 erstmals Staatsflagge.

## 1 Das monarchische Prinzip

*In der Bundesakte von 1815 – der Verfassung des Deutschen Bundes – war die Einführung einer „Landständischen Verfassung" in den Einzelstaaten angekündigt worden. 1820 schränkten die Staaten jedoch die politische Tragweite dieses Grundsatzes in der Wiener Schlussakte (die den Text von 1815 präzisieren sollte) ein:*

**Art. 57:** Da der Deutsche Bund, mit Ausnahme der freien Städte, aus souveränen Fürsten besteht, so muss dem hierdurch gegebenen Grundbegriff zufolge die gesamte Staatsgewalt in dem Oberhaupte des Staats vereinigt bleiben, und der Souverän kann durch eine landständische Verfassung nur in der Ausübung bestimmter Rechte an die Mitwirkung der Stände gebunden werden. [...]

Zit. nach: W. Hardtwig/H. Hinze, Deutsche Geschichte in Quellen und Darstellung. Bd. 7. Stuttgart 1997, S. 54.

2

**Das Hambacher Fest (anonyme Federlithographie, 1832)**

Das Fest führte die Vitalität der deutschen Nationalbewegung vor Augen. Die republikanische Radikalität der Hauptredner Siebenpfeiffer und Wirth stieß jedoch bei den gemäßigten Liberalen, die den Nationalstaat durch Vereinbarung mit den Fürsten schaffen wollten, auf deutliche Kritik.

## 3 Eine gespaltene Nationalbewegung

### A. Die Liberalen: Das Volk ist noch nicht reif für die Demokratie

*Aus Sicht der Liberalen setzte die Demokratie ein Maß an Bildung und geistiger Unabhängigkeit voraus, von dem sie die Masse des Volkes noch weit entfernt sahen. Der württembergische Liberale Pfizer war davon überzeugt, dass die Partizipation aller Staatsbürger am politischen Leben erst in einem sehr weit fortgeschrittenen Entwicklungsstadium angemessen sein würde:*

Welcher Grad von Freiheit und von Gleichheit aber möglich sei, ist nach der Verschiedenheit des Nationalcharakters, der Kulturperiode und der übrigen Momente des Volkslebens sehr verschieden. Dieselben Institutionen, welche bei einem gebildeten Volke die Schutzwehr aller Freiheit und die Lebensbedingungen des Fortschritts sind, Pressfreiheit, Volksvertretung, Schwurgerichte, Nationalbewaffnung, können bei einem ungebildeten, noch auf der Kindheitsstufe der Entwicklung stehenden Volke eine Quelle der Zerrüttung und Gesetzlosigkeit, ein Werkzeug der Gewalt und Unterdrückung werden, und von der bloß privatrechtlichen Freiheit und der rein passiven Gleichheit eines von jeder Teilnahme an der Staatsgewalt ausgeschlossenen Volks bis zur demokratischen Selbstregierung liegt eine weite Stufenreihe liberaler Institutionen in der Mitte, von denen der vernünftige Liberalismus keine weder unbedingt verwerfen noch für die absolut heilbringende erklären wird.

Zit. nach: G. Küntzel (Hrsg.), Paul Achatius Pfizer, Politische Aufsätze und Briefe. Stuttgart 1924, S. 2 f.

### B. Republikaner und Demokraten: Die Gesamtheit soll herrschen

*Der Publizist Philipp Jacob Siebenpfeiffer grenzte sich gegenüber jenen Liberalen ab, die eine konstitutionelle Monarchie und das Zensuswahlrecht akzeptierten. Auszug aus der Verteidigungsrede, die er 1834 vor Gericht hielt, nachdem er wegen seiner Teilnahme am Hambacher Fest angeklagt worden war:*

[...] ich halte die Republik für die einzige Staatsform, die einem größeren Volke, das seine Würde fühlt, geziehmt, für die alleinige, die heute möglich. Sie allein kann freies Denken und Handeln geben. [...] Die konstitutionelle Monarchie, welche Republik und Fürstlichkeit vereinen soll, ist mir praktisch ein Unding. Nur ein Wille kann Staaten regieren; jene stellt aber einen zweifachen auf: den Willen des Monarchen und den Willen des Volkes. [...] Ich will, dass die Gesamtheit herrsche, d. h. Geist und Gang der Regierung regle. Der herrschende Gesamtwille, der freie Ausdruck aller Volksinteressen – dies ist meine Republik.

Zit. nach: H. Brandt, Restauration und Frühliberalismus 1814–1840. Darmstadt 1979, S. 423–427.

## Fragen und Anregungen

**1.** Erläutern Sie, weshalb der Deutsche Bund den Forderungen nach einem national geeinten Deutschland nicht entsprach. (VT und M1)

**2.** Beschreiben Sie die zeitgenössische Darstellung des Hambacher Fests. Welches Bild von der deutschen Nationalbewegung soll vermittelt werden? (M2)

**3.** Arbeiten Sie heraus, inwieweit sich liberale und demokratisch-republikanische Vorstellungen von einem geeinten Deutschland unterschieden. (M3, A/B)

# 4. Die Nationalbewegungen in Europa (1815–1848)

*Inwieweit war das Streben nach nationaler Einheit und Unabhängigkeit ein gesamteuropäisches Phänomen?*

## Die Nation – eine Leitvorstellung des 19. Jahrhunderts

Ausgehend von der Französischen Revolution entwickelte sich das Modell des souveränen Nationalstaats zu einer politischen Leitvorstellung des 19. Jahrhunderts. In der ersten Jahrhunderthälfte hatte die Entwicklung des Nationalgefühls einen stark emanzipatorischen Charakter: Nationalbewegungen richteten sich häufig gegen fremde Herrschaft – so etwa in Griechenland, Polen oder Italien sowie in den spanischen und portugiesischen Kolonien Lateinamerikas – oder sie strebten nach der Vereinigung von getrennten Fürstenterritorien zu einem Nationalstaat wie etwa in Deutschland und wiederum in Italien.

Zwischen den Nationalbewegungen entwickelte sich ein Gefühl grenzüberschreitender Solidarität, was sich am Beispiel des romantischen Philhellenentums und der Polenbegeisterung beobachten lässt. Zugleich existierten jedoch auch nationalistische Ressentiments, die etwa während der Rheinkrise des Jahres 1840 in Deutschland und Frankreich offen zutage traten.

## Griechischer Freiheitskampf und Philhellenentum (1821–1832)

Seit dem Untergang des Byzantinischen Reiches (Fall Konstantinopels 1453) hatten die Griechen unter osmanischer Herrschaft gelebt, ihre Sprache und den orthodoxen Glauben aber bewahren können. 1821 kam es zu einem Aufstand der griechischen Nationalbewegung gegen die Türken, der allerdings rasch niedergeschlagen wurde.

In Europa entwickelte sich jedoch eine Sympathisantenbewegung, das Philhellenentum, die ein Eingreifen der europäischen Staaten zur Befreiung der christlichen Griechen von der osmanischen Herrschaft forderte. Die Mitglieder der Heiligen Allianz lehnten dies zunächst trotz ihrer betont christlichen Orientierung ab, da sie nicht andere Nationalbewegungen zu Erhebungen gegen ihre Monarchen ermutigen wollten. Erst 1827 entschlossen sich Russland, Frankreich und Großbritannien zu einer Militärintervention gegen das Osmanische Reich, das nach einer Niederlage in der Seeschlacht von Navarino die Existenz eines unabhängigen Griechenlands anerkannte (1829). 1832 wählte die griechische Nationalversammlung durch Vermittlung der Großmächte den bayerischen Prinzen Otto von Wittelsbach zum König von Griechenland.

## Polen – eine Nation ohne Staat

Die französische Julirevolution von 1830 hatte europaweite Auswirkungen, so etwa die ebenfalls durch eine Revolution durchgesetzte Unabhängigkeit Belgiens von den Niederlanden (1830/31). Auch die polnische Nationalbewegung fühlte sich durch das französische Beispiel zu einem Aufstand gegen die russische Fremdherrschaft ermutigt.

Seit 1772 war Polen Opfer politischer Teilungen durch seine mächtigen Nachbarstaaten Russland, Preußen und Österreich. Auf dem Wiener Kongress war der größte Teil des Landes als „Kongresspolen" in Personalunion mit dem russischen Zarenreich verbunden worden; der westliche Teil gehörte zu Preußen (Posen) und Galizien im Süden zu Österreich. 1830 erhob sich die Nationalbewegung gegen den Zaren, dem sie einen Bruch der polnischen Verfassung von 1815 vorwarfen. Diese Erhebung löste europaweit eine Welle der Polenbegeisterung aus, wurde aber 1831 von russischen Truppen mit preußischer Unterstützung niedergeschlagen. Polnische Freiheitskämpfer mussten ihr Land verlassen; sie fanden Aufnahme in anderen europäischen Staaten, wo innerhalb der Freiheits- und Nationalbewegungen Polenvereine den als vorbildlich geltenden polnischen Freiheitskampf unterstützten.

### Begriffe

- **Philhellenentum:** Politisch-intellektuelle Strömung in Europa, die ausgehend von der Bewunderung der klassischen griechischen Sprache und Kultur den griechischen Freiheitskampf gegen das Osmanische Reich unterstützte und sich in zahlreichen liberalen Vereinsbildungen niederschlug. Ein führender Repräsentant war der englische Dichter Lord Byron.
- **Polenbegeisterung:** Politische Strömung, die seit 1830 die Solidarität der europäischen National- und Freiheitsbewegungen mit dem polnischen Freiheitskampf betonte und zur Gründung zahlreicher Polenvereine führte.
- **Rheinkrise:** Durch französische Forderungen nach einer Abtretung der linksrheinischen deutschen Gebiete 1840 (Rhein als „natürliche Grenze") bedingte Krise zwischen Frankreich und dem Deutschen Bund, die auf beiden Seiten des Rheins heftige nationalistische Emotionen auslöste.
- **Nationalistisch/Nationalismus:** Radikale Form des Nationalbewusstseins, die häufig von der Höherwertigkeit einer bestimmten Nation ausgeht und aggressive Züge annehmen kann. Der französische Begriff „nationalisme" weist diese negative Konnotation in geringerem Maße auf.
- **Burschenschaften:** siehe S. 16
- **Heilige Allianz:** siehe S. 6
- **Personalunion:** Verbindung von zwei Staaten in der Person eines Monarchen. So war der russische Zar gleichzeitig König von Polen.

**1 Von der osmanischen Herrschaft zur „Bavarokratie"?**

Nach der Befreiung von der osmanischen Herrschaft brach für die Griechen kein Zeitalter der Selbstbestimmung an. Die europäischen Großmächte erlegten dem Land eine monarchische Staatsform auf. König Otto I. von Griechenland blieb als bayerischer Katholik mit strikt monarchischem Herrschaftsverständnis der orthodoxen Bevölkerung fremd.
„Empfang König Ottos in Athen 1833", Ölgemälde von Peter Hess, 1837, 248 x 410 cm, Neue Pinakothek, München.

## 2 Appell an religiöse Gefühle

*Am 13. März 1826 forderte der Dichter Chateaubriand in der französischen Pairskammer (Oberhaus, siehe Verfassungsschema M2, S. 15) Hilfe für die in Missolonghi durch den ägyptisch-osmanischen Befehlshaber Ibrahim Pascha belagerten Griechen:*

Eine Handvoll heldenhafter Christen verteidigt sich noch inmitten der Ruinen von Missolonghi, in Sichtweite des christlichen Europas, das so viel Mut und Unglück gefühllos gegenübersteht. [...] Meine Herren, ich habe gestern einen Brief eines fünfzehnjährigen Kindes gelesen, der auf den Wällen von Missolonghi datiert wurde: „Mein lieber Gevatter", schreibt er in seiner Naivität an einen seiner Kameraden [...], „ich bin dreimal verwundet worden; aber ich bin wie auch die anderen Kameraden so weit genesen, dass ich das Gewehr wieder ergreifen konnte. Wenn wir Lebensmittel hätten, würden wir einem dreimal so starken Feind trotzen.[...] Ibrahim hat französische Offiziere[1] bei sich: Was haben wir den Franzosen getan, um so behandelt zu werden?"

Übers. nach: René de Chateaubriand, Itinéraire de Paris à Jérusalem et de Jérusalem à Paris. Paris 1861, http://gallica.bnf.fr (27.02.2008).

[1] Das osmanische Ägypten war mit Frankreich verbündet.

**3 „Finis Poloniae" („Das Ende Polens")**

Ölgemälde von Dietrich Monten, 1832, 44,2 x 52,4 cm, Staatliche Museen zu Berlin.
Soldaten der geschlagenen polnischen Armee auf dem Weg ins Exil.

## 4 Das polnische Banner auf dem Hambacher Fest

*1832 wandte sich der polnische Redner Grzymala an die Hambacher Festgemeinde:*

Männer Deutschlands, die ihr diese Fahne zur Ehre unseres Volkes hier aufgepflanzt habt, bewahrt dieselbe auf! – Möge die Vorsehung gestatten, dass bald der Augenblick komme, wo wir in dem großen Kampfe der Völker gegen den Absolutismus, von Euren Händen dieses teure Banner wieder erhalten, um unter demselben, ringend für die Freiheit, zu siegen oder zu sterben. Verlassen und verraten von den Fürsten und Regierungen [...], vertrauen wir heute im Angesichte des Himmels, im Angesicht der Repräsentanten der deutschen Volksstämme unsere heilige Sache, die Sache der allgemeinen Freiheit, den Völkern, den unterdrückten und nach wahrer Freiheit strebenden Völkern, und insbesondere Euch wackere Deutsche, die ihr so wie wir, zu allen Opfern für die Sache der Freiheit bereit seid. [...]

Zit. nach: G. A. Süß, Das Hambacher Fest. Mainz o. J. (1981), S. 56.

## Fragen und Anregungen

1. Beschreiben Sie das Griechenlandbild, das der Maler Peter Hess zu vermitteln sucht. Welche Kontraste werden herausgearbeitet? (M1)
2. Charakterisieren Sie die Gefühle, an die Chateaubriand appelliert. (M2)
3. Zeigen Sie auf, welche darstellerischen Mittel Monten einsetzt, um die Situation der polnischen Nationalbewegung zu verdeutlichen (Symbole, Farben etc.). (M3)
4. Erläutern Sie die Erwartungen, die Grzymala im Hinblick auf die Zukunft seiner Nation mit der deutschen Nationalbewegung verknüpft. (M4)

# Dossier: Die Idee der Nation in Europa (1815 – 1850)

Nationale Identitäten waren keine objektiv gegebenen Tatsachen; sie entwickelten und verstärkten sich vielfach erst durch die Bewusstmachung politischer, aber auch kultureller, sprachlicher und religiöser Gemeinsamkeiten. Dabei spielte häufig die Erfahrung fremder Herrschaft eine identitätsstiftende Rolle. So wirkte etwa das revolutionäre Frankreich als erster europäischer Nationalstaat keineswegs nur als nachahmenswertes Modell; die Eroberungskriege der Republik und des napoleonischen Kaiserreichs riefen auch Widerstände gegen die französische Hegemonie in Europa hervor, die bei den Beherrschten das Gefühl nationaler Zusammengehörigkeit förderten. Dies brachte etwa der deutsche Philosoph Johann Gottlieb Fichte bereits 1807/08 in seinen „Reden an die deutsche Nation" zum Ausdruck.

Auch nach dem Wiener Kongress verstärkte sich unter fremder Herrschaft das Nationalbewusstsein, so insbesondere in den Vielvölkerstaaten (Österreich, Osmanisches Reich).

1

**Frankreich: geeinte Nation – freie Nation?**

Da Frankreich seit dem Ancien Régime über ein zusammenhängendes Staatgebiet verfügte, stand für französische Liberale und Republikaner anders als für die italienische oder deutsche Nationalbewegung nicht die Verwirklichung der nationalen Einheit (bereits realisiert), sondern die Durchsetzung staatsbürgerlicher Freiheiten und Partizipationsrechte im Vordergrund.
„La liberté guidant le peuple" – „Die Freiheit führt das Volk", Ölgemälde von Eugène Delacroix, 1830, 260 x 325 cm, heute im Pariser Louvre.

## 2 Franzosenhass als Grundlage nationaler Identität?

*Ernst Moritz Arndt (1769–1860), der Privatsekretär des preußischen Reformers Freiherr vom Stein, sah im Hass auf Frankreich einen wichtigen Faktor der deutschen Nationsbildung. Die Schrift „Über den Volkshass“ (1813) ist im Kontext der Kriege gegen die französische Vorherrschaft in Deutschland zu sehen. Franzosenfeindliche Äußerungen spielten aber auch in den folgenden Jahrzehnten in Teilen der deutschen Nationalbewegung – neben dem überwiegend positiven Frankreichbild des deutschen Liberalismus – immer wieder eine Rolle.*

Jedes Volk hat seine Tugenden und Gebrechen, ja wie der Zustand der menschlichen Dinge ist, liegen gewisse Tugenden desselben sogar notwendig gewissen Mängeln ganz nahe. Aber es gibt Stufen und Grade, und ich schäme mich nicht, den Glauben zu bekennen, dass das deutsche Volk in der Weltgeschichte mehr bedeutet hat und mehr bedeuten wird als das französische [...] Im Allgemeinen ist die Frage töricht, welches Volk besser sei, weil die Vergleichungen gewöhnlich einen lächerlichen Streit der Eitelkeit ergeben, so wie es töricht ist, wenn ich frage: Ist die Eiche besser als der Dornstrauch, die Distel als der Rosenstrauch? Aber wie, wenn es den Disteln einfiele, sich mit den edlen Kindern des Rosenbusches vermählen zu wollen? Wie wenn wir der Rosenbusch wären und die Franzosen die Disteln? [...] Ich will den Hass gegen die Franzosen, nicht bloß für diesen Krieg, ich will ihn für lange Zeit, ich will ihn für immer. Dann werden Deutschlands Grenzen auch ohne künstliche Wehren sicher sein, denn das Volk wird immer einen Vereinigungspunkt haben, sobald die unruhigen und räuberischen Nachbarn überlaufen wollen. Dieser Hass glühe als die Religion des deutschen Volkes, als ein heiliger Wahn in allen Herzen und erhalte uns immer in unserer Treue, Redlichkeit und Tapferkeit.

E. M. Arndt, Über den Volkshass, 1813, zit. nach: H. Vogt, Nationalismus gestern und heute. Opladen 1967, S. 103 f., zit. nach: Görtemaker, Deutschland im 19. Jahrhundert. Bonn 1994[4], S. 57.

## 4 Italien – mehr als 20 Millionen Menschen ohne Staat

*Giuseppe Mazzini, eine Führungsgestalt der italienischen Nationalbewegung, über die Situation seines Volkes:*

Wir sind ein Volk von zwanzig bis fünfundzwanzig Millionen Menschen, das seit undenklichen Zeiten mit demselben Namen bezeichnet wird, dem des italienischen Volkes, das durch die genausten natürlichen Grenzen eingeschlossen ist, die Gott jemals gezogen hat, das dieselbe Sprache spricht, denselben Glauben hat, dieselben Sitten, dieselben Gewohnheiten, das stolz auf die ruhmreichste politische, wissenschaftliche und künstlerische Vergangenheit ist, die in Europa bekannt ist, das zweimal der Menschheit eine Bindung, eine Parole der Einheit gegeben hat – einmal durch Rom und seine Kaiser, ein anderes Mal, als die Päpste ihre Aufgabe noch nicht verraten hatten, durch das päpstliche Rom [...]

Wir haben keine Fahne, keinen politischen Namen, keinen Rang unter den europäischen Nationen. Wir haben kein gemeinsames Zentrum, keinen gemeinsamen [Gesellschafts-]Vertrag, keinen gemeinsamen Markt. Wir sind zerstückelt in sieben Staaten [...] Einer dieser Staaten, der etwa ein Viertel der Halbinsel ausmacht, gehört zu Österreich; die anderen sind seinem Einfluss ausgesetzt, manche durch Familienbande, andere durch Schwäche.

G. Mazzini, „L'Italie, l'Autriche et le Pape“, in: Revue indépendante, September 1845.

## 3 Kritik an der „Germanomanie“

*1815 kritisierte der Philosoph und Publizist Saul Ascher (1767–1822) juden- und franzosenfeindliche Tendenzen in der entstehenden deutschen Nationalbewegung. Diese Schrift wurde 1817 von Burschenschaftlern im Rahmen des Wartburgfests demonstrativ verbrannt.*

Die fixe Tendenz oder das einzige Bestreben der Germanomanen war und ist es noch, in der Deutschheit gegen die Gallomanie ein Gegengewicht zu erlangen. In dieser Hinsicht wurden nun alle Hebel aufgeboten, den denkenden Teil Deutschlands für die Idee von Deutschheit empfänglich zu machen als das einzige Mittel, gegen das Joch der gallischen Tyrannei sich zu waffnen, um es endlich durch beharrlichen Widerstand ganz abschütteln zu können.

Die Hauptwirkung, die man sich von der aufgeregten Idee der Deutschheit versprach, war nun, dass die Deutsch sprechende Nation, welche der Lauf der Begebenheiten gleichsam aufgelöst hatte und die in einer wahren Entzweiung lebte, wodurch es einzig und allein den Ausländern gelang, ihren Einfluss zu behaupten, unter einen Hut gebracht und zum gemeinsamen Streben für ihre Freiheit und Selbstständigkeit aufgeregt werden sollte. [...]

Der Fanatismus kennt aber keine Grenzen. Er blieb bei der Idee, die Juden seine Geißel fühlen zu lassen, nicht stehen. Kaum war Frankreichs Despotismus gebrochen, so gingen unsere Germanomanen noch weiter. Arndt, Jahn etc. und mehrere Nachbeter derselben wollten nun schon keinen Franzosen mehr in Deutschlands Gauen dulden, sogar die Sprache der Franzosen sollte aus Deutschlands Marken verbannt sein [...]

Wer wird und muss es nicht dem deutschen Gemüt für eine hohe Tugend anrechnen, seine Selbstständigkeit und Eigenheit von der Willkür einer ändern selbstständig sein wollenden Nation zu befreien? Wer wird es dem Deutschen verdenken, wenn er heute gegen die Tyrannei des Franzmanns, morgen gegen die des Engländers und endlich so gegen die Tyrannei einer jeden fremden Willkür sich erhebt, und das mit der Kraft, die des deutschen Volkes Erbe ist? Aber die Hebel, welche der intellektuelle Teil deutscher Nation seit kurzem aufbietet, um diese Kraft in Bewegung zu setzen, dies wird jeder Unbefangene einräumen, waren nicht von der Art, dass sie eine kräftige und biedere Nation ehren sollten.

Saul Ascher, Die Germanomanie. Skizze zu einem Zeitgemälde. Berlin 1815, zit. nach: http://gutenberg.spiegel.de/?id=5&xid=103&kapitel=1#gb_found (11.02.2008)

## Fragen und Anregungen

1. Arbeiten Sie das politische Ideal heraus, das in dem Gemälde von Delacroix (1830) zum Ausdruck kommt. Beachten Sie dabei die künstlerischen Mittel (Bildstruktur, Farbgebung), die Delacroix einsetzt. (M1)
2. Erörtern Sie ausgehend von M2 und M3, wieso Frankreich innerhalb der deutschen Nationalbewegung zugleich Modell und Objekt des Hasses sein konnte.
3. Suchen Sie nach historischen Gründen für die antifranzösische Stoßrichtung der Schrift „Über den Volkshass“. Charakterisieren Sie die politische Funktion, die Arndt dem Franzosenhass zuweist. (M2)
4. Erläutern Sie vor diesem Hintergrund Saul Aschers Kritik. (M3)
5. Überprüfen Sie Mazzinis Analyse der politischen Situation Italiens anhand der Karte (siehe S. 13, M4) und stellen Sie einen Vergleich mit Deutschland an. (M4)
6. Diskutieren Sie: Ist das Nationalbewusstsein für den politischen Zusammenhalt eines modernen Staates noch notwendig?

# 6. Die Zweite Republik in Frankreich (1848–1852)

*Welche Erwartungen verbanden die Franzosen mit der Republik und inwieweit konnten diese erfüllt werden?*

## Eine Revolution im Geist der Brüderlichkeit

Die Pariser Februarrevolution von 1848 verlief weniger blutig als die Julirevolution von 1830, da Nationalgarde und Armee schnell zu den Aufständischen überliefen. Anders als 1830 kam es nun nicht nur zu einem Dynastiewechsel, sondern zur Einführung der Republik, der zweiten nach der im Jahr 1792 ausgerufenen. Nach der Abdankung König Louis-Philippes übernahm eine provisorische Regierung die Führung des Landes, deren politisches Spektrum von bürgerlich-liberalen Republikanern wie dem Dichter Alphonse de Lamartine bis hin zu Louis Blanc, dem Vordenker der „démocrates-socialistes", reichte.

Die Zweite Republik schien zunächst im Zeichen einer die gesamte Gesellschaft umfassenden Brüderlichkeit (fraternité) zu stehen: Das allgemeine Wahlrecht für Männer wurde eingeführt, Sklaverei und Todesstrafe für politische Vergehen wurden abgeschafft. Auf Betreiben Louis Blancs und seiner Anhänger bekannte sich die Republik zu einem staatlich garantierten „Recht auf Arbeit". Allerdings sollte sich schon bald erweisen, dass das Ideal der republikanischen Brüderlichkeit die sozialen Gegensätze nicht zu überwinden vermochte.

## Vom Scheitern der „sozialen Republik"...

Die Provisorische Regierung ließ „Nationalwerkstätten" einrichten, um Pariser Arbeitslose zu beschäftigen. Am 23. April 1848 brachten die demokratischen Wahlen zur verfassunggebenden Nationalversammlung jedoch einen Sieg der gemäßigten Republikaner, die ein allzu weit reichendes Eingreifen des Staates in den sozialen Bereich ablehnten.

Im besitzenden Bürgertum wurde bald Kritik an den Nationalwerkstätten laut, die verelendete Bevölkerungsgruppen aus der Provinz anzogen und aus Sicht der Wohlhabenden in Paris ein politisches Unruhepotenzial entstehen ließen. Als die Republik im Juni 1848 die Auflösung der Nationalwerkstätten einleitete, kam es zum Aufstand der Arbeiter. Im Auftrag der Republik und mit dem politischen Rückhalt einer sich nun formierenden „Partei der Ordnung" schlug Kriegsminister Cavaignac die Erhebung nieder.

Der Geist der klassenübergreifenden Brüderlichkeit war mit dem Massaker der Junitage bei weiten Teilen des Bürgertums wie auch der bäuerlichen Bevölkerung dem Bedürfnis nach Ruhe und Stabilität gewichen.

## ... zum demokratischen Wahlsieg Louis-Napoléon Bonapartes

Von diesem Stimmungswandel profitierte zum einen die „Partei der Ordnung" um Adolphe Thiers, die unter Einbeziehung monarchistischer und klerikaler Kräfte auf eine konservative Republik hinarbeitete. Zum anderen nützte die Sehnsucht nach Stabilität aber auch Louis-Napoléon Bonaparte. Als Neffe des Kaisers Napoleon I. setzte er gezielt den Mythos seines Onkels ein, um sich mit Unterstützung der „Partei der Ordnung" am 10. Dezember 1848 zum Präsidenten der Republik wählen zu lassen. Im Mai 1849 siegte die „Partei der Ordnung" bei den Parlamentswahlen.

Ein Jahr später setzten die Konservativen eine „technische" Einschränkung des allgemeinen Wahlrechts durch: Wählen durfte nur noch, wer mindestens drei Jahre lang an einem Ort gewohnt hatte. Dies schloss vor allem Arbeiter aus, die der Arbeitsmarkt zum häufigen Ortswechsel zwang. Außenpolitisch äußerte sich die reaktionär-klerikale Wende in einer französischen Militärintervention zur Wiederherstellung der päpstlichen Herrschaft in Rom, wo italienische Revolutionäre um Giuseppe Mazzini 1849 eine Republik ausgerufen hatten.

Im Dezember 1851 sicherte sich Louis-Napoléon durch einen Staatsstreich langfristig die Macht und verwandelte die Zweite Republik schließlich Ende 1852 per Plebiszit in das Zweite Kaiserreich.

1 **Louis-Napoléon Bonaparte**

Seit 1848 Präsident der Republik; seit 1852 Kaiser der Franzosen, Darstellung um 1850.

### Begriffe

- **Démocrates-socialistes:** Während der Julimonarchie entstandene frühsozialistische Strömung um Louis Blanc, die das allgemeine Wahlrecht forderte und für die Organisation des Wirtschaftslebens durch den Staat im Rahmen einer „sozialen Republik" eintrat.
- **Allgemeines Wahlrecht** (franz. suffrage universel): Wahlrecht, das allen Staatsbürgern unter gleichen Bedingungen zusteht. Im 19. und in zahlreichen Ländern auch bis weit ins 20. Jahrhundert hinein auf die Männer beschränkt.
- **Nationalwerkstätten:** Von der französischen Republik im März 1848 eingerichtete öffentliche Baustellen zur Beschäftigung von Arbeitslosen zu Niedriglöhnen.
- **Klerikal/Klerikalismus:** Strömung, die für eine starke Rolle der katholischen Kirche in Staat und Gesellschaft eintritt (von lat. Klerus – Geistlichkeit).
- **Plebiszit:** Befragung des Volkes (nach dem allgemeinen Wahlrecht) durch die Exekutive, die dazu auffordert, eine Frage mit Ja oder Nein zu beantworten. Man unterscheidet zwischen dem Plebiszit, das als Bestätigungs- und Legitimationsinstrument in autoritären Regimen eingesetzt wird, und dem Referendum (Volksabstimmung), das eine freiheitlich-demokratische Form der Befragung ist.

**Die Republik auf dem Dorf 2**

Die verfassunggebende Nationalversammlung wurde am 23. April 1848 nach dem allgemeinen Wahlrecht gewählt. Frauen blieben vom Wahlrecht ausgeschlossen. Zeitgenössische Lithographie von G. Gostiauf.

## 3 Die endgültige Abschaffung der Sklaverei

*Aus dem Dekret der Provisorischen Regierung vom 27. April 1848:*

Die Provisorische Regierung, in dem Bewusstsein,

– dass die Sklaverei ein Angriff auf die Menschenwürde und eine schwere Verletzung des republikanischen Dogmas „Freiheit – Gleichheit – Brüderlichkeit" ist;

– dass sie [die Sklaverei] durch die Zerstörung des freien Willens des Menschen das natürliche Prinzip des Rechts und der Pflicht aufhebt;

– dass, wenn nicht effektive Maßnahmen sehr schnell der schon erfolgten Erklärung des Prinzips der Abschaffung folgen würden, sich hieraus eine höchst bedauerliche Unordnung in den Kolonien ergeben könnte;

dekretiert:

**Art. 1:** Die Sklaverei ist zwei Monate nach der Verkündung dieses Dekrets in jeder der französischen Kolonien und Besitzungen gänzlich abgeschafft. Von heute an ist jede körperliche Züchtigung und jeder Verkauf von unfreien Personen absolut verboten. […]

Übers. nach: E. Carrey (Hrsg.), Recueil complet des actes du Gouvernement provisoire. Paris: Auguste Durand 1848, Première partie, N° 281. Décret relatif à l'abolition de l'esclavage dans les colonies et possessions françaises.

## 4 Der Juniaufstand – ein Klassenkampf?

*Der Journalist und Nationalökonom Karl Marx interpretierte den Juniaufstand der Arbeiter als erste große Schlacht im Klassenkampf zwischen Bourgeoisie und Proletariat. Der 1848 noch wenig bekannte Marx avancierte in der zweiten Hälfte des 19. Jahrhunderts zum wichtigsten Theoretiker des Sozialismus.*

Es blieb den Arbeitern keine Wahl, sie mussten verhungern oder losschlagen. Sie antworteten am 22. Juni mit der ungeheuren Insurrektion [Aufstand], worin die erste große Schlacht geliefert wurde zwischen den beiden Klassen, welche die moderne Gesellschaft spalten. Es war der Kampf um die Erhaltung oder Vernichtung der bürgerlichen Ordnung. Der Schleier, der die Republik verhüllte, zerriss.

Es ist bekannt, wie die Arbeiter mit beispielloser Tapferkeit und Genialität, ohne Chefs, ohne gemeinsamen Plan, ohne Mittel, zum größten Teil der Waffen entbehrend, die Armee, die Mobilgarde, die Pariser Nationalgarde und die aus der Provinz hinzuströmende Nationalgarde während fünf Tagen im Schach hielten. Es ist bekannt, wie die Bourgeoisie für die ausgestandene Todesangst sich in unerhörter Brutalität entschädigte und über 3 000 Gefangene massakrierte.

So sehr waren die offiziellen Vertreter der französischen Demokratie in der republikanischen Ideologie befangen, dass sie erst einige Wochen später den Sinn des Junikampfes zu ahnen begannen. Sie waren wie betäubt von dem Pulverdampfe, worin ihre phantastische Republik zerrann.

Karl Marx, Die Klassenkämpfe in Frankreich 1848–1850, in: ders./F. Engels, Werke, Bd. 7. Berlin/DDR 1960, S. 31.

## Fragen und Anregungen

1. Schätzen Sie die Bedeutung der Wahlen von 1848 für die nationale Integration der französischen Landbevölkerung ein. (M2)
2. Zeigen Sie die Traditionsbezüge auf, in denen das Dekret zur Abschaffung der Sklaverei steht. (M3)
3. Hat die Republik die Pflicht, für soziale Gerechtigkeit zu sorgen? Verfassen Sie ein fiktives Streitgespräch zwischen einem Verfechter der „Sozialen Republik" und einem Anhänger der „Partei der Ordnung".

# 7. Deutschland in der Revolution von 1848/1849

*Weshalb gelang es 1848/1849 nicht, die nationale Einheit Deutschlands dauerhaft zu verwirklichen?*

## Ein deutscher Nationalstaat

Der Funke der französischen Februarrevolution sprang Mitte März 1848 auf die deutschen Staaten über. Die meisten Monarchen versuchten, den Konflikt mit den Revolutionären durch Zugeständnisse zu vermeiden, so etwa durch die Berufung liberaler „Märzminister". In Wien und Berlin kam es jedoch zu heftigen Barrikadenkämpfen. Der österreichische Kaiser Ferdinand war gezwungen, die Wahl eines Reichstags zu akzeptieren, in dem die Nationalitäten des Vielvölkerstaates Österreich vertreten waren (seit Juli 1848).

In Berlin zwangen die Revolutionäre den preußischen König Friedrich Wilhelm IV. zu wesentlichen politischen Zugeständnissen: Er bekannte sich öffentlich zur deutschen Nationalbewegung, nahm die Wahl einer preußischen Nationalversammlung hin (Volksvertretung ausschließlich für Preußen) und berief eine liberale Regierung ein. Die Monarchie blieb jedoch institutionell intakt.

Am 31. März 1848 trat in Frankfurt ein aus Vertretern der deutschen Staaten gebildetes Vorparlament zusammen, das die Wahl einer verfassunggebenden Nationalversammlung für ganz Deutschland vorbereiten sollte.

## Welches Deutschland soll es sein?

Am 18. Mai 1848 wurde in der Paulskirche in Frankfurt am Main die verfassunggebende Nationalversammlung eröffnet. In der Verfassungsfrage war die Nationalbewegung gespalten: Während die Liberalen um den Parlamentspräsidenten Heinrich von Gagern die nationale Einheit im Rahmen einer konstitutionellen Monarchie verwirklichen wollten, forderten die Demokraten die Republik.

Ein weiteres Schlüsselproblem war die Festlegung des künftigen deutschen Staatsgebiets. Hierzu gab es zwei konkurrierende Vorschläge: 1. Eine „großdeutsche Lösung", die alle deutschen Staaten und Österreich (eventuell mit einem Teil oder allen seiner nichtdeutschen Gebiete) einschloss. 2. Eine „kleindeutsche Lösung" ohne den Vielvölkerstaat Österreich. Als Kompromiss schlug Heinrich von Gagern schließlich einen Doppelbund vor: Neben einem engen nationalstaatlichen Bund ohne Österreich sollte ein weiterer, föderativer Bund unter Einschluss des österreichischen Vielvölkerstaats verwirklicht werden.

Während die Verständigung auf die Grundrechte des deutschen Volkes im Laufe des Jahres 1848 gelang, blieb neben dem Staatsgebiet und der Staatsform bis ins Frühjahr 1849 hinein die Ausgestaltung des Wahlrechts umstritten: Im Rahmen eines Kompromisses akzeptierten die Liberalen das allgemeine Wahlrecht für Männer und die Demokraten im Gegenzug die Erbmonarchie, nachdem zuvor schon die Entscheidung für eine kleindeutsche Lösung gefallen war.

## Der Sieg der Gegenrevolution

Als nach dem als nationale Schande empfundenen Waffenstillstand von Malmö im September 1848 radikale Demokraten die Nationalversammlung angriffen, stärkte dies die Gegenrevolution. Die monarchischen Regierungen konnten angesichts der Radikalisierung von Teilen der demokratischen Linken als Garanten der Ruhe und Ordnung große Teile des Bürgertums wieder auf ihre Seite ziehen. In Wien, Berlin, Dresden und andernorts gingen Regierungstruppen gegen Aufständische vor. Am 3. April 1849 lehnte der preußische König Friedrich Wilhelm öffentlich die deutsche Kaiserkrone ab, die ihm eine Delegation der Nationalversammlung angetragen hatte. Damit war die liberale Strategie gescheitert, die Einheit Deutschlands im Einvernehmen mit den Fürsten zu verwirklichen. Ein letzter Aufstand zur Rettung der Revolution wurde im Juni/Juli 1849 in der Pfalz und in Baden von preußischen Truppen niedergeschlagen.

1 **Die befreite Germania**

Über der Rednertribüne der Frankfurter Nationalversammlung (M2) war dieses Monumentalgemälde (482 x 320 cm) von Philipp Veit angebracht. Auf der Brust trägt Germania das Wappen des Heiligen Römischen Reiches Deutscher Nation. Germanisches Nationalmuseum, Nürnberg.

### Begriffe

- **Föderativer Bund/Konföderation:** Verbindung mehrerer Staaten, die in verschiedenen Bereichen zusammenarbeiten, ohne ihre Souveränität aufzugeben.
- **Grundrechte des deutschen Volkes:** Im Dezember 1848 von der Nationalversammlung verabschiedeter Grundrechtskatalog (u. a. Meinungs-, Presse- und Vereinsfreiheit, Schutz des Einzelnen vor willkürlicher Verhaftung etc.).
- **Waffenstillstand von Malmö** (26. August 1848): Waffenstillstand zwischen Dänemark und Preußen. Dänemark hatte Schleswig annektiert, woraufhin Preußen vom Deutschen Bund mit der Rückeroberung beauftragt worden war. Im Waffenstillstand von Malmö verzichtete Preußen auf die Rückeroberung, was die Frankfurter Nationalversammlung schließlich billigte.

2 **Weibliche Teilhabe an der „Welterlösung"**

*Obwohl Frauen die Revolution von 1848 vielfach tatkräftig unterstützten, war ihre politische Gleichstellung selbst bei den Demokraten nicht mehrheitsfähig. Am 21. April 1848 schrieb Louise Otto-Peters in der von ihr gegründeten „Deutschen Frauenzeitung":*

Wir wollen auch unseren Teil fordern und verdienen an der großen Welterlösung, welche der ganzen Menschheit, deren eine Hälfte wir sind, endlich werden muss.

Wir wollen unser Teil fordern: das Recht, das rein Menschliche in uns in freier Entwicklung aller unserer Kräfte auszubilden, und das Recht der Mündigkeit und Selbstständigkeit im Staat.

Wir wollen unser Teil verdienen: Wir wollen unsere Kräfte aufbieten, das Werk der Welterlösung zu fördern, zunächst dadurch, dass wir den großen Gedanken der Zukunft: Freiheit und Humanität (was im Grunde zwei gleichbedeutende Worte sind), auszubreiten suchen in allen Kreisen, welche uns zugänglich sind, in den weiteren des größeren Lebens durch die Presse, in den engeren der Familie durch Beispiel, Belehrung und Erziehung.

Zit. nach: Landeszentrale für politische Bildung Baden-Württemberg (Hrsg.), Deutschland und Europa 35, 1997, S. 35.

3 **Das erste Parlament für ganz Deutschland (1848/49)**

Die Nationalversammlung tagte in der Frankfurter Paulskirche. Unter den 600 Abgeordneten war das Bildungsbürgertum deutlich überrepräsentiert. Die ersten Parlamentsfraktionen trugen den Namen von Frankfurter Gasthäusern, in denen sich Abgeordnete mit ähnlichen Auffassungen trafen (z. B. das liberale „Casino" oder das demokratische „Steinerne Haus"). Lithographie nach Fritz Bamberger, 1848.

4 **Vielvölkerstaat oder Nationalstaat?**

*Aus der Parlamentsdebatte über die Einbeziehung Österreichs in das Deutsche Reich (Oktober 1848):*

**a.** *Der österreichische Jurist und Abgeordnete Eugen von Mühlfeld verteidigt den Vielvölkerstaat Österreich:*

[...] ich halte dafür, dass das Prinzip der Nationalität nicht das einzig mögliche ist, worauf ein Staat gegründet werden kann; ich halte dafür, dass [...] das Prinzip der Gleichberechtigung der Nationalitäten eben ein solches Prinzip ist, worauf ein Staat gegründet sein könne, und ich muss gestehen, dass, wenn ich beide Prinzipien vergleiche, ich nicht einen Augenblick zweifelhaft sein möchte, dem Prinzip der Gleichberechtigung der Nationalitäten in einem Staate als dem edleren, größeren, der Humanität entsprechenderen den Vorzug zu geben vor dem Prinzip der Ausschließung . [...]. Wenn es nicht möglich ist, dass Österreich als Bundesstaat zu Deutschland halte, dann möge die Form des Staatenbundes gewählt werden [...].

**b.** *Der württembergische Dichter und Abgeordnete Ludwig Uhland betont dagegen das Ideal des Nationalstaats:*

Meine Herren! Wir sind hierher gesandt, die deutsche Einheit zu gründen, wir sind nicht gesandt, um große Gebiete von Deutschland abzulösen, welche durch Jahrhunderte deutsches Reichsland waren, welche auch in den trüben Tagen des Deutschen Bundes deutsches Bundesland waren. Nur die Fremdherrschaft, nur die Zeit der tiefsten Schmach hat Deutschland zerrissen, jetzt aber soll der Tag der Freiheit, der Tag der Ehre aufgehen, und jetzt steht es uns nicht an, mit eigenen Händen das Vaterland zu verstümmeln.

Geschichte in Quellen. Das bürgerliche Zeitalter 1815–1914. München 1980, S. 192 und 194.

5 **Der König von Preußen lehnt die Kaiserkrone ab**

*Am 3. April trug eine Deputation der Frankfurter Nationalversammlung Friedrich Wilhelm IV. die deutsche Kaiserkrone an, woraufhin dieser nach Worten des Dankes folgende Antwort gab:*

[...] ich würde Ihr Vertrauen nicht rechtfertigen, ich würde dem Sinne des deutschen Volks nicht entsprechen, ich würde Deutschlands Einheit nicht aufrichten, wollte ich mit Verletzung heiliger Rechte und meiner früheren ausdrücklichen und feierlichen Versicherung, ohne das freie Einverständnis der gekrönten Häupter, der Fürsten und der freien Städte Deutschlands eine Entschließung fassen, welche für sie und die von ihnen regierten deutschen Stämme die entschiedensten Folgen haben muss.

An den Regierungen der einzelnen deutschen Staaten wird es daher jetzt sein, in gemeinsamer Beratung zu prüfen, ob die Verfassung dem Einzelnen, wie dem Ganzen, frommt. [...]

Zit. nach: M. Görtemaker, Deutschland im 19. Jahrhundert. Bonn 1994[4], S. 138.

## Fragen und Anregungen

1. Zeigen Sie Möglichkeiten und Grenzen einer demokratischen Entwicklung Deutschlands in der Revolution von 1848 auf. (M2–M3, M5)
2. Deuten Sie die Attribute der Germania, die den Frankfurter Plenarsaal schmückte. An welche Traditionen knüpft die Darstellung an? (M1 und M3)
3. Erörtern Sie die Problematik einer Einbeziehung Österreichs in den deutschen Nationalstaat. (VT und M4)
4. Erläutern Sie, welche Form der nationalen Einigung sich Friedrich Wilhelm IV. vorstellte. (M5)

# Eine Textquelle interpretieren

## ALLGEMEINE HINWEISE

Unser Bild von der Vergangenheit beruht weitgehend auf schriftlicher Überlieferung. Textquellen bilden allerdings die vergangene Wirklichkeit in den seltensten Fällen „objektiv" ab. Sie wurden von Menschen verfasst, die einen bestimmten, oft von ihrer persönlichen oder sozialen Situation geprägten Blick auf das Geschehen ihrer Zeit richteten und häufig bestimmte Wirkungsabsichten verfolgten.

Neben der Person oder Personengruppe, die einen Text verfasst hat, ist die Textsorte von Interesse. Ein politischer Zeitungsartikel, der zur Veröffentlichung bestimmt war, ist anders zu lesen als private Tagebuchaufzeichnungen, die niemals einer größeren Leserschaft zugänglich gemacht werden sollten.

### A. Die Textquelle in eine Kategorie einordnen

**Textsorten**

Die im Folgenden aufgeführten Kategorien sind nicht absolut trennscharf, sondern können ineinander übergehen (z. B. politisch engagierte Literatur). Weitere Beispiele ließen sich ergänzen.

**Politische Texte:** z. B. Zeitungsartikel, Parlamentsrede, Parteiprogramm, Manifest.
Sie sind häufig auf bestimmte Argumentationsziele hin ausgerichtet; Tatsachen, die nicht zu diesen Argumentationszielen passen, werden in ihrer Bedeutung abgeschwächt oder verschwiegen. Der Aktualitätsgrad ist in der Regel hoch.

**Juristische Texte:** z. B. Gesetz, Verfassung, Verordnung, völkerrechtlicher Vertrag.
Sie haben normativen Charakter, geben also keinen Ist-, sondern einen Soll-Zustand wieder.

**Administrative Texte:** z. B. interner Schriftverkehr einer Behörde, Personalakte, Besprechungsprotokoll.
Sie sind zumeist ohne öffentlichkeitsbezogene Überlieferungsabsicht als schriftliche Spuren einer Verwaltungstätigkeit entstanden.

**Private Texte:** z. B. Tagebuchaufzeichnung, Brief, Postkarte.
Sofern sie nicht in dem Gedanken an eine Veröffentlichung verfasst wurden und daher vielleicht auf bestimmte Lesererwartungen Rücksicht nahmen, können diese Texte authentische Einblicke in die Erfahrungs- und Vorstellungswelt eines Individuums geben.

**Literarische Texte:** z. B. Roman, Theaterstück, Gedicht.
Literarische Texte folgen in erster Linie ästhetischen Prinzipien. Dennoch sind sie als historische Quellen heranzuziehen. So lässt etwa Sozialkritik in Theaterstücken Rückschlüsse auf ein gesellschaftliches Problembewusstsein zu.

### B. Die Textquelle analysieren

**Präsentation der Quelle:**

- **Autor:** Funktion/Beruf, gesellschaftliche Situation, Überzeugungen (falls bekannt)
- **Datierung/Historischer Kontext** (sehr knapp, ausführlicher in der Erklärung der Quelle, s. u.):
Manchmal sind zwei Kontexte zu berücksichtigen: die Entstehungssituation des Textes und die Zeit der im Text genannten Ereignisse/Probleme.
- **Textsorte und erste Schlussfolgerungen für den Aussagewert der Quelle** (s. o.)
- **Thema** (sehr knapp, siehe Anwendung)

**Erklärung der Quelle**

Die Erklärung basiert auf der strukturierten Verknüpfung der zentralen Textaussagen mit dem historischen Kontextwissen.

- Rolle der im Text genannten Personen, Gruppen und Institutionen
- Erläuterung angesprochener Ereignisse und Situationen
- Erläuterung des Gedankengangs/der Argumentation; Herausarbeiten der zentralen Argumentationsziele und deren historische Einordnung

**Schlussbetrachtung und abschließende Beurteilung**

Die Interpretation des Textes sollte in jedem Fall mit einer knappen Schlussbetrachtung enden, die noch einmal die wichtigsten Ergebnisse bündelt (franz. „conclusion").

Im deutschen Abitur wird von Schülern darüber hinaus häufig eine Beurteilung der zentralen Quellenaussagen verlangt.

## BEISPIEL

# Der Napoleon-Mythos 1840: das „junge Frankreich gegenüber dem alten Europa"

Paris 30. Mai 1840

Toujours lui! Napoleon und wieder Napoleon! Er ist das unaufhörliche Tagesgespräch, seit der Verkündigung seiner posthumen Rückkehr, und gar besonders seit die Kammer, in Betreff der notwendigen Kosten, einen so kläglichen Beschluss gefasst. [...] Die Kammer ist durch jenen Beschluss mit den Sympathien des französischen Volks in eine bedenkliche Opposition geraten. [...] Die Majorität in der Kammer war im Anfang für die Translation der napoleonischen Asche ebenso begeistert wie das übrige Volk; aber allmählich kam sie zu einer entgegengesetzten Besinnung, als sie die eventuellen Gefahren berechnete und als sie jenes bedrohliche Jauchzen der Bonapartisten vernahm, das in der Tat nicht sehr beruhigend klang. [...]

Es ist wahr, es ist tausendmal wahr, dass Napoleon ein Feind der Freiheit war, ein Despot, gekrönte Selbstsucht, und dass seine Verherrlichung ein böses, gefährliches Beispiel [ist]. Es ist wahr, ihm fehlten die Bürgertugenden eines Bailly, eines Lafayette[1], und er trat die Gesetze mit Füßen und sogar die Gesetzgeber, [...]. Aber es ist nicht dieser liberticide[2] Napoleon, nicht der Held des 18. Brumaire[3], nicht der Donnergott des Ehrgeizes, dem ihr die glänzendsten Leichenreden und Denkmale widmen sollt! Nein; es ist der Mann, der das junge Frankreich dem alten Europa gegenüber repräsentierte, dessen Verherrlichung in Frage steht: In seiner Person siegte das französische Volk, in seiner Person ward es gedemütigt, in seiner Person ehrt und feiert es sich selber – und das fühlt jeder Franzose, und deshalb vergisst man alle Schattenseiten des Verstorbenen und huldigt ihm quand même, und die Kammer beging einen großen Fehler durch ihre unzeitige Knickerei.

Heinrich Heine, Lutezia. Berichte über Kunst, Kultur und Volksleben (Sammlung älterer, teilweise überarbeiteter Artikel, erschienen 1854), in: ders., Werke, hrsg. von E. Galley, Bd. 3. Frankfurt 1968, S. 350–353.

[1] zentrale Persönlichkeiten der Französischen Revolution
[2] liberticide – freiheitstötend
[3] 9. November 1799: Staatsstreich Napoleons

## ANWENDUNG

### 1. Präsentation

- **Autor:** Heinrich Heine, deutscher Dichter und Journalist; lebt als politisch verfolgter Liberaler seit 1831 im Pariser Exil.
- **Datum/Kontext:** 30. Mai 1840, Zeit der Julimonarchie in Frankreich (1830–1848); Parlamentsdebatte über die Kosten der Überführung Napoleons von der britischen Atlantikinsel Sankt Helena (Verbannungsort Napoleons 1815–1821) nach Paris. Die Regierung Thiers hat diese Überführung beschlossen, um den Napoleon-Mythos für die Julimonarchie nutzbar zu machen.
- **Textsorte:** Politischer Text, Zeitungsartikel, erschienen in der liberalen „Augsburger Allgemeinen Zeitung", für die Heine seit 1840 Berichte über politische und kulturelle Entwicklungen in Frankreich verfasst.
- **Thema:** Ausgehend von der Parlamentsdebatte zur Überführung Napoleons nach Paris setzt sich Heine mit der politischen Bedeutung des toten Kaisers für das aktuelle Frankreich auseinander.

### 2. Erklärung

► **Wichtige Personen:**

- **Napoleon:** Erster Konsul (seit 1799) und Kaiser der Franzosen (1804–1814/15): autoritärer Monarch, der jedoch das Erbe der Revolution von 1789 anerkannte (politische Ambivalenz).
- **Bailly und Lafayette:** zentrale Persönlichkeiten der Revolution; von Heine im Gegensatz zu Napoleon als freiheitsliebend präsentiert.

► **Wichtige Begriffe:**

- **18 Brumaire:** 9. November 1799, Staatsstreich Napoleons, Beginn seiner Herrschaft als Erster Konsul.
- **Bonapartisten:** Anhänger Napoleons und seiner Familie, die eine Rückkehr der Bonapartes auf den französischen Thron anstreben; aus Sicht der Anhänger der Bourbonen (Legitimisten) und des seit 1830 regierenden Hauses Orléans (Orleanisten) politische Gegner.

► **Gedankengang**

Obwohl Heine Liberaler ist, spricht er sich für eine würdige Überführung des 1821 im Exil (Sankt Helena) verstorbenen Napoleons nach Paris aus. Sein Napoleon-Bild ist – wie dies für viele Liberale seit der Restaurationszeit zutrifft – sehr ambivalent: Napoleon verkörpert einerseits die revolutionäre Tradition von 1789 und bietet damit auch für die ebenfalls in dieser Tradition stehenden Liberalen nach der Restauration von 1815 Identifikationsmöglichkeiten. Andererseits erscheint er aber aufgrund seiner autoritären Herrschaftspraxis als Feind liberaler Ideale: Pressezensur, Verfolgung und Verhaftung politischer Gegner, Schwächung der gewählten Repräsentativorgane zugunsten des durch Plebiszite legitimierten Monarchen. Aus Heines Sicht überwiegt jedoch die Tatsache, dass Napoleon 1840 eine lebendige Identifikationsfigur des französischen Volkes ist, das in ihm die Verkörperung nationaler Größe und Ehre sieht.

### 3. Bewertung

Kritisch könnte gefragt werden, weshalb der Liberale Heine, der selbst Opfer der Pressezensur des Deutschen Bundes war, eine nationale Identifikationsfigur für angemessen hält, die elementare Freiheitsrechte missachtet hat. Dies könnte zu der Feststellung führen, dass politische Mythen in ihrer Suggestivkraft nur begrenzt an rational fassbare Prinzipien rückgebunden werden können.

Kapitel 2

# Vom erstarkenden Nationalbewusstsein zum Krieg – Frankreich und Deutschland (1850 – 1870/1871)



Nach der gescheiterten Revolution von 1848/1849 konnten die Freiheits- und Nationalbewegungen in Frankreich und Deutschland ihre Ziele zunächst nicht erreichen. Napoleon III. errichtete in Frankreich das Zweite Kaiserreich. Deutschland bestand weiterhin aus einem Bund von Einzelstaaten, die von Landesfürsten regiert wurden. Das Ziel der deutschen Einheit wurde schließlich durch drei Kriege erreicht. Der Tag des Sieges der deutschen Truppen über Frankreich bei Sedan (2. September 1870) erhielt faktisch die Funktion eines Nationalfeiertags des neu gegründeten Deutschen Reiches. In Frankreich wurde nach der Gefangennahme Napoleons die Dritte Republik ausgerufen. Die Proklamation des Deutschen Kaiserreichs inmitten des besetzten Frankreichs und die Annexion Elsass-Lothringens belasteten die Beziehungen beider Länder in der Folgezeit schwer.

- Wie entwickelte sich die Politik in den beiden Ländern nach der Enttäuschung von 1848/49?
- Was führte schließlich zum Krieg zwischen ihnen?

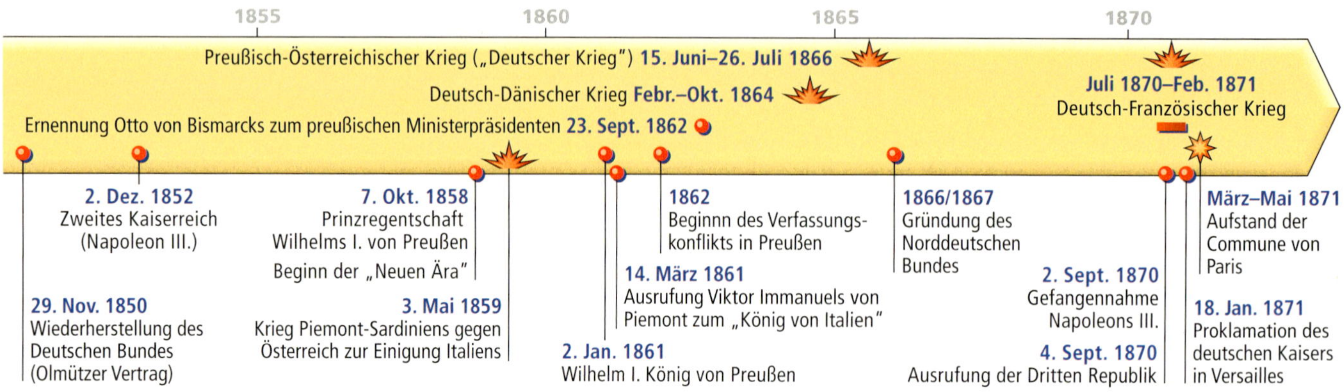

1

**Deutsche Sieger ...**

Napoleon III. und Bismarck auf dem Weg zu Wilhelm I. am Morgen nach der Schlacht von Sedan, Gemälde von Wilhelm Camphausen, 1877, 68 x 115 cm, Deutsches Historisches Museum, Berlin.

2

**... und französischer Widerstand**

„Le siège de Paris" („Die Belagerung von Paris"), Gemälde von Jean-Louis-Ernest Meissonier, 1870–1884, 53,5 x 70,5 cm, Musée d'Orsay, Paris.

# Karten
# Die Einigung Italiens – ein Modell für Deutschland?

## A. Die italienische Einigung

- Seit 1815: Eine patriotische Bewegung, bekannt unter der Bezeichnung „Risorgimento" („Wiedererstehung", „Wiedergeburt"), verbreitete den Gedanken eines geeinten italienischen Nationalstaats. Österreich, das die Lombardei und Venetien besaß, behinderte jedoch die Einigungsbestrebungen ebenso wie der Papst, der Staatsoberhaupt des Kirchenstaates war.
- Demokraten und Liberale konnten 1848 König Karl Albert von Piemont-Sardinien für den nationalen Kurs gewinnen. Der 1852 von seinem Nachfolger Viktor Emanuel II. zum Regierungschef ernannte Liberale Camillo Benso di Cavour machte Piemont-Sardinien endgültig zur Führungsmacht im Kampf um einen italienischen Nationalstaat. 1857 kam es zur Gründung des Italienischen Nationalvereins (Società Nazionale Italiana). Der Revolutionär Giuseppe Garibaldi unterstützte mit Freiwilligenverbänden den Kampf für die nationale Einigung.
- 1859: Mithilfe Frankreichs gelang Piemont-Sardinien die Verdrängung Österreichs aus der Lombardei. Als Entschädigung erhielt Frankreich Nizza und Savoyen. Weitere Gebiete in Mittelitalien band Cavour schließlich durch Volksentscheide an Piemont.
- 1860: Giuseppe Garibaldi organisierte ein Freiwilligenheer, den „Zug der Tausend", und eroberte das Königreich beider Sizilien.
- 1861: Viktor Emmanuel von Piemont-Sardinien wurde zum König Italiens ausgerufen.
- 1866: Im gemeinsam mit Preußen gegen Österreich geführten Krieg konnte Italien Venetien erobern. Doch Napoleon III. widersetzte sich der Annexion Roms, das von französischen Truppen verteidigt wurde.
- 1870: Erst als die französischen Truppen für den deutsch-französischen Krieg abgezogen wurden, konnte Rom erobert und zur italienischen Hauptstadt erklärt werden.

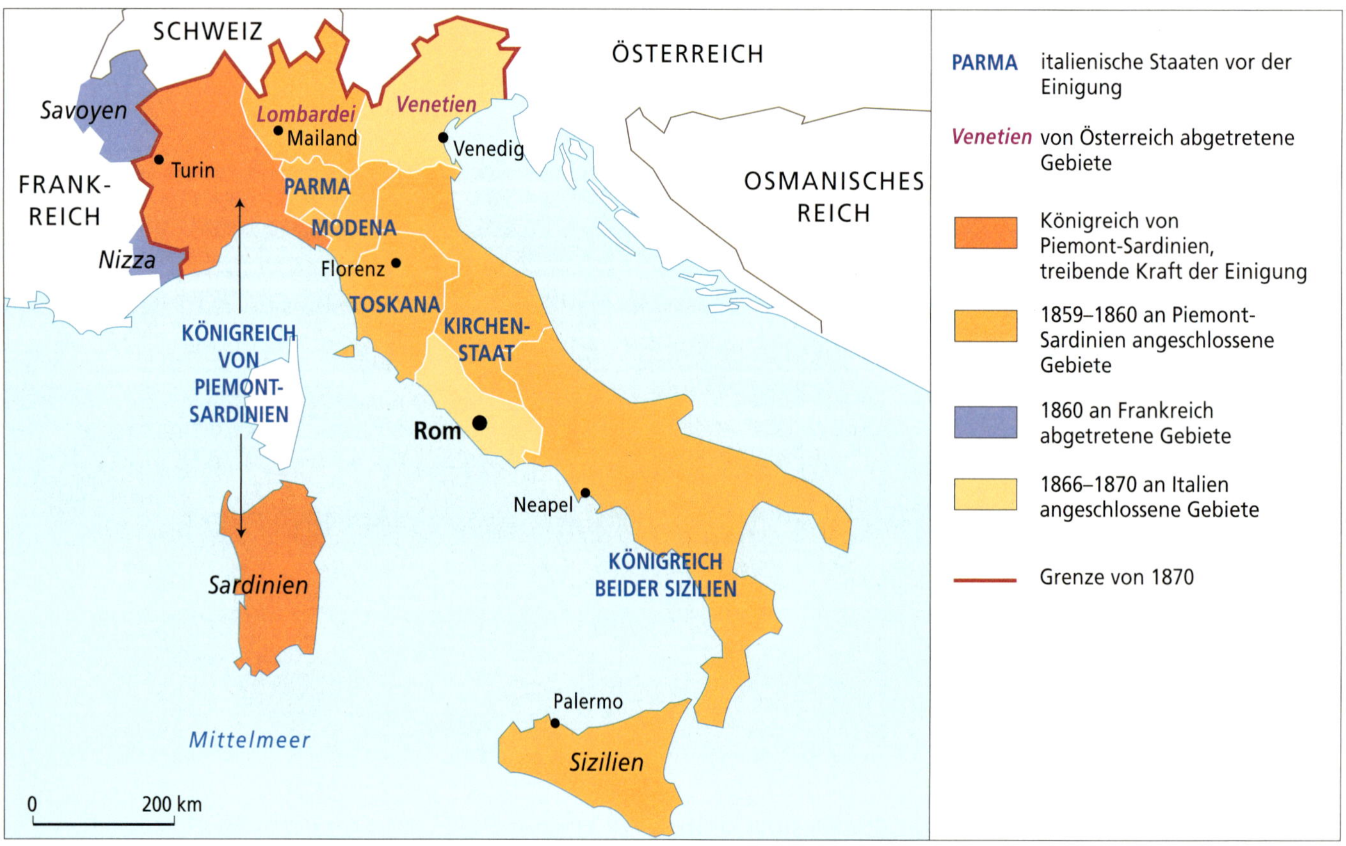

## B. Die deutsche Einigung

- Nach der gescheiterten Revolution 1848/1849 wurde auf Betreiben Österreichs im Vertrag von Olmütz (Olomouc) 1850 der Deutsche Bund aus 39 Einzelstaaten wiederhergestellt. Die beiden größten Staaten, Preußen und Österreich, gehörten dem Bund nur mit einem Teil ihres Territoriums an. Nach dem italienischen Beispiel entstand auch in Deutschland ein Nationalverein, der vor allem durch die Liberalen getragen wurde. Das Königreich Preußen wurde zur entscheidenden Kraft, unter dessen Führung sich die Einigung vollzog.

- Der preußische Ministerpräsident Bismarck strebte eine nationale Einigung Deutschlands ohne den Vielvölkerstaat Österreich an und versuchte daher, Österreichs Macht im Deutschen Bund einzuschränken. Die Einigung vollzog sich schließlich durch drei Kriege.

- 1864: Versuche des dänischen Königs, das Herzogtum Schleswig zu annektieren, dessen Bevölkerung teils dänisch, teils deutsch war, führten zu einem gemeinsamen Krieg von Preußen und Österreich gegen Dänemark. Nach ihrem Sieg verwalteten Preußen und Österreich die Herzogtümer Schleswig und Holstein gemeinsam.

- 1866: Preußen erklärte nach Streitigkeiten um die Verwaltung Schleswigs und Holsteins gemeinsam mit Italien Österreich den Krieg. Österreich wurde von mehreren deutschen Staaten unterstützt. Als Sieger annektierte Preußen beide Herzogtümer und weitere gegnerische Staaten. Der Deutsche Bund wurde im Zuge des Prager Friedens am 23. August 1866 aufgelöst und der Norddeutsche Bund unter Führung Preußens 1866/1867 gegründet.

- 1870/1871: Der Norddeutsche Bund führte gemeinsam mit den süddeutschen Staaten Krieg gegen Frankreich. Nach dem deutschen Sieg wurde im Januar 1871 das Deutsche Reich gegründet. Elsass-Lothringen wurde als „Reichsland" annektiert.

- Die deutsche Einigung war somit ohne Österreich vollzogen worden („Kleindeutsche Lösung").

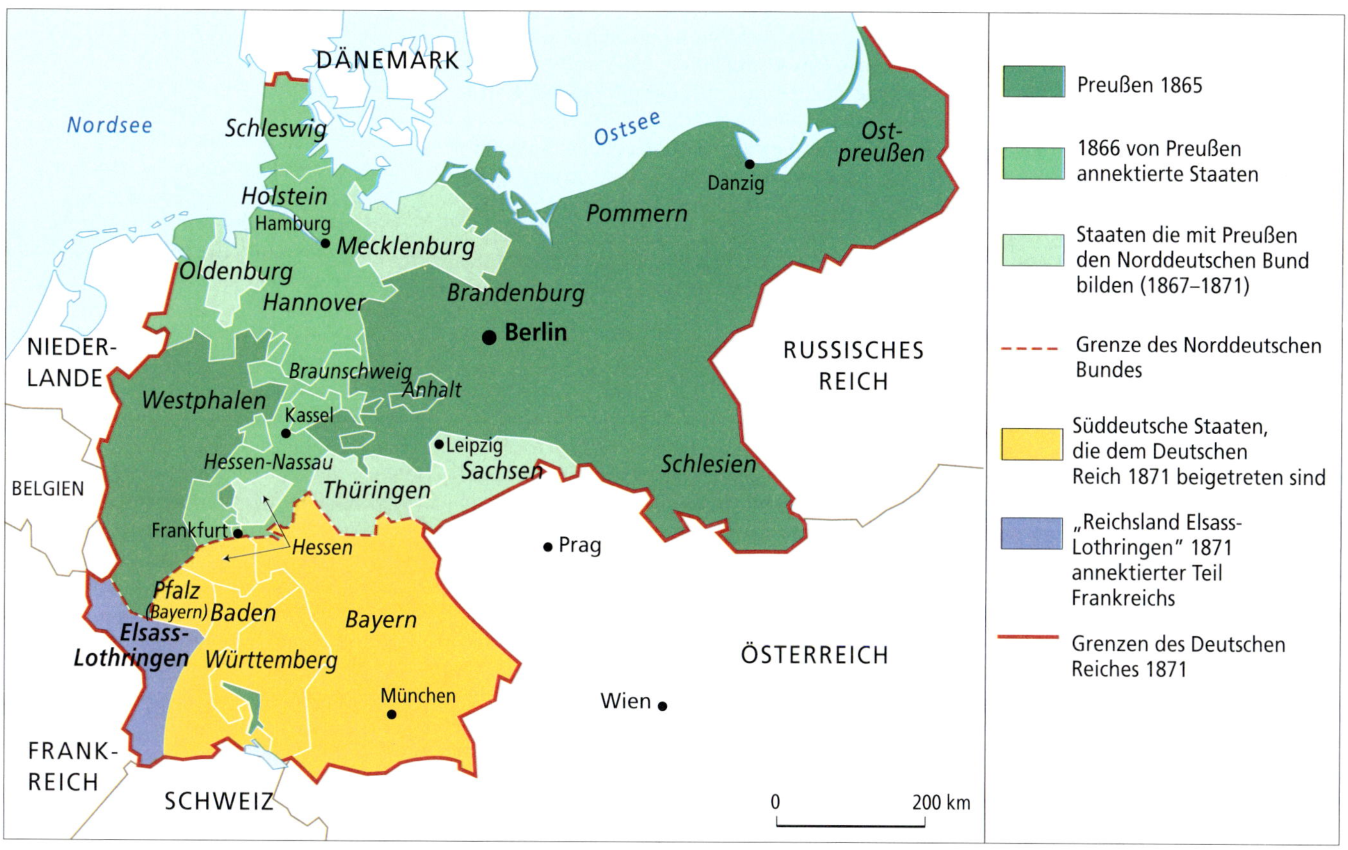

# 1. Auf der Suche nach der nationalen Einheit? – Die deutschen Staaten (1850–1870)

*Wie wurde der deutsche Nationalstaat politisch vorbereitet?*

## Eine Phase der Reaktion

Die Revolution von 1848/1849 war zwar mit Blick auf die Forderungen nach Einheit und Freiheit gescheitert, hinterließ aber eine politische Dynamik, die die Entwicklung des Nationalstaates vorantrieb.

Der preußisch-österreichische Dualismus trat in dieser Zeit deutlich zutage. Österreich war an der Wiederherstellung des Deutschen Bundes interessiert, um so seinen Einfluss auf die deutsche Politik und gleichzeitig die Herrschaft über seine nichtdeutschen Territorien (z. B. Ungarn, Lombardei) zu wahren. Als 1850 der Deutsche Bund unter alleinigem Vorsitz Österreichs wiederhergestellt wurde, bedeutete dies eine Niederlage für die Politik des preußischen Königs Friedrich Wilhelms IV., der versucht hatte, mit anderen deutschen Monarchen einen kleindeutschen Bundesstaat unter preußischer Führung zu errichten.

Für beide Großmächte war es wichtig, sich die Unterstützung der übrigen deutschen Staaten zu sichern. Dieses „Dritte Deutschland" (z. B. Bayern, Württemberg, Baden) neigte aus Furcht vor der preußischen Übermacht zwar zur Zusammenarbeit mit Österreich, die wirtschaftlichen Interessen führten aber schließlich doch zu engen Verbindungen mit dem industriell fortschrittlichen Preußen.

## Von den Anfängen einer liberalen zurück zur konservativen Politik

In Anlehnung an die Forderungen von 1848 wurde schließlich auch in Preußen eine Verfassung erlassen, nachdem in den süddeutschen Staaten bereits zwischen 1818 und 1820 Verfassungen in Kraft getreten waren. Jedoch waren diese oktroyierten Verfassungen das Ergebnis des Herrscherwillens und nicht einer parlamentarischen Diskussion. Zudem entsprachen die Einschränkungen des Wahlrechts (z. B. das preußische Dreiklassenwahlrecht) nicht demokratischen Vorstellungen.

Als Wilhelm I. von Preußen 1858 die Regierungsgeschäfte übernahm, bejubelten die Liberalen eine „Neue Ära", in der sie sich als stärkste politische Partei etablierten. 1862 wollte Wilhelm eine Heeresreform durchführen. Die Liberalen, welche die Mehrheit im Abgeordnetenhaus stellten, forderten verschiedene Änderungen, wie eine kürzere Dienstzeit für die Soldaten. Der König sah dies als Angriff auf die Rechte der Krone an und weigerte sich, diese umzusetzen, woraufhin die Liberalen dem Wehretat nicht zustimmten. Da ein Kompromiss unerreichbar schien, berief Wilhelm I. den für seine Durchsetzungsfähigkeit bekannten Otto von Bismarck zum preußischen Ministerpräsidenten. Dieser beendete die Machtprobe zwischen König und Parlament, indem er das Abgeordnetenhaus bei der Entscheidung um das Budget einfach überging. Damit war die mögliche politische Entwicklung hin zu einem parlamentarischen Regierungssystem in Preußen blockiert.

## Einheit vor Freiheit

Bismarck verlegte seinen politischen Schwerpunkt auf die Außenpolitik. In den Kriegen von 1864 und 1866 (siehe Karte S. 33) gelang es ihm, den Dualismus zugunsten Preußens zu entscheiden. Nach dem Sieg über Österreich in der Schlacht von Königgrätz (Sadowa, 1866) löste der Friede von Prag den Deutschen Bund auf. Der Norddeutsche Bund erhielt eine eigene Verfassung, mit den süddeutschen Staaten wurden Militärbündnisse geschlossen.

Damit war in den Augen vieler Liberaler ein Schritt in die Richtung eines deutschen Einheitsstaates getan. Sie waren deshalb bereit, Bismarck zu unterstützen, als er das preußische Parlament nachträglich um die Zustimmung zu seiner Politik im Konflikt um den Wehretat von 1862 bat. Über diese Frage spaltete sich jedoch die liberale Partei. Während die Anhänger einer „Realpolitik" mit den Erfolgen für die deutsche Einigung zufrieden waren, sahen die Kritiker die liberalen Freiheitswerte angesichts von Bismarcks autoritärem Kurs in Gefahr.

1

**Otto von Bismarck (1815–1898)**

Preußischer Ministerpräsident (seit 1862) und deutscher Reichskanzler (1871–1890). Obwohl sich Bismarcks Politik zunächst vorwiegend an den Interessen der preußischen Monarchie orientierte, wurde er zum entscheidenden Architekten der nationalen Einigung Deutschlands.

### Begriffe

- **Dualismus:** Seit der Gründung des Deutschen Bundes 1815 aufkommende Rivalität zwischen den beiden Großmächten Preußen und Österreich um die politische und wirtschaftliche Vormachtstellung im Deutschen Bund.
- **Drittes Deutschland:** Selbstbezeichnung der deutschen Mittel- und Kleinstaaten sowie der vier freien Städte, die versuchten, eine selbstständige Politik gegenüber den beiden Großmächten zu gestalten.
- **Oktroyierte Verfassung** (oktroyieren: auferlegen): Kritische Bezeichnung für eine Verfassung, die einseitig vom Staatsoberhaupt erlassen wird. Dies galt 1849 vor allem für die preußische und österreichische Verfassung.
- **Dreiklassenwahlrecht:** Form des Zensuswahlrechts. Die Wähler werden in drei Steuerklassen eingeteilt. Jede dieser Klassen wählt dieselbe Zahl von Wahlmännern, die ihrerseits dann die Abgeordneten wählen.
- **Neue Ära:** Schlagwort der preußischen Liberalen für die Politik Wilhelms I., die durch die Aufhebung der Verfolgungen von Liberalen und die Berufung liberaler Minister gekennzeichnet war.
- **Abgeordnetenhaus:** Zweite Kammer des preußischen Landtags, nach dem Dreiklassenwahlrecht gewählt (im Gegensatz zum Herrenhaus, der ersten Kammer).
- **Realpolitik:** Politisches Handeln, das sich im Gegensatz zu einer werteorientierten Politik an den gegebenen Möglichkeiten orientiert.
- **Parlamentarisches Regierungssystem:** siehe S. 14

2

**Die Schlacht von Königgrätz (Sadowa), 3. Juli 1866**

Wilhelm I. und Bismarck beobachten von einem Hügel aus die Schlacht von Königgrätz, die die Entscheidung im Krieg gegen Österreich brachte. Einen wesentlichen Vorteil hatte Preußen durch den Einsatz der modernen Waffe des Zündnadelgewehrs, was auf dem Bild am weißen Rauch zu erkennen ist. Gemälde von Georg Bleibtreu, nach 1869, 100x200 cm, Deutsches Historisches Museum, Berlin.

## 3 Der Sinneswandel eines preußischen Liberalen nach 1866

*Der liberale Jurist Rudolf von Jhering urteilte 1866 in zwei Briefen über den Krieg gegen Österreich.*

**a.** *An den Österreicher Julius Glaser am 1. Mai 1866:*

Mit einer solchen Schamlosigkeit, einer solchen grauenhaften Frivolität ist vielleicht nie ein Krieg angezettelt worden wie der, den Bismarck gegenwärtig gegen Österreich zu erheben sucht. [...] Jeder verabscheut hier den Kampf, niemand wird froh sein können bei dem Gedanken, dass er den Ausgang haben werde, den wir wünschen müssen – die Oberherrschaft Preußens. Das ist unsere Lage. Deutsche gegen Deutsche bewaffnet, ein Bürgerkrieg, ein Komplott von drei bis vier Mächten gegen eine einzige, ohne allen Schein des Rechts, ohne Anteil des Volkes, rein von einigen Diplomaten ins Leben gerufen [...].

**b.** *An den preußischen Juristen Bernhard Windscheid am 19. August 1866:*

Oh, mein teurer Freund! Welch beneidenswertes Los, dass wir diese Zeit noch erlebt haben, diesen Wendepunkt in der Geschichte Deutschlands, dem die tausend vorhergehenden Jahre keine ähnlichen an die Seite gestellt haben. Wie habe ich seit Jahren die Italiener beneidet, dass ihnen gelungen, was uns das Geschick noch auf eine ferne Zukunft hinaus zu versagen schien, wie habe ich den deutschen Cavour und Garibaldi als politischen Messias Deutschlands herbeigesehnt, und über Nacht ist er uns erstanden in dem vielgeschmähten Bismarck. [...] Ich habe dem Mann alles, was er bisher getan hat, vergeben, ja mehr als das, ich habe mich überzeugt, dass es notwendig war, was uns Uneingeweihten als freventlicher Übermut erschien, es hat sich hinterher herausgestellt als unerlässliches Mittel zum Ziel. [...]

Rudolf von Jhering in Briefen an seine Freunde. Leipzig 1913, S. 196 f. und 206 f.

## 4 „Eisen und Blut"

*Der Zeitungsabdruck der Rede des Ministerpräsidenten Otto von Bismarcks vor der Budgetkommission des preußischen Abgeordnetenhauses vom 30. September 1862:*

Nicht auf Preußens Liberalismus sieht Deutschland, sondern auf seine Macht; Bayern, Württemberg, Baden mögen dem Liberalismus indulgieren[1], darum wird ihnen doch keiner Preußens Rolle anweisen; Preußen muss seine Kraft zusammenfassen und zusammenhalten auf den günstigen Augenblick, der schon einige Male verpasst ist; Preußens Grenzen nach den Wiener Verträgen sind zu einem gesunden Staatsleben nicht günstig; nicht durch Reden und Majoritätsbeschlüsse werden die großen Fragen der Zeit entschieden – das ist der große Fehler von 1848 und 1849 gewesen –, sondern durch Eisen und Blut.

Otto von Bismarck, Werke in Auswahl, Bd. 3, 1. Teil, hrsg. von Eberhard Scheler. Darmstadt 1965, S. 3.

[1] dulden

## Fragen und Anregungen

**1.** Stellen Sie dar, inwiefern die Politik Bismarcks im Gegensatz zu den revolutionären Idealen von 1848 stand. (VT, M1–M4)

**2.** Setzen Sie sich kritisch mit der Frage auseinander, warum die Rede Bismarcks häufig als exemplarisch für seine Politik zitiert wird. (M4)

**3.** Zeigen Sie die Haltung Rudolf von Jherings zu Beginn und am Ende des preußisch-österreichischen Krieges. Wie erklären Sie sich seinen Sinneswandel? (M3a/b)

**4.** Erläutern Sie die Anspielung auf Italien in seinem zweiten Brief. (M3b)

**5.** Die Kriege von 1864 und 1866 werden häufig als „Einigungskriege" bezeichnet. Erklären Sie, warum man diese Bezeichnung wählt. (VT, Karte S. 33)

# 2. Das Zweite Kaiserreich in Frankreich – ein demokratischer Despotismus?

*Wie gelang es Napoleon III., Demokratie und autoritäre Monarchie miteinander zu verknüpfen?*

## Das Herrschaftssystem: demokratisch und autoritär zugleich

Im Dezember 1848 wurde Louis-Napoléon Bonaparte nach dem allgemeinen Wahlrecht zum Präsidenten der Französischen Republik gewählt. Er betrachtete sich als legitimer Anwärter auf den Kaiserthron seines Onkels Napoleon I. und setzte durch den Staatsstreich vom 2. Dezember 1851 ein autoritäres Herrschaftssystem durch. Die Verfassung vom 14. Januar 1852 etablierte eine der Monarchie nahe stehende Republik, an deren Spitze Louis-Napoléon als „Prince-Président" stand (siehe M2). Im Dezember 1852 nahm er den Titel „Napoleon III., Kaiser der Franzosen" an.

Das allgemeine Wahlrecht, das auf Druck der konservativen Partei der Ordnung 1850 eingeschränkt worden war (siehe S. 24), wurde wiederhergestellt; die Veränderungen im System wurden jeweils durch Plebiszite bestätigt. Napoleon III. berief sich auf die revolutionären Prinzipien von 1789: Die offizielle Propaganda stellte ihn als „homme-peuple" dar, als große Führerpersönlichkeit, die ganz allein die Souveränität des Volkes verkörperte. Angesichts dieses Cäsarismus spielten die parlamentarischen Institutionen nur eine untergeordnete Rolle: Parlamentswahlen wurden durch das System der offiziellen Kandidatur manipuliert; der Corps législatif (das gewählte Parlament) konnte die vom Kaiser ernannten Minister nicht stürzen.

## Die Modernisierung Frankreichs

Das Zweite Kaiserreich bedeutete nach 1848 einen politischen Rückschritt; zugleich war es jedoch auch eine Zeit der gesellschaftlichen und ökonomischen Modernisierung. Bildungsminister Victor Duruy bereitete mit dem Projekt einer öffentlichen und kostenlosen Primarschule (1865) die Bildungspolitik der Dritten Republik vor.

In der Tradition des Saint-Simonismus übernahm der Staat eine aktive Rolle auf wirtschaftlichem Gebiet: Die Regierung unterstützte den Aufstieg der Banken (Crédit Lyonnais, Crédit mobilier des frères Pereire) und der industriellen Großunternehmen (Schneider) durch bedeutende Investitionen. Die Gründungen von Banken förderten zudem die Entwicklung von Handel und Industrie. Im Bereich des Verkehrswesens kam es durch eine Zusammenarbeit von Staat und privaten Unternehmen zu einer wahren „Eisenbahnrevolution": Die Gesamtlänge des Schienennetzes erhöhte sich von 3 248 Kilometern im Jahr 1851 auf 16 465 Kilometer im Jahr 1869.

Unter dem Baron Haussmann, Präfekt des Seine-Departements, veränderte sich auch das Gesicht der Hauptstadt völlig: Paris wurde mit seinen großen Boulevards und Stadthäusern zur modernen Metropole.

## Vom autoritären zum liberalen Kaiserreich

In den 1860er-Jahren wurde das System in vielfältiger Weise in Frage gestellt: Die katholische Öffentlichkeit warf Napoleon III. seit 1859 vor, die gegen die Existenz des Kirchenstaates gerichtete Einigung Italiens zu unterstützen; das 1860 mit Großbritannien geschlossene Freihandelsabkommen rief bei den protektionistischen Unternehmern Verstimmung hervor; zudem gewann die liberale und republikanische Opposition seit den Wahlen von 1863 an Kraft.

Angesichts dieser Widerstände bemühte sich Napoleon III., seine Popularität unter den Arbeitern zu stärken. Seit 1864 tolerierte die kaiserliche Regierung Streiks und förderte bestimmte Formen des gewerkschaftlichen Zusammenschlusses; die Masse der Arbeiter ließ sich dadurch jedoch nicht gewinnen.

Napoleon III. versuchte schließlich mit Erfolg, durch wesentliche Zugeständnisse an die Liberalen den Fortbestand des Zweiten Kaiserreiches zu sichern. Das politische System wurde durch eine Reihe von Reformen liberalisiert. Diese Entwicklung fand 1870 ihren Abschluss in der Berufung des Liberalen Emile Ollivier zum Regierungschef und in einer per Plebiszit angenommenen Verfassung, die das parlamentarische Regierungssystem etablierte.

1
**Napoléon III. (1808–1873)**
„Napoleon III. in der Uniform eines Brigadegenerals, in seinem großen Kabinett in den Tuilerien, 1862", Ölgemälde von Hippolyte Flandrin, 1862, Versailles.

### Begriffe

- **Plebiszit:** siehe S. 24
- **Cäsarismus:** Herrschaftssystem, in dem die von der Volkssouveränität ausgehenden Machtbefugnisse zumeist durch ein Plebiszit direkt auf das Staatsoberhaupt übertragen werden; historisch ungenau mit C. Julius Caesar in Verbindung gebracht.
- **Offizielle Kandidatur** (franz. „candidature officielle"): Kandidatur bei Parlamentswahlen, die offiziell von der Regierung Napoleons III. unterstützt wurde (offizielle, weiße Wahlplakate für die der Regierung nahe stehenden Kandidaten, Versprechungen der Regierung oder der Präfekten gegenüber fügsamen Wählern etc.).
- **Saint-Simonismus:** Von dem französischen Philosophen und Ökonomen Claude Henri de Rouvroy, Comte de Saint-Simon (1760–1825) begründete frühsozialistische Strömung mit christlicher Orientierung. Ihr Ziel ist es, die alten Eliten durch die „Industriellen" zu ersetzen, d. h. all diejenigen, die an der Schaffung von materiellen Werten beteiligt sind. Die von Industriellen geführten Länder könnten anschließend eine europäische Assoziation bilden.
- **Freihandel:** Internationaler Handel, der nicht (oder kaum) durch Zollschranken behindert wird; Gegenteil des
- **Protektionismus**, der die nationale Produktion durch Zölle auf ausländische Importe zu schützen sucht.
- **Parlamentarisches Regierungssystem:** siehe S. 14

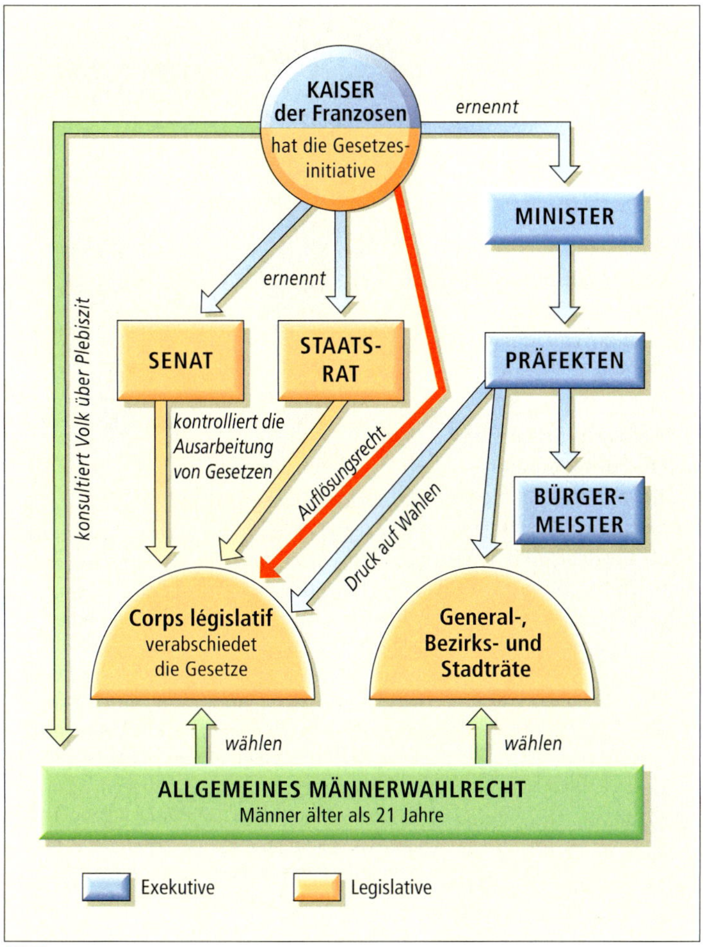


2 Plebiszitäre Macht und administrative Zentralisierung

## 3 „Das Kaiserreich bedeutet Frieden“

*In einer zwei Monate vor der Etablierung des Zweiten Kaiserreiches in Bordeaux gehaltenen Rede versuchte der Prince-Président und künftige Kaiser, die Franzosen und die europäischen Staaten hinsichtlich seiner Absichten zu beruhigen:*

Im Geist des Misstrauens sagen manche Leute: „Das Kaiserreich bedeutet Krieg“, ich sage: „Das Kaiserreich bedeutet Frieden.“ […]

Ich möchte jenen noch so großen Teil der Bevölkerung für die Religion, die Moral, den Wohlstand erobern, der inmitten eines Landes des Glaubens und der Religion noch kaum die Gebote Christi kennt; [jenen Teil,] der inmitten des fruchtbarsten Landes der Welt kaum über die Güter des unmittelbarsten Bedarfs verfügt. Wir haben riesige unbebaute Gebiete urbar zu machen, Straßen zu eröffnen, Häfen anzulegen, Flüsse schiffbar zu machen, Kanäle fertig zu stellen, unser Schienennetz zu vervollständigen. Wir haben, gegenüber von Marseille, ein weiträumiges Königreich an Frankreich anzugleichen.[1] Wir haben unsere großen Häfen des Westens durch die Geschwindigkeit der jetzt noch fehlenden Verkehrsverbindungen dem amerikanischen Kontinent anzunähern. […] So verstehe ich das Kaiserreich, wenn das Kaiserreich wiederhergestellt werden soll. Dies sind die Eroberungen, die ich anstrebe, und Sie, die Sie mich umgeben, die Sie wie ich das Wohl unseres Vaterlandes wollen, werden meine Soldaten sein.

Übers. nach: Louis-Napoléon, Exposé de la politique de paix intérieure, d'ordre moral et de sages progrès que le Prince entend consolider par les institutions que la France réclame, discours prononcé devant la Chambre et le Tribunal de commerce de Bordeaux, 9 octobre 1852.

[1] Anspielung auf das seit 1830 von Frankreich kolonisierte Algerien.

## 4 Liberale Kritik an der „offiziellen Kandidatur“

*1863 kritisierte Edouard Laboulaye, eine Führungspersönlichkeit der liberalen Opposition, die Einflussnahme der Regierung und der Verwaltung auf die Parlamentswahlen:*

Nehmen wir einmal an, dass die Regierung das Stimmverhalten des Volkes lenkt, das heißt, dass sie Kandidaten den Wählern mit einem Nachdruck vorstellt, der keine Uneinigkeit zulässt. Wen vertreten dann die Abgeordneten, deren erste Pflicht die Treue gegenüber der Macht ist, die sie ausgewählt hat? Wo ist für das Land die Garantie, dass man seinen souveränen Willen zur Geltung bringen wird? […] Wo ist für die Kammer [das Parlament] die volle Unabhängigkeit, die die erste Bedingung jeder moralischen Autorität ist? Man kann sie bei jeder Abstimmung daran erinnern, dass sie nur ernannt wurde, um die Politik der Regierung zu unterstützen. […] Wenn sich die Regierung auf einen Weg begibt, auf dem ihr Frankreich nicht folgen kann, wenn sie abenteuerliche Kriege zu einem Zeitpunkt unternimmt, da Frankreich Frieden will […], wird es dann eine von der Verwaltung bestimmte Kammer sein, die die Führung warnen und die ihr notfalls Einhalt gebieten wird? Dies ist nicht möglich. Um der Staatsgewalt einen so rauen und nützlichen Dienst zu erweisen, braucht es Vertreter, die nur der Nation verpflichtet sind, Mandatsträger, die nur von den Wählern abhängig sind, Kontrolleure, die über den Ministern stehen […].

E. Laboulaye, Le Parti libéral: son programme et son avenir. Paris: Charpentier 1863, S. 154f.

## Fragen und Anregungen

1. Welchen Sinn gibt der Prince-Président dem Wort „Eroberung“? Inwieweit grenzt er sich gegenüber dem politischen Erbe seines Onkels Napoleon I. ab? (M3)
2. Arbeiten Sie die Erwartungen heraus, auf die der Prince-Président in seiner Rede reagiert. (M3)
3. Erklären Sie die von Edouard Laboulaye vorgebrachte Kritik (M4) unter Bezugnahme auf M2. Inwieweit ist diese Kritik im Rahmen einer allgemeineren Reflexion über demokratische Partizipation und Repräsentation von Interesse?
4. Lässt sich der Cäsarismus aus Ihrer Sicht als eine Form der Demokratie verstehen? Versuchen Sie, den Begriff der Demokratie mit präzisen Kriterien möglichst exakt zu definieren, bevor Sie diese Frage beantworten.

# 3. Der Deutsch-Französische Krieg

*Was bedeutete der Krieg für Frankreich und Deutschland?*

## Ein von beiden Seiten gewollter Krieg

Die politische Einigung Deutschlands ließ sich nach Bismarcks Ansicht nicht ohne eine Auseinandersetzung mit Frankreich vollziehen, da dessen macht- und sicherheitspolitische Interessen durch eine neue Großmacht in der Mitte Europas berührt wurden. Dies hatte sich bereits im Krieg von 1866 gezeigt, als Napoleon III. für seine Neutralität und die Duldung des preußischen Machtzuwachses Luxemburg sowie die künftige Neutralität der süddeutschen Staaten als Kompensation verlangt hatte, was Bismarck ablehnte.

Diese Haltung führte in Frankreich zu einer Welle der nationalen Empörung, die noch verstärkt wurde, als 1870 Leopold von Hohenzollern-Sigmaringen, einem Verwandten des preußischen Monarchen, der spanische Königsthron angetragen wurde. Napoleons Außenminister Gramont befürchtete eine Umklammerung Frankreichs durch das preußische Herrscherhaus und verlangte nach dem bereits erfolgten Rückzug der Kandidatur eine für immer geltende Verzichtserklärung durch Wilhelm I. Bismarck erkannte die Gelegenheit, einen Krieg mit Frankreich herbeizuführen. Wie ihm Wilhelm I. in der „Emser Depesche" mitteilen ließ, hatte er die Forderung Gramonts abgelehnt. Bismarck leitete diese Depesche in provokativ verkürzter Form an die Presse weiter – ein Affront, den nun die französische Regierung ihrerseits nutzte, um am 19. Juli 1870 Preußen den Krieg zu erklären (siehe S. 76f.).

## Vom Krieg zum Bürgerkrieg in Frankreich

Für die süddeutschen Staaten war damit der Bündnisfall eingetreten, sodass die deutschen Staaten gemeinsam und militärisch überlegen gegen Frankreich vorgingen. In der Schlacht bei Sedan am 2. September 1870 kapitulierte die französische Armee; Napoleon wurde gefangen genommen. Aus den folgenden revolutionären Aufständen in Paris ging die republikanische „Regierung der nationalen Verteidigung" unter Führung von Léon Gambetta und Jules Favre hervor. Diese setzte die Kampfhandlungen fort, konnte aber die Belagerung von Paris nicht verhindern und musste schließlich im Januar 1871 kapitulieren.

Im Auftrag der im Februar 1871 neu gewählten, mehrheitlich royalistischen Nationalversammlung nahm Adolphe Thiers als Regierungschef die harten Friedensbedingungen an. Frankreich musste noch im Februar das Elsass und einen Teil Lothringens abtreten sowie eine deutsche Besatzung bis zur vollständigen Bezahlung der Kriegsentschädigung von 5 Milliarden Francs hinnehmen (bestätigt im Frankfurter Friedensvertrag vom 10. Mai 1871). Dies begünstigte den Aufstand der Pariser Commune gegen die Regierung, der am 18. März 1871 begann (siehe Dossier S. 40f.).

## Die Gründung des Deutschen Reiches als Ergebnis des Krieges

Durch den gemeinsamen Kriegserfolg konnte Bismarck die süddeutschen Fürsten dazu bewegen, ihre Staaten mit denen des Norddeutschen Bundes zu einem Deutschen Reich zu vereinigen, dessen Verfassung am 1. Januar 1871 in Kraft trat. Am 18. Januar 1871 wurde Wilhelm I. von Preußen im Kreise der Fürsten und hoher militärischer Vertreter im Spiegelsaal des Schlosses von Versailles zum „Deutschen Kaiser" ausgerufen (siehe Methodenseite). Das von den Liberalen verfolgte Ziel eines geeinten Deutschlands war erreicht, aber nicht als Ergebnis einer Volksbewegung „von unten", sondern „von oben", unter Führung der Obrigkeit und durch militärische Gewalt.

Die Wahl Versailles' als Ort der Proklamation wirkte in Frankreich als tiefe Demütigung. Das Schloss symbolisierte zugleich die Größe der französischen Monarchie unter Ludwig XIV. und die Geburt der souveränen Nation, da sich hier 1789 die Nationalversammlung konstituiert hatte. Dass Deutschland nach seiner Niederlage im Ersten Weltkrieg den Friedensvertrag von 1919 wiederum im Spiegelsaal des Schlosses annehmen musste, war eine Replik auf die Schmach von 1871.

1

**Ein diplomatischer Affront**

Der preußische König Wilhelm I. weigerte sich am 13. Juli 1870, einen für immer geltenden Verzicht der Hohenzollern auf eine spanische Thronkandidatur zu erklären. Im Bild verabschiedet sich der französische Botschafter Benedetti (rechts im Vordergrund) in Bad Ems, nachdem er mit dieser Bitte an den König (links im Vordergrund) herangetreten war. Bismarck ließ einen in für Frankreich beleidigender Form verkürzten Bericht über diese Begegnung in der Presse veröffentlichen („Emser Depesche"). „Verabschiedung Benedettis", Holzstich nach Hermann Lüders, 1870.

## Begriffe

- **Hohenzollern:** Deutsches Herrschergeschlecht, aufgeteilt in eine fränkisch-protestantische Linie, der seit 1701 die preußischen Könige entstammten, und eine schwäbisch-katholische Linie (Hohenzollern-Sigmaringen).
- **Emser Depesche:** Das Telegramm, mit dem ein Begleiter Wilhelms I. Bismarck über die Unterredung des preußischen Königs mit dem französischen Botschafter Benedetti informierte, wurde im Kurort Bad Ems aufgegeben, wo sich Wilhelm I. zu dem Zeitpunkt aufhielt. Die verschärfte Wiedergabe dieses Telegramms durch Bismarck gilt als Auslöser des Krieges von 1870 (beide Fassungen siehe S. 76).

2

**Kapitulationsverhandlungen in Donchery bei Sedan, 1./2. September 1870**

In dem Weberhäuschen zu Donchery bei Sedan kamen in der Nacht vom 1. auf den 2. September 1870 die französische Delegation um General von Wimpffen (links) und die deutsche Delegation um Otto von Bismarck (rechts) zu Kapitulationsverhandlungen zusammen.
„Die Kapitulationsverhandlungen in Donchery", Farbdruck nach Gemälde von Anton von Werner (1843–1915) 1885, im Sedan-Diorama in Berlin.

### 3 Bewertung des Krieges aus Sicht einer Augsburger Arbeiterversammlung

Der gegenwärtige Krieg, weil nicht durch Interessen des Volkes, des deutschen sowie des französischen, bedingt, ist verdammenswert vom Standpunkt des fühlenden Menschen, des Sozialisten, des Republikaners.

Da aber eine rein verneinende Haltung der vorliegenden Frage[1] gegenüber in gegenwärtiger Zeit nicht denkbar, so erklärt die heutige Arbeiterversammlung weiter wie folgt:

Deutsche, angegriffen durch den Mörder aller Volksfreiheiten, durch den Dezembermann[2] Louis-Napoleon, haben die Pflicht, mit allen ihren Kräften für die Verteidigung des heimatlichen Bodens einzustehen.

Der Kampf gegen die ebenfalls freiheitsmörderischen Gelüste Bismarcks und des Preußenkönigs ist dadurch nicht aufgegeben; in erster Linie für den Deutschen steht aber, sich den fremden Tyrannen vom Halse zu halten.

Mögen die Sinne der Freiheit aus der Niederlage des Henkers der Freiheit Frankreichs hervorleuchten.

Zit. nach: E. Deuerlein, Die Gründung des Deutschen Reiches 1870/1871 in Augenzeugenberichten. Düsseldorf 1970, S. 46 f.

[1] Gemeint ist die Frage nach der Bewertung des Krieges.
[2] Anspielung auf den Staatsstreich Napoleons am 2. Dezember 1851.

### 4 Eine deutsche Reaktion auf die Kaiserproklamation

*Aus einem Glückwunschschreiben des preußischen Abgeordnetenhauses an Wilhelm I. vom 19. Januar 1871 aus Anlass der Übernahme der Deutschen Kaiserwürde:*

Als die Furcht und der Preis eines gewaltigen an den edelsten Opfern reichen Krieges, der unter Ew. Majestät ruhmvoller Führung mit der Niederwerfung und Erschöpfung des Feindes nach menschlicher Voraussicht seinem Ende nahet, ist unserem Vaterlande nach dem mächtigen Ringen und Kämpfen einer ganzen Generation die politische Einheit und die einer großen Nation würdige Stellung zuteil geworden. Nicht Deutschland hat den Kampf gesucht, ihm ist es nicht zu tun um die Demütigung seines besiegten Nachbarn; Deutschland wird jederzeit bereit sein, die Waffen niederzulegen, sobald ihm durch den Wiedererwerb in Zeiten der Uneinigkeit und Schwäche verlorener Grenzlande mit ihren natürlichen und künstlichen Bollwerken Schutz vor erneuten Angriffen gewährt ist. Gesichert gegen Frankreich wird Deutschland die beste Bürgschaft bilden für einen dauernden europäischen Frieden.

Zit. nach: H. Fenske (Hrsg.), Im Bismarckschen Reich. Darmstadt 1978, S. 36.

5

**Französische Reaktion auf die Kapitulation von Paris und den Waffenstillstand**

Frankreich bei der Unterzeichnung des Vorfriedens von Versailles am 26. Februar 1871.
Anonym, Stich in der Volkszeitschrift „L'Illustration" vom 11. März 1871.

## Fragen und Anregungen

**1.** Schildern Sie die Ereignisse, die zum Ausbruch des Deutsch-Französischen Krieges führten. Wie werden diese von den Augsburger Arbeitern bewertet? (VT und M3)

**2.** Aus welchen Beweggründen waren beide Seiten im Juli 1870 jeweils zum Krieg bereit? (VT)

**3.** Fassen Sie die Ansichten des preußischen Abgeordnetenhauses zusammen. (M4)

**4.** Arbeiten Sie vergleichend die unterschiedlichen Perspektiven heraus, die in den Bilddokumenten erkennbar sind (M2 und M5). Erläutern Sie, wie die Differenzen in der Wahrnehmung zustande gekommen sein könnten.

**5.** Verfassen Sie aus französischer Sicht einen Kommentar zum Schreiben des preußischen Abgeordnetenhauses. (M4)

**6.** Erörtern Sie, inwiefern sich der Deutsch-Französische Krieg auf die künftigen Beziehungen zwischen den beiden Ländern auswirkte. (M2–M5)

# Dossier
# Die Pariser Commune – republikanische Revolte oder sozialistische Revolution?

Die Annahme der harten Friedensbedingungen durch die Regierung Thiers sowie deren Überlegungen zur Restauration der Monarchie provozierten die republikanische Linke. Zum Aufstand der Pariser Bevölkerung kam es am 18. März 1871, als die Regierung versuchte, die auf dem Montmartre befindlichen Kanonen der Nationalgarde unter ihre Kontrolle zu bringen. Diese Erhebung war vor allem von Arbeitern und Handwerkern getragen, die das Gros der Nationalgarde bildeten. Die von Adolphe Thiers geführte Regierung floh daraufhin nach Versailles. Nach Wahlen zum Stadtrat wurde am 28. März die unabhängige Commune von Paris proklamiert, die auf einer direkten Demokratie basierte. Die „Versailler" eroberten jedoch mit regierungstreuen Truppen unter dem Befehl des Marschalls Mac Mahon die Stadt zurück. In der „Blutwoche" (21.–28. Mai 1871) wurden die Aufstände nach Straßenschlachten, Massenerschießungen (u. a. an der Mur des Fédérés) und Verhaftungswellen niedergeschlagen. War die Commune der Aufstand des republikanischen Paris in der jakobinischen Tradition von 1792 oder kündigte sich in ihr eine sozialistische Revolution des Proletariats an, wie Karl Marx annahm (siehe S. 66 f.)?

1

**Die Commune räumt mit der provisorischen Regierung auf**

„Noch ein Besenstreich – hoffen wir, dass es der letzte ist!!"
Mit einem Besen werden die Mitglieder der provisorischen Regierung aus Paris gejagt (unter ihnen: Adolphe Thiers mit Brille, Jules Favres mit Bart und Jules Ferry mit Backenbart, im Hintergrund der spätere Staatspräsident MacMahon). Karikatur von 1871.

## Begriffe

- **Garde nationale:** 1789 gegründete französische Bürgermiliz.
- **Direkte Demokratie:** Form der Demokratie, in der das Volk direkt seinen politischen Willen in Mehrheitsentscheidungen zum Ausdruck bringen kann, ohne auf gewählte Vertreter angewiesen zu sein.
- **Versailler:** Bezeichnung für die aus Paris geflohene Regierung, die während der Aufstände ihren Sitz in Versailles hatte, und ihre Anhänger.
- **Mur des Fédérés** (Mauer der Verbündeten): Eine Mauer auf dem Pariser Friedhof Père Lachaise, an der viele Kämpfer der Commune am 28. Mai 1871 hingerichtet wurden.

## Fragen und Anregungen

1. Interpretieren Sie die Darstellung der Regierung in der Karikatur. (M1)
2. Erarbeiten Sie, welche politischen Ziele die Commune aus der Sicht der Beteiligten verfolgte. (M2 und M3)
3. Interpretieren Sie das Gemälde. Welche Haltung nimmt der Maler zu den Ereignissen ein? (M4)
4. Erarbeiten Sie die Interpretation der Commune durch Karl Marx, indem Sie seine Argumentation skizzieren. (M5)

## 2 Die Hoffnungen der Commune

*In verschiedenen Clubs diskutierte die Bevölkerung ihre Vorstellungen von der Commune. Folgende Äußerung stammt aus dem Club de la Délivrance der Dreieinigkeitskirche, wo sich die Frauen der Commune versammelten:*

Für uns besteht die soziale Wunde, die geschlossen werden muss, darin, dass die Arbeitgeber, die den Arbeiter ausbeuten, sich von seinem Schweiß ernähren. [Wir wollen] keine Arbeitgeber mehr, die den Arbeiter als eine Produktionsmaschine betrachten! Die Arbeiter sollen sich zusammenschließen und ihre Arbeit vergemeinschaften, dann werden sie glücklich sein.

Ein anderer Missstand der gegenwärtigen Gesellschaft sind die Reichen, die nur gut trinken und sich gut amüsieren, ohne sich jeglicher Mühe zu unterziehen. Man muss sie ausrotten wie die Priester und die Nonnen. Wir werden glücklicher sein, wenn wir keine Arbeitgeber, keine Reichen und keine Priester mehr haben werden.

Übers. nach: J. Rougerie, Procès des communards. Paris 1970, S. 237.

4

**Rückkehr der „Versailler" nach Paris**

In der „Blutwoche" waren etwa 3 000 bis 4 000 Aufständische in den Straßenschlachten umgekommen. Man schätzt zudem die Opfer der Massenerschießungen durch die Versailler Truppen auf 10 000. Absichtlich gelegte Brände, die die Truppen aufhalten sollten, hatten die Stadt zusätzlich verwüstet. 36 300 weitere Menschen wurden vor Gericht gestellt.

„Die Commune oder Scherze vor dem Leichnam eines Communard", anonym, Musée d'Art et d'histoire de Saint Denis.

## 3 Die Ziele der Commune

*Der Pariser Schreiner Désiré Lapie, ein Mitglied des Wachkomitees von Montmartre, schreibt seiner Schwester in die französische Provinz:*

Paris, den 26. März 1871

Liebe, gute Schwester,

verlogene Zeitungen sagen euch, dass wir plündern wollen. Bin ich als Dieb geboren, und glaubst Du, dass ich einen Beuteanteil will? – Das frage ich Dich. Nein, meine Schwester, diese Art passt nicht zu meinen politischen Auffassungen.

Was wir wollen ist dies: Das Recht, unsere Stadträte zu ernennen, unsere Armeeoffiziere, die Abschaffung der stehenden Heere, die Trennung von Kirche und Staat, ohne jedoch die Gewissensfreiheit zu behindern, die kostenlose und verpflichtende Bildung durch laizistische Schulen, die Schließung der Klöster, die durch alle erdenklichen Mittel anzustrebende Verhinderung einer Rückkehr des Jesuitentums, denn in diesen Häusern gibt es nur Diebstahl und Prostitution.

Ja, meine Schwester, wir sind die Herren, hörst Du, vor uns beugen sich die Leute, die Monarchen zittern, wenn sie an unsere Revolution denken [...]; armes Volk, wie dumm sie sind. Für sie arbeiten wir und sie wollen uns zerquetschen, aber wenn sie anfangen und Paris seine Stimme erhebt und sie vom Ozean bis zum Ural hören lassen wird [...] denn nichts hält einem freien Volk stand. [...] Adieu, meine Schwester, und es lebe die demokratische und soziale Republik! Wohlfahrt und Gleichheit.

Übers. nach: J. Rougerie, Paris insurgé. La commune de 1871. Paris 2005, S. 139.
Zit. nach: J. Rougerie, Procès des communards. Paris 1964.

## 5 Eine sozialistische Revolution?

*Karl Marx, Begründer der Theorie des Kommunismus (siehe S. 66 f.), bewertete die Commune folgendermaßen:*

Die Mannigfaltigkeit der Deutungen, denen die Kommune unterlag, und die Mannigfaltigkeit der Interessen, die sich in ihr ausgedrückt fanden, beweisen, dass sie eine durch und durch ausdehnungsfähige politische Form war, während alle früheren Regierungsformen wesentlich unterdrückend gewesen waren. Ihr wahres Geheimnis war dies: Sie war wesentlich eine Regierung der Arbeiterklasse, das Resultat des Kampfs der hervorbringenden gegen die aneignende Klasse, die endlich entdeckte politische Form, unter der die ökonomische Befreiung der Arbeit sich vollziehen konnte. [...]

Als die Pariser Kommune die Leitung der Revolution in ihre eigne Hand nahm; als einfache Arbeiter zum ersten Mal es wagten, das Regierungsprivilegium ihrer „natürlichen Obern", der Besitzenden, anzutasten, und, unter Umständen von beispielloser Schwierigkeit, ihre Arbeit bescheiden, gewissenhaft und wirksam verrichteten – sie verrichteten für Gehalte, deren höchstes kaum ein Fünftel von dem war, was nach einem hohen wissenschaftlichen Gewährsmann (Professor Huxley) das geringste ist für einen Sekretär des Londoner Schulrats –, da wand sich die alte Welt in Wutkrämpfen beim Anblick der roten Fahne, die, das Symbol der Republik der Arbeit, über dem Stadthause wehte. [...]

Das Paris der Arbeiter, mit seiner Kommune, wird ewig gefeiert werden als der ruhmvolle Vorbote einer neuen Gesellschaft. Seine Märtyrer sind eingeschreint in dem großen Herzen der Arbeiterklasse. Seine Vertilger hat die Geschichte schon jetzt an jenen Schandpfahl genagelt, von dem sie zu erlösen alle Gebete ihrer Pfaffen ohnmächtig sind.

Erstmalig in deutscher Sprache veröffentlicht in: „Der Volksstaat", Leipzig, vom 28. Juni bis 29. Juli 1871 und als Separatabdruck aus dem „Volksstaat", Leipzig 1871.
Karl Marx/Friedrich Engels-Werke, Band 17. Berlin 1973, (unveränderter Nachdruck der 1. Auflage 1962), S. 342–362.

Kapitel 3

# Die politische Entwicklung Frankreichs und Deutschlands (1870 – 1914)



Nach dem Deutsch-Französischen Krieg von 1870/71 nahmen Frankreich und Deutschland an historischen Entwicklungen teil, die für Westeuropa insgesamt charakteristisch waren: Der moderne Verfassungsstaat setzte sich durch und der Prozess der „inneren Nationsbildung" kam zum Abschluss. Vor allem innerhalb der Landbevölkerung wurden nun die regionalen Identitäten durch das Gefühl der Zugehörigkeit zur Nation überwölbt.

Trotz dieser Parallelen fallen jedoch auch Differenzen auf: 1870/71 bestand der französische Nationalstaat bereits seit über 80 Jahren, während die nationale Einheit Deutschlands als Ergebnis des Krieges überhaupt erst hergestellt wurde. Obwohl das Deutsche Kaiserreich und die Französische Republik gleichermaßen Verfassungsstaaten mit demokratischen Partizipationsmöglichkeiten waren, unterschied sich der Charakter der beiden politischen Systeme erheblich.

- Wie konnte sich in Frankreich die republikanische Staatsform trotz monarchistischer Wahlsiege durchsetzen?
- Ist es angemessen, das Deutsche Kaiserreich als Obrigkeitsstaat zu charakterisieren und als Gegenmodell zum republikanischen Frankreich zu verstehen?

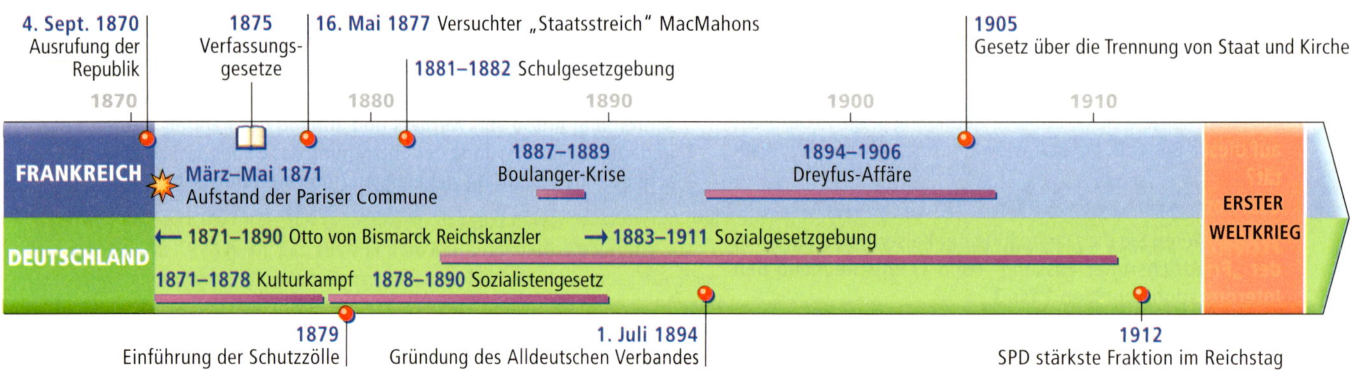

1 **Die Französische Republik: eine parlamentarische Demokratie**

Der führende Sozialist Jean Jaurès in der Abgeordnetenkammer, 1907, Gemälde von R. Rousseau-Decelle, Assemblée nationale, Palais Bourbon, Paris.

2 **Das Deutsche Kaiserreich: eine konstitutionelle Monarchie mit demokratisch gewähltem Parlament**

Wilhelm II. eröffnet im Weißen Saal des Berliner Schlosses am 25. Juni 1888 den Reichstag, Gemälde von Anton von Werner (1843–1915) aus dem Jahr 1893.

# 1. Die Anfänge der 3. Republik (1870 – 1877/1879)

*Wie gelang es, die republikanische Staatsform trotz der schwierigen Situation nach der Niederlage 1870/71 zu etablieren?*

## Republik oder Wiederherstellung der Monarchie?

Am 4. September 1870 wurde nach der Niederlage gegen Preußen und dessen Verbündete die Republik ausgerufen. In der nach allgemeinem Männerwahlrecht gewählten Nationalversammlung (8. Februar 1871) erhielten Monarchisten unterschiedlicher Schattierungen (Orléanisten, Legitimisten, Bonapartisten), die den Krieg beenden wollten, eine Mehrheit. Die Republikaner waren für eine Fortsetzung des Krieges eingetreten. Adolphe Thiers, ein Staatsmann mit orléanistischem Hintergrund, wurde von der Nationalversammlung zum Chef der Exekutive bestimmt. Da die Monarchisten sich nicht auf einen Thronkandidaten einigen konnten, blieb die Republik zunächst eine Notlösung. Regierung und Nationalversammlung nahmen ihren Sitz in Versailles.

## Das Scheitern der Restauration und die Durchsetzung der Republik

Das konsequente Vorgehen der Regierung gegen die Commune (siehe Kap. 2) verschaffte der Republik Ansehen in der konservativen Landbevölkerung und im Bürgertum. Léon Gambetta, die Führungspersönlichkeit der Republikaner, warb in der Provinz für die Republik und trug so zum republikanischen Erfolg bei Nachwahlen am 2. Juli 1871 bei.

Thiers, inzwischen „Präsident der Republik", trat unter den Abgeordneten für eine konservative Republik ein. Die monarchistische Mehrheit sah darin einen Verrat und zwang ihn zum Rücktritt (24. Mai 1873). Sein Nachfolger MacMahon zählte zum Lager der Legitimisten und war ein Vertreter des „ordre moral", einer konservativ-klerikalen Strömung, die unter anderem den Bau der Pariser Basilika Sacré Cœur zur „Sühnung der Verbrechen der Commune" unterstützte.

Die Restauration der Monarchie rückte 1874 in greifbare Nähe. Man einigte sich auf den Enkel Karls X., den Grafen von Chambord, als Thronanwärter. Sein Festhalten am weißen Lilienbanner der Bourbonen schien jedoch eine Rückkehr zum Ancien Régime zu symbolisieren. Dies bewog Vertreter der Orléanisten, sich den Republikanern anzuschließen, und ermöglichte 1875 die Verabschiedung von drei „konstitutionellen Gesetzen"; sie bildeten die Verfassung der Dritten Republik.

## Der Sieg der Republikaner

Das parlamentarische Regierungssystem wies dem auf 7 Jahre gewählten Präsidenten eine starke Stellung zu. Er ernannte die Regierung und konnte die Abgeordnetenkammer auflösen. Der Senat wurde nicht direkt vom Volk gewählt und stellte als Vertretung der Gebietskörperschaften das konservative Element im Verfassungsgefüge dar. Abgeordnetenkammer und Senat bildeten die Nationalversammlung. Ihre Mitglieder besaßen neben der legislativen Funktion die Möglichkeit, der Regierung das Misstrauen auszusprechen. Die Wahlen von 1876 brachten erstmals eine republikanische Mehrheit in der Abgeordnetenkammer; dies zwang MacMahon, einen Republikaner (Jules Simon) zum Regierungschef zu ernennen.

MacMahon gab die Hoffnung auf eine Restauration nicht auf. Der Rücktritt des Ministerpräsidenten Jules Simon am 16. Mai 1877 und die Ernennung des Herzogs von Broglie (Orléanist) zu seinem Nachfolger führten zum Konflikt. Da die Abgeordnetenkammer die neue Regierung ablehnte, löste MacMahon sie mit Zustimmung des Senats auf und schrieb Neuwahlen aus.

Die Wähler empfanden dies als Willkürakt des Präsidenten und bestätigten die republikanische Mehrheit. Nachdem die Republikaner im Januar 1879 auch im Senat die Mehrheit errungen hatten, trat MacMahon zurück, obwohl die Verfassung ihn nicht dazu verpflichtete. Sein Nachfolger wurde Jules Grévy, ein gemäßigter Republikaner. Vom Recht der Parlamentsauflösung wurde künftig in der 3. Republik kein Gebrauch mehr gemacht.

1

**Religion und Politik: die Basilika Sacré-Cœur**

1873 erklärte die Nationalversammlung offiziell, dass der Bau der „Herz-Jesu-Basilika" im öffentlichen Interesse liege (Baubeginn 1875).
Plan für Fassade, Paul Abadie (1812 – 1884), Aquarell, Paris, Sacré-Cœur, ohne Datum.

## Begriffe

- **Republik:** von lat. „res publica", öffentliche Angelegenheit", Gemeinwesen. Die Staatsgewalt geht, anders als in der Monarchie, im Prinzip von der Gesamtheit der Staatsbürger aus. Seit der Aufklärung ist der Begriff eng mit der demokratischen Idee der Volkssouveränität verknüpft.
- **Monarchisten:** Befürworter einer monarchischen Staatsform. Die französischen Royalisten waren gespalten in Legitimisten, die den Enkel Karls X. aus der älteren Linie der Bourbonen als Thronanwärter unterstützten, und Orléanisten, die den Comte de Paris, den Enkel Louis-Philippes, bevorzugten. Die Bonapartisten wünschten einen Angehörigen der Familie Napoleons auf dem Thron.
- **Ordre moral:** Bezeichnung für die konservative Politik nach 1873, die auf Verwirklichung traditioneller moralischer Werte zielte, wie sie von der katholischen Kirche oder der Armee vertreten wurden.
- **Parlamentarisches Regierungssystem:** siehe S. 14

## 2 Das Scheitern der Restauration

*Als Enkel Karls X. war der Graf von Chambord einer der Thronprätendenten bei einer möglichen Wiederherstellung der Monarchie. Allerdings hielt er kompromisslos am weißen Lilienbanner der Bourbonen fest.*

Nein, ich werde mich nicht davon abbringen lassen, weil Dummheit oder Leichtgläubigkeit von Privilegien, Absolutismus und Intoleranz gesprochen haben, und was weiß ich noch wovon? Von Zehnt, von Feudalrechten; das sind Gespenster, welche die verwegenste Boshaftigkeit vor ihren Augen wieder auferstehen zu lassen versucht; ich werde die Standarte Heinrichs IV., Franz I. und der Jungfrau von Orléans nicht meinen Händen entreißen lassen. Unter ihr wurde die nationale Einheit geschaffen, unter ihr haben Eure Väter – geführt von den meinen – dieses Elsass und dieses Lothringen erobert, dessen Treue in unserem Unglück ein Trost sein wird. […]

Unter dem glorreichen Flattern dieser makellosen Standarte werde ich Ihnen Ordnung und Freiheit bringen.

Franzosen, Heinrich V. kann nicht die weiße Flagge Heinrichs IV. aufgeben.

Manifeste du Comte de Chambord vom 5. Juli 1871,
J. Bouillon u. a., Le XIXe Siecle et ses racines. Paris 1981, S. 273.

3
**Die „kleine Republik“ freut sich über ihren Wahlsieg**
Karikatur von André Gill in der satirischen Zeitschrift „L'Eclipse“ vom 27. Februar 1876.

## 4 Triumph der Republik

*Nach der Auflösung der Nationalversammlung am 25. Juni 1877 durch MacMahon kritisiert Léon Gambetta, die Führungsgestalt der gemäßigten Republikaner („Opportunisten“), die Entscheidung des Präsidenten:*

Die Republik wird aus dieser Prüfung als Siegerin hervorgehen, und der deutlichste historische Gewinn aus dem 16. Mai wird sein, dass sich die Periode der Unsicherheiten und des Herumtastens, zu dem uns die letzte Zusammensetzung der Nationalversammlung verurteilt hat, um drei, um zehn Jahre verkürzt hat. Glauben Sie nicht, dass, wenn diese Millionen Franzosen, diese Bauern, Arbeiter, Bürger, Wähler des freien Frankreich ihre Wahl getroffen haben, glauben Sie nicht, dass wenn sie ihre Präferenz gezeigt und ihren Willen verkündet haben, glauben Sie nicht, dass wenn so viele Millionen Franzosen gewählt haben werden, dass es irgendeine Person gleich auf welcher politischen Ebene geben wird […], die eine sichere Position besitzt, die standhalten könnte. Wenn Frankreich seine souveräne Stimme zu Gehör gebracht haben wird, glauben Sie mir, meine Herren, dann muss man sich ihr unterwerfen oder aufgeben […].

Am 15. August 1877 in Lille gehaltene Rede
Discours et plaidoyers de M. Gambetta, publ. par J. Reinach, Bd. 7. Paris 1882, S. 228 – 230.

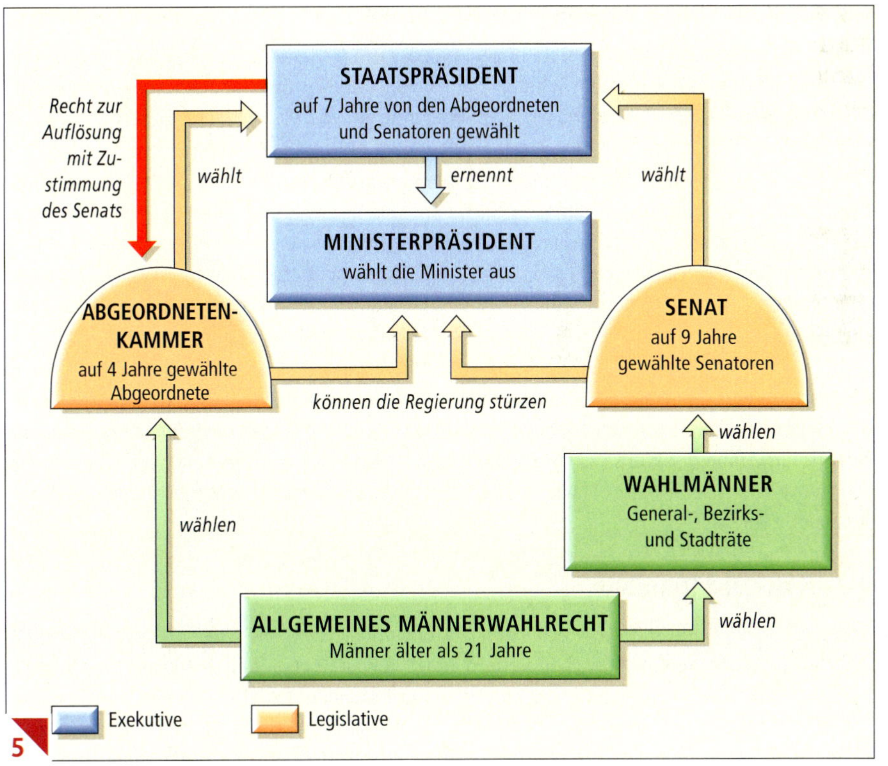


5
**Die Verfassung der Dritten Republik**

## Fragen und Anregungen

**1.** Arbeiten Sie heraus, weshalb die Ablehnung der Trikolore durch den Grafen von Chambord für die Franzosen nicht akzeptabel war. (M2)

**2.** Verfassen Sie eine republikanische Antwort auf das Manifest des Grafen. (M2)

**3.** Vergleichen Sie das politische System Frankreichs (M5) mit der Verfassung des Deutschen Kaiserreiches. (vgl. M2, S. 53)

**4.** Beschreiben Sie die Karikatur und formulieren Sie deren Aussage. (M3)

**5.** Prüfen Sie, inwiefern die politischen Ereignisse in Frankreich dazu beitrugen, die parlamentarische Republik zu stabilisieren.

# 2. Die Republikaner an der Macht (1879 – 1914)

*Wie bewährt sich die republikanische Ordnung in der Praxis?*

### Liberale Demokratie und Laizismus

Die Dritte Republik verband das demokratische Prinzip des allgemeinen Wahlrechts mit der liberalen Forderung nach dem Schutz des einzelnen Staatsbürgers vor staatlicher Willkür (siehe S. 64).

Auf nationaler Ebene wurde das allgemeine Wahlrecht bestätigt; seit 1884 konnten darüber hinaus auch Bürgermeister und Stellvertreter von den Gemeinde- bzw. Stadträten gewählt werden (außer in Paris). Die Garantie von Versammlungs- und Pressefreiheit (1881) und die Zulassung von Gewerkschaften (1884) stärkten die Rechte der französischen Staatsbürger erheblich.

Zudem waren die Republikaner bestrebt, die Franzosen im Sinne des Laizismus von der Bevormundung durch die Kirche zu befreien und sie so zu unabhängig urteilenden Staatsbürgern zu erziehen: Diesem Zweck dienten unter anderem die auf Initiative des Bildungsministers Jules Ferry verabschiedeten Schulgesetze (1881/1882), die die kostenlose, obligatorische und laizistische Grundschule einrichteten.

### Die Republik in der Krise: „les deux France"

Die schlechte Wirtschaftslage löste in den 1880er-Jahren soziale Spannungen aus, die zu einer parlamentarischen Krise führten. Seit den Wahlen von 1885 verfügte die Regierung der gemäßigten Republikaner ( Opportunisten ) nur noch über eine knappe Mehrheit. Sozialisten und linksrepublikanische „Radicaux" setzten sie mit Forderungen nach sozialen Reformen unter Druck.

In der Krise entwickelte sich eine antiparlamentarische Strömung, die den regierenden Republikanern Korruption, Unfähigkeit und mangelnden Einsatz für die Revanche gegenüber Deutschland vorwarf. Der als Kriegsminister populär gewordene General Boulanger sammelte die Unzufriedenen von der extremen Linken bis hin zu den Monarchisten um sich. Als er am 27. Januar 1889 Wahlen in Paris gewann, widersetzte er sich aber den Wünschen seiner Anhänger nach einem Staatsstreich.

Seit 1894 spaltete schließlich die Dreyfus-Affäre (vgl. Dossier S. 50 f.) die französische Gesellschaft derart, dass von „zwei Frankreichs" („deux France") gesprochen werden kann: Gegenüber dem demokratisch-liberalen Frankreich der Republikaner, die zugleich national und universal im Sinne der Werte von 1789 dachten, formierte sich nun ein neuer, rechtsgerichteter und teilweise antisemitischer Nationalismus, der unter anderem Rückhalt in Kirche und Armee fand (siehe S. 70).

### Die „radikale" Republik

Der gegen die Opposition von rechts durch Ministerpräsident René Waldeck-Rousseau gebildeten Regierung der „republikanischen Verteidigung" gehörte neben den „Radicaux" ein Sozialist (Millerand) an. Nach der Legalisierung von Vereinsgründungen (Gesetz von 1901) konstituierten sich die „Radicaux" als erste politische Partei Frankreichs. In der Tradition der Französischen Revolution wollten sie die politische Gleichstellung aller Franzosen, den allgemeinen Zugang zu Bildungsmöglichkeiten und die Etablierung der Mittelklassen („nouvelles couches sociales") als staatstragende Schicht einer laizistischen Republik verwirklichen. Seit dem Wahlerfolg von 1902 bestimmten sie die Politik und setzten 1905 gegen den teilweise erbitterten Widerstand der Katholiken die Trennung von Staat und Kirche durch (siehe S. 68 f.).

Als die Regierung unter dem „Radical" Georges Clemenceau (1906 – 1909) die Armee gegen streikende Arbeiter einsetzte, geriet sie darüber hinaus in einen Konflikt mit der sozialistischen Linken, die seit 1905 unter Führung von Jean Jaurès in der SFIO geeint war.

1

**General Boulanger bei der Erstürmung der parlamentarischen Bastille**

Karikatur aus der in Toulouse erscheinenden satirischen Zeitschrift „La Bombe" vom 14. Juli 1889.

### Begriffe

- **Laizismus** (franz. laïcité): Strikte Trennung von Staat und Religion, in Frankreich abschließend 1905 durch das Gesetz über die Trennung von Staat und Kirche verwirklicht (keine Anerkennung oder finanzielle Unterstützung von Glaubensgemeinschaften durch den Staat).
- **Opportunisten:** Gemäßigte Republikaner, die schrittweise Reformen durchsetzen wollen, wenn sich die Gelegenheit („opportunité") dazu bietet. Hauptvertreter: Jules Ferry
- **„Radicaux"** (Plural von „radical"): Linker Flügel der Republikaner, denen die Politik der Opportunisten zu zögernd war. Sie waren strikt antiklerikal eingestellt, bejahten konsequent die parlamentarische Demokratie und forderten mehr soziale Gerechtigkeit.
- **SFIO** (Section française de l'Internationale ouvrière) : Französische Sektion der Arbeiterinternationale (Zweite Internationale); 1905 aus dem Zusammenschluss der beiden größten sozialistischen Parteien entstanden.

## 2 Die neuen Schichten als soziales Fundament der Demokratie

*Am 26. September 1872 wies Léon Gambetta in einer später häufig zitierten Rede in Grenoble auf die Bedeutung des neu entstandenen Mittelstandes für die französische Demokratie hin:*

Was wollen Sie? In Frankreich kann man sich seit fünfundvierzig Jahren in manchen Klassen der Gesellschaft nicht daran gewöhnen, Partei zu ergreifen, nicht nur für die Französische Revolution, sondern auch für ihre Folgen, ihre Ergebnisse. Man will nicht zugeben, dass die Monarchie ihr Ende gefunden hat, dass alle politischen Systeme, die trotz einiger Unterschiede, monarchischen Charakter tragen, zum Scheitern verurteilt sind. […] Man fragt sich in der Tat, woher ein solcher Starrsinn kommt. […] Haben sie denn nicht gesehen, dass nach dem Fall des Kaiserreichs eine neue Generation herangewachsen ist, die leidenschaftlich und zugleich beherrscht, intelligent und geschäftstüchtig ist, die die Gerechtigkeit liebt und die Grundrechte achtet? Haben sie nicht gesehen, wie sie in die Stadträte gewählt wurde, wie sie Stufe um Stufe in die anderen gewählten Gremien des Landes aufstieg und in den Wahlkämpfen einen immer größeren Platz beanspruchte und erhielt? Hat man nicht im ganzem Land – und ich lege größten Wert darauf, diese neue demokratische Generation hervorzuheben – eine neue politische Führungsschicht auftauchen sehen, neues Personal dank dem allgemeinen Wahlrecht? Hat man nicht die Arbeiter in den Städten und auf dem Land, diese Welt der Arbeit, der die Zukunft gehört, in die Politik eintreten sehen? Ist dies nicht ein entscheidender Hinweis darauf, dass das Land – nachdem es viele Regierungsformen erprobt hat – sich endlich an eine andere soziale Schicht wendet, um die republikanische Staatsform zu erproben?
(Ja! Ja! Lang anhaltender Beifall)

Übers. nach: Discours et plaidoyers politiques de M. Gambetta, hrsg. von J. Reinach, Bd. 3. Paris : G. Charpentier 1881, S. 100f.

## 4 „General Revanche": Nationalismus und Antiparlamentarismus

*In der Boulanger-Bewegung spielte die Idee der Revanche für die Niederlage von 1870/71, aber auch soziale Unzufriedenheit eine große Rolle. Hier ein Auszug aus dem Programm von 1888:*

Franzosen, Patrioten, die ihr es leid seid, das Haupt zu senken. Wenn ihr den Frieden aufrechterhalten wollt, dann unterstützt den General Boulanger! Er allein wird es euch ermöglichen, nicht mehr die unverschämten Anordnungen von außen zu erdulden […].

Ihr alle, Arbeiter, die ihr von den katastrophalen Folgen einer unheilvollen Politik erdrückt werdet, die die Früchte der nationalen Arbeit schmälert! Ihr alle, Bauern, die ihr das Feld eurer Väter behalten habt und nicht von einem Brot essen wollt, das auf schändliche Weise aufbewahrt wurde! Ihr Bürger und Unternehmer, die ihr in euren Interessen vom Chaos getroffen werdet, in dessen Tiefen der diskreditierte Parlamentarismus sein Unwesen treibt! Ihr auch, geistige Elite der Nation, die ihr durch das unverschämte Vermögen der schamlosen Mittelmäßigen gedemütigt werdet! Unterstützt den General Boulanger!

Übers. nach: O. Wieviorka/O. Prochasson (Hrsg.), La France du XXe siècle, Documents d'histoire. Paris 1994, S. 93 f.

3

**Bei der Zeitung „La République Française"**

1871 von Léon Gambetta gegründete republikanische Tageszeitung. Die Szene zeigt eine Besprechung der Herausgeber, die über die Korrekturfahnen diskutieren. Gemälde von Henri Gervex, 1890, Chateau de Versailles.

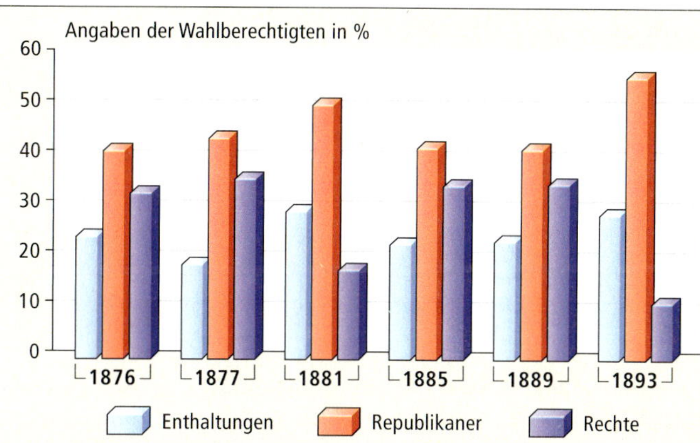


**Zu den Republikanern werden gerechnet**: Sozialisten und „radicaux" (erstmals 1889), mit der Republik ausgesöhnte Katholiken („ralliés") und Progressisten (erstmals 1893).
**Zur Rechten gehören**: Monarchisten, Nationalisten.

Quelle: O. Voillard, G. Cabourdin, F.-G. Dreyfus, R. Marx, Documents d'Histoire contemporaine, Bd. 2 1851–1967. Paris, 1964, S. 355.

5

**Ergebnisse der Wahlen zur Abgeordnetenkammer 1876 – 1893**

## Fragen und Anregungen

**1.** Erläutern Sie ausgehend von weiterführenden Recherchen die Bedeutung der Pressefreiheit für die Demokratie der Dritten Republik. (VT und M3)

**2.** Erklären Sie anhand der Überlegungen von Léon Gambetta die Bedeutung, welche die Republikaner den „neuen sozialen Schichten" für die Demokratie zumessen. (M2)

**3.** Setzen Sie sich kritisch mit der Frage auseinander, inwieweit in einer Demokratie eine bestimmte Schicht als „staatstragend" gelten kann. (M2)

**4.** Arbeiten Sie die zentralen Zielvorstellungen des Boulangismus heraus. Auf welche Krisenerscheinungen reagierte die Bewegung und welche Gruppen suchte sie anzusprechen? (M4)

**5.** Interpretieren Sie die Wahlergebnisse vor ihrem jeweiligen historischen Hintergrund. Charakterisieren Sie den grundsätzlichen Trend. (M5)

# Dossier
# Die Dreyfus-Affäre

Im September 1894 entdeckte eine für den französischen Geheimdienst arbeitende Putzfrau in der deutschen Botschaft in Paris einen anonymen Brief, der darauf hinzuweisen schien, dass innerhalb des französischen Generalstabs ein Verräter für Deutschland spionierte. Der Verdacht richtete sich schnell gegen einen Hauptmann jüdischer Herkunft: Alfred Dreyfus. Ein von antisemitischen Ressentiments geleitetes Kriegsgericht verurteilte ihn bereits im Dezember 1894 wegen Verrats zur Degradierung und Deportation auf die Teufelsinsel (Französisch Guayana).

Obwohl bereits 1896 die Unschuld des Verurteilten durch Ermittlungen innerhalb der Armee nachgewiesen wurde, verhinderte die militärische Führung eine Neuverhandlung des Falles. Als 1898 der Romancier und Journalist Emile Zola das Fehlurteil in einem offenen Brief („J'accuse"/„Ich klage an") anprangerte, löste dies die eigentliche Dreyfus-Affäre aus, die in ganz Europa Beachtung fand und zu einer Spaltung der französischen Gesellschaft führte: Die „Antidreyfusards" gaben der Staatsraison und der Ehre der Armee Vorrang vor den Rechten des Einzelnen. Sie formierten sich unter Einbeziehung konservativer Katholiken zu einer neuen, nationalistisch-antisemitischen Rechten. Die „Dreyfusards" traten hingegen für die Achtung der Menschen- und Bürgerrechte im Sinne der Erklärung von 1789 ein und forderten eine Revision des Prozesses. Republikanische „Intellektuelle" – ein damals aufkommender Begriff – schlossen sich zu diesem Zweck in der „Menschenrechtsliga" („Ligue des droits de l'homme") zusammen.

Nachdem 1898 die Fälschung von Belastungsmaterial gegen Dreyfus entdeckt worden war, kam es 1899 zu einer Neuverhandlung des Falles vor dem Kriegsgericht in Rennes, die jedoch abermals mit einer Verurteilung abgeschlossen wurde. Allerdings begnadigte der Staatspräsident nun Dreyfus. Die Dreyfus-Affäre endete erst 1906 mit der vollen Rehabilitierung des zu Unrecht Verurteilten.

1 **Degradierung des Hauptmanns Dreyfus**

Nach dem Verlesen des Urteils des Kriegsgerichts erklärte General Darras im Hof der École Militaire: „Dreyfus, Sie sind unwürdig, die Waffen zu tragen. Im Namen des Staatspräsidenten degradieren wir Sie!"

Zeichnung von Henri Meyer, Le Petit Journal illustré, n° 217, illustrierte Beilage, 13. Januar 1895.

## 2 „J'accuse" („Ich klage an")

*Offener Brief von Emile Zola an den Präsidenten der Republik, Félix Faure, publiziert in der Zeitung „L'Aurore" am 13. Januar 1898:*

[…] ein Kriegsgericht hat es gerade gewagt, auf Befehl einen Esterhazy freizusprechen, und das ist die äußerste Schändung aller Wahrheit, aller Gerechtigkeit. Nun ist es geschehen, Frankreich hat auf seiner Wange diesen Schandfleck, die Geschichte wird schreiben, dass ein solches Verbrechen gegen die Gesellschaft unter Ihrer Präsidentschaft begangen werden konnte […] Ich werde die Wahrheit sagen, denn ich habe versprochen, sie zu sagen, wenn die Justiz, die regelrecht angerufen wurde, sie nicht ganz und vollständig zum Vorschein brächte. Es ist meine Pflicht, zu sprechen, ich will nicht Komplize sein […]

Wie hat man erwarten können, dass ein Kriegsgericht sich einem anderen entgegensetzen würde. Die beherrschende Idee der Disziplin, die diese Soldaten in ihrem Blut haben, genügt, ihre Fähigkeit zu gerechtem Urteil zu lähmen. […] Sie haben geurteilt, so wie sie ins Feuer gehen müssen – ohne nachzudenken. Die vorgefasste Meinung, die sie auf die Richterbank mitgebracht haben, ist offensichtlich diese: „Dreyfus ist von einem Kriegsgericht wegen Landesverrats verurteilt worden, er ist also schuldig. Wir als ein Kriegsgericht können ihn nicht für unschuldig erklären, denn Esterhazy schuldig sprechen würde bedeuten, Dreyfus' Unschuld offenkundig zu machen." Nichts konnte sie aus dieser Zwangslage befreien. Sie haben ein ungerechtes Urteil gefällt, das für immer das Ansehen unserer Kriegsgerichte schädigt und von nun an alle Urteile mit Verdacht schlägt. Das erste Kriegsgericht war vielleicht nicht einsichtig, das zweite ist unausweichlich verbrecherisch. […]

Das also ist die einfache Wahrheit, Herr Präsident, und sie ist furchtbar. Sie wird eine Befleckung Ihrer Präsidentschaft bleiben. Ich ahne sehr wohl, dass Sie keinerlei Möglichkeit der Einwirkung in dieser Affäre haben, denn Sie sind der Gefangene der Verfassung und Ihrer Umgebung. Sie haben nichtsdestoweniger eine menschliche Pflicht, an die Sie denken und die Sie erfüllen werden. Ich zweifle übrigens keineswegs an dem Triumph der Sache, und ich wiederhole es noch einmal mit einer ganz unerschütterlichen Gewissheit: Die Wahrheit ist auf dem Wege und nichts wird sie aufhalten. Heute erst beginnt die Affäre, weil heute erst völlig klar geworden ist, wer sich im Gegensatz befindet: auf der einen Seite die Schuldigen, die sich der Gerechtigkeit in den Weg stellen, auf der anderen Seite die Vorkämpfer der Gerechtigkeit, die ihr Leben für den Sieg ihrer Sache einsetzen.

S. Thalheimer (Hrsg.), Die Affäre Dreyfus. München 1963, S. 185 ff.

3
**Das Abendessen: die Dreyfus-Affäre in der Familie**

„Lasst uns vor allem nicht über die Dreyfus-Affäre sprechen." – „Sie haben darüber gesprochen."
Karikatur von Caran d'Ache in der Zeitung „Le Figaro" vom 14. Februar 1898.

4
**Alfred Dreyfus bittet Jean Jaurès um die Revision seines Prozesses**

Judas verlangt: „Ich bitte um die Neuverhandlung meiner Angelegenheit. Es gab eine Fälschung." „In Ihrer Akte?" „Nein... bei den dreißig Silberlingen, die mir die Hohepriester übergeben haben." („pièce" ist im Französischen doppeldeutig: Münze oder Dokument, Anspielung auf die Belohnung des Judas für seinen Verrat an Jesus, siehe Matthäusevangelium 26, 15).
Troisième Album der auflagenstarken Abendzeitung „L'Intransigeant", 1903.

## 5 Ein Kampf zwischen „Militarismus" und „Intellektualismus"

*In Deutschland rief die Dreyfus-Affäre zum einen Schadenfreude über den „Niedergang der Republik" hervor, weckte jedoch im liberalen Bürgertum und in der Sozialdemokratie auch Sympathien für das Engagement der „intellectuels", so etwa in der dem Revisionismus (siehe S. 66) zuzurechnenden Zeitschrift „Sozialistische Monatshefte":*

Der Kampf, der tödliche Kampf, vollzieht sich zwischen dem Militarismus und dem Intellektualismus. Der erste besinnt sich auf jahrhundertelange Unterdrückung, die er ausgeübt hat, seine Stärke besteht in der Tradition; der zweite verteidigt die Freiheit, die ihm in der Geschichte blitzartig entgegengeleuchtet hat, seine Stütze ist der gesunde Menschenverstand und der Hass der Bedrückten, der Hass, den Jahrhunderte des Elends aufgehäuft haben. Auf der einen Seite die brutale und disziplinäre Gewalt, auf der anderen Seite der Gedanke allein.

Sozialistische Monatshefte, September 1898, zit. nach: G. Krumeich, „Die Resonanz der Dreyfus-Affäre im Deutschen Reich", in: G. Hübner/W. J. Mommsen, Intellektuelle im Deutschen Kaiserreich. Frankfurt/M. 1993, S. 13 – 32, hier S. 25.

## 6 „Der Judenstaat" – eine Reaktion auf die Dreyfus-Affäre

*Unter dem Eindruck der Dreyfus-Affäre schrieb der österreichische Jurist und Publizist Theodor Herzl sein Buch „Der Judenstaat" (1896). Darin forderte er die Gründung eines jüdischen Staates als Antwort auf den Antisemitismus und formulierte so den Kerngedanken des Zionismus:*

Wir sind ein Volk, Ein Volk.

Wir haben überall ehrlich versucht, in der uns umgebenden Volksgemeinschaft unterzugehen und nur den Glauben unserer Väter zu bewahren. Man lässt es nicht zu. Vergebens sind wir treue und an manchen Orten sogar überschwängliche Patrioten, vergebens bringen wir dieselben Opfer an Gut und Blut wie unsere Mitbürger, vergebens bemühen wir uns, den Ruhm unserer Vaterländer in Künsten und Wissenschaften, ihren Reichtum durch Handel und Verkehr zu erhöhen. In unseren Vaterländern, in denen wir ja auch schon seit Jahrhunderten wohnen, werden wir als Fremdlinge ausgeschrien; oft von solchen, deren Geschlechter noch nicht im Lande waren, als unsere Väter da schon seufzten. Wer der Fremde im Lande ist, das kann die Mehrheit entscheiden; es ist eine Machtfrage, wie alles im Völkerverkehre.

Theodor Herzl, Der Judenstaat. Versuch einer modernen Lösung der Judenfrage. Leipzig/Wien 1896, S. 11.

## Fragen und Anregungen

1. Interpretieren Sie die Karikatur M3 vor dem Hintergrund der gesellschaftlichen Auswirkungen der Dreyfus-Affäre.
2. Erklären Sie mithilfe der Materialien, weshalb die Dreyfus-Affäre eine lang andauernde politische Krise der Dritten Republik darstellte. (M1 – M5)
3. Beschreiben Sie die Rolle der Presse im Rahmen der Affäre.
4. Erläutern Sie anhand der Karikatur in der Zeitung „L'Intransigeant", wie die christliche Überlieferung im antisemitischen Sinne instrumentalisiert werden konnte. (M4)
5. Diskutieren Sie die Bedeutung der Rehabilitierung Alfred Dreyfus' für die Dritte Republik.
6. Zeigen Sie auf, inwieweit die Dreyfus-Affäre weit über die Grenzen Frankreichs hinaus als ein wirkungsgeschichtlich zentrales Ereignis gelten kann. (M5 und M6)

# 3. Konflikte und Reformen der Bismarckzeit (1871 – 1890)

*Welche Grenzen waren der politischen Partizipation im Kaiserreich gesetzt?*

## Das Deutsche Reich – eine konstitutionelle Monarchie

Das Deutsche Reich von 1871 verfügte über einen föderalen Staatsaufbau. So waren die Einzelstaaten über den Bundesrat an der Gesetzgebung des Reiches beteiligt und behielten wesentliche Sonderrechte, etwa im Bereich des Schulwesens. Dem Kaiser standen die politische und militärische Führung sowie die völkerrechtliche Vertretung des Reiches zu. Der Reichskanzler leitete die Regierungsgeschäfte und war allein dem Kaiser verantwortlich; eine politische Verantwortung gegenüber dem demokratisch gewählten Parlament (Reichstag) im Sinne eines parlamentarischen Regierungssystems bestand hingegen nicht. Da jedoch ohne die Zustimmung des Parlaments kein Gesetz in Kraft treten konnte, war der Kanzler in der politischen Praxis dennoch auf parlamentarische Mehrheiten angewiesen.

## Zusammenarbeit mit den Liberalen (1871 – 1878)

Das Jahrzehnt nach der Reichsgründung war geprägt von der Zusammenarbeit Bismarcks mit den Nationalliberalen; es brachte Vereinheitlichungen auf den Gebieten Wirtschaft (Münzen, Maße und Gewichte) und Recht (Strafgesetzbuch, Arbeit an einem Bürgerlichen Gesetzbuch). Unterstützung der Liberalen fand der Reichskanzler auch in der Auseinandersetzung mit der katholischen Kirche. Die Zentrumspartei vertrat die Interessen der katholischen Minderheit (36 % der Bevölkerung) im protestantisch-preußisch geprägten Kaiserreich und wurde von Bismarck als „Reichsfeind" eingestuft. Im „Kulturkampf" (1871 – 1878) sollte die katholische Kirche der Aufsicht des Staates unterstellt werden, um jeden Einfluss der Kurie auf die deutsche Politik zu verhindern. Die Katholiken leisteten Widerstand, sodass der Kulturkampf zu einer politischen Teilniederlage für Bismarck wurde (siehe S. 68 f.).

Nach der ökonomischen Blüte der „Gründerjahre" war es 1873 zu einer Wirtschaftskrise gekommen. In Interessenverbänden zusammengeschlossene Industrielle und Agrarier sahen ihre Existenz bedroht und forderten die Einführung von Schutzzöllen und damit die Abkehr von der von den Liberalen unterstützten Freihandelspolitik. Bismarck ließ sich 1879 auf diese Forderungen ein, wandte sich von den Liberalen ab und kooperierte nun verstärkt mit den Konservativen und dem Zentrum.

## Die Auseinandersetzung mit der Arbeiterbewegung

Auch die Sozialdemokratie (siehe S. 66) zählte Bismarck zu den „Reichsfeinden": Ihr Protest gegen die Annexion Elsass-Lothringens wie auch das Bekenntnis August Bebels – gemeinsam mit Wilhelm Liebknecht Führer der SDAP – zur Pariser Commune ließen sie als national unzuverlässig erscheinen. Die bestehende Wirtschafts- und Gesellschaftsordnung lehnte sie ab.

1875 vereinigte sich die SDAP mit dem von Ferdinand Lassalle bereits 1863 gegründeten ADAV zur Sozialistischen Arbeiterpartei (SAP; 1890 in Sozialdemokratische Partei Deutschlands, SPD, umbenannt). Angesichts dieser Bündelung der sozialdemokratischen Kräfte sah sich Bismarck zum Handeln veranlasst, obwohl in der Partei die reformorientierte Richtung gegenüber den Verfechtern eines revolutionären Vorgehens überwog. Zwei Attentate auf den Kaiser (1878) ließen die im Bürgertum vorhandene Sozialistenfurcht anwachsen und ermöglichten die Verabschiedung des Sozialistengesetzes (in Kraft bis 1890), das die Parteiorganisation der SAP zerschlagen sollte, was jedoch langfristig den weiteren Aufstieg der Sozialdemokratie nicht verhinderte.

Mit einer staatlichen Sozialgesetzgebung hoffte man, die Arbeiter für den Staat zu gewinnen (siehe S. 66). Damit begann eine staatliche Sozialpolitik, die in Europa vorbildlich war.

1
**August Bebel (1840 – 1913)**
Mitbegründer und Vorsitzender der SPD, Gemälde von Georg Tronnier, um 1905, Sammlung H. Schmidt.

### Begriffe

- **Parlamentarisches Regierungssystem:** siehe S. 14
- **Zentrum:** Partei des politischen Katholizismus in Deutschland; errang bereits bei den Reichstagswahlen von 1871 über 18 Prozent der Stimmen; 1881 bis 1912 stärkste Fraktion im Reichstag.
- **Kulturkampf:** Auseinandersetzung zwischen römisch-katholischer Kirche und Staat im Deutschen Reich (1871 bis Anfang der 1880er-Jahre).
- **Gründerjahre:** Jahre der Hochkonjunktur 1871 – 1873, auch angeheizt durch die französische Kriegsentschädigung.
- **SDAP** (Sozialdemokratische Arbeiterpartei): 1869 von August Bebel und Wilhelm Liebknecht gegründete Arbeiterpartei, die großdeutsch (siehe S. 26) ausgerichtet war und im Gegensatz zum ADAV (s. u.) ein taktisches Bündnis zwischen Arbeiterschaft und preußischem Staat gegen das kapitalistisch-liberale Bürgertum ablehnte.
- **ADAV** (Allgemeiner Deutscher Arbeiter-Verein): 1863 von Ferdinand Lassalle gegründete erste sozialdemokratische Partei Deutschlands, die durch demokratische Wahlen und im Bündnis mit dem preußischen Staat (kleindeutsche Orientierung, siehe S. 26) die Lage der Arbeiter verbessern wollte.
- **SPD** (Sozialdemokratische Partei Deutschlands): 1875 durch den Zusammenschluss des Allgemeinen Deutschen Arbeitervereins (ADAV) und der Sozialdemokratischen Arbeiterpartei (SDAP) entstandene Partei; zunächst als SAP (Sozialistische Arbeiterpartei Deutschlands), seit 1890 als SPD bezeichnet.

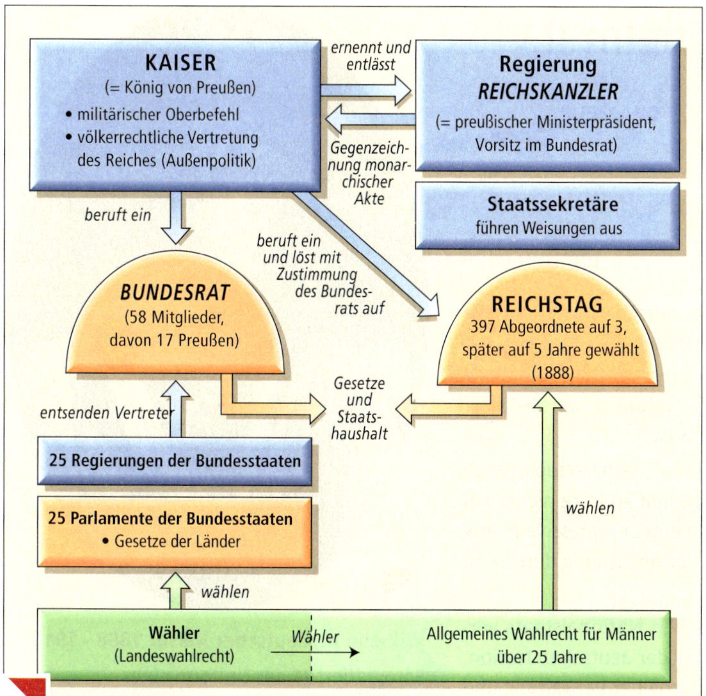


2

**Die Verfassung des Deutschen Kaiserreiches**

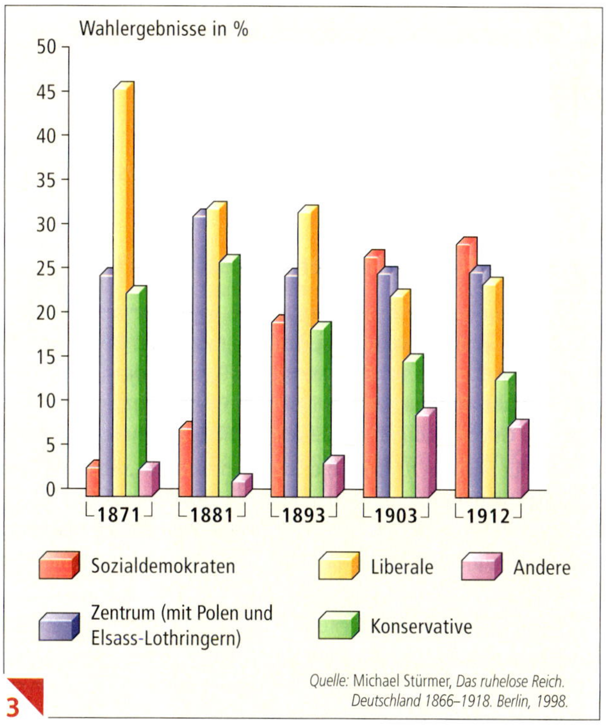


3

**Ergebnisse der Reichstagswahlen 1871–1912**

Nach: Michael Stürmer, Das ruhelose Reich. Deutschland 1866–1918. Berlin 1998, S. 452 f.

## 4 August Bebel über das Sozialistengesetz

*August Bebel war 1871–1913 als sozialdemokratischer Abgeordneter Mitglied des Reichstages.*

Sobald das Gesetz verkündet und in Kraft getreten war, fielen die Schläge hageldicht. Binnen wenigen Tagen war die gesamte Parteipresse mit Ausnahme des Offenbacher Tageblatts und der fränkischen Tagespost in Nürnberg unterdrückt. Das gleiche Schicksal teilte die Gewerkschaftspresse. [...] Ebenso verfielen der Auflösung die zahlreichen lokalen sozialdemokratischen Arbeitervereine, nicht minder Bildungs-, Gesang- und Turnvereine, an deren Spitze Sozialdemokraten standen [...] 67 unserer bekanntesten Parteigenossen, bis auf einen sämtliche Familienväter, wurden ausgewiesen. [...]

Die fortgesetzten Ausweisungen und die Schikanierung der Ausgewiesenen durch die Polizei hatten aber einen Erfolg, den unsere Staatsretter nicht vorausgesehen. Durch die Verfolgungen aufs Äußerste erbittert, zogen sie von Stadt zu Stadt, suchten überall die Parteigenossen auf, die sie mit offenen Armen aufnahmen, und übertrugen jetzt ihren Zorn und ihre Erbitterung auf ihre Gastgeber, die sie zum Zusammenschluss und zum Handeln anfeuerten. Dadurch wurde eine Menge örtlicher geheimer Verbindungen geschaffen, die ohne die Agitation der Ausgewiesenen kaum entstanden wäre.

August Bebel, Aus meinem Leben. Berlin 1988 (Erstausgabe 1910), S. 509, 512 f., 514.

5

**„Wie der zukünftige Reichstag aussehen wird"**

Anhand der typischen Merkmale Schnurrbart und Glatze war Bismarck in Karikaturen leicht wiederzuerkennen.
Karikatur aus der deutschen Satirezeitschrift „Kladderadatsch", 1878.

## Fragen und Anregungen

**1.** Analysieren Sie das Verfassungsschema, indem Sie es mit einer modernen parlamentarischen Verfassung vergleichen. (M2)

**2.** Bewerten Sie den Erfolg von Bismarcks Innenpolitik vor dem Hintergrund der Wahlergebnisse von Zentrum und Sozialdemokraten. (M3)

**3.** Arbeiten Sie mithilfe von M4 und M5 heraus, welche Einstellung zu Parlament und politischen Parteien Bismarck vorgeworfen werden kann.

**4.** Erläutern Sie die Wirkung des Sozialistengesetzes, wie August Bebel sie darstellt. (M4)

**5.** Versetzen Sie sich in die Lage eines Journalisten und schreiben Sie einen Nachruf auf Otto von Bismarck anlässlich seines Todes am 30. Juli 1898. Wählen Sie hierbei die Perspektive einer den Sozialdemokraten nahe stehenden Zeitung oder diejenige eines konservativen Organs.

# Dossier
# Schule in der 3. Republik und im Kaiserreich

In Deutschland und Frankreich trugen öffentliche Schulen wesentlich zur nationalen Integration breiter Bevölkerungsschichten bei. Im Deutschen Reich lag die Zahl der Analphabeten um die Jahrhundertwende unter 1 Prozent. Die Unterrichtsinhalte und -methoden der deutschen Volksschule lassen sich mit heutigen Maßstäben kaum vergleichen: Religionsunterricht (Auswendiglernen), Schreib- und Leseübungen (Deutschunterricht), Rechnen.

In Frankreich wurde das Volksschulwesen nach einer ersten gesetzlichen Regelung 1833 (Loi Guizot) erst in der Dritten Republik flächendeckend ausgebaut: Die Schulgesetze Jules Ferrys machten den Besuch kostenloser, weltlicher Schulen obligatorisch für Jungen und Mädchen. Bis zum Jahr 1914 sank in Frankreich die Zahl der Analphabeten unter den Wehrpflichtigen auf etwa 5 Prozent. Die Unterrichtspraxis war auch hier weit von heutigen Anforderungen entfernt.

Der Besuch höherer Bildungsanstalten (Lycée, Gymnasium/Realgymnasium) blieb in beiden Ländern überwiegend den Kindern wohlhabender Eltern vorbehalten.

2

**Öffentliche Grundschule im Departement Somme (1906)**

Tafeltext: „Das Volk, das die besten Schulen hat, ist das erste Volk. Wenn es dies heute nicht ist, dann morgen."
Musee national de l'Education, Rouen.

### 1 „Republikaner formen"

*Aus einer Rede von F. Buisson, dem wichtigsten Mitarbeiter von Jules Ferry, auf dem Kongress des „parti radical" von 1903:*

Die erste Aufgabe einer Republik besteht darin, Republikaner zu formen und […] ein Republikaner wird nicht auf die gleiche Weise geformt wie ein Katholik. Um jemanden zu einem Katholiken zu machen, genügt es, ihm eine vorgefertigte Wahrheit aufzuzwingen; und dann muss er nur noch alles schlucken. Der Meister redet und der Gläubige wiederholt es. […] Um jemanden zu einem Republikaner zu machen, muss man den Menschen nehmen, wie klein und bescheiden er auch sein mag, […] und ihm die Vorstellung geben, dass er selbst denken soll, dass er niemandem weder Glauben noch Gehorsam schuldet, dass er selbst die Wahrheit suchen muss […]. Um selbst vernünftig urteilen zu können, ist ein langer und gründlicher Unterricht nötig. […] Es handelt sich um nichts weniger als darum, einen freien Geist zu schaffen. Eine liberale Erziehung existiert nur dort, wo man den Geist mit verschiedenen Standpunkten, widersprechenden Meinungen konfrontiert, wo man ihm in Anbetracht des Für und Wider sagt: „Vergleiche und wähle selbst."

Übers. nach A. Prost, Histoire de l'enseignement en France 1800 – 1967. Paris 1968, S. 219.

## Fragen und Anregungen

1. Arbeiten Sie heraus, welche Werte der Schulunterricht französischen Schülern vermitteln sollte. (M1 – M3)
2. Erläutern Sie anhand von M4 und M5 das Verhältnis von humanistischer und mathematisch-naturwissenschaftlicher bzw. berufsorientierter Bildung im Kaiserreich.
3. Diskutieren Sie, inwieweit sich in den Bildungsdebatten der Gegenwart vergleichbare Argumentationsmuster erkennen lassen.
4. Charakterisieren Sie die Ziele, die Unterricht aus der Sicht Wilhelms II. verfolgen soll und ordnen Sie diese in den politischen Kontext der wilhelminischen Zeit ein. (M6)

## 3 „Aufgaben gegenüber der Gesellschaft und dem Vaterland"

Ehemals hat man bei den Kindern den Patriotismus nicht ausreichend kultiviert. Dieser blutige Vorwurf wurde uns nach unserem Desaster von 1870 gemacht. Der Patriotismus ist eine Tugend, die sich wie die Gerechtigkeit und die Nächstenliebe entwickelt. Das einzige Mittel, sie in dem Herzen des Kindes aufkeimen zu lassen und zu verwurzeln, ist das wohlüberlegte Studium der Nationalgeschichte.

Denn entflammen die Triumphe unser Väter nicht die Vorstellungskraft unserer Schüler, spornen sie nicht ihr Selbstwertgefühl als zukünftige Staatsbürger an? Und welch schönere Lektion bürgerlicher Moral gibt es, als ihnen rund um das symbolische Bild des Vaterlands diese großen Männer zu zeigen, die alles geopfert haben: ihre Anlagen, ihre Ruhe, ihr glückliches Leben und noch mehr, um Frankreich größer, berühmter und glorreicher werden zu lassen? [...]

Ihre Bewunderung ist für alle Männer der Revolution zu entfachen, deren Taten ebenso unvergänglich sind wie ihre Namen, welche die alte französische Gesellschaft zerstört haben, die nur aus Privilegien und Ungerechtigkeit bestand, und die leider viel zu oft das entstehende Feld der Freiheit mit ihrem Blut getränkt haben, um auf den Trümmern der alten Monarchie, vor den Augen der staunenden Welt, die stolze und großzügige Devise der Französischen Republik Freiheit, Gleichheit, Brüderlichkeit zu verkünden [...]

Darin besteht die Methode, die ich verwende oder besser die im Augenblick im Moralunterricht aller Schulen Frankreichs angewendet wird.

Abgefasst in Andresy, am 1. Oktober 1899
Der staatliche Lehrer
Morin

Archives départementales des Yvelines – ADY 1 T mono 1.

4

**Das deutsche Gymnasium als Hort klassischer Bildung**

„Sie kennen nicht einmal jenen wenn auch seltenen, so doch berühmten Versfuß, den Proceleusmaticus? Und Sie wollen in einigen Wochen das Gymnasium verlassen und in das praktische Leben hinaustreten?"
Latein und Griechisch genossen im deutschen wie im französischen Bildungsbürgertum nach wie vor hohes Prestige.
Karikatur von Rudolf Wilke aus der Satirezeitschrift „Simplicissimus", 1902.

## 5 Konkurrenz zum humanistischen Gymnasium: das Realgymnasium

*Die Stellung des humanistischen Gymnasiums war trotz seines Prestiges im Bildungsbürgertum nicht unangefochten. Mit dem Realgymnasium entwickelte sich eine alternative Bildungsinstitution, die ebenfalls zum Abitur führte. Ein Gießener Schulleiter verteidigte 1887 das Konzept des Realgymnasiums:*

Berufen sich die Anhänger des humanistischen Gymnasiums auf dessen lange und glänzende geschichtliche Entwicklung, so wird von Seiten der Verfechter des Realgymnasiums auf die gebieterische Forderung der modernen Wissenschaften hingewiesen und auf die gewiss beachtenswerte Tatsache, dass die Realgymnasien, trotz der Ungleichheit der Berechtigungen und trotz der namentlich in den oberen Klassen meist ungünstigeren Zusammensetzung des Schülerkreises, doch fortwährend Abiturienten entlassen, die sich in den ihnen zugänglichen Gebieten neben den Zöglingen der älteren Anstalten im Ganzen mit Ehren behaupten. Fordert die humanistische Richtung strengster Observanz das Zurückdämmen der Realschulen in ihr altes Bette, ihre Herabdrückung zu dem, was sie anfänglich gewesen, nämlich zu bloßen Vorbereitungsanstalten für das praktische Leben, so erhebt die Partei der Realschulmänner den Anspruch, dass mindestens die medizinische und die juristische Fakultät sich ihre Schüler erschließen müssen.

Leibnitz unterscheidet in der Entwicklung der Wissenschaften drei Perioden: die der scholastischen Philosophie[1], die des Humanismus und die der mathematisch-naturwissenschaftlichen Bestrebungen [...]. Sie sei für andere Kulturnationen schon abgeschlossen; für das deutsche Volk gehöre sie aber noch der Zukunft an. Berührt diese Unterscheidung nicht sonst wie eine prophetische, Gutes verheißende Hindeutung auf Schulen von dem Charakter unseres Realgymnasiums?

[1] Scholastik: stark regelgeleitete und an Autoritäten orientierte Philosophie des Mittelalters.

Direktor Ludwig Nodnagel im „Jahres-Bericht des Großherzogl. Realgymnasiums und der Realschule zu Gießen", Gießen. 1887, S. 22.

## 6 Für eine „gesunde Auffassung"

*Aus einem Erlass Kaiser Wilhelms II. vom 1. Mai 1889:*

Schon längere Zeit hat Mich der Gedanke beschäftigt, die Schule in ihren Abstufungen nutzbar zu machen, um der Ausbildung sozialistischer und kommunistischer Ideen entgegenzuwirken. In erster Linie wird die Schule durch die Pflege der Gottesfurcht und der Liebe zum Vaterland die Grundlage für eine gesunde Auffassung auch der staatlichen [...] Verhältnisse zu legen haben [...] Sie muss bestrebt sein, schon der Jugend die Überzeugung zu verschaffen, dass die Lehren der Sozialdemokratie nicht nur den göttlichen Geboten widersprechen, sondern in Wirklichkeit unausführbar und in ihren Konsequenzen dem Einzelnen wie dem Ganzen gleich verderblich sind, sie muss [...] der Jugend zum Bewusstsein bringen, wie Preußens Könige bemüht gewesen sind [...], die Lebensbedingungen der Arbeiter zu heben, von den gesetzlichen Reformen Friedrichs des Großen bis heute.

G. Giese, Quellen zur deutschen Schulgeschichte seit 1800. Göttingen 1961, S. 194.

# Dossier
# Das Reichsland Elsass-Lothringen (1871 – 1918)

Nach der Niederlage Frankreichs im Deutsch-Französischen Krieg von 1870/1871 wurden das Elsass und Teile des nördlichen Lothringens in das Deutsche Reich einbezogen und die überwiegend noch deutschsprachige Bevölkerung einer nationalen Integrationspolitik unterzogen.

Der Frankfurter Friedensvertrag räumte Elsässern und Lothringern das Recht ein, bis 1872 für Frankreich zu optieren. Eine Optionserklärung für die französische Staatsbürgerschaft gaben etwa 160.000 Menschen ab, von denen allerdings nur etwa 50.000 tatsächlich auswanderten (Gesamtbevölkerung: ca. 1,6 Millionen).

Elsass-Lothringen nahm nach 1871 an den inneren Entwicklungen Deutschlands teil (z.B. Wirtschaftsaufschwung, Bismarck'sche Sozialversicherung). Anders als die übrigen Bundesstaaten des Reiches, die über eigene Regierungen und Landtage verfügten, waren die annektierten Gebiete jedoch als „Reichsland" direkt dem Kaiser unterstellt und erhielten erst 1911 einen Landtag mit begrenzten Rechten – eine Benachteiligung, die zur Formierung einer starken Autonomiebewegung führte.

In Frankreich entwickelte sich der Mythos der „verlorenen Provinzen" zu einem zentralen Element des Revanche-Gedankens gegenüber dem Deutschen Reich, spielte jedoch nach 1900 keine entscheidende Rolle mehr.

### 1 Warum ist das Elsass nicht deutsch?

*Während des Deutsch-Französischen Krieges von 1870 forderte der deutsche Althistoriker Theodor Mommsen unter Verweis auf kulturelle Gemeinsamkeiten die Annexion Elsass-Lothringens. Sein französischer Kollege Fustel de Coulanges antwortete ihm:*

Sie glauben, bewiesen zu haben, dass das Elsass deutscher Nationalität ist, weil seine Bevölkerung germanischer Rasse und seine Sprache deutsch ist. Aber ich wundere mich darüber, dass ein Historiker wie Sie vorgibt, nicht zu wissen, dass weder die Rasse noch die Sprache die Nationalität begründet. […]

Was die Nationen unterscheidet ist weder die Rasse noch die Sprache. Die Menschen spüren im Herzen, dass sie dasselbe Volk sind, wenn eine Gemeinsamkeit in den Ideen, Interessen, Neigungen, Erinnerungen und Hoffnungen besteht. Dies ist es, was das Vaterland ausmacht. Deswegen wollen die Menschen miteinander gehen, gemeinsam arbeiten, gemeinsam kämpfen, füreinander leben und sterben. Das Vaterland ist das, was man liebt. Es kann sein, dass das Elsass durch seine Rasse und seine Sprache deutsch ist; aber durch seine Nationalität und sein Vaterlandsgefühl ist es französisch. Und wissen Sie, wer es französisch gemacht hat? Das war nicht Ludwig XIV., sondern unsere Revolution von 1789.

Brief an Mommsen, 24. Oktober 1870, übers. nach: R. Girardet, Le Nationalisme français. Anthologie 1871 – 1914. Paris 1983.

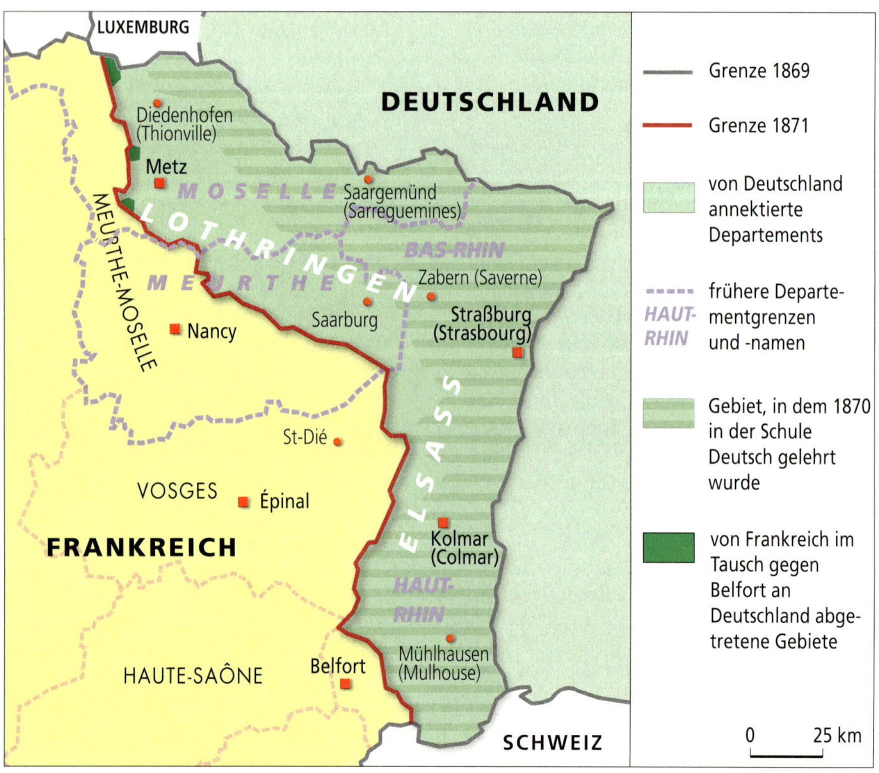


### 2 Die deutsch-französische Grenze nach dem Frankfurter Vertrag vom 10. Mai 1871

In Deutschland wird der annektierte Teil des französischen Territoriums bis heute sachlich nicht ganz zutreffend als „Elsass-Lothringen" bezeichnet. Da keineswegs ganz Lothringen, sondern insbesondere Teile der Departements Mosel und Meurthe annektiert wurden, ist die im Französischen übliche Bezeichnung „Alsace-Moselle" zutreffender.

P. Poidevin/J. Bariéty, Frankreich und Deutschland. München 1982, S. 123.

## 3 Elsass-Lothringen nach 1871 in deutschen und französischen Geschichtsbüchern

**Deutsche Geschichtsbücher:**

a) Die zurückgewonnene deutsche Grenzmark Elsass-Lothringen (ungefähr so groß wie das Großherzogtum Baden) mit 1 Million Einwohnern wurde selbstständiges Reichsland unter einem kaiserlichen Statthalter. Metz und Straßburg sind wieder unsere vornehmsten Warten an der westlichen Landesgrenze wie ehedem. Bedauerlicherweise bekundete ein großer Teil der elsässischen und lothringischen Bevölkerung gegen die Neuangliederung ans alte Vaterland offenen Widerwillen. Auch die Franzosen lieben es noch heute, gegen den „Raub" ihrer Grenzprovinzen zu eifern und damit die nationalen Leidenschaften aufzureizen.

Lehrbuch der Deutschen und Bayerischen Geschichte für Höhere Lehranstalten von H. Winter, 2. Band. 2. Aufl. München 1899, S. 213.

b) Hochbedeutsam war das Ergebnis des Krieges. Das neue Reich vereinigte fortan unter dem starken Kaisertum der Hohenzollern die deutschen Stämme; es gewann mit Elsass-Lothringen seine natürliche Westgrenze zurück und trat machtvoll unter den Völkern hervor. Eine glänzende nationale Entwicklung, die ohnegleichen ist in der Geschichte, begann auf allen Gebieten des deutschen Lebens.

Wie war es doch anders geworden in Deutschland als zur Zeit des Westfälischen Friedens, Ludwigs XIV., oder Napoleons I.! Welche großen Feldherren treten vor Moltke in der Neuzeit hervor?

In: Leitfaden der Geschichte für Lyzeen und Höhere Mädchenschulen von Fr. Zurbonsen, 6. Teil. 2. Aufl. Düsseldorf 1914, S. 99.

**Französische Geschichtsbücher:**

c) Zum ersten Mal seit vier Jahrhunderten wich Frankreich zurück. 1815 hatte es wenigstens die Grenzen im Großen und Ganzen noch behalten, welche ihm die Monarchie gegeben hatte; durch den Vertrag vom 1. März 1871 hat man ihm eine Verletzung zugefügt, die immer bluten wird, indem man ihm zwei unserer französischsten Provinzen entrissen hat: das Elsass und einen Teil Lothringens, die am Heiligen Römischen Reich immer nur durch ganz schwache Bindungen festhielten. Straßburg hatte sich 1681 freiwillig Ludwig XIV. übergeben und Metz Heinrich IV. im Jahr 1552.

Wenn das historische Recht irgendwo liegt, dann befindet es sich auf unserer Seite. Daher haben es die Preußen auch nicht gewagt, die Bevölkerung [in einer Volksabstimmung] zu befragen, um zu erfahren, ob sie deutsch werden oder französisch bleiben wollte. Nachdem man eine Bevölkerung von 1 600 000 Seelen wie eine Viehherde behandelt hatte, über die man verfügen kann, hoffte man, Frankreich für lange Zeit zu erschöpfen, indem man eine (Kriegs-) Entschädigung von 5 Milliarden verlangte.

Petite historie de France par Victor Duruy (enseignement secondaire). Paris 1876, S. 273 ff.

d) Die seit dem Westfälischen Frieden im Jahr 1648 mit Frankreich vereinigten Provinzen waren diejenigen, die sich unserer Nationalität am stärksten verbunden hatten. Obwohl auf dem Land ein deutscher Dialekt im Gebrauch blieb, waren die Gefühle französisch, und die starke Auswanderungsbewegung nach der gewaltsamen Annexion durch das Deutsche Reich hat dies gut bewiesen. Der 1. Oktober 1872 war als Datum für die Entscheidung (Option) zwischen der französischen und der deutschen Nationalität festgelegt worden; aber der Entscheidung musste ein echter Wechsel des Wohnorts folgen. Daher sah man am Ende der fatalen Frist eine gewaltige Bevölkerungsverschiebung, und all diejenigen, die das Eigentum oder die Notwendigkeit nicht an Grund und Boden festhielt, kamen, um ihr Vaterland Frankreich wiederzufinden. Sogar viele der wichtigsten Industriebetriebe wurden unter großen Opfern in die benachbarten Departements verlagert.

Histoire de l'époque moderne et contemporaine depuis 1453 jusqu'à nos jours par G. Ducoudray (Lehrerbildungsanstalten). Paris 1900, S. 537 ff.
Zit. nach: R. Riemenschneider, Grenzprobleme im Schulbuch. Die Annexion von Elsass und Lothringen in deutschen und französischen Geschichtsbüchern von 1876 bis zur Gegenwart. www.deuframat.de (05.02.2008).

**4 Historisierende Herrschaftsarchitektur**

1904 bis 1908 in der überwiegend französischsprachigen Garnisonsstadt Metz im neoromanischen Stil nach dem Vorbild mittelalterlicher Kaiserpfalzen (insbesondere Goslar) errichteter Bahnhof; Wilhelm II. hatte persönlich auf die Planungen Einfluss genommen. Postkarte, um 1914.

## Fragen und Anregungen

**1.** Prüfen Sie anhand der Karte M2 (Legende beachten) das von deutscher Seite vorgebrachte Argument der sprachlich-kulturellen Zugehörigkeit Elsass-Lothringens zu Deutschland.

**2.** Erläutern Sie, wie Fustel de Coulanges die Zugehörigkeit der Elsässer zu Frankreich begründet. Charakterisieren Sie knapp das Verständnis von Nation, auf dem diese Begründung basiert. (M1)

**3.** Vergleichen Sie die Deutung der Annexion Elsass-Lothringens in deutschen und französischen Geschichtsbüchern. Ermitteln Sie durch Recherchen (Internet, Lexika) die historische Bedeutung der genannten Daten und zeigen Sie, wie diese in den Schulbüchern zur Untermauerung von Ansprüchen genutzt wurden. (M3)

**4.** Suchen Sie nach weiteren (historischen oder aktuellen) Beispielen für die Instrumentalisierung von Geschichte im Sinne der Rechtfertigung von Besitz- und Herrschaftsansprüchen.

**5.** Arbeiten Sie die architektonische Aussage des Metzer Bahnhofs heraus. (M4)

# Wissenschaftliche Interpretationen analysieren

## Allgemeine Hinweise

### A. Die Bedeutung wissenschaftlicher Darstellungen

• Wer sich mit historischen Fragen auseinandersetzt, kann nicht alle verfügbaren Quellen selbst lesen, sondern muss auf wissenschaftliche Darstellungen (Sekundärliteratur) zurückgreifen. Diese enthalten neben Fakten (Information) auch Deutungen (Interpretation). Selbst wenn sich ein Wissenschaftler um Objektivität bemüht, hat er doch besondere Erkenntnisinteressen und eine eigene Perspektive, aus der heraus er wertet. Vergleicht man historische Studien miteinander, so zeigt sich oft, dass die Ergebnisse zum selben Thema verschieden ausfallen können.

• Im Rahmen einer wissenschaftlichen Auseinandersetzung mit Geschichte genügt es nicht, sich auf eine einzige Interpretation zu verlassen. Vielmehr müssen verschiedene Deutungsvorschläge im Licht der verfügbaren Quellen kritisch geprüft und miteinander verglichen werden.

• Im Geschichtsunterricht ist dies nur in sehr begrenztem Umfang möglich. Die Analyse von Auszügen aus der wissenschaftlichen Literatur kann aber das Bewusstsein dafür schärfen, dass historische Darstellungen nicht einfach die historische Wirklichkeit an sich, sondern lediglich ein bestimmtes Bild von dieser Wirklichkeit wiedergeben. Dies gilt selbstverständlich auch für Schulbücher.

### B. Methodische Vorgehensweise

Das methodische Vorgehen bei der Analyse von Texten, die der Sekundärliteratur entnommen sind, entspricht im Prinzip der Interpretation von Quellen. Es muss allerdings mitbedacht werden, dass es sich hier nicht um zeitgenössische Äußerungen handelt, sondern um den Blick von Historikern auf die Vergangenheit.

► **Es empfehlen sich folgende Arbeitsschritte:**

**1. Erste Lektüre und Texterfassung:** Lesen Sie den Text sorgfältig und unterstreichen oder notieren Sie Begriffe und Gedanken des Verfassers, die Sie beim ersten Lesedurchgang verstehen und als zentral erachten. Achtung: Unterstreichen oder notieren Sie nicht mehr als 30 Prozent des Textes.

**2. Informationen über den historischen Themenbezug:** Informieren Sie sich näher über das historische Thema oder Problem, mit dem sich der Verfasser des Textes auseinandersetzt (z. B. anhand Ihres Geschichtsbuchs).

**3. Informationen über den Verfasser und seinen Arbeitskontext:** Vertritt der Verfasser vorwiegend einen bestimmten Teilbereich der Geschichtswissenschaft (z. B. Sozialgeschichte, Politikgeschichte, Ideengeschichte)? Gehört er einer bestimmten wissenschaftlichen Schule an? Welche wichtigen Veröffentlichungen hat er bisher vorgelegt? Mögliche Informationsquellen: Internetseiten von geschichtswissenschaftlichen Fakultäten an Universitäten mit Angaben zu Dozenten.

**4. Erklärung von Fachbegriffen:** Versuchen Sie, Ihnen zunächst nicht verständliche Begriffe aus dem Gesamtzusammenhang zu erschließen oder mit Hilfe eines Nachschlagewerkes aufzulösen (Historisches Lexikon oder allgemeines Lexikon; seriöse Enzyklopädien im Internet). Achtung: Fühlen Sie sich nicht entmutigt, wenn Sie es nicht schaffen, alle Begriffe zu erklären. Sie können sich auch dann mit einem Text auseinandersetzen, wenn ein kleiner Restbestand des Wortschatzes unklar bleibt.

**5. Herausarbeiten und Erklären der zentralen Textaussagen:** Formulieren Sie die zentralen Aussagen des Textes nun möglichst präzise und erklären Sie diese, indem Sie auf die in den Schritten 1 bis 4 gewonnenen Informationen zurückgreifen. Verwenden Sie neben dem unverzichtbaren Fachvokabular Ihre eigenen Worte, um ganz sicher zu sein, dass Sie den Text verstanden haben.

**6. Persönliche Stellungnahme:** Äußern Sie sich dazu, inwieweit Sie dem Verfasser zustimmen können; formulieren Sie ggf. Kritik. Ziehen Sie Ihre historischen Kenntnisse zur Begründung Ihrer Stellungnahme heran.

**Beispiel:**

## Der politische Charakter des Deutschen Kaiserreiches

• Der politische Charakter des Kaiserreiches ist in der Forschung umstritten. Ein Teil der Historiker hebt die autoritären Elemente des politischen Systems und den Einfluss der traditionellen Eliten hervor. Sie betrachten das Kaiserreich vor allem als einen „Obrigkeitsstaat“ und gehen davon aus, dass Deutschland im 19. und 20. Jahrhundert abweichend von der demokratischen Entwicklung Westeuropas einen „Sonderweg“ beschritten habe, der schließlich 1933 in die nationalsozialistische Diktatur mündete. Der Historiker Thomas Nipperdey setzte sich kritisch mit dieser Auffassung auseinander.

• Der Autor: Thomas Nipperdey (1927 – 1992) war Professor für Neuere Geschichte in Karlsruhe, Berlin und München. Seine in drei Bänden erschienene „Deutsche Geschichte“ zählt zu den Standardwerken.

- absolutistisch: über uneingeschränkte Souveränität verfügend

- Anordnungen und Verfügungen des Kaisers traten erst nach der Unterzeichnung durch den Reichskanzler in Kraft

- das Heilige Römische Reich Deutscher Nation, von einer weitreichenden Selbstständigkeit der Territorien geprägt, 1806 aufgelöst
- föderativer Zusammenschluss der deutschen Fürsten und Städte (1815 – 1866), kein Staat

- Ergänzung im Sinne eines politischen Zugeständnisses

- Rechtsstaat: Staat, in dem schriftlich fixierte Gesetze die Rechte des Einzelnen gegenüber anderen und gegenüber dem Staat schützen
- Kulturstaat: Staat, der über bestimmte kulturelle Leistungen definiert wird (z. B. deutsche Universitäten des Kaiserreiches)

- Obrigkeitsstaat: Staat, der von monarchischen Institutionen und traditionellen Eliten (Adel, Militärführung etc.) dominiert wird

Die Monarchie im Reich war nicht mehr absolutistisch oder halbabsolutistisch. Sie war konstitutionell. [...] Sie war an die Verfassung, die rechtsstaatlichen Normen, die Mitwirkung des Parlaments gebunden, an die Form der Regierung durch Beamten-Minister oder einen Reichskanzler, die die politisch-moralische „Verantwortung“ für das Handeln von Monarch und Regierung vor der Öffentlichkeit und formell durch Gegenzeichnung monarchischer Erlasse übernahmen, und darum an einen – wenigstens prinzipiellen langfristigen – Konsens der bürgerlichen Öffentlichkeit, ihrer Mehrheit. Dass die Regierung nicht vom Vertrauen des Parlaments abhängig war, [...] ist demgegenüber kein Einwand. Die innere Geschichte des Reiches ist demgemäß vom Verhältnis der Regierung zu Parlament und Öffentlichkeit bestimmt. [...] Das Reich war keine Neuauflage bisheriger konservativer Staatlichkeit, kein „ altes Reich “, kein Deutscher Bund, kein Großpreußen. Es war etwas Neues. Es war der Nationalstaat, in dem konservative Monarchie und bürgerliche Gesellschaft sich zusammenfanden. Darum auch war der Reichstag nicht eine Art Konzessionszusatz, sondern ein integraler Bestandteil der Verfassung.

[...]

Denkt man von den Aufgaben her, so war das neue Reich gewiss ein Macht- und damit auch ein Militärstaat. Aber es war auch ein Rechts- und Kulturstaat, dem Westen mehr als dem Osten zugehörig.
Und es wurde zunehmend ein Wirtschafts- und Sozialstaat. Es war ein Obrigkeitsstaat und ein Verfassungsstaat, zugleich zusammengehalten in der Idee des Nationalstaats.

Die Verfassung von 1867/71 war, noch einmal, ein Kompromiss, zwischen der revolutionär umgeformten konservativen Monarchie und dem Juniorpartner der nationalen und liberalen Bewegung des Bürgertums.

Thomas Nipperdey, Deutsche Geschichte 1866 – 1918. Bd. II: Machtstaat vor der Demokratie. München 1992, S. 99 f., 108.

**Anwendung**

Erklären Sie die Aussagen Nipperdeys über den politischen Charakter des Deutschen Kaiserreiches. Orientieren Sie sich dabei an den genannten Arbeitsschritten.

Kapitel 4

# Deutschland und Frankreich – Antworten auf die Herausforderungen des 19. Jahrhunderts



Nach 1871 beschritten Deutschland und Frankreich parallele Wege in die Moderne: Mit der beschleunigten Industrialisierung entwickelte sich ein städtisches Proletariat, das neben den neuen Mittelschichten ein wichtiger Faktor des politischen Lebens wurde. Aufgrund des rasanteren Industrialisierungstempos setzte sich in Deutschland mit der Sozialdemokratie früher als in Frankreich eine effiziente Organisationsform der Arbeiterschaft durch. Entsprechend früher engagierte sich auch der Staat als sozialpolitischer Akteur, aber auch als Verfolger sozialdemokratischer Opposition.

In beiden Ländern etablierten sich nach 1871 mit dem allgemeinen Männerwahlrecht, der Schulpflicht und dem Wehrdienst die zugleich integrierend und vereinheitlichend wirkenden Institutionen des modernen National- und Verfassungsstaates. Zudem förderte eine am Nationalstaat orientierte politische Kultur mit ihren Feiern und Ritualen die Nationalisierung „von unten".

- Wie sind die unterschiedlichen Reaktionen in Deutschland und Frankreich auf ähnliche Herausforderungen zu erklären?
- Welche Spuren haben diese unterschiedlichen Entscheidungen langfristig hinterlassen?

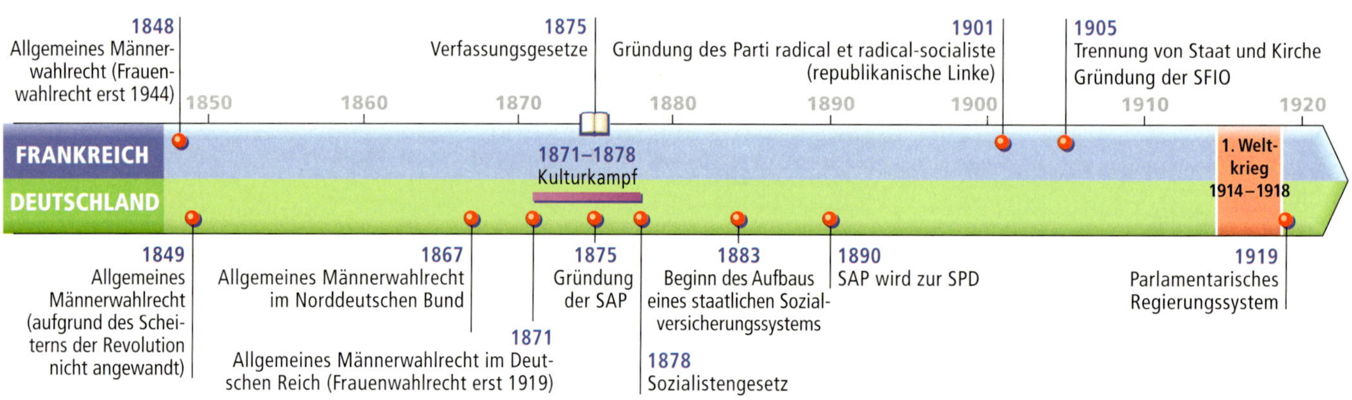

1

**Das Modell der demokratisch-liberalen Republik in Frankreich**

Die Dritte Republik galt als Antwort auf zwei zentrale politische Forderungen des 19. Jahrhunderts: die demokratische Partizipation der Massen und die Garantie individueller Grundrechte. Wahlraum im Rathaus (Mairie des Lilas). Bei der Büste rechts handelt es sich um die Marianne, die Personifikation der Französischen Republik.
„Le suffrage universel" („Das allgemeine Wahlrecht"), Ölgemälde von Alfred Bramtot, 1891, 34x52 cm, mairie des Lilas.

2 **Das Modell der deutschen Sozialversicherung**

Mit der Einrichtung eines staatlichen Sozialversicherungssystems in den 1880er-Jahren war das Kaiserreich international führend im Bereich der Sozialpolitik. Renten wurden im Postamt abgeholt.
„Der Segen der Alters- und Invalidenversicherung", Stich um 1890.

# 1. Auf dem Weg zur modernen Demokratie? – Verfassung und politische Partizipation

*Welche wesentlichen Gemeinsamkeiten und Unterschiede fallen beim Vergleich der politischen Strukturen Frankreichs und Deutschlands um 1900 auf?*

## Freiheit und Demokratie – ein Spannungsverhältnis

Die Begriffe „Freiheit" und „Demokratie" standen im 19. Jahrhundert in einem Spannungsverhältnis zueinander. Französische und deutsche Liberale sahen lange Zeit im Wahlrecht der aus ihrer Sicht ungebildeten und politisch manipulierbaren Massen eine Gefahr für die bürgerlichen Grundrechte in der Tradition von 1789. Der Cäsarismus Napoleons III. galt als Beleg dafür, dass sich die wahlberechtigten Massen keineswegs immer für die Sache der Freiheit entschieden.

Entsprechend befürchteten auch die deutschen Liberalen, dass Bismarck das allgemeine Wahlrecht zur Legitimation seiner autoritären Politik nutzen könnte. Nach der Reichsgründung (1871) zeigte sich jedoch, dass das allgemeine Wahlrecht vor allem dem gegen Bismarck opponierenden politischen Katholizismus (Zentrum) und der Sozialdemokratie (SPD) nützte.

## Die Dritte Republik: eine Synthese liberaler und demokratischer Traditionen

Das republikanische System, das in Frankreich zwischen 1875 und 1905 weitgehend verwirklicht wurde, war eine Synthese demokratischer und liberaler Traditionen; es galt den Republikanern als Vollendung der Revolution von 1789. Das System fixierte einerseits das allgemeine Männerwahlrecht, sah aber zugleich wesentliche gesetzliche Garantien vor, die die Freiheit des Einzelnen vor der Willkür des Staates schützten (Versammlungsfreiheit, Meinungsfreiheit, Pressefreiheit). Das Bemühen um eine strikte Begrenzung und Kontrolle staatlicher Macht zeigte sich auch in der Durchsetzung des parlamentarischen Regierungssystems (endgültig 1877).

Der Gefahr einer autoritären Manipulation der Massen wollten die Republikaner vor allem durch die Einführung der allgemeinen, kostenlosen und laizistischen Primarschule (1881/1882) begegnen. Im Sinne des republikanischen Positivismus sollten die Franzosen zu urteilsfähigen, vom Einfluss der Kirche befreiten Staatsbürgern und Wählern erzogen werden.

## Das Kaiserreich: ein ambivalentes System

Die Reichsgründung war 1871 unter preußischer Führung durch eine Vereinbarung der Fürsten und freien Städte, das heißt „von oben" erfolgt. Dennoch lässt sich das Reich aufgrund seiner politischen und gesellschaftlichen Ambivalenz im Rückblick nicht einfach als obrigkeitsstaatliche „Antithese" zur französischen Demokratie beschreiben.

Auf der einen Seite war das politische und gesellschaftliche System des Kaiserreiches zweifellos von aristokratischen und militärischen Leitbildern wie Disziplin und Gehorsam und vom starken monarchischen Element in der Verfassung geprägt: Die Verfassung erkannte dem Kaiser das Recht zu, allein darüber zu entscheiden, wer als Reichskanzler die Exekutive führen sollte (siehe S. 52 f.). In Preußen, dem größten Einzelstaat des Reiches, bestand darüber hinaus das Dreiklassenwahlrecht fort, das die Stimmen einer wohlhabenden Minderheit stärker gewichtete als die der Mehrheit.

Auf der anderen Seite existierte jedoch in Gestalt des Reichstags auf nationaler Ebene ein demokratisch gewähltes Parlament, das wie die französische Deputiertenkammer die Gesetze verabschiedete und den Staatshaushalt bewilligte. Ebenso wie die Französische Republik war das Kaiserreich ein Rechtsstaat, dessen Gesetze die Bürger zumindest im Grundsatz vor der Willkür staatlicher Macht schützten. Das Sozialversicherungssystem des Bismarckreiches hatte international Modellcharakter (siehe S. 66). Im Bereich der Wissenschaften galten die staatlichen Universitäten des Reiches und die Forschungsinstitute der Kaiser-Wilhelm-Gesellschaft als vorbildlich.

### Begriffe

- **Cäsarismus:** siehe S. 36
- **Zentrum:** siehe S. 52
- **SPD** (Sozialdemokratische Partei Deutschlands): siehe S. 52
- **Parlamentarisches Regierungssystem:** siehe S. 14
- **Laizistisch/Laizismus:** siehe S. 48
- **Positivismus:** Von dem Franzosen Auguste Comte (1798–1857) begründete philosophische Lehre, die die Theorie eines heraufziehenden „positiven Zeitalters" entwickelte, das von wissenschaftlichem Geist und Fortschrittsglaube beherrscht wird.
- **Dreiklassenwahlrecht:** siehe S. 34
- **Kaiser-Wilhelm-Gesellschaft:** 1910/1911 gegründete Gesellschaft, die naturwissenschaftliche Forschungsinstitute einrichtete und unterhielt; durch kaiserliches Mäzenatentum gefördert und zu großen Teilen von der Industrie sowie vom Großbürgertum finanziert.

### Fragen und Anregungen

1. Erläutern Sie das Spannungsverhältnis zwischen Liberalismus und Demokratie, das für das 19. Jahrhundert charakteristisch war. Zeigen Sie, inwieweit die nach 1871 etablierte Französische Republik ein Versuch war, diese beiden Traditionen miteinander in Einklang zu bringen. (VT, Kapitel 1 und 3)
2. Arbeiten Sie die politische Ambivalenz des Kaiserreiches heraus. Stellen Sie dabei autoritäre und demokratische Elemente einander gegenüber. (VT, M1 und M2)
3. Auf welche konkreten Merkmale des republikanischen Modells bezieht sich Jean Jaurès? Erklären Sie seine Behauptung, dass die deutschen Sozialdemokraten das Wahlrecht „von oben bekommen hätten". Weshalb spricht er dem deutschen Reichstag den Charakter eines Parlaments ab? (M2)
4. Erklären Sie, weshalb Bebel in seiner Antwort an Jaurès ausgerechnet Bismarck, den Feind der Sozialdemokraten, als Gewährsmann für den politischen Erfolg seiner Partei zitiert. (VT, M2, siehe auch S. 52)
5. Erörtern Sie mögliche Gründe für die Tatsache, dass französische und deutsche Frauen vom allgemeinen Wahlrecht ausgeschlossen blieben. Diskutieren Sie die in der sozialistischen Zeitschrift „La Citoyenne" vertretene Auffassung. (M3)

1

**Der Reichstag: demokratisches Element im monarchischen Staat**

Das Deutsche Reich verfügte mit dem Reichstag über ein demokratisch legitimiertes Parlament, in dem 1881 das oppositionelle Zentrum (Katholiken) und 1912 die ebenfalls oppositionelle SPD (Sozialdemokraten) stärkste Fraktion wurden. Anders als in Frankreich war die Regierung aber dem Parlament gegenüber nicht verantwortlich.
Ölgemälde von Georg Waltenberger, 1905.

## 2 Die politischen Systeme von Republik und Kaiserreich aus sozialistischer Sicht

*1904 kam es auf dem internationalen Amsterdamer Sozialistenkongress zwischen Jean Jaurès (Parti socialiste français) und August Bebel (SPD) zu einer Kontroverse über die richtige Taktik gegenüber den „bürgerlichen Klassenstaaten"[1] Republik und Kaiserreich. Obwohl beide in Opposition zu ihren Regierungen standen, ließen sie doch eine gewisse Sympathie für das politische System ihres eigenen Landes erkennen:*

**a. Jean Jaurès:**

Die Rettung der Republik, die Sicherung der politischen Freiheit, die Verweltlichung des Unterrichts, die Trennung von Staat und Kirche, Arbeitsschutzgesetz, Steuergesetzreform[2] – all das sind nur Mittel, um das revolutionäre Ziel zu erreichen, die Befreiung der unterdrückten Arbeit. [...]

Es hat im deutschen Proletariat Beispiele bewunderungswürdiger Hingebung gegeben. Aber es hat in seiner Geschichte keine revolutionäre Tradition. Es hat sich das allgemeine Wahlrecht nicht auf den Barrikaden erobert, es hat es von oben bekommen. [...] Und ebenso wenig wie ihr die Mittel revolutionärer Aktion, wie ihr die Kraft habt, welche euch eine revolutionäre Tradition des Proletariats geben würde, habt ihr, das wisst ihr wohl, die parlamentarische Kraft. [...] Ein Parlament [der deutsche Reichstag] ist kein Parlament, wenn es nicht die Exekutivgewalt, die Regierungsgewalt in der Hand hat, wenn seine Beschlüsse nur Wünsche sind, welche die Reichsbehörden willkürlich kassieren können.

**b. August Bebel:**

So sehr wir euch Franzosen um eure Republik beneiden und uns eine wünschen: Uns ihretwegen die Köpfe einschlagen zu lassen, das fällt uns nicht ein. [...] Aber ob Monarchie oder Republik – beide sind Klassenstaaten, beide sind Staatsformen zur Aufrechterhaltung der Klassenherrschaft der Bourgeoisie [...].

Haben wir mit unserer Taktik je eine wirkliche Reformmaßregel zurückgewiesen? Oder einen namhaften Fortschritt nicht unterstützt? Darin besteht gerade unsere Taktik, dass wir dies tun. Haben wir in Deutschland ein bisschen sozialen Fortschritt, wem ist er anders zu danken als uns? [...] Das können wir sogar auf die Autorität unseres Feindes Bismarck gestützt den Angriffen unseres Freundes Jaurès entgegenhalten [...]. Nur von uns werden unsere Gegner zu Reformen angepeitscht [...]. Und wir sind so weitherzig, dass wir Konzessionen annehmen, einerlei von wem sie kommen [...]. Aber wir vergessen nie die abgrundtiefe Kluft, die uns von unseren Gegnern trennt.

Internationaler Sozialisten-Kongress zu Amsterdam, 14.–20. August 1904, Expedition der Buchhandlung Vorwärts. Berlin 1904, S. 38 und 41 f.

[1] Staaten, die die wirtschaftliche Ausbeutung des Proletariats (der Arbeiterschaft) durch die kapitalistische Bourgeoisie zulassen.
[2] Die Sozialisten strebten die Einführung der von ihnen als sozial gerecht erachteten progressiven Einkommensteuer (mit dem Einkommen ansteigende Prozentsätze) sowie eine Begrenzung der Arbeitszeit an.

3

**Eine bessere Welt durch das Frauenwahlrecht?**

Stich aus der Zeitung „La Citoyenne", die in den 1880er-Jahren von der sozialistischen Feministin Hubertine Auclerc herausgegeben wurde. Übersetzung von oben nach unten und von links nach rechts: „Allgemeines Wahlrecht – Krieg – Frieden – Wahlurne – Der Weltfrieden, die Harmonie der Gesellschaft, das Wohl der Menschheit werden nur dann existieren, wenn die ins Wahlrecht eingeschlossenen Frauen den Männern helfen werden, Gesetze zu machen."

# 3. Staat und Religion

*Wie ist es zu erklären, dass es in Frankreich zu einer Trennung von Staat und Kirche kam, in Deutschland jedoch nicht?*

## Der katholische Ultramontanismus als politische Herausforderung

Nach dem Krieg von 1870/71 kam es sowohl in Frankreich als auch in Deutschland zu erbitterten Konflikten zwischen Staat und katholischer Kirche. Der moderne Nationalstaat forderte von der Bevölkerung ein hohes Maß an Integration und Loyalität. Er konnte nicht akzeptieren, dass ein großer Teil der Staatsbürger in wesentlichen Fragen der Lebensgestaltung und der Politik von einer übernationalen kirchlichen Hierarchie beeinflusst wurde. Als besonders gefährlich galt dieser Einfluss, nachdem Papst Pius IX. 1864 (im „Syllabus") die Unterwerfung der kirchlichen Autorität unter die Staatsgewalt neben anderen „Irrtümern unserer Zeit" (Sozialismus, Liberalismus etc.) verurteilt hatte.

Zudem trug das 1870 vom Ersten Vatikanischen Konzil verkündete Dogma der Unfehlbarkeit des Papstes wesentlich dazu bei, dass katholische Kleriker und Lehrer leicht als fremdbestimmte Agenten des „Ultramontanismus" verdächtigt wurden.

## Frankreich auf dem Weg zur Trennung von Staat und Kirche

Nach den revolutionären Krisenjahren war das Verhältnis zwischen Staat und Kirche in Frankreich durch das Konkordat von 1801 vertraglich geregelt worden. Im 19. Jahrhundert traten weite Teile der Kirche für eine konservative Gesellschaftsordnung ein und stützten die Monarchien (insbesondere die bourbonische).

Diese Haltung der Kirche und die starke Stellung der katholischen Kongregationen im Schulsystem bedingten den militanten Antiklerikalismus der Republikaner: Die Einführung der kostenlosen, obligatorischen und laizistischen Primarschule (1881/82) sollte die französischen Kinder im Sinne einer republikanisch-emanzipatorischen Erziehung vom Einfluss der Kirche befreien.

Nachdem Teile des Katholizismus während der Dreyfus-Affäre (siehe Dossier S. 50 f.) die antisemitisch-nationalistische Rechte unterstützt hatten, verschärfte die linksrepublikanische Regierung Combes (1902–1905) die antiklerikalen Bestimmungen: Von katholischen Kongregationen geleitete Schulen wurden geschlossen; 1905 verabschiedete die Deputiertenkammer das Gesetz über die Trennung von Staat und Kirche, das zum Fundament des republikanischen Laizismus wurde.

## Der Kulturkampf in Deutschland

Anders als im überwiegend katholischen Frankreich gab es im Deutschen Reich zwei große Konfessionen. Der dominierende Protestantismus war durch das „landesherrliche Kirchenregiment" eng mit den staatlichen Institutionen verbunden und unterstützte seit 1871 mit den Liberalen weitgehend den antiklerikalen Kurs des Reichskanzlers Bismarck.

Der von Bismarck seit 1871 energisch geführte „Kulturkampf" gegen die als „Reichsfeinde" diffamierten Katholiken, die politisch in der Partei des Zentrums organisiert waren, ließ durchaus Parallelen zu Frankreich erkennen. Auch hier ging es um die Sicherung staatlicher Kontrolle über das Schulwesen und um die Verringerung des politischen Einflusses der Kirche. 1871 stellte der sogenannte Kanzelparagraph politische Agitation in Predigten unter Strafe; 1873 übernahm der preußische Staat die Kontrolle über Ausbildung und Einstellung von Geistlichen.

Darüber hinaus verband sich der konservative Katholizismus in Deutschland aber auch mit dem Partikularismus der katholischen Bevölkerungsteile und dem nationalen Unabhängigkeitsstreben der großen polnischen Minderheit (Posen), worin Bismarck eine Bedrohung der Reichseinheit sah.

In den 1880er-Jahren nahm Bismarck die aggressivsten Kampfmaßnahmen zurück, hielt aber an der Zivilehe und an der staatlichen Schulaufsicht fest. Der Religionsunterricht blieb in den meisten deutschen Bundesländern bis heute ordentliches Lehrfach an staatlichen Schulen (nicht jedoch in der DDR, 1949–1990).

### Begriffe

- **Unfehlbarkeit:** 1870 durch das Erste Vatikanische Konzil beschlossenes Dogma, demzufolge der Papst nicht irren kann, wenn er eine Lehrentscheidung trifft (ex cathedra).
- **Ultramontanismus:** Polemischer Sammelbegriff für katholische Strömungen, die sich uneingeschränkt an der Autorität des Papstes orientieren und somit als von „jenseits der Alpen" her (ultra montes) fremdbestimmt gelten.
- **Konkordat:** Abkommen zwischen Staat und Kirche. Das 1801 (unter dem Ersten Konsul Napoleon Bonaparte, seit 1799) zwischen der Französischen Republik und dem Heiligen Stuhl geschlossene Konkordat festigte u. a. die Position der katholischen Kirche im Bildungswesen, ermöglichte dem Staat aber im Gegenzug die Besetzung von Bischofsstühlen.
- **Antiklerikalismus:** Ablehnung des Einflusses der katholischen Kirche in Staat und Gesellschaft; bezeichnet darüber hinaus allgemein Formen der Feindseligkeit gegenüber Geistlichen.
- **Laizismus:** siehe S. 48
- **Landesherrliches Kirchenregiment:** Aus der Reformation hervorgegangene Oberhoheit der deutschen Landesherrn (z. B. Herzog von Württemberg) über die evangelischen Kirchen in ihren Staaten; bestand bis 1918.
- **Kulturkampf:** siehe S. 52
- **Zentrum:** siehe S. 52

### Fragen und Anregungen

1. Vergleichen Sie die Konflikte zwischen Staat und Kirche in Frankreich und Deutschland. Welche Gemeinsamkeiten und Unterschiede sind festzustellen? (VT, M1–M4)
2. Entschlüsseln Sie die Symbole der beiden Karikaturen und zeigen Sie, welches Bild vom Konflikt zwischen Staat und Kirche jeweils vermittelt wird. (M1 und M3)
3. Beschreiben Sie die gesellschaftlichen Auswirkungen des Kulturkampfes, wie sie sich aus der Sicht von Eduard Hüsgen darstellen. Erörtern Sie, inwieweit diese Auswirkungen sich mit dem in Deutschland vorherrschenden Konzept der „Kulturnation" und den konfessionellen Verhältnissen erklären lassen. (M4, zum Konzept der „Kulturnation" siehe S. 70)
4. Diskutieren Sie: Muss ein freiheitlich-demokratischer Staat in Europa religiös absolut neutral sein oder darf er zu bestimmten Religionsgemeinschaften ein besonderes Verhältnis pflegen?

**1 Trennung mit dem „Segen“ Voltaires**

Ministerpräsident Émile Combes (1902–1905) trennt Staat und Kirche (tatsächlich geschah dies erst nach dem Sturz seiner Regierung). Der französische Aufklärer Voltaire (oben rechts im Hintergrund) hatte im 18. Jahrhundert den Einfluss der Kirche erbittert bekämpft.
Zeitgenössische Karikatur, anonym.

## 2 Parlamentsdebatte über das französische Trennungsgesetz

*1905 stellte der Sozialist Aristide Briand im Parlament den Gesetzesentwurf zur Trennung von Staat und Kirche vor:*

Die neue Ordnung der Glaubensgemeinschaften, die Ihnen [den Abgeordneten] vorgeschlagen wird, berührt derart empfindliche und unterschiedliche Interessen, führt so große Veränderungen in jahrhundertealten Gewohnheiten herbei, dass es vernünftig ist, vor allem die erregte Empfindlichkeit der „Gläubigen“ zu beruhigen, indem feierlich erklärt wird, dass die Republik nicht allein außerstande ist, das Gewissen zu unterdrücken oder den äußeren Ausdruck des religiösen Gefühls in einer seiner vielfältigen Formen zu stören, sondern auch, dass sie die Gewissensfreiheit und Religionsfreiheit durchzusetzen bestrebt ist. […]

Die Neutralität des Staates im konfessionellen Bereich ist das Ideal aller modernen Gesellschaften. […]

Indem Sie [dieses Gesetzesvorhaben] verabschieden, führen Sie den Staat zu einer richtigeren Einschätzung seiner Rolle und Funktion zurück, geben der Republik ihre echte revolutionäre Tradition wieder und gestehen der Kirche zu, was sie ausschließlich zu fordern berechtigt ist, nämlich die volle Freiheit, ihre Organisation zu gestalten, nach ihren Regeln und mit ihren eigenen Mitteln zu leben und sich zu entwickeln ohne andere Einschränkung als die Achtung vor dem Gesetz und der öffentlichen Ordnung.

Aristide Briand in der Abgeordnetenkammer, 4. März 1905; übers. nach: J.-L. Robert, Le XIXe siècle. Paris 1995, S. 344.

**3 Reichskanzler Bismarck gegen Papst Pius IX.**

Die 1875 in der Satirezeitschrift „Kladderadatsch“ veröffentlichte Karikatur reduziert den Konflikt zwischen Staat und Kirche auf zwei Personen. Die Aufschriften der Schachtel und der Figuren beziehen sich auf die von beiden Seiten eingesetzten „Waffen“: Interdikt, Enzyklika, Syllabus auf Seiten des Papstes; „Internirt“, Klostergesetz, und weitere antikatholische Paragraphen (Kanzelparagraph) auf Seiten Bismarcks.

## 4 Gesellschaftliche Auswirkungen des Kulturkampfes

*Eduard Hüsgen, Vorstandsmitglied des „Augustinus-Vereins zur Pflege der katholischen Presse“ äußerte sich 1907 über die gesellschaftlichen Auswirkungen des Kulturkampfs:*

Wie eine vergiftende Atmosphäre, wie eine Art Krankheit lag es in jenen Tagen über unserem Vaterlande. Katholik und Reichsfeind, katholisch und vaterlandslos, ultramontan und vaterlandsfeindlich, Zentrumsanhänger und Gegner jeder Kulturbestrebung waren nach landläufiger Auffassung gleichwerte Begriffe. Es gehörte gewissermaßen zum guten Ton, den Katholiken ihre politische und gesellschaftliche Minderwertigkeit möglichst deutlich zum Ausdruck zu bringen und ihnen im öffentlichen und privaten Leben die Gleichberechtigung abzusprechen. […]

Die konfessionellen und politischen Gegensätze waren so groß, dass ein klaffender Riss durch die Gesellschaft ging, der Spaltung und Zwietracht bis in den Schoß der Familie hineintrug. Ein überzeugungstreuer Katholik galt tatsächlich nur als Bürger zweiter Klasse. […]

E. Hüsgen, Ludwig Windhorst, Biographie. Köln 1907.

# 4. Nation und Nationalismus in Deutschland und Frankreich

*Weshalb wirkte die Idee der Nation sowohl emanzipatorisch als auch aggressiv?*

## Was ist eine Nation?

Die Idee der Nation war in Deutschland und Frankreich nach 1871 ein wichtiger Faktor der Integration: Große Teile der Landbevölkerung, deren Identität bislang vorwiegend regional geprägt gewesen war, fühlten sich nun zunehmend als Staatsbürger ihres Landes mit den entsprechenden Rechten und Pflichten.

Franzosen und Deutsche verbanden mit dem Begriff der Nation allerdings unterschiedliche Vorstellungen: In Frankreich herrschte seit der Revolution ein vorwiegend politisch geprägtes Konzept vor, für das sich im Deutschen der Begriff „Staatsnation" etabliert hat. Da die politische Einigung bereits vor der Revolution von 1789 vollzogen war, musste nationale Zusammengehörigkeit nicht durch kulturelle Gemeinsamkeiten definiert werden. Ganz anders in Deutschland: Die bis 1871 fehlende Einheit begünstigte hier die Entwicklung einer Vorstellung, die sich mit dem Begriff „Kulturnation" bezeichnen lässt.

## Nationsbildung – ein ambivalenter Prozess

Nationsbildungsprozesse wirkten nicht nur integrativ, förderten nicht nur die patriotische Identifikation mit dem jeweils eigenen Land, sondern hatten auch eine aggressive Kehrseite: den Nationalismus. So wurde das nationale Zusammengehörigkeitsgefühl der Deutschen 1870/71 durch den Krieg gegen Frankreich gestärkt; in Frankreich war die Erinnerung an die „verlorenen Provinzen" Elsass-Lothringen ein zentrales Thema des Schulunterrichts (vgl. etwa das Schulbuch „Le Tour de la France par deux enfants", 1877).

Das aggressive Potenzial der Nationsbildung wirkte auch im Inneren der Gesellschaften gegen angeblich national „unzuverlässige" Gruppen wie Sozialdemokraten, Polen und Elsass-Lothringer in Deutschland oder gegen Katholiken in beiden Ländern. In den 1880er-Jahren sahen sich die deutschen Juden verstärkt nationalistisch-antisemitischen Kampagnen ausgesetzt. Den heftigsten Ausbruch des nationalistischen Antisemitismus erlebte jedoch Frankreich während der Dreyfus-Affäre der 1890er-Jahre (siehe Dossier S. 50 f.).

## Die Rolle des Staates und der Vereine

Durch Schulpflicht und Militärdienst wurde im letzten Drittel des 19. Jahrhunderts die Bevölkerung systematisch erfasst und erzieherisch auf die Nation als zentrale Wertvorstellung verpflichtet. In beiden Ländern galt die Armee als „Schule der Nation"; allerdings erzogen die Streitkräfte nicht mündige Staatsbürger, sondern disziplinierte und gehorsame Soldaten. Während der Dreyfus-Affäre wurde deutlich, dass auch die französische Armee den demokratisch-liberalen Werten der Republik noch überwiegend fern stand.

Neben staatlichen Institutionen spielten vor allem in Deutschland Vereine und die von ihnen gepflegte Geselligkeits- und Festkultur eine wichtige Rolle bei der nationalen Integration großer Bevölkerungsgruppen, so etwa die mitgliederstarken Organisationen des Kyffhäuserbundes und des Flottenvereins. Im kleinen, aber einflussreichen Alldeutschen Verband manifestierte sich eine besonders radikale Form des Nationalismus, die völkische und antisemitische Züge mit der Forderung nach kolonialer Expansion verband. In Frankreich entwickelten sich während der Dreyfus-Affäre der 1890er-Jahre rechtsnationalistisch-antisemitische Organisationen der „Ligues" und die monarchistische Action française (1899), deren Mitgliederzahl ebenfalls begrenzt blieb. Allerdings war der Nationalismus keine Domäne der Rechten; auch das republikanische Frankreichbild konnte chauvinistische Züge annehmen, so etwa im kolonialen Sendungsbewusstsein (siehe S. 170 ff.).

1 **Marianne – Personifikation der Republik**
Seit 1871 etablierte sich Marianne in den französischen Rathäusern als Personifikation der République Française (RF).

### Begriffe

- **„Staatsnation":** Nation, die sich durch gemeinsame politische Grundwerte und Institutionen definiert; häufig auf der Idee eines freiwilligen Zusammenschlusses basierend.
- **„Kulturnation":** Nation, die sich auf die Vorstellung einer kulturellen Gemeinsamkeit und gemeinsamer historischer Ursprünge gründet.
- **Patriotismus** (lat. „patria"/„Vaterland"): Emotionale Bindung an die Nation und Verpflichtung ihr gegenüber.
- **Nationalismus:** siehe S. 18
- **Kyffhäuserbund:** Gemäßigt nationalistischer Zusammenschluss deutscher Kriegervereine; 1913 erreichte er 2,8 Millionen Mitglieder.
- **Flottenverein:** 1898 gegründete nationalistische Massenorganisation zur Förderung des Flottenbaus als Grundlage einer deutschen Großmachtpolitik.
- **Alldeutscher Verband:** siehe S. 54
- **Ligues** (Pl. Ligen): Nationalistisch-antisemitische und antiparlamentarische Bewegungen.

## 2 Nationalismus und Antisemitismus – der Berliner Antisemitismusstreit

*Die antisemitische Welle, die Frankreich während der Dreyfus-Affäre (seit 1894) erfasste, war in Europa beispiellos; antisemitische Ressentiments wirkten jedoch auch in anderen Ländern stark auf das soziale, politische und geistige Leben ein, was der Berliner Antisemitismusstreit schlaglichtartig vor Augen führt:*

**a.** *Im November 1879 erklärte der Historiker Heinrich von Treitschke in dem Artikel „Unsere Aussichten":*

Was wir von unseren israelitischen Mitbürgern zu fordern haben, ist einfach: Sie sollen Deutsche werden, sich schlicht und recht als Deutsche fühlen [...]; denn wir wollen nicht, dass auf Jahrtausende germanischer Gesittung ein Zeitalter deutsch-jüdischer Mischkultur folge. Es wäre sündlich zu vergessen, dass sehr viele Juden, getaufte und ungetaufte [...] deutsche Männer waren im besten Sinne, Männer, in denen wir die edlen Züge deutschen Geistes verehren. Es bleibt aber ebenso unleugbar, dass zahlreiche und mächtige Kreise unseres Judentums den guten Willen, schlechtweg Deutsche zu werden, durchaus nicht hegen. [...]

[...] unbestreitbar hat das Semitentum an dem Lug und Trug, an der frechen Gier des Gründer-Unwesens[1] einen großen Anteil, eine schwere Mitschuld an jenem schnöden Materialismus unserer Tage [...]. Bis in die Kreise der höchsten Bildung hinauf, unter den Männern, die jeden Gedanken kirchlicher Unduldsamkeit oder Hochmuts mit Abscheu von sich weisen würden, ertönt es heute wie aus einem Munde: Die Juden sind unser Unglück! [...]

Preußische Jahrbücher 44 (1879); zit. nach: R. vom Bruch/B. Hofmeister (Hrsg.), Deutsche Geschichte in Quellen, Bd. 8. Stuttgart 2000, S. 191 f.

[1] Anspielung auf den Wirtschaftsboom der ersten Jahre nach der Reichsgründung.

**b.** *Im Dezember 1880 wandte sich der berühmte Althistoriker Theodor Mommsen in der Schrift „Auch ein Wort über unser Judentum" gegen Treitschke:*

Alle hervorragenden Arbeiten, die von Juden der Neuzeit herrühren, stehen innerhalb der Literaturkreise der Nation, welchen ebendieser Jude angehört. [...].

Das ist der eigentliche Sitz des Wahnes, der jetzt die Massen erfasst hat und sein rechter Prophet ist Herr v. Treitschke. Was heißt das, wenn er von unsern israelitischen Mitbürgern fordert, sie sollen Deutsche werden? Sie sind es gut wie er und ich. Er mag tugendhafter sein als sie; aber machen die Tugenden den Deutschen? Wer gibt uns das Recht, unsere Mitbürger dieser oder jener Kategorie der Fehler, welche im Allgemeinen dieser Kategorie, auch mit Recht, zur Last gelegt werden, aus der Reihe der Deutschen zu streichen? [...]

Ebenda, S. 196.

**3 Germania wacht am Rhein**

Das Niederwalddenkmal bei Rüdesheim am Rhein. Germania hebt triumphierend die mittelalterliche Kaiserkrone; in der Linken das Reichsschwert. Sockeltext: „Zum Andenken an die einmuethige siegreiche Erhebung des deutschen Volkes und an die Wiederaufrichtung des Deutschen Reiches 1870–1871". Unter dem großen Sockelrelief (Wilhelm. I. und Bismarck inmitten der Truppen) ist der Text des Liedes „Die Wacht am Rhein" zu lesen.

**4 Der Sedantag – eine nationale Siegesfeier des Kaiserreiches**

Das Brandenburger Tor in festlicher Beleuchtung, anlässlich des 25. Jahrestages des Sieges über Frankreich in der Schlacht von Sedan (1. September 1870). Der über den Säulen angebrachte Text zitiert einen Ausspruch Kaiser Wilhelms I.

## Fragen und Anregungen

1. Erläutern Sie den Unterschied zwischen den Konzepten „Kulturnation" und „Staatsnation". (VT)
2. Vergleichen Sie die nationalen Personifikationen Marianne und Germania sowie Ihre Attribute. Weshalb handelt es sich in beiden Fällen um weibliche Figuren? Sind Ihnen für beide Länder weitere Personifikationen bekannt? (M1 und M3)
3. Zeigen Sie am Beispiel des Berliner Antisemitismusstreits den Zusammenhang zwischen Nationalismus und Antisemitismus. Ermitteln Sie, welches Verständnis von Nation Treitschke und Mommsen jeweils ihren Äußerungen zugrunde legen. (M2)
4. Versetzen Sie sich in die Situation eines französischen Journalisten, der 1895 den Sedanstag in Berlin erlebt. Verfassen Sie einen kurzen Zeitungsartikel, in dem er die abgebildete Szenerie für eine französische Leserschaft beschreibt und kommentiert. (M4)
5. Erarbeiten Sie eine aus Ihrer Sicht angemessene Definition für den Begriff der Nation und begründen Sie diese.

# Dossier
# Deutsche und Franzosen in der wechselseitigen Wahrnehmung

Der Krieg von 1870/71 hatte wesentlich dazu beigetragen, dass das nun zu einem Reich geeinte Deutschland in Frankreich als militaristisch und autoritär wahrgenommen wurde. Aus deutscher Sicht galt Frankreich als gefährlicher Feind, der nach einer Wiedererlangung des verlorenen Elsass und Nordlothringens trachtete.

Die nationalistischen Tendenzen der Zeit schlugen sich in einer Umdeutung der Geschichte nieder. Das im frühen 19. Jahrhundert entstandene Konstrukt der „Erbfeindschaft" verfestigte sich in den Köpfen. Auseinandersetzungen, die lange vor der Entstehung der beiden Nationalstaaten stattgefunden hatten, wurden nun nachträglich zu Konflikten zwischen beiden Völkern stilisiert. Der französische Begriff „boche" entwickelt sich in den 1890er-Jahren zum gebräuchlichen Schimpfwort für alles Deutsche.

Die wechselseitige Wahrnehmung war allerdings nie ausschließlich negativ. Selbst in den Zeiten des aggressivsten Nationalismus wurden kulturelle und intellektuelle Leistungen des jeweiligen Nachbarvolkes bewundert und rezipiert.

## 1 Ernest Renan: ein Deutschlandbild im Wandel

*Der Religionswissenschaftler, Historiker und Philosoph Ernest Renan war ein Bewunderer des deutschen Geisteslebens. Unter dem Eindruck des Krieges von 1870/71 veränderte sich jedoch sein Deutschlandbild:*

*1870 in der Schrift „Geistige und moralische Reform Frankreichs" („Réforme intellectuelle et morale de la France"):*

Das Volk, das ich meinen Landsleuten immer als das moralischste und kultivierteste vorgestellt habe, hat sich uns in Gestalt von Soldaten gezeigt, die sich in keiner Weise von der Soldateska aller Zeiten unterscheiden, gemein, diebisch, trunksüchtig, demoralisiert. [...] Was wir an Deutschland liebten, seine Weite, seine hohe Auffassung von Religion und Menschlichkeit, existiert nicht mehr.

*1879 in seinem „Brief an einen deutschen Freund" („Lettre à un ami allemand"):*

[...] Niemand liebt mehr als ich Ihr großes Deutschland, das Deutschland von vor 50 oder 60 Jahren, das durch das Genie Goethes personifiziert wird, das in den Augen der Welt von dieser wunderbaren Vergesellschaftung von Dichtern, Philosophen, Historikern, Kritikern und Denkern vertreten wird, die den Reichtümern des menschlichen Geistes wirklich ein neues Gebiet hinzugefügt hat. Solange wir sind, verdanken wir ihm viel, diesem weiten, intelligenten und tiefen Deutschland, das uns den Idealismus durch Fichte lehrte, den Glauben an die Menschlichkeit durch Herder, die Poesie des moralischen Empfindens durch Schiller, die abstrakte Pflicht durch Kant.

Übers. nach: S. Krapoth, France-Allemagne, Du duel au duo. Toulouse 2005, S. 141 f.

## 2 Antifranzösische Klischees: Revolution und Chaos

1887 führte ein Spionagefall zu neuen Spannungen zwischen Deutschland und Frankreich. Die deutsche Satirezeitschrift „Kladderadatsch" nahm dies zum Anlass, alte antifranzösische Klischees wieder ins Bewusstsein zu rufen.

Republik (Frankreich): „Wollen Sie sich denn nicht an unserem Familienfeste beteiligen?"
Die Zaungäste (europäische Staaten): „Wir können alles von hier aus ebenso gut sehen."
Kladderadatsch, Nr. 20, 1. Mai 1887.

## 3 Deutscher Blick auf „Charakter und Sinnesart der Franzosen“

*Auszug aus dem Artikel „Frankreich (Nationalcharakter)“ in Meyers Konversationslexikon (1885–1892), dem neben dem „Brockhaus“ wichtigsten Nachschlagewerk des Deutschen Kaiserreiches:*

[...] Der Franzose nennt mit Selbstgefühl sein Volk la grande nation, und es ist groß, insofern es Sinn für das Große hat. Die Begriffe Vaterland, Ehre, Ruhm (oder richtiger gloire) haben über ein französisches Herz eine wunderbare Macht. Die Gloire besteht aber vor allem in Kriegsruhm, der den Franzosen in hohem Maß zu teil geworden ist. Sie sind ein tapferes, heldenhaftes Volk; [...] Der Franzose ist ferner der geselligste aller Menschen; er hat bis in die untern Schichten herunter für die Kunst des Umganges eine glückliche Leichtigkeit, eine liebenswürdige Feinheit und Gewandtheit, eine anmutige Aufmerksamkeit für das schöne Geschlecht (galanterie), das in jedem Betracht eine hohe Stelle einnimmt; er ist gegen Fremde artig und gefällig. Das Savoir-faire und Savoir-vivre des Franzosen ist andern Nationen fremd. [...] Auch im Essen und Trinken liebt er Feinheit und Maß und sieht mehr auf Qualität als auf Quantität. Diesen mannigfachen Vorzügen der Nation gegenüber macht sich ein Fehler in lästigster Weise geltend: die überall hervortretende Eitelkeit, wohl ein Erbteil ihrer keltischen Vorfahren. Für französische und nichtfranzösische Verhältnisse hat der Franzmann verschiedene Maße. Ihrem Wesen nach ganz auf den Verstand angewiesen, sind die Franzosen ein verständiges Volk, aber ohne rechte Tiefe des Geistes und Gemüts. [...] Mit einer gewissen Oberflächlichkeit, welche alles, auch das Höchste, durch die Beinamen brillant, joli, curieux am meisten zu ehren glaubt, verbindet sich das, was Cäsar schon an den Galliern erkannte: Leichtigkeit, Lebendigkeit, Heftigkeit, aber auch die gallische Unstetigkeit und Unruhe, den gallische Wankelmut und Wechsel. Der Leichtsinn steigert sich bei dem Franzosen bis zur Frivolität, und eine spöttische Behandlung ernster, selbst religiöser Dinge, eine leichtfertige Auffassung der Moral, besonders im Verhältnis beider Geschlechter, gehören in Frankreich nicht zu den Seltenheiten.

Meyers Konversationslexikon, Bibliographisches Institut Leipzig und Wien 1885–1892, Bd. 6, S. 520, zit. nach: http://susi.e-technik.uni-ulm.de:8080/Meyers2/Fakten.html (05.05.2007).

4 **„Wird die Sonnenfinsternis total sein?“ („L'éclipse sera-t-elle totale?“)**
Karikatur der französischen Satirezeitschrift „Le Charivari“, 17. März 1871.

## 5 Französischer Blick auf das Geschlechterverhältnis in Deutschland

*Der französische Journalist Jules Huret berichtet 1907 von seinen Reiseeindrücken:*

Die Frau – obwohl mit Sanftmut und Schonung behandelt und stärker respektiert als in Frankreich – wird in einem Status der Unterordnung gehalten, der uns schockiert und viele Französinnen schockieren würde. Die Frauen unserer Nation sind jedoch nicht die emanzipiertesten der Welt; hinsichtlich der Freiheit und des Einflusses bleiben sie weit hinter den Amerikanerinnen und vielleicht auch Engländerinnen zurück. Man muss in den deutschen Gaststätten – vorzugsweise am Sonntag – die Tischgruppen von zwölf oder fünfzehn Personen sehen, die sich kennen; stundenlang reden die Männer unter sich, richten das Wort nicht an die Frauen, als ob sie nicht existieren würden. Diese sind so an solche Umgangsformen gewöhnt, dass sie sich alle in Gruppen an das Tischende setzen und darauf achten, die ernsten Raucher nicht zu stören, deren ruhige Erörterungen von langen Pausen unterbrochen werden.

Übers. nach: J. Huret, En Allemagne, Rhin et Westphalie. Paris 1907, S. 504 f.

## Fragen und Anregungen

**1.** Untersuchen Sie die Klischees und Ängste, die in den Karikaturen zum Ausdruck kommen. Stellen Sie eine Beziehung zu konkreten historischen Erfahrungen her, die beide Völker miteinander gemacht haben. (M2 und M4)

**2.** Zeigen Sie Ambivalenzen in der wechselseitigen Wahrnehmung von Franzosen und Deutschen nach dem Krieg von 1870/1871 auf und versuchen Sie, diese zu erklären. (M1–M5)

**3.** Erörtern Sie, inwieweit die von Ihnen untersuchten Vorstellungen auch heute noch in der wechselseitigen Wahrnehmung von Franzosen und Deutschen eine Rolle spielen.

# Archivquellen finden und analysieren

## Allgemeine Hinweise

### A. Der Erkenntniswert von Archivquellen

• Historiker sind in ihrer Arbeit häufig auf Quellen angewiesen, die nie in gedruckter Form veröffentlicht wurden.

• Dies gilt etwa für die internen Akten und Korrespondenzen von Ministerien und Unternehmen, die wichtige Einblicke in die Hintergründe politischer oder ökonomischer Entscheidungen zulassen.

• Es gilt aber auch dann, wenn Historiker rekonstruieren möchten, wie Zeitgenossen ohne herausragende Stellung ein historisches Geschehen wahrgenommen haben, wenn also der „Blick von unten" auf das Zeitgeschehen untersucht werden soll. Hierfür stehen etwa private Briefe, Postkarten, Tagebücher, Urkunden, Fotos und Zeichnungen zur Verfügung, die sich häufig noch im Familienbesitz befinden, zum Teil aber auch an öffentliche Archive übergeben wurden.

### B. Die Arbeit im Archiv

• Archive haben die Aufgabe, vorwiegend unveröffentlichtes Quellenmaterial zu sammeln, zu ordnen und für die Nachwelt zu erhalten. Neben Privatleuten, Vereinen und Unternehmen führen Gemeinden, Gebietskörperschaften (z. B. französische Departements, deutsche Bundesländer und Landkreise) und staatliche Institutionen Archive mit unterschiedlichen Sammlungsschwerpunkten. Die meisten Archive sind öffentlich zugänglich, allerdings bestehen für manche Bestände Sperrfristen (in Deutschland bestehen in der Regel in den 30 Jahren nach Archivgutentstehung Nutzungseinschränkungen, bei personenbezogenem Archivgut über 90 Jahre nach Geburt bzw. 10 Jahre nach dem Tod der betroffenen Person).

• Jedes Archiv verfügt über eine Systematik, die das Auffinden von Quellen zu bestimmten Themenbereichen ermöglicht. So sind etwa in den Archiven französischer Departements Materialien zu Wahlen in der Serie M (Allgemeine Verwaltung und Wirtschaft) zu finden. Zudem existieren Inventare, in denen der Inhalt von Aktenkartons oder -ordnern knapp beschrieben wird. Diese Inventare liegen zunehmend in elektronischer Form vor und können teilweise sogar über die Internetseiten der Archive konsultiert werden.

• Um die Arbeitszeit effektiv nutzen zu können, empfiehlt sich eine strukturierte Vorgehensweise:

#### Vorbereitung

1. Präzise Formulierung der Fragestellung (z. B. „Wie haben einfache Soldaten den Krieg von 1870/71 wahrgenommen?")

2. Identifizierung von Archiven mit geeignetem Material: Ausgangspunkt können etwa folgende Internetadressen sein:

   • Direction des archives de France: http://www.archivesdefrance.culture.gouv.fr/

   • Deutsche Archivschule Marburg: http://www.archivschule.de/content/33.html

3. Vorbereitung des Archivbesuchs durch Recherche in den extern (im Internet oder in Bibliotheken) verfügbaren Inventaren des Archivs.

#### Archivbesuch

1. Vervollständigung der Recherche durch die im Archiv selbst vorhandenen Hilfsmittel und ggf. durch gezielte Rückfragen an das Archivpersonal.

2. Bestellung der eventuell aussagekräftigen Quellen in den Lesesaal und systematische Durchsicht.

3. Beim Fund thematisch aussagekräftiger Quellen: Notieren der Signatur (Nummer, unter der das Dokument im Archiv zu finden ist), des Autors/der Institution, der Zeitstellung, des historischen Zusammenhangs und einer kurzen Inhaltsangabe. Besonders zentrale Textabschnitte werden im Wortlaut abgeschrieben. Manche Archive erlauben auch das Kopieren von Quellen, sofern der Erhaltungszustand dies zulässt.

#### Auswertung

Die Interpretation der Quellen erfolgt nach den für die verschiedenen Materialtypen üblichen Verfahrensweisen (siehe S. 28 f.). Wenn jedoch eine größere Anzahl von Archivquellen in einer schriftlichen Arbeit berücksichtigt werden soll, kann nicht für jedes Dokument eine vollständige Interpretation nach diesen Regeln ausformuliert werden. Die Darstellung beschränkt sich dann auf die für das Thema der Arbeit relevanten Aspekte des ausgewählten Materials. Die vor der Recherche formulierte Fragestellung muss eventuell im Licht der Auswertung des Materials modifiziert werden.

## Beispiel:

# Die Preußen in der Wahrnehmung eines französischen Soldaten (1870): „An dieses Barbarenvolk ausgeliefert und verkauft"

*Nach der Kapitulation der von preußischen Truppen belagerten Stadt Metz geriet der französische Soldat M. P. (2. Leichtes Infanterieregiment der kaiserlichen Garde/2e régiment de Voltigeurs de la Garde impériale) in Kriegsgefangenschaft. Von seinen Erfahrungen berichtet er in persönlichen Aufzeichnungen:*

[3. November 1870, wahrscheinliches Datum]

Endlich [erlebten wir] immer mehr Elend und dennoch waren wir noch in Frankreich, aber wir waren die Sklaven der Preußen, die unser schönes Land erobert hatten durch den Verrat des Verbrechers Bazaine, den Verräter, der uns an dieses Barbarenvolk ausgeliefert und verkauft hat wie Judas es mit Jesus Christus getan hat. Endlich vergeht die Nacht und der Tag bricht an [4. November 1870]. Am Morgen haben wir ein wenig Kaffee gemacht, den wir vor dem Aufbruch zu uns genommen haben. Um 9 Uhr tönt die Trompete und wir brechen zum Bahnhof von Courcelles auf, um den Zug nach Preußen zu nehmen, immer mit dem Bajonett geführt. Endlich lässt man uns in große Eisenbahnwagen einsteigen wie Schafe, die einen auf die anderen.

Aufbruch von Courcelles nach Chaussy um genau 11 Uhr Richtung Preußen. Es war sehr kalt und wir hatten es in den Wagen nicht warm, aber mein Gott, wir hatten diesem Barbarenvolk nichts zu sagen, das nichts verstand, sie sahen uns wie Märtyrer an. Der Zug fuhr immer weiter und wir erreichten Forbach [lothringischer Grenzort], wo wir am 6. August gekämpft hatten. Die armen Einwohner warfen uns durch die Fensterkreuze der Bahn Brot zu und sagten: „Man muss hoffen, dass ihr bald zurückkommt". Dort 5 Minuten Halt, dann sind wir also gleich weitergefahren.

Nach unserer Ankunft in Saarbrücken kamen junge Fräuleins mit ihrer Mutter, um uns Kaffee und Brötchen zu geben, sie sagten: „Ihr werdet bald wiederkommen." Das war unser ganzer Trost. Und dort haben wir den französischen Boden verlassen, es war halb vier Uhr, als wir unserem geliebten Frankreich Lebewohl sagten, in das feindliche Truppen eingefallen waren.

Service Historique de l'Armée de Terre, Vincennes, SHAT: 1 k T 1238; zit. nach der maschinenschriftlichen Transkription im Archiv der Association pour l'Autobiographie et le patrimoine autobiographique (APA), M. P., 365.

## Anwendung

- **Fundort der Quelle:** Die in einem kurzen Auszug abgedruckte Quelle befindet sich im Archiv des Service Historique de l'Armée de Terre in Vincennes (Archiv des französischen Heeres) und stammt aus Privatbesitz. Die Nachkommen des Verfassers haben der Association pour l'Autobiographie et le patrimoine autobiographique (APA) in Ambérieux-en-Bugey jedoch gestattet, eine Abschrift (Transkription) des Textes in ihrem Archiv zu verwahren.

- **Autor und Entstehungskontext:** Der Autor gehörte der in Metz von den Deutschen eingeschlossenen Armee des Marschalls Bazaine an. Der französische Versuch, Metz von außen durch die verbliebenen Truppen zu befreien, führte zur Niederlage bei Sedan und zur Gefangennahme Napoleons III. (2. September 1870). Am 27. Oktober 1870 kapitulierte Bazaine im belagerten Metz. Seine Soldaten gerieten in Gefangenschaft.

- **Kenntnisstand, Erfahrungen und Wertungen des Verfassers:** Der Soldat P. M. hatte harte Kämpfe und eine von Hunger geprägte Belagerungssituation erlebt. Informationen über die politische und militärische Situation im übrigen Frankreich scheinen ihm aufgrund der Belagerung kaum vorzuliegen; allerdings war ihm die Niederlage von Sedan und die Gefangennahme Napoleons III. bekannt. Möglicherweise war es die Unkenntnis der Gesamtsituation, die den Verfasser dazu brachte, seinen Befehlshaber Bazaine, der für die Kapitulation von Metz verantwortlich war, als Verräter einzustufen. Nach den Strapazen der Belagerung und der beginnenden Gefangenschaft fällt die Bewertung der Deutschen (der Verfasser spricht immer nur von „Preußen", bezieht sich aber wahrscheinlich nicht nur auf diese) durchweg negativ aus. Wahrscheinlich wirkten auch die durch die französisch-preußischen Spannungen der Vorkriegszeit bedingten nationalistischen Emotionen weiter. Der an die Preußen gerichtete Vorwurf der Barbarei findet sich auch in zeitgenössischen Veröffentlichungen, die sich mit dem Krieg von 1870/71 und seinen Folgen auseinandersetzen (z. B. Ernest Renan, siehe S. 72, M1). Anhand weiterer Aufzeichnungen und Briefe einfacher Soldaten und Zivilisten müsste geklärt werden, inwieweit dieses später für den Ersten Weltkrieg charakteristische Wahrnehmungsmuster 1870 bereits in der französischen Bevölkerung verbreitet war.
Bei der Erwähnung Saarbrückens ist dem Autor offensichtlich ein Irrtum unterlaufen. Er meint, sich dort noch auf französischem Boden zu befinden und von Frankreich Abschied zu nehmen, obwohl die Stadt seit 1815 zur preußischen Rheinprovinz gehörte.

### Anregungen

1. Informieren Sie sich über Archive in Ihrer Region und deren Bestände (Internet). Wählen Sie ein Archiv aus, dessen Bestände einen aktuell von Ihnen im Geschichtsunterricht behandelten Zeit- und Themenbereich abdeckt.

2. Besuchen Sie das ausgewählte Archiv und lassen Sie sich dort Quellen zu Ihrem Themenbereich vorlegen. Werten Sie diese unter einer präzisen Fragestellung aus. Achtung: Beschränken Sie sich am Anfang auf wenige Dokumente, um sich nicht in der Fülle des Materials zu verlieren.

3. Stellen Sie die Ergebnisse Ihrer Recherchen im Unterricht vor.

# Bilanz
# Das Zeitalter der Nationen 1814 – 1914

## Wichtige Daten

| | |
|---|---|
| **1814/15** | Wiener Kongress |
| **1829/30** | Unabhängigkeit Griechenlands |
| **1830** | Julirevolution in Frankreich |
| **1830/31** | Unabhängigkeit Belgiens |
| **1830/31** | Polnischer Aufstand |
| **1848** | Februarrevolution in Paris, europäische Revolutionswelle |
| **1861** | Viktor Emanuel II. wird König von Italien |
| **1866/67** | Norddeutscher Bund |
| **1870/71** | Deutsch-Französischer Krieg |
| **1870** | 3. Republik in Frankreich |
| **1871** | Deutsches Kaiserreich |
| **1883** | Beginn des Aufbaus eines Sozialversicherungssystems in Deutschland |
| **1894 – 1906** | Dreyfus-Affäre in Frankreich |
| **1905** | Trennung von Staat und Kirche in Frankreich |
| **1912** | SPD stärkste Fraktion im deutschen Reichstag |

## Schlüsselbegriffe

| Deutsch | Französisch | Englisch |
|---|---|---|
| **Wiener Kongress** | Congrès de Vienne | Congress of Vienna |
| **Völkerfrühling** | Printemps des peuples | Spring of Nations |
| **Julirevolution** | Révolution de juillet | July Revolution |
| **Parlamentarisches Regierungssystem** | Régime parlementaire | Parliamentary system |
| **Allgemeines Wahlrecht** | Suffrage universel | Universal suffrage |
| **Liberalismus** | Libéralisme | Liberalism |
| **Nationalismus** | Nationalisme | Nationalism |
| **Laizismus** | Laïcité | Secularism |
| **Gewerkschaft** | Syndicat | Trade union |

## Deutsch-französisches Schlüsseldokument

***Die Emser Depesche – Anlass des Deutsch-Französischen Krieges von 1870/71***

*Die Emser Depesche vom 13. Juli 1870 fasst eine Unterredung zwischen dem preußischen König Wilhelm I. und dem französischen Botschafter Benedetti in Bad Ems zusammen, in deren Verlauf dieser einen für alle Zeiten geltenden Verzicht der Hohenzollern auf den spanischen Thron verlangte. Nachdem der preußische Ministerpräsident Bismarck diesen Bericht erhalten hatte, verkürzte er den Text in provokativer Form und ließ ihn veröffentlichen.*

### Telegramm von Heinrich Abeken[1] an Bismarck

*Ems, den 13. Juli 1870*

Seine Majestät der König schreibt mir:

„Graf Benedetti fing mich auf der Promenade ab, um auf zuletzt sehr zudringliche Art von mir zu verlangen, ich sollte ihn autorisieren, sofort zu telegrafieren, dass ich für alle Zukunft mich verpflichtete, niemals wieder meine Zustimmung zu geben, wenn die Hohenzollern auf ihre Kandidatur zurückkämen. Ich wies ihn, zuletzt etwas ernst, zurück, da man à tout jamais dergleichen Engagements nicht nehmen dürfe, noch könne. – Natürlich sagte ich ihm, dass ich noch nichts erhalten hätte, und da er über Paris und Madrid früher benachrichtigt sei als ich, er wohl einsähe, dass mein Gouvernement wiederum außer Spiel sei."

Seine Majestät hat seitdem ein Schreiben des Fürsten[2] bekommen. Da Seine Majestät dem Grafen Benedetti gesagt, dass er Nachricht vom Fürsten erwarte, hat Allerhöchstderselbe mit Rücksicht auf die obige Zumutung, auf des Grafen Eulenburg und meinen Vortrag beschlossen, den Grafen Benedetti nicht mehr zu empfangen, sondern ihm nur durch einen Adjutanten sagen zu lassen: dass Seine Majestät jetzt vom Fürsten die Bestätigung der Nachricht erhalten, die Benedetti aus Paris schon gehabt, und dem Botschafter nichts weiter zu sagen habe.

Seine Majestät stellt Eurer Exzellenz anheim, ob nicht die neue Forderung Benedettis und ihre Zurückweisung zugleich sowohl unseren Gesandten als in der Presse mitgeteilt werden sollte?

[1] Vertreter des Auswärtigen Amtes beim König
[2] Schreiben des Fürsten Karl-Anton von Hohenzollern-Sigmaringen, in dem dieser die Kandidatur seines Sohnes Leopold auf den spanischen Thron zurückzog.

Zit. nach: R. A. Müller (Hrsg.), Deutsche Geschichte in Quellen und Darstellung, Bd. 7: Vom Deutschen Bund zum Kaiserreich, hrsg. von W. Hardtwig und W. Hinze. Stuttgart 1997, S. 460.

### Von Bismarck redigierte Nachricht an die preußischen Missionen in den Hauptstädten der deutschen Monarchien und in Hamburg

*Berlin, den 13. Juli 1870*

Nachdem die Nachrichten von der Entsagung des Erbprinzen von Hohenzollern der Kaiserlich Französischen Regierung von der Königlich Spanischen amtlich mitgeteilt worden sind, hat der französische Botschafter in Ems an Seine Majestät den König noch die Forderung gestellt, ihn zu autorisieren, dass er nach Paris telegrafiere, dass Seine Majestät der König sich für alle Zukunft verpflichte, niemals wieder seine Zustimmung zu geben, wenn die Hohenzollern auf ihre Kandidatur wieder zurückkommen sollten. Seine Majestät der König hat es darauf abgelehnt, den französischen Botschafter nochmals zu empfangen, und demselben durch den Adjutanten vom Dienst sagen lassen, dass Seine Majestät dem Botschafter nichts weiter mitzuteilen habe.

Teilen Sie dies dort mit.

Zit. nach: R. A. Müller (Hrsg.), Deutsche Geschichte in Quellen und Darstellung, Bd. 7: Vom Deutschen Bund zum Kaiserreich, hrsg. von W. Hardtwig und W. Hinze. Stuttgart 1997, S. 461.

- Vergleichen Sie den Wortlaut der beiden Fassungen des Textes und erörtern Sie, inwieweit sie sich in ihrer Wirkung unterscheiden.

## DEUTSCH-FRANZÖSISCHER PERSPEKTIVENWECHSEL

### Die „Erbfeindschaft" – ein politisch-historiographisches Konstrukt

• Vor allem unter dem Eindruck der drei Kriege seit 1870 und schwerer zwischenstaatlicher Krisen (z.B. Ruhrbesetzung 1923) verfestigte sich in Frankreich und Deutschland die Vorstellung, dass beide Nationen sich schon seit langer Zeit in einem tiefen Konflikt miteinander befänden, der von Generation zu Generation „weitervererbt" würde. Sie galten deswegen als „Erbfeinde" (im Französischen „ennemis héréditaires").

• Das Konzept der „Erbfeindschaft" war nicht nur für die Gegenwart seit dem späten 19. Jahrhundert politisch handlungsleitend, es führte auch zu einer Umdeutung der Vergangenheit. Dies galt etwa für die dynastisch motivierten Kriege Ludwigs XIV. auf dem Gebiet des Heiligen Römischen Reiches Deutscher Nation, die nationalistische deutsche Historiker als Kriege zwischen dem deutschen und dem französischen Volk darstellten. In Frankreich verstärkte sich die Vorstellung einer überkommenen Feindschaft mit Deutschland in der Rheinkrise des Jahres 1840: Die französische Forderung nach der Rheingrenze als „natürlicher Grenze" Frankreichs wurde unter anderem mit der 1814/15 erlittenen Schmach territorialer Verluste an den Deutschen Bund begründet (das napoleonische Empire hatte bis an den Rhein gereicht); sie löste ihrerseits eine Welle der Franzosenfeindschaft in Deutschland aus. Nach 1871 nährte in Frankreich dann vor allem die etwa im Schulunterricht immer wieder beschworene Erinnerung an den Verlust von Elsass-Lothringen (die „provinces perdues", „verlorenen Provinzen") den Hass auf den deutschen „Erbfeind". Selbst für die Zeit seit 1871 ist das Konzept der „Erbfeindschaft" jedoch historisch nicht tragfähig, da zwischen beiden Nationen selbst inmitten schwerster politischer Spannungen und teilweise sogar während der Kriege ein vielfältiger persönlicher und kultureller Austausch bestand.

• Die Niederlage des nationalsozialistischen Deutschlands war eine entscheidende Voraussetzung dafür, dass die Vorstellung der „Erbfeindschaft" überwunden werden konnte. Der völlige – nicht nur militärische, sondern auch moralische – Bankrott des deutschen Aggressionsnationalismus hatte aber auf deutscher Seite ein Wiederanknüpfen an das „Erbfeind"-Denkmuster unmöglich gemacht und ein klares Eingeständnis der deutschen Verantwortung für während des Krieges in Frankreich begangene Besatzungsverbrechen und Völkermord ermöglicht. Dies war die Basis, auf der sich gesellschaftliche und politische Initiativen zu einer Verständigung entwickeln konnten.

### Ein deutscher „Sonderweg"?

• Ein Teil der Historiker betrachtete das 1871 entstandene Deutsche Kaiserreich und seine preußisch geprägte Vorgeschichte als Teil eines deutschen „Sonderwegs", der sich wesentlich von der als „normal" empfundenen Entwicklung der westeuropäischen Staaten unterschieden und schließlich in der nationalsozialistischen Diktatur seinen Höhepunkt gefunden habe. Sie betonten die autoritären, militaristischen und nationalistischen Merkmale des Kaiserreiches, das sie als reaktionären „Obrigkeitsstaat" scharf gegenüber den zur selben Zeit bestehenden bzw. sich etablierenden demokratisch-liberalen Systemen in Frankreich oder Großbritannien abgrenzten.

• Die Sonderwegs-These war immer umstritten und hat in der Gegenwart weitgehend an Akzeptanz verloren. Kritiker wenden ein, dass es angesichts der höchst unterschiedlichen Entwicklungen in Frankreich und Großbritannien überhaupt nicht möglich ist, von einem (west-)europäischen „Normalweg" zu sprechen. Sie verweisen ferner auf die politische Ambivalenz des 1871 gegründeten Kaiserreiches, das nicht nur ein Obrigkeitsstaat war, sondern zugleich ein moderner Rechtsstaat mit demokratischen Partizipationsmöglichkeiten. Zudem betonen sie Parallelen zwischen Deutschland und anderen europäischen Staaten im Bereich der gesellschaftlichen, ökonomischen und kulturellen Entwicklungen.

### Frankreich: eine republikanische Teleologie?

• Auch in Frankreich werden „teleologische", das heißt auf ein bestimmtes Ziel (griechisch „telos") hin ausgerichtete Interpretationen der Geschichte des 19. Jahrhunderts zunehmend infrage gestellt. Dies gilt etwa für die Etablierung der 3. Republik in den 1870er-Jahren, die bereits von den zeitgenössischen Republikanern als historisch logischer und notwendiger Abschluss der durch die Revolution von 1789 eingeleiteten Entwicklung hin zu demokratischer Partizipation, parlamentarischem Regierungssystem und Bürgerrechten interpretiert wurde.

• Zwar gilt die 3. Republik in Frankreich nach wie vor als das System, das den bis heute verbindlichen Idealen von 1789 in Frankreich dauerhaft zum Durchbruch verhalf (Volkssouveränität, Achtung der Menschen- und Bürgerrechte) – und dies begründet wesentlich die besondere pädagogische Funktion ihrer Behandlung im Rahmen des französischen Geschichtsunterrichts. Gleichzeitig werden jedoch auch die Entwicklungspotentiale anderer Regime, wie etwa des Zweiten Kaiserreiches, betont. Die plebiszitäre Herrschaft Napoleons III. gilt nicht nur als eine Phase der gesellschaftlichen und ökonomischen Modernisierung Frankreichs; sie wird insbesondere in ihrer Schlussphase („Liberales Kaiserreich" von 1870) als ein System gewertet, in dem ein Übergang zur parlamentarischen Demokratie ebenfalls möglich gewesen wäre.

## WEITERFÜHRENDE HINWEISE


**Bücher**

- R. A. Müller (Hrsg.), Deutsche Geschichte in Quellen und Darstellung, Bd. 7: Vom Deutschen Bund zum Kaiserreich 1815–1871, hrsg. von W. Hardtwig und H. Hinze. Stuttgart: Reclam, 1997; Bd. 8: Kaiserreich und Erster Weltkrieg 1871–1918, hrsg. von R. vom Bruch und B. Hofmeister. Stuttgart: Reclam, 2000.
- S. Berstein/M. Winock (Hrsg.), L'Invention de la démocratie: 1789–1914, collection Histoire de la France politique. Paris: Seuil, 2002.
- Patrick Verley, La Révolution industrielle. Paris: Gallimard, collection Folio-Histoire, 1997.

**Internetseiten**

- http://www.deuframat.de/ (zahlreiche Beiträge über die deutsch-französischen Beziehungen, aber auch vergleichende Artikel und Quellen zu beiden Ländern).
- http://www.histoire-image.org/ (kommentierte Bilder zur Geschichte Frankreichs, 25.02.2008).

# Teil 2

## Die Herausbildung der Industriegesellschaft im 19. und frühen 20. Jahrhundert

1

2

3

4

5

6

7

8

9

10

11

12

13

14

15

16

17

18

Kapitel 5

# Die wirtschaftliche Entwicklung (1780 – 1939)



Die technischen und wirtschaftlichen Veränderungen des 19. Jahrhunderts in Europa waren so tiefgreifend und sind bis in die Gegenwart präsent, dass von einer „industriellen Revolution" die Rede ist. Der ebenfalls gebräuchliche Begriff „Industrialisierung" betont hingegen stärker den Charakter eines etwa ein Jahrhundert dauernden Transformationsprozesses.

Ausgangspunkt waren technische und organisatorische Innovationen (Dampfmaschine, Eisenbahn, Fabrik) der ersten Industrialisierungsphase bis 1850, die in der zweiten Phase eine dominierende Stellung erlangten und eine bis heute wirkende Veränderung der Arbeitswelt, des Alltags, der Wirtschaftsbeziehungen und der Gesellschaft zur Folge hatten.

Die Schlüsselfragen, die sich hinsichtlich eines solchen das Leben revolutionierenden Prozesses stellen, sind:

- Welche technischen und wirtschaftlichen Entwicklungen kennzeichnen die Industrialisierung?
- Welche Folgen hatte die Industrialisierung für die Menschen?

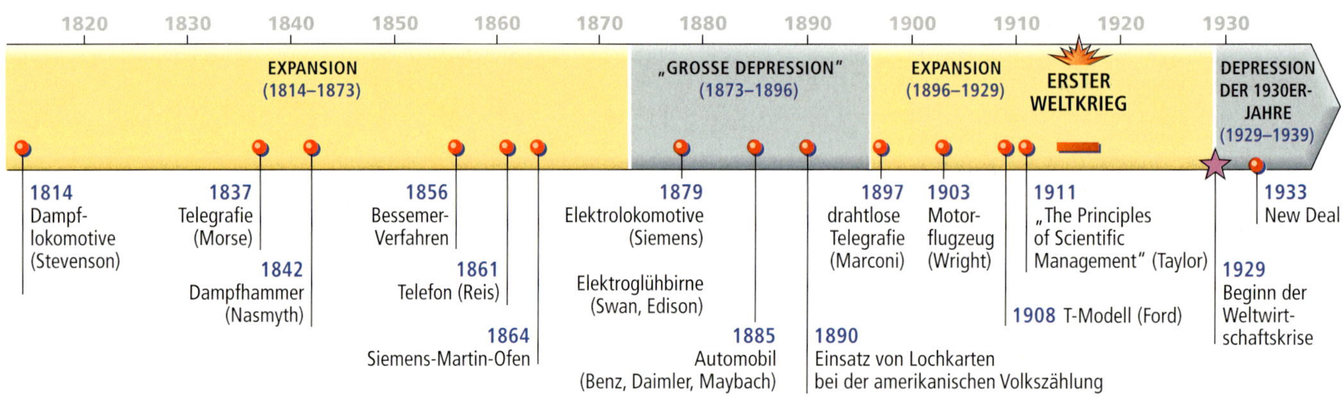

1

**Der Mensch in der Industrialisierung: ein entfesselter Prometheus ...**

Im Vordergrund zwei Allegorien: Die Frauenfigur personifiziert die Elektrizität, der gefesselte junge Mann stellt Prometheus dar. In der griechischen Mythologie war er ein Vorkämpfer der Menschheit gegen die Götter und stahl ihnen das Feuer, damit die Menschen es nutzen konnten. Zur Strafe kettete Zeus ihn an einen Felsen.
„Internationale elektro-technische Ausstellung", Plakat von Frank Kirchbach, 1891.

2

**... oder Sklave des technischen Fortschritts**

„Gare et usines à Saint-Denis" („Bahnhof und Fabriken in Saint-Denis"), Ölgemälde von Maurice Fallies, 1883?, 62,2 x 100 cm, Musée de l'Ile-de-France, Château de Sceaux.

# 1. 1780 – 1850: Die Ursprünge der Industrialisierung

*Warum war England im späten 18. Jahrhundert das „Mutterland" der industriellen Entwicklung?*

## Wirtschaft und Gesellschaft in Europa zu Beginn des 19. Jahrhunderts

Die Voraussetzungen für technische Innovationen sind die Verfügbarkeit von Kapital und Arbeitskräften sowie begünstigende gesellschaftliche Rahmenbedingungen.

Regionale Besonderheiten wie eine hohe Bevölkerungsdichte, das Vorhandensein von Handelskapital, die Verfügbarkeit von Bodenschätzen und Wasserkraft hatten bereits seit dem 16. Jahrhundert protoindustrielle Gewerbelandschaften entstehen lassen, so in Flandern (Leinen) oder im Sieger- und Sauerland (Eisenwaren). Diese Zentren waren regional begrenzt, verfügten aber teilweise bereits über grenzüberschreitende Handelsbeziehungen. Ein Industrialisierungsprozess, der zu einer fundamentalen Wandlung einer gesamten Volkswirtschaft führte, setzte erstmals gegen Ende des 18. Jahrhunderts in England ein.

## Günstige Ausgangsbedingungen in England

In England bestanden für die Industrialisierung besonders förderliche Ausgangsbedingungen:

Der landwirtschaftliche Besitz konzentrierte sich auf wenige Großgrundbesitzer. Farmer pachteten große, effizient zu nutzende Flächen und bewirtschafteten diese in relativer Selbstständigkeit mit Lohnarbeitern. Technischen Innovationen gegenüber aufgeschlossen steigerten sie die Erträge. Es fand eine Kapitalbildung statt, aus der auch Investitionen in die entstehende Industrie stammten.

Bessere Hygiene und Ernährung führten zu sinkender Kindersterblichkeit und in der Folge zu einem starken Bevölkerungswachstum, das den Arbeitskräftebedarf in der Landwirtschaft überstieg. Da die Landbevölkerung in geringerem Maße an die Scholle gebunden war als auf dem europäischen Festland, bildete sie ein Arbeitskräftepotenzial für die Industrie.

In England war die staatliche Regulierung der Wirtschaft deutlich schwächer als im durch den Merkantilismus geprägten übrigen Europa. In dieser Freiheit konnten sich unternehmerisches Denken und Initiative entfalten. So wurde im England des ausgehenden 18. Jahrhunderts die Idee des wirtschaftlichen Liberalismus maßgeblich geprägt.

Im 18. Jahrhundert prägte der Überseehandel die englische Wirtschaft. So ersetzte der Import von Rohbaumwolle zunehmend den Import von Baumwollfertigwaren aus Indien. Die in der Folge in England entstehende Baumwollindustrie wurde durch ihre Nachfrage nach Maschinen und Ausrüstungen zum Impulsgeber der englischen Wirtschaft.

## Die Industrialisierung des europäischen Festlands

Aus den protoindustriellen Gewerbelandschaften entwickelten sich nicht zwangsläufig, jedoch häufig industrielle Zentren. Dort waren Wissen, Fertigkeiten und Unternehmertum sowie Kapital vorhanden, um Innovationen aus England zu übernehmen – oft durch Industriespionage und Nachbau oder durch Anwerbung von englischen Fachleuten. Aus diesen Gewerberegionen bildeten sich in der ersten Hälfte des 19. Jahrhunderts industrielle Inseln im ansonsten zunächst noch vorindustriell geprägten Europa.

Auch auf dem Festland war die Mechanisierung der Textilspinnerei einer der Motoren der Industrialisierung, hinzu kamen Werkzeug- und Maschinenbau. Damit ging eine Modernisierung und Effizienzsteigerung der Landwirtschaft durch verbesserte Anbaumethoden und Düngung sowie den aufkommenden Einsatz von Maschinen einher.

Begünstigt durch die räumliche Nähe und enge Wirtschaftsbeziehungen mit England setzte die Industrialisierung zuerst in Flandern und Wallonien ein und schritt über Frankreich (ab ca. 1830) und Deutschland (ab ca. 1840) von West nach Ost voran; Russland wies noch bis ins 20. Jahrhundert in vielen Gegenden vorindustrielle Strukturen auf.

### Begriffe

- **Protoindustrialisierung:** Herausbildung von Gewerbelandschaften, die für überregionale oder internationale Märkte produzieren.
- **Merkantilismus:** Wirtschaftsform des 17. und 18. Jh. Ihre Grundidee war die Förderung einheimischer Unternehmen mittels Exportförderung und Einfuhrbeschränkung. Dem Staat kam die Rolle einer zentralen Lenkungsinstanz für wirtschaftliche Entwicklungen zu.
- **Liberalismus:** Ideengeschichtliche Strömung, die davon ausgeht, dass nicht der Staat, sondern das freie Individuum am besten in der Lage ist, durch sein (wirtschaftliches und politisches) Handeln das Gemeinwohl zu fördern.

1

**Von der Burg zur Fabrik**

„Die Harkort'sche Fabrik auf Burg Wetter", Gemälde von Alfred Rethel, 1834. Eine der ersten deutschen Industrieanlagen: Auf einer an der Ruhr gelegenen Burg des 13. Jahrhunderts errichteten Friedrich Harkort und Heinrich Kamp nach englischem Vorbild und mit englischen Fachleuten eine Maschinenfabrik mit Hochofen (Anlage zur Gewinnung von Roheisen aus Eisenerz und Koks) und Walzwerk (Anlage zur Formung von glühendem Stahl).

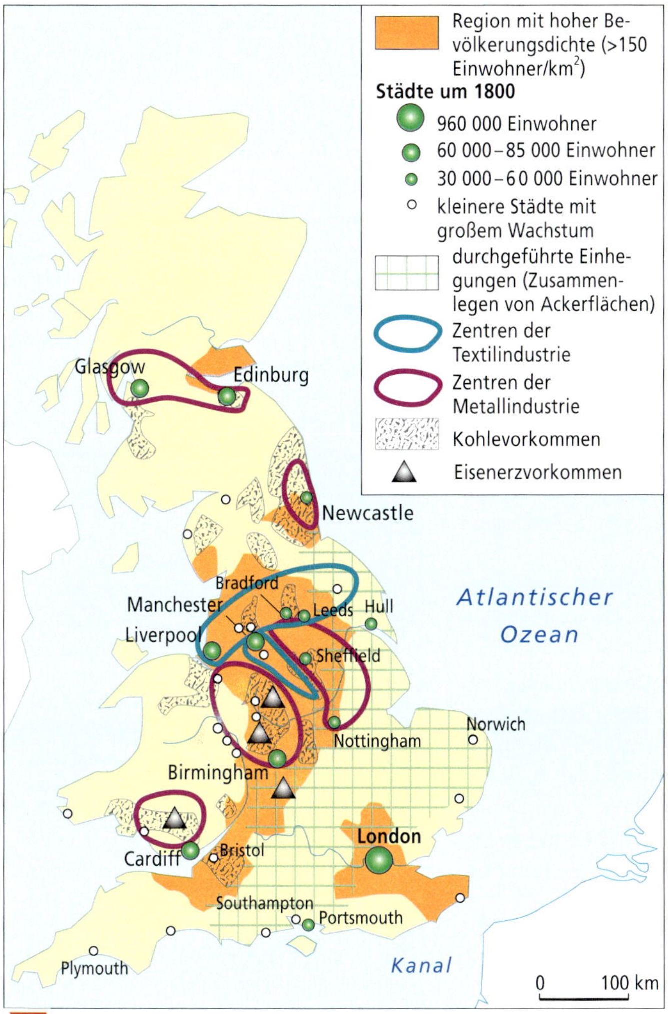


4 **Die britische Industrie um 1800**

2 **Liberalismus – eine „unsichtbare Hand" lenkt die Wirtschaft**

*Adam Smith über die Grundsätze einer liberalen Wirtschaftsordnung, 1776:*

Der Einzelne ist stets darauf bedacht, herauszufinden, wo er sein Kapital, über das er verfügen kann, so vorteilhaft wie nur irgend möglich einsetzen kann. Und tatsächlich hat er dabei den eigenen Vorteil im Auge und nicht etwa den der Volkswirtschaft. Aber gerade das Streben nach seinem eigenen Vorteil ist es, das ihn ganz von selbst oder vielmehr notwendigerweise dazu führt, sein Kapital dort einzusetzen, wo es auch dem ganzen Land den größten Nutzen bringt. [...] Und er wird in diesem wie auch in vielen anderen Fällen von einer unsichtbaren Hand geleitet, um einen Zweck zu fördern, den zu erfüllen er in keiner Weise beabsichtigt hat. [...]

Gibt man alle Systeme der Begünstigung und Beschränkung auf, so stellt sich ganz von selbst das einsichtige und einfache System der natürlichen Freiheit her. Solange der Einzelne nicht die Gesetze verletzt, lässt man ihm völlige Freiheit, damit er das eigene Interesse auf seine Weise verfolgen kann und seinen Erwerbsfleiß und sein Kapital im Wettbewerb mit jedem anderen [...] entwickeln oder einsetzen kann.

Adam Smith, Der Wohlstand der Nationen, 1776, hrsg. und übers. von H. C. Recktenwald. München 2005, S. 369, 371 und 582.

3

**Die Dampfmaschine**

Früher Einsatz einer Dampfmaschine im englischen Bergbau zum Abpumpen des Grundwassers, unbekannter Künstler, 1792, Liverpool.

## Fragen und Anregungen

**1.** Erarbeiten Sie in einem Schaubild, das Ursachen und Folgen einander gegenüberstellt, die Gründe für die Vorreiterrolle Englands bei der industriellen Entwicklung in Europa. (VT, M2 und M4)

**2.** Informieren Sie sich über die Wirtschaftsordnung des Merkantilismus und vergleichen Sie diese mit der des Liberalismus. (M2) Welche Rolle spielt jeweils der Staat, welche das Individuum?

**3.** Diskutieren Sie Adam Smiths Argumentation, dass derjenige, der den eigenen Vorteil verfolge, damit auch das Allgemeinwohl fördere.

**4.** Betrachten Sie das Gemälde (M3) und klären Sie, welche Gründe und welche Folgen der Einsatz moderner Technik in England hatte. Erörtern Sie, warum sich der Künstler für dieses Bildmotiv entschieden haben mag.

# 2. 1830 – 1870: Von der Werkstatt zur Fabrik

*Weshalb etablierte sich in der Mitte des Jahrhunderts das Fabriksystem und welche Folgen waren mit diesem Prozess verbunden?*

## Größere Produktionseinheiten als Folge technischer Innovation

In der ersten Phase der Industrialisierung beherrschten noch dezentral arbeitende Werkstätten von überschaubarer Größe die Produktion, so etwa in der Seidenweberei in und um Lyon, in der städtische und ländliche Arbeitskräfte in Heimarbeit produzierten. Diese Produktionsform hieß in Frankreich „fabrique". Ähnlich funktionierte das Verlagssystem in der deutschen Textilherstellung.

Für die allmähliche Verdrängung der Werkstatt durch die Fabrik waren neben dem Abbau von Zollschranken (z. B. Deutscher Zollverein, 1834) vor allem technische Innovationen grundlegend: Mit der 1769 von James Watt verbesserten Dampfmaschine stand eine (im Gegensatz zur Wasserkraft) lokal unabhängige Energiequelle zur Verfügung, mit der Lokomotiven, aber auch mehrere Maschinen gleichzeitig angetrieben werden konnten.

Zudem begünstigte das seit 1835 auf dem Kontinent schnell wachsende Eisenbahnnetz den Austausch von Waren und Rohstoffen. Die nun mögliche Vernetzung wirtschaftlicher Zentren und die durch den Eisenbahnbau geförderte Nachfrage nach Kohle, Eisen und Maschinen förderte die Konzentration von Produktionsprozessen im Rahmen großer Produktionsanlagen.

## Die Etablierung des Fabriksystems

Zu Beginn der Industrialisierung arbeiteten selten mehr als 30 Menschen in einem Betrieb. Fabriken existierten zwar bereits in der ersten Phase des 19. Jahrhunderts, sie nahmen aber erst seit der Mitte des 19. Jahrhunderts eine zentrale Stellung im Produktionssystem ein. Manche Unternehmen beschäftigten damals über 1.000 Personen, so Dollfus-Mieg im Elsass (1834: 4.200) oder Krupp in Essen (1857: 1.007).

Die Entstehung des Fabrikwesens bedeutete die Durchsetzung neuer Formen der Arbeitsorganisation. Größer und komplexer werdende Maschinen erforderten eine verstärkte Arbeitsteilung und bessere Koordination der Arbeitsschritte. Auch neue Produktionsweisen wie das Bessemer-Verfahren (1856) und die Siemens-Martin-Öfen (1864), die eine kostengünstige massenhafte Stahlerzeugung von hoher Qualität ermöglichten, veränderten die Arbeit nachhaltig. Gleichzeitig erlaubte der technische Fortschritt erst die für die Organisation eines Großbetriebs nötige Planbarkeit der Arbeitsabläufe. Der Takt der Maschinen bestimmte den Arbeitsprozess der Menschen, zuvor war es umgekehrt.

## Fabrikarbeit verändert das Leben

Strikte Fabrikordnungen regelten Arbeits- und Pausenzeiten; der Arbeitstag dauerte zwölf Stunden oder länger. Es entwickelte sich ein Rhythmus der Fabrik, der nicht nur das Leben der Beschäftigten bestimmte, sondern auch der umliegenden Orte.

Anders als die Landwirtschaft und das vorindustrielle Gewerbe stellte die Fabrik die vollständige Trennung von Arbeitsstätte und Wohnung dar, was eine tiefe Veränderung der Lebensverhältnisse bedeutete.

In der Fabrik spielten das Wissen und die Erfahrung des Beschäftigten eine wesentlich geringere Rolle für die Produktqualität und die Produktionsgeschwindigkeit als in der vorindustriellen Produktion. So verloren zuvor hoch angesehene Berufe, wie der des Eisenschmelzers, durch die Technisierung viele ihrer Besonderheiten, im Mittelpunkt stand zunehmend das Bedienen der Maschinen.

Diese Angleichung von Tätigkeiten sowie der Arbeitsorganisation förderte das Entstehen des berufsübergreifenden Selbstverständnisses einer neuen gesellschaftlichen Gruppe: der Industriearbeiterschaft (siehe Kap. 6).

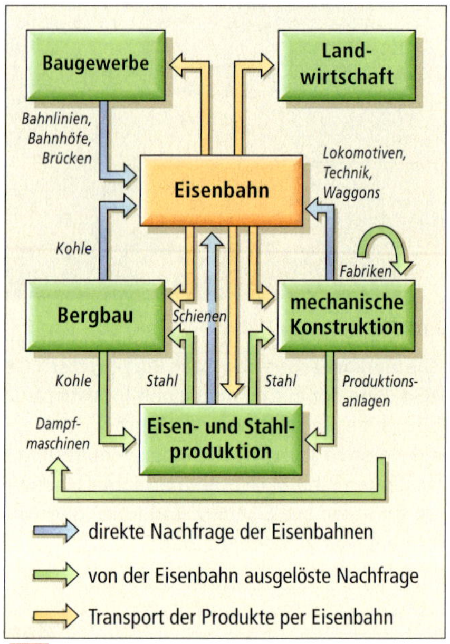


**1**
**Die Eisenbahn als Motor der Industrialisierung**

## Begriffe

- **Verlagssystem** (franz. „fabrique"): In der frühen Neuzeit entstandene Produktionsweise, die bis weit in das 19. Jahrhundert hinein bedeutend blieb: Unternehmer stellten unabhängig voneinander arbeitenden Familienbetrieben Rohstoffe und z. T. auch Maschinen zur Verfügung, nahmen die oft in Heimarbeit produzierten Fertigprodukte (z. B. Stoffe) ab und vermarkteten sie.
- **Zollverein:** Zusammenschluss mehrerer (deutscher) Staaten zu einem gemeinsamen Handelsgebiet ohne Zollschranken. Bildung des Preußisch-Hessischen, des Mitteldeutschen und des Süddeutschen Zollvereins, bevor sich 1833 der Preußisch-Hessische und der Süddeutsche Zollverein und schließlich 1834 alle drei zum Deutschen Zollverein zusammenschlossen.
- **Dampfmaschine:** Anlage, die Dampfdruck in mechanische Energie verwandelt und somit unabhängig von natürlichen Energiequellen Maschinen in Industrie und Landwirtschaft antreiben konnte.

2a

2b

**Frühindustrielle Eisenverarbeitung**

Außen- und Innenansicht einer Schmiede bei Châtillon-sur-Seine, Ölgemälde von Étienne Bouhot, 1823, Musée Buffon, Montbard. Im Hintergrund ein Eisenhammer (Innenansicht).

3

## Eine neue Arbeitsdisziplin

**§ 1** Die regelmäßige Arbeitszeit beginnt zu jeder Jahreszeit präzise um 6 Uhr morgens, dauert mit Ausnahme der üblichen Frühstückszeit von einer halben Stunde, der Mittagszeit von einer ganzen und der Vesperzeit von wiederum einer halben Stunde ununterbrochen bis 7 Uhr abends und muss strenge eingehalten werden.

[…] Wer 2 Minuten zu spät kommt, verliert den Lohn einer halben Stunde; wer über 2 Minuten zu spät kommt, darf nicht eher als bei dem Beginne der nächsten Arbeitszeit zu arbeiten anfangen, wenigstens wird ihm für diese ganze Zeit der Lohn abgezogen. […]

**§ 4** Öfteres unregelmäßiges Kommen zur Arbeit hat Entlassung zur Folge. Diese trifft auch denjenigen Arbeiter, welcher von einem Beamten oder Werkführer der Anstalt müßig gehend getroffen wird und dessen Anmahnung zur Arbeit nicht Folge leistet. […]

**§ 12** Es versteht sich von selbst, dass den Vorstehern und den Beamten der Anstalt unbedingter Gehorsam geleistet und die schuldige Achtung bewiesen werden muss. Widersetzlichkeit wird mit Entlassung bestraft. […]

Fabrikordnung einer Maschinenbaufabrik und Eisengießerei in Berlin-Moabit, 1844; zit. nach: W. Steitz (Hrsg.), Quellen zur deutschen Wirtschafts- und Sozialgeschichte im 19. Jahrhundert bis zur Reichsgründung. Darmstadt 1980, S. 187–191.

4

**Eine neue Eisenzeit: Stahlerzeugung in der Fabrik**

Technologische Wandtafel von Max Eschner, Leipzig, um 1905. Im Hintergrund ist ein Dampfhammer zum schnellen Schmieden von Stahlteilen dargestellt; links eine „Bessemer-Birne“, in der geschmolzenes Roheisen durch das Einblasen von Luft von Kohlenstoff gereinigt und so zu schmiedbarem Stahl verarbeitet wurde.

## Fragen und Anregungen

**1.** Stellen Sie die Bedeutung von Dampfmaschine, Eisenbahnbau, Kohleförderung und Abbau von Zollgrenzen für die erste Industrialisierungsphase stichwortartig dar. (VT, M1, siehe auch S. 82 f.)

**2.** Analysieren Sie die Gemälde. Welche Veränderungen sind bezüglich der Arbeitsabläufe erkennbar? (M2 und M4)

**3.** Stellen Sie die Auswirkungen der Fabrikorganisation und der Fabrikordnungen auf die Arbeiter zusammen und erörtern Sie deren Folgen. (VT, M3 und M4)

# 3. 1870 – 1930: Der Durchbruch zur Industriegesellschaft

*Welche technologischen und strukturellen Veränderungen prägten die zweite Industrialisierungsphase bzw. Hochindustrialisierung?*

## Herausbildung von Industriegesellschaft und Industriestaat

Die Industrialisierung Europas in der ersten Hälfte des 19. Jahrhunderts führte zu einem Innovationsschub und einer Produktivitätssteigerung, die von den Zeitgenossen als erstaunlich, faszinierend und auch beängstigend wahrgenommen wurden. Weite Teile der Gesellschaft, auch der Eliten, blieben jedoch weiterhin den alten vorindustriellen Denkweisen verhaftet.

Das änderte sich etwa ab den 1870er-Jahren. In dieser zweiten Industrialisierungsphase, die in Deutschland auch als „Hochindustrialisierung" bezeichnet wird, gewann die moderne industrielle Produktion eine für die gesamte Wirtschaft prägende Kraft. Der Begriff „zweite Industrialisierung" betont die Weiterentwicklung des zuvor begonnenen Prozesses, während die deutsche Bezeichnung „Hochindustrialisierung" die Vorstellung eines Höhepunkts zum Ausdruck bringt.

Unabhängig von der Interpretation brachte diese Epoche aber die Etablierung der Industriegesellschaft mit sich, die durch die Mobilität und Kommunikation der Massen sowie durch Technisierung aller Lebensbereiche gekennzeichnet war. Das Fabriksystem, zuvor nur in einigen Zentren inselartig in Europa verbreitet, setzte sich nun in Form einer intensiven großindustriellen Wirtschaftsweise durch. Technische Innovationen, die das Wirtschaftsleben zunehmend prägten, erfassten nun auch die staatlichen Systeme: 1890 setzte die US-amerikanische Regierung erstmals bei einer Volkszählung systematisch Lochkarten und Auswertungsmaschinen zur effizienten Datenerfassung ein.

1 **Technischer Fortschritt: Gewinn für die Menschheit ...**

Benz & Cie.: Patent-Motor-Wagen Benz „Victoria" (1893).

## Wissenschaftlich-technologische Innovation und neue Leitindustrien

Die Anwendung der auf Kohle und Eisen basierenden Technik wurde in der zweiten Hälfte des 19. Jahrhunderts durch die Fortsetzung des Eisenbahnbaus und den Maschinenbau deutlich intensiviert.

Neben diese traten in der Hochindustrialisierung Technologien, die zuvor unbekannt waren. Neue Wachstumsmotoren waren nun insbesondere die Elektroindustrie und Chemie, zudem setzte ein enormer Bauprozess in den rasch wachsenden Städten **(siehe S. 116 f.)** ein. Die Städte erhielten Stromnetze und Elektrizitätswerke; elektrische Energie konnte nach der Erfindung der Glühbirne (Edison, 1878) zur Beleuchtung genutzt werden und trieb das neue urbane Massenverkehrsmittel, die Straßenbahn (Werner von Siemens, 1878), an. Das Telefon (Philipp Reis, 1861) und die drahtlose Telegrafie (Guglielmo Marconi, 1897) revolutionierten die Kommunikation; die Erfindung des Automobils (Gottfried Daimler, Carl Benz, Wilhelm Maybach, 1883 – 1885) und die Erschließung von Erdöl als Grundlage der Kraftstofferzeugung markierten den Beginn einer Jahrzehnte später einsetzenden Massenmobilisierung. Ganze Regionen richteten sich nun ökonomisch auf die Erdölförderung aus, so etwa in Texas.

Anders als in der ersten Industrialisierungsphase waren diese Innovationen zum Teil das Ergebnis einer systematischen und von staatlicher Seite geförderten wissenschaftlichen Forschung, so etwa unter finanzieller Beteiligung von Unternehmen in den Instituten der deutschen Kaiser-Wilhelm-Gesellschaft. Universitäten und Ingenieurschulen bildeten das Personal aus, das die umfassende Industrialisierung der europäischen Staaten trug.

Dem technischen Fortschritt wohnten jedoch auch Schattenseiten inne: Neben dem Raubbau an der Natur war die zweite Industrialisierung auch die Voraussetzung dafür, dass der Erste Weltkrieg als erster industrialisierter Krieg eine bis dahin nicht bekannte Zerstörungskraft entfaltete.

### Begriffe

- **Hochindustrialisierung:** In Deutschland gebräuchlicher Begriff zur Bezeichnung der zweiten Industrialisierungsphase (franz.: deuxième industrialisation).
- **Industriegesellschaft:** Gesellschaft, in der ein großer Teil der erwerbstätigen Bevölkerung in der industriellen Produktion arbeitet und industriell gefertigte Produkte konsumiert.
- **Lochkarte:** Von Herman Hollerith für die amerikanische Volkszählung von 1890 optimierter Datenträger aus Pappe; eingestanzte Löcher dokumentieren bestimmte Merkmale (z. B. Alter und Geschlecht bei Volkszählungen), die dann durch Auswertungsmaschinen in kurzer Zeit erfasst und der statistischen Verarbeitung zugänglich gemacht werden können.

2 **... oder Basis neuer Formen der Vernichtung?**

Renault FT-17, der erste moderne Panzer (1917).

4 **Revolutionierung der Kommunikation**

Vermittlung des Fernsprechamtes Berlin-Moabit, Foto, 1906.

6 **Kritik an den modernen Transportmitteln**

E. Celos: „Die Rückkehr ins 18. Jahrhundert“

## 3 Der Vorsprung der USA

*Franz Reuleaux (1829–1905), deutscher Maschinenbauingenieur, in einem Brief von der Weltausstellung in Philadelphia (USA), 1876:*

Was schon 1867 in Paris sich merken und verstehen ließ, was dann in Wien schon sehr deutlich zu Tage trat, zeigt sich hier in vollem Maße: dass Nordamerika einen ersten, teilweise unbestritten den allerersten Rang im Maschinenbau einzunehmen begonnen hat. [...] Mehrere Firmen stellen nämlich Dampfmaschinen in verschiedenen Größen aus, deren Teile sämtlich auf der Maschine automatisch hergestellt sind und demnach – wie die Teile der Nähmaschinen amerikanischer und mehrerer deutscher Firmen – ausgewechselt werden können. [...]

Freilich wird nur der angestrengteste Fleiß, die Aufbietung aller Kraft uns in den Stand setzen, den Vorsprung, welchen Amerika gewonnen hat, wieder einzuholen. Vor kurzem erst hatten wir den englischen Werkzeugtypus uns zu eigen gemacht, ja ihn im eigenen Sinne weiterentwickelt und uns darin auf eigene Füße zu stellen begonnen. Ein deutscher Werkzeugmaschinentypus hob leise an. Nun aber hat der amerikanische mit ganz neuen Ideen den englischen aus dem Sattel geworfen, und wir müssen ohne Zaudern uns dem neuen System anschließen, wollen wir nicht ins Hintertreffen geraten.

F. Reuleux, Briefe aus Philadelphia, Vermehrte Ausgabe. Braunschweig 1877, S. 21 f.

## 5 Der technische Fortschritt aus der Sicht des Ökonomen Werner Sombart (1903)

Jetzt begreifen wir auch erst, warum die Entwicklung der Maschinerie in unserem Jahrhundert eine so rapide sein konnte. Sie ist einer eigentümlichen und richtigen Wendung in der Auffassung des Maschinenerfinders zuzuschreiben, welche darin besteht, dass nicht mehr die Maschine die Handarbeit oder gar die Natur nachzuahmen sucht, sondern bestrebt ist, die Aufgabe mit ihren eigenen, von den natürlichen oft völlig verschiedenen Mitteln zu lösen. Ist aber erst einmal die Schranke des Gebundenseins an die Naturbeschaffenheit der menschlichen Organe gefallen, so eröffnen sich dem technischen Können unermessliche Weiten. Und darin liegt vor allem die epochale Bedeutung, die wir dem Eintritt der Wissenschaft in den Dienst der Technik zuschreiben müssen.

W. Sombart, Die deutsche Volkswirtschaft im 19. Jahrhundert und im Anfang des 20. Jahrhunderts, 5. Aufl. Berlin 1921 [Erstauflage 1903], S. 148 f.

## Fragen und Anregungen

**1.** Erörtern Sie die häufig formulierte These vom „Janusgesicht“ des Fortschritts (VT, M1, M2 und M6), indem Sie Aspekte der „Doppelgesichtigkeit“ einander tabellarisch gegenüberstellen.

**2.** Analysieren Sie den Brief Reuleaux’ (M3) hinsichtlich der internationalen Kräfteverhältnisse (vgl. auch Kartenseite) und der Herausforderungen der Industrialisierung an die Menschen.

**3.** Beschreiben Sie die Entwicklungen der zweiten Industrialisierungsphase und stellen Sie in einem Schaubild Gemeinsamkeiten und Unterschiede zur frühen Industrialisierung heraus. (VT, M4 – M6, siehe auch S. 82 f.)

**4.** Analysieren Sie die Aussage Sombarts. (M5) Scheint sie Ihnen noch aktuell? Erörtern Sie, in welcher Weise die Technisierung das Denken und Leben der Menschen verändert hat.

# Dossier Taylorismus und Fordismus

Bereits vor dem Ersten Weltkrieg hatten sich die USA zur führenden Industrienation der Welt entwickelt. Dieser Erfolg wurde möglich, indem die industrielle Produktion systematisch rationalisiert und an Methoden der „wissenschaftlichen Betriebsführung" ausgerichtet wurde.

Frederick Winslow Taylor (1856 – 1915) stellte die Steigerung der Produktionsgeschwindigkeit in den Mittelpunkt. Er ließ die Arbeitsabläufe durch Zeitmessung untersuchen, um sie zu optimieren, das Akkordsystem sollte den Arbeitern Anreize bieten. Sein Ansatz trug ihm den Namen „Speedy" ein.

Henry Ford (1863 – 1947) revolutionierte den Automobilbau, in der Folge die gesamte Industrieproduktion, durch Einführung der Fließbandarbeit, die Wege sparte, die Herstellung von Großserien erlaubte und so zu einer deutlichen Effizienzsteigerung führte. Um die Arbeiter am Unternehmenserfolg teilhaben zu lassen, bezahlte Ford hohe Löhne. Die Auswirkungen der Fließbandproduktion auf die arbeitenden Menschen stießen jedoch auf Kritik.

## 1 Neue Arbeitsmethoden

*Frederick Winslow Taylor über die systematische Analyse und Standardisierung des Arbeitsprozesses (1911):*

Anstatt eine Art, einen Arbeitsschritt zu tun, als Standard zu haben, wird jeder Arbeitsschritt täglich auf, sagen wir, fünfzig oder hundert verschiedene Arten erledigt. Schon ein wenig Nachdenken macht klar, dass dies unvermeidlich der Fall sein muss, wenn unsere Arbeitsmethoden von Arbeiter zu Arbeiter mündlich weitergegeben werden oder, wie in den meisten Fällen, unbewusst durch Abgucken gelernt werden. In praktisch keinem Fall sind sie niedergeschrieben, systematisch analysiert oder beschrieben worden. [...]

Nur durch eine strikt durchgesetzte Standardisierung der Arbeitsmethoden, strikt durchgesetzte Einführung der besten Arbeitsgeräte und Arbeitsbedingungen und verstärkte Zusammenarbeit kann schnellere Arbeit gewährleistet werden. Und die Pflicht, diese Standards und die Kooperation durchzusetzen, liegt allein bei der Unternehmensleitung. Sie muss kontinuierlich einen oder mehrere Anleiter zur Verfügung stellen, um jedem neuen Arbeiter die neuen und einfacheren Methoden zu zeigen; und die langsameren Arbeiter müssen konstant beobachtet und angeleitet werden, bis sie sich zu einer angemessenen Geschwindigkeit gesteigert haben. All jene, die trotz sorgfältiger Anleitung nicht nach den neuen Methoden und in höherer Geschwindigkeit arbeiten können oder wollen, müssen von der Unternehmensleitung entlassen werden.

Übers. nach: F. W. Taylor, The Principles of Scientific Management. New York 1911.

## 2 Taylors Methoden aus Gewerkschaftssicht

*Samuel Gompers, amerikanischer Gewerkschaftsführer, um 1900:*

So seid ihr also als Lohnarbeiter im Allgemeinen bloße Maschinen – allerdings nur wenn man es industriell betrachtet. Weshalb solltet ihr daher nicht standardisiert werden, und weshalb sollten euere Bewegungskräfte nicht in jeder Beziehung im höchsten Maße perfektioniert werden, auch was die Geschwindigkeit betrifft? Nicht nur eure Länge, Breite und Stärke als Maschine, sondern auch euer Härtegrad, eure Verformbarkeit, Lenkbarkeit und allgemeine Brauchbarkeit können festgestellt, registriert und dann je nach Wunsch eingesetzt werden. Auf diese Weise würde die Wissenschaft am meisten aus euch herausholen können, bevor ihr auf den Abfallhaufen geworfen werdet.

Zit. nach: T. P. Hughes, Die Erfindung Amerikas. Der technologische Aufstieg der USA seit 1870. München 1991, S. 202.

3 **Taylorismus in Deutschland**

Ein „Zeitnehmer" des REFA (Reichsausschuss für Arbeitszeitermittlung) bei der Arbeit. Seine Aufgabe: Arbeitsprozesse zu protokollieren und anschließend zu optimieren. Foto, 1920.

4

**„Moderne Zeiten"**

Bild aus Charlie Chaplins Film „Modern Times" (1936) mit dem ironischen Untertitel „Eine Geschichte der Industrie, des privaten Unternehmertums, des Kreuzzugs der Menschheit bei ihrem Streben nach Glück".

## 5 Bericht über die Einführung des Fließbands bei Ford (1915)

Bis zum August 1913 wurde das Chassis bei Ford an einem festen Montageplatz zusammengebaut. Erst wurden Vorder- und Hinterachse auf den Boden gelegt; dann wurden der Rahmen und die dazugehörigen Federn mit den Achsen verbunden; als Nächstes wurden die Räder an die Achsen montiert und die übrigen Bestandteile nacheinander hinzugefügt, bis das Chassis fertig war. Alle Bauteile, die man für ein Chassis brauchte, wurden mit der Hand zum jeweiligen Montageplatz gebracht. [...] Jeder Chassisbau erforderte zwölf Stunden und 28 Minuten Arbeitszeit. Das war das Kürzeste, was je bei dieser Arbeitstechnik mit stationären Montageplätzen erreicht wurde. [...]

Während der saisonbedingten Absatzflaute experimentierte man mit einer Seilwinde, die ein 76 Meter langes Montageband bewegte. Sechs Monteure begleiteten das Chassis, das mit der Seilwinde langsam auf dem Boden entlanggezogen wurde, vorbei an Materialstationen mit Bauteilen. Die Chassismontage beanspruchte dabei nur fünf Stunden und fünfzig Minuten Arbeitszeit eines Mannes, eine Einsparung von über fünfzig Prozent. [...]

Allmählich wurde das Fließband auf 92 Meter verlängert, sodass die Arbeiter mehr Bewegungsraum hatten, und am 1. Dezember 1913 stellten 177 Monteure in neun Stunden 606 Chassis her – pro Chassis etwa zwei Arbeitsstunden und 38 Minuten eines Mannes.

H. L. Arnold und F. L. Faurate, Ford Methods and Ford Shops, The Engineering Magazine Company. New York 1915; zit. nach: G. Moltmann, Die Vereinigten Staaten von Amerika von der Kolonialzeit bis 1917. Paderborn 1980, S. 66.

## 6 Leben im Takt der Produktion

*John Dos Passos in seinem Roman „The Big Money" über die Arbeit bei Ford, 1936:*

Bei Ford wurde die Produktion ständig verbessert: Weniger Ausschuss, mehr Aufseher, mehr kontrollierende Vorarbeiter, mehr Überwacher (15 Minuten Frühstückspause, drei Minuten auf den Gang zur Toilette, überall die tayloristische Antreiberei, greife darunter, setze die Unterlegscheibe auf, ziehe die Schraube fest, schlage den Bolzen fest, greifedarunter, setztedieunterlegscheibeauf, ziehedieschraubefest, greifedaruntersetzeaufschraubefestgreifedaruntersetzeauf, bis jeder Funken Leben für die Produktion aufgesaugt wurde und die Arbeiter in der Nacht nach Hause gehen wie graue, zitternde, leere Hülsen.

Übers. nach: J. Dos Passos, The Big Money. New York 1969, S. 75.

## Fragen und Anregungen

1. Stellen Sie die Ziele und Methoden des „Taylorismus" und des „Fordismus" dar. Arbeiten Sie jeweils die Vorteile und Probleme heraus. (M1, M2, M5 und M6).
2. Analysieren Sie das Foto. (M3) Stellen Sie Vermutungen an, was die beiden abgebildeten Personen jeweils übereinander gedacht haben mögen.
3. Erarbeiten Sie das Bild, das Taylor von den Arbeitern hatte. Nehmen Sie Stellung, inwieweit dieses Bild einem modernen Unternehmertum entspricht. (M1 und M2)
4. Schildern Sie die Auswirkungen der neuen Produktionsmethoden auf die Arbeiterschaft (M1, M2, M5 und M6).

# 4. Wachstum und wirtschaftliche Krisen

*Welche Ursachen führten zu den Wirtschaftskrisen des Industriezeitalters?*

## Gründerboom, Gründerkrise und „Große Depression"

Der durch die Industrialisierung ausgelöste steile Wirtschaftsaufschwung in Europa war dauerhaft, in Frankreich und Deutschland nur kurzzeitig durch den Krieg von 1870/1871 unterbrochen, und von Unternehmenskonzentrationen, einem Aufschwung des Bankwesens sowie einem stark ansteigenden Aktienhandel begleitet. Diese Zeit des Aufbruchs war eine Boomphase, für die sich in Deutschland der Begriff „Gründerzeit" etabliert hat.

Allein zwischen 1871 und 1873 wurde in Deutschland mehr Kapital investiert als in den zwanzig Jahren zuvor; allerdings entstanden damals in Europa Produktionsüberkapazitäten und die Aktienkurse stiegen wegen der übersteigerten Erwartungen übermäßig.

Der Aufschwung beinhaltete also bereits die Ursachen für die erste große Wirtschaftskrise des Industriezeitalters: Absatzprobleme, Preisverfall, fallende Aktienkurse und der Abbau von Überkapazitäten beendeten den Boom und leiteten eine Phase unsicheren und zum Teil negativen Wachstums seit 1873 ein: die „Große Depression" (in Deutschland „Gründerkrach"). Statistiken belegen allerdings, dass der Wachstumstrend hierdurch entgegen der Wahrnehmung vieler Zeitgenossen insgesamt nicht nachhaltig unterbrochen wurde.

## Erster Weltkrieg und Folgen

Einen massiven wirtschaftlichen Einbruch stellte der Erste Weltkrieg dar. So lag die Wirtschaftsleistung 1918 in Frankreich bei 63,9 %, in Deutschland bei 81,9 % im Vergleich zu 1913, wobei sie sich im krisengeschüttelten Deutschland 1919 auf schließlich 65,9 % gegenüber 1913 reduzierte. In Großbritannien hingegen stieg die Wirtschaftsleistung durch die Rüstungsproduktion zwischen 1913 und 1918 um 13,2 %, bis sie sich 1919 wieder auf das Vorkriegsniveau einpendelte. Die USA erlebten in der Zwischenkriegszeit bis 1929 eine Periode der Prosperität und entwickelten sich zur weltweit führenden Wirtschaftsmacht.

Eine Folge des Krieges stellte die Inflation dar, die in Deutschland 1923 die Form einer Hyperinflation annahm. Die Kriegsfinanzierung durch öffentliche Anleihen, die sozialen Folgekosten des Krieges sowie die Reparationsleistungen belasteten den Staatshaushalt, sodass die Reichsregierung den Geldumlauf erhöhte. Dies beschleunigte die Inflation bis hin zur völligen Entwertung der Geldanlagen im privaten Besitz der Bevölkerung. Die Angst vor sozialem Abstieg und Existenzverlust, die sich aus dieser traumatischen Erfahrung ergab, war eine wesentliche Ursache der politischen Radikalisierung (siehe S. 246).

## Weltwirtschaftskrise

Am 24. Oktober 1929 begann mit 12,8 % Kursverlusten der Sturz des Dow Jones; am 29. Oktober gab der Index um weitere 11,7 % nach. Ursachen waren enorme Überkapazitäten in der US-Wirtschaft und eine ins Unrealistische gesteigerte Überbewertung der Aktien. Die Kursverluste in den USA wirkten sich infolge des Abflusses von amerikanischem Kapital aus Europa weltweit aus.

Der labile Kreislauf von Krediten, Reparationen und der Rückzahlung von Kriegskrediten zwischen den USA, Deutschland und den europäischen Alliierten, der auf der Basis des Dawesplans (siehe S. 364) seit 1924 entstanden war, brach zusammen. Es folgte ein weltweiter Einbruch der Investitionen, der eine bis 1932 dauernde Krise der Weltwirtschaft nach sich zog. Ein drastisch gesunkenes Produktionsvolumen, ein Einbruch des Welthandels sowie eine dauerhafte Massenarbeitslosigkeit waren die Folgen.

Die Auswirkungen in Europa waren unterschiedlich. Im stark von US-Krediten abhängigen Deutschland stieg die Arbeitslosigkeit bis 1932 sprunghaft an, die Auswirkungen auf Frankreich waren bis 1931 offenbar weniger dramatisch aber dauerhafter, während die Regierung des weniger stark betroffenen Großbritannien mit einer Abwertung des Pfundes und protektionistischen Maßnahmen reagierte.

## Begriffe

- **Aufschwung:** Phase starken Wirtschaftswachstums. Nachfrage und Produktion steigen, es wird in Produktionsanlagen investiert.
- **Gründerzeit/Gründerjahre:** siehe S. 52
- **Boom:** Der höchste Auslastungsgrad der Wirtschaft ist erreicht, die Wirtschaft droht mehr zu produzieren als abgesetzt werden kann.
- **Depression:** Phase verlangsamter wirtschaftlicher Entwicklung, die von Produktionsrückgang und Arbeitslosigkeit geprägt ist.
- **Inflation:** Eine über das Wirtschaftswachstum hinausgehende Ausweitung der Geldmenge (Inflation = „Aufblähung"), was den Wert der einzelnen Geldeinheit sinken lässt.
- **Sturz des Dow Jones:** Der Fall des New Yorker Aktienindex' Dow Jones 1929 wird als „Börsencrash" bezeichnet. Obwohl die stärksten Kursverluste an einem Donnerstag (24. September) und dem folgenden Dienstag (29. September) verzeichnet wurden, ist er in Deutschland als „schwarzer Freitag" bekannt.

## Fragen und Anregungen

1. Vergleichen Sie die Ursachen und Erscheinungsformen der genannten Wirtschaftskrisen. Stellen Sie Gemeinsamkeiten und Unterschiede heraus. (VT, M1–M6)
2. M2 und M4 basieren auf derselben Datenbasis. Stellen Sie dar, inwieweit sich die Aussagen der Grafiken dennoch unterscheiden. Was bedeutet dies für die Bewertung des Ausmaßes der Krisen und für den Umgang mit Statistiken?
3. Beschreiben Sie den Wirtschaftszyklus nach Kondratiev. (M6) Inwieweit entspricht dieses Modell der historischen Realität? (VT, M2 und M4)
4. Erklären Sie, welche Folgen der Sturz des Dow Jones auslöste. (VT, M2–M5)

1

**Hyperinflation 1923 in Deutschland**

Alter 1 000-Mark-Schein, der mit dem Überdruck „Eine Milliarde Mark“ in Umlauf gebracht wurde. Die Inflation schritt so schnell voran, dass die Notenbank kaum mit dem Druck neuer Scheine nachkam.

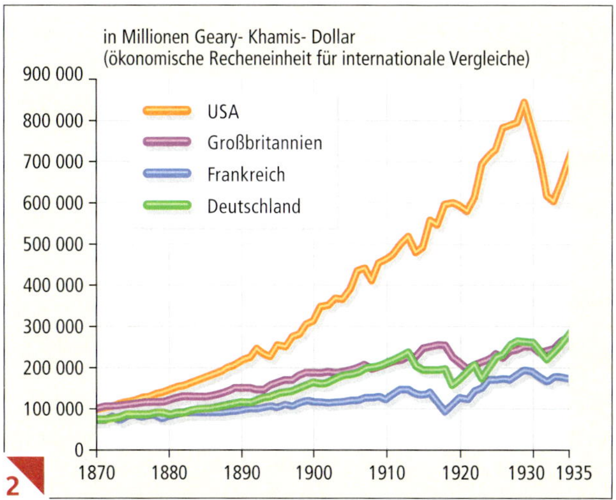


2

**Die Wirtschaftsleistung 1870 – 1935** Datenbasis: siehe M4.

4

**Wachstumsveränderungen in Prozent 1872/1873 – 1896/1897**

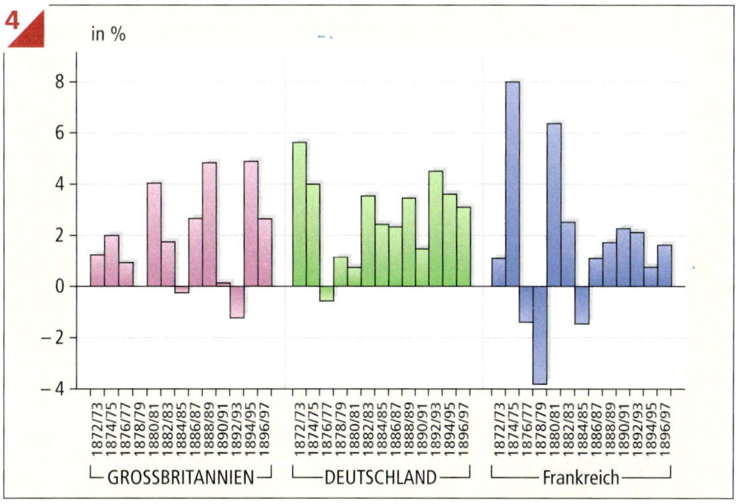


Datenbasis: A. Maddison: The World Economy. Historical Statistics. Paris, OECD, 2003. Deutschland bis 1918: Grenzen von 1871, ab 1919: Grenzen von 1936 (sic!).

3

**Folgen der Wirtschaftskrise in den USA**

*Die Zeitschrift „Fortune“ berichtete im September 1932:*

Alle Zechen in den Counties [Franklin und Williamson in Illinois] sind seit etwa April 1932 geschlossen. Eine Stichprobe in zwölf Wohnungen der Stadt Benton zeigte: kein Geld, abgetragene Kleidung, von „unnötigem“ Mobiliar entblößte Häuser, aus Mehl bereitete Gerichte, abgezehrte Eltern, unterernährte Kinder, unbezahlte Mieten und eine durchschnittliche Verschuldung der Familien von $ 300 für Lebensmittel und Arztrechnungen. [...] So geht es von einer Stadt zur anderen und hinaus in die Fabrikstädte und Bergwerksdörfer und weiter zu den Farmern, wo die [...] Traktoren auf den Feldern verrosten.

Übers. nach: The People Shall Judge. Chicago 1949, S. 447.

5

**Weltweite Auswirkungen der Wirtschaftskrise**

Staatsbankkrise in Australien: Sparer, die sich ihr Geld auszahlen lassen möchten, vor der Bank von New South Wales. Foto, 1929.

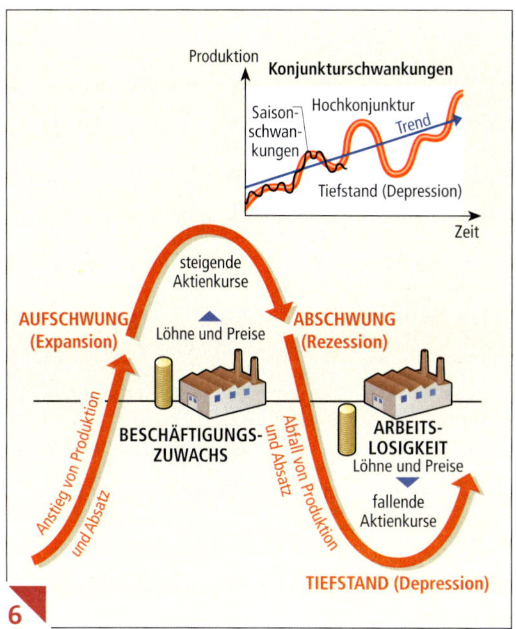


6

**Modell der Konjunkturzyklen nach Kondratiev**

# Dossier
# Reaktionen auf die Krise der 1930er-Jahre

Die Weltwirtschaftskrise, die 1929 durch den Zusammenbruch der New Yorker Aktienkurse ausgelöst wurde und in den meisten Staaten bis zum Ende der 1930er-Jahre andauerte, hatte radikale und globale Auswirkungen, insbesondere eine lang andauernde Massenarbeitslosigkeit.

Die Menschen suchten nach Erklärungen und erhofften sich Lösungen; die dramatischen Auswirkungen steigerten dabei die Empfänglichkeit für Ideologien, radikale Versprechungen und antisemitische Propaganda.

Gleichzeitig musste die Wirtschaftswissenschaft erkennen, dass ihre Erklärungsansätze versagten, denn eine dauerhafte Arbeitslosigkeit war bis dahin als unmöglich angesehen worden. Die unter dem Eindruck der Krise von John Maynard Keynes entwickelte Theorie, die dem Staat eine sehr aktive Rolle im Wirtschaftsleben zuschrieb, brach mit liberalen Wirtschaftskonzepten und sorgt bis heute für Kontroversen.

1

**Reaktion in der Kunst – die Krise als Weltuntergang?**

James N. Rosenberg: „Oct 29 Dies Irae“ [1], 1929.

[1] „Tag des Zorns“, lateinischer Hymnus über das „Jüngste Gericht“.

2

## Reaktion der US-Wähler – Abkehr vom „amerikanischen Modell“?

**A.** *Der erfolgreiche Präsidentschaftskandidat Franklin Delano Roosevelt im Wahlkampf 1932:*

Jedermann hat ein Recht auf sein eigenes Eigentum, was ein Recht bedeutet, so weit wie möglich der Sicherheit seiner Ersparnisse gewiss zu sein. Auf keine andere Weise können Menschen die Lasten jener Teile des Lebens tragen, die naturgemäß keine Möglichkeit zur Arbeit geben: Kindheit, Krankheit und Alter. In allem Denken über das Eigentum ist dieses Recht das höchste, alle anderen Eigentumsrechte müssen ihm nachstehen. Wenn wir im Einklang mit diesem Prinzip die Operationen des Spekulanten, des Manipulators, ja selbst des Finanziers einschränken müssen, so glaube ich, müssen wir die Restriktionen als notwendig akzeptieren, nicht um den Individualismus zu beeinträchtigen, sondern um ihn zu schützen.

Übers. nach: The People shall Judge. Readings in the Formation of American Policy, selected and edited by the Staff Social Sciences I, The College of the University of Chicago. Chicago 1949, Bd. 2, S. 456 f.

**B.** *Präsident Herbert Hoover im Wahlkampf 1932, in dem er gegen Roosevelt unterlag:*

Die Opposition sagt uns, dass wir einen Wechsel brauchen […]. Sie schlägt Veränderungen und sogenannte new deals vor, die die eigentlichen Grundlagen unseres amerikanischen Systems zerstören würden […]. Die ursprüngliche Idee dieses ganzen amerikanischen Systems ist nicht die Reglementierung von Menschen, sondern das Zusammenwirken freier Menschen. Es ist gegründet auf der Vorstellung von Verantwortlichkeit des Individuums gegenüber der Gemeinschaft […]. Liberalismus ist eine Kraft, die dem Geist der tiefen Überzeugung entspringt, dass wirtschaftliche Freiheit nicht geopfert werden darf, wenn politische Freiheit bewahrt werden soll.

Übers. nach: E. H. Merrill, Responses to Economic Collapse. Boston 1964, S. 85 ff.

**3 Reaktionen von Arbeitslosen – Abkehr von der Demokratie?**

Schlange Arbeitsloser vor einem Arbeitsamt in Hannover. Im Hintergrund wurde an die Wand geschrieben: „Wählt Hitler". Foto, Frühjahr 1932.

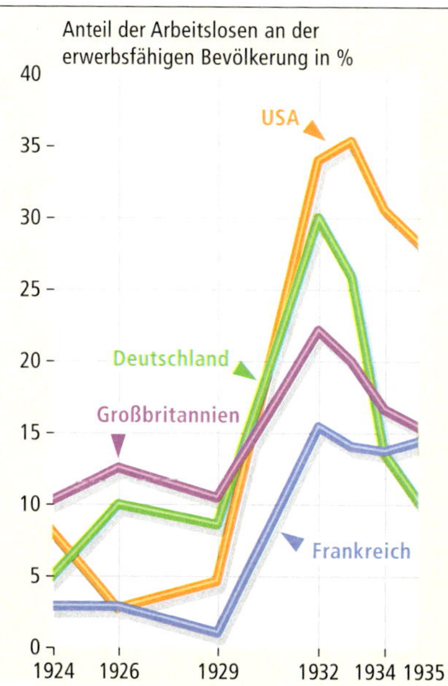


*Quelle*: Bundeszentrale für politische Bildung.

**4 Massenarbeitslosigkeit**

## 5 Staatliche Investitionen als Problemlösung?

*John Maynard Keynes über die Aufgaben einer Regierung (1936):*

Die hervorstechenden Fehler der wirtschaftlichen Gesellschaft, in der wir leben, sind ihr Versagen, für Vollbeschäftigung Vorkehrung zu treffen, und ihre willkürliche und unbillige Verteilung des Reichtums und der Einkommen. [...]

Ich denke mir daher, dass eine ziemlich umfassende Verstaatlichung der Investition sich als das einzige Mittel zur Erreichung einer Annäherung an Vollbeschäftigung erweisen wird. [...] Während daher die Ausdehnung der Aufgaben der Regierung [...] einem Publizisten des 19. Jahrhunderts oder einem zeitgenössischen amerikanischen Finanzmann als ein schrecklicher Eingriff in die persönliche Freiheit erscheinen würde, verteidige ich sie im Gegenteil, sowohl als das einzige durchführbare Mittel, die Zerstörung der bestehenden wirtschaftlichen Formen in ihrer Gesamtheit zu vermeiden, als auch als die Bedingung für die erfolgreiche Ausübung der Initiative des Einzelnen. [...]

Die autoritären Staatssysteme von heute scheinen das Problem der Arbeitslosigkeit auf Kosten der Leistungsfähigkeit und der Freiheit zu lösen. Es ist sicher, dass die Welt die Arbeitslosigkeit, die, von kurzen Zeiträumen der Belebung abgesehen – nach meiner Ansicht unvermeidlich – mit dem heutigen kapitalistischen Individualismus verbunden ist, nicht viel länger dulden wird. Durch eine richtige Analyse des Problems sollte es aber möglich sein, die Krankheit zu heilen und gleichzeitig Leistungsfähigkeit und Freiheit zu bewahren.

John Maynard Keynes, Allgemeine Theorie der Beschäftigung, des Zinses und des Geldes. Berlin 1974[5] (Erstveröffentlichung 1936).

## 6 Im Blick der Forschung: die Revolution des John Maynard Keynes

*Der Wirtschaftswissenschaftler Gerhard Willke schreibt über Keynes:*

Man müsse sich aber fragen, was geschehen würde, wenn alle Unternehmen bei bestehender Arbeitslosigkeit die Löhne herabsetzen, wie es in der Krise ja tatsächlich geschehen sei. Dann würden auch die Einkommen der privaten Haushalte sinken – und damit die gesamtwirtschaftliche Konsumnachfrage. Das müsste die Krise aber noch weiter verschlimmern, denn ein Unternehmer, so Keynes, stelle auch bei sinkenden Löhnen so lange keine neuen Arbeitskräfte ein, wie die Nachfrage nach seinen Produkten unzureichend oder gar rückläufig sei. [...]

[...] Der zentrale wirtschaftspolitische Gedanke von Keynes war nun der, dass der Staat zusätzliche Nachfrage schaffen muss, weil nur er es „autonom" konnte. Wenn ihm die Mittel – wegen mangelnder Steuereinnahmen – für zusätzliche Staatsausgaben fehlten, dann konnte er – und deswegen musste er – sich bei der Notenbank verschulden. Dies war ein Aufsehen erregender Vorschlag, denn bisher hatte der Grundsatz gegolten, dass der Staatshaushalt ausgeglichen sein müsse. Verschulden durfte sich der Staat allenfalls für Kriegszwecke – aber zur Bekämpfung der Arbeitslosigkeit? Das hatte es bisher nicht gegeben.

G. Willke, Wirtschaft – Stabilisierungspolitik und Wirtschaftsordnung. In: Dimensionen der Politik 1. Frankfurt/M. 1983, S. 2/54 f.

## Fragen und Anregungen

1. Wie reagierten die Menschen auf die Krise seit 1929? Beschreiben Sie Veränderungen im Verhältnis zwischen Individuum und Staat, stellen Sie Unterschiede zwischen den Positionen Roosevelts und Hoovers heraus. (M2 und M3)
2. Analysieren Sie das Bild Rosenbergs. (M1) Welche Aussage hat es?
3. Zeigen Sie anhand von M4 den Zusammenhang zwischen Weltwirtschaftskrise und sozialer Krise auf.
4. Stellen Sie mit eigenen Worten die Theorie von Keynes dar. (M5 und M6) Erklären Sie, worin die „wissenschaftliche Revolution" lag, ziehen Sie dazu M2 auf S. 85 heran.
5. Diskutieren Sie Keynes' Aussagen über die „autoritären Staatssysteme". (M5)
6. Charakterisieren Sie die Auswirkungen der Weltwirtschaftskrise auf die politische Entwicklung in Europa und in den USA. (siehe auch S. 246 f. und Dossier S. 96 f.)

# Dossier „New Deal" – politische Ansätze zur Überwindung der Weltwirtschaftskrise in den USA

Nachdem der ungeheure Aufstieg viele Amerikaner in den 1920er-Jahren den „American Dream" vom allgemeinen Fortschritt hat träumen lassen, war der Absturz in die Weltwirtschaftskrise traumatisch.

Unter diesem Eindruck forderte der demokratische Präsidentschaftskandidat Franklin D. Roosevelt einen gesellschaftlichen und wirtschaftlichen Neuanfang mit einer Neuverteilung von Verantwortlichkeiten, insbesondere einer stärkeren Rolle des Staates („New Deal").

Nach seiner Wahl setzte er zahlreiche Reformen im Bankwesen, der Landwirtschaft und Industrie durch und schuf staatliche Behörden zur Förderung des Arbeitsmarkts sowie zur Wahrnehmung sozialer Aufgaben.

Diese Schritte waren ein Bruch mit der in den USA verbreiteten Überzeugung, dass allein das wirtschaftliche Streben des Einzelnen Fortschritt bringe. Nicht alle Maßnahmen waren erfolgreich, aber es hat in den USA anders als in Deutschland keine politische Radikalisierung als Reaktion auf die Krise gegeben.

## 1 Wesentliche Maßnahmen des „New Deal"

| | |
|---|---|
| **9. März 1933** | *Emergency Banking Relief Act:* Neuordnung des Bankwesens und staatlich geförderte Garantie der Bankeinlagen |
| **20. März 1933** | *Economy Act:* Verringerung der Staatsausgaben durch Kürzung der Beamtengehälter |
| **31. März 1933** | *Unemployment Relief Act:* Bildung des Civilian Conservation Corps (CCC): Arbeitsdienst von Freiwilligen zwischen 18 und 25 Jahren für Arbeiten im Bereich des Naturschutzes |
| **12. Mai 1933** | *Agricultural Adjustment Act:* Abbau des Produktionsüberhangs in der Landwirtschaft und Stabilisierung der Preise durch Nichtanbauprämien |
| **18. Mai 1933** | *Tennessee Valley Authority* (TVA): Bau von Stau- und Wasserkraftwerken am Tennessee-River als Voraussetzung zur Industrialisierung, zur Verbesserung der Landwirtschaft sowie zur Arbeitsbeschaffung |
| **22. Mai 1933** | *Federal Emergency Relief Act:* Bildung der Federal Emergency Relief Administration (FERA): Schaffung von Arbeitsplätzen für Geringqualifizierte; 1935 ersetzt durch die Works Progress Administration (WPA) mit erweiterten Kompetenzen |
| **16. Juni 1933** | *National Industrial Recovery Act* (NIRA): Bildung der National Recovery Administration (NRA): Absprachen von Regierung und Unternehmen über Preisentwicklungen und die Grundregeln des fairen Wettbewerbs, Einschränkung marktbeherrschender Positionen. Bildung der Public Works Administration (PWA): Finanzierung öffentlicher Arbeiten zur Verringerung der Arbeitslosigkeit |
| **8. Nov. 1933** | *Civil Works Administration* (CWA): Schaffung von Arbeitsplätzen für die Dauer des Winters |
| **5. Juli 1935** | *National Labor Relations Act:* Rechtsgrundlage für die Arbeit von Gewerkschaften, Streikrecht |
| **14. Aug. 1935** | *Social Security Act:* Alters- und Arbeitslosenversicherung |

## 2 Ankündigung des „New Deal"

*US-Präsident Franklin D. Roosevelt in seiner Antrittsrede am 4. März 1933:*

Unsere größte und erste Aufgabe ist es, die Menschen in Arbeit zu bringen. […] Das kann teilweise begleitet werden durch Einstellungen der Regierung selbst, diese Aufgabe behandelnd wie wir die Herausforderung eines Krieges behandeln würden, und um gleichzeitig durch diese Arbeitsbeschaffung dringend benötigte Projekte zur Ausweitung und Reorganisation der Nutzung natürlicher Ressourcen zu vollenden.

[…] Die Aufgabe kann durch deutliche Anstrengungen zur Anhebung des Werts landwirtschaftlicher Produkte und damit der Kaufkraft zur Anschaffung der städtischen Produktion unterstützt werden. […] Es kann durch eine nationale Planung und Beaufsichtigung aller Formen des Transport- und der Kommunikationswesens sowie anderer Einrichtungen mit eindeutig öffentlichem Charakter unterstützt werden. […]

Schließlich verlangen wir für unseren Fortschritt bei der Wiederaufnahme von Arbeit zwei Sicherungen gegen eine Rückkehr der Übel der alten Ordnung: Es muss eine strenge Aufsicht aller Bankgeschäfte, Kredite und Investitionen geben, damit es ein Ende der Spekulation mit anderer Leute Geld gebe, und es muss eine Vorsorge für einen angemessenen und festen Wechselkurs geben. […]

Wenn ich die Stimmung unserer Menschen richtig verstehe, erkennen wir mehr als wir es je zuvor erkannt haben, die gegenseitige Abhängigkeit voneinander und dass wir nicht bloß nehmen können, sondern auch geben müssen. […]

Es ist zu hoffen, dass das normale Gleichgewicht von ausführender und gesetzgebender Gewalt völlig angemessen ist, um dieser beispiellosen Aufgabe zu begegnen. Aber es kann sein, dass eine beispiellose Notwendigkeit für eine unverzögerte Handlung nach einer vorübergehenden Abkehr von diesem normalen Gleichgewicht öffentlichen Vorgehens ruft. […]

Ich bitte den Kongress um das einzige verbleibende Instrument dieser Krise zu begegnen – eine ausgedehnte Macht der Exekutive, um einen Krieg gegen die Not zu führen, so groß wie die Macht, die mir erteilt würde, wenn ein Feind in unser Land eindringen würde.

Übers. nach: www.presidency.ucsb.edu/ws/?pid=14473 (16.02.2008).

3

**Conrad Albrizio: „The New Deal"**

Präsident Roosevelt gewidmet, 1934.

4

## Ein Washingtoner Journalist zum „New Deal" (1936)

Es ist nicht zu leugnen: Es gibt unter den Wohlhabenden eine weitverbreitete Überzeugung, dass sie geschlachtet werden, um den weniger Glücklichen einen schönen Tag zu machen. Aber es ist sicher, dass die Wohlhabenden als Klasse relativ weniger unter den wirtschaftlichen Ereignissen der letzten drei Jahre gelitten haben als irgendeine andere Klasse. [...] Im Allgemeinen hängt die Heftigkeit des Hasses direkt mit dem Reichtum der sozialen Gruppe zusammen. Je größer das Haus, je zahlreicher die Diener, je prächtiger die Wäsche und das Silber, desto vernichtender und verletzender ist die Anklage gegen den Präsidenten.

Übers. nach: F. Freidel (Hrsg.), The New Deal and the American People. Englewood Cliffs (N.J.) 1964, S. 100 f.

5

## Ein Arbeiter zum „New Deal" (1935)

Gestern war der überraschendste Tag: Dem Boss wurde befohlen, uns nach dem gesetzlichen Lohn zu bezahlen. Und mehr noch: Ihm wurde befohlen, uns nachzuzahlen, was er uns seit dem Beginn der gesetzlichen Festlegung schuldete, und wir kriegten das Geld richtig auf die Hand. Sie können sich vorstellen, dass mir das sehr gelegen kam. [...] Aber da ist etwas, das ist mehr wert als Geld. Das ist das Bewusstsein, dass der Arbeiter den Bossen und ihren gerissenen Anwälten und allen ihren Tricks nicht allein gegenübersteht. Da ist jetzt eine Regierung, die dafür sorgt, dass die Dinge gerecht für uns laufen.

Übers. nach: F. Freidel (Hrsg.), The New Deal and the American People. Englewood Cliffs (N. J.) 1964, S. 41.

6

**Bau des Azusa-Damms während des „New Deal"**

Foto, 1935.

## Fragen und Anregungen

**1.** Fassen Sie die Rede Roosevelts in Stichworten zusammen. Zeigen Sie, inwieweit der „New Deal" eine Fortentwicklung der amerikanischen Demokratie mit sich brachte. (M2)

**2.** Interpretieren Sie das Gemälde Albrizios. Beachten Sie dabei die Detailszenen. Formulieren Sie die zentrale Aussage dieses Bildes und erörtern Sie diese. (M3)

**3.** Fassen Sie die Maßnahmen des „New Deal" zusammen (M1, M6) und erläutern Sie die Reaktionen auf das Programm. (M4 und M5)

**4.** Vergleichen Sie den „New Deal" mit den wirtschaftspolitischen Maßnahmen, die in anderen Staaten während der Krise zur Anwendung kamen, vor allem in Deutschland und Frankreich. (siehe S. 240 f., 242 f., 246 f.)

# Statistische Angaben verstehen und erklären

## Allgemeine Hinweise

• Statistische Angaben können in Form einer Tabelle oder einer Grafik präsentiert werden:

- Der Vorteil einer Tabelle ist, dass sie präzise Daten enthält, die direkt verwendet werden können.
- Eine Grafik gestattet es, die aus den statistischen Angaben gewonnenen Erkenntnisse besser zu veranschaulichen und zu interpretieren, gleich ob es sich um eine Entwicklung, einen Vergleich oder eine prozentuale Verteilung handelt.

• Es ist immer zu berücksichtigen, dass statistische Angaben auf der Basis historischer Quellen zusammengetragen werden, die häufig unvollständig sind, und dass es daher zwischen verschiedenen Autoren – je nach den verwendeten Quellen und Methoden – erhebliche Unterschiede geben kann. Sie liefern immer nur eine Annäherung an die Wirklichkeit.

• Die Analyse einer Tabelle oder einer Grafik besteht zunächst darin, die Entwicklungen oder Vergleiche zu beschreiben, die sie veranschaulichen. Danach sind die Faktoren in Betracht zu ziehen, die den jeweils dargestellten Befund erklären können.

### A. Tabellen

Die in Tabellen wiedergegebenen Zahlen können unterschiedlicher Natur sein. Es ist daher unabdingbar, **genau die Einheit zu benennen,** in der die Werte angegeben sind, und den **Zeitraum,** auf den sich diese Werte beziehen. Die verwendete Einheit wird in der Regel in der Legende oder in der Tabelle selbst angegeben.

► **Rohdaten:** Hierbei handelt es sich um Zahlen, die in absoluten Werten angegeben werden (produzierte Menge in Tonnen oder Dollar; Bevölkerungszahlen usw.).

► **Prozentangaben:**
Es gibt zwei Arten von Prozentangaben:

• Entweder geben sie an, um **wie viel sich ein Wert in einer bestimmten Zeit verändert hat.** Wenn zum Beispiel der Umsatz eines Unternehmens innerhalb eines Jahres von 100 000 Dollar auf 120 000 Dollar stieg, dann ist er um (120 000 – 100 000)/100 000 = 0,2 = 20 % gestiegen.
Geburten- und Sterblichkeitsraten werden meistens „in Tausend" angegeben, um kleinere Zahlen zu erhalten.
Oder sie geben eine prozentuale Verteilung zu einem bestimmten Zeitpunkt an. In diesem Fall muss die Summe der Prozentangaben immer 100 ergeben.

• **Der Index:** Er erleichtert den Vergleich statistischer Angaben über einen langen Zeitraum in Bezug auf ein Basisjahr, das den Index 100 erhält. Wenn für ein bestimmtes Jahr der Index der Produktion mit 120 angegeben wird, dann ist die Produktion gegenüber dem Basisjahr um 20 % gestiegen; wenn der Index mit 80 angegeben wird, dann sank die Produktion um 20 %.

### B. Grafiken

**Es gibt im Wesentlichen drei Typen von Grafiken:**

► **Kurven**

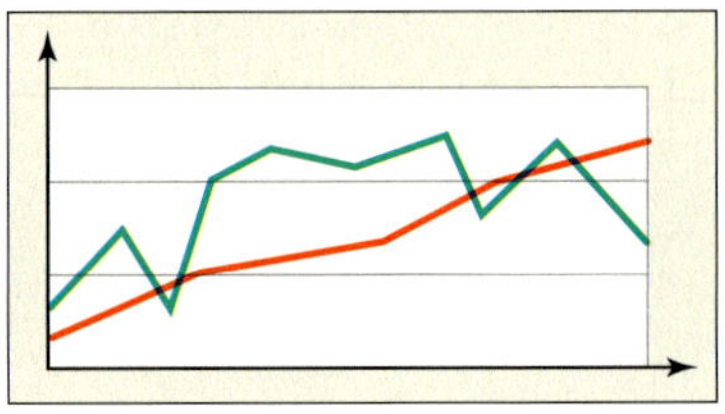

Sie erlauben die Darstellung einer oder mehrerer fortlaufender chronologischer Reihen.

► **Histogramme (oder Balkendiagramme, wenn die „Balken" horizontal angeordnet sind)**

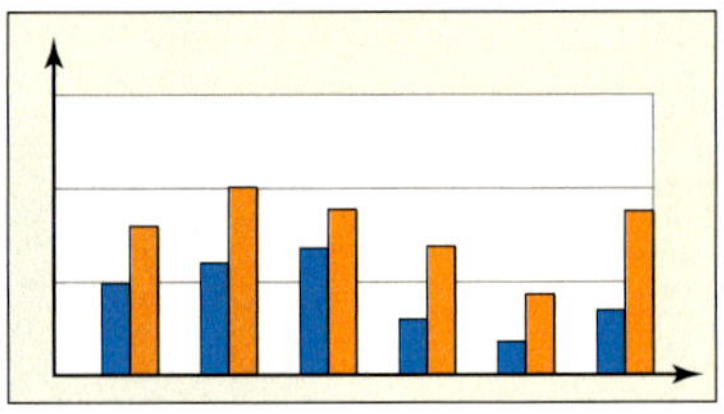

Solche Grafiken sind am besten dazu geeignet, zeitlich unterbrochene Reihen darzustellen.

► **Kreisdiagramme (auch „Tortendiagramme")**

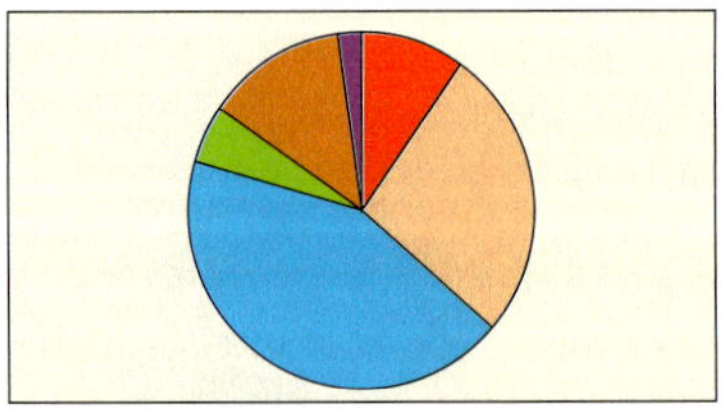

Sie dienen zur Darstellung der prozentualen Verteilung statistischer Angaben zu einem bestimmten Zeitpunkt.

**Beispiel:**

## Der europäische Außenhandel im 19. Jahrhundert

| | Index 1899 - 1901 = 100 | Jährliche Wachstumsrate In % |
|---|---|---|
| **1840** | 11,4 | 4,3 |
| **1850** | 16,4 | 3,7 |
| **1860** | 27,7 | 5,4 |
| **1870** | 44,7 | 4,9 |
| **1880** | 60,3 | 3,0 |
| **1890** | 80,1 | 2,9 |
| **1900** | 100,0 | 2,2 |
| **1910** | 149,1 | 4,1 |
| **1913** | 173,2 | 5,1 |

1 **Entwicklung der europäischen Exporte in bereinigten Werten von 1840 - 1913** (jährliche Durchschnittswerte für drei Jahre, außer 1913)

| | 1860 | 1880 | 1910 |
|---|---|---|---|
| **Deutschland** | 18,4 | 18,2 | 20,4 |
| **Frankreich** | 19,2 | 16,3 | 13,4 |
| **Großbritannien** | 29,8 | 26,0 | 23,7 |
| **Russland** | 5,6 | 6,7 | 8,9 |

2 **Prozentualer Anteil der Exporte europäischer Länder** (in % aller europäischen Exporte)

| | Export | | Import | |
|---|---|---|---|---|
| | Fertigwaren | Rohstoffe | Fertigwaren | Rohstoffe |
| **1839 - 1841** | 64,5 | 35,5 | 9,0 | 91,0 |
| **1859 - 1861** | 60,5 | 39,5 | 9,5 | 90,5 |
| **1879 - 1881** | 55,5 | 44,5 | 19,5 | 81,5 |
| **1911 - 1913** | 55,7 | 44,3 | 22,6 | 77,4 |

Quelle für alle drei Tabellen: Paul Bairoch, Commerce extérieur et développement économique de l'Europe au XIXe siècle. Paris 1976.

3 **Verteilung des europäischen Außenhandels nach Produkten** (in % des Gesamtvolumens)

### Anregungen

**1.** Vorstellung der Materialien:
Die Tabellen stellen drei zentrale Charakteristika der Entwicklung des europäischen Handels im 19. Jahrhundert dar: den starken Anstieg des Handels, den fortschreitenden Niedergang der dominierenden Stellung Großbritanniens und ein ausgeprägtes Ungleichgewicht bei der Verteilung der importierten und exportierten Produkte bzw. Rohstoffe.
Stützen Sie sich bei der Beantwortung der folgenden Fragen auf die in Kapitel 5 gegebenen Informationen.

**2.** Welche Faktoren erklären den starken Anstieg der europäischen Exporte im 19. Jahrhundert? Wie erklären Sie den Rückgang der Exporte, der zwischen 1880 und 1900 zu beobachten ist?

**3.** Geben Sie Gründe für die hohe Exportkapazität Großbritanniens an. Wie entwickelte sich der prozentuale Anteil der verschiedenen Länder an den europäischen Exporten?

**4.** Führen Sie die Gründe für die Tatsache an, dass Europa vor allem Rohstoffe importierte und Fertigwaren exportierte.

**5.** Welche Rolle spielte nach Ihrer Einschätzung der Außenhandel für das ökonomische Wachstum der industrialisierten Länder Europas? Nennen Sie weitere Faktoren, die zu berücksichtigen sind.

**6.** Mit welchem Grafiktyp lassen sich die statistischen Angaben in diesen drei Tabellen am besten darstellen?

Kapitel 6

# Gesellschaften zwischen Kontinuität und Wandel (1815–1939)



Zwischen 1815 und 1939 erlebten die Industriegesellschaften einen grundlegenden Wandel. Die Städte entfalteten sich. Das schnelle Wachstum der europäischen Bevölkerung führte in zunehmendem Maße zur Auswanderung in die „neuen Länder“, vor allem nach Amerika und Ozeanien.

Die Vorstellungen der Europäer von ihrer Gesellschaft veränderten sich. Die moderne Welt, die besonders für die Kirchen eine Herausforderung bedeutete, schuf neue Formen des Denkens und warf neue soziale Fragen auf, so etwa nach der Stellung der Arbeiter oder der Frauen.

► Welche Auswirkungen hatte die Industrialisierung auf die ländlichen Gesellschaften und die Städte?

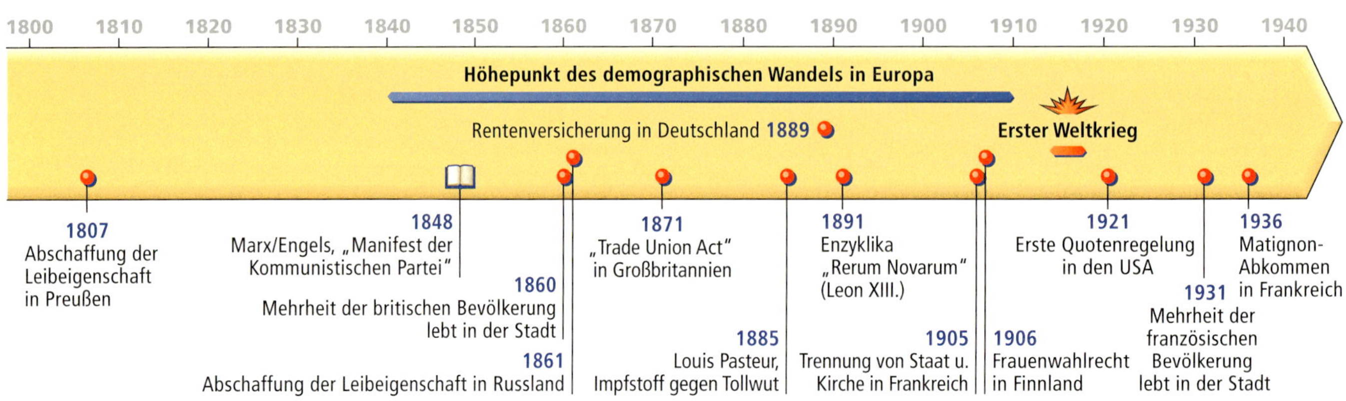

1

**Das Land – eine Idylle?**

„L'Été" („Sommer"), Ölgemälde von Alexandre Calame, 1850, Ausschnitt, 213,2 x 170,5 cm, Musée des Beaux-Arts, Genf.

2

**... Die Stadt – Einsamkeit und Verschmutzung?**

„La ville" („Die Stadt"), Holzschnitt von Frans Masereel, Erste Grafik aus der Sammlung „Die Stadt", Kurt Wolff Verlag, München 1925.

# Statistische Eckdaten

## A. Die europäischen Städte (1815 – 1939)

| 1800 | | 1850 | | 1900 | | 1940 | |
|---|---|---|---|---|---|---|---|
| London | 1.117 | London | 2.685 | London | 6.586 | London | 8.700 |
| Paris | 547 | Paris | 1.053 | Paris | 2.714 | Berlin | 4.332 |
| Neapel | 427 | St. Petersburg | 485 | Berlin | 1.889 | Moskau | 4.137 |
| Moskau | 250 | Neapel | 449 | Wien | 1.675 | Leningrad* | 3.191 |
| Wien | 247 | Wien | 444 | Leningrad | 1.267 | Paris | 2.830 |
| St. Petersburg | 220 | Berlin | 419 | Moskau | 989 | Wien | 1.918 |
| Amsterdam | 201 | Liverpool | 376 | Glasgow | 776 | Hamburg | 1.682 |
| Lissabon | 180 | Moskau | 365 | Budapest | 732 | Warschau | 1.266 |
| Berlin | 172 | Glasgow | 357 | Hamburg | 706 | Budapest | 1.163 |
| Dublin | 165 | Manchester | 303 | Liverpool | 704 | Rom | 1.156 |

* Sankt Petersburg wurde 1924 infolge der Russischen Revolution in Leningrad umbenannt.

**1 Die zehn größten Städte Europas (1800 – 1940):** Bevölkerung in Tausend Einwohner, Quelle: siehe M2.

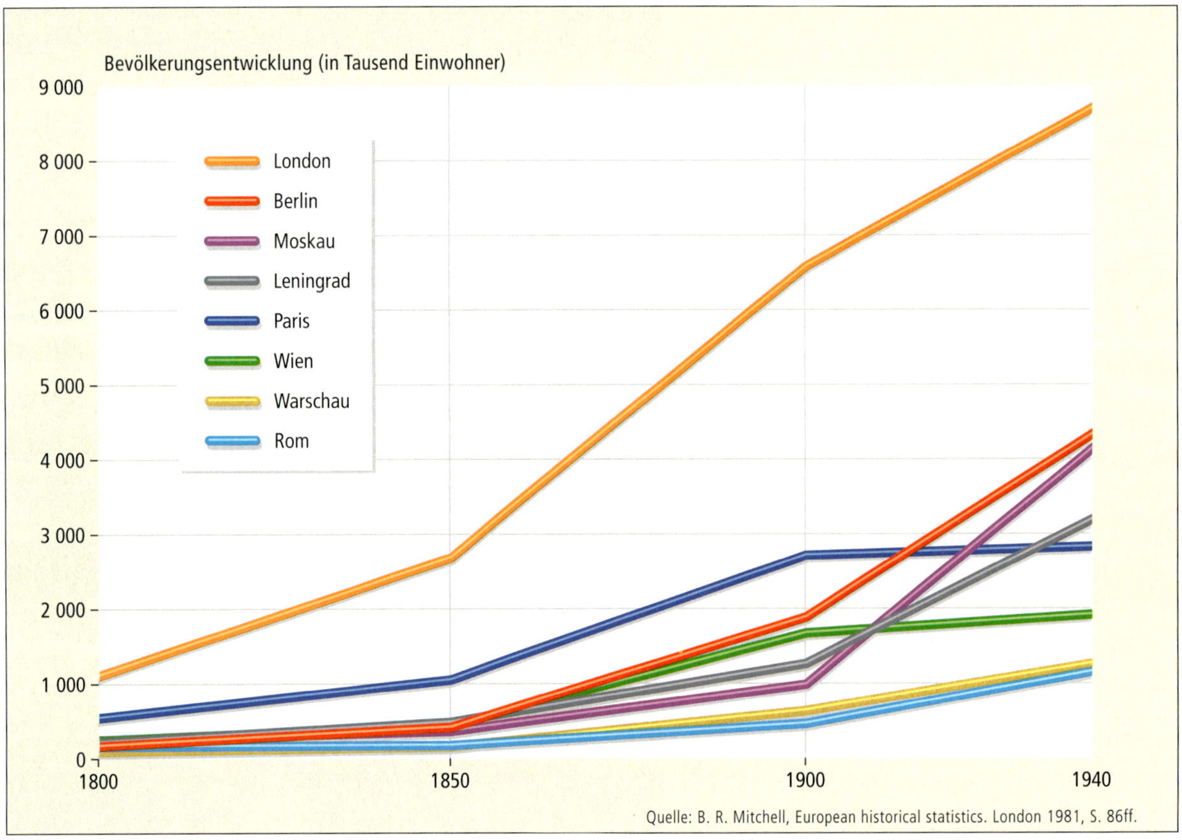


**2 Die Entwicklung einiger europäischer Städte**

# B. Statistiken zur Bevölkerungs- und Sozialgeschichte (1815 – 1939)

| in % | 1820 – 1870 | 1870 – 1913 | 1913 – 1950 |
|---|---|---|---|
| Frankreich | 0,4 | 0,2 | 0 |
| Deutschland | 0,9 | 1,2 | 0,8 |
| Großbritannien | 0,8 | 0,9 | 0,5 |
| USA | 2,9 | 2,1 | 1,2 |
| Russland/UdSSR | 1 | 1,4 | 0,4 |
| China | -0,1 | 0,5 | 0,6 |

Quelle: A. Maddison, L'économie mondiale 1820 – 1992. Paris, OCDE, 1995, S. 200.

**3 Bevölkerungswachstum**

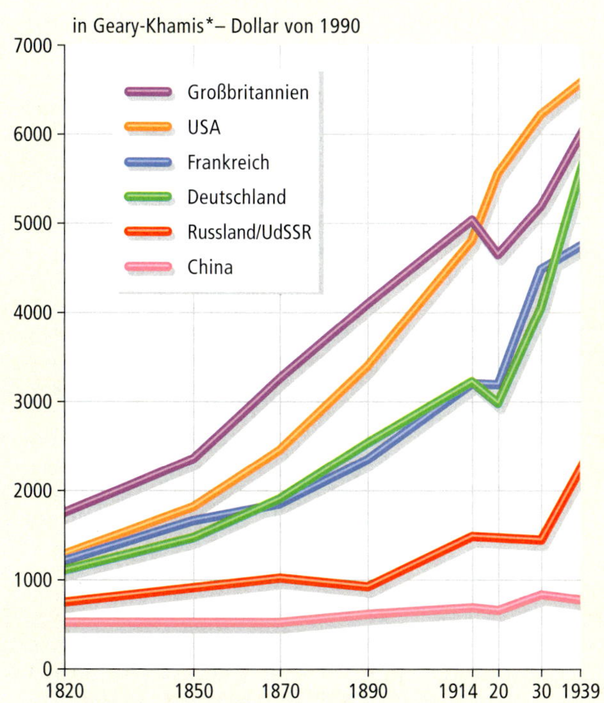


*Der Geary-Khamis-Dollar ist eine komplexe Rechnungseinheit, die Vergleiche zwischen verschiedenen Ländern und Zeiten ermöglicht.

Quelle: A. Maddison, L'Économie mondiale 1820–1992. Paris, OCDE, 1995, S. 198.

**4 Reichere Bevölkerungen**

Höhe des Bruttoinlandsprodukts pro Kopf der Bevölkerung (in Geary-Khamis Dollar* von 1990).

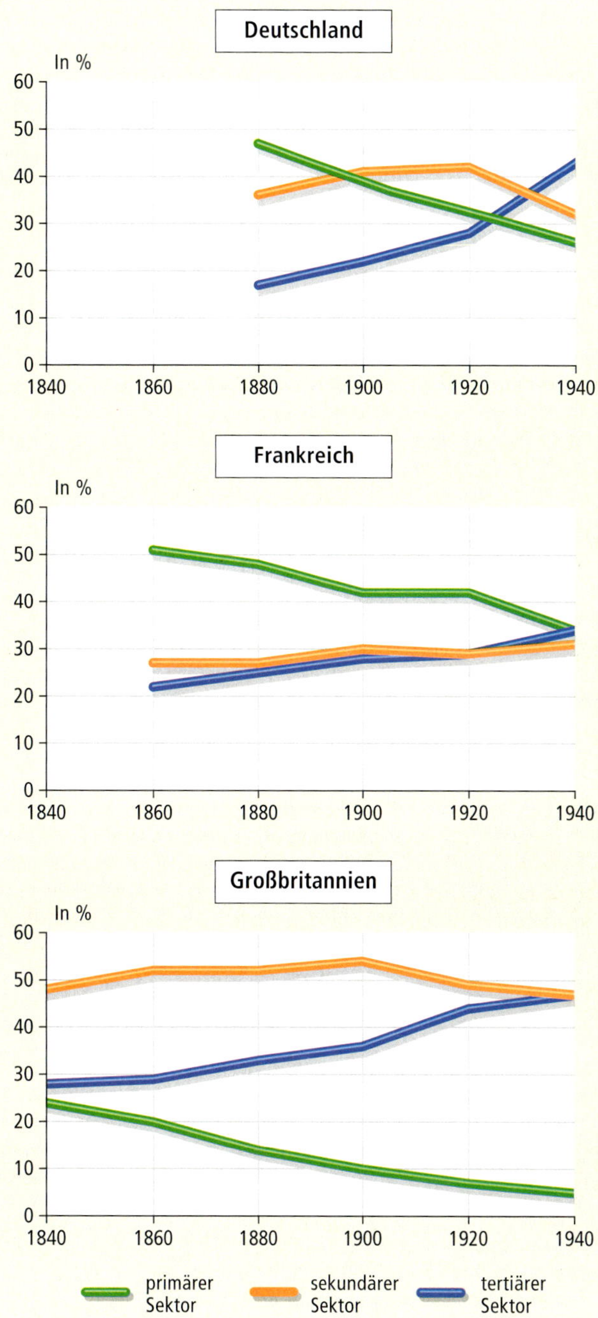


Quelle: B. R. Mitchell, European historical statistics 1750–1975. London 1975.

**5 Rückgang des landwirtschaftlichen Sektors**

Entwicklung des Anteils der in den verschiedenen Wirtschaftssektoren arbeitenden Bevölkerung, 1840 – 1940.

# 1. Demografische Entwicklung und Migration (1815 – 1939)

*Wie und warum ist die europäische Bevölkerung gewachsen?*

## Ein starkes demografisches Wachstum in Europa

Zwischen 1800 und 1940 verdreifachte sich die Bevölkerung in Europa und überschritt schließlich 1950 die Zahl von 545 Millionen Menschen. Es war die Region mit der weltweit dynamischsten Bevölkerungsentwicklung: 1800 lebte ein Fünftel der Weltbevölkerung in Europa, 1900 war es ein Viertel. Durch die großen Verluste des Ersten Weltkrieges und das beginnende Wachstum in der südlichen Hemisphäre verringerte sich jedoch seine Bedeutung vor dem Zweiten Weltkrieg; damals lebten 23 Prozent der Weltbevölkerung in Europa.

Diese allgemeine Dynamik stand in Zusammenhang mit dem demografischen Übergang, der seit dem 18. Jahrhundert zunächst West- und Nordwesteuropa erfasste und sich dann allmählich nach Osten und Süden ausdehnte, wo er in den 1950er-Jahren zum Abschluss kam.

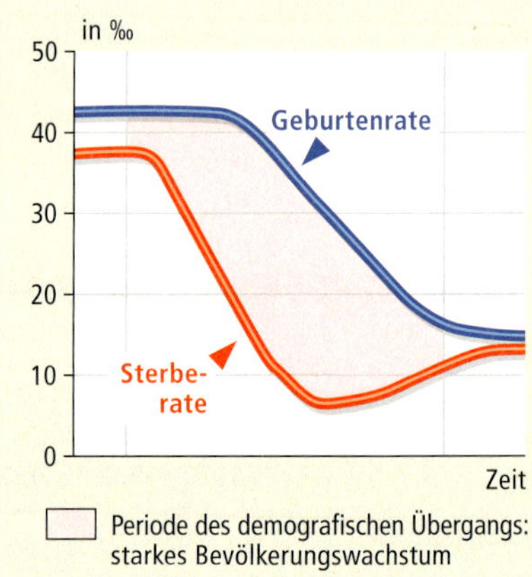


**1 Das Modell des demografischen Übergangs**

## Der Rückgang der Sterblichkeit

Die Hauptursache für das demografische Wachstum war der Rückgang der Sterblichkeit. Er resultierte aus einer Verbesserung der Lebensbedingungen und der Versorgung der europäischen Bevölkerung mit Nahrungsmitteln, ferner aus einem Rückgang der Epidemien und einer langsamen Verbesserung der Hygiene. Diese beschleunigte sich mit dem Fortschritt der Medizin und vor allem mit der „Pasteur-Revolution“, die zu einem starken Rückgang der Kindersterblichkeit führten. Durch diese Entwicklung verlängerte sich die durchschnittliche Lebenserwartung – 1810 betrug sie in Frankreich 30 Jahre, 1939 waren es 50 Jahre – und die Zahl der Erwachsenen nahm zu.

Die Geburtenraten reagierten langsamer auf die neuen Lebensbedingungen, wodurch ein natürliches Bevölkerungswachstum entstand. Aber in einer Gesellschaft, in der Informationen schneller zirkulierten, fanden auch Methoden der Geburtenkontrolle im Sinne des Malthusianismus eine beschleunigte Verbreitung.

Die Industrielle Revolution (siehe S. 84 – 87) brachte neue Todesursachen hervor (Verschmutzung, Industrieunfälle), wobei die Risiken von Krankheit und Tod ungleich auf die verschiedenen sozialen Schichten verteilt waren. Dennoch verbesserte die Industrielle Revolution die Lebensbedingungen der Europäer im Allgemeinen.

## Eine mobilere Bevölkerung

Das demografische Wachstum beschleunigte die räumliche Mobilität der europäischen Bevölkerung; so trug der Bevölkerungsdruck unter anderem zur Landflucht bei. Die Verbesserung des Verkehrswesens ermöglichte Menschen, die im Rahmen zeitlich begrenzter Auslandsaufenthalte nach besseren materiellen, politischen und religiösen Lebensbedingungen suchten, einen größeren Bewegungsradius. Frankreich, das sich seit den 1850er-Jahren in der letzten Phase des Wandels befand, zog damals viele Ausländer an. In Großbritannien existierte neben einer starken Abwanderung in die „neuen Länder“ auch eine verstärkte Einwanderung aus Irland und ab den 1930er-Jahren aus den britischen Kolonien, vor allem aus Indien. Auch in Süd- und Osteuropa zogen seit den 1890er-Jahren immer mehr Menschen aus ihrer Heimat fort.

Durch die europäische Präsenz in Übersee vor dem Ersten Weltkrieg strahlte die europäische Kultur in die ganze Welt aus und beeinflusste sie (siehe S. 170 ff.). Im Laufe des 19. Jahrhunderts wurden vor allem in Amerika und Ozeanien Siedlungskolonien gegründet und ausgebaut. Mit den großen Verlusten des Ersten Weltkrieges (10 bis 11 Millionen Tote) nahm diese Art des Migrationsstroms nach 1918 jedoch ab. Das demografische Wachstum verlangsamte sich. Die Vereinigten Staaten schlossen ihre Grenzen.

Bei den Migrationsbewegungen der Zwischenkriegszeit handelte es sich zunehmend um erzwungene Abwanderungen von Flüchtlingen: Armenier oder griechische Minderheiten mussten die Türkei verlassen, während die Türken nach Istanbul und Asien zurückströmten. Die Gegner des Bolschewismus gingen nach Westeuropa, osteuropäische und deutsche Juden flohen in den 1930er-Jahren vor den autoritären und totalitären Regimes und die spanischen Anhänger der Republik flüchteten vor der Diktatur Francos.

## Begriffe

- **Demografischer Übergang:** Übergang von einem ersten Zustand eines Bevölkerungsgleichgewichts, das durch hohe Geburten- und Sterblichkeitsraten gekennzeichnet war, zu einem zweiten Gleichgewichtszustand mit niedrigen Raten. Dieser Übergang begann immer mit dem Rückgang der Sterblichkeitsrate, der einen Anstieg des **natürlichen Bevölkerungswachstums** zur Folge hatte. Der anschließende Rückgang der Geburtenrate verringerte dann das natürliche Wachstum.
- **Pasteur-Revolution:** Nach dem französischen Chemiker und Mikrobiologen Louis Pasteur (1822 – 1895) benannte medizinische Revolution, die während des letzten Viertels des 19. Jahrhunderts erfolgte und die auf der Entdeckung von Mikroorganismen wie Mikroben oder Bakterien beruhte, die man durch Hygienemaßnahmen und Impfungen zu bekämpfen lernte.
- **Malthusianismus:** Lehre des englischen anglikanischen Pfarrers Thomas Robert Malthus von 1798. Ihm zufolge wächst die Bevölkerung schneller als die Nahrungsgrundlage. Er sprach sich dann für eine Verringerung der Geburtenzahlen durch spätere Heirat und Enthaltsamkeit aus.
- **Landflucht:** Definitive Abwanderung der Landbevölkerung in Städte und ins Ausland.
- **Neue Länder:** Unabhängige Länder Amerikas und Ozeaniens, die im Vergleich zum dicht bewohnten und wirtschaftlich genutzten „alten Kontinent“ Europa im 19. Jahrhundert dünn besiedelt waren.
- **Siedlungskolonien:** Kolonien mit einem starken Anteil aus Europa stammender Bevölkerung, in denen die Wertschöpfung – in Unterschied zu den Ausbeutungskolonien – durch die Europäer selbst erfolgte.

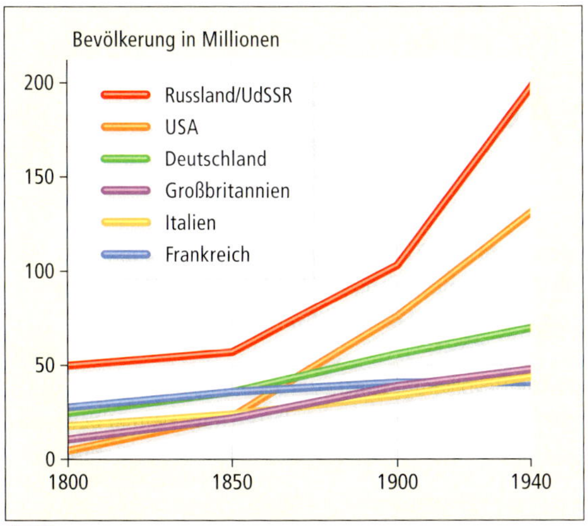


**2 Das Bevölkerungswachstum (1800 – 1940)**

Quellen: B. R. Mitchell, European Historical Statistics 1750 – 1970. London 1975, S. 29ff.; A. Maddison, L'économie mondiale. Paris, OCDE, 2001.

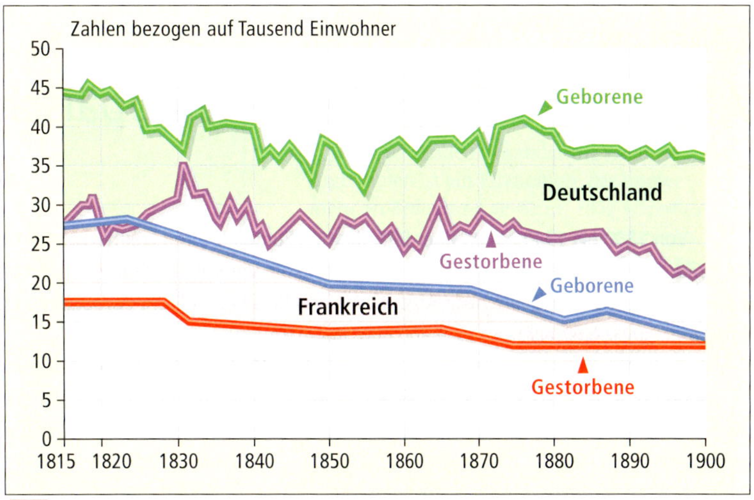


**3 Zwei Beispiele des demografischen Übergangs**

Die Geburten- und Sterblichkeitsrate in Frankreich und Deutschland.

Quellen: J.-C. Gégot, La population française aux XIXe et XXe siècles. Paris 1989, S. 55; L. Bernlochner (Hrsg.), Geschichte und Geschehen II. Oberstufe. Ausg. A/B. Leipzig u. a., 2002², S. 11.

**4 Die Auswanderung aus Italien im letzten Viertel des 19. Jahrhunderts**

Die temporäre Auswanderung betrifft Bauern, Maurer, Steinschneider, Bergleute, Kalkbrennern[1] usw., die sich nach Frankreich, Österreich, in die Schweiz, auf den Balkan und selbst nach Russland und Skandinavien begeben, um dort auf den großen Baustellen beim Straßenbau und im Hausbau zu arbeiten. Sie machen sich zu Beginn des Frühlings auf den Weg und kehren zurück, wenn der Winteranfang das Arbeiten im Freien unmöglich macht. [...]

Durch die Verbesserung der Transportmittel ist ein kleiner Teil dieser temporären Wanderung in den letzten Jahren bis nach Argentinien gegangen, um hier während der Erntezeit, das heißt also von Dezember bis Februar, zu arbeiten; sie kehren dann im März zurück, wenn in Italien wieder mit der Feldarbeit begonnen wird. Einige Emigranten sind sogar regelmäßig in die Vereinigten Staaten gegangen [...].

Die dauerhafte Auswanderung wird dagegen stärker durch ökonomische Faktoren beeinflusst. Die agrarischen Klassen stellen hier das größte Kontingent; die Landwirte, Landarbeiter und Tagelöhner, die Italien verlassen und sich vor allem in die Republiken von La Plata, nach Brasilien, in die Vereinigten Staaten und nach Kanada begeben, folgen dem großen Bedarf an Arbeitskräften in diesen Ländern. Selten sieht man sie in andere Länder gehen.

Guido Sensini, Le variazioni dello stato economico d'Italia. Rom 1904.

[1] Arbeiter, die in Kalköfen tätig sind.

**5 Spanische Flüchtlinge in Frankreich (1937)**

## Fragen und Anregungen

1. Erklären Sie die Unterschiede bei den Wachstumsrhythmen der Bevölkerungen in den verschiedenen Ländern. (M2)
2. Inwieweit entspricht die beobachtete historische Realität (M3) dem allgemeinen Modell? (M1)
3. Erstellen Sie eine Übersicht der verschiedenen Migrationsformen, die in dem Text beschrieben werden. (M4)
4. Weshalb haben die Flüchtlinge ihr Land verlassen? (M5)

# 2. Bedeutung und Entwicklung der ländlichen Gesellschaft und der traditionellen Eliten

*Wie entwickelten sich die auf dem Land lebenden sozialen Schichten in einem durch die Industrialisierung grundlegend veränderten Europa?*

## Das fortschreitende Verschwinden der Feudalherrschaft

Zu Beginn des 19. Jahrhunderts lebten die meisten Menschen in Europa von der Landwirtschaft oder damit zusammenhängenden Arbeiten und wurden von Adeligen und Honoratioren geführt. Ihr Horizont blieb oft auf das Dorf und das „Land" beschränkt.

Im Laufe des 19. Jahrhunderts änderte sich die rechtliche Situation der Bauern je nach Region unterschiedlich schnell. Durch den Rückgang der Leibeigenschaft und die Aufhebung der Feudalrechte befreiten sich jedoch allmählich alle von den herrschaftlichen Bindungen, die sie im 18. Jahrhundert noch an ihre adligen Herren gefesselt hatten. Diese in Großbritannien und Frankreich bereits erreichte Befreiung dehnte sich langsam nach Osteuropa aus. Doch durch den Widerstand der Feudalherren verzögerte sich die Umsetzung der Bestimmungen: So wurden in Preußen 1807 bis 1816 beschlossene Reformen zur Aufhebung der Feudalrechte erst 1850 vollständig umgesetzt, und in Russland waren die Bestimmungen des Gesetzes zur Bauernbefreiung von 1861 im Jahr 1905 noch nicht überall angewendet worden.

## Die ländliche Gesellschaft und die Industrielle Revolution (1800 - 1880)

Auch wenn die Industrialisierung zahlreiche Bauern zu Arbeiterbauern machte, wurden in der Landwirtschaft nur wenige Maschinen eingeführt. Auf dem Land gab es noch viele Arbeitskräfte, und die Hofbesitzer waren kaum zu den notwendigen Investitionen in der Lage. Die ländliche Gesellschaft war den Schwankungen der Agrarpreise ausgesetzt, die durch Phasen des Aufschwungs und der Krisen sowie klimatische Veränderungen verursacht wurden. Bis in die Mitte des 19. Jahrhunderts führten schlechte Ernten zu Hungersnöten, wie zum Beispiel in Irland.

Damals standen sich in Europa zwei unterschiedliche Typen ländlicher Gesellschaft gegenüber. Im noch sehr traditionellen Süd- und Osteuropa trennte ein tiefer Graben die großen Grundbesitzer von den sehr armen Landarbeitern oder den Kleinbauern, die von ihrer Subsistenzwirtschaft lebten.

Im nördlichen und westlichen Europa verkauften die kleinen, Landwirtschaft betreibenden Landbesitzer (wie zum Beispiel in Frankreich und im westlichen Deutschland) einen bedeutenden Teil ihrer Produktion auf den städtischen Märkten. Sie existierten neben den schon modernisierten, kapitalistischen Großbetrieben, wie sie in Großbritannien zu finden waren.

## Durch die Krisenzeit beschleunigte Veränderungen (1880 - 1939)

Die Probleme der Landwirtschaft während der „Großen Depression" von 1873 bis 1896 (siehe S. 92) beschleunigten die Landflucht in die großen Industrieregionen, nahe gelegene Städte oder Siedlungskolonien. Ferner provozierten sie bei den Ärmsten gewaltsame Reaktionen, die von den Regierungen brutal unterdrückt wurden. Der europäische Adel - soweit er nicht ruiniert war - versuchte, seinem Einkommen durch Investitionen in die Industrie und das Einheiraten ins städtische und industrielle Bürgertum, das aristokratischen Werten gegenüber offen stand, eine breitere Grundlage zu geben.

Im Krieg waren vor allem Landbewohner als Soldaten gefallen. Die Inflation, der Steuerdruck und die niedrigen Getreidepreise ruinierten nach dem Krieg viele der Landrentiers. Die Macht des Landadels schwand oder wurde sogar durch die sozialen und politischen Revolutionen zerstört, wie 1917 in Russland. In anderen Ländern organisierten sich die Landbewohner zunehmend in Interessenverbänden oder Genossenschaften und traten politischen Parteien bei. Die Angst vor einer sozialen Revolution trieb den noch existierenden Adel in Deutschland, Italien, auf der Iberischen Halbinsel und in Mitteleuropa zum Teil dazu, sich faschistischen oder faschistoiden Regierungen anzuschließen.

Nostalgische Reden von einer mythisierten ländlichen Vergangenheit blieben ohne Einfluss auf die schnelle Veränderung der ländlichen Welt in den 1930er-Jahren, die die große Modernisierung nach dem Zweiten Weltkrieg vorbereitete und aus Bauern Landwirte machte.

1

**Ein nationalsozialistisches Bild vom deutschen Bauern**

„Der Sämann", Gemälde von Oskar Martin Amorbach, 1937 (Größe und Ort sind unbekannt). Zur nationalsozialistischen „Blut und Boden"-Ideologie siehe S. 260 f.

### Begriffe

- **Honoratioren:** Personen, die durch ihre beruflichen Aufgaben in den Dörfern oder kleinen Städten eine gewisse Autorität in öffentlichen Angelegenheiten erlangen, wie zum Beispiel Rechtsanwälte, Ärzte, Apotheker.
- **Ländliche Gesellschaft:** Gesamtheit der Personen und Gruppen, die auf dem Land leben: Landwirte, Schlossherren, Landhandwerker, Landärzte usw.
- **Siedlungskolonie:** siehe S. 104
- **Inflation:** siehe S. 92

## 2 Lebensbedingungen eines französischen Kleinbauern (um 1900)

Mein Name ist Grenadou Ephraim, ich wurde 1897 in Saint-Loup, im Département Eure et Loir geboren. Meine Mutter stammte aus dem Dorf und mein Vater war aus Meslay le Grenet, das sechs Kilometer weit entfernt liegt. [...] Die Gemeinde umfasst vier Weiler [...] Von den beiden Schlössern, der Kirche, dem Pfarrhaus und der Schule abgesehen waren die Häuser aus Erde gebaut und mit Stroh bedeckt. In meiner Kindheit hatte die Gemeinde vierhundert Einwohner, dazu kamen ungefähr hundert Arbeiter, die von da und dort kamen: Fuhrleute, Hirten, Rinderhirten, Erntearbeiter; in einem mittleren Hof gab es mindestens zehn Arbeiter. Es gab nur wenig große Höfe, es war ein Land kleiner Landwirte, wenn man von dem Marquis de Roussy de Sales absieht, dem Herrn Bürgermeister, der zweihundert Hektar besaß und der fünftgrößte Grundbesitzer des Landes war. Das Haus meiner Kindheit war also eine Strohhütte. [...] Es hatte zwei Zimmer: ein kleines Zimmer, das gerade die Größe eines Bettes besaß, und dann das, was man „das Haus" nennt, das große, vier mal vier Meter messende Zimmer, mit dem Bett der Eltern in einem Alkoven, [...] Die Suppe brodelte in einem großen Topf, der an einem Haken hing. [...] In den Strohhütten trank man am Vormittag Milchkaffee. Mittags gab es Schweinetopf mit Kohl und Kartoffeln. Am Abend [...]: in Wasser gekochte Kartoffeln mit einer oder zwei Zwiebeln, um ihnen etwas Geschmack zu geben. Auf Brot, das vor dem Kamin gegrillt wurde, strich man fromage blanc (Quark). Man trank Cidre. [...] Wir waren alle arm, wir waren alle miteinander befreundet.

Übers. nach: E. Grenadou/A. Prévost, Grenadou paysan français. Paris 1966.

3

**Die Fuchsjagd – ein adeliger Zeitvertreib**

„Bachelor's Hall, The meet", Ölgemälde von Francis Calcraft Turner, 1835, Yale Center för British Art.

4

**Das Landhandwerk in den 1930er-Jahren – der Böttcher**

Ein Böttcher repariert ein Fass in Fougerolles (Haute-Saône), 1933.

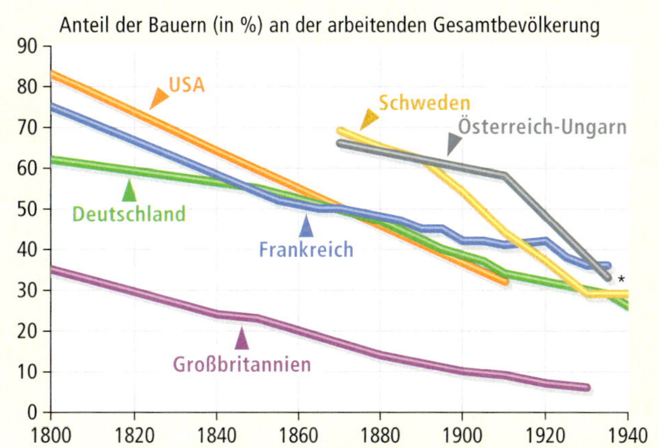


* ab 1935 Zahl nur noch für Österreich

Quelle: P. Flora, „Quantitative historical sociology", in: Current Sociology 23 (2), International Sociological Association, Longhborough 1975.

5 **Die Entwicklung der ländlichen Gesellschaft**

Entwicklung der im primären Sektor arbeitenden Bevölkerung zwischen 1840 und 1940 in einigen europäischen Ländern (in Prozent der arbeitenden Bevölkerung).

## Fragen und Anregungen

1. Legen Sie die in dem Gemälde vermittelte nationalsozialistische Ideologie dar und überlegen Sie, inwieweit diese der Realität der bäuerlichen Bevölkerung im Deutschland der 1930er-Jahre entsprach. (M1)
2. Charakterisieren Sie das Alltagsleben von Grenadou in seiner Kindheit. (M2)
3. In welcher Beziehung stehen die handelnden Personen auf diesem Bild zum Land? (M3)
4. Beschreiben Sie die Personen, die auf dem Foto zu sehen sind, und geben Sie an, welcher sozialen Schicht sie angehören. (M4)
5. Vergleichen Sie die Entwicklung des Anteils des primären Sektors zwischen den aufgeführten Ländern und ziehen Sie hieraus Ihre Schlüsse. (M5)

# Dossier
# Die Grundtypen des landwirtschaftlichen Betriebs in Europa (1815–1939)

Der landwirtschaftliche Betrieb ist eine agrarische Produktionseinheit, die aus Boden und verschiedenen Gebäuden besteht: dem Hof, in dem der Landwirt wohnt, Scheunen zur Aufbewahrung der Ernte, Ställen für das Vieh und anderem. Die Größe des Betriebs und der Status der Landwirte wiesen in Europa in den verschiedenen Regionen und im Laufe der Zeit große Unterschiede auf.

Die Ungleichheit innerhalb der bäuerlichen Bevölkerung und die Kluft, die mitunter zwischen Grundbesitzern und Landwirten bestand, waren im Laufe der Zeit mächtige Antriebskräfte für die Entwicklung der agrarischen Strukturen. Ebenso beeinflusste der Druck aus den Städten, deren Einwohner wichtige Konsumenten agrarischer Produkte waren, die Entwicklung.

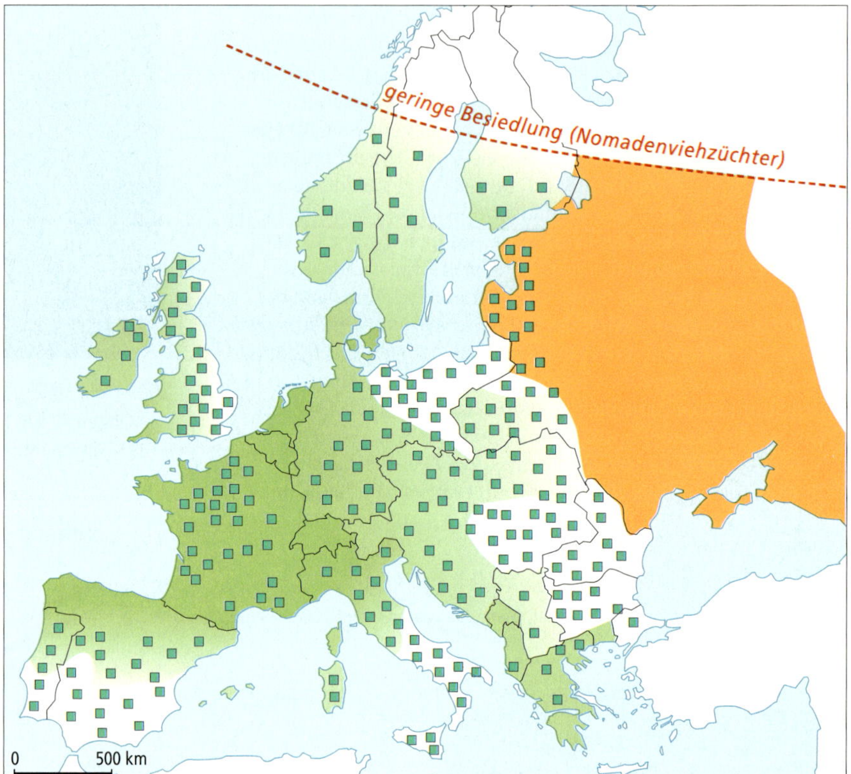


Kleiner und mittlerer Grundbesitz
Großgrundbesitz
Russland: Gutsbesitz und Gemeineigentum der Dorfgemeinschaften (Mir)

**2 Die Strukturen des Grundbesitzes in Europa zu Beginn des 20. Jahrhunderts**

## 1 Die Leibeigenschaft in Russland

*Ein Besitzer von Leibeigenen („Pomjeschtschik") reagiert auf das 1856 öffentlich bekannt gewordene Projekt der Abschaffung der Leibeigenschaft:*

Du fragst mich nach meiner Meinung über die Pläne, die Leibeigenschaft abzuschaffen. Ich habe sie aufmerksam gelesen und [ich fühle] den Tod in der Seele. Wenn es in Russland heute auch eine noch so geringe Ordnung im Volk gibt, so wird sie sich mit der Abschaffung der Leibeigenschaft vollständig auflösen [...] Unsere Bauern, bei denen die Zeichen eines primitiven und halbwilden Lebens nicht verschwunden sind, sind nicht ausreichend gesittet, um neue Rechte zu erhalten und sie mit Leben zu füllen. Bevor die Leibeigenschaft abgeschafft wird, ist die Trunksucht beim Volk zu zügeln und es ist zur Vernunft zu bringen, ist der Klerus zu unterrichten, damit er so wie der lutherische Klerus auf das Volksgewissen einwirken kann und die Sittlichkeit der Leute heben kann. Ich sage dir, dass, wenn wir den Bauern die Freiheit schenken, dann unterzeichnet der Zar mein Todesurteil und das von Tausenden von Pomjeschtschiks. Eine Armee, die eine Million Mann stark ist, könnte die Bauern nicht daran hindern, sich der Gewalt hinzugeben.

Brief eines „Pomjeschtschik" aus Tambow an seinen Bruder in St. Petersburg (1857). Auszug aus einem Artikel in „Rousskaia Starina", November 1897.

## 3 Der Aufbau des Landbesitzes einer Bauernfamilie von 1880–1939

Meine Eltern machten sich mit einem Pferd selbstständig. Sie kauften den brachliegenden Boden zu einem sehr niedrigen Preis; die Pacht für ein Hektar Land betrug fünfundzwanzig Francs. [...] Unsere Eltern lebten so kümmerlich, dass es ihnen gelang, das Geld zu zahlen. Es waren ganz und gar sparsame Menschen. Sie arbeiteten fast wie Leibeigene. [...] Mein Vater hat in seinem ganzen Leben fünfzehn Hektar Land gekauft. [...] Mein Vater bewirtschaftete fünfundzwanzig Hektar. [...] 1922 hat uns mein Schwiegervater seinen Hof übergeben. [...] Ich hatte also die fünfundzwanzig Hektar meines Schwiegervaters und die neun vom Hospiz gepachteten Hektar. Die Republik lieh alten Soldaten Geld zu zwei Prozent; dadurch konnte ich sechs Hektar kaufen, indem ich zehntausend Francs lieh, die ich nach zwei Jahren wieder zurückzahlte [...]. Ich bewirtschaftete vierzig Hektar [...]. 1932 kam die Krise. Der Getreidepreis fiel von einhundertfünfzig auf einhundert Francs. Ich konnte mich kaum durchschlagen, denn ich konnte nichts mehr verkaufen! Und dann hat uns 36 das Getreidebüro[1] gerettet [...]. Das verhinderte nicht, dass nicht wenige Landwirte ihren Hof durch die Krise aufgegeben haben [...]. Zwei von ihnen haben mir ihre Felder überlassen: Chardonneau gab mir fünfzehn Hektar und Rousseau zwölf. Dadurch konnte ich mein Land ständig vergrößern. Ich hatte fast hundert Hektar und die Krise war vorbei.

Übers. nach: E. Grenadou/A. Prévost, Grenadou paysan français. Paris 1966.

[1] Office du Blé: von der Volksfront eingerichtet, garantiert das Einkommen der Bauern.

## 4 Großgrundbesitz in Ungarn zu Beginn des 20. Jahrhunderts

In Westungarn[1] […] bedeutet „Puszta“ eine dorfartige Anhäufung von Gesindewohnungen, Stallungen, Remisen[2] und Getreidespeichern, die […] hundert und zweihundert Familien unter ihren Dächern beherbergt.

Auf diesen Pusztas gab es eine Schule, eine Kirche oder zumindest eine an den Schlossflügel angelehnte Kapelle. Es gab auch das inmitten eines herrlichen Parks gelegene Schloss, mit Tennisplätzen, künstlichem Teich, Obstgärten, herrschaftlichen Alleen und einem dies alles einfriedenden hohen schmiedeeisernen Gitter, ja sogar meist einen aus Pietät belassenen tümpelartigen Burggraben. Nach dem Schloss war das imponierendste, ja es manchmal sogar übertreffende Gebäude der Ochsenstall. Das Haus des Verwalters war aus unbekannter Tradition gewöhnlich mit Zypressen und Tannen umstanden, während die Inspektorswohnung und die noch bescheidenere Behausung des Obermaschinisten weit weniger dekorativ wirkten. Jedes dieser Gebäude stand für sich allein.

Die Gesindewohnungen dagegen waren ganz unansehnlich. Das Gesinde lebte nämlich in langgestreckten ebenerdigen Gebäuden, in denen die einzelnen Wohnungen, ähnlich wie in den Proletarierkasernen einer Großstadt, nur durch dünne Wände voneinander getrennt waren. Diese langgestreckten Massenquartiere waren so eingeteilt, dass zwischen je zwei Zimmern eine Küche mit offener Herdstelle lag. […] Man kann sich von diesen Zuständen erst dann ein richtiges Bild machen, wenn man den Kinderreichtum des Gesindes bedenkt, bei dem eine Familie sechs bis sieben, ja manchmal sogar zehn und zwölf Köpfe zählte.

Vor und hinter den in wahlloser Anordnung zwischen den Ställen und Remisen hingestellten Gesindehäusern reihten sich die Schweine- und Hühnerställe des Gesindes aneinander […].

G. Illyés, Die Puszta. Nachricht von einer verschwundenen Welt (1937). Nördlingen 1985, S. 5 – 7.

[1] Teil Ungarns, der sich von dem rechten Ufer der Donau bis zu den Grenzen der alten österreichischen Provinzen erstreckt.

[2] Geräte- bzw. Wagenschuppen

**5 Die Anfänge der kommerziellen Landwirtschaft**

„Blumen, Früchte und Frühgemüse Richtung London“. Der Werbetext verspricht, dass Waren über Nacht von Paris nach London transportiert werden.

Werbeplakat der Eisenbahngesellschaft des Westens und von Brighton, um 1900.

## Fragen und Anregungen

1. Analysieren Sie die Vielfalt der Grundbesitzstrukturen in Europa an der Schwelle zum 20. Jahrhundert und arbeiten Sie auf diesem Weg einige geografische und politische Regeln der Verteilung dieser Strukturen heraus. (M2 und Karte S. 110)
2. Erarbeiten Sie, wie der Pomjeschtschik seine Leibeigenen bewertet. (M1)
3. Mit welcher Vermögensstrategie konnte die Familie Grenadou bis zum Vorabend des Zweiten Weltkrieges in den Besitz von 98 Hektar Land gelangen? (M3)
4. Erstellen Sie eine Liste der verschiedenen, auf der Puszta lebenden Typen von Personen, und beschreiben Sie ihre ökonomischen und sozialen Beziehungen. (M4)
5. Überlegen Sie, an wen das Plakat adressiert ist. (M5)

# 3. Urbanisierung und neue soziale Schichten

*Wie förderten Industrialisierung und demografisches Wachstum den Aufschwung der Städte und wie veränderten sie die Gesellschaft?*

## Ein starkes Städtewachstum, aber nur wenige neue Städte

Zwischen 1815 und 1939 wuchs in Europa die städtische Bevölkerung stark an. In Großbritannien lebten ab 1860 mehr Menschen in der Stadt als auf dem Land. In Frankreich stellte die Stadtbevölkerung erst zu Beginn der 1930er-Jahre die Mehrheit.

Die meisten europäischen Städte existierten bereits vor der Industriellen Revolution, und ihre räumliche Verteilung folgte alten Regeln. Der Anteil neuer Städte war in Europa weitaus geringer als in den „neuen Ländern". Neue, durch die Industrie entstandene Städte gab es allerdings durchaus, so etwa in den Bergbaugebieten Nordfrankreichs oder im Ruhrgebiet.

Das Wachstum der Städte war von einer neuen räumlichen Verteilung ihrer Einwohner begleitet. Bis dahin entsprach die Verteilung der sozialen Schichten in den Häusern noch einer vertikalen Gliederung. Das erste Stockwerk war das „noble Stockwerk"; je höher man die Treppe hinaufging, desto weiter stieg man die soziale Leiter hinab. Die Armen und Dienstboten wohnten ganz oben in den „Dienstmädchenzimmern". Nun setzte sich eine horizontale und konzentrische Aufteilung des Raums durch. Die Armen wurden in die östlichen Viertel der großen Städte abgedrängt und mussten sich infolge der in den 1860er-Jahren in Frankreich beginnenden Haussmannisierung schließlich in den Vorstädten und Vororten niederlassen.

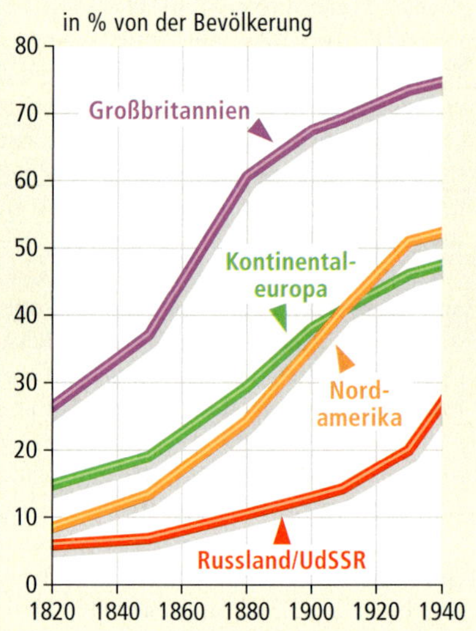


Quelle: P. Bairoch, Villes et économie dans l'histoire, Gallimard. Paris, 1985.

**1 Entwicklung des Verstädterungsgrades in der Welt von 1800 bis 1950**

## Eine neue soziale Hierarchie

An der Spitze der städtischen Gesellschaft stand das Großbürgertum – Industrielle, aber auch Bankiers oder Kaufleute, die im internationalen Handel oder in den großen Kaufhäusern tätig waren. Das Großbürgertum wohnte häufig in den neu errichteten „guten Vierteln", in denen das Telefon, der Fahrstuhl und die Elektrizität ab den 1880er-Jahren das Alltagsleben ihrer Bewohner veränderten. Zwar besaß es ökonomische Macht und konnte seine Wertvorstellungen gegenüber anderen Teilen des Bürgertums, die auch dem Großbürgertum angehören wollten, weitgehend durchsetzen, die politische Einflussnahme musste es aber vor allem in Mittel- und Osteuropa mit dem Adel teilen.

Bei den „guten Bürgern" („bonne bourgeoisie") handelte es sich um Honoratioren, deren Einkommen und Erbe geringer waren. Die Professionalisierung der Unternehmensführung ließ vor allem im 20. Jahrhundert neue Talente in diese Schicht aufsteigen: Ingenieure und bezahlte Unternehmensleiter, in denen sich die zukünftige „Technokratie" abzeichnete. Ihr Einfluss resultierte vor allem aus ihrer Ausbildung und weniger aus ihrer sozialen Herkunft.

Beim mittleren und kleinen Bürgertum waren die Grenzen sehr viel fließender und die ausgeübten Tätigkeiten vielfältiger. Von den ärmeren Schichten unterschied es sich weniger durch eine größere ökonomische Unabhängigkeit – es entstand und entwickelte sich ein kleines und mittleres Bürgertum von Lohnabhängigen – als vielmehr durch seinen Lebensstil. Seine Mitglieder hatten mindestens einen Dienstboten und hofften darauf, dass sie eines Tages „von ihrer Rente leben" konnten. Doch der Erste Weltkrieg stellte einen Einschnitt dar: Er ruinierte diese soziale Gruppe und ließ sie die Angst vor dem ökonomischen und sozialen „Abstieg" spüren.

## Neue Unterschichten in den Städten

Zahlenmäßig wurde die städtische Welt von den Lohnabhängigen mit geringem Einkommen beherrscht. Zu ihnen gehörten die Arbeiter, die allmählich an die Stelle der Handwerker traten, aber auch die „Angestellten", eine Gruppe, die durch die Entwicklung der Verwaltungen, des Handels und des städtischen Transportwesens entstanden war.

Unterhalb der Schicht dieser Lohnabhängigen war die Stadt der Lebensraum und Überlebensraum von Gruppen, die von den anderen als „gefährlich" angesehen wurden: Menschen mit unsteter Erwerbstätigkeit (Straßensänger, Schwarzhändler und andere), Prostituierte, Arbeitslose, Vagabunden. Diese am Rand existierende Welt lieferte der Massenpresse düstere „vermischte Nachrichten", die die Angst der „besitzenden Klassen" nährte.

### Begriffe

- **Haussmannisierung:** Modernisierung der Städte nach dem von Baron Haussmann während des Zweiten Kaiserreiches in Paris entwickelten Modell. Sie erfolgte vor allem über die Anlage großer Straßen, die auf zentrale Plätze zulaufen und von Mietshäusern in einheitlicher Höhe und Aussehen gesäumt wurden. Wenn ein Stadtzentrum „haussmannisiert" wurde, erforderte dies die Zerstörung der alten Bausubstanz, nachdem die Einwohner vertrieben worden waren.
- **Vorstädte:** An der Stadtgrenze errichtete Viertel, die oft jenseits des Stadtwalls lagen.
- **Vororte:** Jenseits der Vorstädte errichtete Viertel.
- **Technokratie:** Gesamtheit der Führungskräfte, die aufgrund ihrer technischen Kompetenzen die Macht innehaben.

2

**Baden im Fluss – Freizeitbeschäftigung städtischer Unterschichten**

Foto, das 1921 am Ufer der Spree in einem Berliner Arbeiterviertel aufgenommen wurde.

3

**Die „slums“ – englische Armenviertel**

Die „slums“ von Glasgow, 1868.

4

**Ein Zentrum „großbürgerlicher“ Geselligkeit – die Katalanische Wiese in Paris**

„Le Pré Catalan“ („Die Katalanische Wiese“), Ölgemälde von Henri Gervex, 1909, 214 x 324 cm, Sammlung Seligman.

An diesem sehr vornehmen Ort im Herzen des Bois de Bologne traf sich die Pariser High Society.

5

**Eine kleinbürgerliche Hochzeit**

„Ein Hochzeitspaar beim Fotografen“, Ölgemälde von Pascal-Adolphe Jean Bouveret, 1878/1879, 85 x 122 cm, Musée des Beaux-Arts, Lyon.

## Fragen und Anregungen

**1.** Stellen Sie anhand einer Analyse der Entwicklung in jedem geografischen Raum eine Verbindung zwischen Urbanisierung und Industrialisierung her. (M1)

**2.** Sammeln Sie einige Charakteristika der Unterschichtenwohnviertel, die sich aus den beiden Fotografien ableiten lassen. (M2 und M3)

**3.** Analysieren Sie, was das Gemälde über die Lebensweise des Pariser Großbürgertums aussagt. (M4)

**4.** Inwiefern ist dieses Gemälde ein Sinnbild der neuen städtischen Schichten? (M5)

# Dossier
# Der Arbeiter im Blick des Malers

Von 1815 bis 1939 weitete sich die Welt der Arbeiter ständig aus. Ein einigendes Band bildete für die Arbeiterschaft vor allem die Schwere der Arbeit und die harten Lebensbedingungen, die niedrigen Löhne, ihre Kämpfe und Forderungen, aber auch ihre Feste und Formen der Freizeitgestaltung. Es war eine sehr vielfältige Welt. Während die Bergarbeiter als Sinnbild des Arbeiters galten, war die Arbeiterklasse durch die extreme Vielfalt der Industrieräume, der Größe ihrer Fabriken, ihrer Beschäftigungsbereiche und anderes mehr gekennzeichnet.

Die Malerei trug dieser Vielfalt Rechnung. Sie zeugt aber auch vom spezifischen Blicks des Künstlers auf die Arbeitswelt.

1

**Der bretonische Weber**

Ölgemälde von Paul Sérusier, 1888, 73 x 59 cm, Musée d'art, Senlis.

2

**Streik in Saint-Ouen**

Ölgemälde von Paul-Louis Delance, 1908, 191 x 127 cm, Musée d'Orsay, Paris.

3

**Bergarbeiter aus Saint-Etienne**

Ölgemälde von José Frappa, 1910/1911, 115 x 90 cm, Museé d'Art moderne de Saint-Etienne.

4

**Textilarbeiterinnen**

Ölgemälde auf Leinwand von Alexandre Deineka, 1927 (Größe und Aufbewahrungsort sind unbekannt).

5

**Die Internationale**

Ölgemälde von Otto Griebel, 1928–1930, 113 x 183 cm, Deutsches Historisches Museum, Berlin.

## Fragen und Anregungen

1. Welcher Phase der Industrialisierung ist M1 zuzuordnen?
2. Ordnen Sie die Personen ein, die an diesem Streik teilnehmen. (M2)
3. Geben Sie eine genaue Beschreibung der vom Bergmann getragenen Kleidung und Gegenstände. (M3)
4. Ist dieses Gemälde „realistisch"? (M4)
5. Arbeiten Sie die politische Botschaft des Gemäldes M5 heraus.
6. Benennen Sie die Gruppen von Arbeitern, die in dieser Auswahl von Bildern dargestellt bzw. nicht dargestellt werden. Sind Ihnen Gemälde bekannt, die diese Auswahl vervollständigen könnten? Suchen Sie im Internet nach solchen Bildern. Zwei nützliche Homepages sind: http://www.dhm.de und http://www.histoire-image.org

# Dossier
# Städtelandschaften, Architektur und Urbanismus

Das bemerkenswerte Wachstum der europäischen Städte **(siehe Statistiken S. 102)** veränderte die Landschaften der Städte und ihres unmittelbaren Umlandes. Die ab den 1860er-Jahren in Frankreich erfolgende Haussmannisierung, die Entwicklung von Hochhäusern in den Vereinigten Staaten seit den 1890er-Jahren, die Reflexionen der Architekten und bald auch der Städteplaner über die Städte, die Vororte, die Fabriken, die Wohnungen, trugen zur Veränderung der Stadtbilder bei. Auch wenn die städtischen Strukturen 1939 in Europa noch wesentlich die Spuren der Vergangenheit trugen, zeichnete sich in den Vereinigten Staaten eine neue Konzeption der Stadt ab, die sich nach dem Zweiten Weltkrieg in den Industrieländern durchsetzte.

1

**Die Haussmannisierung in Frankreich**

Die rue Esprit-des-Lois in Bordeaux, Foto um 1900.

2

**Wandel einer Landschaft**

„Am Ufer eines oberbayerischen Sees, vor 30 Jahren und heute", Stich von Heinrich Oberländer, „Fliegende Blätter", 1888.

3

**Bau eines New Yorker Wolkenkratzers 1907 – das Singer Building**

4

**Neue Konzeptionen der Architektur**

Le Corbusier: Doppelhaus in der Weißenhofsiedlung in Stuttgart, 1927.

5

**Das städtebauliche Konzept der „Gartenstadt" in Großbritannien**

Werbeplakat für Welwyn Garden City, 1921.
„Gestern im Rauch leben und arbeiten. Heute im Vorort leben und im Rauch arbeiten. Morgen in der Gartenstadt von Welwyn in der Sonne leben und arbeiten. Bezugsfertige Häuser sind gebaut worden und stehen jetzt zum Verkauf. Auch Industriegelände steht zur Verfügung. Tragen Sie sich im Immobilienbüro der Gartenstadt von Welwyn ein."

## Fragen und Anregungen

**1.** Bestimmen Sie die Kennzeichen der „haussmannisierten Stadt" auf der Grundlage des Fotos. (M1)

**2.** Listen Sie die Veränderungen auf, die innerhalb von 30 Jahren an dieser Seeuferlandschaft erfolgten. (M2)

**3.** Wie fügte sich das „Singer Building" in die bereits existierende Städtelandschaft ein? (M3)

**4.** Überlegen Sie, welche Vision städtischer Entwicklung dieses Dokument vermittelt. (M4)

**5.** Welche städtebauliche Konzeption bringt dieses Plakat zum Ausdruck? (M5)

# 4. Neue soziale Beziehungen in den Industriegesellschaften

*Wie entwickelten sich die sozialen Beziehungen in einer Welt mit einer entstehenden Arbeitnehmerschaft?*

## Vom wilden zum organisierten Kapitalismus (vom Beginn der Industrialisierung bis in die 1870er-Jahre)

Nach dem Verschwinden der Zünfte in Frankreich im Jahre 1791 und in Großbritannien im Jahre 1813 – in manchen deutschen Staaten wurden sie erst nach 1850 abgeschafft – standen sich Arbeitgeber und Arbeitnehmer bei dem Abschluss eines Arbeitsvertrages direkt als freie und rechtlich gleiche Individuen gegenüber. In der Praxis besaßen jedoch die Arbeitgeber eine absolute ökonomische und soziale Machtstellung. Die Arbeiter wurden in dieser ersten Phase des Industriekapitalismus oft ungebremst ausgebeutet, auch wenn der „Paternalismus" diese Ausbeutung manchmal abschwächte. Im Gegenzug konnte diese Ausbeutung zu gewaltsamen Reaktionen wie der Zerstörung von Maschinen führen und zur Kritik selbst innerhalb der führenden Klassen.

Unter dem Einfluss des Widerstandes der Arbeiter, der sehr bald gemeinschaftlich organisiert wurde, veränderte sich die Situation schnell. Seit 1830 existierten in Großbritannien „Trade Unions", die 1871 anerkannt wurden. Die seit 1864 in Frankreich zugelassenen Arbeitergewerkschaften wurden 1884 rechtlich anerkannt. Die skandalöse Ausbeutung der Arbeitskraft von Kindern und Frauen veranlasste konservative und christliche Kreise zu politischen Initiativen. Daher bezogen sich die ersten Sozialgesetze, welche die Arbeitszeiten begrenzten und die Arbeitsbedingungen festlegten, zunächst auf Frauen und Kinder und wurden erst allmählich auf die Männer ausgeweitet. Die Organisation der Arbeiterschaft führte dazu, dass sich auch die Unternehmer organisierten. Allmählich entstanden in einem „konfliktgeladenen Dialog" zwischen den Interessenvertretungen der Arbeitgeber und der Arbeitnehmer kollektive Strategien, in deren Rahmen – nach Land und Bereich unterschiedliche – Formen kollektiver Aktionen wie Streik, Aussperrung, Demonstrationen, Strafmaßnahmen sowie politische Mobilisierung und Druck angewandt wurden **(siehe S. 120 f.)**.

## Sozialversicherungssysteme und die soziale Rolle des Staates (1880er-Jahre bis 1930er-Jahre)

Nachdem Deutschland bereits unter Bismarck (Reichskanzler 1871 – 1890) allgemeine Einrichtungen zur Sozialversicherung eingeführt hatte (siehe S. 66), begannen sich ab Ende des 19. Jahrhunderts auch in den meisten anderen Ländern soziale Sicherungssysteme zu entwickeln. Sie sollten den Arbeitern, die keine Möglichkeit besaßen, sich gegen die Risiken von Arbeit, Krankheit, Alter, Invalidität oder Arbeitslosigkeit abzusichern, einen gemeinschaftlichen Schutz bieten. Diese Einrichtungen wurden in der Regel paritätisch finanziert, das heißt sowohl von den Arbeitgebern als auch von den Arbeitnehmern. Die industrielle Rationalisierung beschleunigte diese Entwicklung. Die Standardisierung der Aufgaben der Arbeiter und die wachsende Solidarität unter ihnen ließen es praktischer erscheinen, Verträge abzuschließen, die allgemeine, durch Tarifverträge festgesetzte Regeln einhielten. In Frankreich wurden diese erst 1936 zugelassen.

Durch den Ersten Weltkrieg und vor allem die Krise der 1930er-Jahre wurden die bis dahin im Wesentlichen bilateralen Beziehungen durch einen dritten Akteur ergänzt. Der Staat, der bislang der Arbeit durch rechtliche Normen einen Rahmen gegeben hatte, griff nun direkt in die Organisation der Arbeitsbeziehungen ein, wobei er unterschiedlichen Modellen folgte. Bei den Matignon-Verträgen von 1936 (siehe S. 240 f.) spielte der Staat die Rolle eines „dritten Sozialpartners" (neben Arbeitgebern und Arbeitnehmern). In den Vereinigten Staaten setzte der Bundesstaat im Zusammenhang der „New Deal"-Politik gegenüber dem „Big Business" ein „Big labour" durch. Beide Parteien begannen einen gemeinschaftlichen Dialog. Auf diese Weise zeichneten sich bereits die Züge des Sozialstaates der Nachkriegszeit ab.

### Begriffe

- **Zunft:** Organisation, in der Arbeitgeber und Beschäftigte desselben Gewerbebereichs teileise bis weit ins 19. Jahrhundert hinein zusammengeschlossen waren. Die Gilde organisierte die Kooperation zwischen den sozialen Klassen, während die Arbeitergewerkschaft den Klassenkampf organisierte.
- **Aussperrung:** Häufige Reaktionen der Arbeitgeber auf Streiks, die in der Schließung der Betriebe bestand.
- **Tarifvertrag:** Ein durch eine Übereinkunft zwischen den Organisationen der Arbeitgeber und der Arbeitnehmer geschlossener Vertrag, der genaue Regeln für Arbeitsbedingungen und Entlohnung festlegt.
- **Big labour:** Name, der den amerikanischen Gewerkschaften nach dem Wagner-Gesetz von 1935 gegeben wurde, das ihre Position gegenüber den Arbeitgebern **(Big Business)** stärkte.
- **Sozialstaat** (franz. Etat-providence): Staat, der wichtige soziale Funktionen übernimmt, indem er seine Bevölkerung auf der Basis obligatorischer Beitragszahlungen vor der Verelendung durch Krankheit, Arbeitslosigkeit und Alter schützt.

### Fragen und Anregungen

**1.** Definieren Sie auf der Grundlage des Textes den Paternalismus gegenüber den Arbeitern. Arbeiten Sie seine Vorteile für die Arbeitnehmer sowie seine sozialen und politischen Grenzen heraus. (M1)

**2.** Überlegen Sie, welche Ziele die Arbeitgeber mit dem Bau von Arbeiterstädten verfolgten. (M2)

**3.** Erörtern Sie, welche Vorstellungen der sozialen Beziehungen dieser Text verteidigt. (M3)

**4.** Betrachten Sie die Übersicht über die Sozialversicherungsgesetze und prüfen Sie, ob man von einer Übereinstimmung der Sozialgesetzgebung sprechen kann. (M4)

**5.** Arbeiten Sie die nationalen Besonderheiten der sozialen Sicherheitssysteme in den drei Ländern zwischen 1885 und 1940 heraus. (M5)

## 1 Ein Beispiel des Paternalismus gegenüber den Arbeitern

*Alfred Krupps Ansprache an seine Arbeiter 1877:*

Ich habe den Mut gehabt, für die Verbesserung der Lage der Arbeiter Wohnungen zu bauen, worin bereits 20 000 Seelen untergebracht sind, ihnen Schulen zu gründen und Einrichtungen zu treffen zur billigen Beschaffung von allem Bedarf. Ich habe mich dadurch in eine Schuldenlast gesetzt, die abgetragen werden muss. Damit dies geschehen kann, muss jeder seine Schuldigkeit tun in Friede und Eintracht und in Übereinstimmung mit unsern Vorschriften. […]

Genießet, was euch beschieden ist. Nach getaner Arbeit verbleibt im Kreise der eurigen, bei den Eltern, bei der Frau und den Kindern und sinnt über Haushalt und Erziehung. Das sei eure Politik, dabei werdet ihr frohe Stunden erleben. Aber für die große Landespolitik erspart euch die Aufregung. Höhere Politik treiben erfordert mehr freie Zeit und Einblicke in die Verhältnisse, als dem Arbeiter verliehen ist.

Alfred Krupp, Ein Wort an meine Angehörigen, in: Alfred Krupps Briefe 1826 – 1887. Berlin 1928.

**2 Ideal einer Arbeiterstadt in Frankreich, 1919**

„Arbeiterstadt, Häuser für Paare, Häuser für Alleinstehende, Vorarbeiterpavillons"

| Art der Einrichtung / Zeitpunkt der Verabschiedung | Großbritannien | Deutschland | Frankreich |
|---|---|---|---|
| Pflichtversicherung der Arbeitgeber gegen Arbeitsunfälle | 1897 (teilweise)<br>1946 (allgemein) | 1884 (teilweise)<br>1942 (allgemein) | 1898 (teilweise)<br>1946 (allgemein) |
| Altersversicherung für die Lohnabhängigen | 1925 | 1889<br>1928 – 1930 (Ausweitung)<br>1945 (allgemein) | 1910 (teilweise) |
| Obligatorische Arbeitslosenversicherung | 1911 | 1927 | 1967 |
| Gesetzlich vorgeschriebene freie Tage | 1890 (Wochenende) | 1891 (Sonntag) | 1906 (Sonntag)<br>1936 (Wochenende) |
| Obligatorische Krankenversicherung | 1911 | 1883 | 1930 |

**4 Die großen Sozialversicherungsgesetze für die Arbeitnehmer**

## 3 Auszug aus der Enzyklika „Rerum Novarum" von Papst Leo XIII. (1891)

**2.** […] In der Umwälzung des vorigen Jahrhunderts wurden die alten Genossenschaften der arbeitenden Klasse zerstört, keine neuen Einrichtungen traten zum Ersatz ein, das öffentliche und staatliche Leben entkleidete sich zudem mehr und mehr der christlichen Sitte und Anschauung, und so geschah es, dass die Arbeiter so allmählich der Herzlosigkeit reicher Besitzer und der ungezügelten Habgier der Konkurrenz isoliert und schutzlos überantwortet wurden. […] Produktion und Handel sind fast zum Monopol von wenigen geworden, und so konnten wenige übermäßig Reiche einer Masse von Besitzlosen ein nahezu sklavisches Joch auflegen.

**45.** […] Möge jeder Berufene Hand anlegen und ohne Verzug […]. Die Staatsregierungen mögen durch Gesetze und Verordnungen vorgehen; die Reichen und die Arbeitsherren mögen sich ihrer Pflichten bewusst bleiben; die Besitzlosen, um deren Los es sich handelt, mögen auf gerechte Weise ihre Interessen vertreten; und da die Religion […] allein zu einer vollkommenen innern Abhilfe der Missstände befähigt ist, so möge sich die Überzeugung immer mehr verbreiten, dass es vor allem auf die Wiederbelebung christlicher Gesinnung und Sitte ankommt […].

http://www.uibk.ac.at/theol/leseraum/quelltext/320.html (20.02.2008)

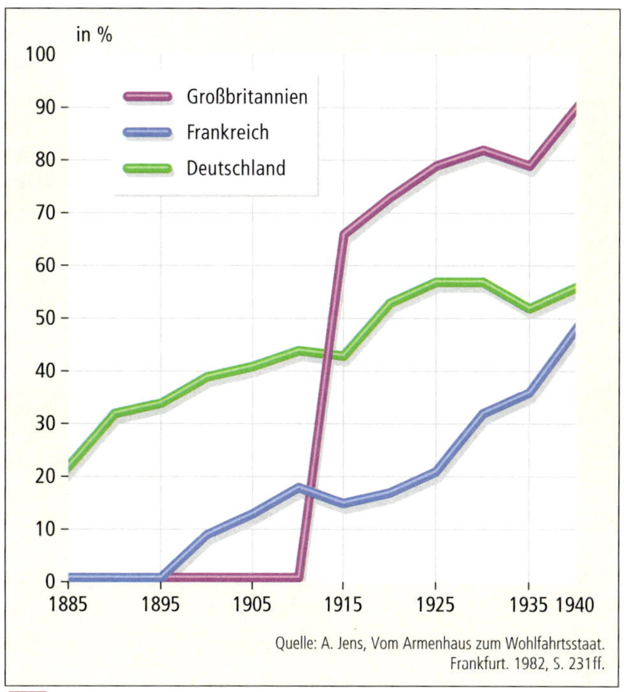


**5 Anteile der krankenversicherten Arbeitnehmer**

# Dossier
# Gewerkschaftsbewegung und soziale Konflikte in Frankreich, Deutschland und Großbritannien

Im 19. Jahrhundert versuchte sich die neue Gruppe der Lohnabhängigen gemeinsam zu organisieren, um ihre Interessen zu verteidigen und die Anerkennung ihres Platzes in der Gesellschaft durchzusetzen. Sie erreichten dies im letzten Viertel des 19. Jahrhunderts vor allem mithilfe der Gewerkschaften, die ihren Kampf in unterschiedlicher Weise und mit verschiedenen Resultaten führten, wobei der Streik ihr wichtigstes Kampfmittel war.

In Europa bestanden drei unterschiedliche Gewerkschaftsfamilien: „englische" Berufsgewerkschaften, „deutsche" Industriegewerkschaften, „französische" politische Gewerkschaften. Diese Unterschiede erklären die Probleme für das Zustandekommen einer gesamteuropäischen Gewerkschaftsbewegung, die über die gemeinsame Feier des 1. Mai, die zu Beginn der 1880er-Jahre aus den USA „importiert" worden ist, hinausging.

1 **Streik der Straßenbahnangestellten in Stuttgart 1902**

Unterstützungspostkarte für die Streikenden. (Dividenden sind der Anteil an dem vom Unternehmen erwirtschafteten Gewinn, der unter den Aktionären verteilt wird.)

| Kriterien/ Länder | Gewerkschaftstyp | Ziele | Mittel | Mitglieder | Schaffung des Koalitionsrechts | Nationale Organisation | Verbindung zu politischen Organisationen | Ähnliche Gewerkschaftsbewegungen |
|---|---|---|---|---|---|---|---|---|
| **Großbritannien** | Berufsgewerkschaft (z. B. Bergleute, Dockarbeiter) | Reformerische Ausrichtung (Trade-Unionism), Ablehnung des Marxismus | Verhandlungen, Streiks, Demonstrationen, Zeitungen, Parlamentarismus | Sehr großer Mitgliederanteil in der Arbeiterschaft (manchmal mit „closed shop") | Seit 1825 – 1829 werden gewerkschaftliche Aktivitäten toleriert, 1871 werden sie offiziell erlaubt | Trade Union Congress 1863 | Die Gewerkschaftsbewegung gründet 1900 bis 1906 die Arbeiterpartei und finanziert sie | USA |
| **Deutschland** | Industriegewerkschaft (z.B. Metall, Chemie), zu Beginn oft vom Land stammende Arbeiter (Abspaltung von den städtischen Zünften) | Reformerische Ausrichtung, aber marxistische Rhetorik | Verhandlungen, Streiks, Demonstrationen, Zeitungen, Parlamentarismus | Sehr großer Mitgliederanteil in der Arbeiterschaft | 1869 Zulassung gewerkschaftlicher Aktivitäten | Verband der deutschen Gewerkvereine 1869 | Die Gewerkschaftsbewegung besteht bei der Gründung der Sozialdemokratischen Partei Deutschlands (SPD); die SPD finanziert, die Gewerkschaften | Skandinavien, Belgien |
| **Frankreich** | Berufsgewerkschaft, starker städtischer Anteil (Verbindung zur städtischen Arbeiterschaft) | Revolutionäre Ausrichtung (Anarcho-Syndicalismus), schwache marxistische Durchdringung | Streiks (darunter der revolutionäre Streik, „grand soir"), Demonstrationen, direkte Aktionen, Verhandlungen, Zeitungen | Geringer Anteil von Mitgliedern in der Arbeiterschaft | 1864 werden gewerkschaftliche Aktivitäten toleriert, 1884 gesetzlich erlaubt | Confédération générale du travail 1895/1903 | Die Gewerkschaftsbewegung verweigert jede Verbindung mit einer Partei; die SFIO wird 1905 gegründet; keine gegenseitige finanzielle Unterstützung | Italien, Spanien |

* „Closed shop": Im Arbeitsvertrag festgelegte Verpflichtung, einer Gewerkschaft anzugehören.

Die Tabelle wurde erarbeitet auf der Grundlage vor allem von J.-L. Robert/F. Boll/A. Prost, L'invention des syndicalismes. Paris 1997, S. 7 – 20.

2 **Drei Gewerkschaftsmodelle**

Zusammenfassender Überblick über die drei großen Gewerkschaftsmodelle am Vorabend des Kriegs von 1914.

**3 Der Internationale Sozialistische Kongress vom 1. Mai 1896**

„Die internationale Solidarität der Arbeit, die wahre Antwort auf den Nationalismus. Den Arbeitern der Welt gewidmet, von Walter Crane, 1. Mai 1896."

**4 Die öffentliche Arbeitsvermittlung**

Auf dem von den beiden Personen gehaltenen Band steht: „Arbeitsvertrag". Plakat des Königlichen Büros für Arbeitslosenversicherung und Arbeitsvermittlung in den Niederlanden, 1928.

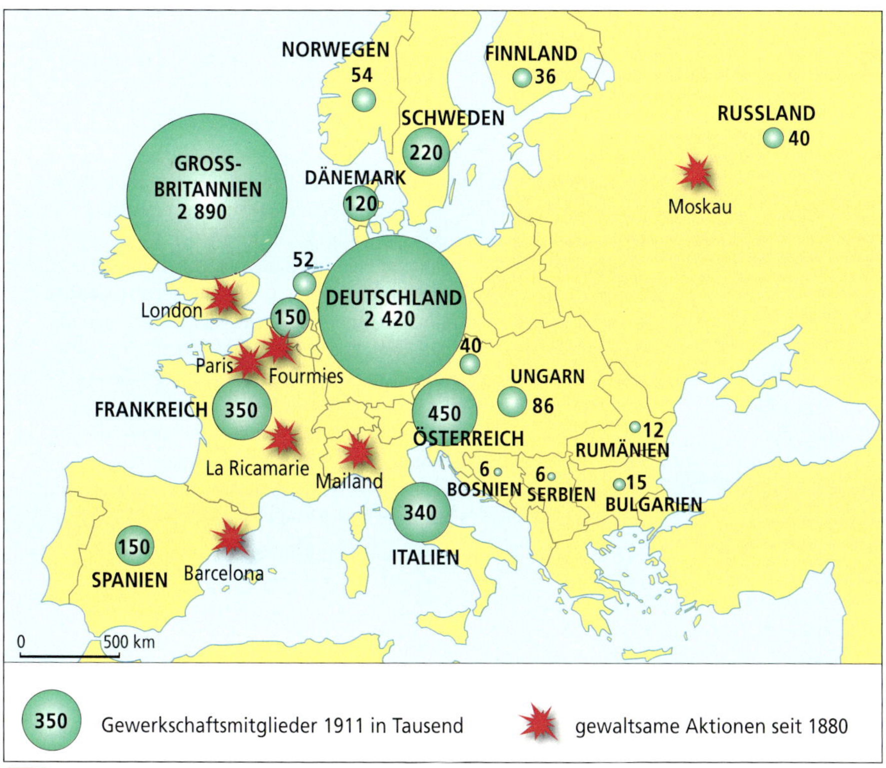


**5 Die Gewerkschaften in Europa 1911**

## Fragen und Anregungen

**1.** Welche Forderungen stellten die Streikenden und wie reagierte der Staat? (M1)

**2.** Stellen Sie die besonderen Charakteristika jedes Modells im Vergleich zu den beiden anderen dar. Durch welche historischen Faktoren lassen sich die Unterschiede erklären? (M2)

**3.** Welche Faktorenkombinationen können die Unterschiede in der Zahl der Mitglieder in den europäischen Ländern erklären? Was lässt sich aus der geografischen Verteilung der gewaltsamen Aktionen schließen? (M2 und M5)

**4.** Interpretieren Sie das Plakat von Walter Crane und seine Sichtweise gegenüber dem Arbeitskampf. (M3)

**5.** Überlegen Sie, zu welchem Anlass diese Grafik angefertigt wurde. (M4)

# Dossier
# Die Entwicklung der Rolle der Frau in der Gesellschaft

In der ersten Hälfte des 19. Jahrhunderts wurde der Frau in der europäischen Gesellschaft ein dem Mann, Ehegatten und Vater nachgeordneter Platz zugewiesen. Obwohl Frauen im Wirtschaftsleben sowohl auf dem Land als auch in der Stadt (vor allem durch ihre Arbeit) eine wichtige Rolle spielten, hatten sie keinen politischen Einfluss.

Am Ende des 19. Jahrhunderts nahmen jedoch die Forderungen nach politischer Gleichheit zu. Ferner forderten die Frauen das Selbstbestimmungsrecht über ihren Körper und ihre Sexualität. Doch diese Bemühungen hatten nicht den gleichen Erfolg wie der politische Kampf, sodass sich die Situation am Vorabend des Zweiten Weltkrieges kaum verändert hatte. Obwohl es auch zu Rückschritten kam, brachte die Emanzipation einen allmählichen Wandel des Frauenbildes mit sich.

| | |
|---|---|
| **1804** | Napoleons Code Civil macht die Frau von ihrem Mann abhängig. |
| **1844** | In den britischen Fabriken wird die Arbeitszeit für die Frauen auf 12 Stunden täglich reduziert. |
| **1867** | Erste Petition der Suffragetten in Großbritannien. |
| **1893** | Neuseeland gibt als erstes Land der Welt den Frauen das Stimmrecht. |
| **1904** | Die französischen Frauen werden im Code Civil nicht mehr als Unmündige eingestuft, haben aber immer noch geringere Rechte als der Mann. |
| **1906** | Finnland erkennt als erstes europäisches Land den Frauen das Stimmrecht zu; die erste Abgeordnete wird 1907 gewählt. |
| **1911** | Feministischer Hungerstreik in Großbritannien. |
| **1913** | In Norwegen (das sich 1905 von Schweden abgespalten hat) wird den Frauen das Stimmrecht gegeben, 1915 in Dänemark. |
| **1917** | Die Russische Revolution verkündet die vollständige Gleichheit zwischen den Geschlechtern. |
| **1918** | In Kanada und in Großbritannien erhalten die Frauen das Stimmrecht. |
| **1919** | Zahlreiche europäische Staaten gestehen den Frauen das Stimmrecht zu, vor allem Deutschland. |
| **1920** | Die US-Amerikanerinnen erhalten das Stimmrecht. |
| **1929** | Erstmals wird eine Frau in Großbritannien in ein Ministeramt berufen. |
| **1936** | Erstmals werden Frauen in Frankreich zu Staatssekretärinnen ernannt, während die Frauen immer noch nicht das Stimmrecht haben. |

**1 Die langsame Entwicklung der Rechte der Frauen**

## 2 Forderung politischer Rechte

*Auf Initiative der deutschen Sozialistin Clara Zetkin (1857–1933) beschloss die internationale Frauenkonferenz in Kopenhagen, einen internationalen Frauentag zur Durchsetzung des Frauenwahlrechts zu organisieren. Dieser Tag fand erstmals am 19. März 1911 statt (Deutschland, Österreich, Dänemark, Schweiz), 1921 erhob Lenin den 8. März zum Frauentag. 1977 wurde der 8. März von den Vereinten Nationen zum Frauentag erklärt.*

Um die Einführung des politischen Frauenwahlrechts zu beschleunigen, ist es die Pflicht der sozialistischen Frauen aller Länder, den obenstehenden Grundsätzen entsprechend eine unermüdliche aufklärende Agitation über die soziale Berechtigung und Bedeutung der politischen Emanzipation des weiblichen Geschlechts in Wort und Schrift unter die breitesten Massen zu tragen und jede sich darbietende Gelegenheit zu diesem Zwecke auszunutzen. Insbesondere müssen sie Wahlen zu politischen und öffentlichen Körperschaften jedweder Art dieser Agitation dienstbar machen. Im Falle, dass dem weiblichen Geschlecht das Wahlrecht zu solchen Körperschaften zusteht – Kommunal- und Provinzialvertretungen, Gewerbegerichte, Krankenkassen usw. –, müssen die Frauen veranlasst werden, dieses ihr Recht restlos und einsichtsvoll zu gebrauchen, im Falle, dass die Frauen dabei ganz oder teilweise Rechtlose sind, müssen sie von den Sozialistinnen zum Kampfe für ihr Recht gesammelt und geführt werden; unter allen Umständen ist bei dieser Betätigung auch die Forderung des vollen politischen Frauenwahlrechts nachdrücklich zu vertreten.

Bei der alljährlichen Maifeier – ganz gleich, in welcher Form sie stattfindet – muss die Forderung der vollen politischen Rechtsgleichheit der Geschlechter betont und begründet werden. Im Einvernehmen mit den klassenbewussten politischen und gewerkschaftlichen Organisationen des Proletariats in ihrem Lande veranstalten die sozialistischen Frauen aller Länder jedes Jahr einen Frauentag, der in erster Linie der Agitation für das Frauenwahlrecht dient. Die Forderung muss in ihrem Zusammenhang mit der ganzen Frauenfrage der sozialistischen Auffassung gemäß beleuchtet werden. Der Frauentag muss einen internationalen Charakter tragen und ist sorgfältig vorzubereiten.

Clara Zetkin, Käte Duncker und Genossinnen.

Zweite Internationale Konferenz sozialistischer Frauen in Kopenhagen [...], den 26. und 27. August 1910, Anträge und Resolutionen zur Tagesordnung, S. 3, zit. nach: http://library.fes.de/zweiint/f19.pdf (20.02.2008)

**3 Porträt der Journalistin Sylvia von Harden**

Ölgemälde von Otto Dix, 1926, 89x121cm, Centre Georges Pompidou, Paris.

**4 Der ausgestellte weibliche Körper**

Werbeplakat für die Bräunungscreme „Ambre Solaire", 1937.

## 5 Die Arbeit der Frauen in der Zwischenkriegszeit: Notwendigkeit oder Mittelder Emanzipation

*Simone de Beauvoir, geboren 1908 in eine Familie der Pariser Bourgeoise, deren Schicksal nach dem Ersten Weltkrieg gefährdet war.*

In meinen Kreisen fand man es unangemessen, dass ein junges Mädchen ernsthafte Studien betrieb. Einen Beruf ergreifen bedeutete Abstieg. Es versteht sich von selbst, dass mein Vater leidenschaftlich gegen die Frauenbewegung war [...]; seiner Meinung nach war der Platz der Frau in den Salons und am häuslichen Herd. [...] Nach dem Kriege lächelte ihm die Zukunft; er hoffte auf eine erfolgreiche Karriere, auf glückliche Spekulationen und darauf, meine Schwester und mich in die gute Gesellschaft einheiraten zu sehen. Um in ihr zu glänzen, musste eine Frau seiner Meinung nach nicht nur über Schönheit und Eleganz verfügen, sondern auch Konversation machen können und eine gewisse Belesenheit haben, daher freute er sich zunächst über meine Schulmädchenerfolge; in körperlicher Hinsicht ließen sich einige Erwartungen auf mich setzen; wenn ich dazu noch klug und gebildet wäre, würde ich mit Glanz einen Platz in der besten Gesellschaft ausfüllen können. Wenn aber mein Vater geistreiche Frauen liebte, so hatte er doch keinerlei Sinn für Blaustrümpfe. Wenn er erklärte: „Ihr, meine Kleinen, werdet euch nicht verheiraten, ihr müsst arbeiten", so lag Bitterkeit in seiner Stimme. Ich glaubte dann, er bedaure uns; aber nein, in dieser unserer arbeitsamen Zukunft las er nur die Bestätigung seines eigenen Versagens; er haderte mit dem ungerechten Geschick, das ihn dazu verdammte, Deklassierte zu Töchtern zu haben.

Er fügt sich nur der Notwendigkeit. Der Krieg war vorüber und hatte ihn ruiniert, seine Träume, seine mythischen Vorstellungen, seine Rechtfertigungen, seine Hoffnungen hinweggefegt. [...]

„Wie schade, dass Simone nicht ein junger Mann ist: Sie hätte auf die Ecole Polytechnique gehen können!" Ich hatte oft meine Eltern ihr Bedauern darüber mit Seufzen ausdrücken hören. Ein Polytechniker war in ihren Augen etwas Besonderes. Aber mein Geschlecht verbot einen so hohen Ehrgeiz für mich, und mein Vater ersah mich klüglich für den Staatsdienst [...].

Simone de Beauvoir, Memoiren einer Tochter aus gutem Hause, Hamburg 2004. Übers. von E. Rechel-Mertens, S. 251f., 254.

## Fragen und Anregungen

1. Nennen Sie die Länder und Bereiche, in denen die Durchsetzung von Frauenrechten seit dem 19. Jahrhundert wesentliche Fortschritte gemacht hat. (M1)
2. Inwieweit konnte der Sozialismus die Sache der Frauen zu Beginn des 20. Jahrhunderts fördern? (M2)
3. Vergleichen Sie die beiden Bilder: Stellen Sie fest, welche Aspekte der Befreiung der Frauen dargestellt werden und welche Widersprüche festzumachen sind. (M3 und M4)
4. Charakterisieren Sie die bürgerlichen Vorurteile, welche die Emanzipation der Frauen durch Berufstätigkeit behinderten. Stellen Sie einen Vergleich mit der Situation von Frauen aus anderen Bevölkerungsschichten an. (M5)
5. Versetzen Sie sich in die späten 1930er-Jahre. Hat sich die Situation der Frauen aus ihrer Sicht seit dem frühen 19. Jahrhundert verbessert?

# 5. Kirche und Glaube in der industriellen Welt

*Wie entwickelten sich die Kirchen, die Glaubensformen und die religiösen Empfindungen in den Industriegesellschaften?*

## Religiöse Vitalität im 19. Jahrhundert

Niemals zuvor wurden so viele Kirchen und Synagogen gebaut wie im 19. Jahrhundert. Beim Bau dieser neuen Gebäude wurden vom Gusseisen bis zum Stahlbeton die neuesten Techniken verwendet.

Die Revolution des Transportwesens vergrößerte den Einzugsbereich der großen traditionellen Pilgerfahrten der katholischen Kirche. Dazu kamen neue Zentren, wie in Frankreich 1862 Lourdes und 1925 Lisieux und in Portugal 1927 Fatima, die meistens der Jungfrau Maria oder Heiligen geweiht sind. Die weiblichen Kongregationen waren sehr dynamisch und übernahmen bedeutende erzieherische und karitative Aufgaben.

Vor allem infolge der Besiedlung der „Neuen Welt" durch die Europäer, aber auch durch die Vielzahl von Kircheneintritten, die durch missionarische Aktivitäten im Zuge der zweiten Kolonisationswelle bedingt waren, erlebte das Christentum eine erhebliche geografische Ausweitung.

Das industrielle Wachstum und der daraus resultierende Reichtum wurden in den protestantischen Ländern als Segnung Gottes betrachtet, wie Max Weber in seinem Buch „Die protestantische Ethik und der Geist des Kapitalismus" zeigte. Aber die katholischen Kirchenoberhäupter betrachteten diese Entwicklung in erster Linie mit Beunruhigung.

## Ein religiöses Unbehagen

Trotz der Vitalität der Religionen wurden die Autoritäten der Glaubensgemeinschaften mit Veränderungen des religiösen Empfindens konfrontiert. Der Aufstieg der Naturwissenschaften widersprach der traditionellen Deutung der Heiligen Schrift. Das liberale Weltbild stellte das Individuum in den Mittelpunkt und unterminierte hierdurch die gemeinschaftliche Glaubenspraxis und die Autorität der Geistlichen (Entkirchlichung). In den Augen der Kirchen war die Modernisierung der Grund für den deutlichen Anstieg des Unglaubens (Entchristianisierung).

Vor allem bei der städtischen Bevölkerung und der Arbeiterschaft wurde eine Dechristianisierung beklagt. Die ländlichen Gesellschaften schienen trotz einer Bewegung der „Folklorisierung" traditioneller religiöser Praktiken besser standgehalten zu haben. Die Männer lösten sich schneller von der Religion als die Frauen. Diese als Säkularisierung bezeichnete Schwächung des religiösen Lebens wirkte sich vor allem auf das Verhältnis zwischen Kirche und Staat aus und führte zu einem Entkonfessionalisierungsschub, wie zum Beispiel in Italien und Frankreich.

Zunächst wurde die „Moderne" für diese Probleme verantwortlich gemacht. Der 1864 von Papst Pius IX. veröffentlichte „Syllabus" verurteilte die „Irrtümer" der Zeit. Die fundamentalistischen antidarwinistischen Strömungen in den Vereinigten Staaten der 1910er-Jahre setzten sich für eine Rückkehr zu einer wortgetreuen Lektüre der Bibel ein.

## Anpassung und Modernisierung

Der zunehmende Übergang der Religion in die Privatsphäre begünstigte Minderheitenreligionen und förderte eine Öffnung gegenüber neuen Religionen, die freier ausgeübt werden konnten.

Ferner gewann eine persönlichere und individuellere Auffassung religiösen Engagements zusehends an Gewicht, was zur Entstehung zahlreicher neuer Institutionen führte. Seit dem letzten Jahrzehnt des 19. Jahrhunderts vermochten die Kirchen hierdurch Organisationen zur Betreuung der städtischen Massen einzurichten.

Die 1908 in protestantischen Kreisen entstandene konfessionelle Pfadfinderbewegung betreute die Kinder von Eliten aus allen Konfessionen. Die Jugendgruppen boten moderne Freizeitbeschäftigungen in Kultur und Sport an (Fußball, Kino).

Die kirchlichen Aktivitäten entfalteten sich aber vor allem im sozialen Bereich. Von der Enzyklika „Rerum Novarum" von 1891 bis zur Enzyklika „Quadragesimo Anno" von 1931 förderten die Päpste die christliche Gewerkschaftsbewegung und riefen die Katholische Aktion ins Leben. Die protestantischen Kirchen bauten ihr soziales Instrumentarium ebenfalls aus: So wurde 1878 die Heilsarmee gegründet, um das Elend der Industriegesellschaft zu lindern.

**1 „Das Angelusgebet"**
Ölgemälde von Jean-François Millet, 1858, 55 x 66 cm, Musée d'Orsay, Paris. Das Angelusgebet wird dreimal am Tag gesprochen (morgens, mittags und abends) und durch das Läuten der Glocken angekündigt.

### Begriffe

- **Kongregationen:** Religiöse Vereinigungen, in denen sich Geistliche zusammenschließen, die sich vor allem in erzieherischen und sozialen Bereichen engagieren.
- **Folklorisierung:** Umwandlung (meist ländlicher) traditioneller Praktiken in ein Schauspiel, wie z. B. ein Fest zu Ehren des Schutzheiligen eines Dorfes.
- **Katholische Aktion:** Durch das Papsttum in den 1930er-Jahren aufgebaute Strukturen, die der Betreuung der Gläubigen in besonderen, nach Altersgruppen, Geschlecht und Beruf untergliederten Organisationen dienen (in Frankreich gibt es zum Beispiel die Christlichen Arbeiter, die Christliche Landjugend, die Christliche Studentenjugend: JOC; JAC; JEC).
- **Entkonfessionalisierung:** Entwicklung, in deren Verlauf Einrichtungen dem Einflussbereich der Kirche, der sie bisher zugehörten, entzogen werden (Entkonfessionalisierung des Unterrichts, der Heirat und der Beerdigung).
- **Säkularisierung:** Ausdehnung des nichtreligiösen auf Kosten des religiösen Bereichs, der allmählich in das Privatleben abgedrängt wird.

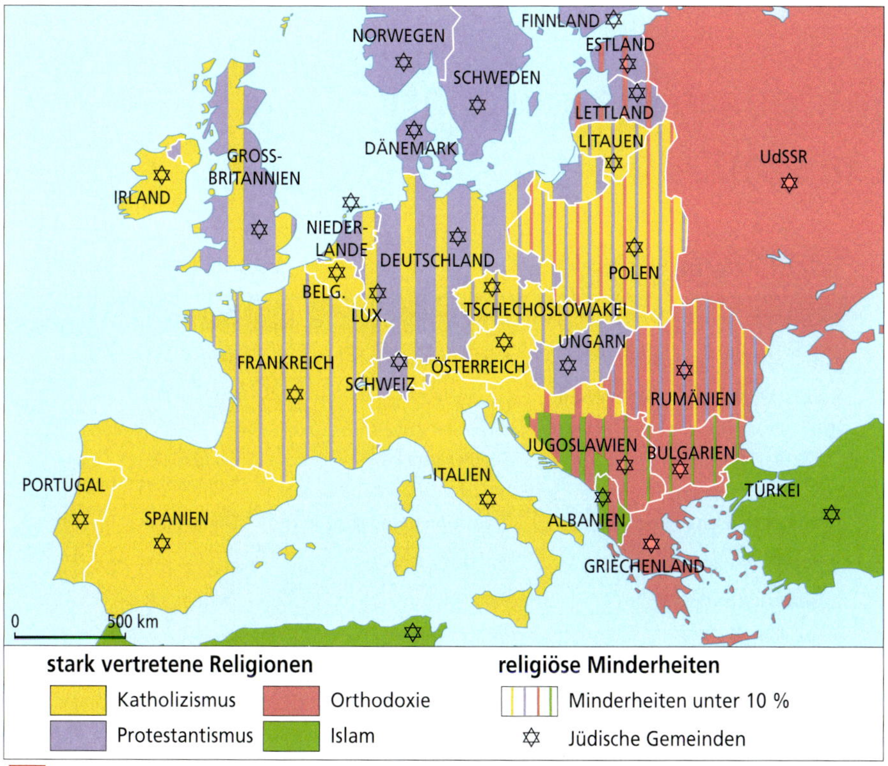


2 **Die Religionen in Europa** (erste Hälfte der 1930er-Jahre)

### 3 Das Glaubensbekenntnis des Gründers der Heilsarmee von 1902

*Auszug aus der letzten Rede, die William Booth 1912 in der Royal Albert Hall in London hielt:*

Solange Frauen weinen, wie sie es jetzt tun –
will ich kämpfen;
solange Kinder Hunger leiden müssen,
wie sie es jetzt tun –
will ich kämpfen;
solange Menschen ins Gefängnis müssen,
rein und raus, rein und raus –
will ich kämpfen;
solange es Mädchen gibt,
die auf der Straße unter die Räder geraten,
solange es eine Seele gibt,
in der das Licht Gottes noch nicht scheint –
will ich kämpfen.
Ich kämpfe bis zum letzten Atemzug!

http://www.heilsarmee.de/a-z/geschichte.php?sel=2 (20.02.2008)

4 **„Für neue Zeiten eine neue Jugend"** Titelseite des „Pèlerin" zum 10. Gründungsjubiläum der JOC, 1937.

5 **„Der Kardinal der hundert Kirchen"**

Programm zum Bau von Kirchen in Paris und im Umland von Paris, 1920er-Jahre.

## Fragen und Anregungen

1. Welche Art von Religiosität drückt dieses Bild aus? (M1)
2. Unterscheiden Sie die drei großen Religionszonen in Europa und bestimmen Sie die geografische Verbreitung der „religiösen Minderheiten". (M2)
3. Erörtern Sie die Textaussage und zeigen Sie, inwiefern sich der Autor bemüht, die biblische Nachricht der Industriegesellschaft anzupassen. (M3)
4. Beschreiben Sie die auf dem Foto erkennbaren Techniken der Massenkommunikation, die bei dem Ereignis verwendet wurden. (M4)
5. Welche grafische Technik der Massenkommunikation wird hier verwendet und warum? (M5)

# Bilanz
# Die Herausbildung der Industriegesellschaft im 19. und frühen 20. Jahrhundert

## Wichtige Daten

**1814** Dampflokomotive (Stevenson)
**1834** Deutscher Zollverein
**1848** „Manifest der Kommunistischen Partei“ (Marx/Engels)
**1873** „Gründerkrach“ und Beginn der „Grande Dépression“
**1885** Automobil
**1890** Einsatz von Lochkarten bei der amerikanischen Volkszählung
**1905** Trennung von Kirche und Staat in Frankreich
**1908** Ford T-Modell
**1929** Beginn der Weltwirtschaftskrise
**1933** New Deal

## Schlüsselbegriffe

| Deutsch | Französisch | Englisch |
|---|---|---|
| **Industrielle Revolution** | Révolution industrielle | Industrial Revolution |
| **Verstädterung (Urbanisierung)** | Urbanisation | Urbanisation (Urbanization) |
| **Säkularisierung** | Sécularisation | Secularisation (Secularization) |
| **Demografischer Übergang** | Transition démographique | Demographic Transition |
| **Soziale Frage** | Question sociale | – |
| **Gewerkschaft** | Syndicat | Trade union |
| **Wachstum** | Croissance | Growth |
| **Weltwirtschaftskrise** | Crise économique mondiale | Great Depression (nicht zu verwechseln mit dem französischen Begriff „Grande Dépression“, 1873–1896) |

## Die Etablierung des Fabriksystems

**Große Halle des Walzwerks in Le Creusot**
Holzstich aus einer Buchpublikation des deutschen Ingenieurs Franz Reuleaux (1829–1905), 1885.

**Eisenwalzwerk**
Von Adolph von Menzel (1815–1905) nach einem Aufenthalt im oberschlesischen Königshütte (Zentrum der Montanindustrie) gemalt, 1875, Nationalgalerie Berlin.

## DEUTSCH-FRANZÖSISCHER PERSPEKTIVENWECHSEL

### Gesellschaftliche und politische Rahmenbedingungen der ökonomischen Entwicklung

• Um 1815 unterschieden sich die gesellschaftlichen Verhältnisse in Frankreich und Deutschland teilweise erheblich: In Frankreich war die bereits seit längerer Zeit in Auflösung begriffene Ständegesellschaft mit der Revolution von 1789 auf rechtlicher Ebene definitiv überwunden; feudale Abgaben waren beseitigt (nicht jedoch die Abhängigkeit der Bauern von adeligen oder bürgerlichen Großgrundbesitzern), Zünfte existierten nicht mehr. Demgegenüber waren die sozialen und ökonomischen Strukturen in Deutschland insgesamt noch stärker traditionsverhaftet: So bestand etwa das Zunftwesen in einigen Staaten bis weit in das 19. Jahrhundert hinein ebenso fort, wie feudale Relikte und vorkapitalistische Mentalitäten im Agrarbereich.

• Die verlangsamende Wirkung der verbliebenen vormodernen Gesellschaftsstrukturen auf die Industrialisierung wurde allerdings in der deutschen Wahrnehmung teilweise überschätzt. Ein bedeutenderes Hemmnis für die ökonomische Entwicklung Deutschlands war die fehlende politische Einheit und das damit verbundene Fortbestehen von Zollgrenzen zwischen den Einzelstaaten (bis zur Gründung der Zollvereine und insbesondere des Deutschen Zollvereins von 1834). Zur selben Zeit war Frankreich bereits seit langem ein zusammenhängender Wirtschaftsraum.

### Der Industrialisierungsprozess – unterschiedliche Geschwindigkeiten

• Deutschland und Frankreich befanden sich am Ende des 19. Jahrhunderts in der zweiten Industrialisierungsphase und waren den ökonomisch weit entwickelten Ländern Europas zuzurechnen; in beiden Staaten wuchs das Industrieproletariat und die Urbanisierung schritt voran. Allerdings vollzogen sich diese Prozesse in Deutschland mit einer größeren Dynamik: Um 1900 arbeiteten hier 40 Prozent der Erwerbstätigen in der Industrie, während es in Frankreich nur 30 Prozent waren. Zugleich bildete die städtische Bevölkerung in Deutschland damals bereits die Mehrheit, während die Mehrzahl der Franzosen noch auf dem Land lebte.

• Mit Blick auf die französische Wirtschaftsgeschichte des 19. Jahrhunderts wurde der Begriff „Industrialisierung ohne (industrielle) Revolution" geprägt. Die ökonomische Entwicklung wurde hier weithin von einer im ländlichen Raum angesiedelten Produktion getragen, wo Handwerk und Heimarbeit eine wesentliche Rolle spielten (so etwa die bis ins frühe 20. Jahrhundert für den französischen Export bedeutende Seidenweberei im Raum Lyon). Die Konzentration einer großen Zahl von Arbeitern in Fabriken gewann in Frankreich erst während der zweiten Industrialisierungsphase an Bedeutung. Allerdings blieb die französische Wirtschaft auch dann noch wesentlich stärker als die deutsche von Kleinbetrieben geprägt.

### Inflation und Weltwirtschaftskrise

• Sowohl in Frankreich als auch in Deutschland setzte sich nach 1918 eine Inflation fort, die ihren Ursprung in den immensen Kriegsausgaben sowie der damit verbundenen Staatsverschuldung und Geldmengenvermehrung hatte. In Deutschland verstärkte sich diese Entwicklung durch die nach dem Versailler Vertrag zu leistenden Reparationen. Beide Länder mussten den kriegsbedingten Tiefstand ihrer Industrieproduktion im Vergleich zum Vorkriegsniveau hinnehmen. Anders als die Franzosen erlebten die Deutschen jedoch nicht die ersten Nachkriegsjahre, sondern das Jahr 1923 als Höhepunkt der Nachkriegskrise. Nachdem sich die Reichsregierung im Januar 1923 entschlossen hatte, den passiven Widerstand gegen die französisch-belgische Ruhrbesetzung zu finanzieren, kam es zur Hyperinflation. Eine derart massive, auf die Bevölkerung traumatisch wirkende Vernichtung von Sparguthaben innerhalb kürzester Zeit erlebte die französische Gesellschaft nicht.

• Die Auswirkungen und die Wahrnehmung der Weltwirtschaftskrise waren in Deutschland und Frankreich unterschiedlich. Während die Folgen des amerikanischen Börsenkrachs von 1929 die Weimarer Republik nach dem Rückzug amerikanischer Kredite besonders unmittelbar trafen und zu einem raschen und massiven Anstieg der Arbeitslosigkeit führten, wurde die Krise in Frankreich erst mit einer Zeitverzögerung (1931) voll spürbar und wirkte sich auf die französische Wirtschaft insgesamt weniger gravierend aus, hielt dafür aber bis weit in die 1930er-Jahre hinein an. Die politischen Folgen der Weltwirtschaftskrise waren in beiden Ländern sehr unterschiedlich: Während die soziale Instabilität der Krisenjahre in Deutschland den Aufstieg des Nationalsozialismus erheblich begünstigte, erlebte die Französische Republik zwar ebenfalls ein Erstarken antiparlamentarischer Strömungen, hielt diesen aber stand.

## WEITERFÜHRENDE HINWEISE

**Bücher**

- Hans-Werner Hahn, Die Industrielle Revolution in Deutschland, Enzyklopädie deutscher Geschichte, Bd. 49. München: Oldenbourg, 2005[2].
- Hartmut Kaelble, Nachbarn am Rhein. Entfremdung und Annäherung der französischen und deutschen Gesellschaft seit 1880. Müchen: C. H. Beck, 1991.
- Patrick Verley, La Révolution industrielle. Paris: Gallimard, collection Folio-Histoire, 1997.

**Internetseiten**

- http://www.gesis.org/Datenservice/ZHSF/Historische_Statistik/index.htm (Historische Statistiken zu Demografie, Wirtschaft etc., Registrierung erforderlich, 25.02.2008).
- www.archivesnationales.culture.gouv.fr/camt/fr/se/indexmb.html (Geschichte der Spinnerei Motte-Bossut in Roubaix, 25.02.2008).

# Teil 3

## Kulturelle Entwicklungen im 19. und in der ersten Hälfte des 20. Jahrhunderts

1

2

3

4

5

6

7

8

9

10

11

12

13

14

15

16

17

18

Kapitel 7

# Neue Formen des künstlerischen Ausdrucks und des Engagements (1815 – 1939)



Bis in das 19. Jahrhundert hinein fußte die Kultur der europäischen Eliten weiterhin auf der klassischen Tradition. Die großen Werke der griechisch-römischen Antike, der Renaissance und des 18. Jahrhunderts blieben die verbindlichen Bezugspunkte. Im späten 18. und in der ersten Hälfte des 19. Jahrhunderts belegte der Erfolg der Romantik indessen das Entstehen einer neuen Sensibilität, die die Vorstellungskraft des schaffenden Künstlers zur freien Entfaltung kommen lassen wollte. Nach 1850 regten Realismus und Impressionismus die Künstler dazu an, ihre Inspiration aus der modernen Welt und dem Alltagsleben zu schöpfen. Auf diese Weise bereiteten sie den Weg für eine moderne Kunst, die schließlich das künstlerische und literarische Schaffen von allen traditionellen Regeln befreite.

- Wie hat sich die „moderne" Kunst allmählich vom Erbe der „klassischen" Kunst befreit?
- Warum haben sich immer mehr Künstler an den politischen Auseinandersetzungen ihrer Zeit beteiligt?

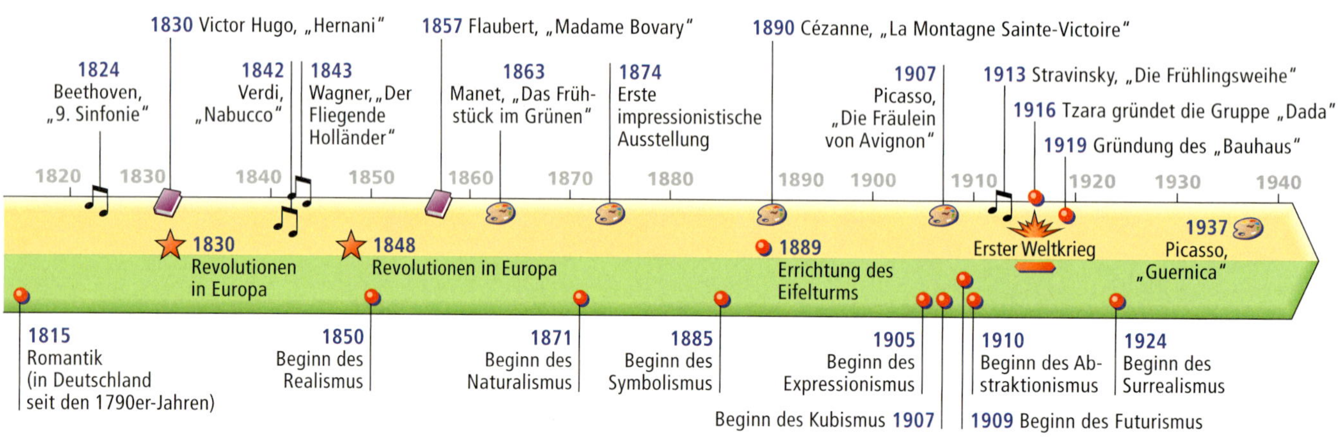

1

**Mensch und Natur: Die Zeit der Romantik**

„Wanderer über dem Nebelmeer“, Ölgemälde von Caspar David Friedrich, 1818, 74,8 x 94,8 cm, Kunsthalle Hamburg.
Die Darstellung der menschlichen Einsamkeit gegenüber der unermesslichen Weite der Natur ist eines der bevorzugten Themen der romantischen Künstler und Dichter, deren Werke zum Träumen einladen wollen.

2

**Der Mensch und die Maschine: Die Ära der modernen Kunst**

„Le mécanicien“ („Der Mechaniker“), Ölgemälde von Fernand Léger, 1920, Musée des Beaux-Arts du Canada, Ottawa.
Mit dem Klassizismus brechend, ließ die moderne Kunst die bisherigen Konventionen der Bildgestaltung, Perspektive und Farbwahl hinter sich. Sie ließ sich von zeitgenössischen Themen inspirieren, wie hier aus der Welt der Industrie und Arbeiter im 20. Jahrhundert.

# 1. Von der Romantik zum Impressionismus (1815 – 1880er-Jahre) – die „Erfindung" der Moderne

*Worin grenzten sich die neuen Formen künstlerischer Ausdrucksweise im 19. Jahrhundert von der klassischen Kultur ab?*

## Die romantische Revolution

Bis in das 19. Jahrhundert hinein bestimmten die klassischen Regeln, welche die künstlerische Freiheit begrenzten und den Geschmack der Eliten beeinflussten, maßgeblich die europäische Kunst. Bei der neoklassischen Architektur des Alten Museums in Berlin (1828) oder der Madeleine-Kirche in Paris (1842) handelte es sich um Nachbildungen griechischer Tempel. Die akademische Malerei schöpfte ihre Anregungen aus der griechisch-römischen oder biblischen Antike. Der Akademismus galt als offizieller Kunststil, der als einziger durch öffentliche Aufträge und Ausstellungen (die Salons) gefördert wurde.

Als die Romantiker die Konventionen im Namen einer größeren Ausdrucksfreiheit durchbrachen, rief dies Skandale hervor. Die Romantik betonte die Inspiration und die Sensibilität des Künstlers. Seit der Aufklärung hatten sich deutsche Theaterdichter von den bis dahin verbindlichen Vorgaben der Antike und der französischen Klassik emanzipiert; in Frankreich brach schließlich Victor Hugo 1830 die Regeln des klassischen Theaters. Ludwig van Beethovens Symphonien (1770 – 1827) und Richard Wagners Opern („Der fliegende Holländer", 1843) schufen durch ihre Orchestrierung eine neue Klangwelt, die zum Träumen und zu lyrischen Höhenflügen einlud. Aus dem Bedürfnis, sich vom Rationalismus der Aufklärung abzuwenden, begeisterten sich die Romantiker für das Mittelalter, das sie als eine Zeit intensiver Spiritualität idealisierten. In diesem Zusammenhang kamen die historischen Romane von Walter Scott („Ivanhoe", 1820) und der neugotische Stil in der Architektur auf.

Viele Romantiker identifizierten sich mit den liberalen und nationalen Bewegungen des 19. Jahrhunderts. Der 1824 verstorbene englische Dichter George Gordon Byron engagierte sich im Griechischen Unabhängigkeitskrieg, während Giuseppe Verdis Oper „Nabucco" (1842) zum Symbol des Kampfes für die Einheit Italiens wurde. Zahlreiche Polen wie der Komponist Frédéric Chopin oder der Dichter Adam Mickiewicz fanden nach dem Scheitern des Novemberaufstands von 1830 in Paris Zuflucht.

## Realismus und Impressionismus – die „Erfindung der Moderne"

Ab der Mitte des 19. Jahrhunderts wandten sich Schriftsteller und Künstler zeitgenössischen Themen zu. So brach der Realismus mit dem Akademismus und der Romantik, indem er Szenen des Alltagslebens darstellte, in denen sich Arbeiter und Bauern als Charaktere entwickelten (Gustave Courbet, „Die Steinklopfer" von 1849, Jean François Millet, „Die Ährenleserinnen" von 1857). Émile Zola, der Begründer des Naturalismus, berief sich bei der Abfassung von „Die Rougon-Macquart: Natur- und Sozialgeschichte einer Familie im Zweiten Kaiserreich" (1870 – 1893) auf die Methode der experimentellen Wissenschaften. Realismus und Naturalismus wurzelten in einer Zeit, die vom Glauben an die Wissenschaft und der Verbreitung des Positivismus geprägt war.

Die realistische Darstellung der Welt stand im Widerspruch zur akademischen Konzeption des Kunstwerkes, nach der nur die ideale und ewige Schönheit wiedergeben werden sollte. Édouard Manets „Frühstück im Grünen" (1863) wurde als Angriff auf den guten Geschmack und die bürgerliche Moral empfunden, weil es eine nackte Frau in einer zeitgenössischen Kulisse darstellte.

Das gleiche Unverständnis zeigten die Zeitgenossen gegenüber dem Impressionismus, dessen Bilder vor allem die industrielle und moderne Zivilisation mit ihren Bahnhöfen, Boulevards und volkstümlichen Tanzcafés (Pierre-Auguste Renoir, „Le Moulin de la Galette", 1876) abbildeten. Die Impressionisten verließen das Atelier und malten unter freiem Himmel, um sich von der sie umgebenden Landschaft inspirieren zu lassen. Gegenüber der Zeichnung bevorzugten sie die Farbe, die sie so auftrugen, dass das Bild einen „unvollendeten" Aspekt bekam. Durch ihren Malstil und die Wahl ihrer Themen eröffneten die Impressionisten Künstlern einen vorher nicht dagewesenen Freiraum.

**1 Das von der Romantik „wiederentdeckte" Mittelalter**

Der Westminsterpalast in London wurde nach seiner Zerstörung durch eine Feuerbrunst 1834 im neugotischen Stil, der seine Anregungen aus dem Mittelalter bezog, wiederaufgebaut. Westminster von der Themse aus gesehen, Gemälde von Claude Stanfield Moore, um 1870, Privatsammlung.

## Begriffe

- **Akademismus:** Kunststil, der durch die Regeln der klassischen Ästhetik bestimmt war und von offiziellen Institutionen, wie den Akademien der Schönen Künste, unterrichtet und verbreitet wurde.
- **Romantik:** Literarische und künstlerische Strömung, die in Deutschland und England am Ende des 18. Jahrhunderts entstand und sich in der ersten Hälfte des 19. Jahrhunderts in ganz Europa verbreitete; sie war bestrebt, das Empfindungsvermögen und die Vorstellungskraft des Individuums zu berühren und sympathisierte mit Völkern, die sich im Freiheitskampf befanden.
- **Griechischer Unabhängigkeitskrieg (1821 – 1830):** Konflikt, in dessen Verlauf sich das griechische Volk von der osmanischen Herrschaft befreite.
- **Realismus:** Literarische und künstlerische Bewegung, die die Idealisierung der realen Welt ablehnte und sich für die minutiöse Beschreibung von Gegenständen und Personen aussprach.
- **Naturalismus:** Von Émile Zola in den 1870er-Jahren begründete literarische Strömung, die der Kunst den Anspruch zuwies, die Natur zu imitieren und die Realität getreu nachzubilden.
- **Positivismus:** Von dem Franzosen Auguste Comte (1798 – 1857) begründete philosophische Lehre, die die Theorie eines heraufziehenden „positiven Zeitalters" entwickelte, das von wissenschaftlichem Geist und Fortschrittsglaube beherrscht wird.
- **Impressionismus:** Bezeichnung für die Gruppe französischer Maler, die 1874 im Atelier des Fotografen Nadar ihre eigene Ausstellung organisierte, in der Claude Monets Gemälde „Impression, soleil levant" („Impression, aufgehende Sonne") ausgestellt wurde.

## 2 Realismus in der Literatur: die Agonie der Emma Bovary

Schweißtropfen rannen über ihr bläuliches Gesicht, das aussah wie erstarrt unter dem Anhauch eines metallischen Dunstes. Ihr klapperten die Zähne, ihre geweiteten Augen sahen unbestimmt umher, und auf alle Fragen antwortete sie nur mit einem Kopfschütteln. [...] Bald schon spuckte sie Blut. Ihre Lippen pressten sich noch mehr zusammen. Ihre Glieder waren verkrampft, der Körper war mit braunen Flecken bedeckt, und ihr Puls glitt unter den Fingern wie ein gespannter Faden, wie eine Harfensaite, die dem Zerspringen nahe ist.

Gustave Flaubert, Madame Bovary. Leipzig 1990 (Buchveröffentlichung erstmals 1857), S. 323, 326.

**3 Die offizielle Kunst der akademischen Malerei**

„Cléopâtre essayant des poisons sur des condamnés à mort" („Kleopatra probiert ihr Gift an Verurteilten aus"), Ölgemälde von Alexandre Cabanel, 1887, 87,6 x 148 cm, Musée royal des Beaux-Arts, Antwerpen.

**4 Die realistische Malerei**

„Le Déjeuner sur l'herbe" („Frühstück im Grünen"), Ölgemälde von Edouard Manet, 1863, 208 x 264,5 cm, Musée d'Orsay, Paris.

**5 Der Impressionismus**

„La Gare Saint-Lazare" („Der Bahnhof Saint-Lazare"), Ölgemälde von Claude Monet, 1877, 75 x 104 cm, Musée d'Orsay, Paris.

## Fragen und Anregungen

**1.** Erklären Sie, inwiefern der Text von Flaubert repräsentativ für die realistische Strömung ist. (M2)

**2.** Vergleichen Sie die Gemälde von Cabanel und Manet. Diskutieren Sie, wie diese Kunstwerke von den Zeitgenossen wahrgenommen wurden. (M3 und M4)

**3.** Arbeiten Sie anhand des Bildes von Claude Monet die charakteristischen Züge des Impressionismus heraus. (M5)

# 2. Die Ursprünge der modernen Kunst (1880er-Jahre – 1914)

*In welchem Kontext entstand die Avantgarde des 20. Jahrhunderts?*

## Die Infragestellung von Rationalismus und Realismus – der Symbolismus

Gegen Ende des 19. Jahrhunderts verloren Szientismus und Positivismus ihre beherrschende Position. Die 1905 von Albert Einstein vorgestellte Relativitätstheorie revolutionierte das physikalische Weltbild, indem sie den absoluten Charakter von Zeit und Raum in Frage stellte. In der Philosophie unterzog Friedrich Nietzsche (1844 – 1900) die Grundlagen rationaler Erkenntnis, auf der die westliche Zivilisation beruhte, einer radikalen Kritik. Ab 1900 begann der Wiener Arzt Sigmund Freud, mithilfe der Psychoanalyse das Unbewusste zu erforschen.

Die Bewegung des Symbolismus war an dieser Infragestellung des Rationalismus beteiligt. Für die Symbolisten bestand die Aufgabe der Kunst nicht mehr in der Imitation der Natur, sondern in der Suche nach dem jenseits der Realität existierenden Sinn. Daher fanden sich die symbolistischen Maler wie der Österreicher Gustav Klimt oder der Franzose Paul Gauguin, die Farben sehr frei verwendeten, weder im Realismus noch im Impressionismus wieder. In demselben Geist durchbrachen Dichter wie der Belgier Émile Verhaeren oder der Österreicher Rainer Maria Rilke die Regeln des Versmaßes, und Komponisten, wie der Franzose Claude Débussy, entwickelten neue Klanggefüge.

## Vom Expressionismus zum Kubismus – die Avantgarde zu Beginn des 20. Jahrhunderts

In den ersten Jahren des 20. Jahrhunderts entstand schließlich die moderne Kunst. Paul Cézanne (1839 – 1906) ebnete den Weg, indem er den Anspruch vertrat, „die Natur mit Zylindern, Kugeln und Kegeln darzustellen". „Ich verstand", schrieb Pablo Picasso später, „dass die Malerei einen inneren Wert besaß, der unabhängig von der Darstellung der Gegenstände war." Picasso und Georges Braque entwickelten im Kubismus das Prinzip der Geometrisierung des Raumes, um so dasselbe Objekt von verschiedenen Seiten darzustellen.

Der zur selben Zeit in Deutschland aufkommende Expressionismus gab durch die Verwendung greller Farben, die beim Betrachter starke Gefühle hervorrufen sollten, ebenfalls die realistische Illusion auf. Diese avantgardistischen Erfahrungen führten einige Künstler wie Wassily Kandinsky dazu, die gegenständliche zugunsten einer abstrakten Malerei völlig aufzugeben. In der Musik wurden Melodik und Harmonik revolutioniert. „Le Sacre du printemps" („Die Frühlingsweihe") des Russen Igor Stravinsky löste 1913 in Paris einen Skandal aus.

## Eine neue städtische Ästhetik

Die vollständig in ihrer Epoche verankerten Avantgarde-Bewegungen strebten eine Annäherung von Kunst und Industrie an. Die futuristische Bewegung, die sich in Italien um den Dichter Filippo Tommaso Marinetti und den Maler Umberto Boccioni bildete, feierte die Geschwindigkeit und die Schönheit der Maschinen. Die Jugendstilbewegung (englisch „Modern Style", französisch „Art nouveau") wollte Schönes und Nützliches miteinander verbinden, wodurch das Kunstgewerbe einen Aufschwung erlebte. In der Architektur war hierfür die Verwendung geschwungener Linien charakteristisch – daraus resultierte im Französischen der Beiname „style nouille" (Nudelstil): Beispiele hierfür sind die Eingänge der Pariser Metro, die Hector Guimard 1899 entwarf, oder die ab 1883 errichteten Bauwerke des Katalanen Antoni Gaudí in Barcelona.

Die Verwendung neuer Materialien führte zu einer Neuausrichtung der Architektur, die nun nicht mehr die Stile vergangener Epochen kopierte. Für die Pariser Weltausstellung 1889 wurde der Eiffelturm aus Eisen gebaut. Die Verwendung von Stahlbeton, die in den 1880er-Jahren in den Vereinigten Staaten den Bau der ersten Wolkenkratzer ermöglichte, erforderte ein funktionelleres Verständnis der Gebäude. 1910 baute Adolf Loos in Wien das Haus Steiner, ein Manifest des Funktionalismus.

1 **Der Bau des Eiffelturms, 1888**

Der Turm wurde von dem Ingenieur Gustave Eiffel entworfen, um bei der Pariser Weltausstellung von 1889 der Französischen Revolution zu gedenken.

### Begriffe

- **Szientismus:** Ideologie, die in der Wissenschaft (Science) den Motor für Fortschritt sieht.
- **Psychoanalyse:** Von Freud entwickelte Untersuchungsmethode, dem Patienten Dinge ins Bewusstsein zu rufen, die in seinem Unterbewusstsein versteckt waren und die Ursache seiner psychischen Probleme sind.
- **Kubismus:** 1907 in Paris um die Maler Georges Braque (1882 – 1963) und Pablo Picasso (1881 – 1973) entstandene Strömung. Sie wurde so genannt, seitdem ein Kritiker sie als eine Kunst verworfen hatte, „die die Form missachtet und alles auf geometrische Formen, auf Kuben, reduziert".
- **Avantgarde:** Zu Beginn des 20. Jahrhunderts entstandene künstlerische Bewegungen, deren wagemutigen und experimentellen Werke ihrer Zeit weit voraus sein wollten und damit beim Großteil des zeitgenössischen Publikums auf Unverständnis stießen.
- **Jugendstil („Art nouveau", „Modern Style"):** Bewegung, die Kunst in den Dienst der industriellen Zivilisation und der breiten Bevölkerung stellen wollte. Sie verbreitete sich von 1890 bis 1905 in ganz Europa.
- **Kunstgewerbe:** Auf Gebrauchsgegenstände (Möbel, Keramik, Tapeten, Goldschmiedekunst und anderes) angewandte Kunst.
- **Funktionalismus:** Theorie, nach der die Form eines Gebäudes oder eines Objekts sich seiner Funktion anpassen soll (anstelle des Strebens nach Dekoration und Verzierung mit Ornamenten).

**2 Die symbolistische Malerei**

„Der Kuss", Ölgemälde von Gustav Klimt, 1907/1908, 180 x 180 cm, Österreichische Galerie, Wien.

**3 Paul Cézanne – ein Wegbereiter der modernen Kunst**

„Das Gebirgsmassiv Sainte Victoire", Ölgemälde von Paul Cézanne, um 1902 – 1904, 60 x 73 cm, Kunsthaus Zürich. Die Zergliederung geometrischer Formen auf der Leinwand, die durch die Verwendung großer farbiger Striche erreicht wird, kündigt den Kubismus an.

**4 Der deutsche Expressionismus zu Beginn des 20. Jahrhunderts**

„Berliner Straßenszene", Ölgemälde von Ernst Ludwig Kirchner, 1913, 121 x 95 cm, Privatsammlung. Kirchner war eines der Gründungsmitglieder der Gruppe „Die Brücke", die 1905 in Dresden entstand. Der Begriff Expressionismus kam 1911 zur Bezeichnung dieser Kunstbewegung auf, die die Darstellung der Realität durch die Verwendung sehr ausdrucksstarker Farben auf die Spitze trieb.

**5 Die Aufgabe der gegenständlichen Malerei – die abstrakte Kunst**

„Komposition 4", Ölgemälde von Wassily Kandinsky, 1911, 159,5 x 250,5 cm, Kunstsammlung Nordrhein-Westfalen, Düsseldorf.

## Fragen und Anregungen

**1.** Prüfen Sie, inwiefern der Eiffelturm für die neuen Tendenzen in der Architektur des späten 19. Jahrhunderts repräsentativ war. (M1)

**2.** Untersuchen Sie in dem Bild von Cézanne, anhand welcher Elemente er den Impressionismus fortführt bzw. anhand welcher Elemente er mit ihm bricht. (M3)

**3.** Erörtern Sie, inwiefern die abstrakte Kunst an die Erfahrungen der avantgardistischen Malerei zu Beginn des 20. Jahrhunderts anknüpfte. (M2 und M5)

**4.** Kann man Ihrer Meinung nach zu Beginn des 20. Jahrhunderts von einer kulturellen Revolution sprechen?

# 3. Kunst in der Revolution – die Zwischenkriegszeit (1919 - 1939)

*In welchem Maße spiegelte die Kunst die vom Ersten Weltkrieg verursachten Erschütterungen wider?*

## Eine Krise der europäischen Zivilisation

Der Erste Weltkrieg rief in der Kunst- und Kulturwelt wie auch in der übrigen Gesellschaft ein tiefes Trauma hervor und erschütterte das Vertrauen in den Fortschritt und die Werte der europäischen Zivilisation. Zahlreiche Schriftsteller wie Henri Barbusse („Le Feu", „Das Feuer", 1916) oder Erich Maria Remarque („Im Westen nichts Neues", 1928), die sich zunächst an der Kriegskultur beteiligt hatten, klagten später die Absurdität und Barbarei des Krieges an. Die Maler der Berliner Avantgarde in den 1920er-Jahren, Otto Dix, George Grosz und Max Beckmann, verbanden die Verurteilung des Krieges mit der Anklage gegen die herrschenden Klassen in Deutschland, über deren Konformismus und Nationalismus sie spotteten.

Mit der Ablehnung des Krieges verband sich eine bedeutende Bewegung der Rebellion gegen die bürgerliche Gesellschaft und Kultur. Die 1916 in Zürich entstandene Dada-Bewegung war ihr subversivster Ausdruck. Marcel Duchamp stellte in New York seine ersten „ready-mades" aus, das heißt Alltagsgegenstände, die ihrer Funktion beraubt worden waren. (Hierzu gehörte zum Beispiel das berühmte Pissoir, das er „Fountain" taufte.) Durch ihren entschlossenen Rückgriff auf Sinnlosigkeit und Provokation lehnten sich die Dadaisten gegen die Absurdität ihrer Epoche auf.

## Die Erneuerung der Avantgarde

Der vom Dadaismus inspirierte Surrealismus war eine der bedeutendsten Avantgarde-Bewegungen der Zwischenkriegszeit. Im Umkreis der Schriftsteller André Breton, Paul Éluard und Louis Aragon gegründet, zog die Bewegung zahlreiche europäische Künstler nach Paris, insbesondere Maler wie die Spanier Joan Miró und Salvador Dalí, den Belgier René Magritte oder den Deutschen Max Ernst. Unter Rückgriff auf Techniken wie die Collage und die „écriture automatique" (das „automatische Schreiben") loteten die Surrealisten in ihren Werken die Welt der Träume und des Unbewussten aus. Nach dem Muster der Skulpturen von Henry Moore, der für die Aufgabe des griechischen Ideals eintrat, beschäftigten sie sich mit dem Beitrag der als „primitiv" angesehenen Kunst.

Die innovativsten Strömungen strebten somit eine Öffnung der Grenzen zwischen den verschiedenen Bereichen der Kunst an. Piet Mondrian verbreitete in der von ihm 1917 gegründeten Zeitschrift „De Stijl" (Der Stil) in der Bildhauerei wie auch in der Architektur und im Kunstgewerbe eine neue Ästhetik, die auf der geometrischen Abstraktion und der Verwendung von Elementarfarben beruhte. Er übte großen Einfluss auf die von dem Architekten Walter Gropius 1919 gegründete Bauhausschule aus, in der Künstler verschiedener Fachbereiche arbeiteten und unterrichteten **(siehe S. 141)**. Mit der Fortsetzung des Werks der Avantgarde-Bewegungen zu Beginn des 20. Jahrhunderts im Sinne einer Anpassung künstlerischen Schaffens an die industrielle Zivilisation trug das Bauhaus vor allem zum Aufschwung der funktionalistischen Architektur und zur Erfindung des Designs bei.

## Die Zeit des politischen Engagements

Die revolutionären Konzeptionen der Avantgarde-Bewegungen veranlassten die Künstler dazu, sich noch stärker politisch zu engagieren. Einige, wie der futuristische Dichter Marinetti in Italien, ließen sich vom Faschismus betören, aber die meisten wurden – zumindest vorübergehend – vom Kommunismus angezogen, wie der deutsche Theaterautor Bertolt Brecht oder die Surrealisten. Der Spanische Bürgerkrieg führte zu einer starken Mobilisierung der Künstler nach dem Vorbild Picassos, der für die Spanische Republik Partei ergriff **(siehe S. 253)**.

Die totalitären Regime unterdrückten die Schaffensfreiheit. Das nationalsozialistische Regime verdammte die „entartete Kunst" der Avantgarde, während Stalin die Konventionen des sozialistischen Realismus durchsetzte. Viele russische und deutsche Künstler wanderten aus Europa aus und trugen damit dazu bei, dass sich der Schwerpunkt der modernen Kunst in die Vereinigten Staaten verlagerte.

### Begriffe

- **Dada-Bewegung:** In Zürich 1916 um Tristan Tzara (1896 - 1963) gegründete literarische und künstlerische Avantgarde-Bewegung. Der Name Dada wurde spöttisch nach dem Zufallsprinzip in einem Wörterbuch gesucht.
- **Surrealismus:** Literarische und künstlerische Bewegung, die André Breton im „Manifest des Surrealismus" (1924) so definierte: „[...] reiner, psychischer Automatismus, durch welchen man, sei es mündlich, sei es schriftlich, sei es auf jede andere Weise, den wirklichen Ablauf des Denkens auszudrücken sucht. Denk-Diktat ohne jede Vernunft-Kontrolle und außerhalb aller ästhetischen oder ethischen Fragestellungen."
- **Bauhaus:** 1919 von Walter Gropius in Weimar gegründete Kunst- und Architekturschule, die 1925 nach Dessau umzog und dort als „Hochschule für Gestaltung" wieder aufgebaut wurde. Als „undeutsch" eingestuft, wurde sie 1932 von den Nationalsozialisten geschlossen, die damals im Stadtparlament die Mehrheit innehatten.
- **Design:** Sowohl ästhetische als auch gebrauchsorientierte Konzeption von Nutzgegenständen (Möbel, Lampen und anderes), die für eine industrielle Herstellung gedacht sind.
- **Sozialistischer Realismus:** In der UdSSR gegenüber den Künstlern durchgesetzter offizieller Kunststil, der dazu dienen sollte, die Errungenschaften des Sozialismus zu feiern.

### Fragen und Anregungen

1. Arbeiten Sie heraus, wodurch das Gemälde von Max Beckmann den geistigen Zustand der Künstler seiner Generation illustriert. (M1)
2. Erörtern Sie, weshalb Mondrians Bilder die modernen Architekten und Design-Künstler stark beeinflusst haben. (M2)
3. Stellen Sie fest, weshalb das Gemälde Dalís für den Surrealismus charakteristisch ist. (M3)
4. Inwiefern bricht die Skulptur Moores mit der klassischen Ästhetik? (M4)

**1 Eine albtraumartige Vision der Welt der Nachkriegszeit**

„Die Nacht“, Ölgemälde von Max Beckmann, 1918/1919, 133 x 154 cm, Kunstsammlung Nordrhein-Westfalen, Düsseldorf. Das Bild zeigt eine erschreckende Vision eines von sozialen und politischen Spannungen zerrissenen Deutschlands. Der Kriegsfreiwillige Beckmann kam in tiefer Depression von der Front zurück. Er wurde in den Kampagnen des NS-Regimes gegen „entartete Kunst“ besonders heftig angegriffen. 1937 ging er zunächst in die Niederlande und dann in die USA ins Exil.

**2 Gerade Linien und reine Farben – der „Neoplastizismus“ von Mondrian**

„Komposition mit Rot, Blau und Gelb“, Ölgemälde von Piet Mondrian, 1930, 46 x 46 cm, Sammlung Kunsthaus Zürich (© 2008 Mondrian/Holtzman Trust c/o HCR International. Virginia USA).

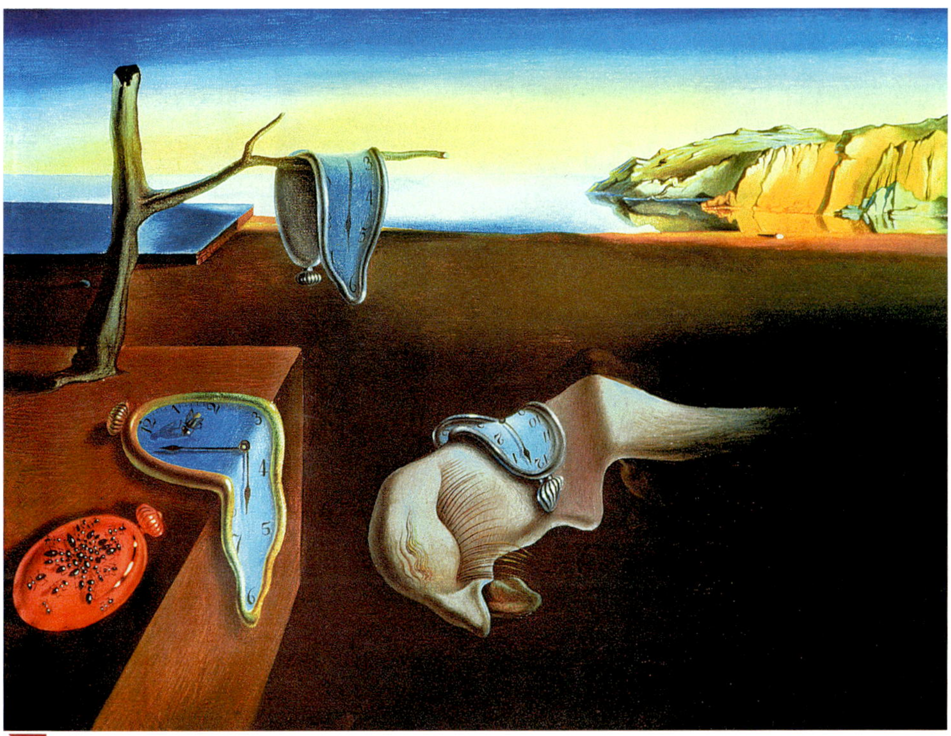

**3 Das fantastische Universum des Surrealismus**

„Die Beständigkeit der Erinnerung“, Ölgemälde von Salvador Dalí, 1931, 24,1 x 33 cm, The Museum of Modern Art, New York. Der katalanische Maler ließ sich Ende der 1920er-Jahre in Paris nieder, wo er sich der Gruppe der Surrealisten anschloss. Mit dem Filmemacher Luis Buñuel drehte er den ersten surrealistischen Film, „Ein andalusischer Hund“, (1928).

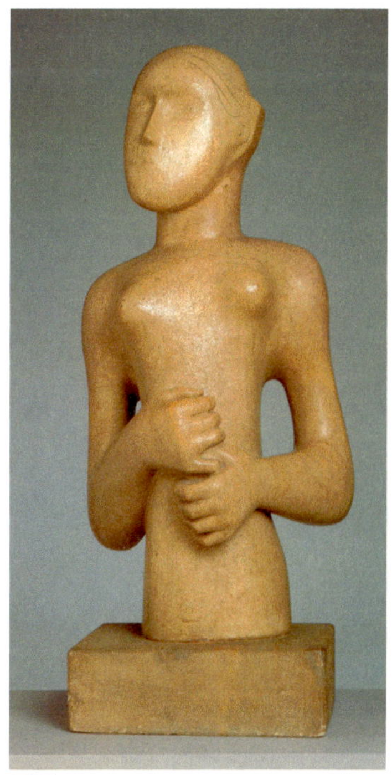

**4 Eine Rückkehr zu den Ursprüngen – die Wiederentdeckung der „ersten“ Kunst**

„Mädchen (Girl)“, Plastik des Briten Henry Moore, 1931, Tate Collection, London.

# Dossier
# Die Belle Epoque als goldenes Zeitalter der europäischen Kultur

Der Begriff „Belle Époque“ entstand nach dem Ersten Weltkrieg als nostalgische Bezeichnung der Vorkriegszeit. Verglichen mit den Gräueltaten und den Erschütterungen durch den Krieg erschien der Anfang des Jahrhunderts im Rückblick als ein goldenes Zeitalter für Europa, als eine Epoche ökonomischer Prosperität und relativer sozialer Stabilität. Die wissenschaftlichen Entdeckungen und technischen Innovationen, die in den Weltausstellungen einem breiten Publikum näher gebracht wurden, unterstützten den Glauben an den Fortschritt und die Wohltaten der westlichen Zivilisation. Die großen Metropolen, insbesondere Paris und Wien, setzten sich als Hochburgen städtischer und industrieller Modernität durch, in denen neue Formen der Freizeitgestaltung entstanden und sich die moderne Avantgardekunst entfaltete.

**1 Brüssel – eine Kulturhauptstadt Europas**

Treppenabsatz im Haus Tassel, Brüssel, 1893 – 1895. Das von Victor Horta (1861 – 1947) für den Ingenieur Tassel gebaute Haus ist eines der ersten Gebäude in Europa, das im „Jugendstil“ errichtet worden ist.

**2 Das Entstehen einer Massenkultur**

„Die Mannschaft von Cardiff“, Ölgemälde von Robert Delaunay, 1913, 326 x 208 cm, Musée d’art moderne de la ville de Paris.
Robert Delaunay (1885 – 1941) war von der hektischen Modernität der industriellen Zivilisation fasziniert. 1913 malte er dieses Bild als Hommage an die moderne Welt. Nach dem Krieg wandte er sich der abstrakten Kunst zu.

## 3 Die kulturelle Erregung in Wien zu Beginn des 20. Jahrhunderts

*Der 1881 in Wien geborene Schriftsteller Stefan Zweig floh 1934 vor dem Aufstieg des Nationalsozialismus in Österreich und Deutschland ins Exil nach Großbritannien und anschließend nach Brasilien, wo er sich nach der Abfassung dieses autobiografischen Werkes 1942 das Leben nahm.*

[...] und so spürte unsere Generation [...], dass mit dem alten Jahrhundert auch in den Kunstanschauungen etwas zuende ging, dass eine Revolution oder zumindest eine Umstellung der Werte im Anbeginn war. [...] Nun lebte gerade in Wien der wachsamste Geist der jüngeren deutschen Generation [...]. Man lernte plötzlich ein neues Sehen und gleichzeitig in der Musik neue Rhythmen und Tonfarben durch Mussorgsky, Debussy, Strauss und Schönberg; [...]. Nietzsche revolutionierte die Philosophie; eine kühnere, freiere Architektur proklamierte, statt der klassizistischen Überladenheit, den ornamentlosen Zweckbau. Plötzlich war die alte behagliche Ordnung gestört, ihre bisher als unfehlbar geltenden Normen des „ästhetisch Schönen“ [...] infrage gestellt, und während die offiziellen Kritiker unserer „soliden“ bürgerlichen Zeitungen über die oft verwegenen Experimente sich entsetzten und mit den Bannworten „dekadent“ oder „anarchisch“ die unaufhaltsame Strömung zu dämmen suchten, warfen wir junge Menschen uns begeistert in die Brandung, wo sie am wildesten schäumte.

Stefan Zweig, Die Welt von gestern. Erinnerungen eines Europäers. Stockholm 1944, zit. nach der Ausgabe Frankfurt/M. 1982, S. 60 – 62.

4 **Der Jugendstil in Barcelona**

Die „Casa Mila“, ein 1904 bis 1906 von dem katalanischen Architekten Antoni Gaudí (1852 – 1926) errichtetes Mietshaus, das auch „Perdrera“ genannt wird. Ferner erbaute er die berühmte Kirche „Sagrada Familia“ in Barcelona.

5 **Das Spektakel der Wissenschaft – eine neue Vergnügungsindustrie**

Der „Strompalast“ auf der Pariser Weltausstellung von 1900. Die Pariser Weltausstellung von 1900 übertraf mit 50 Millionen Gästen alle Besucherrekorde. Werbeillustration für die Geschäfte des „Bon Marché“, 1900.

## Fragen und Anregungen

1. Arbeiten Sie die charakteristischen Merkmale des Jugendstils in der Architektur heraus. (M1 und M4)
2. Das Gemälde von Delaunay zeigt verschiedene Aspekte des modernen Lebens. Benennen Sie diese Aspekte. Welche neuen Formen der Freizeitgestaltung waren typisch für die Belle Époque? (M2)
3. Erklären Sie anhand der Ausführungen Zweigs, welche Entwicklungen Wien zu Beginn des 20. Jahrhunderts zu einer der großen Kulturhauptstädte Europas machten. (M3)
4. Erklären Sie den Erfolg der Weltausstellung von 1900 bei den Besuchern und beurteilen Sie, wie eine solche Veranstaltung zur Förderung der Massenkultur beitragen konnte. (M5)
5. Versuchen Sie, unter Verwendung aller Materialien das Klima der Belle Époque zu rekonstruieren.

# Dossier
# Die Kultur der Weimarer Republik (1919–1933)

In der Zeit der Weimarer Republik verdrängte Berlin Wien aus seiner Rolle als europäische Kulturhauptstadt. Die Intensität der künstlerischen Produktion entsprach den sozialen und politischen Spannungen, die Deutschland in den 1920er-Jahren erlebte (siehe S. 244f.). Revolutionäre Avantgarde und konservative Eliten stießen hier unmittelbar aufeinander. Während das Kino das pessimistische Klima der Epoche wiedergab, klagte die expressionistische Malerei die Kriegsgräuel und die Ungerechtigkeiten der bürgerlichen Gesellschaft an. Im Bauhaus vereinigte Künstler und Architekten traten aktiv für den sozialen Fortschritt ein und hatten den Anspruch, die Kunst in den Dienst der Allgemeinheit zu stellen. Die nationalsozialistische „Machtergreifung" beendete jedoch diese außergewöhnlich kreative Epoche und zwang ihre wichtigsten Vertreter ins Exil.

**1 Der Expressionismus im Kino**

Plakat für den Film „Das Cabinett des Doktor Caligari" von Robert Wiene, 1919. Durch die Wahl seines Dekors, die Bevorzugung schräger Linien und die Akzentuierung der Schwarz-Weiß-Kontraste war dieser Film ein wahres expressionistisches Manifest, das in ganz Europa auf große Resonanz stieß.

**2 Malerei und soziale Kritik**

„Die Stützen der Gesellschaft", Ölgemälde von George Grosz, 1926, 200 x 108 cm, Neue Nationalgalerie Berlin. In diesem Gemälde karikierte der Maler die konservativen Kräfte, die die Weimarer Republik ablehnten. 1933 ging er ins Exil in die Vereinigten Staaten und erhielt die amerikanische Staatsbürgerschaft.

**3 Eine durch den Krieg versehrte Welt**

„Der Streichholzhändler I", Ölgemälde von Otto Dix, 1920, 144 x 166 cm, Staatsgalerie Stuttgart.

**4 Das Bauhaus – eine neue soziale Kunst**

Das Endziel aller bildnerischen Tätigkeit ist der Bau! Ihn zu schmücken war einst die vornehmste Aufgabe der bildenden Künste [...]. Architekten, Bildhauer, Maler, wir alle müssen zum Handwerk zurück! Denn es gibt keine „Kunst von Beruf". Es gibt keinen Wesensunterschied zwischen dem Künstler und dem Handwerker. Der Künstler ist eine Steigerung des Handwerkers. [...] Bilden wir also eine neue Zunft der Handwerker ohne die klassentrennende Anmaßung, die eine hochmütige Mauer zwischen Handwerkern und Künstlern errichten wollte!

Walter Gropius, Bauhaus-Manifest, April 1919; zit. nach: C. Schädlich, Bauhaus Weimar 1919–1925. Weimar 1989, S. 7.

**5 Eine neue Konzeption der Architektur**

Gebäude der Bauhaus-Schule in Dessau, 1925/1926. Dieses Gebäude wurde von Walter Gropius, dem Gründer der Bauhausschule, errichtet.

**6 Die Erfindung des Designs – eine allen zugängliche Kunst**

Sessel „Wassily" (verchromter Stahl und Leder), den Marcel Breuer, der Direktor der Möbelwerkstatt am Bauhaus, 1925 für den Maler Kandinsky entwarf, der an der Schule unterrichtete.

## Fragen und Anregungen

1. Erörtern Sie, welches Bild die expressionistischen Werke von der deutschen Gesellschaft der 1920er-Jahre zeichneten. (M1–M3)
2. Analysieren Sie die vom Bauhaus vertretenen ästhetischen Konzeptionen. Inwiefern sind sie repräsentativ für die künstlerische Avantgarde ihrer Zeit? (M4–M6)
3. Wie entwickelten sich nach dem Zeugnis dieser Dokumente die Rolle und Funktion der Künstler in der modernen Gesellschaft?
4. Erklären Sie unter Rückgriff auf das Beispiel der Kultur der Weimarer Republik und anderer in diesem Kapitel behandelten Zeiträume, welchen Beitrag das Studium der großen Kunstströmungen zur Kenntnis der Vergangenheit leisten kann.

# Dossier
# Picasso in seinem Jahrhundert

Pablo Picasso (1881 - 1973), der als einer der bedeutendsten Maler des 20. Jahrhunderts gilt, war die Verkörperung des Avantgarde-Künstlers. Der allen Einflüssen offenstehende Picasso war an zahlreichen innovativen Strömungen beteiligt und überschritt dabei die Grenzen der verschiedenen Gebiete künstlerischen Schaffens. Er verschloss sich keiner Mode und weigerte sich standhaft, sich auf einen Stil zu begrenzen oder einer Schule anzuschließen.

Als politisch engagierter Künstler stellte Picasso seine Kunst in den Dienst des Antifaschismus der 1930er-Jahre, indem er das Martyrium der Kleinstadt Guernica unsterblich machte. Der „Weggefährte" der Französischen Kommunistischen Partei, der er nach dem Zweiten Weltkrieg angehörte, zeigt, welchen Anklang die Ideale der Oktoberrevolution bei den Intellektuellen und Künstlern des 20. Jahrhunderts fanden und welche Faszination das sowjetische Modell auf sie ausübte.

## Biografische Anhaltspunkte

| | |
|---|---|
| 1881 | Geburt in Malaga, Spanien. |
| 1889 | „El picador", erstes Ölgemälde. |
| 1904 | Picasso zog nach Paris um und schloss sich mit Apollinaire und Max Jacob zusammen. |
| 1907 | „Les Demoiselles d'Avignon", erstes kubistisches Bild. |
| 1917 | Picasso beteiligte sich an „Parade", einem realistischen Ballett (Musik von Erik Satie, Geschichte von Jean Cocteau, getanzt vom russischen Ballett Diaghilevs), für das er das Bühnenbild entwarf. |
| 1925 | Teilnahme an der ersten surrealistischen Ausstellung. |
| 1937 | „Guernica". |
| 1944 | Eintritt in die Kommunistische Partei. |
| 1948 | Teilnahme am Friedenskongress der Intellektuellen. |
| 1949 | „Friedenstaube", Plakat zum Pariser Friedenskongress. |
| 1973 | Tod in Mougins, Frankreich. |

### 1 Kann man die Malerei verstehen?

Alle wollen die Malerei verstehen. Warum versucht man nicht, den Gesang der Vögel zu verstehen? Warum liebt man eine Nacht, eine Blume, alles was die Menschen umgibt, ohne sie gleich verstehen zu wollen? Aber die Malerei will man verstehen. Man muss vor allem verstehen, dass der Künstler aus einem Drang heraus arbeitet; dass auch er ein winziges Element der Welt ist, dem man nicht mehr Bedeutung zukommen lassen muss als so vielen Dingen in der Natur, die uns gefallen, die wir uns aber nicht erklären.

C. Zervos, Conversations avec Picasso, in: „Cahiers d'art", Paris, Spezialausgabe, 1935, S. 173 - 178, übers. nach: Pablo Picasso, Propos sur l'Art, hrsg. von M.-L. Bernadac/A. Michaël, Paris 1998.

### 2 Jugendwerke

„Le Gourmet", Ölgemälde von Pablo Picasso, 1901, 92,8 x 68,3 cm, National Gallery of Art, Washington.

3

**Die kubistische Periode**

„Les Demoiselles d'Avignon", Ölgemälde von Pablo Picasso, 1907, 244 x 234 cm, Museum of Modern Art, New York.
In diesem Bild, für das er Hunderte von Entwürfen angefertigt hatte, stellte Picasso Prostituierte aus der Avignon-Straße in Barcelona dar. Picasso hatte sich entschieden, mit der traditionellen Darstellung des weiblichen Körpers zu brechen. Er wurde vor allem durch die Malweise Cézannes und die „primitive" Plastik beeinflusst.

4

**Der politisch engagierte Künstler**

„Guernica", Ölgemälde von Pablo Picasso, 1937, 349,3 x 776,6 cm, Museum Reina Sofia, Madrid.
1937 gab die Spanische Republik mitten im Krieg bei Picasso ein Bild für die Pariser Weltausstellung in Auftrag. Der Maler entschied sich für die Darstellung der Bombardierung der baskischen Stadt Guernica durch deutsche Flieger im Dienst General Francos. Picasso klagte auf diese Weise die von den faschistischen Kämpfern in Spanien und anderen Teilen Europas begangenen Kriegsgräuel an.

## Fragen und Anregungen

**1.** Zeigen Sie anhand der hier abgedruckten und anderer Bilder Picassos, welche Anleihen er bei den unterschiedlichen Strömungen der modernen Malerei machte.

**2.** Erarbeiten Sie anhand des Textes, worin für Picasso die Funktion der Malerei besteht. Wodurch befreite er sich von der traditionellen Konzeption des Akademismus? (M1)

**3.** Inwiefern bildet „Les Demoiselles d'Avignon" ein wahrhaftes Manifest der kubistischen Malerei? Welchen Bruch vollzog dieses Bild mit früheren Strömungen in der Malerei? (M3)

**4.** Analysieren Sie, mit welchen technischen und bildlichen Mitteln Picasso die an Guernica verübten Gräueltaten anklagte. (M4)

**5.** Zeigen Sie, weshalb Picasso eine der großen Symbolfiguren der Kunst des 20. Jahrhunderts war.

Kapitel 8

# Das Zeitalter der Massenkultur



Im 19. Jahrhundert wurden Schulbildung und Interessenhorizont der Bevölkerung ausgeweitet wie nie zuvor. Ein Massenpublikum entstand, und einfallsreiche Anbieter umwarben es mit populären Angeboten zur Unterhaltung und Belehrung. Neue Techniken der Herstellung und Verbreitung schufen einen kulturellen Massenmarkt, an dem die meisten Menschen teilhatten.

Die Entwicklung der Massenkultur wurde von den Zeitgenossen unterschiedlich bewertet: Während die einen begrüßten, dass immer größere Bevölkerungsgruppen Zugang zu kulturellen Angeboten erhielten, bemängelten andere ein Absinken der Qualität und befürchteten einen negativen Einfluss auf die gesellschaftliche Moral.

Massenkultur beschränkte sich nicht auf nationale Märkte. Bereits vor dem Ersten Weltkrieg war die kulturelle Internationalisierung unübersehbar; besonders amerikanische Einflüsse wurden heftig diskutiert.

- Wie veränderte das Entstehen der Massenkultur das Alltagsleben?
- Welche Rolle spielten die Massenmedien in der Gesellschaft?
- Welche Beziehungen bestanden zwischen Massenkultur und Politik?

1840 1850 1860 1870 1880 1890 1900 1910 1920 1930

- **1836** Roman in einer Tageszeitung (Balzac: „La vieille fille")
- **1837** Erfindung der Fotografie
- **1843** Rotationsdruck
- **1844** Papierherstellung aus Holz
- **1851** Erste Weltausstellung in London
- **1863** Massenzeitung „Le Petit Journal"
- **1888** Englische „Football League"; Erfindung der Schallplatte
- **1895** Erste Filmvorführung
- **1896** Olympische Spiele der Neuzeit
- **1900** Weltausstellung in Paris
- **1903** Tour de France
- **1918–1919** Achtstundentag in vielen Ländern Europas
- **1921–1923** Öffentliche Radioprogramme in Europa (Radio Tour Eiffel, Radio London, „Deutsche Stunde")
- **1927** Tonfilm
- **1935** Spielfilme in Farbe
- **1936** Tägliches Fernsehprogramm in Großbritannien

1

**Vom Lesen...**

Lesen eröffnete den Zugang zu aktuellen Informationen in Zeitungen und Zeitschriften und gleichermaßen zu den Welten der Literatur. Volksbibliotheken und -lesehallen (hier ein Holzstich von 1862) sollten das auch den Ärmsten ermöglichen. Frauen stellten den Großteil des Publikums der erzählenden Literatur; sie lasen allerdings überwiegend zu Hause.
Textilarbeiter in einer Zeitungslesehalle in Manchester.

2

**... zum Kinobesuch**

In moderner, teilweise avantgardistischer Architektur präsentierte sich der Film als führende Kunst der Gegenwart; hier das Berliner Filmtheater Universum, entworfen von Erich Mendelsohn. Das Foto von 1929 zeigt das Tangoorchester von Juan Llossas, das im Universum auftrat. Die Internationalität der Programme trug wesentlich zur Anziehungskraft des Films bei.
Das Filmtheater Universum am Lehniner Platz.

# 2. Massenmedien und Freizeit im 20. Jahrhundert

*Wie veränderten die modernen Medien gesellschaftliche Wirklichkeitswahrnehmung und Freizeitverhalten?*

## Inszenierungen für den Massenmarkt

Im 20. Jahrhundert wurde mehr gelesen als je zuvor; doch in den Vordergrund traten Bilder, Klänge und Inszenierungen. Man inszenierte Radrennen ebenso auf den Effekt hin wie politische Aufmärsche. Der Rundfunk begleitete bereits in den 1930er-Jahren große Teile der Bevölkerung durch den Tag, und die Palette der Ratgeber- und Unterhaltungszeitschriften wurde immer bunter. Wichtigste, bewegendste Massenkunst war der Film.

Massenkultur wurde zum Massenmarkt, auf dem internationale Konzerne konkurrierten. Sensation und Unterhaltung waren Trumpf im Ringen um Käufer; so wurde 1927 der Atlantikflug des Amerikaners Charles Lindbergh von New York nach Paris zum Ereignis, an dem alle Europäer teilhatten. Doch lautstarke Werbung kam auch herkömmlichen Künsten zugute; unter den britischen Bestsellerautoren der 1930er-Jahre waren Sinclair Lewis und Virginia Woolf, Thomas Wolfe und Thornton Wilder.

Zugleich machten Massenmedien das Zuhause attraktiver. Radio und Schallplatte versammelten die Familien und halfen, ebenso wie Romanhefte oder humoristische Zeitschriften, beim gezielten Erzeugen angenehmer Stimmungen.

## Arbeitszeitverkürzung und Bedarf nach Freizeitgestaltung

Die Nachfrage nach Medien- und Vergnügungsangeboten wuchs mit dem Umfang der Freizeit. 1919 war in weiten Teilen Europas die 48-Stunden-Woche an sechs Arbeitstagen Gesetz; in den 1930er-Jahren führten viele Staaten einen bezahlten Jahresurlaub von etwa einer Woche ein. Maßstäbe setzte die Regierung der Volksfront in Frankreich, die 1936 14 Tage Ferien und die 40-Stunden-Woche garantierte.

Die Regelungen antworteten auf die Rationalisierung der Arbeit; es wurde wichtig, die gewonnene Freizeit auch erholsam und gesund zu verbringen – wichtig für die Einzelnen wie für Wirtschaft und Staat. Quer durch alle Lager galt nun Freizeitgestaltung als erstrangige politische Aufgabe. Fast durchgängig misstrauten die Eliten der Massenkultur und diskutierten, wie „vernünftige" Freizeitnutzung zu fördern sei: durch Sportstätten und Erholungsmöglichkeiten wie durch leichteren Zugang zu Bildung und den klassischen Künsten.

## Medialisierung und Politik

Zeitungsberichte, Illustriertenbilder, Wochenschauen, Radioansprachen bestimmten die politische Meinungsbildung und wurden als Kampfmittel eingesetzt. So diente 1919 ein Foto des deutschen Reichspräsidenten Ebert in der Badehose seinen Gegnern dazu, ihn – und damit die Demokratie, die er verkörperte – öffentlich herabzuwürdigen. Im England der 1920er-Jahre beherrschten vier „Pressebarone" (Lord Beaverbrook, Lord Rothermere, William und Gomer Berry) die Zeitungsbranche und setzten ihre Macht unverhüllt zur politischen Beeinflussung ein.

Zum Politikum wurde auch die Polarisierung, die Massenkultur bewirkte. Sie spiegelte die tiefgehende Veränderung der europäischen Gesellschaften; populäre Lesestoffe, Filme und Schlager gaben die Spannweite unterschiedlicher Lebensstile wieder. Die Meinungen prallten aufeinander angesichts von Ehebrüchen auf der Leinwand, des Luxus' von Stars, von „wilden" Tänzen wie dem Charleston und weiblicher Nacktheit in Bühnenshows. Teile der Bevölkerung fühlten sich bestärkt im Streben nach modernen Lebensformen, konservative Milieus empörten sich. Als die Tänzerin Josephine Baker 1928 in Wien eintraf, läuteten zum Protest in der ganzen Stadt die Kirchenglocken. Das deutsche Gesetz gegen „Schmutz und Schund" von 1926 betraf vor allem Heftserien mit Detektiv- und Liebesgeschichten. Umstrittene Massenkultur diente der antidemokratischen Rechten dazu, die Republik als Ursache für angebliche Dekadenz und Amoral zu denunzieren.

1

**Bildmedien im politischen Kampf**

Auf der Grundlage eines Titelfotos der „Berliner Illustrierten" vom August 1919 brachte die konservative „Deutsche Tageszeitung" eine Postkarte in Umlauf, die Repräsentanten der jungen Republik, Reichswehrminister Noske und Reichspräsident Ebert, in Badehosen mit Kaiser Wilhelm II. und Feldmarschall Hindenburg in prächtiger Uniform kontrastierte. So sollte die Demokratie verächtlich gemacht werden.

### Begriffe

- **Rationalisierung:** Leistungssteigerung durch Erhöhung des Arbeitstempos, Vorschreiben zeitsparender Bewegungsabläufe (Taylorismus, Fließbandproduktion) oder Ersetzen von Menschen durch Maschinen. (siehe S. 90 f.)
- **Freizeitgestaltung:** Zeitgenössischer Begriff für Strategien, um die Massen zu einer „vernünftigen", „kulturvollen" und gesunden Nutzung ihrer Freizeit zu führen.
- **Medialisierung:** Die historische Entwicklung, in der Massenmedien mit ihrer Darstellung von Ereignissen und Personen, etwa aus Politik und Sport, zunehmend die Öffentlichkeit bestimmen.

2

**„Kulturvolle" Freizeitgestaltung**

Am 1. Mai 1925 wurde im faschistischen Italien die staatlich gelenkte Organisation Dopolavoro (Feierabend) gegründet. Sie erfasste Millionen Bürger in Freizeitvereinen aller Art und bot Sport, Reisen, Filmvorführungen und preiswerte Kulturveranstaltungen an.
Konzert in einem Flugzeugwerk (1941 in Deutschland publiziertes Foto).

| Rundfunkgeräte auf 1.000 Einwohner | 1934 | 1938 |
|---|---|---|
| Belgien | 57,1 | 122,1 |
| Bulgarien | 1,3 | 5,7 |
| Dänemark | 150,1 | 190,0 |
| Deutschland | 77,4 | 134,0 |
| Frankreich | 33,1 | 99,4 |
| England | 133,4 | 183,6 |
| Italien | 8,6 | 19,4 |
| Schweiz | 73,5 | 121,0 |
| Tschechoslowakei | 38,8 | 68,9 |

Quelle: Heinz Pohle, Der Rundfunk als Instrument der Politik. Zur Geschichte des deutschen Rundfunks von 1923/1938, Hamburg 1955, S. 334.

4 **Verbreitung des Radios in Europa**

## Fragen und Anregungen

**1.** Zeigen Sie die Bedeutung der Massenmedien im Prozess der politischen Meinungsbildung auf. (M1) Inwiefern unterscheidet sich die Wirkung einer Illustrierten von der einer klassischen Tageszeitung?

**2.** Vergleichen Sie die genannten Länder hinsichtlich der Verbreitung von Radiogeräten. Ergeben sich signifikante Unterschiede zwischen Demokratien und Diktaturen? (M4)

**3.** Wie beeinflusste der Staat die Gestaltung der Massenfreizeit und welche Probleme waren damit verbunden? Erörtern Sie, weshalb Organisationen wie „Dopolavoro" auch in demokratischen Staaten als vorbildlich wahrgenommen wurden. (M2)

**4.** Charakterisieren Sie die Angebote, die in den 1920er-Jahren Gegenstand moralischer Kritik waren, und stellen Sie einen Vergleich mit gegenwärtig kritisierten Angeboten an.

**5.** Diskutieren Sie folgende Frage: die Massenmedien – Garant oder Gefahr für die Demokratie?

3

**Ferien und Medien**

Illustrierte trugen wesentlich dazu bei, Vorstellungen vom Urlaubsglück zu verbreiten. Hier eine Ausgabe von VU 1936.

5

**Nacktheit – faszinierend und schockierend**

Gert Wollheim, Josephine Baker (1929)
Die amerikanische Tänzerin Josephine Baker war ein Superstar des europäischen Varietés in den 1920er- und 1930er-Jahren. Sie wurde als „schwarze Venus" gefeiert und zugleich attackiert als Symbol für die Zerstörung abendländischer Kultur, wobei rassistische Ressentiments eine wesentliche Rolle spielten.

# Dossier
# Sport als Massenfaszinosum

Kaum ein Unterhaltungsangebot zog Massen so an wie Rad- und Autorennen, Fußballspiele und Boxkämpfe. Presse, Rundfunk, Film ließen jedermann teilhaben am dramatischen Geschehen. Sport erschien als gerechte Welt, in der Leistung und Leidensfähigkeit belohnt wurden. Sportler wie die Boxer Georges Carpentier, Primo Carnera und Max Schmeling wurden zu Helden verklärt und zu Repräsentanten nationaler Ehre. Doch auch der Breitensport, vom Schwimmen bis zum Wandern, blühte auf. Frauen konnten hier ihre Handlungsmöglichkeiten erweitern, und das traditionell von Scham und Tabus geprägte Verhältnis zum eigenen Körper wurde offener und positiver.

Seit den Olympischen Spielen von Athen 1896 setzte die von Baron Pierre de Coubertin inspirierte Bewegung Amateurgeist und völkerverbindende Ideale gegen Vermarktung und Nationalismus. Fragwürdig wurde das Ideal eines unpolitischen Sports angesichts der propagandistischen Vereinnahmung der Spiele 1936 durch das NS-Regime.

**1 Die Tour de France: Radsport, Medien und Geschäft**

Die Radsportzeitschrift „L'Auto" rief 1903 die große Frankreich-Rundfahrt ins Leben, um durch exklusive Berichterstattung Bekanntheit und Auflage zu steigern. Von Beginn an wurde das Rennen zur Reklame für Produkte der Fahrradindustrie genutzt. Hier ein Plakat von 1911, das für die Marke Alcyon wirbt.

**2 Siegerinnen**

Die siegreiche englische Staffel über 4 x 100 m Freistil mit ihrer Trainerin bei den Olympischen Spielen in Stockholm 1912, als Frauen erstmals an olympischen Schwimmwettkämpfen teilnehmen durften. Der Kontrast der Bekleidung von Schwimmerinnen und Trainerin verweist darauf, wie tiefgehend der Sport das Verhältnis zum Körper veränderte.

## 3 Instrumentalisierung von Sport in der Diktatur

*Aus dem Brief des Präsidenten des Organisationskomitees für die IV. Olympischen Winterspiele in Garmisch-Partenkirchen, Karl Ritter von Halt, an das deutsche Reichsinnenministerium vom 14. Mai 1935:*

Mit wachsender Sorge beobachte ich in Garmisch-Partenkirchen eine planmäßig einsetzende antisemitische Propaganda. [...] auf der gesamten Landstraße von München nach Garmisch-Partenkirchen [sind] große Tafeln angebracht mit Inschrift „Juden sind hier unerwünscht“. [...] Dabei scheint man zu vergessen, dass G.-P. 1936 der Schauplatz der Olympischen Winterspiele sein soll. [...] [Wir] haben [...] dem Internationalen Olympischen Komitee [...] das Versprechen gegeben, dass alles vermieden werden soll, was zu einer Störung anlässlich einer evtl. Teilnahme von jüdischen Sportlern anderer Nationen führen könnte. Wenn die Propaganda in dieser Form weitergeführt wird, dann wird die Bevölkerung [...] bis 1936 so aufgeputscht sein, dass sie wahllos jeden jüdisch Aussehenden angreift und verletzt. Dabei kann es passieren, dass Ausländer, die jüdisch aussehen und gar keine Juden sind, beleidigt werden. [...] Wenn in G.-P. die geringste Störung passiert, dann [...] können die Olympischen Spiele in Berlin nicht durchgeführt werden. [...] Für uns Deutsche wäre das ein ungeheurer Prestigeverlust [...] Herr Staatssekretär, ich bitte davon überzeugt zu sein, dass ich diese meine Sorge nicht deshalb äußere, um den Juden zu helfen, es handelt sich ausschließlich um die olympische Idee und die Olympischen Spiele [...]

Zit. nach: R. Rürup (Hrsg.), 1936 – Die Olympischen Spiele und der Nationalsozialismus. Berlin 1996, S. 91.

4

**Väinö Altonen: Läufer Nurmi**

Die Plastik aus dem Jahr 1924 wurde 1935 in Berlin gezeigt; sie stellt den finnischen Läufer Paavo Nurmi dar, der bis in die 1930er-Jahre hinein die Mittel- und Langstrecken dominierte. Der „fliegende Finne“ gewann insgesamt neun olympische Goldmedaillen und wurde bewundert wegen seines Laufstils und seines Kampfgeistes.

## 5 Befreiung der Körper

*In der vor seinem Suizid (1942) im Exil verfassten Autobiographie „Die Welt von gestern“ beschreibt Stefan Zweig die letzten Jahre vor dem Ersten Weltkrieg.*

[...] die Menschen selbst wurden schöner und gesünder dank des Sports, der besseren Ernährung, der verkürzten Arbeitszeit und der innigeren Bindung an die Natur. Der Winter [...] war auf den Bergen entdeckt worden als eine Kelter gefilterter Sonne, als Nektar für die Lungen, als Wollust der blutdurchjagten Haut. Und die Berge, die Seen, das Meer lagen nicht mehr so fernab wie einst. Das Fahrrad, das Automobil, die elektrischen Bahnen hatten die Distanzen verkleinert und der Welt ein neues Raumgefühl gegeben. [...] gerade im Schwimmbad konnte man die Verwandlung deutlich gewahren; während in meinen Jugendjahren ein wirklich wohlgewachsener Mann auffiel innerhalb der Dickhälse, Schmerbäuche und eingefallenen Brüste, wetteiferten jetzt miteinander turnerisch gelenkige, von Sonne gebräunte, von Sport gestraffte Gestalten. [...] Jungsein, Frischsein und nicht mehr Würdigtun wurde die Parole. Die Frauen warfen die Korsetts weg, die ihnen die Brüste eingeengt, sie verzichteten auf die Sonnenschirme und Schleier, weil sie Luft und Sonne nicht mehr scheuten, sie kürzten die Röcke, um besser beim Tennis die Beine regen zu können, und zeigten keine Scham, die wohlgewachsenen sichtbar werden zu lassen. Die Mode wurde immer natürlicher, [...] man versteckte sich nicht mehr voreinander. Die Welt war [...] freier geworden.

Stefan Zweig, Die Welt von gestern (1944). Frankfurt/M. 1970, S. 226–228.

### Fragen und Anregungen

1. Schätzen Sie ein, wie die Sportkleidung der abgebildeten Schwimmerinnen zeitgenössisch wirkte. (M2)
2. Welche Rolle spielte sportliche Aktivität für die Emanzipation der Frauen (M2 und M5)?
3. Welche besonderen Qualitäten sah man an erfolgreichen Sportlern, die sie zu Vorbildern machten (M1 und M4)?
4. Diskutieren Sie die Motive des Briefes Karl Ritter von Halts. Erörtern Sie Anziehungskraft und Gefahren einer Sportbewegung, die sich als unpolitisch verstand. (M3)
5. Betrachten Sie vergleichend noch einmal alle Bilder dieses Kapitels, die Frauen zeigen. Schätzen Sie vor diesem Hintergrund ein, zwischen welchen Spannungspolen sich die Vorstellungen von Weiblichkeit im späten 19. Jahrhundert und in der ersten Hälfte des 20. Jahrhunderts bewegten.

# Dossier
# Internationalisierung und Amerikadebatte

Nach dem Ersten Weltkrieg internationalisierte sich der Kulturmarkt deutlich. Im ökonomisch und politisch geschwächten Europa wurde heftig diskutiert, was man von der neuen Weltmacht USA lernen könne. Der Erfolg von Populärmusik und Filmen aus den USA erweckte Besorgnis, aber auch Hoffnungen auf Fortschritt und Demokratisierung. Was Zeitgenossen als „kulturelle Amerikanisierung" beklagten, betrachtet die heutige Kulturwissenschaft jedoch als Element eines komplexen Internationalisierungsprozesses.

Die amerikanische Kulturindustrie war ein multikultureller „Schmelztiegel"; sie zog Talente aus aller Welt an – den Engländer Charles Chaplin, die Schwedin Greta Garbo, den Österreicher Samuel („Billy") Wilder, den Italiener Rodolfo Valentino – und verarbeitete Einflüsse aus vielen Kulturen. Das europäische Publikum bevorzugte überwiegend Vertrautes und deutete kulturelle Importe entsprechend seinen Erfahrungen und Erwartungen.

| Land | 1925 | 1929 |
|---|---|---|
| Frankreich | 83 % | 48 % |
| Italien | 65 % | 75 % |
| Deutschland | 44 %[1] | 30 % |
| England | 90 % | k. A. |

[1] Angabe für 1926.
Auf der Basis von: V. de Grazia, Mass Culture and Sovereignty: The American Challenge to European Cinemas, 1920–1960, in: The Journal of Modern History 67, 1989, 1, S. 62; F. Costigliola, Awkward Dominion. American Political, Economic, and Cultural Relations with Europe, 1919–1933. Ithaca 1984, S. 176.

**1 Anteil von US-Produktionen am europäischen Filmangebot 1925 und 1929 (Angaben in Prozent)**

| | |
|---|---|
| **Deutschland** | 50 (71,5 %) |
| **USA** | 11 (15,7 %) |
| **Dänemark** | 3 (4,3 %) |
| **Frankreich** | 2 (2,9 %) |
| **England** | 2 (2,9 %) |
| **Deutschland/ Frankreich** | 1 (1,4 %) |

Quelle: J. Garncarz, Hollywood in Germany. Die Rolle des amerikanischen Films in Deutschland: 1925–1990. In: U. Jung (Hrsg.), Der deutsche Film. Aspekte seiner Geschichte von den Anfängen bis zur Gegenwart. Trier 1993, S. 167–213.

**2 Die erfolgreichsten 70 Filme in Deutschland 1925–1932 nach Herstellungsland (in absoluten Zahlen und Prozenten)**

**3 Internationaler Film**

Plakat von Emmerich Maria Weninger für den Tonfilm „Anna Karenina" (1935). Eine amerikanische Produktion (Regie: Clarence Brown) nach dem russischen Roman mit der Schwedin Greta Garbo in der Titelrolle und einer Choreografin der Wiener Staatsoper, deutsch synchronisiert.

## 4 Amerikanische Filme als Instrument der Nivellierung

Ein Buch ist zuallererst national, denn es kann nur in einer Sprache geschrieben werden. Wenn es wirklich neu ist, werden die Gruppierungen, die es sofort verstehen können, begrenzt sein. Wenn es genial ist, wird es nur den Eliten zugänglich sein. Multum non multa [lat. „viel" (an Qualität) – „nicht vieles" (an Quantität)]. Sein inneres Gesetz liegt darin, auf die Dauer nicht von den Massen verstanden zu werden. Der Cineast geht einen umgekehrten Weg. Der Film ist eine Folge von Ideogrammen [Bildzeichen]. Er braucht die unmittelbare Zustimmung und das unmittelbare Verständnis der gesamten Menschheit. Er muss daher auf einen gemeinsamen intellektuellen Nenner setzen, der von Lappen ebenso wie von Provenzalen geteilt wird, von Japanern ebenso wie von den Bewohnern Feuerlands. Was in Frankreich ein Kunstwerk ist, kommt den Schwarzen Zentralafrikas wild und unverständlich vor, aber umgekehrt erscheint auch uns der Fetischismus – die höchste Form ihres metaphysischen Lebens – wild und unverständlich. Ein amerikanischer Film wird dagegen auf der ganzen Erde verstanden, von Hottentotten oder Eskimos, Deutschen oder Patagoniern; und er wird nicht nur verstanden, sondern er erzeugt das Bedürfnis, einen weiteren amerikanischen Film zu sehen, der die Leute amüsiert, zerstreut oder sogar belehrt, ohne sie anzustrengen. [...] Uns liegt daran, hier zu betonen, dass das Kino eine Kunst ist, es in den USA aber nur als eine Industrie angesehen wird, deren Produkte in Europa die Volksseele überschwemmen, korrumpieren und herabwürdigen. [...]

Selten sind die Theaterstücke, die in eine Fremdsprache übersetzt wurden, seltener noch als die Bücher. Der Film kennt als stumme Kunst dieses Hindernis nicht. International und allen zugänglich reduziert er alles – sei es Gefühl, sei es Gedanke – auf seinen einfachsten Ausdruck.

Übers. nach: Kadmi-Cohen, L'abomination américaine. Essai politique. Paris 1930, S. 113, 116.

## 5 Pat und Patachon – zwei Landstreicher als europäische Stars

Zu den beliebtesten Künstlern des europäischen Films gehörte das dänische Komiker-Duo Carl Schenstrøm und Harald Madsen in der Rolle der Vagabunden Fyrtårnet (Leuchtturm) und Bivognen (Beiwagen), die als Außenseiter die bürgerliche Ordnung herausfordern. Die Figuren trugen in den verschiedenen Ländern unterschiedliche Namen, am häufigsten Pat und Patachon. Deutsches Plakat zu dem Film „Pat und Patachon auf Abenteuer" (Dänemark 1923, Tonfassung 1930).

## 6 Amerikanische Filme und das Publikum

[...] warum der amerikanische Film auf dem besten Wege ist, die Welt zu erobern ... es liegt, vielleicht, [...] an der demokratischen Grundeinstellung der Amerikaner. [...] in den Grundlinien wird die Gegenüberstellung richtig sein: Der Deutsche macht entweder Kunst für sich in den luftleeren Raum hinein, allenfalls noch für seine Klasse, zu der er bisweilen geruht, auch das „niedere" Volk empor „heben" zu wollen [...], oder er macht, [...] auf nichts als raschen Gewinn bedacht, Schund für die Menge. [...] Dem Amerikaner dagegen ist diese Zweiteilung fremd. Er produziert für den Mitmenschen. Er setzt nicht Bildung noch Bildungsstreben voraus, sondern nur menschliches Empfinden. Selbstverständlich will auch der Amerikaner mit seinen Produkten Geld verdienen, und nicht zu wenig. [...] Aber er weiß, dass das auf die Dauer nur möglich ist, wenn man den Mitmenschen für ihr Geld auch wirklich etwas bietet. Er sucht daher, was er für die Masse macht, möglichst gut zu machen. Gut nicht im Sinne von gebildet, sondern in dem der Erzielung eines Höchstmaßes an nachhaltiger Wirkung. [...] Dem Deutschen, der Kunst macht, ist es ganz gleichgültig, ob darüber wirtschaftlich die Gesellschaft, die ihn finanziert, zugrunde geht. Der Amerikaner sagt sich: Wie kann das Kunst sein, und was soll sie, wenn niemand sie haben will, wenn die Leute nicht einmal freiwillig das Eintrittsgeld hinlegen wollen, um sie zu sehen?

Roland Schacht, Deutsche und amerikanische Filme. In: Der Kunstwart, 39. Jg., Jan. 1926, S. 267–269.

## Fragen und Anregungen

**1.** Diskutieren Sie anhand der Beispiele M3 und M5, was genau die internationale Qualität dieser Filme und ihrer Rezeption ausmacht.

**2.** Erörtern Sie, inwieweit die ökonomische Stellung des amerikanischen Films im Sinne einer kulturellen Dominanz zu interpretieren ist. (M1 – M4 und M6)

**3.** Erläutern Sie, worin Kadmi-Cohen die entscheidenden Merkmale des Films und seiner Wirkungsweise im Vergleich zum Buch sieht. Trifft seine Analyse aus Ihrer Sicht auf den heutigen Film noch zu? (M4)

**4.** Welche Argumente führen Kritiker und Befürworter des amerikanischen Films ins Feld und welche Maßstäbe liegen dem zugrunde? (M4 und M6)

# Bilanz
# Europäische Kulturen im 19. Jahrhundert und in der ersten Hälfte des 20. Jahrhunderts

## Wichtige Daten

| | |
|---|---|
| 1830 | Victor Hugo, „Hernani" |
| 1837 | Erfindung der Fotografie |
| 1843 | Druck auf Rotationsmaschinen<br>Richard Wagner, „Der Fliegende Holländer" |
| 1851 | Weltausstellung in London |
| 1874 | Claude Monet, „Impression, soleil levant (Sonnenaufgang)" |
| 1888 | Gründung der englischen „Football League" |
| 1889 | Bau des Eiffelturms |
| 1895 | Erste Filmvorführung |
| 1896 | Erste Olympische Spiele der Neuzeit |
| 1903 | Erste Tour de France |
| 1907 | Picasso, „Les Demoiselles d'Avignon" |
| 1919 | Gründung des Bauhauses |
| 1924 | André Breton, „Manifeste du surréalisme" („Manifest des Surrealismus") |
| 1927 | Tonfilm |
| 1937 | Nationalsozialistische Ausstellung „Entartete Kunst" in München |

## Schlüsselbegriffe

| Deutsch | Französisch | Englisch |
|---|---|---|
| **1. Französische Klassik** (classicisme français)<br>**2. (Weimarer) Klassik:** in der deutschen Literatur etwa von 1790 bis 1805 (Schillers Tod) oder 1832 (Goethes Tod)<br>**3. (Wiener) Klassik:** in der Musik (etwa 1780 bis 1830) | Classicisme (17. und 18. Jahrhundert) | Classicism |
| **Romantik** | Romantisme | Romanticism |
| **Akademismus** | Académisme | Academism |
| **Moderne Kunst** | Art moderne | Modern art |
| **Impressionismus** | Impressionnisme | Impressionism |
| **Kubismus** | Cubisme | Cubism |
| **Abstrakte Kunst** | Art abstrait | Abstract art |
| **Expressionismus** | Expressionnisme | Expressionism |
| **Surrealismus** | Surréalisme | Surrealism |
| **Avantgarde** | Avant-garde | Avant-garde |
| **Massenkultur** | Culture de masse | Mass culture |
| **Weltaustellung** | Exposition universelle | World Exhibition/ World's Fair |

## Im Spiegel des Anderen: Deutsche, Franzosen und ihre Kultur im 19. Jahrhundert

### „Die schöne Vereinigung" zwischen Frankreich und Deutschland

Was also die dramatische Musik betrifft, so können wir annehmen, dass gegenwärtig der Deutsche und der Franzose nur eine habe; mögen ihre Werke nun auch in dem einen Land zuerst produziert werden, so ist dies doch mehr örtliche als wesentliche Differenz. Dadurch, dass sich beide Nationen die Hände reichen und sich gegenseitig ihre Kräfte leihen, ist jedenfalls eine der größten Kunstepochen vorbereitet worden. Möge diese schöne Vereinigung nie gelöst werden, denn es ist keine Mischung zweier Nationen denkbar, deren Verbrüderung größere und vollkommenere Resultate hervorbringen könnte als die der Deutschen und Franzosen, weil die Genies jeder dieser beiden Nationen sich gegenseitig vollkommen das zu ersetzen imstande sind, was dem einen oder dem anderen abgeht.

Richard Wagner, Über deutsches Musikwesen, 1840, zit. nach: Marianne und Germania 1789–1889. Frankreich und Deutschland, zwei Welten – eine Revue. Eine Ausstellung der Berliner Festspiele GmbH. Berlin 1996, S. 366.

### Die Franzosen – „Goethes Söhne im Geiste"

*Der französische Schriftsteller Paul Adam gehörte zu den Naturalisten, später zu den Symbolisten; er stand am Ende des 19. Jahrhunderts den Boulangisten und Nationalisten nahe.*

Der Reichtum der deutschen philosophischen Idee, das Genie Goethes, das unsere Romantik befruchtete, und Wagners, der unsere Kunstanschauungen veränderte, indem er sie mit der Metaphysik verband, die gelungene Organisation des deutschen Sozialismus, dies und tausend wirtschaftliche Gründe müssen uns natürlich zwischen unseren Völkern sehr enge geistige und soziale Beziehungen ersehnen lassen. Wir sind trotz allem die geistigen Söhne von Goethe und Hegel. [...] Man kann sogar sagen, dass Deutschland in diesem ausgehenden 19. Jahrhundert das Land ist, von dem wir am meisten Geistiges beziehen. [...] Die Not von 1870 wird durch die intellektuellen Gaben aufgewertet, die uns der Sieger brachte.

Paul Adam, Auszug aus einem Artikel, erschienen im Mercure de France, 1895, zit. nach: Marianne und Germania 1789–1889. Frankreich und Deutschland, zwei Welten – eine Revue. Eine Ausstellung der Berliner Festspiele GmbH. Berlin 1996, S. 478.

## DEUTSCH-FRANZÖSISCHER PERSPEKTIVENWECHSEL

### Klassik, Romantik, Akademismus

• Bezeichnung und Epochengrenzen der großen literarischen und künstlerischen Strömungen sind in Deutschland und Frankreich unterschiedlich. Die Romantik (romantisme allemand), die in Deutschland bereits in den 1790er-Jahren und damit früher entstand als in Frankreich, erstreckt sich im Wesentlichen auf das erste Drittel des 19. Jahrhunderts. Sie deckte sich teilweise zeitlich mit einer weiteren bedeutenden literarischen Strömung, der (Weimarer) Klassik, deren wichtigste Vertreter Goethe (1749 – 1832) und Schiller (1759 – 1805) waren.

• Die französische Klassik (le classicisme) bezieht sich dagegen auf die Literatur und Künste des „großen Jahrhunderts" (grand siècle), das der Regierungszeit Ludwigs XIV. (1643 – 1715) entspricht. Die Romantik entwickelte sich in beiden Ländern als Reaktion auf den Rationalismus der Aufklärung. In Deutschland ging sie später einher mit der Ablehnung der französischen Herrschaft (napoleonische Zeit), wobei ihre traditionalistische Seite verstärkt wurde; dagegen entschied sich der Dichter Heinrich Heine, ein Anhänger der liberalen Ideen, 1831 für die Übersiedelung nach Frankreich. Die erste Generation der französischen Romantiker, vor allem vertreten durch Chateaubriand, verschrieb sich ebenfalls der konterrevolutionären Strömung, die sich während der Restauration entwickelt hatte. Nach 1830 unterstützten jedoch einige Leitfiguren der Romantik wie Hugo oder Lamartine den Liberalismus und die Nationalbewegungen und setzten sich schließlich sogar für die Sache der Republikaner ein. In Frankreich, wo der Staat über mächtige Mittel zur Durchsetzung der ästhetischen Normen einer „offiziellen" Kunst verfügte, kennzeichnet die Romantik darüber hinaus eine erste Infragestellung der akademischen Kunst und des Erbes der klassischen Kultur, die man in einer solchen Ausprägung in Deutschland nicht findet.

### Kulturelle Avantgarde und Massenkultur

• Das Paris der Belle Epoque und das Berlin der 1920er-Jahre wurden zu privilegierten Treffpunkten der europäischen Avantgarde. Trotz ihrer linken Orientierung fand diese aber nur sehr begrenzt Anklang bei einem breiten Publikum, das seinerseits einen immer wichtigeren Markt für die Kulturindustrien darstellte. Die amerikanische Kultur, der Jazz und vor allem das Kino konnten in der Zeit nach dem Ersten Weltkrieg beim deutschen und französischen Publikum große Erfolge verbuchen.

• Das „gebildete" Publikum in beiden Ländern bevorzugte jedoch weiterhin die Werke des klassischen Repertoires. Die moderne Kunst und die Massenkultur galt ihm als vulgär, unmoralisch oder dekadent. In Deutschland hatte diese Ablehnung nachhaltige Folgen, denn mit der kulturellen Moderne wurde von der konservativen und nationalistischen Rechten zugleich auch die junge Weimarer Republik als „undeutsch" verdammt.

### Staat und Kultur

• Weder in Frankreich noch in Deutschland war es dem Staat ein Anliegen, die Künstler zu fördern und ihre Werke in der Öffentlichkeit bekannt zu machen. So lehnte 1894 die Französische Republik 29 impressionistische Gemälde aus dem Nachlass des Malers Gustave Caillebotte ab (darunter 3 von 5 Bildern Cézannes und 2 von 4 Bildern Manets). 2000 Werke zeitgenössischer Kunst, die sich im Besitz von Bürgern deutscher oder österreichischer Herkunft befanden und während des Krieges beschlagnahmt worden waren, wurden 1919 zu lächerlichen Preisen verkauft. Claude Monet hatte es nur seiner Freundschaft mit Clemenceau zu verdanken, dass er seine „Nymphéas" (Seerosen) im neuen Museum der Orangerie ausstellen durfte. Die Weimarer Republik gewährte den zeitgenössischen Künstlern etwas mehr Unterstützung und öffnete ihnen die Tore der Museen, Akademien und Theater – zum großen Ärger der rechtsextremen Parteien.

• Die Errichtung der nationalsozialistischen Diktatur war für die kulturelle Avantgarde ein vernichtender Schlag. Viele ihrer Vertreter suchten zunächst Zuflucht in Frankreich, einige von ihnen emigrierten später in die Vereinigten Staaten. Schließlich sorgte Goebbels' Kulturpolitik für die Unterdrückung der im „Dritten Reich" als „entartet" geltenden Künstler und förderte stattdessen eine Kunst, die der Rassenideologie des Regimes entsprach (siehe S. 272 f.). Allerdings setzten sich letztlich auch hier die konservativen Einstellungen der Öffentlichkeit durch. Die eindeutig der NS-Kunst zuzurechnenden Werke machten nur einen geringen Teil der kulturellen Produktion im Deutschland der 1930er-Jahre aus.

## WEITERFÜHRENDE HINWEISE


### Literatur

- Werner Faulstich, Medienwandel im Industrie- und Massenzeitalter (1830-1900). Göttingen: Vandenhoeck & Ruprecht, 2004.
- Peter Wicke, Von Mozart zu Madonna. Eine Kulturgeschichte der Popmusik. Frankfurt/Main: Suhrkamp, 2001.
- Kaspar Maase, Grenzenloses Vergnügen: der Aufstieg der Massenkultur 1850-1970. Frankfurt/Main: Fischer-Taschebuch-Verlag, 1997.
- Patrick Clastres/Paul Dietschy, Sport, culture et société en France du XIXe siècle à nos jours. Paris: Hachette supérieur, 2006.
- Dominique Kalifa, La Culture de masse en France, Bd. I. Paris: La Découverte, 2001.
- Paris-Berlin 1900-1933. Katalog der Ausstellung des Centre Georges Pompidou. Paris: Gallimard, 1992.
- Hajo Düchting, Wie erkenne ich? Meisterwerke der Moderne. Stuttgart: Belser, 2008.


### Museen und Dokumentationszentren

- www.pinakothek.de/neue-pinakothek (16.02.2008): Neue Pinakothek, München.
- www.tate.org.uk/britain (16.02.2008): nationale Galerie britischer Kunst (Tate Gallery of British Art), London.
- www.musee-orsay.fr (16.02.2008): Musée d'Orsay, Paris.
- www.musee-picasso.fr (16.02.2008): Musée Picasso, Paris.
- www3.vangoghmuseum.nl (16.02.2008): Van Gogh Museum, Amsterdam.

# Teil 4

## Europäische Expansion und Kolonialismus

1

2

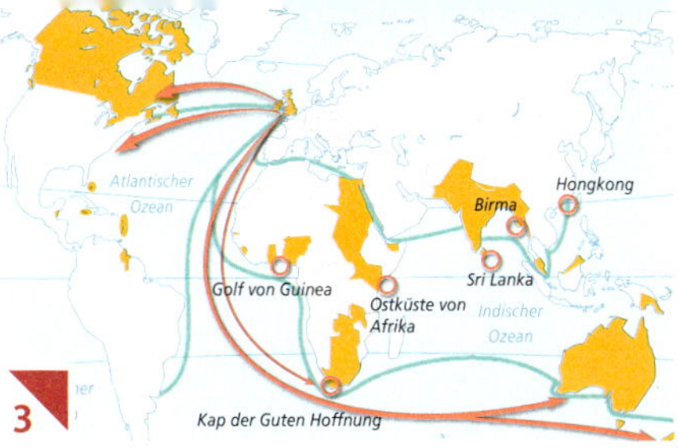

3

4

5

6

7

8

9

10

11

12

13

14

15

16

17

18

Kapitel 9

# Europa und die Welt im Zeitalter des Imperialismus (Mitte des 19. Jahrhunderts bis 1914)

In der zweiten Hälfte des 19. Jahrhunderts war Europa das Zentrum der Welt. Seine Schiffe durchfuhren die Weltmeere, seine Unternehmer beherrschten den Weltmarkt. Millionen europäischer Emigranten verbreiteten in allen Winkeln der Erde ihre Sprache, ihre Kultur und ihren Glauben. Die europäischen Staaten, die auf die Entdeckungen und Leistungen ihrer Wissenschaftler stolz waren, glaubten fest an die Überlegenheit ihrer Zivilisation. Doch 1914 war die europäische Hegemonie nicht mehr unangefochten. Außerhalb Europas meldeten neue, aufstrebende Mächte ihre Ansprüche an, während die Rivalitäten zwischen den europäischen Ländern den Frieden auf dem alten Kontinent ernsthaft bedrohten.

- Worin fand die europäische Vorherrschaft in der Welt ihren Ausdruck?
- Wie haben die europäischen Länder ihre Rivalitäten in die ganze Welt hinausgetragen?

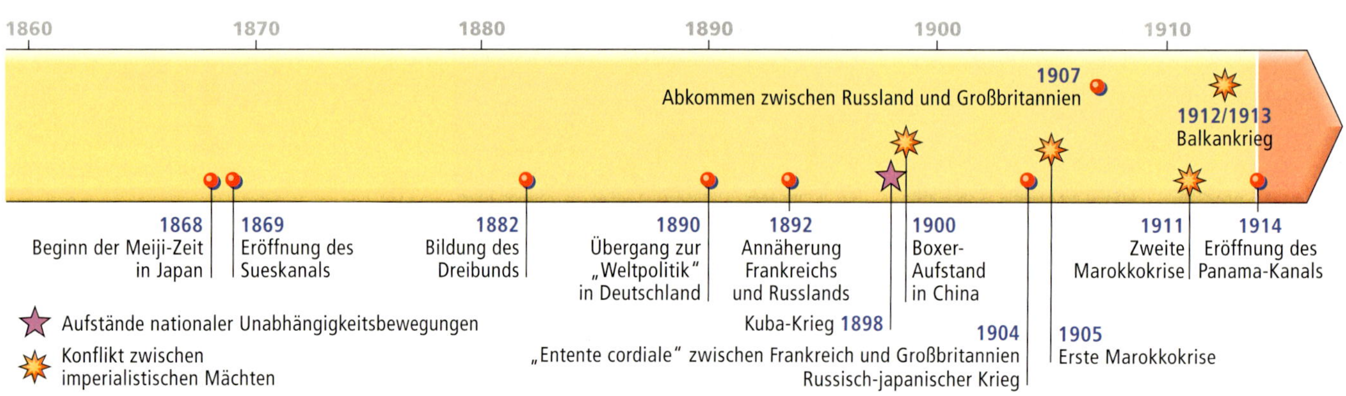

1 **Europa als Motor einer globalisierten Wirtschaft**

Werbeplakat von A. Schindeler für die „Compagnie générale transatlantique" (Allgemeine Transatlantik-Gesellschaft), Ende des 19. Jahrhunderts. Der Fortschritt in der Dampfschifffahrt und die Fertigstellung des Sueskanals verringerten die Transportzeiten erheblich. Auch die Eisenbahnen spielten eine bedeutende Rolle, vor allem bei der Durchquerung der Vereinigten Staaten.

2 **Europa und die Balkankrise**

„Die Wiederkehr der Orientfrage. Bulgarien erklärt seine Unabhängigkeit. Österreich nimmt sich Bosnien und Herzegowina." Titel der Karikatur in der französischen Zeitschrift „Le Petit Journal", 1908. Als „Orientfrage" bezeichnete man damals die Probleme, die durch den Rückzug des Osmanischen Reiches auf dem Balkan entstanden waren. Sultan Abdul Hamid (rechts) sieht missmutig, wie der österreichisch-ungarische Monarch Franz Joseph (links) Bosnien-Herzegowina an sich reißt und Ferdinand von Sachsen-Coburg (in der Mitte) die endgültige Unabhängigkeit Bulgariens verkündet.

# 1. Die europäische Hegemonie in der Welt

*Wie kam es zur Vormachtstellung Europas in der Welt im 19. Jahrhundert?*

## Die wirtschaftliche Macht als Motor des europäischen Imperialismus

1914 stammten 44 Prozent der weltweiten Industrieproduktion aus den westeuropäischen Ländern. In den Spitzenbereichen wie Stahl, Chemie und Automobilbau kamen die wichtigsten technischen Innovationen aus Europa. Es exportierte gewerbliche und industrielle Erzeugnisse und importierte Rohstoffe, deren Kurs auf den großen europäischen Finanzplätzen festgelegt wurde. Auf diesem Weg beherrschte Europa die Weltwirtschaft.

Großbritannien, das in der Industrieproduktion gegen Ende des 19. Jahrhunderts von den Vereinigten Staaten und Deutschland überholt wurde, blieb mit einem Anteil von 15 Prozent die größte Handelsmacht der Welt. Mit Hilfe einer großen Anzahl von Stützpunkten dominierte die britische Flotte die Weltmeere: 1885 umfasste sie 65 Prozent der gesamten Tonnage weltweit, 1913 noch 44 Prozent. Der Fortschritt im Bereich der Dampfschifffahrt, der Bau des Sueskanals (1869) und des Panamakanals (1914) wie auch die Einrichtung der interkontinentalen Unterseekabel ermöglichten es, die Distanzen zu verkürzen und die Welt für Europa zusammenrücken zu lassen.

London, Paris und Frankfurt beherrschten zudem die Finanzmärkte. 1913 hielten die europäischen Staaten 60 Prozent der weltweiten Goldreserven und 86 Prozent des in der Welt investierten Kapitals. Auf diese Weise nahm der Imperialismus zum einen die Form ausländischer Investitionen und zum anderen die von Krediten an, die Staaten gewährt wurden, auf welche die europäischen Mächte Einfluss ausüben konnten. Dies betraf vor allem Lateinamerika, das Osmanische Reich und China.

## Die europäische Auswanderung

Das schnelle Anwachsen der europäischen Bevölkerung im 19. Jahrhundert führte zu einer mächtigen Auswanderungswelle. Zwischen 1850 und 1914 verließen 50 Millionen Menschen Europa, vor allem in Richtung der „neuen Länder“ auf dem amerikanischen Kontinent. 70 Prozent der europäischen Auswanderer ließen sich in den Vereinigten Staaten nieder, zehn Prozent in Argentinien, sechs Prozent in Kanada und Brasilien (siehe S. 106 f.). Die europäische Auswanderung nach Afrika oder Asien war dagegen sehr gering.

Ein Großteil der Auswanderer gehörte armen Bevölkerungsgruppen an, wie zum Beispiel die Iren, die der Hungersnot von 1846 bis 1848 entkommen wollten. Zudem waren religiöse Minderheiten stark vertreten, die sich Verfolgungen ausgesetzt sahen: Nach 1880 wanderte ein Fünftel der jüdischen Bevölkerung aus Russland aus, um vor den Pogromen zu fliehen. In ihren neuen Heimatorten trugen die Emigranten zur Verbreitung der europäischen Lebensweise, Sitten und Vorlieben bei. Auf diese Weise beteiligten sich die Auswanderer an der Verbreitung der europäischen Zivilisation.

## Die kulturelle Ausstrahlung Europas

Auch auf kulturellem und wissenschaftlichem Gebiet nahm Europa eine Vormachtstellung ein. Zwischen 1901 und 1914 stammten von den 49 Nobelpreisträgern in den Bereichen Medizin, Physik und Chemie 47 aus Europa, darunter 14 Deutsche, elf Franzosen, fünf Briten und fünf Niederländer. Seit der Festsetzung des Meridians von Greenwich 1885 als Ausgangspunkt der Längengrade orientierte sich die Welt an der europäischen Zeit.

Die europäischen Staaten exportierten ihr Modell entweder friedlich oder mit Gewalt. In Kolonialländern ohne einheitliche Nationalsprache wurde die Sprache der Kolonialherren zur Amtssprache. Damals erlangten die Sprachen Englisch und Französisch allgemeine Verbreitung. Die christlichen Kirchen schickten ihre Missionare in die neu eroberten Gebiete, damit diese dort ihrer Evangelisationsarbeit nachgehen konnten. Die erste Führungsgeneration der nationalen Unabhängigkeitsbewegung wurde in europäischen Schulen ausgebildet, so zum Beispiel die Gründer der indischen Kongressparteien (insbesondere Gandhi), die im Rahmen des britischen Parlamentarismus eine indische Elite fördern wollten. Europa übernahm dagegen nur wenig aus den von ihm beherrschten Zivilisationen, einzig seine Faszination gegenüber dem Exotismus.

1

**„Abschied von England“**

Ölgemälde von Ford Madox Brown, 1855, Birmingham Museums and Art Gallery.

### Begriffe

- **Stützpunkte:** Orte, an denen sich die Schiffe in vollkommener Sicherheit mit Proviant, vor allem mit Trinkwasser, versorgen können.
- **Imperialismus:** Politik eines Staates, der sich durch Dominanz über andere Staaten ein „Imperium“ (Reich) schaffen will. Die marxistischen Theoretiker betonen die ökonomische Herrschaft und stufen den Imperialismus als das „höchste Stadium des Kapitalismus“ (Lenin) ein. Historiker unterscheiden zwischen Kolonialimperialismus, der eine direkte politische Herrschaft einschließt, und informellem Imperialismus, der auf (kultureller, politischer usw.) Einflussnahme beruht.
- **Neue Länder:** Unabhängige Länder Amerikas und Ozeaniens, die im Vergleich zum dicht bewohnten und wirtschaftlich genutzten „alten Kontinent“ Europa im 19. Jahrhundert dünn besiedelt waren.
- **Pogrom:** Aus dem Russischen stammender Begriff, der gewaltsame, zumeist antisemitische Ausschreitungen bezeichnet, die oft mit dem Einverständnis der Regierung erfolgten.
- **Meridian von Greenwich:** Nach der Aufteilung der Welt in 24 Zeitzonen im Jahre 1875 wurde er 1885 als Nullmeridian festgelegt. Er verläuft durch das alte Observatorium im Londoner Vorort Greenwich.
- **Missionar(in):** Geistlicher oder Laie, der/die mit der Verbreitung seiner/ihrer Religion beauftragt ist.
- **Exotismus:** Im 19. Jahrhundert geprägter Begriff; Vorliebe für Kunst und Sitten entfernt lebender Völker.

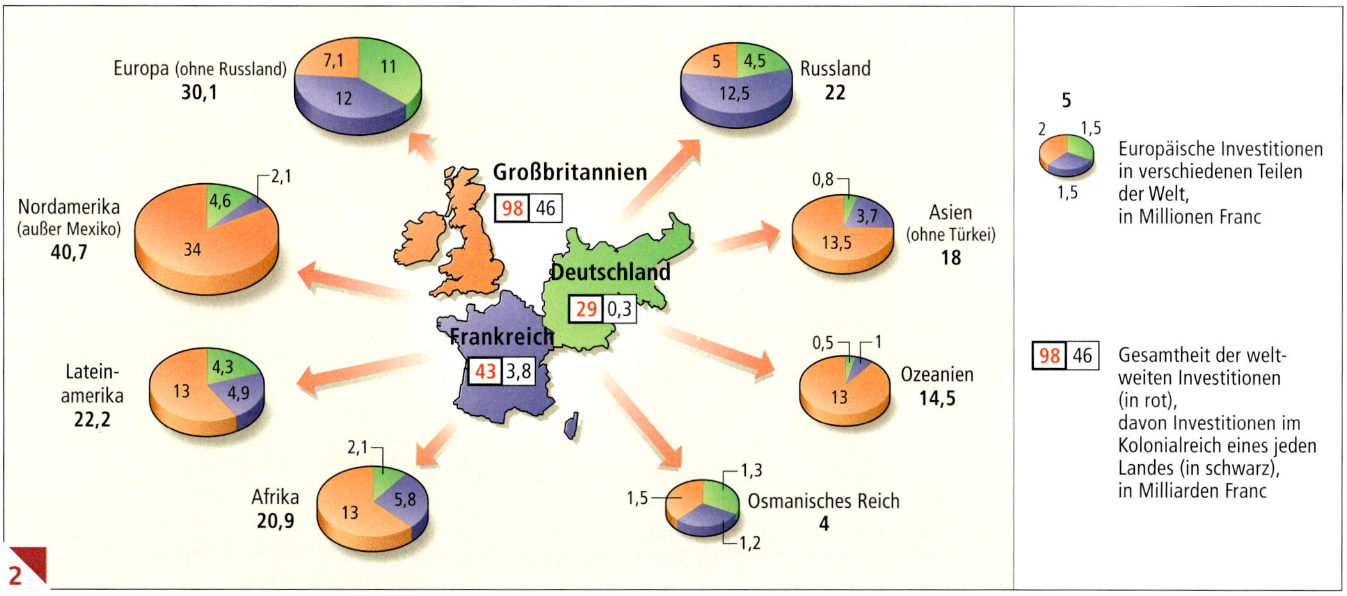

2

**Europa als „Bankier der Welt im Jahre 1914"**

Die drei größten Kapitalexporteure (Gesamthöhe der direkten Investitionen im Jahre 1914, in Milliarden Francs).

## 3 Die Größe der „angelsächsischen Rasse"

*Joseph Chamberlain (1836–1914), zunächst englischer Handelsminister (1880–1885) und dann Kolonialminister (1895–1903), war ein glühender Verfechter des britischen Imperialismus.*

Während ich auf dem Weg in die Vereinigten Staaten durch England fuhr, und wiederum als ich über die Grenze des Dominions[1] kam, da drängte sich mir auf jedem Schritt eine Idee auf, eine Idee, die auf unauslöschliche Weise in die Landschaft dieses weiten Landes eingeschrieben ist. Diese Idee, das ist die Größe und die Bedeutung des der angelsächsischen Rasse vorbehaltenen Schicksals [...]. Man sagt, dass der wohlgeordnete Patriotismus aus sich selbst entsteht. Ich bin ein Engländer, ich bin stolz auf das alte Land, aus dem ich stamme. [...] Aber ich will meinen, dass unser Patriotismus mit Sicherheit verkümmert und blutleer wäre, wenn er sich nicht über die Meere hinaus auf das größere Großbritannien[2] ausweiten würde, wenn er nicht die jungen und kräftigen Nationen einschlösse, die den Gebrauch der englischen Sprache und die gute englische Freiheits- und Gesetzesliebe in alle vier Himmelsrichtungen tragen. Und wenn ich mich von diesem Gefühl leiten lasse, dann kann ich, meine Herren, die Vereinigten Staaten von Amerika einfach nicht als ein fremdes Land betrachten. Durch unsere Adern fließt dasselbe Blut, wir stammen von derselben Rasse ab. Ich weigere mich, auch nur den geringsten Unterschied zwischen den Interessen der Engländer in England, Kanada und den Vereinigten Staaten zu sehen.

Rede des späteren britischen Staatsekretärs für die Kolonien Joseph Chamberlain am 30. Dezember 1887 in Toronto.

[1] Weiße britische Siedlungskolonien wie Kanada erhielten einen autonomen Status.
[2] Gemeint ist das Britische Empire (auf Englisch „Greater Britain").

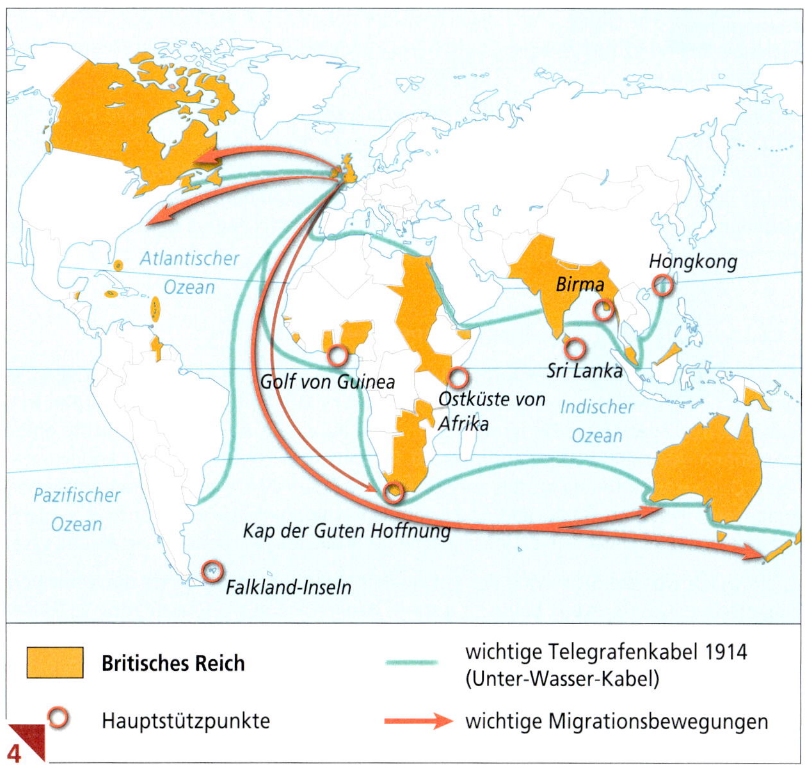

4

**Großbritannien – eine Weltmacht**

## Fragen und Anregungen

**1.** Betrachten Sie das Gemälde: Überlegen Sie, welche Gefühle der Künstler diesen Personen unterstellt und welches Bild der europäischen Auswanderung im 19. Jahrhundert er vermittelt. (M1)

**2.** Bestimmen Sie die Herkunft und Bestimmungsorte der europäischen Investitionen in der Welt des Jahres 1914. Erklären Sie, inwiefern sie eine der Grundlagen des Imperialismus waren. (M2)

**3.** In welcher Form drückte sich im 19. Jahrhundert die britische Vormachtstellung in der Welt aus? (M3 und M4)

# 2. Der Aufstieg der außereuropäischen Mächte

*Wie gelang es den neuen Mächten, in Konkurrenz zu Europa zu treten?*

## Die Vereinigten Staaten – eine aufstrebende Macht

Ende des 19. Jahrhunderts schlossen die Vereinigten Staaten ihre territoriale Expansion vom Atlantik zum Pazifik ab. Dieses Vorschieben der „Frontier" (Grenze) erfolgte in Form einer kolonialen Eroberung des amerikanischen Westens. Die Vereinigten Staaten gründeten ihren Wohlstand auf den Ausbau des Binnenmarktes, der durch Zollschranken geschützt wurde. In der Außenpolitik entschieden sie sich für die Politik des Isolationismus.

1890 erklärte die amerikanische Regierung das Ende der „Frontier" und konzentrierte sich nun auf die Umsetzung der Monroe-Doktrin, die die Verdrängung der europäischen Mächte vom amerikanischen Kontinent zur Folge hatte. Die Vertreter dieses neuen Imperialismus wollten die Karibik in ein großes amerikanisches Binnenmeer verwandeln. Im Jahre 1898 führten die Vereinigten Staaten in einem von der amerikanischen Presse unterstützten Klima der patriotischen Begeisterung Krieg gegen Spanien. An dessen Ende musste Spanien Puerto Rico, Guam und die Philippinen an die Vereinigten Staaten abtreten; Kuba wurde unabhängig. Mit ihrer Präsenz in Asien begannen sich die Vereinigten Staaten für China zu interessieren. In diesem Zusammenhang kritisierten sie die von den Europäern während des 19. Jahrhunderts durchgesetzten „ungleichen Verträge". Amerikanische Unternehmen, wie die 1899 gegründete „United Fruits Company", bauten ihre Position zudem in Lateinamerika aus, das zum Gebiet amerikanischer Interessen wurde.

Die Amerikaner wurden sich ihrer Bedeutung bewusst und bauten eine Kriegsflotte auf, die 1900 zur viertgrößten der Welt wurde. Im Jahre 1913 kamen 36 Prozent der weltweiten Industrieproduktion aus amerikanischen Unternehmen, die ihre europäischen Konkurrenten in vielen Bereichen überflügelten. Trotz hoher Auslandsschulden zeigten die Amerikaner mit der Gründung einer Zentralbank im Jahre 1913 – der „Federal Reserve Bank" – den Willen, sich aus der finanziellen Abhängigkeit von London zu befreien.

## Japan – Öffnung und Eroberungen

Unter dem Druck der amerikanischen Kriegsflotte war Japan ab 1854 gezwungen, seine Häfen dem Handel zu öffnen. Auf Beschluss des Kaisers Mutsuhito übernahm Japan in der Meiji-Zeit ein westliches Entwicklungsmodell, um dem Imperialismus der Großmächte entgegentreten zu können. Ab 1868 wurden europäische Techniken, Vorstellungen und Lebensweisen importiert. Das Eisenbahnnetz wurde ausgebaut. Der Staat führte ein kapitalistisches System ein, indem er Firmen gründete und an private Unternehmer verkaufte, sobald sie rentabel wirtschafteten. 1889 wurde eine nach britischem Vorbild ausgearbeitete Verfassung verabschiedet.

Indessen war die Sicherung der nationalen Unabhängigkeit eines der zentralen Ziele des japanischen Kaisers. Japan baute eine starke Armee und mit Unterstützung britischer Offiziere eine Kriegsflotte auf. Der japanische Imperialismus entwickelte sich auf Kosten Chinas, das 1895 gezwungen wurde, Formosa (Taiwan) an Japan abzutreten und die Unabhängigkeit Koreas anzuerkennen, das der Vormundschaft Japans unterstellt wurde.

Diese Expansion kollidierte mit russischen Interessen in der Region: Russland strebte danach, seine Eisenbahnlinie bis ans Japanische Meer zu führen und zu Häfen, die das ganze Jahr eisfrei waren. Im Februar 1904 griff Japan Russland an. Es folgte ein langer und brutaler Krieg. Die Belagerung von Port Arthur dauerte acht Monate und forderte unter den japanischen Soldaten 15 000 Todesopfer; die russische Flotte wurde zerstört. Die erschöpften Gegner unterzeichneten am 5. September 1905 den Vertrag von Portsmouth, in dem Japan neue Gebiete zugestanden wurden. Zum ersten Mal im 20. Jahrhundert bestätigte der Vertrag den Sieg eines außereuropäischen Volkes über eine europäische Armee. Dieser Sieg begründete in Europa den Mythos der „gelben Gefahr".

### Begriffe

- **„The Frontier"** („Die Grenze"): Westliche Grenze der Vereinigten Staaten, die im Zuge der Eroberung des Westens immer weiter vorgeschoben wurde, bis 1910 der Pazifik erreicht war.
- **Isolationismus:** Doktrin, nach der die Vereinigten Staaten sich in erster Linie nur um ihre inneren Angelegenheiten kümmern sollten.
- **Monroe-Doktrin** (1823): Von Präsident James Monroe 1823 im Kongress verkündet, gebot sie den europäischen Mächten, auf jede Intervention auf dem amerikanischen Kontinent zu verzichten. Umgekehrt verpflichteten sich die Vereinigten Staaten, nicht in europäische Angelegenheiten einzugreifen.
- **Ungleiche Verträge:** Im Laufe des 19. Jahrhunderts von den europäischen Mächten durchgesetzte Verträge, die ihnen im Handel und bei territorialen Konzessionen sowie hinsichtlich der Privilegien für ihre Staatsangehörigen einseitige Vorteile gewährten.
- **Meiji** („Erleuchtete Regierung"): Bezeichnung für die Herrschaft des Kaisers Mutsuhito (1868–1912), die durch eine beschleunigte Modernisierung Japans gekennzeichnet war.

### Fragen und Anregungen

1. Fassen Sie die Argumente der Unterstützer eines amerikanischen Imperialismus zusammen. (M1 und M2)
2. Charakterisieren Sie die Haltung der Japaner gegenüber den Europäern. Versuchen Sie nachzuvollziehen, wie es Japan gelang, einige Bestandteile des westlichen Modells zu integrieren, ohne seine Identität aufzugeben. (M3)
3. Erklären Sie unter Verwendung der Karte, warum der japanische Imperialismus mit den europäischen Interessen in Konflikt geriet. (M4)

1

**Die Vereinigten Staaten und der Panamakanal**

Das Sternenbanner trägt die Inschrift: „Pass auf Europa, rühr' nicht den amerikanischen Boden an! Roosevelt." Karikatur im amerikanischen Satiremagazin „Judge", 1903.

## 2 Das Auftreten eines amerikanischen Imperialismus

Wir sind eine große imperiale Republik, die dazu ausersehen ist, einen bestimmenden Einfluss auf die Menschheit auszuüben und die Zukunft der Welt so zu gestalten, wie es keine andere Nation, das Römische Reich inbegriffen, jemals getan hat.

M. H. Watterson, Journalist, 1896.

Wir scheinen von einem neuen Gefühl erfüllt zu sein: dem Bewusstsein unserer eigenen Stärke. Und, mit ihm kommt auch ein neues Verlangen: der Wunsch, sie auch zu zeigen [...] Ehrgeiz, Interesse, Landhunger, Stolz oder einfache Kampfeslust, welches auch der Antrieb sein mag, wir scheinen von einem neuen Gefühl erfüllt zu sein. Wir stehen einem seltsamen Schicksal gegenüber. Uns beherrscht der Drang nach einem Imperium genauso wie der Dschungel vom Blutdurst beherrscht wird.

Washington Post, 1898.

*Der amerikanische Politiker und Held im Krieg gegen Spanien 1898 Theodore Roosevelt wurde 1901 Präsident der Vereinigten Staaten.*

Wir können nicht [...] in stiller Ruhe innerhalb der Grenzen unseres Landes dahinleben [...]. Wir dürfen nicht Kleinkrämern gleich, allzeit in unserem kleinen Kreise hocken bleiben, gleichgültig für das, was um uns vorgeht. Solch eine Politik führt zum eigenen Untergang. Denn während die Interessen der Völker sich immer weiter und weiter ausbreiten, enger und enger miteinander in Berührung kommen, können wir unmöglich den Kampf um die Vorherrschaft als Handels- und Seemacht durchführen, wenn wir unsere Macht nicht auch außerhalb der Grenzen gebrauchen.

Theodore Roosevelt, Das volle Leben (Rede, gehalten in Chicago am 10. April 1899), in: ders., Amerikanismus. Reden und Schriften, Leipzig 1903, S. 52, 54.

## 3 Der Fortbestand nationaler Traditionen im modernen Japan

*Okakura (1862–1913), ein guter Kenner Europas und der Vereinigten Staaten und Gründer der ersten Kunstakademie in Japan, schrieb mehrere Werke in englischer Sprache, die den Zweck verfolgten, die Zeitgenossen im Westen mit der östlichen Kultur bekannt zu machen.*

Daran gewöhnt, neue Dinge aufzugreifen, ohne dabei die alten aufzugeben, hat unsere Übernahme westlicher Methoden das nationale Leben nicht so stark verändert, wie allgemein geglaubt wird. Mit demselben Eklektizismus, mit dem wir Buddha als spirituellen und Konfuzius[1] als moralischen Führer wählten, haben wir die moderne Wissenschaft als Leuchtfeuer des materiellen Fortschritts begrüßt. Unser Streben, bestimmte Formen der westlichen Entwicklung zu übernehmen, führte zu einem Anstieg industrieller Aktivitäten und zur Einführung der Wissenschaft von Hygiene und Chirurgie, während wir unsere Kommunikations- und Transportmittel großteils verbesserten und der einfache Komfort weit stärkere Verbreitung fand als jemals zuvor. Dennoch haben diese Entwicklungen weniger Auswirkungen auf unseren Nationalcharakter gehabt, als dass sie uns zu neuen Aktivitäten anregten.

[...] Unser Gesetzbuch, das den Geist der westlichen Gesetze in sich trägt, hat in hohem Maße Gewohnheiten und Praktiken aus unserer Vergangenheit übernommen. Auch wenn unsere Verfassung vielen westlichen Verfassungen ähnlich zu sein scheint, beruht sie auf unserem alten Regierungssystem und geht in ihrem Urbild auf die Tage der Götter zurück.

Übers. nach: Okakura-Kakuzô, The Awakening of Japan, London 1922, S. 153 f., 156.

[1] Chinesischer Philosoph (551–479 vor Christus), der die japanische Kultur stark beeinflusst hat.

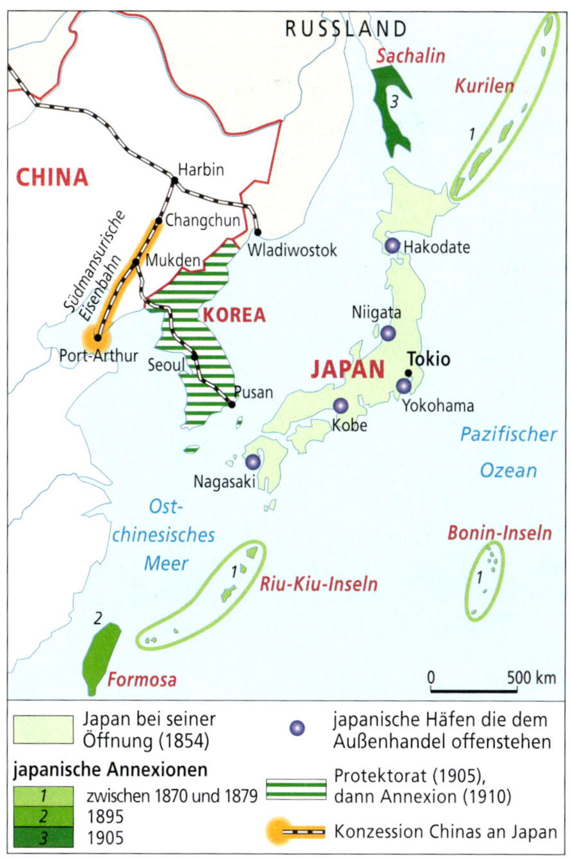


4 **Die japanische Expansion in Asien**

# Dossier
# China als Gebiet europäischer Rivalitäten

China, ein Land mit 450 Millionen Einwohnern, war ein instabiler Staat, den Großbritannien im Opiumkrieg (1839 – 1842) besiegt hatte und der schließlich gezwungen war, sich westlichen Einflüssen zu öffnen. Europäer und Amerikaner nutzten Diplomatie, ökonomischen Druck, Einschüchterungen und Kriege, um Zoll- und Finanzkonzessionen, Investitionsmöglichkeiten und einen privilegierten Zugang zu den Ressourcen des Landes zu erhalten. China wurde zur Beute des „informellen" Imperialismus der westlichen Großmächte, der 1898 mit dem „Break-up of China" seinen Höhepunkt erreichte.

Die nationalen, zum Teil gewaltsamen Gegenreaktionen, wie der Boxeraufstand von 1898 bis 1900, konnten diesen Zugriff nicht begrenzen, führten aber 1912 zum Sturz des letzten chinesischen Kaisers Pu Yi, einem kleinen Jungen von fünf Jahren.

## Begriffe

- **Break-up of China:** Dieser englische Begriff bezeichnet die durch die Zugriffsansprüche der imperialistischen Mächte verursachte Zerstückelung Chinas. Russland, Frankreich, Großbritannien und Deutschland ließen sich 1898 Eisenbahn- und Bergbaukonzessionen sowie Einflusszonen zusichern.
- **Boxer:** Name für die „In Rechtschaffenheit vereinigten Milizen", deren Mitglieder eine Spielart des Boxens ausübten. Zwischen zwei Boxkämpfen stachelte der als „Großer Bruder" bezeichnete Chef die jungen Männer zum Hass gegen die Christen und Ausländer an.
- **Territoriale Konzessionen:** Parzellen, die sich immer in einem Stadtbezirk befanden. Sie wurden auf der Grundlage von Verträgen, die mit der chinesischen Regierung im 19. Jahrhundert abgeschlossen wurden, einer westlichen Macht auf Zeit abgetreten. Sie beherbergten die Lager und die Wohnungen der jeweiligen Staatsangehörigen und waren der Autorität des Konsuls unterstellt.
- **Politik der offenen Tür** (open door policy): Doktrin des amerikanischen Staatssekretärs John Hay (1838 – 1905), der forderte, dass die Existenz von „Einflusszonen" nicht der Handelsfreiheit auf dem chinesischen Markt schaden dürfe.

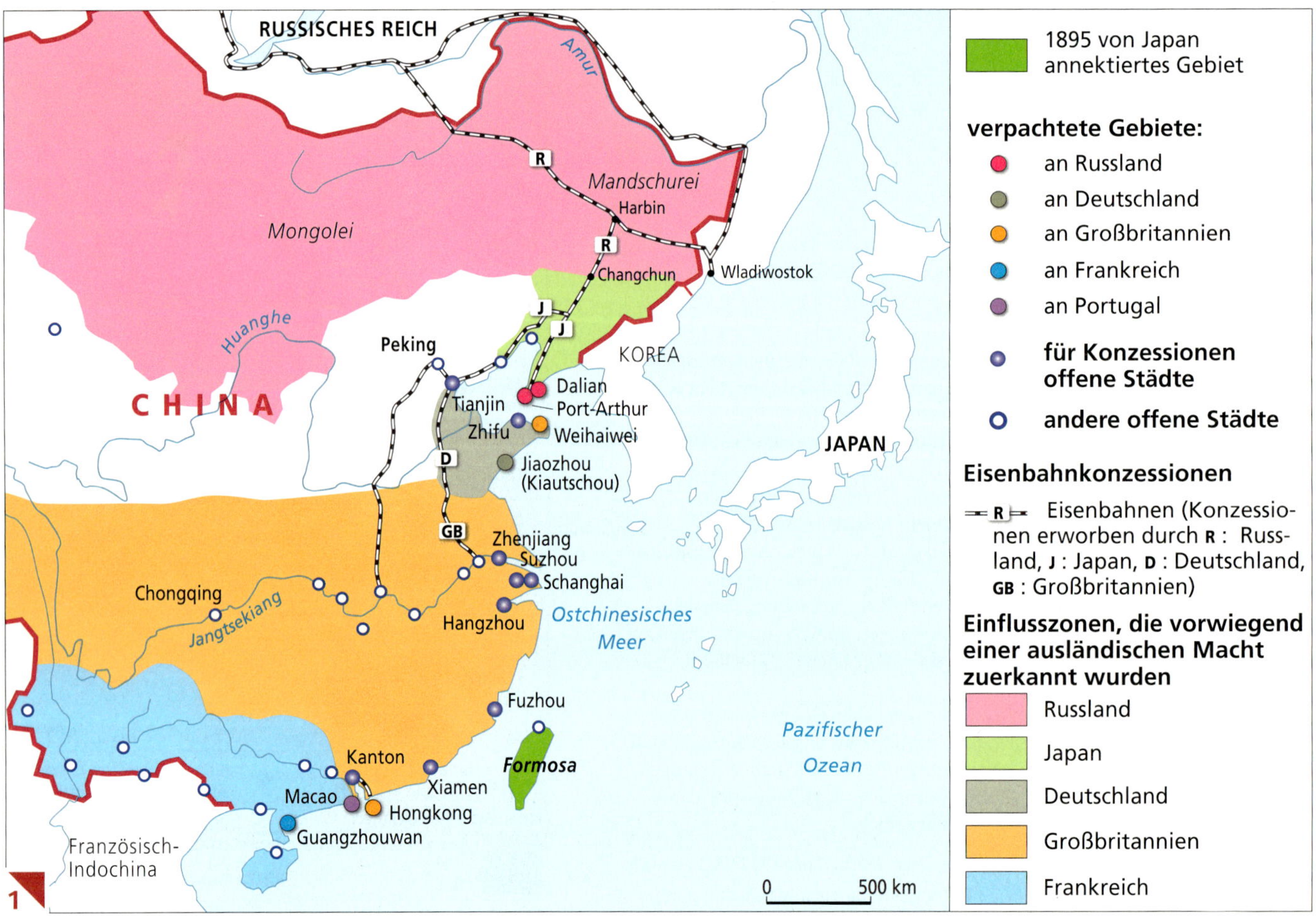


1 China angesichts des äußeren Drucks

| Land | Höhe (in $) | in % |
|---|---|---|
| **Großbritannien** | 260,3 | 33 |
| **Russland** | 246,5 | 31,3 |
| **Deutschland** | 134,3 | 20,9 |
| **Frankreich** | 91,1 | 11,6 |
| **Vereinigte Staaten** | 19,7 | 2,5 |
| **Belgien** | 4,4 | 0,6 |
| **Japan** | 1,0 | 0,1 |
| **andere** | 0,6 | 0,0 |
| **Summe** | **787,9** | **100** |

**2 Ausländisches Kapital in China im Jahre 1902**

Verteilung der Investitionen nach Ländern.

**3 Der Boxeraufstand aus Sicht einer französischen Zeitschrift**

Illustrierte Beilage aus „Le Petit Journal". Der Aufstand von 1900 wurde von europäischen Truppen unter dem Befehl des deutschen Generals Waldersee niedergeschlagen und forderte neben 231 getöteten Ausländern Tausende Opfer unter den Chinesen. China musste 1,4 Milliarden Goldmark zahlen und die Stationierung von Besatzungstruppen auf seinem Gebiet hinnehmen.

**4 Die Aufteilung Chinas**

Illustrierte Beilage aus „Le Petit Journal", Januar 1898. Von links nach rechts sind zu sehen: Königin Victoria (Großbritannien), Kaiser Wilhelm II. (Deutschland), Zar Nikolaus II. (Russland), Marianne als Allegorie der Französischen Republik und der japanische Kaiser.

## 5 Die Kaiserin ruft zum Aufstand auf

Unser Reich erleidet zurzeit große Beschwer, welche von Tag zu Tag ernster wird. Die verschiedenen Mächte werfen Blicke tigerhafter Gier auf uns und hetzen sich gegenseitig auf zu Versuchen, beim Einnehmen unserer innersten Gebiete die ersten zu sein […]. Es gebührt sich darum, dass unsere Vizekönige, Statthalter und Oberkommandierende im ganzen Reich ihre Kräfte vereinen und zusammenarbeiten ohne Unterscheidung oder Verteilung der Befugnisgrenzen, sodass dem Feind gemeinsam die Stirn geboten wird, dass sie Offiziere und Mannschaften persönlich ermahnen und ermutigen, für die Bewachung ihrer Häuser und ihres heimatlichen Bodens vor den anmaßenden Schritten des ausländischen Angreifers zu fechten. Nie sollte das Wort Friede von den Lippen unserer Beamten kommen.

Aufruf der Kaiserin Cixi (Tz'u-hsi) zum Aufstand, vom 21. November 1898, zit. nach: P. Ostwald (Bearb.), Ostasien und die Weltpolitik. Paderborn 1953, S. 21.

## Fragen und Anregungen

1. Bestimmen Sie die wichtigsten Kapitalgeber in China, und erläutern Sie deren führende Rolle. (M2)
2. Bewerten Sie die Berichterstattung der französischen Presse über den Boxeraufstand. (M3)
3. Beschreiben Sie, wie der Zeichner die Lage Chinas darstellt. (M4) Inwiefern entspricht diese Karikatur der Realität? (M1 und M4)
4. Erläutern Sie die Motive der chinesischen Kaiserin, zur Revolte aufzurufen. (M5)
5. Stellen Sie unter Verwendung aller Dokumente den Einfluss der westlichen Mächte in China und den daraus resultierenden Widerstand dar.

# Dossier
# Der Balkan – das Pulverfass Europas?

Der Balkan, der ein regelrechter Flickenteppich unterschiedlicher Nationalitäten, Religionen und Sprachen war, wurde gegen Ende des 19. Jahrhunderts zu einem Brennpunkt der Spannungen in Europa. Die Schwäche des Osmanischen Reiches nährte die Begehrlichkeiten der Großmächte und ermutigte den Aufschwung nationaler Forderungen der Balkanvölker. Österreich-Ungarn und Serbien, das dank der Hilfe des Russischen Reiches im Jahre 1878 seine Unabhängigkeit erlangt hatte, wetteiferten um die Eingliederung der südslawischen Gebiete, wie etwa Bosnien-Herzegowinas. Russland lenkte seine Interessen nach der Niederlage gegen Japan im Jahre 1905 auf die Meerengen zwischen Mittelmeer und Schwarzem Meer. Serbien, Bulgarien, Griechenland und Montenegro kämpften in den beiden Balkankriegen von 1912 bis 1913, die vor allem durch Gewalt gegenüber der Zivilbevölkerung gekennzeichnet waren, um die Überreste des Osmanischen Reiches.

Diese vielfältigen Rivalitäten führten zur Internationalisierung der Krise zwischen Österreich und Serbien, die durch das Attentat von Sarajewo am 28. Juni 1914 ausgelöst wurde.

## Chronologische Anhaltspunkte

| | |
|---|---|
| **1830** | Das Osmanische Reich gesteht Serbien die Autonomie zu; Unabhängigkeit Griechenlands. |
| **1831–1832** | Ausarbeitung einer Verfassung für die Donaufürstentümer unter russischer Aufsicht („Organisches Reglement"). |
| **1853–1856** | Krimkrieg (Krieg Großbritanniens, Frankreichs und des Osmanischen Reiches gegen Russland). |
| **1877–1878** | Krieg Russlands, der Verbündeten der Serben, Montenegriner und Rumänen, mit dem Osmanischen Reich. |
| **1878** | Berliner Kongress: Gründung Bulgariens (autonomes Fürstentum); Unabhängigkeit Serbiens, Montenegros und Rumäniens; Besetzung Bosnien-Herzegowinas durch Österreich. |
| **1908** | Annexion Bosnien-Herzegowinas durch Österreich; definitive Unabhängigkeit Bulgariens. |
| **1912–1913** | Balkankrieg; Gründung Albaniens. |
| **28. Juni 1914** | Attentat von Sarajewo. |

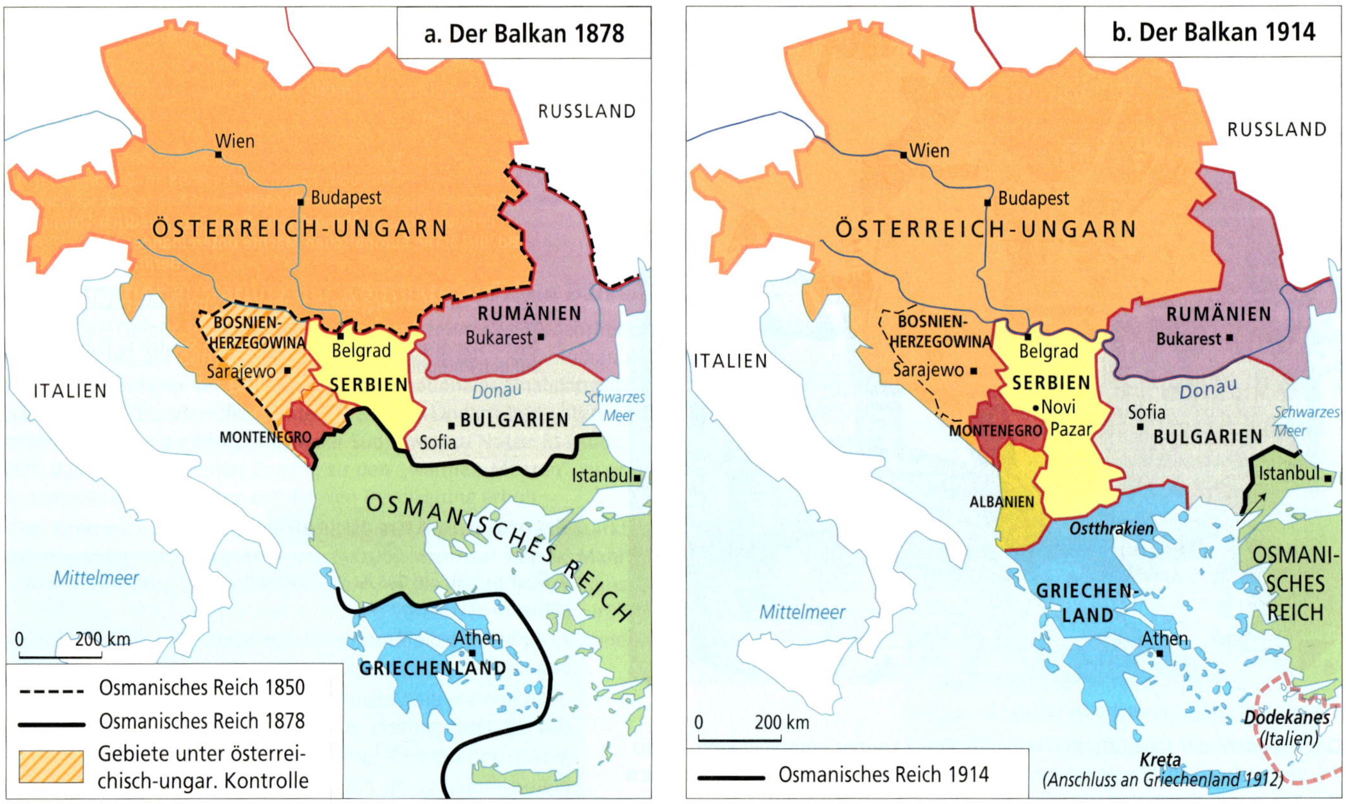


**1** Das Osmanische Reich auf dem Balkan: Etappen eines Rückzugs

## 2 Der „Jugoslawismus"

*Am 31. Juli 1867 von dem Historiker Franjo Racki, einem Verfechter des Projekts einer südslawischen oder „jugoslawischen" Union, gehaltene Rede:*

Serben und Kroaten, wir sind seit dem 7. Jahrhundert in den Kreis des europäischen Christentums eingetreten. Wir haben freie Staaten gegründet, während hier Feudalismus und Cäsarismus blühten.

Trotz der Unterschiede in den geografischen Bezeichnungen, trotz jener des Alphabets, Serben und Kroaten, haben wir uns als Brüder betrachtet: Es gibt keinen Fluss und kein Gebirge zwischen Serben, Kroaten, Slowenen und Bulgaren. Wir haben eine einzige und identische Literatur auf der Grundlage der Sprache begründet, die von den Ufern der Adria bis zur Donaumündung auf den Lippen von mehreren Millionen Menschen erklingt [...]

## 3 Die europäischen Rivalitäten auf dem Balkan

*Der Berliner Kongress von 1878 war auf Bitten Großbritanniens und Österreich-Ungarns einberufen worden, die beide über das Vordringen Russlands auf dem Balkan nach seinem Sieg über das Osmanische Reich von 1877 beunruhigt waren. Am Ende des Kongresses wurde ein Vertrag geschlossen.*

**Art. 1** – Bulgarien wird zu einem autonomen und tributpflichtigen Fürstenthum unter der Oberherrlichkeit Sr. Kaiserlichen Majestät des Sultans erhoben; es soll eine christliche Regierung und eine Nationalmiliz erhalten.

**Art. 11** – Die ottomanische Armee darf nicht länger in Bulgarien verbleiben; [...].

**Art. 25** – Die Provinzen Bosnien und Herzegowina werden von Oesterreich-Ungarn besetzt und verwaltet [...].

**Art. 26** – Die Unabhängigkeit Montenegros wird von der Hohen Pforte[1] [...] anerkannt.

**Art. 34** – Die Hohen vertragsschließenden Teile[2] erkennen die Unabhängigkeit des Fürstenthums Serbien an [...].

**Art. 43** – Die Hohen vertragsschließenden Teile erkennen die Unabhängigkeit Rumäniens an [...].

**Art. 62** – In keinem Teile des Ottomanischen Reichs darf der Unterschied der Religion jemandem gegenüber geltend gemacht werden als ein Grund der Ausschließung oder der Unfähigkeit bezüglich der Ausübung der bürgerlichen und politischen Rechte, der Zulassung zu den öffentlichen Diensten, Aemtern und Ehren oder der Ausübung der verschiedenen Berufs- und Gewerbezweige. [...].

In: Geiss, Imanuel (Hrsg.), Der Berliner Kongress 1878. Protokolle und Materialien, Boppard am Rhein 1978, S. 369 – 407.

[1] Bezeichnung für die Regierung des Osmanischen Reiches.
[2] Bezeichnung für die Unterzeichner des Abkommens, bei denen es sich um Russland, das Osmanische Reich, Großbritannien, Österreich-Ungarn, Deutschland und Frankreich handelte.

## Fragen und Anregungen

**1.** Fassen Sie zusammen, worin dem Verfasser zufolge die Grundlage einer slawischen Identität besteht. Auf welche Vorstellung von einer Nation geht sie zurück? (M2)

**2.** Stellen Sie fest, welcher Staat der große Verlierer des Berliner Vertrags ist. (M3)

**3.** Inwiefern kündigten die Balkankriege die millitärischen Konflikte des 20. Jahrhunderts an? (M4)

**4.** Erklären Sie, warum serbische Terroristen den österreichischen Erzherzog getötet haben. Überlegen Sie, aus welchem Land sie auf Unterstützung hoffen durften. (M5)

## 4 Die Balkankriege

*1913 beauftragte die Carnegiestiftung, eine humanitäre Organisation aus Nordamerika, eine Kommission unter der Leitung des französischen Senators Estournelles de Constant (einem Spezialisten für internationale Schiedsgerichtsbarkeit) damit, die Ursachen für die Balkankriege zu untersuchen.*

Die Volksgruppen haben sich selbst gegenseitig mit umso größerer Erbitterung getötet und verfolgt, je mehr sie sich kannten und gegeneinander einen alten Groll und seit langem bestehenden Hass hegten.

Die erste Folge dieses Umstands ist, dass das Ziel dieser bewaffneten Konflikte, sei es nun eingestanden oder unterschwellig, [...] die vollkommene Vernichtung einer zugewanderten Bevölkerung ist. In einigen Fällen wurde dieses Ziel in einer unerbittlichen und kategorischen „Anordnung" ausgedrückt: Die männliche Bevölkerung der besetzten Gebiete ist zu töten. [...]

[Die Enquete zitiert den Brief eines serbischen Militärs] „[...] ich kann sagen, dass Lim [...] nicht mehr existiert. Es gibt nur noch Leichen, Staub und Asche. Es gibt Dörfer [...], in denen es keinen einzigen Mann mehr gibt [...]. Wir stellen sie in Gruppen von 40 bis 50 Mann zusammen, und dann durchbohren wir sie bis zum letzten mit unseren Bajonetten."

Carnegiestiftung für internationalen Frieden, Untersuchung über den Balkan, 1914.
Übers. nach: G. F. Kennan, The other Balkan Wars: a 1913 Carnegie Endowment inquiry in retrospect. Washington 1993.

**5 Der serbische Nationalismus**

Illustrierte Beilage von „Le Petit Journal", 12. Juli 1914. Der österreichische Thronerbe Erzherzog Franz Ferdinand und seine Frau werden durch einen serbischen Aktivisten aus Bosnien bei einem Besuch in Sarajewo ermordet. Das Attentat war der „Auslöser" für den Ersten Weltkrieg.

Kapitel 10

# Die Kolonialherrschaft



Die Kolonisation, die in der ersten Hälfte des 19. Jahrhunderts an Geschwindigkeit zu verlieren schien, erlebte erneut eine Phase spektakulärer Dynamik. Europa machte sich an die Eroberung Afrikas, Asiens und Ozeaniens. In dem sicheren Gefühl seiner „Überlegenheit" errichtete es seine direkte Herrschaft über einen großen Teil der Welt. Diese Herrschaft, die als eine „zivilisatorische Mission" dargestellt wurde, setzten die europäischen Mächte unter Anwendung von Gewalt durch. Sie rief Widerstände hervor, die sich nach dem Ersten Weltkrieg verstärkten. Europa unterdrückte ebenso wie es faszinierte.

- Wie ist die Beherrschung der Welt durch Europa zu erklären?
- Wie drückte sie sich aus?
- Auf welche Widerstände traf sie?

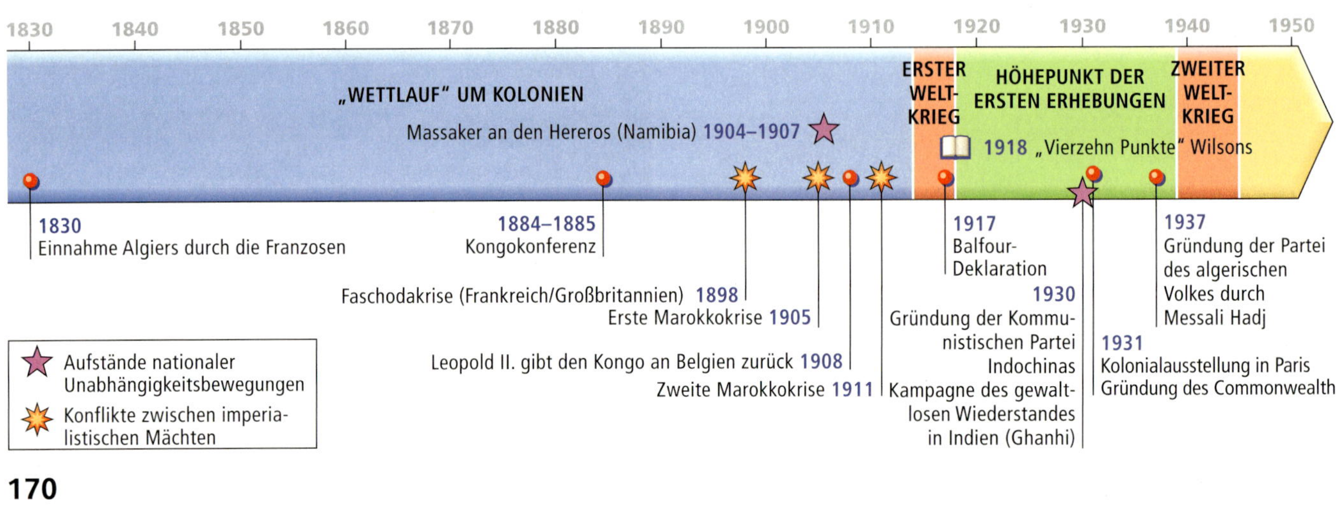

1

**Die paternalistischen Vorstellungen der Kolonisatoren ...**

Propagandaplakat für die Hundertjahrfeier der Eroberung Algeriens durch Frankreich, 1930 (Ausstellung in Oran, April – Mai 1930).

2

**... und die Realitäten der Kolonialherrschaft**

Die Zwangsarbeit war von Gräueltaten begleitet: Die Hände dieser Kautschukplantagenarbeiter wurden abgeschnitten, weil sie als „faul" galten (Unabhängiger Kongostaat, 1907).

# Raum und Zeit der Kolonisation

1 Afrika 1914

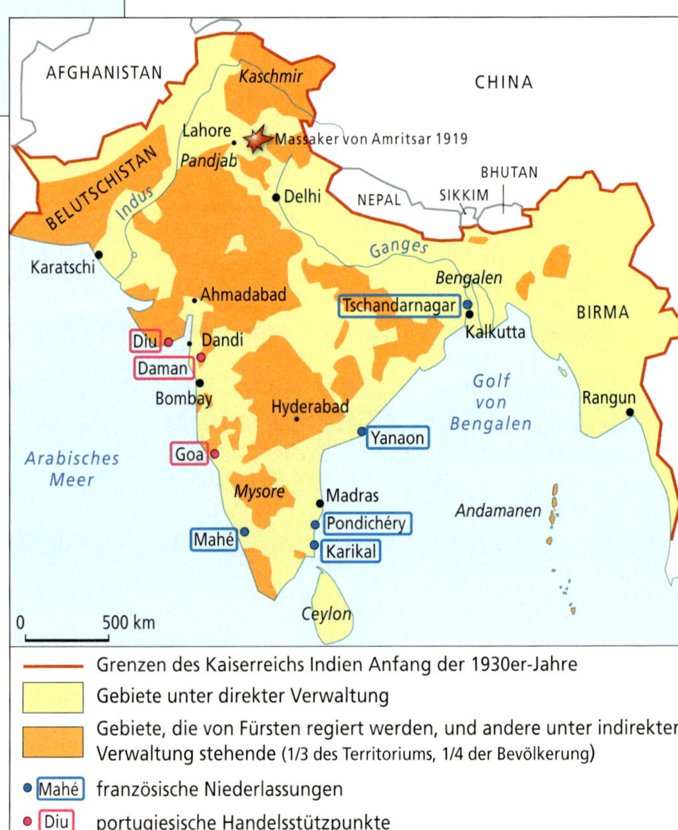


Das Britische Empire in Indien 1930 2

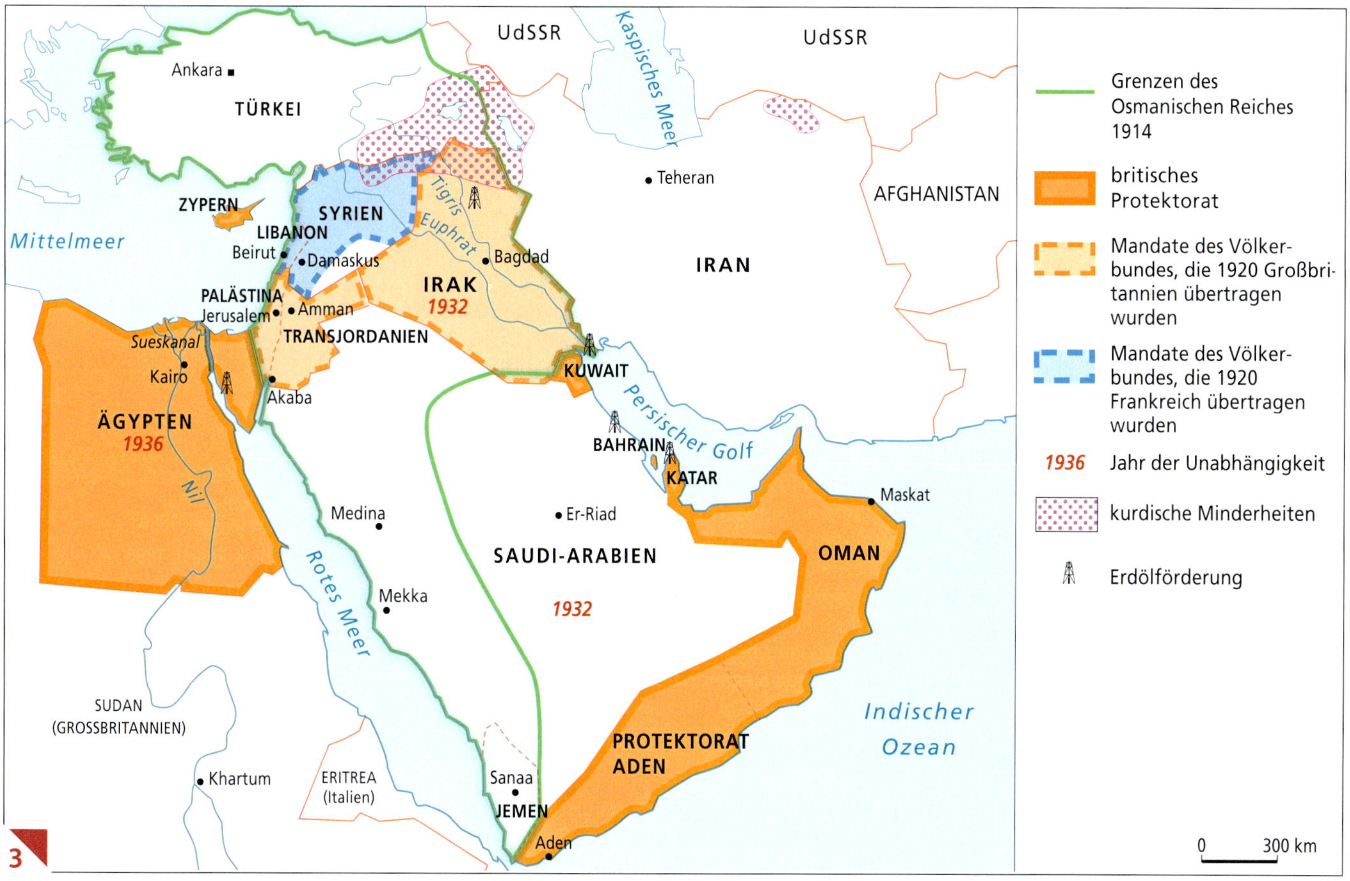


**Der Nahe Osten in den 1930er-Jahren**

**Die russische Expansion im 19. Jahrhundert**

# 1. Der Höhepunkt der Kolonisation

*Wie ist die neue Hochphase des Kolonialismus am Ende des 19. Jahrhunderts zu verstehen?*

## Die Motive des Kolonialismus

Zu Beginn des 19. Jahrhunderts schien der koloniale Gedanke durch die Kritik der Liberalen und die Befreiung der amerikanischen Kolonien kompromittiert zu sein. Aber der Kolonialismus gewann um 1880 im Zusammenhang mit der zweiten industriellen Revolution wieder an Dynamik. Diese verstärkte den technischen Vorsprung Europas, das die Weltwirtschaft zu seinen Gunsten gestaltete.

Die Motive des Kolonialismus waren vielfältig. Zunächst waren sie ökonomischer Natur: Die wirtschaftliche Krisenphase der Jahre 1873 bis 1895 verschärfte die Konkurrenz zwischen den europäischen Ländern und veranlasste sie, zum Protektionismus überzugehen. Die Kolonien galten als Absatzmärkte für die Industrie der „Mutterländer" und als Rohstoffreservoire. Es gab auch strategische Beweggründe: Die Großmächte wollten auf allen Ozeanen Stützpunkte erwerben. Ein Teil der Motive war zudem ideologischer Natur. Europa wollte seine „Überlegenheit" zeigen, indem es „niedrigere Völker" unterwarf und sie zivilisierte (Sozialdarwinismus). Die „zivilisatorische Mission", die vor allem von französischen und britischen Kolonisatoren beschworen wurde, war sowohl im Christentum als auch im Rationalismus der Aufklärer begründet. Aber diese „hochherzige" Mission konnte nur schwer die im Hintergrund stehende Negation des Anderen verbergen.

## Die Akteure des Kolonialismus

Journalisten, Geschäftsleute, Marineoffiziere, Politiker und Missionare schlossen sich in Interessengruppen zusammen. Über Vorträge, die Veröffentlichung von Broschüren und Zeitschriften sowie die Finanzierung von Expeditionen wollten sie die öffentliche Meinung und die Regierenden von der Notwendigkeit überzeugen, Kolonien zu erwerben. In Deutschland hatte der 1882 in Frankfurt gegründete „Deutsche Kolonialverein" großen Erfolg. Innerhalb eines Jahres traten ihm 3 000 Mitglieder sowie 500 deutsche und 20 überseeische Einrichtungen bei. Dem Verein gelang es zudem, Bismarck für sich zu gewinnen, der lange Zeit den Erwerb von Kolonien abgelehnt hatte. In Frankreich betrieb der „Parti colonial", der in allen politischen Lagern Anhänger rekrutierte, intensive Propaganda.

Während die frühen Entdeckungsreisen lange Zeit auf privaten Initiativen beruhten, wurden sie ab den 1880er-Jahren zunehmend von Regierungen in Auftrag gegeben. Diese entsandten Offiziere (etwa die Franzosen Brazza oder Marchand), um mit einheimischen Führern Verträge abzuschließen und so Gebiete in Besitz zu nehmen. Die Europäer schreckten nicht vor der Behauptung zurück, sie hätten als Erste einen bestimmten Fluss „entdeckt". Sie zögerten nicht, Seen und Berge zu taufen und sich auf diese Weise Orte anzueignen, die der dortigen Bevölkerung durchaus vertraut waren.

## Eroberungen auf der ganzen Welt

Großbritannien und Frankreich waren in dieser letzten Phase der Kolonisation die aktivsten Mächte. Portugal und Spanien, die den Kolonialismus im 16. Jahrhundert „erfunden" hatten, besaßen nicht mehr die nötigen Mittel zur Verwirklichung ihrer Ambitionen. Deutschland hingegen versuchte sich im Namen der „Weltpolitik" als Kolonialmacht durchzusetzen. Italien strebte ebenfalls nach einem Kolonialreich. Das Hauptgebiet der kolonialen Expansion war Afrika, wo sich die europäischen Mächte einen wahrhaften „Wettlauf" lieferten. Die Kongokonferenz zielte darauf ab, diesen Wettkampf zu regeln, der manchmal von Spannungen begleitet war, wie sie in Faschoda zwischen Frankreich und Großbritannien auftraten oder in Marokko zwischen Frankreich und Deutschland (1905 und 1911).

Eroberungen gab es auch in Asien: Die Briten engagierten sich in Indien, die Franzosen in Indochina und die Niederländer in Indonesien. Beim Russischen Reich, das sich ebenfalls imperialistisch betätigte, handelte es sich um einen Sonderfall, weil es seinen Herrschaftsbereich „nur" territorial ausweitete. Die Russen, die ein europäisches Volk sind, unterwarfen andere Völker ihrer Herrschaft, wie die muslimischen Turkvölker in Zentralasien. Mit Ausnahme der Karibik war Amerika nicht mehr vom Kolonialismus betroffen (siehe S. 182 f.).

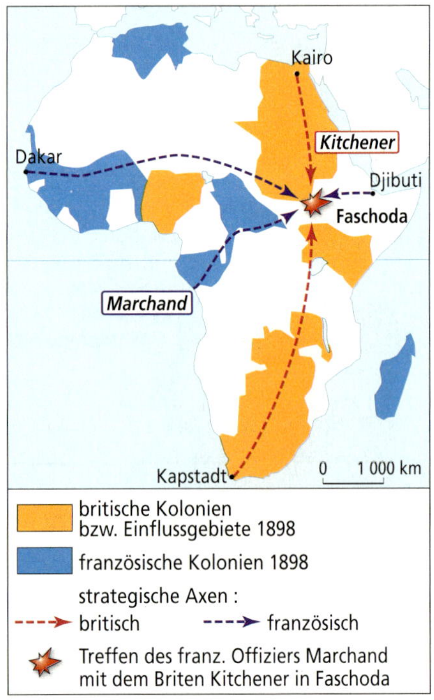


**1 Die Eroberung Afrikas – zwei Bestrebungen stoßen aufeinander**

## Begriffe

- **Kolonialismus:** Doktrin, deren Ziel es ist, die Kolonisation zu rechtfertigen. Im Deutschen bezeichnet der Begriff eher die koloniale Expansion insgesamt.
- **Protektionismus:** Politik, durch welche der Staat Zollschranken (Abgaben und anderes) errichtet, um den nationalen Markt vor ausländischen Importen zu schützen.
- **Stützpunkt:** siehe S. 160
- **Sozialdarwinismus:** Gesellschaftstheorie, die die Prinzipien der biologischen Evolutionslehre Charles Darwins auf Menschen überträgt. Auf diese Weise wurde eine „Hierarchie der Rassen" behauptet.
- **Missionar:** siehe S. 160
- **„Wettlauf" (um Afrika):** Ausdruck, der für den englischen Begriff „steeple chase" steht. Er bezeichnete den Wettkampf um die Kolonien, der mit einem Pferderennen verglichen wurde. Die Engländer sprachen auch von einem „scramble", das heißt von einem Kampf um Afrika.
- **Kongokonferenz:** Auf Initiative Otto von Bismarcks versammelten sich vom 15. November 1884 bis 26. Februar 1885 in Berlin 13 europäische Länder und die Vereinigten Staaten, um die Regeln für die Kolonisation Afrikas festzulegen. So sollte eine Macht, die ein neues Territorium beanspruchte, dessen „effektive Besetzung" sichern. Zwar erfolgte auf der Kongokonferenz nicht die „Aufteilung Afrikas", sie wurde jedoch begünstigt.

## 2 „Die Bürde des Weißen Mannes“

*Der in Bombay geborene Rudyard Kipling (1865–1936) hat in seinen Werken Britisch-Indien (Das Dschungelbuch, 1894; Kim, 1901) und den Kolonialismus überschwänglich gefeiert:*

Ergreift die Bürde des Weißen Mannes
schickt die Besten aus, die ihr erzieht –
bannt eure Söhne ins Exil,
den Bedürfnissen eurer Gefangenen zu dienen;
in schwerem Geschirre aufzuwarten
verschreckten wilden Leuten –
euren neugefangenen verdrossenen Völkern,
halb Teufel und halb Kinder.

Rudyard Kipling, Die Ballade von Ost und West. Ausgewählte Gedichte englisch und deutsch. Zürich 1992, S. 127.

## 4 Die Kolonialmächte in Afrika

„Le Petit Journal“, Illustrierte Beilage vom November 1913. Die Repräsentanten Frankreichs und Deutschlands legten die Grenzen zwischen ihren Kolonialgebieten im Kongo fest. 1911 erkannte Deutschland in einem Abkommen das französische Protektorat über Marokko an, im Gegenzug akzeptierte Frankreich Gebietsabtretungen zur Vergrößerung der deutschen Kolonie Kamerun.

## 3 Rechtfertigung der Kolonisation

*a) Der Wirtschaftswissenschaftler Paul Leroy-Beaulieu (1843–1916) war einer der großen Theoretiker der französischen Kolonisation.*

Die Kolonisation ist die expansive Kraft eines Volkes, sie ist seine Zeugungskraft, sie ist seine Ausdehnung und Vermehrung über den Raum hinweg; sie ist die Unterwerfung des Universums oder doch eines großen Teils davon unter seine Sprache, seine Sitten, seine Vorstellungen und seine Gesetze. Ein Volk, das kolonisiert, legt die Fundamente seiner zukünftigen Größe und Überlegenheit. [...] Auf welchen Standpunkt man sich auch stellen mag, ob man nur an Reichtum und materielle Macht, an Herrschaft und politischen Einfluss denkt, oder ob man bereit ist, geistige Größe zu bewundern, eines bleibt unerschütterlich wahr: Das Volk, das kolonisiert, ist das erste Volk; wenn nicht heute, dann morgen.

Übers. nach: P. Leroy-Beaulieu, De la colonisation chez les peuples modernes. Paris 1870, S. 605 f.

*b) Der Marineoffizier Francis Garnier (1839–1873) nahm aktiv an der Erforschung und Kolonisation Französisch-Indochinas teil.*

Wenn ein Land wie Frankreich seinen Fuß auf einen fremden und barbarischen Boden setzt, soll es sich da allein mit der Ausdehnung seines Handels und mit dem Gewinnstreben als einziger Antriebskraft begnügen? Diese großzügige Nation, deren Meinung das zivilisierte Europa beherrscht und deren Ideen die Welt erobert haben, hat von der Vorsehung einen viel größeren Auftrag erhalten, nämlich die Rassen und Völker, die noch Sklaven der Dummheit und Unterdrückung sind, zu befreien, sie zum Licht und zur Freiheit zu rufen.

Übers. nach: F. Garnier, La Conchinchine française en 1864. Paris 1864, S. 44 f.

*c) Der Deutsche Albrecht Wirth (1866–1936) ist als Journalist und Autor von Werken über die Kolonisation durch die ganze Welt gereist.*

Ein Volk braucht Land, um sich zu rühren, Land, um sich zu ernähren. Aber kein Volk mehr als das deutsche, das so rasch sich vermehrt und dem die alte Wohnung so qualvoll eng geworden. Wenn wir nicht bald frischen Boden gewinnen, gehen wir unfehlbar einer furchtbaren Katastrophe entgegen. Einerlei ob in Brasilien, Sibirien, Anatolien[1] oder Südafrika, wenn wir uns nur wieder freudig und frei regen und unseren Kindern Luft und Licht in reichlicher und guter Beschaffenheit bieten können.

A. Wirth, Volkstum und Weltmacht in der Geschichte. München 1901, S. 227.

[1] Anatolien bildet die zentrale Provinz der heutigen Türkei. Deutschland, das damals privilegierte Beziehungen zum Osmanischen Reich unterhielt, baute dort Eisenbahnen.

## Fragen und Anregungen

1. Wie ist der Zwischenfall in Faschoda 1898 zu erklären? (M1)
2. Stufen Sie die verschiedenen Argumente für die Kolonisation in Kategorien ein. Vergleichen Sie diese mit den von den Befürwortern des amerikanischen Imperialismus vorgebrachten Argumenten. (siehe S. 163, M2) (M2 und M3)
3. Zeigen Sie, inwiefern diese Illustration Ausdruck von Kolonialpropaganda ist. (M4)

# 2. Formen der Herrschaft

*Wie nutzten die europäischen Staaten die Kolonien für sich aus?*

## Die Kolonialverwaltung

Zur Verwaltung ihrer Kolonien richteten die europäischen Staaten Zentralbehörden ein. In Großbritannien handelte es sich um das „Colonial Office" (1854) und das „India Office" (1858), in Frankreich um das „ministère des Colonies" (1894). Die meisten Kolonien (Schwarzafrika, Indien, Indochina usw.) waren Herrschaftskolonien, in denen die Europäer in der Minderheit blieben. Im Maghreb und vor allem in den britischen Siedlungskolonien, die den Status eines Dominions erhielten und 1931 mit dem „Mutterland" das Commonwealth bildeten, war die Anzahl der Siedler größer.

Jedes „Mutterland" entwickelte seine eigene Kolonisationsmethode. Frankreich entschied sich in den meisten Fällen für eine direkte Verwaltung, bei der sich eine Kolonie unmittelbar in den Händen eines Gouverneurs befand; in Tunesien, Marokko und Kambodscha richtete es jedoch auch Protektorate ein. Offiziell strebte man eine Assimilation an, aber dieser Doktrin wurde durch den „code d'Indigénat" der Boden entzogen. Großbritannien zog das „indirect rule" vor, bei dem es sich auf die einheimische Bevölkerung stützte, um die Verwaltungskosten gering zu halten. Der von der Krone ernannte Gouverneur vertrat jedoch die britischen Interessen. Jenseits der offiziellen Darstellung der Verhältnisse war die koloniale Herrschaft überall gleichermaßen eine Tatsache.

Nach dem Ersten Weltkrieg wurden einige dieser Territorien durch den Völkerbund in Form eines Mandates übertragen, besonders an Frankreich und Großbritannien im Nahen Osten (siehe S. 182 f.).

## Ökonomische Ausbeutung

Die „Bewirtschaftung" der Kolonien erfolgte zugunsten des „Mutterlandes", um die für die Ausbeutung notwendige Infrastruktur zu schaffen. Straßen, Eisenbahnen und Hafenanlagen, die den Investoren erhebliche Gewinne ermöglichten, wurden häufig von der Bevölkerung durch Zwangsarbeit angelegt. Die Verwaltungskosten wurden durch Steuern aufgebracht, die schwer auf den Kolonien lasteten.

Die Kolonien wurden nicht industrialisiert, weil sich die Kolonialstaaten in ihnen keine Konkurrenten schaffen, sondern im Gegenteil Absatzmärkte für ihre Waren finden wollten. Die Kolonien sahen sich also auf die Rolle von Rohstofflieferanten beschränkt. In der Landwirtschaft wurde die Produktion von Lebensmitteln zu Gunsten des Anbaus von Ausfuhrerzeugnissen zurückgestellt.

In Krisenzeiten wie in den 1930er-Jahren erschienen die Kolonien als Rettungsanker für die Wirtschaft der „Mutterländer". Mit Zollmaßnahmen wie etwa der „imperial preference" versuchte man, den Rückgang des internationalen Handels auszugleichen. So wuchs die Abhängigkeit dieser Gebiete von Europa.

## Der Wille zur kulturellen Herrschaft

Der Kolonialismus beruhte ganz wesentlich auf der Vorstellung, dass die europäische Zivilisation den sogenannten „primitiven Zivilisationen", die oft auf einer mündlichen Tradition beruhten, „überlegen" sei. Die katholischen und protestantischen Missionare wurden damit beauftragt, das Evangelium in der Bevölkerung zu verkünden und sie zu unterrichten. Die Schulen, die dazu dienten, die einfachen Angestellten auszubilden und die europäischen Sprachen zu verbreiten, erfassten jedoch nur eine Minderheit der Bevölkerung in den Kolonien.

In den „Mutterländern" bildete sich eine Kolonialkultur, in der sich die Mode des Exotismus mit der nationalistischen Begeisterung für die eigene imperiale Größe vermischte. Von Presse, Postkarten, Werbung und Kolonialausstellungen getragen, verbreiteten sich stereotype Bilder der „Eingeborenen" (der „naive" Afrikaner, der „grausame" Araber).

Der Rassismus war daher untrennbar mit dem europäischen Kolonialismus verbunden. Die Entdeckung des Anderen erfolgte in einem gedanklichen Rahmen, der sich den Anschein der Wissenschaftlichkeit gab. So versuchte die physische Anthropologie beispielsweise Rassegruppen zu bestimmen und in eine Rangordnung zu bringen. Die „Rohheit" der kolonisierten Völker wurde in Menschenzoos und anderen Veranstaltungen den neugierigen Abendländern präsentiert. Zu Beginn des 20. Jahrhunderts vertrat in Europa nur eine Minderheit eine antikolonialistische Position.

## Begriffe

- **Dominion:** Britische Kolonie, die nach dem Vorbild Kanadas von 1867 ihre innere Autonomie (self-government) erhielt.
- **Commonwealth:** 1931 gegründete „Gemeinschaft", die zur Aufrechterhaltung rechtlicher und vor allem kultureller Bindungen zwischen der britischen Krone und ihren alten Kolonien diente. Ihm gehören heute noch 53 Staaten an.
- **Protektorat:** Durch einen internationalen Vertrag begründeter Rechtszustand. Aufgrund dieses Vertrages verzichtet ein Staat auf bestimmte Elemente seiner Souveränität (Verteidigung, Außenpolitik, Zoll) zugunsten eines anderen Staates.
- **Assimilation:** Eine Politik, deren Ziel es ist, durch Angleichung der (administrativen, fiskalischen und sozialen) Strukturen jeden Unterschied zwischen den Kolonien und dem „Mutterland" aufzuheben. Der Theorie nach sollen die „Eingeborenen" zu Bürgern werden.
- **Code d'Indigénat:** Juristisches Regelwerk, das nur die „Eingeborenen" betraf, sie wurden als eine Kategorie eingestuft, die unter den französischen Bürgern stand (erweiterte Liste von Delikten, schwere Strafen und anderes).
- **Indirect rule:** System indirekter Verwaltung der Kolonialgebiete, das dem französischen Protektorat ähnelte.
- **Völkerbund:** Er wurde 1919 im Rahmen des Versailler Vertrages gegründet. Sein Ziel war die Aufrechterhaltung des Friedens auf der Grundlage der Prinzipien kollektiver Sicherheit (Gleichheit der Staaten, Transparenz der internationalen Beziehungen).
- **Mandat:** Gebiet, das den Siegern von 1918 durch den Völkerbund übertragen wurde, damit sie dessen Übergang in die Unabhängigkeit vorbereiteten. Es handelte sich um die ehemaligen deutschen Kolonien und die arabischen Gebiete des Osmanischen Reiches.
- **Imperial preference:** Zollpolitik, die 1932 auf der Konferenz von Ottawa beschlossen wurde, um die Bindungen zwischen Großbritannien und den Dominions zu stärken, indem es mit dem Commonwealth einen wirtschaftlichen Block bildete.

## 1 Eine Charter-Gesellschaft

*Die Charter-Gesellschaft war eine private Gesellschaft, an die ein Staat seine Souveränität über ein Kolonialgebiet abtrat. Die von Carl Peters (1856–1918) gegründete „Gesellschaft für deutsche Kolonisation“ wurde durch die Regierung in Berlin mittels eines Schutzbriefes anerkannt und dann in „Deutsch-Ostafrikanische Gesellschaft“ umbenannt.*

Nachdem die derzeitigen Vorsitzenden der „Gesellschaft für deutsche Kolonisation“, Dr. Carl Peters und Unser Kammerherr Felix, Graf Bandelin, Unsern Schutz für die Gebietserwerbungen der Gesellschaft in Ostafrika, westlich von dem Reiche des Sultans von Zanzibar, außerhalb der Hoheit anderer Mächte, nachgesucht [...] haben, [...] bestätigen wir hiermit, dass wir diese Oberhoheit angenommen und die betreffenden Gebiete, vorbehaltlich Unserer Entschließungen auf Grund weiterer Uns nachzuweisender vertragsmäßiger Erwerbungen der Gesellschaft oder ihrer Rechtsnachfolger in jener Gegend, unter Unseren Kaiserlichen Schutz gestellt haben.

Wir verleihen der besagten Gesellschaft unter der Bedingung, dass sie eine deutsche Gesellschaft bleibt, und dass die Mitglieder des Direktoriums [...] Angehörige des Deutschen Reiches sind [...], die Befugnis zur Ausübung aller aus den Uns vorgelegten Verträgen fließenden Rechte, einschließlich der Gerichtsbarkeit, gegenüber den Eingeborenen und den in diesen Gebieten sich niederlassenden oder zu Handels- und anderen Zwecken sich aufhaltenden Angehörigen des Reichs und anderer Nationen, unter der Aufsicht Unserer Regierung [...].

Wilhelm, Kaiser von Deutschland und König von Preußen, „Schutzbrief“ für die „Gesellschaft für deutsche Kolonisation“, Berlin, den 27. Februar 1885; zit. nach: K. Richter, Deutsch-Ostafrika 1885 – 1890: Auf dem Weg vom Schutzbriefsystem zur Reichskolonialverwaltung. Ein Beitrag zur Verfassungsgeschichte der deutschen Kolonien, http:/www.rewi.hu-berlin.de/FHI//articles/0001richter.htm#Str1_2 (12.02.2008)

**2 „Menschenzoos“**

Werbeplakat für ein „ethnografisches Spektakel“ in Paris, 1892. Die „Wilden“ wurden in Vergnügungsparks wie Tiere ausgestellt.

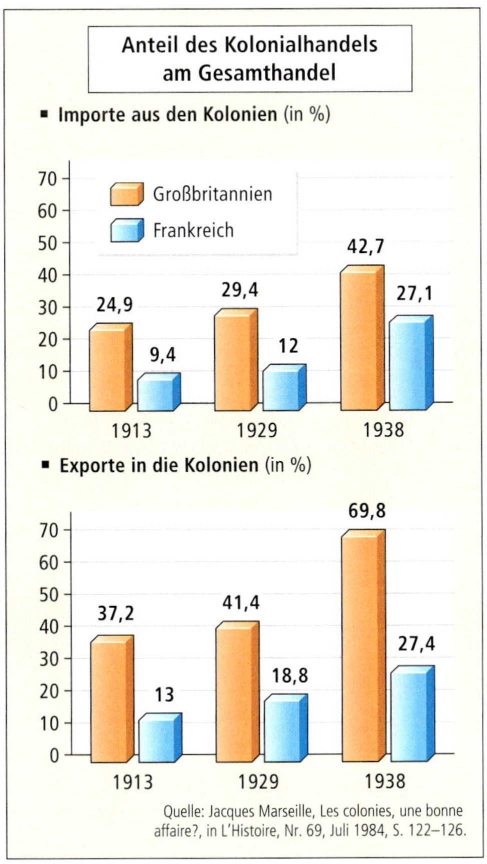


**3 Das ökonomische Gewicht der Kolonien**

## 4 Zwangsarbeit

Herr Gouverneur,

wie wir alle sind auch sie über die erschreckende Sterberate der bei dem Bau der Straße von Tananarive nach Tamtave beschäftigten Leistungserbringer[1] auf dem Laufenden. In den letzten Monaten ist die Zahl so groß geworden, dass binnen kurzer Zeit wahrscheinlich selbst die brauchbarste Bevölkerung der Hochebenen derart reduziert sein wird, dass die Siedler bald nichts mehr unternehmen können [...].

Man muss ernsthaft die Frage stellen, ob es nicht besser ist, keine Straßen zu haben und dafür eine brauchbare Bevölkerung zu erhalten, mit der Madagaskar bewirtschaftet werden kann. Ist das nicht besser, als um den Preis so vieler Menschenleben in einem Land gute befahrbare Pisten zu bauen, in dem die schon bei der Eroberung so geringe Bevölkerung sich alle Tage weiter lichtet? Die Eingeborenen sind indessen dieser unablässigen Dienste und Arbeiten so überdrüssig und davon so erschöpft, dass sie lieber sterben wollen als etwas anderes zu machen, als ihre Felder zu bewirtschaften.

Petition von 51 französischen Siedlern an den Generalgouverneur von Madagaskar, 13. Januar 1900.

[1] Autochthone Bevölkerung der Kolonien, die zur Zwangsarbeit verpflichtet und den französischen Siedlern von der Regierung zugewiesen wurde.

## Fragen und Anregungen

1. Fassen Sie zusammen, welche Rechte der deutsche Staat an die Gesellschaft überträgt. Nennen Sie die Vorteile dieses Systems für den Staat. (M1)
2. Erörtern Sie, was das Plakat über die Beziehung zwischen den Kolonisatoren und der autochthonen Bevölkerung in den Kolonien aussagt. (M2)
3. Nennen Sie Gründe für die Zunahme des Handels mit den Kolonien zwischen 1929 und 1938. (M3)
4. Arbeiten Sie die Interessen der Siedler, des Gouverneurs und des „Mutterlandes“ heraus. Kann man hier von einem Interessenkonflikt sprechen? (M4)

# 3. Völker unter kolonialer Herrschaft

*Wie erlebten die beherrschten Völker die koloniale Wirklichkeit?*

## Durch Kriege besiegte Völker

Die Kolonisation war ein Eroberungsunternehmen, das auf bewaffneten Widerstand traf. Auch wenn Kolonialpolitik als „Befriedung" bezeichnet und die Gegner als „Rebellen" eingestuft wurden, war sie doch mit echten Kriegen verbunden, die in der autochthonen Bevölkerung mehr Menschenleben forderten als auf Seiten der Europäer. Die unterworfenen Völker fanden sich nicht mit der Eroberung ihres Landes ab, doch die Europäer waren durch ihre Waffentechnik deutlich überlegen. Die Verwendung der Feuerwaffe erlaubte ihnen, einen Feind aus großer Entfernung zu töten, der damals wie ein entmenschlichtes „Ziel" betrachtet wurde.

Der Krieg zur Eroberung Marokkos dauerte 30 Jahre (1903 – 1933). Er war oft grausam (Verstümmelungen von Leichen und Verletzten) und bediente sich moderner Techniken wie des Fliegerbombardements. Schließlich wurde er zu einem Konflikt innerhalb der Bevölkerung der Kolonien selbst, weil die Kolonialarmee kaum noch aus europäischen Soldaten bestand (1914 waren es noch 42 Prozent, 1921 nur noch 28 Prozent), sondern im Wesentlichen aus einheimischen Truppen, die in Schwarzafrika und im Maghreb rekrutiert wurden.

## Die Auflösung der Gesellschaftsordnung

Die wirtschaftlichen und sozialen Strukturen wurden durch die Kolonisatoren schwer erschüttert. In Indien wurden die vorhandenen Industrien abgebaut. Überall drängte der Ausbau einer exportorientierten Landwirtschaft die traditionelle Ökonomie zurück.

Die Bauern wurden zugunsten des Staates und der Siedler von den fruchtbarsten Böden vertrieben und in „Reservaten" untergebracht, in Gebieten, die die Briten zur Produktion von Lebensmitteln für die autochthone Bevölkerung bestimmten. Wenn sie ihr Land behielten, sahen sich die Afrikaner zur Einführung bestimmter Kulturen gezwungen, wie zum Beispiel zum Anbau von Kakao im Gebiet der Elfenbeinküste.

Zur Aufbringung hoher Steuern wurde die Bevölkerung gezwungen, für die Siedler zu arbeiten. Männer wurden zur Arbeit verpflichtet, ohne dass auf den Baustellen für ihre Versorgung mit Nahrungsmitteln gesorgt wurde. Frauen und Kinder mussten ihnen folgen, wodurch die Dorfgesellschaften zerstört wurden. Das größte Ausmaß an Gewalt erreichte die Zwangsarbeit beim Kautschukanbau im Kongo-Freistaat und auf den Baustellen in Französisch-Kongo.

## Der Widerstand nimmt zu

Die Stadt war ein Spiegelbild der Kolonisation: Hier bestand eine klare Trennung zwischen den Wohnvierteln, die ausschließlich für Europäer bestimmt waren, und den Vierteln für die „Eingeborenen". Zugleich war sie der Ort, an dem die Gesellschaft der Kolonisatoren am stärksten mit der Gesellschaft der autochthonen Bevölkerung in Berührung kamen. Hier kam es zu einer Akkulturation und zur Begegnung der lokalen Eliten, die sich der Kolonisation anpassten. Sie versuchten, ihre Privilegien zu behalten, indem sie lokale Helfer der Kolonialmacht wurden.

Diese lokalen Eliten, die zwischen zwei Kulturen standen und von den Siedlern oft verachtet wurden, richteten die westlichen Werte schließlich gegen die westliche Welt, vor allem den Nationalismus, der nach dem Ende des Ersten Weltkrieges stärker wurde. Die Kolonien fühlten sich für ihren Beitrag zum Kriegseinsatz ungenügend entlohnt und forderten das ihnen von Woodrow Wilson 1918 zugestandene Selbstbestimmungsrecht der Völker ein.

Nach dem Ersten Weltkrieg wurde die Kolonialherrschaft zunehmend in Frage gestellt. Parteien wie die 1934 in Tunesien von Habib Bourguiba gegründete Neo-Destour-Partei, die von Messali Hadj 1937 gegründete Algerische Volkspartei oder die 1930 von Nguyen Ai Quoc (Ho Chi Minh) gegründete Kommunistische Partei Indochinas forderten die Unabhängigkeit. In Indien führte Gandhi mit einem gewaltlosen Widerstand die antibritischen Proteste an. Schließlich erhob sich in Palästina die arabische Bevölkerung gegen die Briten, die sich in der Balfour-Deklaration mit einer jüdischen Heimstätte in Palästina einverstanden erklärt hatten.

1

**Gandhi (1869 – 1948)**

Der in England ausgebildete Anwalt kämpfte für die Unabhängigkeit Indiens, indem er den „zivilen Ungehorsam" erfand (Weigerung, ein als ungerecht beurteiltes Gesetz zu befolgen). Er organisierte große Kampagnen wie den Boykott der Schulen oder britischer Produkte sowie den „Salzmarsch" von 1930 (der sich gegen die Salzsteuer richtete).

### Begriffe

- **Kongo-Freistaat:** Dieser Staat war von 1885 bis 1908 der persönliche Besitz des belgischen Königs Leopold II. Die Gräuel bei Zwangsarbeit, die durch eine internationale Pressekampagne angeprangert wurden, zwangen Leopold, das Gebiet 1908 Belgien zu übergeben.
- **Akkulturation:** Prozess, in dem eine Gruppe von Menschen die Kultur (verstanden als Gesamtheit der Werte und Handlungsweisen) einer anderen Gruppe von Menschen übernimmt, oft im Rahmen eines Herrschaftsverhältnisses.
- **Balfour-Deklaration:** Ein von dem britischen Außenminister Lord Balfour am 2. November 1917 an Lord Rothschild, einen führenden Vertreter des Zionismus, adressierter Text: „Die Regierung Seiner Majestät betrachtet mit Wohlwollen die Errichtung einer nationalen Heimstätte für das jüdische Volk in Palästina und wird ihr Bestes tun, die Erreichung dieses Zieles zu erleichtern, wobei, wohlverstanden, nichts geschehen soll, was die bürgerlichen und religiösen Rechte der bestehenden nichtjüdischen Gemeinden in Palästina [...] in Frage stellen könnte."

2

**Der Völkermord an den Herero**

In Südwestafrika (heute Namibia) stießen die Deutschen auf den Widerstand der Herero. Diese waren Viehzüchter, die sich weigerten, in „Reservaten" eingepfercht zu werden. Durch Kämpfe, Gräueltaten und organisierte Hungersnöte wurde die Bevölkerung der Herero von 60.000 bis 80.000 im Jahre 1904 auf etwa 15.000 im Jahre 1911 dezimiert.

| **Militärische Verluste** (in Tausend Pers.) | |
|---|---|
| Reguläre Truppen[1] | 90 – 120 |
| Autochthone Truppen[2] | |
| Indien | 80 – 100 |
| Java | 300 |
| Afrika | 500 |
| **Zivile Verluste** (in Tausend Personen) | |
| Ceylon | 3.000 – 3.500 |
| Indien | 28 000 |
| Algerien | 500 |
| Kongo | 5.000 – 10.000 |
| Elfenbeinküste | 1.000 |
| Sudan | 5.000 |
| Kenia | 1.500 |
| Südwestafrika (heute Namibia) | 100 |
| **Gesamtsumme** (in Millionen Personen) | **50 – 60** |

Quelle: Bouda Etemad, La possession du monde, poids et mesures de la colonisation. Brüssel 2000.

[1)] Soldaten aus dem „Mutterland", die in den Kolonialarmeen dienten.
[2)] Vor Ort rekrutierte Soldaten.

**5 Die Verluste an Menschenleben**

Überblick über die Verluste während der kolonialen Eroberungskriege. Der Zweite Weltkrieg (1939 – 1945) ist nicht mehr berücksichtigt.

## 3 Der Rifkrieg (1920 – 1926)

*Im Rifgebirge (einem Gebirge im Norden Marokkos) erhoben sich die Berber gegen die spanische und französische Kolonialherrschaft. 1922 proklamierte Emir Abd el-Krim die „Konföderierte Republik der Stämme des Rif".*

Wir werden beschuldigt, Rebellen zu sein, aber wir kämpfen für unser Land. Wart ihr selbst nicht das erste Volk, das die Waffen ergriff und zur Verteidigung der Freiheit seines Bodens und seines Erbes eilte? Wir werden beschuldigt, den Krieg als Zeitvertreib gewählt zu haben, aber solche Verleumdungen halten der Überprüfung nicht stand. Wir verkünden unseren Wunsch, in Frieden zu leben und die Ressourcen unseres Landes zum Nutzen seiner Bewohner zu entwickeln.

Wir haben unseren Bruder und unsere Minister nach Paris geschickt, weil es die Wiege der Freiheit ist, die Hauptstadt der Gleichheit, die Mutter der modernen Zivilisation und weil wir gehofft haben, dass die edle französische Nation, die so häufig die Schwachen und die Heimgesuchten geschützt hat, das Recht des Rif anerkennen würde, wie eine freie Nation zu leben. Unser Ziel, unser Prinzip, unser Ideal ist der Friede und die Unabhängigkeit.

Übers. nach: Abd el-Krim, Brief an das französische Parlament, 1925.

## 4 Ein Aufruf zur Revolte gegen die Franzosen

*Phan Boi Chau (1867–1940) war einer der Begründer der vietnamesischen Nationalbewegung. Er lebte in Japan (1905–1908) und dann in China im Exil und kämpfte für den Sturz der französischen Herrschaft über Vietnam (das hier mit seiner Zentralregion Assam gleichgesetzt wird).*

Wird die Assoziationspolitik, die zu unseren Gunsten vorgeschlagen und die den Franzosen eher durch den Druck des russisch-japanischen Krieges als durch ihre eigene Großzügigkeit diktiert wurde, ernsthaft sein? Wenn Frankreich meint, dass seine Größe es dazu zwingt, das vietnamesische Volk zu einer dauerhaften Sklaverei zu verdammen, dann soll es auch so offen sein, wie es einem mächtigen und großen Volk zukommt. […]

Es ist erfreulich, dass die Japaner gezeigt haben, dass auch die gelbe Haut etwas wert ist. Die Weißen ziehen uns mit Hilfe aller möglichen Steuern langsam das Fell ab und verspeisen uns in kleinen Happen. […]

Du befindest dich in den Händen der Fremden. Für die Einheimischen ist nur vorgesehen, dass sie boys[1)], Kulis[2)], Dolmetscher oder einfaches Fußvolk[3)] sind. Indessen steigen die Steuern täglich. Oh Land von Amman, wie bist du zu bedauern! […]

In den anderen Fächern wie der Elektrizität, den Naturwissenschaften, den Politischen Wissenschaften, den Militärwissenschaften usw. werden die Vietnamesen nicht unterrichtet, um sie in vollständiger Unwissenheit zu halten. Sie lassen niemals die Vietnamesen in die Schulen kommen, in denen Französisch unterrichtet wird, weil sie Angst davor haben, ihnen das Geheimnis ihres Wissens zu offenbaren.

Phan Boi Chau, Auszug aus den Cahiers annamites, 1906 – 1913.

[1)] Einheimischer Bediensteter, der in den Kolonien für einen Europäer arbeitet.
[2)] Mann, der für körperlich schwere Arbeiten, z. B. als Hilfsarbeiter oder Träger, angestellt wurde.
[3)] Soldaten zweiter Klasse.

## Fragen und Anregungen

**1.** Bestimmen Sie den Anteil der zivilen Opfer und die Gebiete, die am stärksten von Verlusten betroffen waren. Überlegen Sie, warum diese Gebiete besonders betroffen waren. (M5)

**2.** Erörtern Sie, wie Abd el-Krim seinen Kampf vor der französischen Öffentlichkeit rechtfertigt. (M3)

**3.** Analysieren Sie den Text von Phan Boi Chau und arbeiten Sie die Vorwürfe heraus, die der französischen Herrschaft gemacht werden. (M4)

**4.** Interpretieren Sie den Stich hinsichtlich seiner Aussage zur kolonialen Gewalt. (M2)

# Dossier
# Die Kolonien und der Erste Weltkrieg

Während des Ersten Weltkrieges mobilisierten die europäischen Mächte ihre kolonialen Ressourcen in großem Umfang. Fast eine Million Inder kämpften für Großbritannien, 600 000 Afrikaner und Indochinesen für Frankreich. Diese Männer, die oft zum Dienst gezwungen wurden, hofften für ihren Einsatz entsprechend belohnt zu werden. Genährt wurden ihre Hoffnungen durch die russische Oktoberrevolution von 1917 und Präsident Wilsons „Vierzehn Punkte“.

Aber die Enttäuschung nach dem Krieg war groß. Der Völkerbund begnügte sich damit, die Kolonien der besiegten Mächte (Deutschland, Osmanisches Reich) einzuziehen, um sie den Siegermächten zu übergeben. Und diese stellten trotz der Proteste der Kolonialvölker ihren eigenen Herrschaftsanspruch nicht in Frage.

1

**Die Afrikaner im Krieg**

„Tag der Afrika-Armee und der Kolonialtruppen“, Plakat von Lucien Jonas, 1917.

2

### Der Völkerbund und die heilige Aufgabe der Zivilisation

**Art. 22**

Auf die Kolonien und Gebiete, die infolge des Krieges aufgehört haben, unter der Souveränität der Staaten zu stehen, die sie vorher beherrschten, und die von solchen Völkern bewohnt sind, die noch nicht imstande sind, sich unter den besonders schwierigen Bedingungen der heutigen Welt selbst zu leiten, finden die nachstehenden Grundsätze Anwendung: Das Wohlergehen und die Entwicklung dieser Völker bilden eine heilige Aufgabe der Zivilisation, und es ist geboten, in die gegenwärtige Satzung Bürgschaften für die Erfüllung dieser Aufgabe aufzunehmen.

Der beste Weg, diesen Grundsatz durch die Tat zu verwirklichen, ist die Übertragung der Vormundschaft über diese Völker an die fortgeschrittenen Nationen, die aufgrund ihrer Hilfsmittel, ihrer Erfahrung oder ihrer geografischen Lage am besten imstande sind, eine solche Verantwortung auf sich zu nehmen, und die hierzu bereit sind: Sie hätten die Vormundschaft als Mandatare des Bundes in seinem Namen zu führen.

Die Art des Mandats muss nach der Entwicklungsstufe des Volkes, nach der geografischen Lage des Gebiets, nach seinen wirtschaftlichen Verhältnissen und allen sonstigen Umständen dieser Art verschieden sein.

Gewisse Gemeinwesen, die ehemals zum Türkischen Reich gehörten, haben eine solche Entwicklungsstufe erreicht, dass sie in ihrem Dasein als unabhängige Nation vorläufig anerkannt werden können, unter der Bedingung, dass die Ratschläge und die Unterstützung eines Mandatars ihre Verwaltung bis zu dem Zeitpunkt leiten, wo sie imstande sein werden, sich selbst zu leiten[1]. […]

Auszug aus der Völkerbundsatzung, die zum Versailler Vertrag gehört, 28. Juni 1919, zit. nach: www.documentarchiv.de (20.02.2008)

[1] Diese arabischen Gebiete des ehemaligen Osmanischen Reiches, die Frankreich und Großbritannien anvertraut wurden, bezeichnete man als **A-Mandate**.
Der Völkerbund bestimmte zwei weitere Gruppen:
- Die **B-Mandate**, denen die Unabhängigkeit in einer weiter entfernt liegenden Zukunft versprochen wurde. Es handelte sich in der Mehrzahl um die ehemaligen deutschen Kolonien in Afrika (außer Deutsch-Südwestafrika), die Frankreich, Großbritannien und Belgien übertragen wurden.
- Die **C-Mandate**, die den Territorien der Mandatsmächte angegliedert werden konnten. Es handelte sich um Deutsch-Südwestafrika (das der Südafrikanischen Union übertragen wurde), und die ehemaligen deutschen Gebiete im Pazifik (die Australien, Neuseeland und Japan übertragen wurden).

3

**Das seiner Kolonien beraubte Deutschland**

Deutsches Plakat von Gustav Löhr für den Reichsverband der Kolonialdeutschen, 1919.

## 5 Das Empire kann sich nicht nur auf Gewalt gründen

*Am 13. April 1919 schoss die britische Armee in Amritsar (Punjab) in die Menge, es gab 379 Tote. Hier verteidigt Churchill die Position der britischen Regierung, die den für das Massaker verantwortlichen General abgesetzt hat.*

Unsere Herrschaft in Indien oder in irgendeinem anderen Land hatte ihre Grundlage niemals ausschließlich in physischer Gewalt, und es wäre für das Britische Empire fatal, wenn wir versuchen würden, uns darauf zu stützen. Der britische Weg, die Dinge zu handhaben – wie mein ehrbarer Freund, der Staatssekretär für Indien, der in dieser Frage intensive Gefühle hegt, betont hat – bedeutete und beinhaltete immer eine enge und wirksame Kooperation mit den Bewohnern des Landes. Dies war unser Ziel in jedem Land des Britischen Empire, und nirgendwo anders hatten wir solch einen Erfolg wie in Indien, dessen Fürsten ihre Schätze für unsere Sache gegeben haben, dessen tapfere Soldaten Seite an Seite mit unseren eigenen Männer kämpften, dessen kluge und begabte Menschen in diesem Augenblick in jedem Bereich der Verwaltung und des Gewerbes mit uns zusammenarbeiten. Es trifft durchaus zu, dass letztes Jahr in Ägypten die Beziehungen zwischen dem britischen und dem ägyptischen Volk vollständig zusammenbrachen.[1] Alle Klassen und alle Berufsgruppen schienen sich gegen uns verbündet zu haben. Was tun wir? Wir versuchen, die Beziehung wiederherzustellen. […] Es handelt sich nicht um eine Frage der Stärke. Wir hatten genug Stärke, wenn es alleine darum ginge, Stärke zu besitzen.

Winston Churchill (Kriegsminister), Rede im House of Commons, am 8. Juli 1920.

http://lachlan.bluehaze.com.au/churchill/image07.jpg (20.02.2008)

[1] 1919 kam es in Ägypten zu schweren Unruhen, weil die Ägypter das Ende des von den Briten angeordneten Protektorats forderten.

## 4 Ein Appell an Präsident Wilson

*Khaled (1875–1940), Hauptmann der französischen Armee und Enkel des Emirs Abd el-Kadar, wurde nach dem Ersten Weltkrieg eine Führungspersönlichkeit der algerischen Nationalbewegung.*

Wir haben die Ehre, Ihrer Wertschätzung und Ihrem Gerechtigkeitssinn ein kurzes Exposé der aktuellen Situation in Algerien, welche die Folge seiner Besetzung durch Frankreich seit 1830 ist, vorzulegen. […] Seit 89 Jahren, in denen wir uns unter französischer Herrschaft befinden, nimmt die Armut bei uns ständig zu, während sich die Sieger auf unsere Kosten bereichern. […] Unter einer Regierung, die als republikanisch bezeichnet wird, wird die Mehrheit der Bevölkerung durch Sondergesetze regiert, die selbst den Barbaren Schande bereiten würden. […] Uns ist unter Verletzung der elementarsten Prinzipien der Gerechtigkeit der Blutzoll aufgezwungen worden. Obwohl wir durch das Recht des Stärkeren verarmt, geknechtet und erniedrigt wurden, haben wir dennoch niemals glauben können, dass eine solche Last, die alleine den mit allen Rechten versehenen französischen Bürgern vorbehalten ist, eines Tages auf unseren Schultern liegen sollte. Hunderttausende unserer Landsleute sind auf den verschiedenen Schlachtfeldern gefallen, wo sie gegen ihren Willen gegen Völker kämpften, die weder nach ihrem Leben noch nach ihren Gütern trachteten. […]

Im Namen unserer Landsleute appellieren wir an die edlen Gefühle des ehrwerten Präsidenten des freien Amerika: Wir fordern, dass von uns frei gewählte Delegierte entsandt werden, damit sie unter dem Schutz des Völkerbundes über unser zukünftiges Schicksal bestimmen. Herr Präsident, Ihre 14 Bedingungen für den Weltfrieden, die von den Alliierten und den Mittelmächten angenommen worden sind, sollen als Grundlage für die Befreiung aller kleinen unterdrückten Völker, ohne Unterschied der Rasse oder der Religion, dienen. Sie werden in den Augen der ganzen Welt als der würdige Bannerträger des Rechts und der Gerechtigkeit dastehen.

Brief von Hauptmann Khaled an Präsident Wilson, 23. Mai 1919.

## Fragen und Anregungen

1. Wie werden die Kolonialtruppen auf diesem Plakat dargestellt? (M1)
2. Bestimmen Sie den Status eines „Mandatsgebiets", wie er vom Völkerbund vorgesehen war. Beurteilen Sie, ob es sich dabei um eine Bestätigung oder eine Lockerung der Kolonialherrschaft handelt. (M2)
3. Besprechen Sie, welche Vorstellung der Kolonisation dieses deutsche Plakat zum Ausdruck bringt. (M3)
4. Erörtern Sie, aus welchem Grund sich Hauptmann Khaled an Präsident Wilson wandte. Welches Bild zeichnet er von der französischen Kolonisation in Algerien? (M4)
5. Bestimmen Sie die Ziele von Churchills Kolonialpolitik nach dem Krieg. (M5)
6. Nennen Sie Gründe für das Erstarken nationaler Bewegungen in den Kolonien nach dem Ersten Weltkrieg.

# Europa und die Welt im Jahr 1939

- **Afrika war fast ganz der Herrschaft europäischer „Mutterländer“ unterworfen.** Nur Liberia ist niemals kolonisiert worden. Selbst das alte Königreich Äthiopien wurde 1935 bis 1936 von Italien erobert. Die Südafrikanische Union war zwar ein nahezu unabhängiger Staat, aber sie wurde von weißen Siedlern regiert. Sie beherrschte Südwestafrika, eine ehemals deutsche Kolonie, die ihr vom Völkerbund als Mandat übertragen worden war.
- Im Nahen Osten war der europäische Einfluss geringer, weil nach der Auflösung des Osmanischen Reiches **Nationalbewegungen entstanden.** Großbritannien erkannte die Unabhängigkeit des Iraks und Ägyptens an. Saudi-Arabien wurde ein souveräner Staat und enger Verbündeter der Vereinigten Staaten. Persien bewahrte trotz starken Drucks seine Unabhängigkeit.
- **In Asien wurde die europäische Herrschaft** durch die antiimperialistische Propaganda der UdSSR und vor allem durch die Expansion Japans **gestört**, das sowohl ein Modell für den Widerstand gegen die europäische Hegemonie als auch selbst Kolonialmacht war.
- Europa besaß in Amerika einige Kolonien, im Wesentlichen in der Karibik. Aber hier stieß es auf den **Imperialismus der Vereinigten Staaten**, die zur dominierenden Macht auf dem amerikanischen Kontinent wurden.

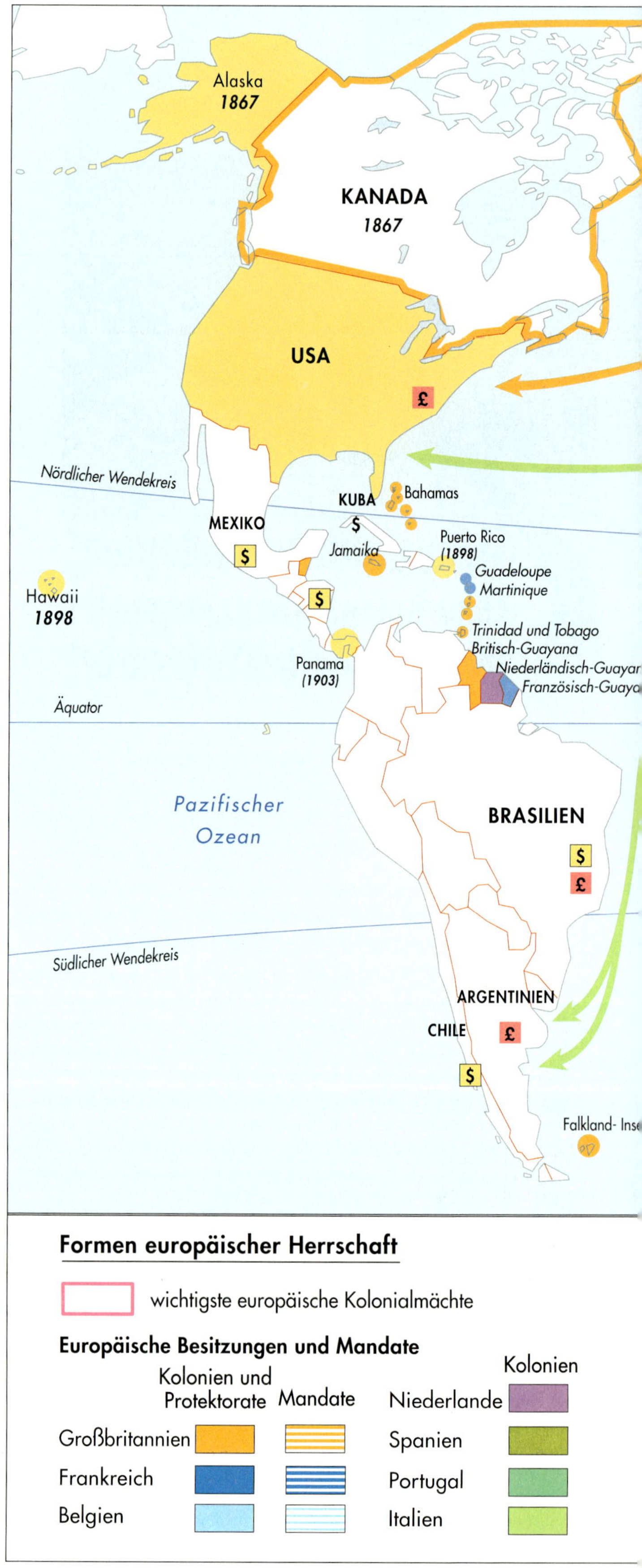

**Europäische Siedlungsströme seit dem XIX. Jahrhundert**

(die Farbe zeigt die wichtigste Nationalität)

£ **Europäisches Kapital reichlich vorhanden** (außerhalb des kolonialen Bereichs)

**Rivalen Europas**

Alaska 1867 – von den USA annektierte oder kolonisierte Gebiete

$ – amerikanisches Kapital reichlich vorhanden

von Japan annektierte oder beherrschte Gebiete

japanische Mandate

**Infragestellung der Vorherrschaft der Mutterländer**

1907 – britisches Dominion (Gründungsdatum)

IRAK (1932) – Länder, die die Unabhängigkeit erreicht haben (Datum der Unabhängigkeit)

Hauptkrisenherde

# Bilanz
# Die Expansion Europas und die Kolonisation

## Wichtige Daten

| | |
|---|---|
| **1868** | Beginn der Meiji-Zeit in Japan |
| **1869** | Eröffnung des Sueskanals |
| **1882** | Dreibund |
| **1884/1885** | Kongokonferenz in Berlin |
| **1890** | Beginn der „Weltpolitik" |
| **1905** | Erste Marokkokrise |
| **1904/1905** | Russisch-japanischer Krieg |
| **1907** | Triple Entente |
| **1911** | Zweite Marokkokrise |
| **1912/1913** | Balkankriege |
| **1914** | Attentat von Sarajewo, Beginn des Ersten Weltkrieges |
| **1918** | „Vierzehn-Punkte-Programm" Wilsons |
| **1931** | Schaffung des Commonwealth |

## Schlüsselbegriffe

| Deutsch | Französisch | Englisch |
|---|---|---|
| **Akkulturation** | Acculturation | Acculturation |
| **Assimilation** | Assimilation | Assimilation |
| **Kolonialismus** | Colonialisme | Colonialism |
| **Imperialismus** | Impérialisme | Imperialism |
| **Isolationismus** | Isolationnisme | Isolationism |
| **Mandat** | Mandat | Mandate |
| **Protektionismus** | Protectionnisme | Protectionism |
| **Protektorat** | Protectorat | Protectorate (indirect rule) |
| **Dreibund** | Triple Alliance | Triple Alliance |
| **Triple Entente** | Triple Entente | Triple Entente |

## Im Spiegel des Anderen: Wechselseitiges Unverständnis und koloniale Konkurrenz in Marokko

### Koloniale Konkurrenz aus deutscher Sicht

Marokko ist heute noch eines der wenigen Länder, wo Deutschland für seinen Verkehr freie Konkurrenz hat. Da Marokko jetzt im Begriff ist, mit den Anfängen seines Eisenbahnnetzes vorzugehen, so ist die Schädigung, welche Deutschland durch das französische Monopol erleiden würde, eine recht erhebliche. Noch bedenklicher wäre jedoch die Schädigung, welche das Ansehen Deutschlands erleiden würde, wenn wir uns stillschweigend gefallen ließen, dass über deutsche Interessen ohne deutsche Mitwirkung verfügt wird. Zu den Aufgaben einer Großmacht gehört nicht nur der Schutz ihrer Territorialgrenzen, sondern auch die Verteidigung der außerhalb dieser Grenzen gelegenen berechtigten Interessen. […] Dass Frankreich als Nachbar in Marokko stärkeres Recht hat als wir, kann keinesfalls zugegeben werden. Ein aus der Nachbarschaft herzuleitendes Recht auf Aneignung würde, falls anerkannt, das bisherige Völkerrecht auf den Kopf stellen und zu merkwürdigen Konsequenzen führen.

Aufzeichnung des Vortragenden Rats im Auswärtigen Amt von Holstein (Konzept), Berlin, 3. Juni 1904, zit. nach: J. Lepsius/A. Mendelssohn Bartholdy/F. Thimme (Hrsg.), Die Große Politik der Europäischen Kabinette 1871–1914, Bd. 20: Entente cordiale und Marokkokrise 1904–1905. Berlin 1925, S. 207 f.

### Koloniale Konkurrenz aus französischer Sicht

Was Deutschland will, das weiß alle Welt nur zu gut und zwar seit langem, mit Ausnahme der Diplomaten. Es will eine polizeiliche Einflusszone im Atlantik, die es baldmöglichst in eine militärische Besatzungszone umwandeln wird, mit einer Anlaufstelle und einem Stützpunkt für seine Handelsflotte und seine Kriegsmarine. Der letzte Krieg zwischen Russland und Japan hat den europäischen Nationen gezeigt, dass es im Sinne des Aktionsradius' ihrer Kriegsschiffe erforderlich ist, über Stationen für den Nachschub an Lebensmitteln und Kohle zu verfügen. Deutschland hat zwischen Kiel und Kamerun keine Stützpunkte, doch will es welche haben. Dies ist kein Geheimnis, und selbst der letzte Schüler hätte, solchen Gedankengängen folgend, die Geheimnisse der Kanzleien ergründen können. Zwischen Deutschland, das sich an den Küsten des Atlantik niederlässt, und Italien, das nicht zögert, im Raum Tripolis Fuß zu fassen, würde so, das ist leicht zu verstehen, für unsere Besitzungen in Nordafrika eine kommerzielle und militärische Gefahr entstehen, die es in unserem Sinne ganz wesentlich zu vermeiden galt.

Übers. nach: Alceste (H. Castille), Le gâchis d'Algéciras, La Presse, 14. Februar 1906; zit. nach: O. Wieviorka und Ch. Prochasson, La France du XX$^{e}$ siècle. Documents d'histoire. Paris 2004, S. 181f.

## DEUTSCH-FRANZÖSISCHER PERSPEKTIVENWECHSEL

### Auseinandersetzung mit der kolonialen Vergangenheit

• Die Kolonisation hat die französische Geschichte weitaus stärker geprägt als die deutsche. Heute stammen zahlreiche französische Staatsbürger aus dem ehemaligen Kolonialreich als Nachkommen entweder der einstigen Kolonisierten oder der Siedler, die sich in den Kolonien niedergelassen hatten (so zum Beispiel die „pieds noirs" in Algerien). Historiografische und politische Debatten über den Kolonialismus sind daher vor allem innerfranzösische Debatten, die auch stets sehr heftig verlaufen. So wurde 2005 ein Gesetzesentwurf, wonach „der Unterrichtsstoff in den Schulen insbesondere die positive Rolle der französischen Präsenz in den Kolonien" anerkennen sollte, nach Protesten seitens der Historiker wieder annulliert.

• Die deutsche Kolonisation setzte in den 1880er-Jahren und damit später als die französische ein. In den 1890er-Jahren war sie ein wichtiger Bestandteil der „Weltpolitik" Wilhelms II. Allerdings verlor Deutschland seine Kolonien bereits 1919 durch den Versailler Vertrag. So ist die deutsche Kolonialgeschichte im eigentlichen Sinne mit nur etwa 30 Jahren von kurzer Dauer. Deshalb wird in deutschen Schulbüchern die Kolonisation in den größeren Rahmen der Reflexion über den Imperialismus und die Ursprünge des Ersten Weltkrieges einbezogen. Hier gilt die Aufmerksamkeit den vielfältigen Formen der Rivalität zwischen den Großmächten (im Handel, bei den Flotten, beim Militär und den Kolonien), die als einer der Faktoren analysiert wird, welche als Erklärung für den Ausbruch des Weltkrieges von 1914 dienen können. Vor diesem Hintergrund ist beispielsweise in Deutschland die Betrachtung der Balkanländer als Gebiet indirekter Auseinandersetzung zwischen den Großmächten stärker verankert als in Frankreich.

• In beiden Ländern (auch in anderen wie Großbritannien oder in den ehemaligen Kolonialländern) haben die Historiker inzwischen einen neuen Zugang zu den Phänomenen des Imperialismus und Kolonialismus gesucht. Dabei wird der Schwerpunkt auf die koloniale Gewalt (der Völkermord an den Herero in Südwest-Afrika, die grausamen Übergriffe der Franzosen und Belgier im Kongo etc.) gelegt, die aus der Sicht eines Teils der Historiker die Massenmorde des 20. Jahrhunderts ankündigte und zur „Brutalisierung" der Verhaltensweisen in den europäischen Gesellschaften beitrug.

• Jüngere Untersuchungen befassen sich auch mit der kolonialistischen Propaganda, die sich an eine auch in Frankreich lange Zeit ablehnende öffentliche Meinung richtete. Diese Propaganda wurde von einer regelrechten kolonialen „Lobby" betrieben, die alle neuen Instrumente der Massenkultur nutzte (Plakate, Filme, „exotische" Spektakel und Kolonialausstellungen). Sie konstruierte koloniale Fantasiegebilde, in denen sich auf sehr komplexe Weise der „zivilisatorische Auftrag" der Europäer und Rassismus miteinander vermischten.

• Schließlich befassen sich manche Arbeiten auch eingehender mit der Komplexität der Beziehungen zwischen Kolonialherren und Kolonisierten; dabei werden die Kolonialstädte als kulturelle Schmelztiegel oder die Rolle bestimmter sozialer Akteure wie die der Frauen analysiert.

## WEITERFÜHRENDE HINWEISE

### Romane

- Tania Blixen, Jenseits von Afrika (Out of Africa, 1937). Aus dem Englischen von R. von Scholtz, Nachwort von J. Glauser. Reinbek bei Hamburg: Rowohlt-Taschenbuch-Verlag, 2003 (dänische Autorin, die lange in Kenia gelebt hat; der Roman wurde verfilmt).
- Joseph Conrad, Herz der Finsternis: Erzählung (1899). Aus dem Englischen von U. Widmer. Frankfurt am Main/Wien/Zürich: Büchergilde Gutenberg, 2007 (koloniale Gewalt an den Ufern des Kongos).
- Didier Daeninckx, Reise eines Menschenfressers nach Paris. Aus dem Franz. von B. Heber-Schärer. Berlin: Wagenbach, 2001 (Kolonialausstellung von 1931 und „Menschenzoos").
- Rudyard Kipling, Kim (1901). Aus dem Englischen von H. Reisinger. München: dtv, 1999[9] (Britisch-Indien aus der Sicht eines Kindes).

### Darstellungen

- Gregor Schöllgen, Das Zeitalter des Imperialismus. Oldenbourg-Grundriss der Geschichte, Bd. 15. München: Oldenbourg, 2000[4].
- Jürgen Osterhammel, Kolonialismus: Geschichte, Formen, Folgen. Beck'sche Reihe. C. H. Beck: München, 2006[4].
- Wolfgang Reinhard, Kleine Geschichte des Kolonialismus. Stuttgart: Kröner, 1996.
- Wolfgang Benz, Ausgrenzung, Vertreibung, Völkermord: Genozid im 20. Jahrhundert. München: dtv, 2006 (enthält u. a. ein Kapitel über den Völkermord an den Herero).
- „Colonies: un débat français", Le Monde 2: numéro hors-série, mai-juin 2006.
- „La colonisation en procès", L'Histoire: numéro spécial (n° 302), octobre 2005.
- Jean-Pierre Rioux (Hrsg.), Dictionnaire de la France coloniale. Paris: Flammarion, 2007.

### Filme

- Jean-Jacques Annaud, Sehnsucht nach Afrika (La Victoire en chantant), 1976 (der Krieg zwischen Deutschen und Franzosen im Afrika des Jahres 1915).
- David Lean, Lawrence von Arabien, 1962 (der Nahe Osten im Ersten Weltkrieg, gespiegelt im Schicksal eines Abenteurers).
- David Lean, Reise nach Indien, 1984 (Satire über die britische Verwaltung in Indien zu Beginn des 20. Jahrhunderts).

### Museen und Dokumentationszentren

- Cité nationale de l'histoire de l'immigration: 2007 im Palais de la Porte Dorée in Paris eröffnet, einem für die Kolonialausstellung von 1931 errichteten Gebäude. Die Aufgabe der Einrichtung ist es, „Materialien und Informationen zur Geschichte der Einwanderung nach Frankreich, vor allem seit dem 19. Jahrhundert, zu sammeln, zu bewahren, zu präsentieren und verfügbar zu machen." Das Hauptaugenmerk gilt der Kolonisation. Internetadresse: www.histoire-immigration.fr (16.02.2008).
- Musée du quai Branly: 2006 in Paris eröffnet. Das Museum präsentiert „ursprüngliche" Kunst („les arts premiers") nichtwestlicher Kulturen. Es besitzt reiche Bestände aus der Kolonialzeit und bietet Forschern Arbeitsmöglichkeiten, die sich mit dem Kolonialismus auseinandersetzen. Internetadresse: www.quaibranly.fr (16.02.2008).
- Deutsches Historisches Museum: Online-Informationen und Bildquellen zum deutschen Kolonialismus. Internetadresse: http://www.dhm.de/lemo/html/kaiserreich/aussenpolitik/kolonien/index.html (25.02.2008).

# Teil 5

## Der Erste Weltkrieg

1

2

3

4

5

6

7

8

9

10

11

12

13

14

15

16

17

18

Kapitel 11

# 1914 – 1918: Vom europäischen Krieg zum Weltkrieg



Die Europäer erkannten von vornherein den völlig neuartigen Charakter, den die im August 1914 auf dem Balkan ausgebrochene Konfrontation besaß. Durch die Einbeziehung der Kolonialreiche und den Kriegseintritt außereuropäischer Nationen entwickelte sie sich zu einem Weltkrieg. Die Krieg führenden Nationen, die alle Ressourcen mobilisierten, bezeichneten diese Auseinandersetzung in ihrer jeweiligen Sprache als den „Großen Krieg". Die Gewalt erreichte ein bis dahin nicht gekanntes Ausmaß und wurde dennoch von den Menschen der im Krieg befindlichen Gesellschaften akzeptiert und in ihre individuelle Erfahrung aufgenommen. Der Erste Weltkrieg war das Geburtsereignis des 20. Jahrhunderts. Er war der Auftakt einer Epoche, die durch Radikalisierung der Nationalismen und Ideologien sowie durch Massaker und Massenmorde geprägt war.

- Warum wurde der Erste Weltkrieg zu einem totalen Krieg?
- Wie lässt sich die Radikalisierung der Kriegshandlungen erklären?
- In welche Hauptphasen lässt sich der Konflikt untergliedern?

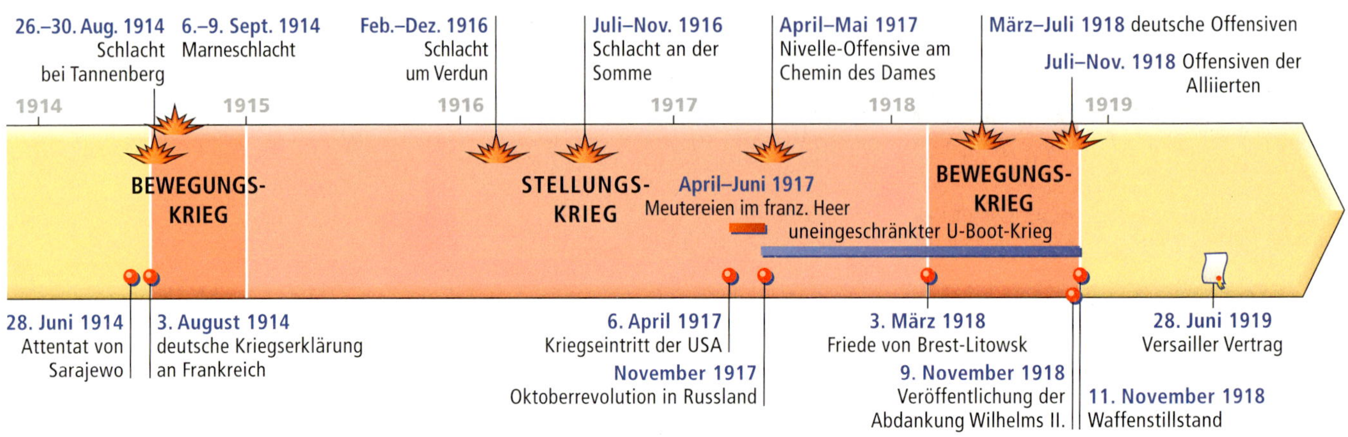

1

**Von der Ehre zu kämpfen ...**

Deutsche Matrosen und Soldaten, die während der Mobilmachung im August 1914 fotografiert wurden. Das Tragen der Uniform, um sein Vaterland zu verteidigen, war zu Beginn des 20. Jahrhunderts eine Quelle männlichen Stolzes. Der Militärdienst wurde als ein Beweis des Mutes und der staatsbürgerlichen Gesinnung angesehen.

2

**... zum Grauen des Kampfes**

Vier Jahre Krieg haben die Schlachtfelder, wie hier 1918 in Armentières, in Ruinenfelder verwandelt.

# Die Fronten im Ersten Weltkrieg

1 Verlauf der Fronten von 1914 bis 1917

2 Verlauf der Fronten 1918

# 1. 1914: Der Kriegseintritt

*Warum und wie trat Europa im Sommer 1914 in den Krieg ein?*

## Die Ursprünge des Konflikts

Auf dem Höhepunkt seiner Macht war Europa durch starke ökonomische und koloniale Rivalitäten gespalten, wie die Marokkokrisen von 1905 und 1911 deutlich gezeigt hatten (siehe S. 174). Die Spaltung Europas in zwei Bündnissysteme, den Dreibund und die Triple-Entente, sowie der Rüstungswettlauf verschärften die internationalen Spannungen. Auch wenn in Frankreich Gedanken an eine „Revanche" nur wenig verbreitet waren, verbot die Erinnerung an die „verlorenen Provinzen" jede Aussöhnung mit Deutschland.

Die kolonialpolitischen Bestrebungen Deutschlands, sein Streben nach einer Seemacht und seine ökonomische Macht führten zu Spannungen mit Großbritannien. Im Reich Wilhelms II. setzte sich der Gedanke durch, dass man von der Triple-Entente eingekreist und dass ein Krieg unvermeidlich sei. Die deutsche „Heeresvorlage" von 1912 und 1913 stockte die Friedenspräsenzstärke auf, und Frankreich verabschiedete 1913 das Gesetz über die dreijährige Militärdienstzeit. Russland, das aufmerksam über die Interessen der Slawen, vor allem der Serben wachte, und Österreich-Ungarn, das sich um den Zusammenhalt seines Vielvölkerstaates sorgte, standen sich auf dem Balkan als Konkurrenten gegenüber. Diese Region war 1912 und 1913 Schauplatz von militärischen Auseinandersetzungen gewesen, in denen sich ein extremes Gewaltpotenzial entladen hatte (siehe S. 168 f.). Hier brach der Krieg 1914 aus.

## Die Krise des Sommers 1914

Am 28. Juni 1914 wurde der Habsburger Thronfolger Erzherzog Franz-Ferdinand in Sarajewo von einem serbischen Nationalisten ermordet. Wien machte Serbien für das Attentat verantwortlich und stellte ihm ein Ultimatum, das dieses nicht akzeptieren konnte. Österreich-Ungarn war sich dabei der Unterstützung durch das Deutsche Reich sicher, das damit bewusst die Ausweitung des Krieges auf ganz Europa riskierte („deutscher Blankoscheck"). Nachdem Serbien das Ultimatum abgelehnt hatte, erklärte Wien am 28. Juli Serbien den Krieg. Weder verstärkte diplomatische Anstrengungen noch Friedensdemonstrationen konnten dieses Mal die Krise eindämmen. Sie wurde durch die außenpolitischen Bündnisse, das Gefühl der Unvermeidbarkeit des Krieges und die Angst, bei der Mobilmachung in Rückstand zu geraten, unkontrollierbar. Am 30. Juli ordnete Russland die Generalmobilmachung an, am Tag darauf folgte Österreich-Ungarn. Deutschland erklärte Russland am 1. August und Frankreich am 3. August den Krieg und marschierte in Belgien ein. Die Verletzung der belgischen Neutralität führte zum Kriegseintritt Großbritanniens am 4. August.

In der öffentlichen Meinung überwog weniger die Kriegsbegeisterung als ein defensiver Patriotismus: Der Krieg wurde als legitim empfunden, weil man ein Vaterland verteidigte, das entweder real angegriffen wurde oder das man in seiner Existenz bedroht sah, wie dies in Deutschland der Fall war. Großbritannien, das keine Wehrpflichtarmee besaß, stellte eine Freiwilligenarmee auf: Zwischen August und Dezember 1914 meldete sich eine Million Männer zum Kriegsdienst.

## Das Ende der Illusion vom kurzen Krieg

Die beteiligten Staaten erwarteten einen kurzen Krieg, in dem der Sieg durch eine entscheidende Offensive errungen werden sollte. Der deutsche Schlieffenplan sah vor, Frankreich innerhalb von sechs Wochen zu besiegen und dann Russland anzugreifen. Ab dem 2. August 1914 wurde ein Umfassungsangriff durchgeführt, der die französische Armee vernichten sollte (siehe S. 193, M4). Im Verlauf der „Grenzschlacht" scheiterten die Offensiven, die Frankreich in Lothringen und in den Ardennen geplant hatte. Die deutschen Truppen drangen in den Norden und Osten Frankreichs ein, während sich Franzosen und Briten zurückzogen. Aber mit dem Sieg in der Marneschlacht am 6. bis 9. September 1914 stoppten die Alliierten in einer Gegenoffensive den deutschen Vormarsch, der Paris bedrohte.

Um den Bewegungskrieg fortzusetzen, begannen die Armeen einen vergeblichen „Wettlauf zum Meer". Am 17. November 1914 stabilisierte sich der Frontverlauf von der Schweizer Grenze bis zur Nordsee auf einer Länge von 750 Kilometern. Nun begann der Stellungskrieg.

An der Ostfront besetzten die Russen Ostpreußen, aber mit den Siegen bei Tannenberg (26. bis 30. August 1914) und an den Masurischen Seen (6. bis 15. September 1914) konnten die Deutschen einen großen Teil des Landes wieder befreien. Die russische Armee besetzte nach Erfolgen gegen Österreich-Ungarn zwar noch Galizien, aber dann setzte sich an allen Fronten ein langer Stellungskrieg durch.

1

**Briten verpflichten sich**

Kriegsfreiwillige vor einem Rekrutierungsbüro der Armee in London 1914.

### Begriffe

- **Dreibund:** 1882 zwischen Deutschem Reich, Österreich-Ungarn und Italien geschlossenes Verteidigungsbündnis; es sah eine militärische Unterstützung vor, falls eines der dem Bündnis angehörenden Länder angegriffen werden sollte.
- **Triple-Entente:** Zwischen Großbritannien, Frankreich und Russland seit 1907 bestehendes Bündnis. Großbritannien ging jedoch keine Verpflichtung ein, im Falle eines Angriffs militärisch einzugreifen.
- **Gesetz über die dreijährige Militärdienstzeit:** siehe S. 166
- **Ultimatum:** Diplomatische Note eines Staates, in der von einem anderen Staat unter Androhung der Kriegserklärung die Erfüllung bestimmter Forderungen verlangt wird.
- **Blankoscheck:** Zusage bedingungsloser Unterstützung der deutschen an die österreichisch-ungarische Regierung im Sommer 1914.
- **Wehrpflichtarmee:** Armee, die aus Einberufenen besteht, die einen obligatorischen Militärdienst ableisten müssen.

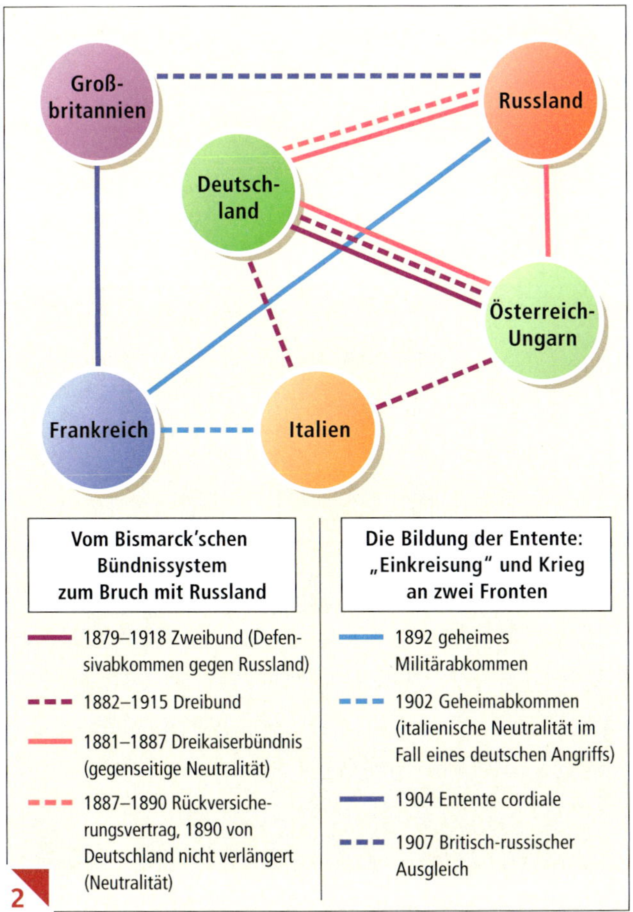


2
**Die Allianzen 1914 und das Gefühl, eingekreist zu sein**

4
**Die Westfront 1914 und der „Umfassungsangriff“**

## 3 Der Bündnismechanismus

Durch Deinen bewährten und von mir aufrichtig geschätzten Botschafter wird Dir meine Versicherung übermittelt worden sein, dass Du auch in den Stunden des Ernstes mich und mein Reich in vollem Einklang mit unserer altbewährten Freundschaft und unseren Bundespflichten treu an Euerer Seite finden wirst. Dir dies an dieser Stelle zu wiederholen, ist mir eine freudige Pflicht.

Die grauenerregende Freveltat von Sarajewo hat ein grelles Schlaglicht auf das unheilvolle Treiben wahnwitziger Fanatiker und die den staatlichen Bau bedrohende panslawistische[1] Hetzarbeit geworfen. Ich muss davon absehen, zu der zwischen Deiner Regierung und Serbien schwebenden Frage Stellung zu nehmen. Ich erachte es aber nicht nur für eine moralische Pflicht aller Kulturstaaten, sondern als ein Gebot für ihre Selbsterhaltung, der Propaganda der Tat, die sich vornehmlich das feste Gefüge der Monarchien als Angriffsobjekt ausersieht, mit allen Machtmitteln entgegenzutreten.

Ich verschließe mich auch nicht der ernsten Gefahr, die Deinen Ländern und in der Folgewirkung dem Dreibund aus der von russischen und serbischen Panslawisten betriebenen Agitation droht, und erkenne die Notwendigkeit, die südlichen Grenzen Deiner Staaten von diesem schweren Druck zu befreien.

Auszug aus dem Handschreiben Kaiser Wilhelms II. an Kaiser Franz Joseph I. vom 14. Juli 1914; zit. nach: W. Baumgart (Hrsg.), Quellenkunde zur deutschen Geschichte der Neuzeit von 1500 bis zur Gegenwart. Darmstadt 2005, Bd. 5.

[1] Der Panslawismus war eine politische Bewegung mit dem Ziel, die Einheit aller slawischen Völker Europas zu erreichen.

## 5 Die Mobilmachung: patriotische Entschlossenheit

*In seinen 1915 verfassten Kriegserinnerungen beschreibt der französische Historiker Marc Bloch die Umstände der Mobilmachungen:*

Das Bild, das Paris während der ersten Tage der Mobilmachung bot, bleibt eine der schönsten Erinnerungen aus dem Krieg. Die Stadt war friedlich und etwas feierlich. Der Verkehr hatte sich sehr verlangsamt, das Fehlen der Busse, die Seltenheit der Motor-Taxen ließ die Straßen nahezu ruhig erscheinen. Die Traurigkeit, die alle Herzen erfasst hatte, wurde nicht offen gezeigt; es fiel nur auf, dass viele Frauen geschwollene und rote Augen hatten. […] In Paris gab es nur noch zwei soziale Klassen: Die eine bestand aus jenen, die fortgingen – bei ihnen handelte es sich um den Adel –; die andere, die nicht fortging, schien im Augenblick keine andere Aufgabe zu kennen, als die zukünftigen Soldaten zu umsorgen. In den Straßen, den Geschäften, der Straßenbahn plauderten die Menschen ganz ungezwungen miteinander; und das einmütige Wohlwollen drückte sich oft in Worten und Gesten aus, die zwar kindisch und unbeholfen schienen, die einen aber dennoch berührten. Die Männer waren in ihrer Mehrzahl nicht fröhlich, sondern entschlossen – und das ist besser.

Übers. nach: Marc Bloch, Souvenirs de guerre 1914–1915, in: Ecrits de guerre, 1914–1918. Paris 1997, S. 119f.

## Fragen und Anregungen

**1.** Erörtern Sie die Motive, die diese britischen Männer veranlasst haben, sich freiwillig zu melden. (M1)

**2.** Erklären Sie das deutsche Gefühl der „Einkreisung“. (M2)

**3.** Arbeiten Sie die Gründe heraus, die Wilhelm II. dazu bewegt haben, der österreichisch-ungarischen Politik seine bedingungslose Unterstützung zuzusagen. (M3)

**4.** Wie ist das Gefühl der Entschlossenheit zu erklären, das Marc Bloch in der Pariser Bevölkerung konstatiert? (M5)

# Dossier
# Union Sacrée und Burgfrieden

Bei Kriegsbeginn 1914 ging von der Idee der nationalen Einheit eine starke Mobilisierungskraft aus; in Frankreich wurde die Union Sacrée verkündet, in Deutschland der Burgfrieden. Die Parteien legten ihre Konflikte für die Dauer eines Krieges bei, der aus ihrer Sicht bald wieder beendet sein würde. Am 4. August 1914 wurden in beiden Ländern die Kriegskredite einstimmig bewilligt. Auch die Mehrheit der Sozialisten stimmte dafür. Obwohl sie Internationalisten und Pazifisten waren, beteiligten sie sich an einem Konflikt, der als Verteidigungskrieg empfunden wurde.

Nach den scharfen politischen Auseinandersetzungen der Vorkriegszeit erschien diese plötzliche nationale Einheit vielen Menschen wie ein Wunder. So feierten die deutschen Intellektuellen das „Augusterlebnis" und rechtfertigten den Krieg im Namen der Verteidigung der deutschen Werte und kulturellen Traditionen gegenüber der „westlichen Zivilisation".

1

**Der Burgfrieden: Ein Waffenstillstand zwischen den Parteien und ein Bündnis zwischen den Klassen**

Diese 1914 in München herausgegebe Postkarte griff den von Kaiser Wilhelm II. in seiner Thronrede am 4. August 1914 ausgesprochenen Satz auf: „Ich kenne keine Parteien mehr, ich kenne nur Deutsche." Entwurf: Franz Stassen, München 1914.

### 2 „Vor der Aktion"

*Dieser Artikel wurde in der von Clemenceau 1913 gegründeten Zeitschrift L'Homme libre (Der freie Mensch) publiziert, die er 1914 aus Protest gegen die Pressezensur in L'Homme enchaîné (Der gefesselte Mensch) umbenannte.*

Wie sehr unser Land in der Vergangenheit auch innerlich zerstritten war, nun kommt es darauf an, dass die Franzosen, gleich woher sie kommen oder wohin sie streben, in dieser entscheidenden Stunde im Herzen und in der Seele zu einer Einheit verschmelzen und dass sie an unseren Landesgrenzen von einem einzigen Willen beseelt mit äußerster Energie auftreten. Nur durch diese moralische Kraft können wir den anderen überlegen sein. Wenn das Land durch uns wieder sein eigener freier Herr sein wird, dann werden wir die alten Konflikte wieder aufgreifen, die dem französischen Denken zur Ehre gereichen. [...]

Ein Knecht, den ich vor ein paar Tagen traf, sagte mir im Vorbeigehen: „Wir müssen uns beeilen, sonst werden die Frauen noch die Ernte beenden", und er lachte bei dem Gedanken an diesen Anblick. Das war alles. In Paris gibt es kein Geschrei, keine Menschenaufläufe. Nichts als ernste Entschlossenheit.

Gestern hat ein Verrückter Jaurès gerade in dem Augenblick ermordet, als er mit einer wunderbaren Energie seinem Land einen zweifachen Dienst erwies, indem er sich unablässig für die Beibehaltung des Friedens einsetzte und zugleich das ganze französische Proletariat zur Verteidigung des Vaterlandes aufrief.

Übers. nach: Georges Clemenceau, L'homme libre, 2. August 1914.

### 3 Die einstimmige Bewilligung der Kriegskredite im Reichstag

Die Folgen der imperialistischen Politik, durch die eine Ära des Wettrüstens herbeigeführt wurde und die Gegensätze zwischen den Völkern sich verschärften, sind wie eine Sturmflut über Europa hereingebrochen. Die Verantwortung hierfür fällt den Trägern dieser Politik zu; wir lehnen sie ab. Die Sozialdemokraten haben diese verhängnisvolle Entwicklung mit allen Kräften bekämpft, und noch bis in die letzten Stunden hinein haben sie durch machtvolle Kundgebungen in allen Ländern, namentlich im innigen Einvernehmen mit den französischen Brüdern, für die Aufrechterhaltung des Friedens gewirkt. Ihre Anstrengungen sind vergeblich gewesen. Jetzt stehen wir vor der ehernen Tatsache des Krieges. Uns drohen die Schrecknisse feindlicher Invasionen [...]. Für unser Volk und seine freiheitliche Zukunft steht bei einem Siege des russischen Despotismus, der sich mit dem Blute der Besten des eigenen Volkes befleckt hat, viel, wenn nicht alles auf dem Spiel. Es gilt, diese Gefahr abzuwehren, die Kultur und Unabhängigkeit unseres eigenen Landes sicherzustellen. Da machen wir wahr, was wir immer betont haben: Wir lassen in der Stunde der Gefahr das eigene Vaterland nicht im Stich [...].

Erklärung des Abgeordneten Haase im Namen der SPD am 4. August 1914; zit. nach: J. Hohlfeld (Hrsg.), Dokumente der deutschen Politik und Geschichte von 1848 bis zur Gegenwart, Bd. II. Berlin. 1959, Nr. 125 c, S. 300 f.

## 4 Der Anschluss der französischen Arbeiterbewegung an den Krieg

*Am 4. August 1914 nahmen die Repräsentanten aller politischen Parteien und eine riesige Menschenmenge an der Beerdigung von Jean Jaurès teil, der am 30. Juli im Pariser Café du Croissant ermordet worden war.*

Zum Kampf gezwungen erheben wir uns, um den Angreifer zurückzustoßen, um das Erbe der Zivilisation und der hochherzigen Idee, das uns die Geschichte gab, zu schützen. [...] Aber wir werden niemals einen Eroberungskrieg führen.

Die Arbeiterklasse erhebt sich mit zerrissenem Herzen vor diesem feigen Attentat [...]. Diese Arbeiterklasse erinnert sich daran, wer immer aus den revolutionären Traditionen heraus lebte, sie erinnert sich der Soldaten des Jahres II[1], die auszogen, um der Welt die Freiheit zu bringen, sie erinnert sich, dass es nicht der Hass auf ein Volk ist, der ihren Arm wappnen soll, dass sie ihre Wut nicht gegen die Nationen wenden soll, die die Opfer ihrer Despoten und schlechten Hirten sind.

Kaiser von Deutschland und Österreich-Ungarn, preußische Junker[2] und große österreichische Herren, die ihr aus Hass auf die Demokratie den Krieg gewollt habt, wir werden eurer Herrschaft die Totenglocke läuten.

Wir werden die Soldaten der Freiheit sein, die für die Unterdrückten eine Ordnung der Freiheit erobern, die die Harmonie zwischen den Völkern begründen, die auf der freien Verständigung zwischen den Nationen und dem Bündnis zwischen den Völkern beruht. Dieses Ideal wird uns den Sieg ermöglichen.

Ja, Jaurès, die unauslöschliche Erinnerung an dich wird uns in dem furchtbaren Kampf leiten, in den wir jetzt eintreten. Sie wird vor uns wie eine Fackel leuchten, die der Sturm nicht löschen kann. Und ich verkünde mit lauter Stimme, bevor ich in den Kampf ziehe, unseren unzerstörbaren Glauben an die Internationale, unsere Entschlossenheit, in großem Kampf alle Freiheiten zu erobern und jenen zu geben, die sie erhoffen.

Nein, meine Kameraden, unser Ideal der menschlichen Aussöhnung und der Suche nach dem sozialen Glück scheitert nicht. Es wird nur für einen Augenblick auf seinem Weg aufgehalten, aber es bereitet schon für morgen bessere Bedingungen vor, um sich in der ganzen Welt ausbreiten zu können.

Übers. nach: „A Jean Jaurès", Ansprache von L. Jouhaux, dem Generalsekretär der CGT, bei der Trauerfeier am 4. August 1914. Paris, La Publication sociale, 1915.

[1] Soldaten der Französischen Revolution in den Jahren 1793–1794.
[2] Großgrundbesitzer im ostelbischen Preußen, die zumeist dem Adel angehörten.

## 5 Die Mobilmachung der deutschen Intellektuellen

*Am 4. Oktober 1914 veröffentlichten 93 der bedeutendsten Künstler, Wissenschaftler und Universitätsprofessoren den Aufruf „An die Kulturwelt". Dies war einer der ersten Akte, in denen sich Intellektuelle in einem Konflikt engagierten, der von Anfang an als ein Krieg zwischen den Kulturen verstanden wurde. Im Ausland rief der Text zahlreiche Erwiderungen hervor.*

An die Kulturwelt
Ein Aufruf
[...]
Wir als Vertreter deutscher Wissenschaft und Kunst erheben vor der ganzen Kulturwelt Protest gegen die Lügen und Verleumdungen, mit denen unsere Feinde Deutschlands reine Sache in dem ihm aufgezwungenen schweren Daseinskampfe zu beschmutzen trachten. [...].

**Es ist nicht wahr, dass Deutschland diesen Krieg verschuldet hat.** [...] Erst als eine schon lange an den Grenzen lauernde Wehrmacht von drei Seiten über unser Volk herfiel, hat es sich erhoben wie ein Mann. [...]

**Es ist nicht wahr, dass eines einzigen belgischen Bürgers Leben und Eigentum** von unseren Soldaten angestastet worden ist, ohne dass die bitterste Notwehr es gebot. Denn wieder und immer wieder, allen Mahnungen zum Trotz, hat die Bevölkerung sie aus dem Hinterhalt beschossen, Verwundete verstümmelt [...].

**Es ist nicht wahr, dass unsere Kriegführung die Gesetze des Völkerrechts missachtet.** [...] Sich als Verteidiger europäischer Zivilisation zu gebärden, haben die am wenigsten das Recht, die sich mit Russen und Serben verbünden und der Welt das schmachvolle Schauspiel bieten, Mongolen und Neger auf die weiße Rasse zu hetzen.

**Es ist nicht wahr,** dass der Kampf gegen unseren sogenannten Militarismus kein Kampf gegen unsere Kultur ist. Ohne den deutschen Militarismus wäre die deutsche Kultur längst vom Erdboden getilgt. [...]. Deutsches Heer und deutsches Volk sind eins. Dieses Bewusstsein verbrüdert heute 70 Millionen Deutsche ohne Unterschied der Bildung, des Standes und der Partei. [...].

Glaubt uns! Glaubt uns, dass wir diesen Kampf zuende kämpfen werden als ein Kulturvolk, dem das Vermächtnis eines Goethes, eines Beethovens, eines Kants ebenso heilig ist wie sein Herd und seine Scholle.

Dafür stehen wir auch mit unserem Namen und mit unserer Ehre.

Zit. nach: R. vom Bruch, B. Hofmeister (Hrsg.),Deutsche Geschichte in Quellen und Darstellungen (Kaiserreich und Erster Weltkrieg 1871 – 1918, Bd. 8). Stuttgart 2002, S. 366 – 369.

## Fragen und Anregungen

**1.** Zeigen Sie, inwiefern die Bestätigung des Bündnisses mit Österreich-Ungarn durch Wilhelm II. ein Bruch mit der Politik der deutschen Regierungen vor dem Krieg war. Wie wird der Bund zwischen Arbeiterschaft und Kaiser dargestellt? (M1)

**2.** Erläutern Sie Clemenceaus Aussage, Jaurès habe seinem Land einen zweifachen Dienst erwiesen. (M2)

**3.** Wie rechtfertigten Hugo Haase und Léon Jouhaux ihre Beteiligung an den Kriegsanstrengungen? Wodurch zeigen sie, dass die Arbeiterklasse in Deutschland und in Frankreich fest in der Nation verankert war? (M3 und M4)

**4.** Beschreiben Sie die Umstände, unter denen diese Rede gehalten wurde. Untersuchen Sie, welche Position die CGT vor dem Konflikt gegenüber dem Krieg einnahm. (M4)

**5.** Erklären Sie, weshalb der Konflikt damals nicht nur als eine militärische Auseinandersetzung verstanden wurde, sondern auch als ein Kampf, bei dem es um die Existenz der Nationen und ihrer Zivilisationen ging. (M4 und M5)

# 2. Der strategische Stillstand (1914–1917)

*Wie ist der Stillstand im Konflikt zu erklären?*

## Die Schützengräben – ein Verschanzungssystem

Nach dem Scheitern des Bewegungskrieges wandelte sich der Konflikt zu einem langen Stellungskrieg. Die Schützengräben dienten den Soldaten, die einem starken Artillerie- und Maschinengewehrfeuer ausgesetzt waren, als Schutz. Sie bestanden manchmal nur aus einem einfachen Graben, wurden aber oft zu einem komplexen Verteidigungssystem ausgebaut, das aus mehreren Linien bestand und durch enge und gewundene Kommunikationsgräben miteinander verbunden war. Das Marschieren und der Transport von Material waren in diesen Gräben nur unter großen Anstrengungen möglich. In den Schützengräben wurden Unterstände errichtet, die bei den Deutschen sehr tief waren. Die mit einer Brustwehr ausgestatteten ersten Linien waren für den Kampf gerüstet. Zwischen den gegnerischen Stellungen lag ein mehr oder weniger breites Niemandsland, das die größte Gefahrenzone bildete.

Dem Schmutz und der Witterung ausgeliefert, mussten die Soldaten so furchtbare Bedingungen ertragen, dass ein regelmäßiger Austausch der Truppen erforderlich war. Sie litten unter Hunger, Durst und Geschützdonner und waren von den Schanzarbeiten erschöpft. Sie sahen ihre Kameraden im Sterben liegen, hörten die Schreie der zwischen den Linien liegenden Verletzten und lebten während der Offensiven zwischen den Leichen, die in Massengräbern verscharrt wurden.

## Die Unmöglichkeit eines strategischen Durchbruchs

Die Offensiven, die die Franzosen und Briten im Dezember 1914 und dann wieder 1915 im Artois und in der Champagne durchführten, konnten die deutsche Front nicht durchbrechen. An der Ostfront zwang die österreichisch-deutsche Offensive im Sommer 1915 die russische Armee, sich auf einer Länge von fast 700 Kilometern zurückzuziehen, ohne jedoch einen entscheidenden Sieg erringen zu können (siehe S. 190, M1).

Von Februar bis Dezember 1916 fand vor Verdun eine der furchtbarsten Schlachten des ganzen Krieges statt. Um das Scheitern der deutschen Offensive zu rechtfertigen, gab der deutsche Generalstabschef Erich von Falkenhayn vor, dass er die „französische Armee ausbluten" lassen wollte. In der Tat waren die Verluste der Deutschen (143.000 Tote und 187.000 Verwundete) und der Franzosen (163.000 Tote und 216.000 Verwundete) fast gleich hoch. Pétain reorganisierte die französischen Stellungen. 1,5 Millionen französische Soldaten, die auf der „Voie sacrée" herangeführt wurden, lösten sich einander ab und machten Verdun zu einem Symbol der Verteidigung des französischen Bodens.

Von Juli bis November 1916 kamen in der Somme-Schlacht 1,5 Millionen Deutsche und 2,5 Millionen Franzosen und Briten zum Einsatz. 1,2 Millionen Soldaten wurden getötet oder verwundet. Diese Materialschlachten brachten keinen Erfolg. Die große Feuerkraft der modernen Waffen machte einen strategischen Durchbruch unmöglich und förderte eine defensive Strategie. Die Zerstörung des Schlachtfeldes hinderte die Angreifer daran, die für die Fortführung der Offensive notwendige Verlegung ihrer Artillerie durchzuführen, während die Verteidiger die Zeit und logistischen Mittel besaßen, Reserven aus dem Hinterland heranzuführen.

## Ein weltweit geführter Konflikt

Angesichts des Stillstandes an der Westfront suchten die Kriegsparteien neue Verbündete. Italien (Mai 1915), Portugal und Rumänien (1916) traten aufseiten der Entente in den Krieg ein. Im Oktober 1916 verbündete sich Bulgarien mit den Mittelmächten und griff Serbien an.

Die Entente wandte sich Nebenkriegsschauplätzen zu. Die Dardanellen-Offensive vom April 1915 richtete sich gegen das Osmanische Reich, das sich im November 1914 dem Dreibund angeschlossen hatte. Sie war jedoch ein Misserfolg. Auf den Aufruf des Emirs von Mekka hin erhoben sich die Araber 1916 gegen die osmanische Herrschaft und die Briten rückten in Palästina und Mesopotamien vor.

Die Dominions und die Kolonialreiche unterstützten die Kriegsführung der Entente ökonomisch und finanziell. 449.000 Soldaten, die vor allem aus Afrika kamen, kämpften in der französischen Armee, während Inder, Kanadier und Australier an allen Fronten im Einsatz waren.

Um die Blockade (siehe S. 204) zu durchbrechen, ging Deutschland im Januar 1917 zum uneingeschränkten U-Boot-Krieg über. Diese Strategie schlug jedoch fehl, denn die USA, die auf der Freiheit der Meere beharrten und von Wilsons Idealen beeinflusst wurden, traten am 6. April 1917 in den Krieg ein. Im Januar 1918 legte Wilsons Rede über die „Vierzehn Punkte" die Prinzipien der künftigen internationalen Ordnung fest.

1 Das System der Schützengräben

### Begriffe

- **Niemandsland:** Bezeichnete die Zone zwischen den ersten Linien der Grabensysteme gegnerischer Armeen.
- **„La Voie sacrée" („Heilige Straße"):** Symbolische Bezeichnung für die Straße, die Verdun mit seinem Hinterland verband. Nach ihrem Ausbau wurde sie zu einem Transportweg von vitaler Bedeutung, auf dem Menschen und Material herangeführt wurden.
- **Materialschlacht:** Schlacht, bei der (ab Ende 1915) die schwere Artillerie und die Verwendung von Granaten eine entscheidende Rolle spielte.
- **Strategischer Durchbruch:** Militärische Operation, bei der man mit einem Durchbruch durch die gegnerische Front versuchte, einen entscheidenden strategischen Vorteil zu erlangen.
- **Blockade:** Bündel von Maßnahmen, die ein Staat anwandte, um einen anderen Staat von seinen Versorgungsquellen und seinem Außenhandel abzuschneiden.

## 2 Die letzten Briefe eines Kämpfers vor Verdun: der Maler Franz Marc

*Der deutsche Maler Franz Marc (1880–1916) schildert in den Briefen an seine Frau seine Kriegserfahrungen.*

[...] Nun sind wir mittendrin in diesem ungeheuerlichsten aller Kriegstage. [...] Von der wahnsinnigen Wut und Gewalt des deutschen Vorsturmes kann sich kein Mensch einen Begriff machen, der das nicht mitgemacht hat. Wir sind im Wesentlichen Verfolgungstruppen. Die armen Pferde! Aber einmal musste dieser Moment ja kommen, in dem alles eingesetzt wird; aber es gelang (und es wird sicher noch weiter gelingen) und zwar gerade am stärksten Punkt der franz. Front: Verdun, – das hätte niemand geahnt, das ist das Unglaubliche [...]. Wir sind heraußen wohl genau wie ihr gespannt auf den Ausgang dieses riesigen Kampfes, den Worte nie werden schildern können. Ich zweifle keine Minute an dem Fall von Verdun und dem darauffolgenden Einbruch in das Herz des Landes [...].

Franz Marc, Briefe vom 27. Februar und 2. März 1916, in: ders., Briefe aus dem Feld. Berlin 1959, S. 151, 153.

3 Britischer Schützengraben 1916

4 Die globale Dimension des Konfliktes: Der Aufruf an die Kolonien

## 5 Botschaft des Präsidenten Wilson an den Kongress, 1917

Der gegenwärtige deutsche Tauchbootkrieg gegen den Handel ist ein Krieg gegen die ganze Menschheit. Es ist ein Krieg gegen alle Nationen. Amerikanische Schiffe sind versenkt, amerikanische Bürger sind ums Leben gebracht worden[1] unter Umständen, von denen wir nur in tiefster Erregung Kenntnis nehmen konnten [...]. Es ist eine Herausforderung an die ganze Menschheit. [...] Aber die bewaffnete Neutralität stellt sich nun als untunlich heraus [...].

[...] Ich stelle den Antrag, dass der Kongress das neuerdings von der Kaiserlich Deutschen Regierung eingeschlagene Verfahren der Sache nach als gleichbedeutend mit dem Kriegszustande gegen die Regierung und das Volk der Vereinigten Staaten erklärt; dass er den uns in dieser Weise aufgenötigten Status einer kriegführenden Macht in aller Form anerkennt; [...].

Wir sind froh [...], dass wir auf diese Weise für den endgültigen Frieden der Welt und für die Befreiung ihrer Völker kämpfen – auch das deutsche Volk nicht ausgenommen [...]. Die Welt muss sicher gemacht werden für die Demokratie [...]. Es hat etwas Furchtbares an sich, dieses große und friedliche Volk in den Krieg zu führen, in den schrecklichsten und furchtbarsten aller Kriege, in dem die Zivilisation selbst auf dem Spiel zu sein scheint. Aber das Recht ist kostbarer als der Friede, und wir werden für die Güter kämpfen, die unserem Herzen stets am teuersten gewesen sind – für die Demokratie [...], für die Rechte und Freiheiten kleiner Nationen [...]. Der Tag ist gekommen, an dem es dem amerikanischen Volke vergönnt ist, [...] seine Macht einzusetzen für die Prinzipien, denen es seine Geburt verdankt [...]. Gott helfe ihm! Es kann nicht anders!

Woodrow Wilson, Ansprache am 2. April 1917; zit. nach: Die Reden Woodrow Wilsons. Englisch und Deutsch, hrsg. vom Committee on Public Information of the United States of America. Bern 1919, S. 21 – 41.

[1] Wahrscheinlich Anspielung auf die Torpedierung des Passagierschiffs Lusitania im Mai 1915, bei der 1 200 Personen gestorben sind, darunter 128 amerikanische Zivilisten.

## Fragen und Anregungen

**1.** Wie ist die Intensität des deutschen Angriffs auf Verdun zu erklären? Wie erklären Sie sich den bei Franz Marc festzustellenden Enthusiasmus? (M2)

**2.** Beschreiben Sie genau die Organisation und den Aufbau des fotografierten Schützengrabens. Erklären Sie, wie und warum er auf diese Weise konstruiert wurde. (M3)

**3.** Arbeiten Sie die Aussage des Plakats im Hinblick auf den Beitrag der Kolonien zu den Kriegsanstrengungen heraus. (M4)

**4.** Erklären Sie, wie Wilson den Kriegseintritt der USA rechtfertigte. (M5)

# 3. Auf dem Weg in den totalen Krieg

*Wie mobilisierten sich die Gesellschaften für den totalen Krieg?*

## Ökonomische und finanzielle Mobilisierung

Der industrielle Krieg erforderte enorme Produktionsanstrengungen: Es mussten Waffen und Munition geliefert werden, die Soldaten waren zu versorgen, die Bedürfnisse der Zivilbevölkerung waren zu befriedigen. Die Facharbeiter wurden für die Arbeit in den Fabriken eingeteilt. Millionen von Kriegsgefangenen wurden zur Arbeit herangezogen, Arbeitskräfte aus den Kolonien und dem Ausland wurden eingestellt. Die Frauen übernahmen Männerberufe. 1918 arbeitete eine Million „Munitionsfrauen" in den britischen Fabriken. Im Dezember 1916 verabschiedete Deutschland das Hilfsdienstpflichtgesetz, das – erfolglos – die Mobilisierung aller Arbeitskräfte zum Ziel hatte. Die „Heimatfront" („homefront", „front de l'arrière") gewann strategische Bedeutung.

Der Staat griff in die Organisation der Kriegswirtschaft ein. Zur Finanzierung der öffentlichen Ausgaben wurden die direkten und indirekten Steuern angehoben und es wurden Kriegsanleihen ausgegeben. Die Folge war eine zunehmende Inflation.

In Deutschland und Russland wurden die Armeen und die Kriegsindustrie bei der Verteilung der Ressourcen bevorzugt. Dadurch verschärfte sich der Mangel für die Zivilbevölkerung und der für die Kriegsführung nötige patriotische Konsens wurde geschwächt. Großbritannien und Frankreich konnten die Herausforderungen des totalen Krieges besser meistern als Deutschland. Die Regierung kontrollierte die Kriegsproduktion und achtete zugleich auf die Versorgung der Zivilbevölkerung.

## Propaganda und Kriegskultur

Der Staat bemühte sich, mittels der Zensur die Informationen zu kontrollieren und die öffentliche Meinung zu lenken. Doch die Propaganda war nur ein Aspekt eines komplexen kulturellen Mechanismus, durch den die im Krieg befindlichen Gesellschaften dem Konflikt einen Sinn gaben. Künstler, Journalisten und Intellektuelle leisteten ihren Beitrag zur Ausformung einer Kriegskultur, in deren Mittelpunkt eine leidenschaftliche Begeisterung für das Vaterland, für das Opfer der kämpfenden Soldaten und der Hass gegen die Feinde stand. Persönliche Schriftstücke wie Briefe, Tagebücher oder Kriegsgegenstände, die in den Schützengräben aufgesammelt oder in großem Maßstab verkauft wurden, zeugen von dem spontanen Einsatz, der „von unten", aus der Bevölkerung, für den Krieg kam.

## Die Zivilbevölkerung als Ziel der Kriegsgewalt

Bereits im Sommer 1914 litt die Zivilbevölkerung an der Westfront, in Ostpreußen und 1914/1915 in Serbien unter der durch die Invasion hervorgerufenen Gewalt: Es kam zu Vergewaltigungen, zur Plünderung von Häusern und zu Geiselnahmen. Die deutschen Truppen exekutierten 6 500 belgische und französische Zivilisten. Überall floh die Zivilbevölkerung vor den Kämpfen und Übergriffen. Zwischen 1914 und 1918 verließen 3 Millionen Menschen die eroberten Gebiete im Norden und Osten Frankreichs. An allen Fronten wurde die Bevölkerung der zum Teil brutalen Herrschaft der Besatzer unterworfen und musste große Entbehrungen ertragen.

Die Staatsangehörigen feindlicher Mächte wurden interniert. Staatsbürger, die man verdächtigte, den nationalen Zusammenhalt zu gefährden, galten als „innere Feinde". So deportierte 1915 die russische Armee bei ihrem Rückzug nationale Minoritäten und Juden. Im April 1915 organisierte die jungtürkische Regierung die Vernichtung der armenischen Minderheit. Den Massenhinrichtungen und Deportationen in die syrische und mesopotamische Wüste fielen mindestens eine Million Menschen zum Opfer. Dieses Vorgehen, das durch die Erklärung der Alliierten vom 24. Mai 1915 als „Verbrechen gegen die Menschlichkeit und die Zivilisation" eingestuft wurde, war nach dem Genozid an den Herero (siehe S. 179) der früheste Völkermord des 20. Jahrhunderts.

Die Blockade der Mittelmächte, durch die die Zivilbevölkerung in Deutschland und Österreich-Ungarn hungern musste, die Bombardierung der Städte (Karlsruhe 1915, London im Juni 1917) und der uneingeschränkte U-Boot-Krieg belegen, dass der Unterschied zwischen Soldaten und Zivilbevölkerung aufgehoben wurde. Sie zeigen, dass sich in den Kriegspraktiken ein Wandel vollzogen hatte, der im Zweiten Weltkrieg voll zum Ausdruck kam.

1

**Die beiden Führer des deutschen Generalstabs**

Paul von Hindenburg (1847–1934), links, und Erich Ludendorff (1865–1937), die ab August 1916 der Obersten Heeresleitung der deutschen Armee vorstanden.

### Begriffe

- **Hilfsdienstpflichtgesetz:** Das Gesetz vom Dezember 1916 führte für alle nicht diensttauglichen Männer zwischen 17 und 60 Jahren eine Arbeitspflicht in kriegswichtigen Betrieben ein.
- **Kriegskultur:** Bilder und Vorstellungen, die eine im Krieg befindliche Gesellschaft teilt und die in ihren Augen ihre Teilnahme an diesem Krieg rechtfertigen. Der Hass auf den Kriegsgegner ist mit der Kriegskultur untrennbar verbunden. Dieser vor kurzem entwickelte Begriff wurde von einigen Historikern, für die Propaganda und Zwang von zentraler Bedeutung sind, kritisiert.
- **Zensur:** Bündel von Maßnahmen, durch die Veröffentlichungen, Aufführungen und Korrespondenzen einer Genehmigungspflicht unterworfen oder vor der Veröffentlichung von den Behörden kontrolliert werden.
- **Propaganda:** Bündel von Maßnahmen, durch die die öffentliche Meinung beherrscht und gelenkt werden soll.
- **Jungtürkisch/Jungtürken:** Ultranationalistische Bewegung (auch als „Komitee für Einheit und Fortschritt" bezeichnet), die 1909 die Macht übernahm, um das Osmanische Reich zu reformieren.
- **Völkermord (Genozid):** Der Begriff bezeichnet Handlungen, die in der Absicht begangen werden, eine nationale, ethnische, rassische oder religiöse Gruppe als solche ganz oder teilweise zu zerstören (Definition der UNO vom 9. Dez. 1948). Der Terminus Genozid wurde 1944 geprägt (R. Lemkin).

## 2 Ein Unfall in einer Gewehrfabrik

*Der 1899 geborene amerikanische Schriftsteller Ernest Hemingway verpflichtete sich 1917 freiwillig als Krankenwagenfahrer und dann als Infanteriesoldat.*

Was das Geschlecht der Toten betrifft, ist es eine Tatsache, dass man sich so an den Anblick gewöhnt hat, dass alle Toten Männer sind, dass der Anblick einer toten Frau entsetzenerregend ist. Zum ersten Mal sah ich die Umkehrung des Geschlechts der Toten nach der Explosion einer Munitionsfabrik, die auf dem Land in der Nähe von Mailand gelegen war. [...]

[...] empfingen wir den Befehl, die nächste Nachbarschaft und die umgebenden Felder nach Leichen abzusuchen. Wir fanden und trugen eine große Anzahl von diesen in eine improvisierte Totenkammer, und ich muss offen gestehen, es war ein Schock zu entdecken, dass diese Toten Frauen und nicht Männer waren. In jenen Tagen hatten die Frauen noch nicht begonnen, ihr Haar kurz zu tragen, wie sie es später [...] taten, und das Befremdlichste, weil vielleicht Ungewohnteste, war das Vorhandensein, ja und sogar noch befremdlicher, das gelegentliche Fehlen dieses langen Haares. Ich erinnere mich, dass wir, nachdem wir sehr gründlich nach den kompletten Toten gesucht hatten, Fragmente einsammelten. Viele von diesen mussten von einem schweren Stacheldrahtzaun, der einst das Fabrikgelände umgeben hatte, abgelöst werden, und auch von dessen stehen gebliebenen Teilen klaubten wir viele dieser losgelösten Stücke ab, die nur zu gut die ungeheure Wirksamkeit der Sprengstoffe veranschaulichten.

Ernest Hemingway, Eine Naturgeschichte der Toten, in: ders., Sämtliche Erzählungen. Reinbek bei Hamburg 1966, S. 363–371, hier S. 364f.

3 **Aufruf zur Zeichnung von Kriegsanleihen in den USA**
„Schlagt die Hunnen mit Freiheits-Anleihen zurück." Amerikanisches Plakat aus dem Jahr 1918 für die Zeichnung von Kriegsanleihen.

## 4 Der Völkermord an den Armeniern (April 1915)

Fast alle Armenier männlichen Geschlechts, die eine wichtige Position einnehmen, sind festgenommen und ins Gefängnis geworfen worden. Viele sind so grausam gefoltert worden, dass einige daran gestorben sind. Mehrere hundert der bekanntesten Armenier wurden in der Nacht fortgebracht, und es ist ziemlich sicher, dass die meisten, wenn nicht sogar alle getötet worden sind. Letzte Woche gab es sehr glaubwürdige Gerüchte über ein angedrohtes Massaker. Nach meiner Meinung ist nicht daran zu zweifeln, dass eines vorgesehen war.

Dennoch hat man eine andere Methode gefunden, um die armenische Rasse zu vernichten. Es handelt sich um nichts weniger als um die Deportation der gesamten armenischen Bevölkerung, nicht nur dieses Vilayet (Provinz), sondern nach meinen Informationen aller sechs Vilayets, die Armenien bilden. In diesem Vilayet gibt es ungefähr 60.000 Armenier, und in allen sechs Vilayets zusammen leben 1.000.000 Armenier. Alle sollen vertrieben werden, ein in der Geschichte wohl beispielloses Unternehmen. [...]

Die Bedeutung einer solchen Anordnung wird sich jemand, der nicht mit den besonderen Lebensbedingungen in dieser isolierten Region vertraut ist, kaum vorstellen können. Im Vergleich zu dieser Maßnahme wäre ein Massaker, gleich welches Entsetzen dieses Wort hervorrufen mag, noch human. Einem Massaker können noch viele Menschen entkommen, aber eine solche allgemeine Deportation bedeutet in diesem Land den allmählichen Tod, der für fast alle noch viel entsetzlicher sein wird. Ich halte es nicht für möglich, dass von hundert einer überleben wird, vielleicht nicht einmal einer von tausend.

Übers. nach: Auszug aus der Korrespondenz von Leslie A. Davis, dem Konsul in Karput, mit dem amerikanischen Botschafter in Konstantinopel Henry Morgenthau; zit. in: La province de la mort: archives américaines concernant le génocide des Arméniens. Brüssel 1994, S. 30f.

5 **Der Steckrübenwinter**
Im Winter 1916 verschärfte eine katastrophale Kartoffelernte in Deutschland den Mangel an Nahrungsmitteln. Das Grundnahrungsmittel Kartoffel musste durch die Steckrübe ersetzt werden.

## Fragen und Anregungen

**1.** Charakterisieren Sie die Argumente, durch die amerikanische Bürger zur Zeichnung von Kriegsanleihen veranlasst werden sollten. (M3)

**2.** Welche Faktoren weisen nach Leslie A. Davis darauf hin, dass die Deportation der Armenier nicht nur deren gewaltsame Vertreibung, sondern auch deren Vernichtung zum Ziel hatte? (M4)

**3.** Benennen Sie die Bevölkerungsgruppen, die vom Mangel an Nahrungsmitteln am stärksten betroffen waren. Erklären Sie die Schwere der Versorgungskrise in Deutschland und Österreich-Ungarn. (M5)

# Dossier
# Die Kriegskultur

Trotz der sinkenden Moral an der Front und in der „Heimat" waren sich große Teile der Bevölkerung bis zum Kriegsende darin einig, dass die Fortsetzung der Kämpfe notwendig sei. Einige Historiker bezeichnen mit dem Begriff der „Kriegskultur" eine Mobilisierung, die sowohl auf militärischer und ökonomischer als auch auf kultureller Ebene erfolgte.

Der Erste Weltkrieg wurde nicht nur als eine militärische Auseinandersetzung großen Ausmaßes betrachtet, dargestellt und erlebt, sondern auch als ein Kampf für das Vaterland, für den Schutz der geliebten Menschen, die vom Gegner bedroht wurden, und für die Verteidigung von Werten, die als grundlegend angesehen wurden – der Zivilisation, des Rechts, der Gemeinschaft, des Friedens. Die Kraft des patriotischen Gefühls und das Eingebundensein in den Krieg formten so eine Kriegskultur, die durch den Hass auf den Feind wesentlich geprägt war.

Andere Historiker üben Kritik an der Verwendung des Begriffs „Kriegskultur", da sich dieser aus ihrer Sicht nur auf die Zivilbevölkerung, weniger jedoch auf die kämpfenden Truppen beziehen lässt; sie sprechen daher eher von einem „Kriegsdiskurs".

1

**Patriotische Christbaumkugeln**

2

**Die mobilisierte Kindheit**

„Für den Sieg". Nicht datiertes Kinderbild, Musée de Montmartre, Paris.

### 3 Die Welt vom Krieg befreien

17. November 1914

Auf beiden Seiten herrscht dieselbe Überzeugung (denn ich glaube daran, dass die Deutschen aufrichtig sind), für die nationale Unabhängigkeit zu kämpfen, für das Wohlergehen Europas, für die Zivilisation. Wenn man anfängt, ungeduldig zu diskutieren, wie schwierig ist dann alles. Ich glaube wohl, dass die Deutschen (aber nur ein begrenzter Kreis) dem Wahn verfallen sind, die anderen beherrschen zu wollen, aber ich glaube, dass es für den Großteil der Nation ein Verteidigungskrieg gegen die Barbarei der Kosaken ist – und so glauben sie genauso wie wir, für das Bestehen ihres Vaterlandes zu kämpfen. Das lässt ihren Widerstand jetzt und in Zukunft so wild und verzweifelt sein. […] Zum Glück muss darüber nicht diskutiert werden. Die Existenz unseres Volkes ist bedroht – eine deutsche Hegemonie in Europa würde alles Leben, jede Vielfalt, jeden Elan und das Denken ersticken. Wir können mit gutem Gewissen und mit aller Freude für diese Sache leben, leiden und sterben. Ich glaube fest daran, dass dieser Krieg […] Europa und Frankreich von Grund auf erneuert hat – und zwar zum Besseren. Wie Du kann ich ihn also nicht als ein nutzloses Schlachten verurteilen. Wir werden den Schrecken des Krieges so weit erschöpfen, dass unsere Kinder – zumindest für eine lange Zeit – ihn nicht mehr erleben müssen.

Übers. nach: Un ethnologue dans les tranchées. Août 1914-avril 1915, Lettres de Robert Hertz à sa femme Alice, hrsg. von A. Riley und P. Besnard, Paris 2002.

### 4 Feindeshass

Die Leichen von Deutschen, hier am Wegesrand, dort in den Schluchten und auf den Feldern, schwärzliche, grünliche, entstellte Leichen, um die unter der Septembersonne Schwärme von Mücken schwirren; Leichen von Männern in seltsamer Erstarrung […].

Weiter oben habe ich „Schlachtfeld" geschrieben. Es ist kein Schlachtfeld, sondern ein Feld des Gemetzels. Denn diese Leichen, das ist nichts. In diesem Augenblick habe ich bereits ihre zahllosen verzerrten Gesichter und ihre gekrümmte Körperhaltung vergessen. Aber was ich niemals vergessen werde, das ist die Zerstörung der Dinge, die abscheuliche Verwüstung der Strohhütten, die Plünderung der Häuser. Das ist das Markenzeichen der „germanischen Kultur" und das genügt, um eine Rasse auf Jahrhunderte hinaus zu entehren.

Seht Euch die armen Dörfer Renchard, Chambry, Marully und Etupilly an, durch die die Horde gezogen ist. Und weil es keine Einwohner mehr gab, weil kein Mann mehr da war, dem sie die Kehle durchschneiden, keine Frau, die sie vergewaltigen, kein Kind, das sie erschießen konnten, hat die Horde ihre Wut an den Möbeln, den Türen, den armen Familiengegenständen, in die jeder von uns einen Teil seiner Seele hineinlegt und die wir zurücklassen mussten, ausgetobt.

Ich komme nach Etupilly […]. Hier gab es ca. fünfhundert Häuser, aber nicht ein einziges ist heil geblieben. Einige wurden durch Granaten zerstört und sie sind am wenigsten zu beklagen […]. Das ist der Krieg und dazu gibt es nichts zu sagen. Aber die anderen Häuser, die von den Feuerstößen verschont geblieben sind, wurden nicht von der Soldateska des Kaisers verschont und die Barbaren haben ihnen ihren Stempel aufgedrückt.

Übers. nach: Brief von René Jacob, Historial de la Grande Guerre, Fonds Lettres de poilus.

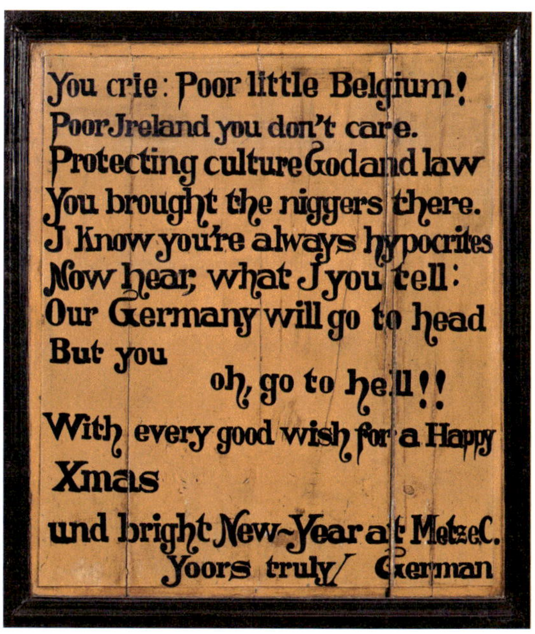


### 5 „Unser Deutschland wird an der Spitze sein"

*Diese von einem deutschen Soldaten verfasste und auf eine Schranktür gemalte Nachricht richtet sich an seine britischen und französischen Gegner.*

Du weinst, armes kleines Belgien
Armes Irland, du lachst darüber
Um die Kultur, Gott und das Recht zu beschützen
Habt ihr Neger hierher gebracht
Ich weiß, dass ihr immer Heuchler wart
Und hört jetzt, was ich euch zu sagen habe:
Unser Deutschland wird an der Spitze sein
Aber ihr, fahrt zur Hölle!!
Mit allen unseren Wünschen für fröhliche Weihnachten
Und ein gutes Neues Jahr in Metz-en-C
Mit freundlichen Grüßen, ein Deutscher

Übers. nach: Historial de la Grande Guerre, Péronne, abgebildet in S. Audoin-Rouzeau, Combattre, CRDP de Picardie, 1995, S. 77.

## Fragen und Anregungen

**1.** Identifizieren Sie die Motive, die sich auf diesen patriotischen Christbaumkugeln befinden. Weshalb sind diese einfachen Gegenstände ein Zeugnis für die Verharmlosung des Krieges? (M1)

**2.** Zeigen Sie, welche Elemente dieses Kinderbildes auf die Mobilisierung der Kinder für den Krieg hinweisen. (M2)

**3.** Erläutern Sie die Bedeutung, die Robert Hertz dem Kampf der Franzosen beimisst. Wie sieht er die Rolle Deutschlands im Krieg und in Europa? (M3)

**4.** Arbeiten Sie die Ursachen des Hasses auf den Feind heraus. Charakterisieren Sie die Ausdrucksformen dieses Hasses. (M4)

**5.** Ermitteln Sie die Adressaten des Textes. Arbeiten Sie die Mittel heraus, mit denen die von der Gegenseite vorgebrachten Argumente zurückgewiesen werden, und benennen Sie die Forderung des Autors. (M5)

# Dossier
# Die Zivilbevölkerung im Ersten Weltkrieg

Auch die Zivilbevölkerung – vor allem die Frauen und Kinder – erfuhr die Gewalt des totalen Krieges.

Die Blockade gegen Deutschland und Österreich-Ungarn führte zu großen Problemen in der Lebensmittelversorgung und zur Rationierung von Nahrungsmitteln. Angesichts dieser von Deutschland als völkerrechtswidrig eingestuften Blockade sah sich das Kaiserreich von den internationalen Regeln entbunden und erlegte den von ihm besetzten Gebieten harte Formen der ökonomischen Ausbeutung (Beschlagnahmungen, Zwangsarbeit der Bevölkerung) auf.

Die Zivilbevölkerung in den besetzten Gebieten hatte ein besonders schweres Schicksal zu erdulden. Dies galt für Ostpreußen, das einzige deutsche Gebiet, das 1914/1915 von den Russen besetzt wurde, und Serbien, das 1914 eine österreichisch-ungarische Invasion erlebte; dies galt auch für Belgien sowie Nord- und Ostfrankreich, die von 1914 bis 1918 von den Deutschen besetzt waren. Bei der Räumung dieser Gebiete nahm die Gewalt noch zu.

Auf jeder Seite bediente sich die Propaganda dieser Ereignisse, um den Gegner noch stärker zu verteufeln: Die Alliierten prangerten die „deutschen Gräueltaten“ an, während die Deutschen die „Kosakengräuel“ brandmarkten.

## 1 Der Mangel an Nahrungsmitteln in Deutschland

Mein lieber Ehemann,

ich füge diesem Paket einige Zeilen bei, um Dir zu sagen, wie es uns hier geht. Du kannst Dir auf dieser Grundlage ein Bild machen. Wenn der Krieg weitergeht, werden wir alle sterben. Alles ist rationiert, man gibt uns ein halbes Pfund Brot und 60 Gramm Fleisch am Tag und pro Kopf, 60 Gramm Butter und ein Ei, 50 Gramm Seife und ein halbes Pfund Seifenpulver im Monat, ein Pfund Äpfel am Tag, und ohne Erlaubnis wagen die Händler nichts zu verkaufen. Um Dir eine Vorstellung davon zu machen, was in Deutschland geschieht, stell Dir das Leben derjenigen vor, die viele Kinder haben und diese Armen erhalten nicht genug zu essen. [...]

Unseren Feinden fehlt es an nichts, vor allem den Engländern nicht, die uns Hungers sterben lassen wollen. In den großen Städten ist das Elend noch größer, denn auf dem Land findet man noch Gemüse, das in den Städten sehr teuer ist. [...]

Brief, den am 23. November 1916 die Frau eines deutschen Kriegsgefangenen an ihren Mann schrieb. Er war im Departement Puy-de-Dôme interniert. Der militärische Geheimdienst beschlagnahmte diesen Brief.

## 2 Ein Internierungslager (Holzminden)

Während der ersten Kriegswochen nahmen die Invasionstruppen Zivilisten als Geiseln. So entführten die französischen Truppen bei ihrem Vordringen ins Elsass deutsche Beamte und deren Familienmitglieder. In den besetzten Gebieten führten die deutschen Truppen zwischen 1916 und 1918 ebenfalls Festnahmen und Deportationen durch. Die Deportierten aus Nordfrankreich wurden vor allem im Lager Holzminden (Herzogtum Braunschweig) interniert. Sie waren einer strengen Disziplin unterworfen, wurden zwar nicht misshandelt, mussten aber zunehmend härtere Entbehrungen ertragen.

## 3 In dem von den Russen besetzten Deutschland (Ostpreußen, August 1914)

*Elisabeth Sczuka (1904 in dem ostpreußischen Dorf Popowen geboren) wurde im September 1914 von den Russen inhaftiert und nach Sibirien gebracht. Sie erzählte diese Ereignisse in dem Tagebuch, das sie 1915 zu schreiben begann.*

Bald kam der erste Russe in unser Dorf geritten. […] Das erste, was die Russen anrichteten, war das Zerschneiden der Telegrafendrähte.

Tante Minna hatte schreckliche Angst, sie wollte fortfahren. Vater riet ihr aber ab und so ließ sie sich zum Bleiben überreden. Als es heute nun so unruhig war, spannte sie an. Tante, Hedchen, Hildchen und ich sollten nach Marienburg fahren. Kaum waren wir in Krupinnen, da kam uns ein Leiterwagen mit Krupinner Arbeitern aus Prostken engegen. Diese riefen uns zu: „Zurück, Prostken ist voll von Russen." […]

Am Abend hörten wir im Westen Kanonendonner und Maschinengewehrgerassel. […] Am nächsten Tag fing das Sengen und Brennen an. Bald stand eine ganze Anzahl von Dörfern im Westen in Flammen. Diese Brände kamen immer näher, bis es schließlich in Langsee brannte. Nun luden wir die Sachen auf den Wagen und fuhren ab.

E. E. Sczuka, Gefangen in Sibirien. Tagebuch eines ostpreußischen Mädchens, 1914 – 1920, hrsg. von K. Borck/L. Kölm. Osnabrück 2001, S. 16.

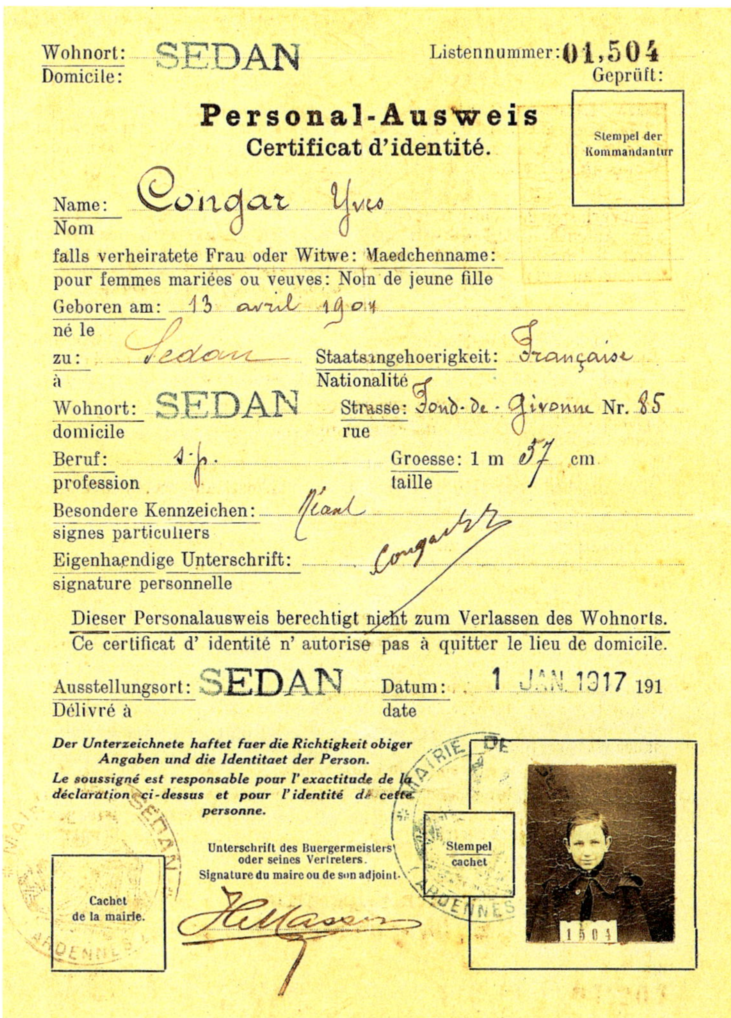

Wohnort: SEDAN
Domicile:
Listennummer: 01,504
Geprüft:
Stempel der Kommandantur

**Personal-Ausweis**
**Certificat d'identité.**

Name: Congar Yves
Nom
falls verheiratete Frau oder Witwe: Maedchenname:
pour femmes mariées ou veuves: Nom de jeune fille
Geboren am: 13 avril 1904
né le
zu: Sedan
à
Staatsangehoerigkeit: Française
Nationalité
Wohnort: SEDAN
domicile
Strasse: Fond-de-Givonne Nr. 85
rue
Beruf: s.p.
profession
Groesse: 1 m 57 cm
taille
Besondere Kennzeichen: néant
signes particuliers
Eigenhaendige Unterschrift: Congar Yves
signature personnelle

Dieser Personalausweis berechtigt nicht zum Verlassen des Wohnorts.
Ce certificat d' identité n' autorise pas à quitter le lieu de domicile.

Ausstellungsort: SEDAN
Délivré à
Datum: 1 JAN 1917 191
date

*Der Unterzeichnete haftet fuer die Richtigkeit obiger Angaben und die Identitaet der Person.*
*Le soussigné est responsable pour l'exactitude de la déclaration ci-dessus et pour l'identité de cette personne.*

Unterschrift des Buergermeisters oder seines Vertreters.
Signature du maire ou de son adjoint.

Cachet de la mairie.

Stempel cachet

1504

## 4 In dem von Deutschland besetzten Frankreich

Nr. 197 […] Neben diesen sehr bedauernswerten und sehr schweren Akten der Plünderung, die deutlich dargestellt worden sind, muss man den Deutschen noch eine ganze Reihe von Maßnahmen vorwerfen. Durch diese wird die Bevölkerung entweder ausgeraubt und ihr soll unter dem Deckmantel scheinbar regulärer Anordnungen seitens der Militärbehörden eine erhebliche Menge an Einrichtungsgegenständen und Nahrungsmitteln abgepresst werden, oder sie soll hierdurch zu unerlaubten Arbeiten und Frondiensten gezwungen werden. Der geringste Verstoß gegen diese Anordnungen wurde natürlich mit sehr schweren Geldstrafen oder mit Gefängnis geahndet […].

Am 6. Februar 1918 war außer ihrer Kleidung nichts mehr bei den Einwohnern [von Laon] zu holen. Doch die Deutschen schreckten auch hiervor nicht zurück, und unter dem Vorwand, die Zivilbevölkerung mit Kleidung versorgen zu müssen, nötigten sie die Einwohner unter strenger Zwangsanwendung, eine Übersicht ihrer Wäsche und Kleidung abzugeben. Die Männer und Frauen durften drei Hemden, drei Unterhosen oder Hosen, zwei Paar Schuhe oder Stiefeletten, drei Kleider oder Anzüge usw. behalten, alle weiteren Kleidungsstücke hatten sie bei der Kommandantur abzuliefern.

Übers. nach: Bericht von Kapitän Facdouel, berichtender Kommissar beim Kriegsrat der 127. Infanteriedivision, und von Kapitän Dhôtel, Stellvertreter des berichtenden Kommissars des Hauptquartiers der 10. Armee, über den von den Deutschen bei ihrer Besetzung von Laon begangenen Machtmissbrauch, Akte der Plünderung, des Vandalismus und der Grausamkeit. [1918]

Zit. in: Documents relatifs à la guerre 1914 – 1918. Rapports et Procès-verbaux d'enquête de la commission instituée en vue de constater les actes commis par l'ennemi en violation du droit des gens (Dekret vom 23. September 1914). Paris, Imprimerie nationale, Bd. X – XII, 1919.

5

**Der Ausweis von Yves Congar**

Der spätere Theologe und Kardinal Yves Congar (1904 – 1995) erlebte als Kind die deutsche Besatzung in Sedan, von der er in einem Kriegstagebuch berichtete. Hier ist der Personalausweis zu sehen, der von den Besatzungsbehörden gefordert wurde.

## Fragen und Anregungen

1. Beschreiben Sie die Folgen der Blockade für die deutsche Bevölkerung. Zeigen Sie anhand des Briefes, dass die Blockade das Gefühl der Einkreisung in der deutschen Bevölkerung noch verstärkte. (M1)
2. Stellen Sie in einer Übersicht die verschiedenen Formen der Gewalt zusammen, die die Zivilbevölkerung in den besetzten Gebieten erleiden musste. (M2 bis M5)
3. Untersuchen Sie, inwieweit im Verhalten der Besatzer während des Ersten Weltkrieges bereits die Gewalt erkennbar war, die die Zivilbevölkerungen in den späteren Kriegen des 20. Jahrhunderts erleiden mussten.

# 4. Von den Krisen des Jahres 1917 bis zum Waffenstillstand

*Weshalb verschob sich zwischen 1917 und 1918 das strategische Gleichgewicht zugunsten der Entente?*

## Das „schwierige Jahr" 1917 (Poincaré)

1917 rückte die Hoffnung auf ein baldiges Kriegsende in immer weitere Ferne. Daher nahmen Befehlsverweigerungen und Desertionen zu. In Russland führten die Unruhen zur Revolution (siehe S. 214). Nach dem italienischen Debakel von Caporetto im Oktober 1917 wurden 300 000 Mann gefangen genommen; 400 000 kehrten nicht zu ihrer Einheit zurück. Nach dem Fehlschlag am Chemin-des-Dames im April 1917 erfasste eine Welle kollektiven Ungehorsams die französische Armee: 30 000 der zwei Millionen eingezogenen Männer beteiligten sich an Meutereien. Die Soldaten forderten eine Beendigung der sinnlosen Offensiven und eine Verbesserung ihrer materiellen Situation, ohne dass sich diese Ereignisse auf die Front auswirkten. Im Sommer 1917 kehrte wieder Ruhe ein, aber nicht wegen der Strafmaßnahmen – 554 Todesurteile wurden verhängt, aber nur 49 vollstreckt –, sondern weil Pétain die Forderungen der Soldaten erfüllte.

Trotz des Scheiterns der Offensiven wurden die Aufrufe zum Frieden wie die Friedensnote Benedikts XV. vom 1. August 1917 ignoriert; Kriegsmüdigkeit erfasste die Zivilbevölkerung. Steigende Preise und Versorgungsengpässe führten zu Streiks. Im Januar 1918 trat eine Million deutscher Arbeiter in den Ausstand.

Die Krise erfasste auch die Politik: In Frankreich wechselten 1917 vier Regierungen einander ab, bis Georges Clemenceau an die Macht kam. Im Reichstag bildete sich ein „interfraktioneller Ausschuss": Die Abgeordneten der SPD, der Zentrumspartei und der liberalen Parteien forderten eine parlamentarische Regierung und die Aushandlung eines Friedens. Sie erreichten, dass Kanzler Bethmann Hollweg am 13. Juli 1917 zurücktrat, konnten sich aber Ludendorff und Hindenburg nicht widersetzen, die ihren Einfluss noch festigten.

1 **Georges Clemenceau (1841–1929)**

Nach seiner Ernennung zum Premierminister im November 1917 setzte er sich den Kampf gegen den Defätismus zum Ziel und erklärte: „Ich führe Krieg" und „Das Land wird bemerken, dass es verteidigt wird".

## Die Rückkehr zum Bewegungskrieg im Frühling 1918

1917 veränderte sich das strategische Gleichgewicht. Der mit Sowjetrussland geschlossene Waffenstillstand vom Dezember 1917 und dann der im März 1918 unterzeichnete Frieden von Brest-Litowsk brachten die Mittelmächte in eine günstigere Position. Die Entente war dagegen durch die Misserfolge an der Westfront, vor allem in der Schlacht von Ypern, und an der italienischen Front geschwächt. Deutschland wollte diesen strategischen Vorteil vor der Ankunft der Amerikaner nutzen und führte im Frühling 1918 mehrere Offensiven durch. Obwohl ihre Front gefährlich ins Wanken geriet, wichen die Alliierten nicht zurück, während Deutschland bei diesem Versuch, den Krieg zu gewinnen, seine letzten Kräfte erschöpfte.

Im Juli 1918 übernahmen die unter dem Oberbefehl von General Foch stehenden alliierten Truppen die Initiative. Durch den Einsatz amerikanischer Truppen verfügten sie nun über zusätzliche Soldaten und sie besaßen – vor allem durch die Verwendung von Panzern und Flugzeugen – eine deutliche Materialüberlegenheit. In der Schlacht von Amiens erlitt die deutsche Armee am 8. August 1918 eine schwere Niederlage. Die koordinierten Offensiven der Alliierten zwangen die deutsche Armee zu mehreren Rückzugsbewegungen.

## Auf dem Weg zum Waffenstillstand

Ab dem 29. September forderte Ludendorff, der eine Kapitulation der Armee befürchtete, dass die Regierung unter Max von Baden Friedensverhandlungen aufnehmen solle. Dadurch würde die Verantwortung bei den Zivilisten liegen. Die Lage der Mittelmächte verschlechterte sich rapide, Bulgarien und die Türkei mussten Waffenstillstände schließen. Am 26. Oktober brach die von nationalen Minderheitenbewegungen untergrabene österreichisch-ungarische Front zusammen. Am 3. November unterzeichneten die Vertreter Österreich-Ungarns den Waffenstillstand von Villa Giusti. Am 3. November erhob sich in Kiel die Marine, die Aufstandsbewegung griff auf München und Berlin über. Am 9. November 1918 verkündete Reichskanzler Max von Baden eigenmächtig die Abdankung Kaiser Wilhelms II.; die Republik wurde ausgerufen. Am 11. November hörten um 11 Uhr die Kampfhandlungen auf, das Waffenstillstandsabkommen von Compiègne war unterzeichnet.

### Begriffe

- **Desertion:** Absichtliches Verlassen der Einheit durch einen Soldaten, ohne dass ihm dies befohlen oder erlaubt wurde.
- **Meuterei:** Kollektive Verweigerung des Gehorsams innerhalb einer Armee.
- **Waffenstillstand:** Politisches Abkommen zwischen zwei Regierungen, das in der Erwartung von Friedensverhandlungen die Einstellung der Kampfhandlungen regelt.

### Fragen und Anregungen

1. Erklären Sie die Kriegsmüdigkeit, die sich 1917 in der deutschen Zivilbevölkerung und der deutschen Armee ausbreitete. (M2)
2. Arbeiten Sie die Gründe heraus, die Ludendorff vorbringt, um sein Eintreten für Waffenstillstandsverhandlungen zu rechtfertigen. Ermitteln Sie, für welche Prinzipien sich Wilson in seinen „Vierzehn Punkten" aussprach (siehe S. 363, M2). (M4)
3. Analysieren Sie die von den französischen Soldaten am Tag des Waffenstillstands zum Ausdruck gebrachten Gefühle. Erläutern Sie den widersprüchlichen Charakter dieser Gefühle. (M5)

## 2 Deutschland 1917: Kriegsmüdigkeit an der Front und in der „Heimat“

Die Ernährungsverhältnisse haben sich dauernd verschlechtert. Die Nahrungsmittel, die der Bevölkerung in den größeren Städten und in den Industriegebieten gegeben werden, sind längst nicht mehr hinreichend, die Menschen zu sättigen und ihre Kräfte zu erhalten. Viele Millionen leiden am quälenden Gefühle des Hungers. [...] Trotz der Bemühungen, die Schwerarbeiter reichlicher zu versorgen, ist deren Leistungskraft durch die dauernde Unterernährung selbst in der Rüstungsindustrie geschwächt, sodass sie vielfach zu versagen droht. [...]. Die Stimmung der Bevölkerung ist durch die anhaltenden Entbehrungen aufs Tiefste herabgedrückt. [...]

Ein weiteres, die Stimmung verderbendes Moment liegt in dem Ausbleiben einer Neuordnung mehrerer innerpolitischer Verhältnisse auf der Grundlage gleichen Rechtes für alle. Hierdurch sind die breiten Schichten des Volkes, die in der Kriegszeit doch ihre ganze Kraft für das öffentliche Wohl eingesetzt haben, aufs Tiefste erregt und mit heftigem Unmut erfüllt worden. [...].

Auch bei den Truppen greift die Kriegsmüdigkeit um sich. Das ist erklärlich genug. Die Kette der an uns gelangenden Klagen über schlechte oder ungerechte Behandlung und namentlich auch über anstrengende, den vom Kampf übermüdeten Soldaten als zwecklose Quälerei erscheinende Exerzierübungen in den Ruhestellungen reißt nicht ab. [...] Aber schwerer noch fällt das durch lange Dauer des Krieges erzeugte allgemeine Verlangen nach Rückkehr in normale, friedliche Verhältnisse in die Waagschale. [...] Der Glaube an die Möglichkeit eines entscheidenden Sieges ist mehr und mehr erschüttert. [...]

Übers. nach: Bericht von Kapitän Facdouel und Kapitän Dhôtel, Akte der Plünderung, des Vandalismus und der Grausamkeit. [1918], Zit. in: Documents relatifs à la guerre 1914–1918. Rapports et Procès-verbaux d'enquête de la commission instituée en vue de constater les actes commis par l'ennemi en violation du droit des gens (Dekret vom 23. September 1914). Paris, Imprimerie nationale, Bd. X–XII, 1919.

3 **Am Vorabend der „Großen Schlacht“, März 1918**

Deutsche Soldaten in den Straßen von Saint Quentin (Picardie) vor dem Beginn der großen Frühjahrsoffensive von 1918.

## 4 Ludendorff fordert den Waffenstillstand

I.X.1918

Als wir versammelt waren, trat Ludendorff in unsere Mitte. [...].

Er sagte ungefähr Folgendes: Er sei verpflichtet, uns zu sagen, dass unsere militärische Lage furchtbar ernst sei. Täglich könne unsere Westfront durchbrochen werden. [...]. Zum ersten Mal sei der O. H. L. [Oberste Heeresleitung] von Sr. M. bzw. vom Reichskanzler die Frage vorgelegt worden, was sie und das Heer noch zu leisten imstande seien. Er habe im Einvernehmen mit dem Generalfeldmarschall geantwortet: „Die O. H. L. und das deutsche Heer seien am Ende; der Krieg sei nicht nur nicht mehr zu gewinnen, vielmehr stehe die endgültige Niederlage wohl unvermeidbar bevor. Bulgarien sei abgefallen. [...]. So sei vorauszusehen, dass dem Feinde schon in nächster Zeit mit Hilfe der kampffreudigen Amerikaner ein großer Sieg, ein Durchbruch in ganz großem Stile gelingen werde, dann werde dieses Westheer den letzten Halt verlieren und in voller Auflösung zurückfluten über den Rhein und werde die Revolution nach Deutschland tragen. Diese Katastrophe müsse unbedingt verhindert werden. Aus den angeführten Gründen dürfe man sich nun nicht mehr schlagen lassen. Deshalb habe die O. H. L. von Sr. M. und dem Kanzler gefordert, dass ohne jeden Verzug der Antrag auf Herbeiführung eines Waffenstillstandes gestellt würde bei dem Präsidenten Wilson von Amerika zwecks Herbeiführung eines Friedens auf der Grundlage seiner 14 Punkte [...]“.

A. von Thaer, Generalstabsdienst an der Front und in der OHL. Aus Briefen und Tagebuchaufzeichnungen 1915–1919, hrsg. von S. A. Kaehler. Göttingen 1958, S. 233 ff.

## 5 11. November 1918: Frankreichs Sieg in Trauer

Neuviller-sur-Moselle, 11. bis 12. November 1918

Die Glocken wurden mit aller Kraft geläutet. Bei ihrem Klang hatte mehr als ein Frontsoldat die Augen voller Tränen und konnte kein Wort hervorbringen. [...]

Ich habe diesen Morgen eine feierliche Waffenparade abgehalten [...]. Und ich habe aus ganzem Herzen und mit einer unendlichen Freude zu ihnen gesprochen. Ich habe ihnen gesagt:

„Können Sie sich denken, warum ich Sie heute Morgen in Sturmausrüstung versammelt habe? Damit wir unsere Freude und unseren Stolz besser auskosten können. Uns gehen in dieser Stunde zu viele Dinge durch den Kopf, um sie aussprechen zu können. Ich will es dennoch versuchen. Nun sind die langen Nachtwachen in eisigem Wasser zuende, das Spannen von Stacheldrähten – der Albtraum der Frontsoldaten [poilus]! –, die Angriffsstunden, das Erklimmen der Brustwehren unter dem Knattern der Maschinengewehre, das Sperrfeuer der schweren Geschosse und Giftgasgeschosse, die Granaten und blanken Waffen, alle diese Schweinereien, die uns vier Jahre lang ein Leben in Elend und Angst bereitet haben. Wir kehren jetzt nach Hause zurück, zu den Frauen und Kindern, zur Arbeit (denken Sie heute früh daran, wie die Familien aufwachen!). Das ist ein freies und von der ständig an unserer Seite stehenden Bedrohung erlöstes Leben [...]“

Übers. nach: P. Tuffrau, 1914–1918. Quatre années sur le front. Carnets d'un combattant. Paris 1998.

# Einen Aufsatz schreiben

## Allgemeine Hinweise

1. Themenanalyse und Formulierung der Fragestellung

2. Ideensammlung zur Erstellung einer Gliederung

3. Konzipieren und Verfassen einer Einleitung und einer zusammenfassenden Schlussfolgerung

→ Erstellen der Rohfassung

4. Niederschrift der Arbeit unter besonderer Berücksichtigung von Form und Ausdruck

5. Aufmerksames Korrekturlesen zur Vermeidung von Fehlern

→ Anfertigung der Reinschrift

### 1. Was ist ein Aufsatz?

Im Fach Geschichte ist ein Aufsatz eine **Beweisführung** mit einer klar strukturierten Argumentation: Er wirft eine **Fragestellung** auf und antwortet darauf mit einer dafür geeigneten **Gliederung**. Zu vermeiden sind also eine einfache Beschreibung, ein reiner Ereignisbericht oder die Wiedergabe eines auswendig gelernten Textes, denn hier müssen Kenntnisse angewandt und je nach Thema strukturiert werden. Dabei kommt es in erster Linie nicht auf Vollständigkeit an: Die effektivste Methode besteht im Allgemeinen darin, für jeden Abschnitt der Argumentation ein konkretes Beispiel ausführlich zu behandeln.

### 2. Formulierung einer Fragestellung

Die **Fragestellung** zu formulieren heißt, die Kernfrage des Themas aufzugreifen und das historische Problem, das behandelt werden soll, einzugrenzen. Manchmal ist die Fragestellung eindeutig, da das Thema in Form einer Frage formuliert ist. Meistens muss die Fragestellung jedoch erst einmal eindeutig erschlossen werden. Der Wortlaut des Themas ist also sorgfältig zu lesen. Dies ist deshalb ein wesentlicher Bestandteil der Arbeit, da bei nicht eindeutig formulierter Fragestellung das Thema teilweise oder völlig verfehlt werden kann.

### 3. Analyse des Themas

Um die **Formulierung des Themas** „herauszuschälen", können drei einfache Fragen gestellt werden: **Was? Wann? Wo?**

- **Was?** Die ersten Begriffe des Themas sind im Allgemeinen die wichtigsten. Sie müssen demnach genau definiert werden: Sind beide Begriffe durch ein Bindewort (und, oder) verbunden, bezieht sich das Thema auf das Verhältnis zwischen beiden Begriffen.
- **Wann?** Oft sind die zeitlichen Grenzen des Themas eindeutig; wenn nicht, muss der vom Thema abgedeckte Zeitraum genau bestimmt werden. Bietet das Thema zwei Daten, müssen Beginn und Ende des Zeitabschnitts begründet werden.
- **Wo?** Das Thema beschränkt sich im Allgemeinen auf einen geografischen Raum, der genau zu definieren ist (um das Thema nicht zu verfehlen). Die Gründe für dessen Wahl müssen genau verstanden werden.

### 4. Erarbeitung einer Gliederung

Nach der Analyse des Themas und der Formulierung der Fragestellung ist die für die Beweisführung am besten geeignete Gliederung zu finden. Die **Gliederung** umfasst zwei oder drei ungefähr gleich lange Teile (in Ausnahmefällen auch vier). Jeder Teil ist in mehrere, in der Arbeit gut zu unterscheidende Unterabschnitte gegliedert. Die Übergänge zwischen den Abschnitten der Beweisführung müssen klar sein: Vergessen Sie nie, dass Ihre Aufgabe nicht darin besteht, auswendig Gelerntes wiederzugeben oder nachzuerzählen, sondern etwas zu beweisen.

- Für die meisten Themen, die einen längeren Zeitraum betreffen, ist eine **chronologische Gliederung** geboten. Ziel ist es dabei, eine Entwicklung zu verdeutlichen sowie wichtige Wendepunkte und Eckdaten innerhalb der zu erläuternden Zeitspanne zu ermitteln.
- Die **thematische Gliederung** bietet sich bei Themen an, die sich nicht auf eine Entwicklung beziehen (synchrone Analyse einer historischen Situation, Bilanz). Hier wird die Beweisführung auf einige Hauptgedanken konzentriert.

### 5. Verfassen des Aufsatzes

Sobald die Gliederung erstellt ist, kann mit der eigentlichen **Niederschrift** begonnen werden. Der Aufsatz besteht aus einer Einleitung, einem Hauptteil und einer zusammenfassenden Schlussfolgerung. Diese Struktur dient der Lesbarkeit und muss eindeutig aus der Arbeit hervorgehen. Die **Einleitung** muss das Thema genau definieren (insbesondere hinsichtlich seiner räumlichen und zeitlichen Eingrenzung), die Fragestellung entwickeln (in Form einer Frage) und die Gliederung erkennen lassen. Der Hauptteil ist in einem unpersönlichen Stil (zu vermeiden ist die Verwendung von „ich" oder „wir") und in Frankreich darüber hinaus im historischen Präsens zu formulieren (in einem historischen Argumentationsgang ist zudem das Futur unzulässig). Die Schlussfolgerung beinhaltet eine zusammenfassende Antwort auf die Problemstellung und einen Ausblick auf ein neues historisches Problem.

## Beispiel:
# Die Ursachen des Ersten Weltkrieges

## Anwendungen

### A. Thematische Zusammenhänge

• Die Problemstellung ist bereits im Titel enthalten: Es geht um die Frage, wie der Erste Weltkrieg mit seinen katastrophalen Folgen ausbrechen konnte. Warum hat das Attentat von Sarajewo vom 28. Juni 1914 (siehe S. 169) eine internationale Krise heraufbeschworen, die in einen Weltkrieg mündete?

• Dieses Thema ist „ideologisch" und historiographisch stark aufgeladen, denn zwischen Deutschland und Frankreich wurde lange über die Frage der „Kriegsschuld" diskutiert. Artikel 231 des Versailler Vertrages wies Deutschland und seinen Verbündeten die vollständige Verantwortung für den Ausbruch des Krieges zu (siehe S. 222). Doch nach langen polemischen Debatten gehen die Historiker auf beiden Seiten des Rheins heute davon aus, dass mehrere europäische Mächte hierfür verantwortlich waren.

### B. „Fallstricke", die zu beachten sind

• Der zu behandelnde Gegenstand erfordert eine an thematischen Gesichtspunkten orientierte Gliederung. Eine chronologische Darstellung der großen Linien der internationalen Beziehungen von 1870 bis 1914 würde zu weit ausgreifen. Die vorhandenen Kenntnisse sind zu einer strikten Analyse der Kriegsursachen, die nach ihrer chronologischen Ordnung aufgeführt werden, heranzuziehen.

• Man sollte sich auch vor einem teleologischen Ansatz hüten, bei dem der Erste Weltkrieg als ein unvermeidliches Ereignis betrachtet und die Zeit davor in dieser Perspektive neu interpretiert würde.

### C. Vorschlag für eine Gliederung

#### 1. Die Nationalitätenfrage auf dem Balkan

• Die unmittelbaren Kriegsursachen sind auf dem Balkan zu finden, wo sich die Nationalitätenfrage zu Beginn des 20. Jahrhunderts noch mit besonderer Schärfe stellte, während sich das Osmanische Reich zunehmend zurückzog (siehe S. 168 f.). 1912–1913 fanden zwei Balkankriege statt, in denen sich – wie die Historiker heute betonen – bereits die Gewalt der späteren Weltkriege (Verwendung schwerer Artillerie, Verbrechen an der Zivilbevölkerung) ankündigte.

• Starke Spannungen gab es vor allem zwischen Serbien und Österreich-Ungarn, das 1908 Bosnien-Herzegowina, in dem eine bedeutende serbische Volksgruppe lebte, annektiert hatte. Dies erklärt die Ermordung des Erzherzogs Franz Ferdinand in Sarajewo durch einen serbischen Nationalisten.

#### 2. Das Spiel der Allianzen und die Mächterivalitäten

• Die Folgen dieses Attentats wurden noch verschärft durch die Bündnismechanismen der Triple-Entente und des Dreibunds, die die Regierungen nicht bremsen konnten oder wollten. Deutschland unterstützte Österreich-Ungarn in seinem entschiedenen Auftreten gegenüber Serbien. Dieses wurde von Russland und damit von Frankreich unterstützt. Großbritannien versuchte für einen kurzen Augenblick, sich aus dem Krieg herauszuhalten, doch infolge der Verletzung der Neutralität Belgiens entschloss es sich, einzugreifen.

• Die Historiker haben gezeigt, dass keine Regierung ausdrücklich den Krieg wünschte oder vorbereitete, auch wenn Deutschland das Kriegsrisiko nicht übersehen konnte, als es seinem österreichischen Verbündeten seine volle Unterstützung zusagte. Keine Regierung wollte sich jedoch dem Druck der Gegner beugen, da darin Einschüchterung oder „Bluff" gesehen werden konnte.

• Seit den Marokkokrisen von 1905 und 1911 hatte sich vor allem zwischen Deutschland und Frankreich das internationale Klima deutlich verschlechtert. Zwischen den europäischen Großmächten bestand in der Wirtschaft, dem Schiffbau und der Kolonialpolitik eine starke Konkurrenz. Aber das heißt nicht, dass der Imperialismus notwendigerweise zu einem Krieg führen musste, denn die Krisen wurden bis dahin auf diplomatischem Wege gelöst.

#### 3. Die Rolle der öffentlichen Meinung

• Die Regierungen konnten damit rechnen, dass ihre standhafte Haltung von der öffentlichen Meinung ihrer Länder unterstützt wurde.

• Nicht alle Soldaten sind mit „Blumen am Gewehr", das heißt freudig in den Kampf gezogen, auch wenn es Szenen nationalistischer Begeisterung gegeben hat. Aber in jedem Land nahm die öffentliche Meinung die Mobilisierung mit einer Art patriotischer Ergebung auf. In Deutschland herrschte eine diffuse Angst vor einer Einkreisung durch die Triple-Entente. Elsass-Lothringen und Revanchegedanken spielten in Frankreich während der Mobilisierung praktisch keine Rolle. Aber die Franzosen waren bereit, einen „Verteidigungskrieg" gegen ein als aggressiv beurteiltes Deutschland zu akzeptieren.

• Die „Union sacrée" und der „Burgfrieden" vom August 1914 (siehe S. 194 f.) bezeugen diese „Zustimmung" zum Krieg gut. Selbst die Sozialisten, die vor 1914 internationalistische und pazifistische Ideale vertraten, schlossen sich in jedem Land dem Gedanken eines „defensiven" und legitimen Krieges an.

⏭ Zur Vertiefung kann man auf ein neues Werk zurückgreifen, das Beiträge deutscher und französischer Historiker enthält: Gerhard Hirschfeld, Gerd Krumeich, Irina Renz (Hrsg.), Enzyklopädie Erster Weltkrieg. Paderborn u. a. 2004 (2. Aufl.).

# Kapitel 12

# Den Krieg beenden?



In der ersten Nachkriegszeit des 20. Jahrhunderts musste sich Europa mit den Folgen eines Krieges auseinandersetzen, der individuelle Existenzen erschüttert, Volkswirtschaften ruiniert und seine Zivilisation untergraben hatte. Im Oktober 1917 lebte die revolutionäre Idee in Europa wieder auf; der Zusammenbruch der autoritären Reiche veränderte die europäische Landkarte. Sieger und Besiegte standen vor einer großen Herausforderung: Sie mussten eine neue internationale Ordnung schaffen, die den Sicherheitsbedürfnissen der einzelnen Nationen genügte und den Frieden zwischen den Völkern nach der Erfahrung extremer Kriegsgewalt für die Zukunft garantierte. Mitten in den Ruinen und angesichts der tiefen Trauer, die der Konflikt hinterließ, ging es auch darum, mit der Gedankenwelt der Kriegszeit zu brechen und der Toten zu gedenken, um zu vergessen – oder auch nicht.

- Wie vollzogen die Staaten und Gesellschaften den Übergang vom Krieg zum Frieden?
- Welche Charakteristika wies die neue internationale Ordnung nach dem Krieg auf?
- Welche Funktion hatte die Erinnerung an den Krieg?

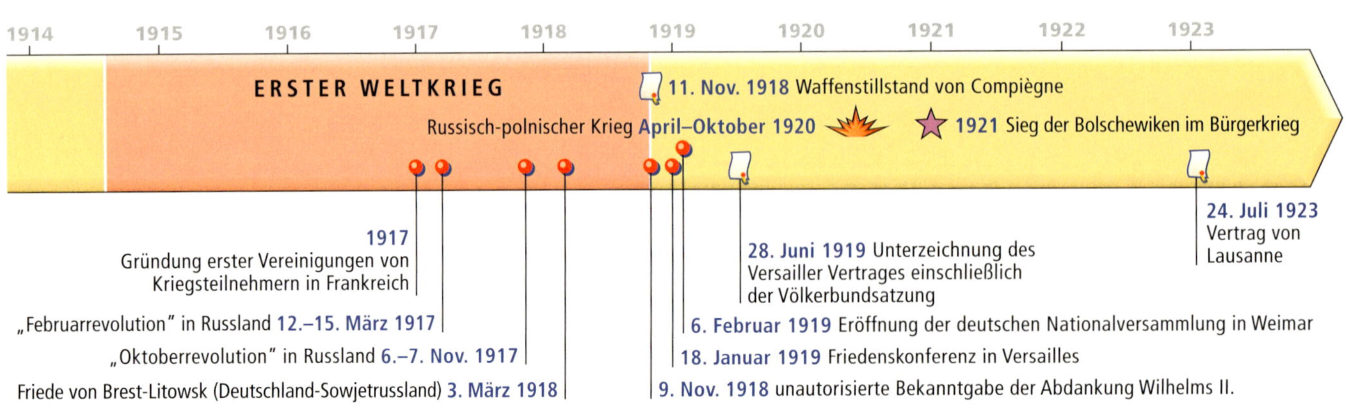

1

**Vom tragischen Vermächtnis des Krieges ...**

„We Are Making a New World", Ölgemälde von Paul Nash, 1918, 91 x 71 cm, Imperial War Museum, London. Das Bild mit dem bitteren Titel „Wir schaffen eine neue Welt" zeigt den aufgewühlten Boden des flandrischen Schlachtfeldes.

2

**... zur Kriegserinnerung**

Diese im Frühling 2004 in Ypern aufgestellten Kreuze wurden mit „Poppy" (flandrischer Klatschmohn) verziert, die in den Ländern des Commonwealth zu Blumen der Erinnerung geworden sind. Einige Kreuze tragen die Namen der 1917 im Kampf gefallenen Soldaten. Die Kreuze selbst und ihre Aufstellung bezeugen, dass der Erste Weltkrieg heute noch in der familiären und kollektiven Erinnerung nachwirkt.

# 1. Europa am Ende seiner Kräfte

*Welche menschlichen, materiellen und moralischen Folgen hatte der Erste Weltkrieg für die Einzelnen und die Gesellschaft?*

## Eine demografische Katastrophe

Die demografischen Folgen des Konflikts waren dramatisch. Die bei ungefähr 10 bis 11 Millionen Menschen liegenden militärischen Verluste trafen die jüngsten Jahrgänge. Im Jahr 1918 verursachte die Pandemie der Spanischen Grippe den Tod von über 20 Millionen Menschen, davon 2,3 Millionen in Europa. Während Europa – mit Ausnahme Frankreichs – bis 1914 einen starken demografischen Aufschwung erlebt hatte, verursachte der Krieg geburtenschwache Jahrgänge und einen dauerhaften Rückgang der Geburtenraten. 1921 war eine von zwei französischen Frauen im Alter zwischen 15 und 49 Jahren nicht verheiratet, es gab eine Million Waisen und 700 000 Witwen, von denen 68 Prozent nicht wieder heirateten.

Millionen von Verletzten und Invaliden hatten die körperlichen und seelischen Folgen der häufig schweren Verwundungen zu ertragen. Die durch psychische Verletzungen entstandenen Leiden wurden oft nicht anerkannt.

## Die materiellen und ökonomischen Folgen

In allen Frontgebieten war es zu erheblichen Zerstörungen gekommen. In Frankreich waren zehn Departements betroffen, in denen 350 000 Häuser zerstört, 3 Millionen Hektar Ackerland verwüstet und die Infrastruktur für den Verkehr zerstört waren. Es schien unmöglich, die 180 000 Hektar umfassende „rote Zone" wieder aufzubauen; ganze Gemeinden in den Departements Marne, Meuse oder in Lothringen erhielten den Status „für Frankreich gestorben".

In Ostpreußen (ab 1915) und in den nordfranzösischen Gebieten, die nach dem deutschen Rückzug von 1917 befreit worden waren, wurde bereits vor Kriegsende mit dem Wiederaufbau begonnen. Mit dem Ende der Kampfhandlungen wurden die Wiederaufbauarbeiten dann in breitem Umfang aufgenommen. Die Schlachtfelder mussten von Minen geräumt und der Ackerboden wieder urbar gemacht werden. Der Wiederaufbau der Städte und Dörfer wurde von dem Wunsch bestimmt, sie identisch „wiederherzustellen", was jedoch eine städtebauliche Modernisierung nicht ausschloss. Um dem Mangel an Arbeitskräften zu begegnen, griff Frankreich massiv auf Einwanderer zurück.

Die Nachkriegszeit war durch schwere Erschütterungen der Finanzmärkte geprägt. Hiervon zeugte die Abschaffung der Goldstandards, nachdem die Geldstabilität während des ganzen 19. Jahrhunderts durch die Goldwährung garantiert worden war. Die Bezahlung der Kriegsschulden und der Folgelasten (Kriegsschäden der betroffenen Zivilbevölkerung, Pensionen) erfolgte über die Vermehrung des im Umlauf befindlichen Geldes und der öffentlichen Schulden. Diese Verschuldung der europäischen Staaten bedrohte jedoch ihre Machtstellung. Die Vereinigten Staaten stiegen damals zur führenden Wirtschaftsmacht der Welt auf.

## Demobilisierung

In Frankreich war die Demobilisierung erst im September 1919 abgeschlossen. Während es zur sofortigen Freilassung der alliierten Kriegsgefangenen kam, wurden die 300 000 deutschen Kriegsgefangenen in Frankreich bis Januar 1920 festgehalten und bei der Entfernung von Minen eingesetzt. Im Chaos der Russischen Revolution warteten Kriegsgefangene und internierte Zivilisten viele Monate, bevor sie nach Hause zurückkehren konnten.

Die Wiedereingliederung der Frontsoldaten in die Gesellschaft war schwierig. Ihre Hoffnung auf Anerkennung ihrer Opfer wurde enttäuscht. In Deutschland wurden die 2,7 Millionen Kriegsinvaliden ins soziale Abseits gedrängt, weil sie als Sinnbild der Niederlage erschienen. Die Rückkehr ins zivile Leben war von zahlreichen ökonomischen und persönlichen Schwierigkeiten begleitet; so war es schwierig, seinen Arbeitsplatz zurückzubekommen und die Angehörigen wiederzufinden. In Frankreich stieg die jährliche Zahl der Ehescheidungen von 14 000 im Jahre 1913 auf 90 000 in der Zeit unmittelbar nach dem Krieg. Mit Hilfe ihrer Vereinigungen (in Frankreich die „Union nationale des combattants", in Deutschland der „Stahlhelm") beeinflussten die alten Kämpfer das politische Leben.

**1 Entlassung der Kriegsgefangenen und Zivilisten aus der Gefangenschaft**
Plakat des Volksbundes zum Schutz der deutschen Kriegs- und Zivilgefangenen, 1919.

### Begriffe

- **Pandemie:** Epidemie von weltweitem Ausmaß.
- **Rote Zone:** Auf den Karten des „Service de la reconstitution foncière" (Behörde zur Wiederherstellung des Bodens) waren die Gebiete, in denen die Kosten für den Wiederaufbau den Wert des Bodens überstiegen, rot eingezeichnet. Diese als nicht urbar und nicht wiederaufbaufähig eingestuften Gebiete wurden zur Aufforstung bestimmt. Letztlich wurden sie allerdings zum größten Teil wieder landwirtschaftlich genutzt.
- **Frontsoldaten** (oder Kriegsteilnehmer): Bezeichnung für die Männer, die am Ersten Weltkrieg teilnahmen und die sich ab 1917 in Verbänden organisierten, um ihre Interessen zu vertreten. In England werden sie als „veterans" bezeichnet, in Frankreich als „anciens combattants".
- **Stahlhelm** (Deutschnationaler Frontsoldatenbund): Wichtigste Organisation der deutschen Frontsoldaten, die von der Armee kontrolliert wurde und über etwa 1 Million männliche Mitglieder verfügte.

## 2 Verluste der wichtigsten Kriegsteilnehmer

| Angaben in tausend | Gesamt-bevölkerung | Eingezogene | Tote und Vermisste | Verwun-dete |
|---|---|---|---|---|
| Deutschland | 67.800 | 13.200 | 2.400 | 4.200 |
| Österreich-Ungarn | 52.600 | 9.000 | 1.460 | 3.620 |
| Frankreich | 39.000 | 8.100 | 1.330 | 4.267 |
| Französische Kolonien | 52.700 | 449 | 78 | – |
| Großbritannien | 46.100 | 6.100 | 750 | 2.100 |
| Britische Kolonien | 342.200 | 2.800 | 180 | |
| Russland | 164.000 | 15.800 | 1.800 | 4.950 |
| Vereinigte Staaten | 98.800 | 4.750 | 117 | 234 |

Quellen: J. Winter, „Victimes de la guerre: morts, blessés et invalides", in: S. Audoin-Rouzeau/J.-J. Becker (Hrsg.), Encyclopédie de la Grande Guerre 1914–1918. Paris 2004, S. 1077; R. Overmans, Art. „Kriegsverluste", in: G. Hirschfeld/G. Krumeich/I. Renz (Hrsg.), Enzyklopädie Erster Weltkrieg, Paderborn 2003, S. 664f.

4 Parade der Invaliden während der Siegesfeier am 14. Juli 1919

5 Leben in den Ruinen

Eine Familie, die sich 1919 in Chavigny (Aisne) in einem Steinbruch eingerichtet hat.

## 3 Rückkehr in die verwüsteten Gebiete

*Der aus der Region stammende Historiker Gabriel Hanotaux besuchte das Departement Aisne im Norden Frankreichs im Oktober 1918. Als Ehrenvorsitzender des „Comité de l'Aisne", eines karitativen Werkes, das Flüchtlingen und Gefangenen half, forderte er die Bewohner auf, mit der Rückkehr in die verwüstete Region noch zu warten.*

Wie kann man wieder beginnen zu leben? Das ist im Augenblick die einzige Frage.

Zuerst muss man leben: Leben, damit die da drüben wissen, dass es nicht zuende ist und dass sie zahlen werden. […]

Wir fordern, dass all diejenigen, die aufgefordert werden, Friedensverträge zu unterzeichnen, oder die sie unterschreiben und die über sie abstimmen werden müssen, hier vorbeikommen und es sich ansehen. Die Männer, die in unserem Namen sprechen, sollen kommen! […] So etwas werden sie nie wieder sehen, meine Herren. Unsere Toten werden sprechen, unsere Erde wird sprechen. Ihnen steht es zu, die ersten „Rechtsgründe" für den Frieden zu formulieren.

Man muss auch leben, um zu erhalten und wiederherzustellen. Wie lässt sich die enorme Notlage beheben? Ein auf den ersten Blick unlösbares Problem. Diese tapferen Leute, die „Flüchtlinge", die über ganz Frankreich verstreut sind und andere unsägliche Leiden ertragen müssen, wollen alle sofort und um jeden Preis zurückkehren. Offen gesagt, ihre massenhafte Rückkehr wäre ein äußerst gefährliches Abenteuer. Ohne Schutz, ohne Nahrung, ohne Kohle, ohne Handel, ohne Arbeit, ohne Herd würden Hunger und Krankheit sie bedrohen. […]

Nur die Armee, die über umfangreiche technische und organisatorische Mittel verfügt, kann diese Orte besetzen; nur sie kann den Weg bahnen, was stört aus dem Weg räumen, was fällt stützen, das Bleibende erhalten, das Reparierbare reparieren, bauen, wo man wird bauen können, den zerbrechlichen Embryo einer Wiedergeburt beschützen. Es braucht großes Werkzeug für diese großen Arbeiten.

Übers. nach: Gabriel Hanotaux, L'Aisne pendant la Grande Guerre, Paris 1919, S. 93f.

## Fragen und Anregungen

**1.** Berechnen Sie den Anteil der Verwundeten und Toten an der Gesamtzahl der eingezogenen Soldaten. Kommentieren Sie diese Zahlen. (M2)

**2.** Arbeiten Sie heraus, was die Unterhändler und Unterzeichner der Friedensverträge nach Gabriel Hanotaux von Deutschland unnachgiebig fordern sollen. Erörtern Sie, inwieweit diese Einstellung für die öffentliche Meinung in Frankreich unmittelbar nach dem Waffenstillstand repräsentativ war. (M3)

**3.** Wofür standen nach Ihrer Meinung die Invaliden bei der Parade zur Siegesfeier am 14. Juli 1919? (M4)

**4.** Untersuchen Sie die Lebensbedingungen der Menschen, die in den Monaten unmittelbar nach der Befreiung in die verwüsteten Gebiete zurückkehrten. (M4 und M5)

**5.** Suchen Sie nach Gründen, welche die Flüchtlinge zu einer derart schnellen Rückkehr veranlasst haben könnten. (M5)

# Dossier
# Bürgerkriege und internationale Konflikte (1918–1921)

Im Herbst 1918 wurde Russland von einem Bürgerkrieg zerrissen. Ganze Gebiete entglitten der Kontrolle der Bolschewiki, während die Alliierten an der Seite der „Weißen", der konterrevolutionären Truppen, eingriffen. Die deutsche Niederlage erlaubte es Russland, den Frieden von Brest-Litowsk aufzukündigen und die Rückeroberung der an Deutschland abgetretenen Gebiete – der baltischen Staaten, der Ukraine und Weißrusslands – zu versuchen.

Im Frühling 1919 zogen sich die Alliierten aus dem Krieg zurück, aber sie richteten um Russland einen als „Cordon Sanitaire" bezeichneten Sicherheitsgürtel ein, um die Verbreitung des Bolschewismus in West- und Mitteleuropa zu verhindern. Die baltischen Staaten und vor allem das durch den Versailler Vertrag wiederhergestellte Polen standen im Zentrum dieses Sicherheitssystems. Die polnische Armee drang von April bis Mai 1920 in die Ukraine vor, in einem Gegenangriff marschierte die Rote Armee von Mai bis Juli 1920 in Polen ein. Schließlich drängten die Polen mit französischer Unterstützung die bolschewistischen Truppen im August 1920 zurück. Im Vertrag von Riga vom März 1921 erhielt Polen von Ukrainern und Weißrussen besiedelte Gebiete.

a

**Antibolschewistisches Plakat von 1918**

Trotzki als „roter Dämon" über den Mauern des Kremls.

**1 Der Hass des Bürgerkrieges wird auf Plakaten gezeigt**

**b Bolschewistisches Plakat, 1920**

Bei der dargestellten Person handelt es sich um Wrangel (1878–1928), der in der Armee des Zaren General einer Division der Kosakenarmee war und anschließend gegen die Bolschewiki kämpfte. Er befehligte die „Weiße Armee" im Süden Russlands.

2 **Der Kampf gegen den Bolschewismus**

Plakat von J. Safis, Deutschland 1919, Privatsammlung.

## 3 Beitritt zur Kommunistischen Internationale

*Im März 1919 gründete Lenin die Dritte Internationale, die zur Weltrevolution aufrief und zur Spaltung der Arbeiterbewegung in Sozialisten und Kommunisten führte.*

**1.** Die periodische und nichtperiodische Presse und alle Parteiverlage müssen vollkommen dem Zentralkomitee der Partei unterstellt werden, [...].

**2.** Jede Organisation, die der Kommunistischen Internationale beitreten will, muss planmäßig [...] die Reformisten und Anhänger des Zentrums entfernen [...]

**3.** Fast in allen Ländern Europas und Amerikas tritt der Klassenkampf in die Phase des Bürgerkrieges ein. Unter diesen Verhältnissen können die Kommunisten kein Vertrauen zu der bürgerlichen Legalität haben. Sie sind verpflichtet, überall einen parallelen illegalen Apparat zu schaffen [...]

**6.** Jede Partei, die der III. Internationale anzugehören wünscht, ist verpflichtet [...] den Arbeitern systematisch vor Augen zu führen, dass ohne revolutionären Sturz des Kapitalismus [...], keinerlei „demokratische" Reorganisation des Völkerbundes imstande sein wird, die Menschheit vor neuen imperialistischen Kriegen zu bewahren.

**8.** [...] Jede Partei, die der III. Internationale anzugehören wünscht, ist verpflichtet, die Machinationen „ihrer" Imperialisten in den Kolonien rücksichtslos zu entlarven, jede Freiheitsbewegung in den Kolonien nicht nur mit Worten, sondern durch Taten zu unterstützen [...].

**12.** Die der Kommunistischen Internationale angehörenden Parteien müssen nach dem Prinzip des demokratischen Zentralismus aufgebaut sein. In der gegenwärtigen Zeit des verschärften Bürgerkrieges ist die Kommunistische Partei nur dann imstande, ihre Pflicht zu erfüllen, wenn sie möglichst zentralistisch organisiert ist und eine eiserne, fast militärische Disziplin in ihr herrscht, wenn ihr Parteizentrum ein starkes, autoritatives Organ mit weitgehenden Vollmachten ist, das das allgemeine Vertrauen der Parteimitgliedschaft genießt.

**14.** Jede Partei, die der Kommunistischen Internationale anzugehören wünscht, ist verpflichtet, jede Sowjetrepublik in ihrem Kampfe gegen die konterrevolutionären Kräfte rückhaltlos zu unterstützen.

Aufnahmebedingungen der Kommunistischen Internationale (2. Kongress, 1920), zit. nach: W. I. Lenin, Sämtliche Werke, Bd. XXV, Wien/Berlin 1930, S. 693 – 698.

## 4 Der russisch-polnische Krieg

*Der 1894 geborene russische Schriftsteller Isaak Babel schloss sich dem revolutionären Kampf an und trat in die Rote Armee ein, in der er als Kriegskorrespondent tätig war. Die Kämpfe fanden in Galizien statt, einer Region, die im Grenzgebiet zwischen Polen und der Ukraine liegt und die von einer großen Vielzahl unterschiedlicher Bevölkerungsgruppen bewohnt wird.*

Novosëlki – Mal. Dorostaj. 18. 7. 20.

Die polnische Armee konzentriert sich im Abschnitt Dubno-Kremenec zum Entscheidungsangriff. Wir stoppen das Manöver, geben Warnung. Die Armee geht im südlichen Abschnitt zum Angriff über, unsere Division bildet die Armee-Reserve. Unsere Aufgabe – die Übergänge über den Styr im Bereich Luck zu besetzen.

Wir rücken morgens nach Mal. Dorostaj (nördlich von Mlynov) ab, ohne Tross, Verwundete und administrativen Stab, offenbar steht die Operation kurz bevor.

Befehl von der Südwestfront erhalten, beim Einmarsch in Galizien – erstmals überschreiten sowjetische Truppen die Grenze – die Bevölkerung gut zu behandeln. Wir kommen nicht in ein erobertes Land, das Land gehört den Arbeitern und Bauern Galiziens und nur ihnen, wir kommen, um ihnen zu helfen, die Rätemacht zu errichten. Ein wichtiger und vernünftiger Befehl, werden die Marodeure ihn ausführen? Nein. [...]

Acker, Straßen, Sonne, der Weizen reift, wir zerstampfen die Felder, eine schlechte Ernte, das Getreide steht niedrig, hier sind viele tschechische, deutsche und polnische Ansiedlungen. Andere Menschen, Wohlstand, Sauberkeit, wunderschöne Gärten, wir essen unreife Äpfel und Birnen, alle wollen zu den Ausländern ins Quartier, ich ertappe auch mich bei dem Wunsch, die Ausländer sind verängstigt. [...]

Immer häufiger trifft man auf Schützengräben des alten Krieges, überall Stacheldraht, er würde noch 10 Jahre für Weidezäune reichen, zerstörte Dörfer, überall wird aufgebaut, aber nur schlecht, es gibt nichts, kein Baumaterial, keinen Zement.

Isaak Babel, Tagebuch 1920, hrsg. von P. Urban, Berlin 1920, S. 46.

## Fragen und Anregungen

1. Untersuchen Sie, welche grafischen Mittel in der Darstellung des politischen Gegners verwendet wurden, um seine Barbarei zu suggerieren. (M1 und M2)
2. Überlegen Sie, durch welche Aspekte die Kommunistische Internationale zu einem Instrument in dem Kampf wurde, den die Bolschewiki zur Festigung ihrer Macht führten. (M3)
3. Erläutern Sie, warum Polen einen zentralen Platz in der Politik des „Cordon Sanitaire" einnahm. (M2 und M4)
4. Wie beschreibt Babel den Widerspruch zwischen den von den Bolschewiki verkündeten Zielen und der Realität des Krieges? (M4)

# Dossier
# Deutschland 1918–1919 – vom Krieg zur Revolution?

Der Einfluss der Russischen Revolution, die Enttäuschungen des Krieges und die ökonomischen Probleme führten in Europa zu sozialen Unruhen. Im März 1919 gründete Lenin die Dritte Internationale, die zur Weltrevolution aufrief. In Frankreich nahmen die Streiks zu. In Italien wurden landwirtschaftliche Güter und Fabriken besetzt. In Ungarn rief Béla Kun eine Sowjetrepublik aus.

Da das Kaiserreich nicht rechtzeitig in ernsthafte politische Reformen eingewilligt hatte, brach es unter dem Schock der Niederlage und revolutionären Unruhen zusammen. Die SPD (in Abgrenzung zur USPD) wollte eine parlamentarische Republik mit Unterstützung der traditionellen Eliten einrichten. Die USPD und vor allem die Spartakisten kritisierten diese Politik als Verrat an der Revolution. Der Handlungsspielraum der jungen Republik, die aus einer Niederlage entstanden war, erwies sich angesichts des starken Widerstands als sehr gering.

## Begriffe

- **SPD** (Sozialdemokratische Partei Deutschlands): siehe S. 52
- **USPD** (Unabhängige Sozialdemokratische Partei Deutschlands): In ihr schlossen sich 1917 die Sozialdemokraten zusammen, die aus der SPD ausgeschlossen worden waren, weil sie sich geweigert hatten, Kriegskrediten zuzustimmen.
- **Spartakisten:** Linker Flügel der USPD, der von Karl Liebknecht und Rosa Luxemburg geführt wurde und der für eine Räterepublik nach sowjetischem Modell eintrat. Sie verließen die USPD im Januar 1919, um die KPD (Kommunistische Partei Deutschlands) zu gründen.

## Chronologische Anhaltspunkte

| | |
|---|---|
| **9. November 1918** | Unautorisierte Bekanntgabe der Abdankung Wilhelms II. durch Reichskanzler Max von Baden, Ausrufung der parlamentarischen Republik durch Philipp Scheidemann und der sozialistischen Republik durch Karl Liebknecht. |
| **10. November 1918** | Bildung des „Rates der Volksbeauftragten“ aus Mitgliedern der SPD und der USPD unter Leitung Friedrich Eberts (SPD). |
| **11. November 1918** | Unterzeichnung des Waffenstillstands von Compiègne. |
| **29. Dezember 1918** | Austritt der drei USPD-Mitglieder aus dem „Rat der Volksbeauftragten“. |
| **1. Januar 1919** | Entstehung der Kommunistischen Partei Deutschlands (KPD). |
| **5.–12. Januar 1919** | „Spartakusaufstand“ in Berlin, der durch die Freikorps niedergeschlagen wird. |
| **15. Januar 1919** | Ermordung Karl Liebknechts und Rosa Luxemburgs. |
| **19. januar 1919** | Wahlen zur verfassunggebenden Nationalversammlung. |
| **6. Februar 1919** | Die verfassunggebende Nationalversammlung tritt in Weimar zusammen. |
| **11. Februar 1919** | Wahl Friedrich Eberts zum Reichspräsidenten der Republik und Bildung der Regierung Philipp Scheidemann. |
| **Februar–Mai 1919** | Streiks und Aufstände in ganz Deutschland. |
| **7. April–2. Mai 1919** | Münchner Räterepublik. |
| **28. Juni 1919** | Unterzeichnung des Versailler Vertrages. |

### 1 Auf dem Weg zur Bildung einer parlamentarischen Republik

Volksgenossen!

Der heutige Tag hat die Befreiung des Volkes vollendet. Der Kaiser hat abgedankt, sein ältester Sohn auf den Thron verzichtet. Die Sozialdemokratische Partei [SPD] hat die Regierung übernommen und der Unabhängigen Sozialdemokratischen Partei [USPD] den Eintritt in die Regierung auf dem Boden voller Gleichberechtigung angeboten. Die neue Regierung wird sich für die Wahlen zu einer konstituierenden Nationalversammlung organisieren, an denen alle über 20 Jahre alten Bürger beider Geschlechter mit vollkommen gleichen Rechten teilnehmen werden. Sie wird sodann ihre Machtbefugnisse in die Hände der neuen Vertretung des Volkes zurücklegen. Bis dahin hat sie die Aufgabe, Waffenstillstand zu schließen und Friedensverhandlungen zu führen, die Volksernährung zu sichern, den Volksgenossen in Waffen den raschesten geordneten Weg zu ihrer Familie und zu lohnendem Erwerb zu sichern. Dazu muss die demokratische Verwaltung sofort glatt zu arbeiten beginnen. Nur durch ihr tadelloses Funktionieren kann schwerstes Unheil vermieden werden. Sei sich darum jeder seiner Verantwortung am Ganzen bewusst.

Menschenleben sind heilig. Das Eigentum ist vor willkürlichen Eingriffen zu schützen. Wer diese herrliche Bewegung durch gemeine Verbrechen entehrt, ist ein Feind des Volkes und muss als solcher behandelt werden. Wer aber in ehrlicher Hingabe an unserem Werke mitschafft, von dem alle Zukunft abhängt, der darf von sich sagen, dass er im größten Augenblick der Weltgeschichte als Schaffender zu des Volkes Heil mit dabei gewesen ist. Wir stehen vor ungeheuren Aufgaben.

Werktätige Männer und Frauen in Stadt und Land, Männer im Waffenrock und Arbeitsblusen, helft alle mit!

Aufruf der neuen Reichsregierung vom 9. November 1918, Friedrich Ebert, Philipp Scheidemann, Otto Landsberg; zit. nach: G. A. Ritter/S. Miller, Die deutsche Revolution 1918–1919. Dokumente, Frankfurt/M. 1983[2], S. f.

## 2 Errichtung der Räterepublik – der Aufruf der Spartakusgruppe

Mit der Abdankung von ein paar Hohenzollern ist es nicht getan. Noch viel weniger ist es getan damit, dass ein paar Regierungssozialisten mehr an die Spitze treten. Sie haben vier Jahre lang die Bourgeoisie unterstützt, sie können nicht anders, als dies weiter tun. [...] Sorget, dass die Macht, die ihr jetzt errungen habt, nicht euren Händen entgleite und dass ihr sie gebraucht für euer Ziel. Denn euer Ziel ist die sofortige Herbeiführung eines proletarisch-sozialistischen Friedens, der sich gegen den Imperialismus aller Länder wendet, und die Umwandlung der Gesellschaft in eine sozialistische.

[...] das Berliner Proletariat in Bluse und Feldgrau erklärt, folgende Forderungen mit aller Entschlossenheit und unbezähmbarem Kampfwillen zu verfolgen:

**1.** Entwaffnung der gesamten Polizei, sämtlicher Offiziere sowie der Soldaten, die nicht auf dem Boden der neuen Ordnung stehen; Bewaffnung des Volkes; alle Soldaten und Proletarier, die bewaffnet sind, behalten ihre Waffen.

**2.** Übernahme sämtlicher militärischer und ziviler Behörden und Kommandostellen durch Vertrauensmänner des Arbeiter- und Soldatenrates. [...]

**3.** Übergabe aller Waffen- und Munitionsbestände sowie aller Rüstungsbetriebe an den Arbeiter- und Soldatenrat. [...]

**6.** Beseitigung des Reichstags und aller Parlamente sowie der bestehenden Reichsregierung; Übernahme der Regierung durch den Berliner Arbeiter- und Soldatenrat [...].

**7.** Wahl von Arbeiter- und Soldatenräten in ganz Deutschland, in deren Hand ausschließlich Gesetzgebung und Verwaltung liegen. Zur Wahl der Arbeiter- und Soldatenräte schreitet das gesamte erwachsene werktätige Volk in Stadt und Land und ohne Unterschied der Geschlechter.

Auszug aus dem Aufruf der Spartakistengruppe an die Arbeiter und Soldaten, vom 10. November 1918; zit. nach: G. A. Ritter/S. Miller, Die deutsche Revolution 1918-1919. Dokumente. Frankfurt/M. 1983[2], S. 82f.

**3** Plakat der SPD für die Wahl zur verfassunggebenden Nationalversammlung im Januar 1919

**4** Der „Januaraufstand"

Barrikade, die vor dem Verlagshaus Mosse in Berlin mit Hilfe von Zeitungspaketen errichtet wurde.

## Fragen und Anregungen

**1.** Beschreiben Sie, wie Ebert und Scheidemann den Übergang vom Kaiserreich zu der neuen republikanischen Staatsform erreichen wollten. Weshalb war die Aufrechterhaltung der Ordnung im November 1918 von zentraler Bedeutung? (M1)

**2.** Erstellen Sie eine Tabelle, in der Sie vergleichend die Merkmale der beiden Modelle politischer Ordnung auflisten, die die Mehrheits-Sozialdemokraten und die Spartakisten vorschlugen. (M1, M2 und M3)

**3.** Versuchen Sie durch eigene Recherchen zu ermitteln, wie es zur Gründung der Spartakusgruppe kam. Verfassen Sie eine Biographie von Karl Liebknecht und Rosa Luxemburg. Wie ist die Schärfe der Angriffe gegen die Sozialdemokraten zu erklären? Für welche Organisationsform traten sie ein? Auf welches politische Modell bezogen sie sich? (M2)

**4.** An welchen Bewusstwerdungsprozess appelliert der Slogan „Arbeiter, Augen auf" auf diesem Wahlplakat? (M3)

**5.** Erörtern Sie, inwieweit sich die Gewalt der Kriegspraktiken in der Nachkriegspolitik fortgesetzt hat. Führen Sie eine Untersuchung durch, in der Sie zeigen, dass andere Länder ähnliche Entwicklungen durchlaufen haben.

# 3. Vom Waffenstillstand zu den Friedensverträgen

*Wie war die internationale Ordnung und Organisation Europas nach dem Krieg neu zu bestimmen?*

## Der Waffenstillstand – ein Ende des Krieges?

Das am 11. November 1918 unterzeichnete Waffenstillstandsabkommen von Compiègne beendete die Kämpfe an der Westfront. Die deutschen Truppen hatten sich binnen zwei Wochen zurückzuziehen. Das linke Rheinufer musste geräumt werden; auf dem rechten Rheinufer wurden drei Brückenköpfe bei Mainz, Koblenz und Köln besetzt und eine zehn Kilometer breite Zone entmilitarisiert. Die deutsche Armee musste einen Teil ihrer Ausrüstung abliefern (U-Boote, Artillerie und anderes). Die militärische Führung wollte jedoch ihre Niederlage nicht eingestehen und verbreitete die „Dolchstoßlegende".

Der Erste Weltkrieg war zu Ende; trotzdem kehrte in Europa kein Frieden ein. In Russland wütete der Bürgerkrieg. Deutsche und Polen bekämpften einander in Posen; im April 1919 brach der russisch-polnische Konflikt aus; in den baltischen Staaten kämpften deutsche Truppen gegen bolschewistische Kräfte. Im Januar 1919 griff die deutsche Regierung auf die Freikorps zurück, um die Aufstände niederzuschlagen und die Verteidigung der deutschen Ostgrenze zu sichern. Diese 400 000 Freiwillige umfassenden Truppen mussten nach dem Versailler Vertrag im Frühjahr 1920 wieder aufgelöst werden, aber viele ihrer Mitglieder bildeten Geheimorganisationen oder schlossen sich den paramilitärischen Organisationen der extremen Rechten an.

## Die Friedenskonferenz

Im Januar 1919 begann in Paris die Friedenskonferenz. Russland und die besiegten Staaten waren hiervon ausgeschlossen. 27 Nationen nahmen als voll berechtigte Mitglieder an den Verhandlungen teil, die im Wesentlichen im Rat der Vier geführt wurden. Während Woodrow Wilson sich auf die „Vierzehn Punkte" **(siehe S. 363)** berief, wollte Georges Clemenceau die für den Wiederaufbau unerlässlichen Reparationen erhalten und forderte eine Garantie der Sicherheit Frankreichs. Italien bestand auf den Gebieten, die ihm die Alliierten als Gegenleistung für seinen Kriegseintritt auf ihrer Seite versprochen hatten. Großbritannien war bestrebt, Deutschland nicht zu sehr zu schwächen, um angesichts der bolschewistischen Bedrohung eine Stabilisierung Europas zu erreichen.

Der Versailler Vertrag wurde am 28. Juni 1919 unterzeichnet. Er machte Deutschland und seine Verbündeten für den Krieg verantwortlich und erlegte ihm sehr harte Bedingungen auf. Politiker und die öffentliche Meinung in Deutschland prangerten ihn als ein „Diktat" an **(siehe S. 222 f.)**. Nach der Auflösung der österreich-ungarischen Doppelmonarchie zeichneten die Pariser Vorortverträge die Karte Europas neu **(siehe S. 224 f.)**.

## Eine verpasste Chance für Frieden?

Diese Verträge zielten darauf ab, in Europa eine neue internationale Ordnung zu errichten, die auf dem Selbstbestimmungsrecht der Völker und einer demokratischen internationalen Politik basierte. Der Völkerbund garantierte mit Hilfe des Verfahrens der Streitschlichtung die kollektive Sicherheit und förderte die Abrüstung. Er führte indessen für den Fall, dass der Frieden bedroht war, keine Zwangsmechanismen ein und verfügte über keine internationale Streitmacht.

Die Weigerung des amerikanischen Senats, den Versailler Vertrag zu ratifizieren, schwächte den Völkerbund. In den mittel- und osteuropäischen Staaten gab es zahlreiche Minderheiten, die ihr Selbstbestimmungsrecht einforderten. Sowohl in Deutschland als auch in anderen Ländern forderten zahlreiche Stimmen eine Revision der Verträge. In Italien setzte sich das Bild eines „verstümmelten Sieges" durch (siehe S. 224).

Indessen spielte der Völkerbund bei der Entwicklung eines humanitären Engagements und bei der Förderung der Menschenrechte eine entscheidende Rolle. Er garantierte die Anwendung der Gesetze über die ethnischen Minderheiten und übertrug dem Norweger Fridtjof Nansen 1922 das Amt eines Hochkommissars für Flüchtlingsfragen. Durch den Krieg, die Russische Revolution und die Friedensverträge waren Millionen von Europäern zum Exil und zur Staatenlosigkeit verurteilt. Der Einsatz der Internationalen Arbeitsorganisation förderte die ökonomische und soziale Zusammenarbeit zwischen den Ländern.

### Begriffe

- **Dolchstoßlegende:** Legende, der zufolge die deutsche Armee nicht militärisch besiegt, sondern von den Zivilisten verraten bzw. von Revolutionären hinterrücks „erdolcht" worden sei.
- **Freikorps:** Auf freiwilliger Basis von nationalistischen Offizieren zusammengestellte Verbände, die aus Frontsoldaten und jüngeren Männern bestanden. Sie wurden gegründet, um in Deutschland gegen revolutionäre Kräfte zu kämpfen und die Grenzen zu verteidigen.
- **Selbstbestimmungsrecht der Völker:** Prinzip, nach dem jedes Volk sein eigener Souverän ist, über sich selbst bestimmen, frei seine Regierungsform festlegen und über seine ökonomische, soziale und kulturelle Entwicklung entscheiden kann.
- **Schiedsgerichtsbarkeit:** Lösung von Konflikten über die Anrufung einer schiedsrichterlichen Instanz wie der Völkerbundversammlung oder des Ständigen Internationalen Gerichtshofs in Den Haag.
- **Kollektive Sicherheit:** Friedenssicherung durch Übertragung der Sicherheitsverantwortung auf eine Staatengemeinschaft und durch eine Diplomatie, die auf der Achtung des Internationalen Rechts und der Anwendung der Schiedsgerichtsbarkeit beruht.
- **Staatenlosigkeit:** Situation, in der ein Individuum seine Staatsangehörigkeit verloren hat.

## 1 Die Besetzung von Köln, Dezember 1918

Je mehr wir gesehen haben, desto mehr verstärken sich die Beobachtungen, die uns schon von Anfang an ins Auge sprangen. Deutschland begreift erst, dass es besiegt worden ist, wenn es die Schritte der Sieger auf seinem Pflaster hört. So war es in Köln.

Erinnern Sie sich einen Augenblick an die Hindenburg-Linie, an die wunderbaren Kriegstage von September bis Oktober, als die letzten Bastionen des Feindes brachen. Wird sie standhalten, wird sie zusammenbrechen? Das war die ängstlich gestellte Frage dieser Zeit. Sie fiel. Einer der letzten Erfolge, der über ihren Fall entschied, war Drocourt-Quéant, die Nahtstelle. Der Engländer Ferguson[1] hat diesen Sieg errungen.

Er war es, der gestern in Köln ankam. Er kam, um Befehle zu erteilen. [...] Die Inbesitznahme erfolgte sofort. Darauf erschienen auf den Mauern weiße Plakate; sie waren von Plumer signiert, dem Kommandanten der zweiten Armee, der Besatzungsarmee. In seinen Bestimmungen stand nichts Neues, lediglich die üblichen Maßnahmen der Sieger: Ausgehverbot, Schließung der Einrichtungen um sieben Uhr abends, Abschaffung der Zeitungen; es folgten Warnungen, dass man diese Anordnungen befolgen solle. Köln, das wie alle anderen deutschen Städte auch seine geschlagenen Truppen mit Blumen empfangen hatte, begann die Bedeutung des Waffenstillstands zu erfassen. Am Abend war das Fest zuende [...], die Leute schlossen sich ein, man war unruhig: Ihr gequälten belgischen und französischen Städte, [...] in der Person einer Stadt von siebenhunderttausend Einwohnern seid ihr gerächt worden.

Übers. nach: Le Petit Journal, September 1918.

[1] Er befehligte eines der Armeekorps, die am 2. September 1918 die Linie Drocourt-Quéant (bei Lens) durchbrachen und die deutschen Truppen zwangen, sich hinter die Hindenburglinie, die von den Deutschen Siegfried-Stellung genannt wurde, zurückzuziehen.

2 **Der Rat der Vier**

Die Hauptunterhändler des Friedensvertrages von links nach rechts: der Brite David Lloyd George, der Italiener Vittorio Orlando, der Franzose Georges Clemenceau und der Amerikaner Thomas Woodrow Wilson.

| | | |
|---|---|---|
| Waffenstillstand von Compiègne **(11. November 1918)** | Deutschland | Versailler Vertrag **(28. Juni 1919)** |
| Waffenstillstand von Villa Giusti **(3. November 1918)** | Österreich | Vertrag von Saint-Germain-en-Laye **(10. September 1919)** |
| | Ungarn | Vertrag von Trianon **(4. Juni 1920)** |
| Waffenstillstand von Saloniki **(29. September 1918)** | Bulgarien | Vertrag von Neuilly-sur-Seine **(27. November 1919)** |
| Waffenstillstand von Moudros **(31. Oktober 1918)** | Osmanisches Reich | Vertrag von Sèvres **(10. August 1920)** |

3 **Chronologie der Waffenstillstandsabkommen und Verträge 1918–1920**

4 **Die Bildung der Freikorps im besiegten Deutschland**

## Fragen und Anregungen

**1.** Erklären Sie, weshalb die Stadt Köln den alliierten Truppen einen reservierten Empfang bereitete. Untersuchen Sie die Bedingungen und Bedeutung der alliierten Besatzung im besiegten Deutschland 1918. (M1)

**2.** Erläutern Sie, gegen welche Bedrohung die Freikorps nach diesem Plakat zu kämpfen vorgaben. Wie wird diese hier suggeriert? Erklären Sie die Bedeutung des Ausdrucks „Grenzschutz Ost“. (M4)

# Dossier
# Der Versailler Vertrag

Die deutsche Regierung, die von den Verhandlungen ausgeschlossen war, wurde am 7. Mai 1919 über die Friedensbedingungen informiert. Nach Ablehnung ihrer Gegenvorschläge erhielt sie am 16. Juni den endgültigen Text. Ministerpräsident Philipp Scheidemann trat zurück. Da die neue Regierung unter Gustav Bauer eine Militärintervention der Alliierten fürchtete, akzeptierte sie schließlich den Vertrag.

Dieser wurde am 28. Juni 1919 im Spiegelsaal des Schlosses von Versailles unterzeichnet. Seine 440 Artikel erlegten Deutschland, dem die Schuld am Ausbruch des Krieges zugewiesen wurde (Artikel 231), harte territoriale Bestimmungen und Garantieverpflichtungen auf und verurteilten das Land zur Zahlung hoher Reparationen.

Die Nationalisten, die die Dolchstoßlegende verbreiteten, prangerten die „Schmach von Versailles" an. In ihrer großen Mehrheit wiesen die Deutschen die alleinige Verantwortung ihres Landes für den Krieg zurück. Die Legitimität der Weimarer Republik wurde durch die Umsetzung eines Vertrages geschwächt, dessen Revision die öffentliche Meinung wünschte.

## 1 Ein „Schmachparagraph"

**Artikel 231:** Die alliierten und assoziierten Regierungen erklären und Deutschland erkennt an, dass Deutschland und seine Verbündeten als Urheber aller Verluste und aller Schäden verantwortlich sind, welche die alliierten und assoziierten Regierungen und ihre Angehörigen infolge des ihnen durch den Angriff Deutschlands und seiner Verbündeten aufgezwungenen Krieges erlitten haben.

**Article 231:** Les gouvernements alliés et associés déclarent et l'Allemagne reconnaît que l'Allemagne et ses alliés sont responsables, pour les avoir causés, de toutes les pertes et de tous les dommages subis par les gouvernements alliés et associés et leurs nationaux en conséquence de la guerre qui leur a été imposée par l'agression de l'Allemagne et des ses alliés.

Deutscher Vertragstext:
http://www.dhm.de/lemo/html/weimar/versailles/index.html
(20.02.2008)

## 2 Die Hauptklauseln des Versailler Vertrages

| | |
|---|---|
| **Territoriale Bestimmung und Kolonien** | - Verlust von 70.000 Quadratkilometern: Elsass-Lothringen wurde wieder französisch. Polen erhielt den größten Teil Westpreußens und Posens, während Danzig unter die Aufsicht des Völkerbundes gestellt wurde. Das Memelgebiet wurde abgetrennt.<br>- Durchführung von Volksabstimmungen in Eupen-Malmedy, in Nordschleswig und in Oberschlesien<br>- Das Saarland wurde der Verwaltung des Völkerbundes unterstellt, während die Kohlegruben in französischen Besitz kamen.<br>- Verlust aller Kolonien |
| **Ökonomische Bestimmungen** | - Verpflichtung, die Meistbegünstigungsklausel ohne Gegenleistung anzuwenden<br>- Abtretung eines großen Teils der Handelsflotte<br>- Beschlagnahmung der deutschen Besitzungen in den Ländern der Alliierten |
| **Garantien** | - Verringerung der Heeresstärke auf 100.000 Mann<br>- Verbot des Besitzes von schwerer Artillerie, von Tanks und Panzern sowie einer Luftwaffe<br>- Entmilitarisierung des linken Rheinufers und einer 50-km-Zone auf dem rechten Rheinufer<br>- Besetzung des linken Rheinufers und von Brückenköpfen für eine Dauer von 5 bis 15 Jahren |
| **Strafbestimmungen** | - Anklage gegen Wilhelm II.<br>- Anklage gegen Personen, denen Kriegsverbrechen vorgeworfen wurden |
| **Reparationen** | - Verantwortung für alle Kriegsschäden, welche die Alliierten erlitten haben<br>- Zahlung von Reparationen: 132 Milliarden Goldmark (die Summe wurde im Mai 1921 festgelegt) |

## Fragen und Anregungen

1. Untersuchen Sie, weshalb die Höhe der Reparationszahlungen erst im Mai 1921 festgesetzt wurde. Erläutern Sie die von Keynes formulierte Kritik hinsichtlich der ökonomischen Folgen des Krieges. (M4)
2. Erklären Sie, weshalb vor allem Artikel 231 für die deutsche Regierung und die deutsche Öffentlichkeit unannehmbar war. Weshalb wurde der Versailler Vertrag als Verrat an den von Wilson 1918 formulierten „Vierzehn Punkten" (siehe S. 363) aufgefasst? (M1 und M5)
3. Welche Argumente werden in jedem dieser beiden Plakate angeführt, um die Wähler zur Teilnahme an der Abstimmung zu bewegen? (M3)
4. Erläutern Sie, weshalb dieser Zeitzeuge behauptete, dass Deutschland „militärisch unbesiegt" war. (M5)
5. Begründen Sie, weshalb der Versailler Vertrag von der öffentlichen Meinung in Deutschland als „Diktat" betrachtet wurde.

**a** Plakat von Fritz Gottfried Kirchbach, 1920

**b** Deutsches Plakat, 1920

## 3 Deutschland und die Volksabstimmungen

Nach der im Februar und März 1920 abgehaltenen Volksabstimmung wurde der nördliche Teil Schleswigs an Dänemark angegliedert und der südliche Teil verblieb bei Deutschland. In Oberschlesien stimmten bei der Abstimmung im März 1921 60 Prozent der Wähler für die Angliederung an Deutschland. Doch nach einem polnischen Aufstand beschlossen die Alliierten im Oktober 1921, das Gebiet zwischen Deutschland und Polen aufzuteilen.

## 4 J. M. Keynes – ein zeitgenössischer Kritiker

*Der berühmte Wirtschaftswissenschaftler und Mitglied der britischen Delegation John Maynard Keynes hatte Paris bereits vor der Unterzeichnung des Vertrages verlassen. Ab Sommer 1919 verfasste er ein Buch, in dem er sich über die „blinde antideutsche Leidenschaft“ und deren Gefahren beklagte.*

Der Friedensvertrag enthält keine Bestimmungen zur wirtschaftlichen Wiederherstellung Europas, nichts, um die geschlagenen Mittelmächte wieder zu guten Nachbarn zu machen, nichts, um die neuen Staaten Europas zu festigen, nichts, um Russland zu retten. Auch fördert er in keiner Weise die wirtschaftliche Interessengemeinschaft unter den Verbündeten selbst. Über die Ordnung der zerrütteten Finanzen Frankreichs und Italiens oder den Ausgleich zwischen den Systemen der alten und der neuen Welt konnte man sich in Paris nicht verständigen.

Der Rat der Vier schenkte diesen Fragen keine Aufmerksamkeit, da er mit anderem beschäftigt war – Clemenceau, das Wirtschaftsleben seiner Feinde zu vernichten, Lloyd George, ein Geschäft zu machen und etwas nach Hause zu bringen, was wenigstens eine Woche lang sich sehen lassen konnte, der Präsident, nur das Gerechte und Rechte zu tun. Es ist eine bemerkenswerte Tatsache, dass das wirtschaftliche Grundproblem eines vor ihren Augen verhungernden und verfallenden Europa die einzige Frage war, für die es nicht möglich war, die Teilnahme der Vier zu wecken. Wiedergutmachung war ihr Hauptinteresse auf wirtschaftlichem Gebiet, und sie behandelten sie als eine Frage der Theologie, der Politik, der Wahltaktik, kurz, von jedem anderen Gesichtspunkt als dem der wirtschaftlichen Zukunft der Staaten, deren Schicksal in ihrer Hand lag.

John Maynard Keynes, Die wirtschaftlichen Folgen des Friedensvertrages, München/Leipzig 1920, S. 184 f.

## 5 „Der schwärzeste Tag des Krieges“

8. Mai 1919

Heute ist der schwärzeste Tag des Krieges, die Friedensbedingungen von Versailles! Alle Lebenslust versagt, das Herz stockt. Das „vae victis“ in grausamster, brutalster Gestalt verkünden die siegreichen Feinde. Noch erscheint es unfassbar, dass ein solcher Frieden Wirklichkeit werden soll. Unmöglich! Aber was dann?

Es scheint, als ob ein Entrinnen vor dem Zusammenbruch unmöglich ist – mit dem Frieden durch die Feinde, ohne Frieden durch den Bolschewismus. Innen und außen lauern die Feinde des Staates. Der lange Krieg hat die tierischen Instinkte des Egoismus bei den Feinden und bei den Proletariern der eigenen Heimat entfacht.

Wo sind die schönen Reden von Humanität und Recht? Wo sind die Wilsonpunkte, nach deren Anerkennung vom Feind und von uns der Waffenstillstand geschlossen wurde? Soll alles Betrug gewesen sein? Soll jedes Recht und jeder Glaube schwinden?

Das kann nicht das Ende sein. Vorläufig steht es nur auf dem Papier, und das Leben geht ruhig weiter, aber langsam, von Jahr zu Jahr steigend, entsprechend dem Aufbrauch der alten Vorräte, wird Sorge und Not einziehen, wird das ganze Volk verarmen und verzweifeln.

Nein, das kann noch nicht das Ende des militärisch im Felde unbesiegten Staates sein! Der Bogen ist überspannt, aber woher kommt die Rettung? Welche Wirkung würde die Ablehnung erzielen? Neue Revolution bei uns oder bei den anderen. Nirgends scheint ein Lichtstrahl, nur schwarze Wolken!

Wozu noch das Leben?

Auszug aus dem Tagebuch des Berliner Fabrikanten Oskar Münsterberg (1865–1920); zit. nach: http://www.dhm.de/lemo/forum/kollektives_gedaechtnis/035/index.html (20.02.2008)

# Europa nach den Friedensverträgen (1919 – 1923)

## Die neuen Grenzen in Europa und im Nahen Osten

Durch das **Verschwinden der großen Reiche** und die **Friedensverträge** von 1919 bis 1923 wurde die Karte Europas und des Nahen Ostens grundlegend umgestaltet.

Im Oktober 1918 erklärten die Völker Österreich-Ungarns ihre Unabhängigkeit. Die Siegermächte setzten die Verträge von Saint-Germain vom 10. September 1919 und von Trianon vom 4. Juni 1920 durch, die zur Trennung Österreichs und Ungarns führten. Österreich wurde auf den deutschsprachigen Teil des ehemaligen Reiches reduziert und Ungarn verlor einen bedeutenden Teil seines Gebiets. Mit der Tschechoslowakei und dem Königreich der Serben, Kroaten und Slowenen (dem späteren Jugoslawien) entstanden **neue Vielvölkerstaaten**. Die neuen Grenzen vergrößerten die Zahl der Minderheiten und die Proteste gegen die Grenzziehungen. Fünf Millionen Deutsche, darunter drei Millionen Sudeten in der Tschechoslowakei, wurden von der dominierenden Nationalität zu einer Minderheit.

Dem wiederhergestellten Polen wurden Galizien, von Ukrainern und Weißrussen bewohnte russische Gebiete (Vertrag von Riga von 1921), die größten Teile Posens und Westpreußens angegliedert. Durch den Danziger Korridor, der Ostpreußen von Deutschland abtrennte, besaß es einen Zugang zur Ostsee. Die baltischen Staaten wurden unabhängig.

Die Siegerstaaten konnten große territoriale Gewinne verbuchen. So trat Deutschland Elsass-Lothringen an Frankreich sowie Eupen und Malmedy an Belgien ab. Rumänien erhielt Transsilvanien und die Bukowina, Bessarabien und die Dobrudscha. Italien erhielt die Provinz Trient und Südtirol, aber nicht Istrien und Dalmatien, weshalb man hier von einem „verstümmelten Sieg" sprach.

Am Ende des griechisch-türkischen Krieges erreichte die Türkei die Annullierung des Vertrages von Sèvres von 1920. Im Vertrag von Lausanne von 1923 erhielt sie den größten Teil Armeniens, Kurdistan, Ostthrakien und das Gebiet von Smyrna. Ihre arabischen Gebiete, die unter Mandatsverwaltung gestellt worden waren, hatte die Türkei jedoch verloren.

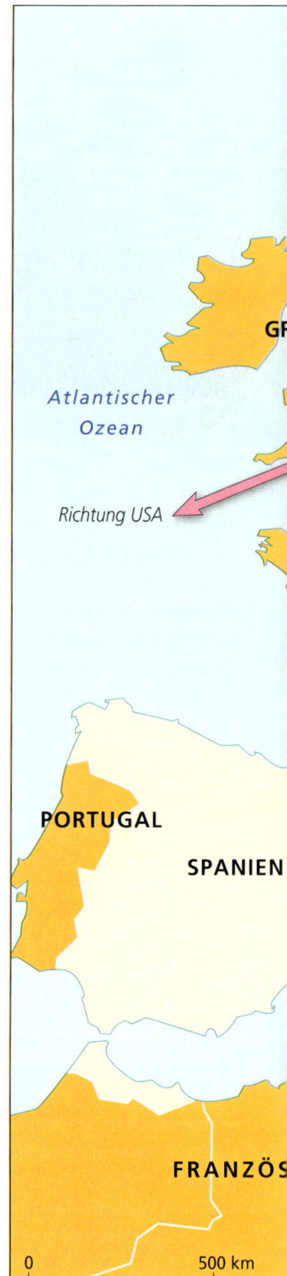


**1. Ein neues diplom**
**Gleichgewicht**

Sieger
Besiegte
auf Basis der V
entstandene St
Sowjet-russland/ UdSSR
*Weiße Linien: Grenzen*

es

## 2. Neue Grenzen und neue Staaten

- ehemaliges dt. Kaiserreich
- ehemaliges Österreich-Ungarn
- ehemaliges Osmanisches Reich
- ehemaliges russ. Zarenreich
- territoriale Gewinne
- *Elsass-Lothringen* von den Siegern gewonnene Gebiete
- Zugehörigkeit durch Volksentscheid festzulegen
- Gebiete unter Kontrolle des Völkerbundes

e

neutrale Staaten

23

## 3. Krisenherde und Bevölkerungsverschiebungen

- Kriege, die sich gegen die Verträge richten
- russischer Bürgerkrieg

**Bevölkerungsbewegungen**

- Deutsche
- Ungarn
- Russen
- Armenier
- Bevölkerungsverschiebung durch Zwang *(Griechen aus der Region Smyrna, Türken aus Griechenland, Bulgarien und Thrakien)*

# 4. Der Erste Weltkrieg im Gedächtnis

*Wie strukturierte und verfestigte sich während und nach der Kriegszeit die Erinnerung an den Ersten Weltkrieg?*

## Die Herausbildung der Erinnerung – ein in der Kriegszeit einsetzender Prozess

Seit 1915 brachte der Krieg eine bedeutende literarische und künstlerische Produktion hervor. Zahlreiche Augenzeugenberichte wurden veröffentlicht; die Werke der am Krieg teilnehmenden Schriftsteller, vor allem ihre Gedichte, fanden ein großes Publikum. Von dem 1916 veröffentlichten Roman „Das Feuer" („Le feu") von Henri Barbusse wurden 300 000 Exemplare verkauft. Sammlungen von Kriegsgegenständen wurden mit dem Ziel angelegt, den Konflikt zu erklären und seine materiellen Spuren zu bewahren. 1920 öffnete in London das „Imperial War Museum" seine Pforten; auch in Deutschland fanden große Ausstellungen statt. 1916 sahen 20 Millionen Briten den Film „The Battle of the Somme".

Die Begriffe „Große Epoche" und „Großer Krieg" bezeugen das Gefühl der Zeitgenossen, in einer außergewöhnlichen Zeit zu leben, deren Sinn es zu erfassen und deren Erinnerung es zu bewahren galt. Während der Begriff „Großer Krieg" in Frankreich und Großbritannien noch verwendet wird, ist er in Deutschland verschwunden. Dies ist durch die Niederlage zu erklären und durch den Umstand, dass in Deutschland heute die Erinnerung an den Zweiten Weltkrieg diejenige an den Ersten Weltkrieg verdrängt hat.

## Trauer und Gedenken

1915 wurde in Frankreich ein Gesetz verabschiedet, das die Bezeichnung „für Frankreich gestorben" einführte, und das ein „Recht auf Erinnerung" begründete. Seit dem Ende des Krieges bildeten sich die wichtigsten Formen des Gedenkens heraus. In Folge des Gesetzes vom 25. Oktober 1919 wurden 30 000 kommunale Kriegerdenkmäler errichtet. Es sind Orte von Handlungen, in denen sich Trauer, offizielle Anerkennung und die Entwicklung einer kollektiven Erinnerung miteinander verbanden.

Am 11. November 1920 wurde unter dem Triumphbogen in Paris und in der Westminsterabtei in London jeweils ein unbekannter Soldat beigesetzt. Diese Praxis, die Siegern und Besiegten gemeinsam war, drückte das Leid der Trauernden aus, die den Leichnam ihrer Verwandten nicht bergen und beerdigen konnten. In Deutschland kam dagegen kein Projekt für ein zentrales Denkmal zustande, was symptomatisch für eine schwierige kulturelle Abrüstung ist. Da die Nationalisten die Niederlage leugneten, konnten sie die Erinnerung an den Krieg mit einem Rachegedanken verbinden und die Gewalt gegen „innere Feinde" lenken.

Die alten Schlachtfelder wurden zu bevorzugten Orten des Gedenkens, an denen Militärfriedhöfe angelegt und Beinhäuser errichtet wurden, in denen die nicht identifizierbaren Überreste gemeinsam beigesetzt wurden und an denen sich die großen Denkmäler befinden. Artikel 225 des Versailler Vertrages erlegte den Unterzeichnern die Pflicht auf, die Gräber der Soldaten der gegnerischen Mächte zu unterhalten. In Landschaften der Erinnerung verwandelt, wurden die Orte der Trauer auch zu Zielen eines Kriegstourismus. Bis in die Gegenwart hinein bleiben beide Bedeutungen direkt miteinander verbunden, wie die britischen Besucher zeigen, die heute noch in großer Zahl an die Somme oder nach Flandern kommen.

## Erinnern – um zu vergessen?

Zwischen 1925 und 1930 kam es zu einer entscheidenden Wende. Von nun an gab es eine größere Zahl literarischer und künstlerischer Darstellungen des Krieges, die dessen Absurdität unterstrichen und die Formen der Verweigerung hervorhoben. Sie zeigen den Einfluss des Pazifismus in der französischen und britischen Gesellschaft, der auch in Deutschland seine Vertreter hatte, z. B. Erich Maria Remarque (siehe S. 136). Heute werden die Werke pazifistischer Autoren oft und zu Unrecht als unmittelbare Zeugnisse des Krieges betrachtet. Tatsächlich sind sie ein Hinweis auf die kulturellen Mechanismen, die in der Zwischenkriegszeit die Zustimmung zum Krieg und zu seiner Gewalt verdecken konnten.

Während in Deutschland die Erinnerung an den Ersten Weltkrieg heute fast ganz verschwunden ist, nimmt sie in England, den Ländern des Commonwealth oder in Frankreich weiterhin einen wesentlichen Platz im familiären und kollektiven Gedächtnis ein. Das wird zum Beispiel an der Bedeutung erkennbar, die diesem Krieg heute im Bereich der Literatur und des Films zukommt.

1

**Eine Erkundung des Grauens der Schlachtfelder – das Werk von Otto Dix**

„Gesehen am Steilhang von Cléry-sur-Somme", Radierung von Otto Dix, 1924, 35,3 x 47,5 cm, Historial de la Grande Guerre, Péronne.

### Begriffe

- **„Für Frankreich gestorben"** („mort pour la France"): Durch diesen Vermerk in den Standesamtsregistern konnten jene offiziell identifiziert werden, die im Kampf gefallen waren.
- **Kulturelle Abrüstung:** Der Begriff wurde von dem Historiker John Horne geprägt. Er bezieht sich auf das Verschwinden der Kriegskultur innerhalb der vom Krieg betroffenen Bevölkerung beim Übergang zum Frieden. Die Kriegskultur kann auch im Frieden fortbestehen.
- **Pazifismus:** Lehre, die sich für die Verweigerung des Krieges und die Verteidigung des Friedens einsetzt. In Frankreich und in Großbritannien waren die Frontsoldaten für ihn besonders empfänglich.

2

**Der „Remembrance Day" – Tag der Erinnerung**

„Tragt einen Klatschmohn am Tag der Erinnerung". Der „Poppy" (Klatschmohn), der auf den Feldern Flanderns wächst, ist in den Ländern des Commonwealth die Blume der Erinnerung. Britisches Plakat, 1920.

3

**Friedhof und Beinhaus von Douaumont (Meuse)**

In dem 1932 eingeweihten Beinhaus von Douaumont befinden sich die nicht identifizierbaren Überreste von 130 000 deutschen und französischen Soldaten. Das Projekt wurde durch den Bischof von Verdun ins Leben gerufen. Die Schirmherrschaft übernahm ein Komitee, dem Marschall Pétain vorstand. 1920 wurde der Grundstein gelegt. Die Finanzierung erfolgte über eine Spendenaktion, die französische und ausländische Gelder sammelte. 1984 brachten Helmut Kohl und François Mitterand hier eine Gedenktafel an, die feierlich an die Versöhnung beider Nationen erinnert.

### 4 Trauer eines Vaters, Trauer einer Nation

*Der britische Schriftsteller Rudyard Kipling verlor 1915 seinen Sohn John. Seine Schriften zeugen von seinem Schmerz.*

**London Stone**

NOV. 11, 1923

When you come to London Town,
(Grieving—grieving!)
Bring your flowers and lay them down
At the place of grieving.

When you come to London Town,
(Grieving—grieving!)
Bow your head and mourn your own,
With the others grieving.
For those minutes, let it wake
(Grieving—grieving!)
All the empty-heart and ache
That is not cured by grieving.

For those minutes, tell no lie:
(Grieving—grieving!)
"Grave, this is thy victory;
And the sting of death is grieving." [...]

Where's our help, from Earth or Heaven.
(Grieving—grieving!)
To comfort us for what we've given,
And only gained the grieving?

Heaven's too far and Earth too near,
(Grieving—grieving!)
But our neighbour's standing here,
Grieving as we're grieving.

R. Kipling, The Complete Verse. London 2002.

| | | |
|---|---|---|
| Frankreich | 11. November 1920 | **Triumphbogen** |
| Großbritannien | 11. November 1920 | **Westminsterabtei** |
| Italien | 4. November 1921 | **Altar des Vaterlands, Rom** |
| Vereinigte Staaten | 11. November 1921 | **Nationalfriedhof von Arlington** |
| Australien | 11. November 1993 | **Australian War Memorial's Hall of Memory, Canberra** |
| Kanada | 28. Mai 2000 | **National War Memorial, Ottawa** |
| Neuseeland | 11. November 2004 | **National War Memorial, Wellington** |

5 **Der unbekannte Soldat**

Datum und Ort der Beisetzung eines unbekannten Soldaten.

## Fragen und Anregungen

1. Untersuchen Sie die Formen des Gedenkens, die heute die Feier des „Remembrance Day" in Großbritannien begleiten. (M2)
2. Erklären Sie, warum die Gedenkstätte von Douaumont für die Zeremonie von 1984 ausgewählt wurde. (M3)
3. Wie drückt Kipling die individuellen und kollektiven Dimensionen der Kriegstrauer aus? (M4)
4. Suchen Sie nach den Gründen, die in den verschiedenen Ländern jeweils zur Auswahl des Ortes führten, an dem der unbekannte Soldat beigesetzt wurde. Untersuchen Sie, wie die Feierlichkeiten in Kanada und Neuseeland begangen werden. (M5)

# Dossier
# Trauernde Gesellschaften

Durch den gewaltsamen Tod von Millionen Menschen wurden die europäischen Gesellschaften mit der Erfahrung der Massentrauer konfrontiert. Zahlreiche Eltern verloren einen oder mehrere Söhne. Die Jugend der Gefallenen, ihre Heroisierung sowie das Fehlen eines zu beerdigenden Leichnams und einer Begräbniszeremonie ließen die Trauer noch schmerzhafter werden.

Über den engen Kreis der Trauernden hinaus, der Familie und Freunde umfasste, gedachten die Unternehmen, die Schulen und die Universitäten sowie die Vereine ihrer Toten. Trauerarbeit wurde in unterschiedlichen Formen des Gedenkens und an unterschiedlichen Orten geleistet: auf Militärfriedhöfen und öffentlichen Plätzen, auf denen die Kriegerdenkmäler errichtet wurden, aber auch in privaten Räumen, in denen Fotografien und persönliche Gegenstände der Verstorbenen kleine Familienaltäre bildeten. So bildete sich eine Erinnerung heraus, die sowohl intime als auch kollektive Dimensionen beinhaltete.

1

**Namenlose Trauernde – die Eltern**

Während es für die Trauernden, die einen Mann oder einen Vater verloren haben, spezielle Begriffe gibt (Witwe, Waise), besitzt unsere Sprache kein eigenes Wort zur Bezeichnung jener, die ein Kind verloren haben. Das zeigt deutlich, wie stark sich ein solcher Tod von vertrauten Formen der persönlichen Verlusterfahrung unterschied.

2

**Gemeinschaften einer einzigartigen Trauer – Gruppen von Frontsoldaten**

3

**Vergegenständlichte Trauer – eine Emailletafel**

ZUR ERINNERUNG
AN UNSERE LIEBEN SÖHNE, UM DIE WIR TRAUERN
Joseph MERLE | Jean Marie MERLE
FÜR FRANKREICH GESTORBEN
am 23. Mai 1916 | am 14. Oktober 1915
im Alter von | im Alter von
32 Jahren | 23 Jahren
Wie sie vermisst werden!

## 4 Die geopferte Jugend Europas

*Peter, der Sohn der Bildhauerin Käthe Kollwitz, der sich freiwillig gemeldet hatte, starb im Oktober 1914.*

11. Oktober 1916 [...]

Will die Jugend überhaupt den Krieg? [...] Der schreckliche Unsinn, dass die europäische Jugend gegeneinander rast.

[...] Peter, Erich, Richard, alle stellten ihr Leben unter die Idee der Vaterlandsliebe. Dasselbe taten die englischen, die russischen, die französischen Jünglinge. Die Folge war das Rasen gegeneinander, die Verarmung Europas am Allerschönsten. Ist also die Jugend in all diesen Ländern betrogen worden? Hat man ihre Fähigkeit zur Hingabe benutzt, um den Krieg zustande zu bringen? Wo sind die Schuldigen? Gibt es die? Sind alles Betrogene? Ist es ein Massenwahnsinn gewesen? Und wann und wie wird das Aufwachen sein?

Nie wird mir das alles klar werden. Wahr ist nur, dass die Jungen, unser Peter, vor zwei Jahren mit Frömmigkeit in den Krieg gingen. Und dass sie es wahrmachten, für Deutschland sterben zu wollen. Sie starben – fast alle. Starben in Deutschland und bei Deutschlands Feinden, Millionen.

Als der Geistliche die Freiwilligen einsegnete, sprach er von dem römischen Jüngling, der in den Abgrund sprang und ihn damit schloss. Das war ein Einziger. Jeder dieser Jungen empfand, dass er wie dieser Einzige handeln müsse. Was herauskam, war aber etwas sehr anderes. Der Abgrund hat sich nicht geschlossen. Millionen hat er verschlungen und klafft noch. Und Europa, ganz Europa opfert noch immer wie Rom sein Schönstes und Köstlichstes, aber niemand ist, der das Opfer lohnt.

Ist es treulos gegen Dich – Peter –, dass ich nur noch den Wahnsinn jetzt sehn kann im Kriege? Peter, Du starbst gläubig.

Käthe Kollwitz, Die Tagebücher 1908 – 1943. Berlin 1989.

## 5 Vera Brittain – eine weiße Witwe

*Der Begriff „weiße Witwe" bezeichnet jene Frauen, deren Verlobter im Krieg gestorben ist. So verlor Vera Brittain ihren Verlobten am 23. Dezember 1915. Die ehemalige Studentin der Universität Oxford, die Krankenschwester geworden war, schrieb ihrem Bruder Edward, der mit dem Verstorbenen ebenfalls seit seiner Kindheit befreundet war:*

*1st London General Hospital, 10. Januar 1916*

Im Geist habe ich seinen Tod so oft durchlebt, dass er sich jetzt, wo er wirklich geschah, kaum von all den anderen Situationen zu unterscheiden scheint, nur dass es damals nicht Wirklichkeit war. Genau genommen glaube ich jetzt noch nicht, dass mich eine so vollständige Verzweiflung darüber, dass ich auf ihn verzichten muss, überkam, wie beim ersten Mal, als er zur Front ging. [...]

Ich fürchte, dass ich meiner Arbeit hier nur noch mechanisch nachgehe, [...]. Ich habe lange Depressionsphasen, in denen nichts für mich von Bedeutung zu sein scheint, ich spüre keine besonderen Wünsche nach irgendetwas, und es scheint keine Zukunft zu geben. Und wenn mich die Schönheit eines Sonnenaufgangs am Ende des Nachtdienstes oder ein kurzer Blick auf einen ganz klaren Himmel zwischen den nackten Ästen eines Baumes für eine Minute ablenken, dann lässt mich ein plötzlicher Schreck zutiefst erzittern, wenn ich mir vorstelle, dass er all diese Dinge, die er so geliebt hat, nicht mehr wahrnimmt. Zumindest wissen wir nicht, ob er sie noch wahrnimmt – und es gibt eine so große Kluft dazwischen, sich dessen bewusst zu sein und sich dessen nicht bewusst zu sein. Und dann, obwohl ich mir so oft gewünscht habe, tot zu sein, scheint es so ungerecht, dass ich noch da bin, um diese Dinge zu genießen und er nicht. Und ich habe das Gefühl, dass ich ihm gegenüber einen ungerechten Vorteil wahrnehme, und ich kann mich über diese Dinge nicht mehr freuen, weil er es nicht mehr kann [...]

Man könnte annehmen, ich schreibe dir so, wie ich ihm geschrieben habe. Es ist so seltsam, ihm nicht mehr zu schreiben [...]

Wenn der Krieg doch dich und mich verschont, dann werden wir aus Ihm etwas machen, was die Welt nicht mehr vergessen wird.

Übers. nach: A. Bishop/M. Bostridge, Letters from a Lost Generation. First World War Letter of Vera Brittain and Four Friends. London 1998, S. 209f.

6

**Das Kriegerdenkmal von Leigneux (Loire)**

Dieses von J. Durand geschaffene Denkmal wurde 1925 eingeweiht.

## Fragen und Anregungen

1. Erklären Sie, weshalb die Trauer der Eltern besonders komplex ist. (M1 und M4)
2. Weshalb nahmen die Frontsoldaten einen besonderen Platz unter den Trauernden des Ersten Weltkrieges ein? Inwiefern unterschied sich ihre Erfahrung von jener der Zivilisten? (M2)
3. Untersuchen Sie das Leben und Werk der Bildhauerin Käthe Kollwitz. Welchen Platz nahm der Verlust ihres Sohnes darin ein? Wie begegnet sie in diesem Brief der Erfahrung des massenhaften Todes junger Menschen? Warum ist für sie das Eingeständnis, dass dieser Tod vielleicht sinnlos war, so schwierig? (M4)
4. Erläutern Sie, inwieweit wir uns heute durch die Briefe und Trauergegenstände der intimen Dimension der Trauererfahrung annähern können. (M3, M4 und M5)
5. Beschreiben Sie, was auf diesem Kriegerdenkmal dargestellt wird. Führen Sie eine Untersuchung zu den Gedenkfeiern durch, die nach dem Ersten Weltkrieg vor solchen Denkmälern abgehalten wurden. Gibt es auch heute solche Gedenkfeiern? (M6)

# Bilanz
# Der Erste Weltkrieg

## Wichtige Daten

| | |
|---|---|
| **28. Juni 1914** | Attentat von Sarajewo |
| **August 1914** | Schlacht von Tannenberg |
| **September 1914** | Schlacht an der Marne |
| **April 1915** | Beginn des Völkermordes an den Armeniern |
| **1916** | Schlachten von Verdun und an der Somme |
| **März 1917** | „Februarrevolution" in Russland |
| **April 1917** | Kriegseintritt der USA |
| **November 1917** | „Oktoberrevolution" in Russland |
| **3. März 1918** | Frieden von Brest-Litowsk zwischen Deutschland und Russland |
| **9. November 1918** | Unautorisierte Veröffentlichung der Abdankung Wilhelms II. |
| **11. November 1918** | Waffenstillstand zwischen Deutschland und Frankreich |
| **28. Juni 1919** | Versailler Vertrag |
| **11. November 1920** | Ehrung des unbekannten Soldaten in Frankreich und Großbritannien |
| **1921** | Sieg der Bolschewiken im Bürgerkrieg |

## Schlüsselbegriffe

| Deutsch | Französisch | Englisch |
|---|---|---|
| **Frontsoldaten/ Kriegsteilnehmer** | Anciens combattants | Veterans |
| **Blockade** | Blocus | Blockade |
| **Bolschewik** | Bolchevik | Bolchevik |
| **Selbstbestimmungsrecht der Völker** | Droit des peuples à disposer d'eux-mêmes | The right to self – determination of peoples |
| **Völkermord/Genozid** | Génocide | Genocide |
| **Pazifismus** | Pacifisme | Pacifism |
| **Kollektive Sicherheit** | Sécurité collective | Collective security |
| **Burgfrieden** | Union sacrée | „Union sacrée" |

## Die Dämonisierung des Gegners – Schaffung eines Feindbilds

**Der Versailler Vertrag: deutsche Karikatur**

Karikatur von Hans Lindhoff, „Kladderadatsch", 18. Januar 1920.

**Der Versailler Vertrag: französische Karikatur**

„Die Komödie des Elends. Pass auf, Marianne, pass auf, Tag und Nacht bereitet sie sich vor.", „Le Ruy Blas", 15. Mai 1921.

## DEUTSCH-FRANZÖSISCHER PERSPEKTIVENWECHSEL

### Der Erste Weltkrieg in der Wahrnehmung von Deutschen und Franzosen

• Deutsche und französische Historiker waren sich lange Zeit uneins in der Frage nach den Ursachen des Ersten Weltkrieges, wobei sie die Verantwortung jeweils der anderen Seite anlasteten. Diese leidenschaftlich geführten Debatten sind vorbei und niemand denkt heute mehr daran, Deutschland und seinen Verbündeten die alleinige Verantwortung für den Krieg aufzubürden, wie es in Artikel 231 des Versailler Vertrages heißt (siehe S. 222).

• Im kollektiven Gedächtnis der Franzosen hat der „Große Krieg" („La Grande Guerre") einen weitaus höheren Stellenwert als bei den Deutschen, die ihn „Erster Weltkrieg" nennen. Dies liegt vermutlich daran, dass die Auseinandersetzung in geringerem Maße das deutsche Staatsgebiet betraf (mit Ausnahme von Ostpreußen) und auch daran, dass der Nationalsozialismus und der Zweite Weltkrieg in Deutschland die Aufmerksamkeit und die Reflexion sozusagen absorbiert haben (die unumstrittene Verantwortung Deutschlands, die Zerstörung zahlreicher deutscher Städte, die sehr hohen militärischen und zivilen Verluste). Es ist aber auch darauf zurückzuführen, dass die unmittelbaren Auswirkungen des Ersten Weltkrieges auf die französische Gesellschaft stärker waren als die des Zweiten Weltkrieges, was für Deutschland nicht gilt.

• In französischen Schulbüchern wird der Erste Weltkrieg sehr ausführlich behandelt, wobei das Augenmerk vor allem auf die Ereignisse an der Westfront gerichtet wird, während andere Frontabschnitte in den Hintergrund treten. Deutsche Schulbücher behandeln den Krieg eher im Gesamtüberblick, er wird als „Urkatastrophe" des 20. Jahrhunderts dargestellt, wobei den militärischen Ereignissen im eigentlichen Sinne weniger Raum gegeben wird.

### Neue Dimension

• Auf beiden Seiten des Rheins betonen die Forscher die neuartigen Dimensionen dieses Konflikts: die äußerste Brutalität der Kämpfe, die Intensität der Propaganda, die Mobilisierung der Bevölkerung (auch in den Kolonien), die Gewalt gegen die Zivilbevölkerung. Dieser letzte Aspekt wurde in vielen wissenschaftlichen Arbeiten dargestellt, vor allem die Übergriffe durch die Besatzungsarmeen (Deutsche in Belgien und Frankreich, Russen in Deutschland, Österreicher in Serbien) oder das Leid, das durch die Blockade in Deutschland oder in Österreich-Ungarn hervorgerufen wurde. Der Völkermord an den Armeniern von 1915 ist gewiss ein extremer und spezieller Fall. Dem amerikanischen Historiker George Mosse zufolge hat der Krieg von 1914–1918 eine zentrale Rolle bei der „Brutalisierung der europäischen Gesellschaften" gespielt. Diesen Begriff prägte er, um damit vor allem die Entwicklung der Gewalt im politischen Leben Deutschlands seit 1918 zu erklären.

• Die Frage nach der Einstellung der Bevölkerung zum Krieg bleibt stark umstritten, vor allem in Frankreich. Mit dem Begriff „consentement" („Zustimmung") will man den bedingungslosen Einsatz der Soldaten erklären, doch weisen manche Historiker darauf hin, dass deren Gehorsam nicht zwangsläufig innere Zustimmung zum Krieg bedeutete. Der Begriff der „Kriegskultur" ermöglichte es aufzuzeigen, wie der Konflikt alle Aspekte des Lebens überlagerte, er wird jedoch ebenfalls von manchen als zu stark vereinfachend kritisiert.

## WEITERFÜHRENDE HINWEISE

### Unmittelbare Zeitzeugenberichte

- Louis Barthas, Les carnets de guerre de Louis Barthas, tonnelier, 1914–1918. Paris: La Découverte, 2003.
- Feldpostbriefe: 1914–1918/Deutschland Radio. Mit Peter Lieck, Philipp Schepmann, Cedrik Piquard, 2 CDs. Köln 1999. Manuskripte der Radiosendung, die dieser CD zu Grunde liegt (mit Quellenauszügen): http://www.dradio.de/dlf/sendungen/feldpost/981126.html (25.02.2008).

### In Romanform verarbeitete Kriegserfahrungen

- Henri Barbusse, Das Feuer: Tagebuch einer Korporalschaft (Le Feu, 1916). Berlin: Schwartzkopff-Buchwerke, 2004.
- Maurice Genevoix, Ceux de 14. Paris: Le Seuil, 1949.
- Ernst Jünger, In Stahlgewittern (erstmals erschienen 1920). Stuttgart: Klett-Cotta, 2000[41].
- Erich Maria Remarque, Im Westen nichts Neues (1929). Köln: Kiepenheuer & Witsch, 2005.

### Darstellungen

- Volker Berghahn, Der Erste Welkrieg. Beck'sche Reihe. C. H. Beck: München, 2006[3].
- Gerhard Hirschfeld/Gerd Krumeich/Irina Renz (Hrsg.), Enzyklopädie Erster Weltkrieg. Paderborn/München/Wien/Zürich: Schöningh, 2004[2].
- Nial Ferguson, Der Falsche Krieg. Der Erste Weltkrieg und das 20. Jahrhundert. Aus dem Englischen von K. Kochmann. Stuttgart: DVA, 1999 (weitere Ausgabe: München: dva, 2001).
- Stéphane Audoin-Rouzeau/Jean-Jacques Becker (Hrsg.), Encyclopédie critique de la Grande Guerre 1914–1918. Paris: Bayard, 2004.
- Antoine Prost/Jay Winter, Penser la Grande Guerre, un essai historiographique. Paris: Le Seuil, 2004.
- Manfred Hildermeier, Die Russische Revolution. Frankfurt/Main: Fischer-Taschenbuchverlag, 2004.

### Filme

- Christian Carion, Merry Christmas (Joyeux Noël), 2005 (ein Moment der Verbrüderung zwischen Soldaten der Entente und Deutschen im Dezember 1914).
- Lewis Milestone, Im Westen nichts Neues (All Quiet on the Western Front), 1930 (nach dem gleichnamigen Roman von E. M. Remarque).

### Museen und Erinnerungsorte

- L'Historial de la Grande Guerre à Péronne (Somme): Museum und internationales Forschungszentrum in der Region der Somme-Schlachtfelder. Internetadresse: www.historial.org (16.02.2008).
- Le mémorial de Verdun à Fleury-devant-Douaumont (Meuse): Zentrum der Erinnerung an das Leiden und Sterben von Soldaten beider Seiten in der Schlacht von Verdun. Internetadresse: www.memorial-14-18.com (16.02.2008).

### Internetseiten

- www.cheminsdememoire.gouv.fr (16.02.2008): offizielle Seite zur Unterstützung von Reisen, vor allem zur Erinnerung an die Gefallenen des Ersten Weltkrieges.
- www.crid1418.org (16.02.2008): Internetseite des „Centre de recherche international et de débat sur la Guerre de 1914–1918".
- www.erster-weltkrieg.clio-online.de (16.02.2008): Wissenschaftliches Portal zum Ersten Weltkrieg, das den Zugang zu zahlreichen Materialien (Quellen, Artikel) erleichtert.

# Teil 6

# Demokratien und totalitäre Regime in der Zwischenkriegszeit

1

2

3

4

5

6

7

8

9

10

11

12

13

14

15

16

17

18

Kapitel 13

# Die Krise der demokratischen Verfassungsstaaten (1918 – 1939)



Nach dem Ersten Weltkrieg mobilisierte die Politik stärker als bisher breite Bevölkerungsmassen. In Revolutionen, Demonstrationen und Wahlkämpfen wurden Meinungen und Ansprüche auf der Straße vertreten. Durch neue Medien wie das Radio oder das Kino wurde das politische Geschehen immer mehr Menschen zugänglich. Neu gegründete Demokratien, die endlich eine breite Beteiligung ermöglichten, wurden ebenso bejubelt wie autoritäre oder faschistische Führer, die es verstanden, die Masse in ihrem Sinne zu manipulieren. Die ökonomischen und sozialen Folgen des Krieges und die mit Massenarbeitslosigkeit einhergehende Weltwirtschaftskrise seit 1929 führten zu einem Vertrauensverlust in die demokratischen Regierungen und zu einer Destabilisierung der Verfassungsstaaten.

- Wie kam es zunächst zum Aufstieg des demokratischen Verfassungsstaates in Europa?
- Was bewirkte schließlich in einigen Ländern seinen Niedergang?

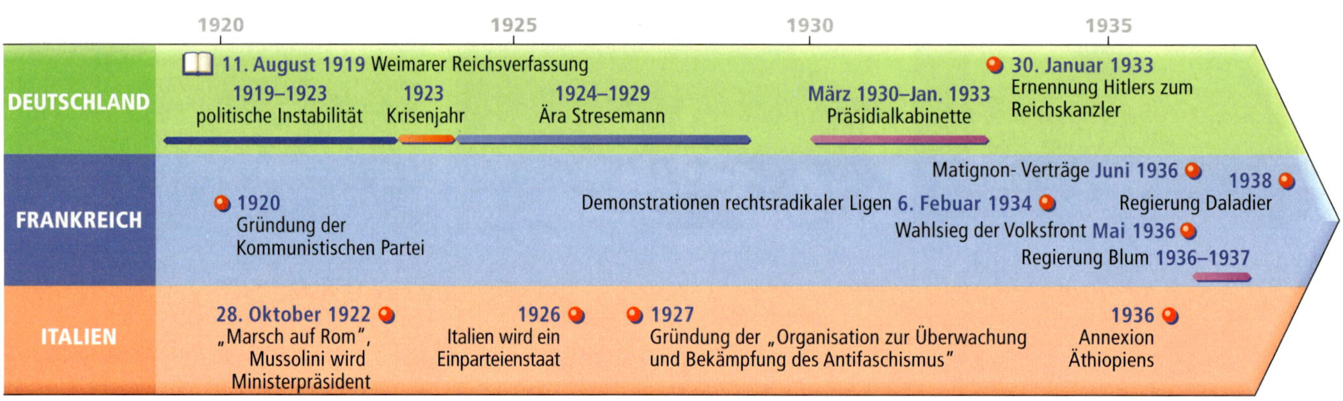

1

**Politische Mobilisierung im Rahmen der Demokratie ...**

Anhänger der Sozialdemokratischen Partei Deutschlands (SPD) im Wahlkampf für die Wahl zur Nationalversammlung, Januar 1919.

2

**... und Manipulation der Massen durch die Diktatur**

Der faschistische Duce Benito Mussolini bei einer Kundgebung auf dem Platz der Kathedrale in Mailand, 1. November 1936.

# 1. Die Veränderungen des demokratischen Verfassungsstaates in der Zwischenkriegszeit

*Welche Elemente trugen zur Gefährdung der Demokratie in Europa bei?*

## Ein Sieg des demokratischen Verfassungsstaates am Ende des Ersten Weltkrieges?

Der Sieg der westlichen demokratischen Verfassungsstaaten über die Mittelmächte und ihre Verbündeten schien den Weg für die Demokratie in Europa zu ebnen. Die deutsche Novemberrevolution von 1918 zwang den Kaiser zum Rücktritt und führte zur Errichtung der Weimarer Republik. In den neu gegründeten Staaten in Ost- und Südosteuropa etablierten sich demokratische Regierungsformen. Großbritannien erweiterte die in seiner Verfassungstradition verankerten Partizipationsmöglichkeiten mit Einführung des zunächst noch eingeschränkten Frauenwahlrechts.

Stärker als bisher konnten sich die Regierungen also auf eine breitere Legitimation stützen. Dies bewirkte aber gleichzeitig einen erhöhten Druck auf die gewählten Vertreter, da sie am Erfolg ihrer Maßnahmen zum Wohle der Wähler gemessen wurden. Gelang es nicht, die Interessen der Bevölkerungsmassen zufrieden stellend zu vertreten, bot dies eine geeignete Angriffsfläche für politische Bewegungen, die sich von der Einrichtung autoritärer Regime einen schnellen Ausweg aus der Krise versprachen.

## Wirtschaftliche Folgen des Ersten Weltkrieges

Als belastend erwiesen sich für die europäischen Staaten die wirtschaftlichen Folgen des Krieges, die sich nur langfristig überwinden ließen. Vor allem Großbritannien und Frankreich waren durch Kriegskredite in finanzielle Abhängigkeit zu den USA geraten. In allen Staaten war die Beseitigung der Kriegsschäden und die Umstellung der Wirtschaft, die sich in den letzten Jahren ganz auf die Kriegsproduktion eingestellt hatte, notwendig. Durch Arbeitslosigkeit und Inflation verursachte soziale Probleme führten zu Aufständen und Streiks.

Einen Generalstreik der Bergarbeiter in Großbritannien 1926 unterdrückte die Regierung mit Hilfe des Militärs, da man ein Übergreifen der russischen Revolution fürchtete. Nach russischem Vorbild konstituierte sich 1919 in Ungarn eine Räterepublik. Gegen diese führte der ehemalige Admiral Miklós Horthy 1919 eine Armee und errichtete anschließend eine Militärdiktatur. In Polen schwand das Vertrauen in die parlamentarische Regierung, die Währungsverfall und Arbeitslosigkeit nicht in den Griff bekam und zudem als korrupt galt. Der Militärputsch des Marschalls Józef Pilsudski im Mai 1926 sollte eine „Sanierung" des politischen Lebens herbeiführen.

## Der Nationalismus und der Aufstieg autoritärer Regime

Die territorialen Bestimmungen der Friedensverträge führten zu großer Erbitterung und Revisionsbestrebungen: Italien beispielsweise hatte sich größere Gewinne erhofft, Deutschland und Ungarn hingegen hatten große Teile ihres Territoriums verloren (siehe S. 222 – 225). Rechtsradikale Parteien machten diese Revisionsbestrebungen vor allem in Deutschland zu ihrem zentralen Anliegen. Neue Bewegungen wie der Faschismus in Italien oder der Nationalsozialismus in Deutschland verbanden soziale mit nationalistischen Forderungen und stützten sich auf paramilitärische Gruppierungen, die äußerst gewaltbereit waren.

Das Nationalbewusstsein förderte Separatistenbewegungen, wie zum Beispiel die katalonische in Spanien. Dies ließ in Militärkreisen den Ruf nach einem starken Staat entstehen. Zwischen 1923 und 1930 errichtete General Miguel Primo de Rivera eine Militärdiktatur.

Der demokratische Verfassungsstaat scheiterte zumeist in den Ländern, die nach dem Ersten Weltkrieg neu gegründet oder neu strukturiert worden waren. Die Länder hingegen, die eine längere parlamentarische Tradition besaßen, wie die parlamentarischen Monarchien in Großbritannien oder Skandinavien sowie die Französische Republik, bewahrten ihr parlamentarisches System trotz der Krisen.

1

**Józef Piłsudski (1867 – 1935)**

Polnischer Marschall und Politiker, 1918 – 1922 gewählter Staatspräsident, dann Rücktritt wegen zu geringer Macht des Präsidentenamts. Aufgrund seines Sieges gegen Russland 1920 wurde der Oberbefehlshaber des polnischen Heeres als Retter verehrt. Durch einen Staatsstreich kehrte er 1926 an die Macht zurück, ohne das Präsidentenamt zu übernehmen.

### Begriffe

- **Autoritäres Regime:** Regime, das die demokratischen Partizipationsmöglichkeiten, die Meinungs- und Versammlungsfreiheit und die Vertretung von Gruppeninteressen (z. B. durch Gewerkschaften) unter Berufung auf das Gemeinwohl einschränkt.
- **Räterepublik:** Regierung nach dem Vorbild der russischen Sowjetrepublik; die Staatsgewalt wird dabei von Räten ausgeübt, die von der proletarischen Klasse bestellt werden.
- **Militärdiktatur:** Autoritäres Regime, an dessen Spitze ein Offizier oder eine Gruppe von Offizieren steht, meist durch einen Putsch errichtet.
- **Separatismus:** Bestrebungen politischer Gruppierungen, die zumeist unter Berufung auf nationale Zusammengehörigkeit gegenüber einem Staat Autonomierechte, die Unabhängigkeit oder die Angliederung an einen anderen Staat fordern.

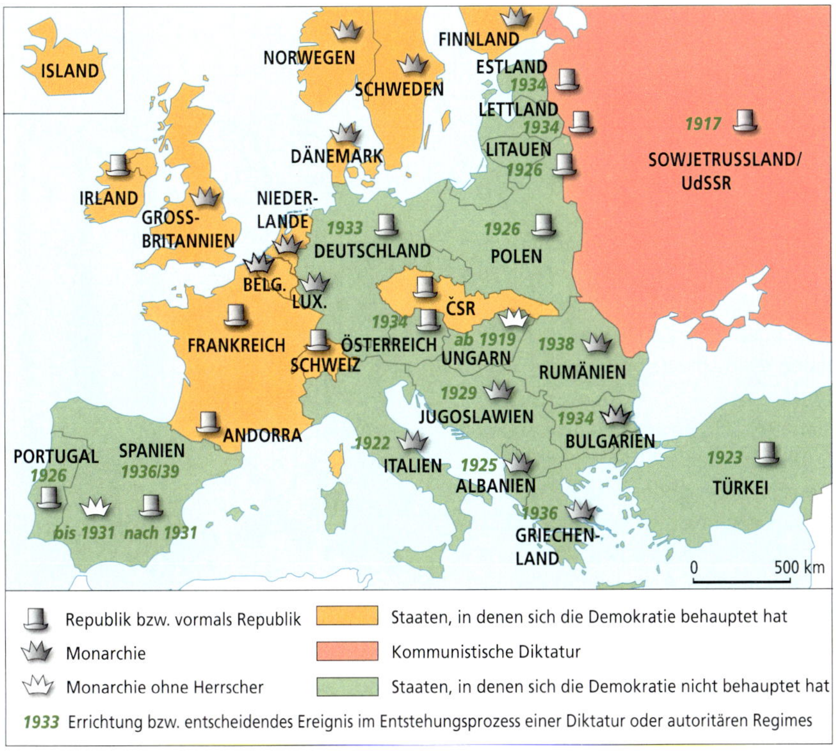


**2 Europa zwischen Demokratie und Diktatur (1938)**

**4 Staatsstreich in Polen**

Anhänger des Marschalls Piłsudskis in einem Schützengraben in den Straßen Warschaus, 13. Mai 1926.

## 3 Generalstreik der britischen Bergarbeiter 1926 – Stabilität des parlamentarischen Systems

*Im Gegensatz zu den Streikbewegungen auf dem Kontinent, die sich oft gegen das parlamentarische System als solches wandten, stellte die Arbeiterbewegung in Großbritannien das System nicht infrage, sondern bewegte sich im Rahmen des Verfassungsstaates:*

*a) The Times, regierungsnahe und vor allem von Geschäftsleuten gelesene Tageszeitung, am 6. Mai 1926:*

Da ein Generalstreik ausgerufen wurde und bis zu einem gewissen Maße bereits in Kraft getreten ist, ist die Nation aufgerufen, die konstitutionelle Regierung zu unterstützen, die sie selbst mit großer Mehrheit an die Macht gebracht hat. [...] Die Nation wird nicht geduldig zusehen, wie irgendeine selbsternannte Autorität, wie gut sie auch immer organisiert sein mag, das Parlament absetzt und sich über den Willen des Volkes hinwegsetzt. Keine Regierung, die ihres Namens würdig ist, kann ihr auch nur das kleinste Zugeständnis machen, geschweige denn davon träumen, die Pflichten und Verantwortungen, die ihr – und nur ihr allein – von der Verfassung und vom Volk anvertraut worden sind, in andere Hände abzugeben. [...] Die Nation hat ihr Vertrauen in die Gewerkschaften und ihre Billigung der Gewerkschaften immer gezeigt, wenn die Gewerkschaften sich nach vernünftigen Prinzipien und konstitutionellen Richtlinien verhalten haben. Aber guter Wille und Sympathie können nicht darüber hinwegtäuschen, dass ein Generalstreik eine schmerzliche Verletzung gegenüber der Gemeinschaft als Ganzes darstellt..

*b) The British Worker, vom Generalrat des Gewerkschaftskongresses veröffentlichte offizielle Streikzeitung, am 7. Mai 1926:*

Der Generalrat fordert die Verfassung nicht heraus. Er versucht nicht, eine nicht verfassungsgemäße Regierung zu ernennen. Er hegt auch nicht den Wunsch, die parlamentarischen Institutionen zu untergraben. Das alleinige Ziel des Rates ist es, den Bergarbeitern einen anständigen Lebensstandard zu sichern. Der Rat ist in einen industriellen Streit verwickelt. Es gibt keine Verfassungskrise.

Übers. nach: J. H. Bettey, English historical documents 1906 – 1939. London 1967, S. 109 ff.

## Fragen und Anregungen

**1.** Erarbeiten Sie sich einen Überblick über die Entwicklung der politischen Systeme in Europa nach 1918. (VT, M2)

**2.** Wählen Sie anhand der Karte drei Staaten aus, in denen die Demokratie in der Zwischenkriegszeit gescheitert ist. Recherchieren Sie jeweils die wichtigsten Gründe für dieses Scheitern und stellen Sie einen Vergleich an. (M2)

**3.** Vergleichen Sie die Darstellungen über den Generalstreik der Bergarbeiter in Großbritannien und erläutern Sie daran den Stellenwert der parlamentarischen Regierung in Großbritannien. (M3a, M3b)

**4.** Klassifizieren Sie die Faktoren, die zum Bestehen oder zur Krise der Demokratie in Europa beitrugen. Diskutieren Sie, welche Faktoren ausschlaggebend waren.

# 2. Die Krise der Republik in Frankreich

*Welche Auswirkungen hatte die wirtschaftliche Krise auf die Politik?*

## Frankreich – eine Ausnahme in der Weltwirtschaftskrise?

Während die Weltwirtschaftskrise ab 1929 die Vereinigten Staaten und die europäischen Industriestaaten traf, schien Frankreich von ihr zunächst verschont zu bleiben. Der Franc, der noch einige Jahre zuvor konstant an Wert verloren hatte, stabilisierte sich dank der erfolgreichen Finanzpolitik des Ministerpräsidenten Raymond Poincaré, die industrielle Gesamtproduktion steigerte sich seit 1924 stetig, und die Arbeitslosenzahlen waren relativ niedrig. Dies waren jedoch nur Anzeichen einer vermeintlich gesunden Wirtschaft.

Tatsächlich hatte sich die Wirtschaftskrise seit Ende der 1920er-Jahre angekündigt, was sich in einem Exportrückgang ab 1927 und einem ab 1929 einsetzenden Preisverfall zeigte. Mit dem Jahr 1931 wurde die Krise auch in Frankreich deutlich spürbar und gestaltete sich dort umso nachhaltiger. Im Jahr 1938 war der Zustand von 1928 noch nicht wieder erreicht. Am stärksten litten die Bauern, immerhin 33 Prozent der arbeitenden Bevölkerung, unter einem ab 1931 einsetzenden Preisverfall für agrarische Produkte, vor allem Weizen. Vom allgemeinen Preisverfall waren besonders Kleinhändler und Handwerker betroffen und damit die sozialen Gruppen, die die Basis des republikanischen Staates darstellten.

**1** **„Das parlamentarische System bricht zusammen! Verfassungsrevision"**
Plakat des Propagandazentrums der „Républicains nationaux" von 1934.

## Die Krise des politischen Systems

Die Regierung zeigte sich unfähig, einen Ausweg aus dieser Situation zu finden. Die erhöhte Arbeitslosigkeit führte zu einem Rückgang der Steuereinnahmen und damit zu einer Belastung des Staatshaushalts. Eine ab 1935 von dem Ministerpräsidenten Pierre Laval durchgeführte Deflationspolitik blieb erfolglos.

Die Brüchigkeit der Regierungskoalitionen dieser Zeit brachte eine Blockade des parlamentarischen Regierungssystems mit sich. Die Linke hatte die Wahlen von 1932 für sich entschieden, aber die Sozialisten weigerten sich, mit den „radicaux" **(siehe S. 48)** zu regieren. Letztere bildeten daher zeitlich begrenzte Zweckbündnisse mit anderen politischen Gruppierungen des linken oder des rechten Zentrums. Die Regierungen ließen sich leicht stürzen, da sie nicht über die klare und dauerhafte Unterstützung einer Mehrheit verfügten: Sieben Kabinette lösten einander in den Jahren 1932 bis 1934 ab. Die Instabilität der Regierungen führte in der Bevölkerung zu wachsender Unzufriedenheit gegenüber der Politik und erschütterte das Vertrauen in das republikanische System. Vorhaben zur Stärkung der Exekutive – die man damals als „Staatsreform" bezeichnete – scheiterten jedoch, da sie als unvereinbar mit der republikanischen Tradition wahrgenommen wurden.

## Von der Unzufriedenheit zum Antiparlamentarismus

Extremistische Parteien und Vereinigungen profitierten von dieser Entwicklung. Auf der Rechten verschafften sich vor allem die nationalistischen Ligen mit ihrem Ruf nach einem autoritären Staat Gehör. In der bekanntesten Liga, der Croix de Feu, versammelten sich vor allem Veteranen des Ersten Weltkrieges, aber auch andere Bevölkerungsgruppen bis hin zu Intellektuellen waren in Bündnissen wie der Action Française oder den Jeunesses Patriotes zu finden.

Ihren Höhepunkt fand die antiparlamentarische Bewegung anlässlich des politischen Skandals der Stavisky-Affäre. Provoziert durch die Entlassung des als rechtsgerichtet geltenden Pariser Polizeipräfekten Jean Chiappe am 6. Februar 1934 unternahmen Veteranenverbände und Ligen einen Marsch auf den Sitz der Kammer im Palais Bourbon. Bei den Aufständen, die die Polizei rigoros unterdrückte, wurden mehrere Demonstranten erschossen und über 2000 verletzt. Als „Regierung der Mörder" diffamiert, trat die Regierung Daladier zugunsten eines rechten Kabinetts zurück. Die linken Parteien, die im Aufstand der Ligen den Versuch eines faschistischen Staatsstreichs sahen, demonstrierten am 12. Februar gemeinsam gegen die rechte Bedrohung.

### Begriffe

- **Deflationspolitik:** Reduzierung der öffentlichen Ausgaben zur Stabilisierung des Staatshaushalts. Der Begriff „Deflation" selbst bezeichnet eine volkswirtschaftliche Situation, in der ein Ungleichgewicht zwischen Angebot (hoch) und Nachfrage (niedrig) zu niedrigen Preisen und Löhnen führt.
- **Liga** (Pl. Ligen): siehe S. 70
- **Stavisky-Affäre:** Skandal um den Betrüger Alexandre Stavisky, der, wie 1933 bekannt wurde, seine Geschäfte durch gute Kontakte zu Abgeordneten der radikalen Partei führten konnte. Als er Anfang 1934 erschossen aufgefunden wurde, stilisierte die Rechte dies zum politischen Mord und zum Beweis der Korruption der politischen Klasse.

2

**Der 6. Februar 1934: Gefährdung der Demokratie**

Zusammenstöße zwischen Demonstranten und Polizei in Paris.
Anonymes Foto.

### 3 Will Frankreich einen Diktator haben?

*Anlässlich einer Umfrage der französischen Zeitung „Le Petit Journal" über eine Diktatur in Frankreich antwortete der Industrielle Ernest Mercier, der die Position der Rechten vertrat, wie folgt:*

Eine große Nation, die reich an jahrhundertealten Traditionen ist, gewöhnt sich nicht – oder nur für begrenzte Zeit – an ein Leben in Unordnung; und sie gewöhnt sich umso weniger daran, als sie Mächten gegenübersteht, die hochgerüstet und bereit sind, ihre ganze Schwäche auszunutzen. Es verwundert daher nicht, dass Frankreich um jeden Preis aus der Unordnung herauskommen will, weil es sich in Lebensgefahr befindet; es leidet am Fehlen von Autorität und richtet natürlich seine Aufmerksamkeit auf Lösungen, die ihm ein Höchstmaß an Autorität zu beinhalten scheinen. Es besteht kein Zweifel, dass es sich für diese Lösungen entscheiden wird, denn es besitzt noch einen starken Lebenswillen. Es hätte sich schon hierfür entschieden, wenn sich unter seinen Politikern die einfachen, starken und energischen Persönlichkeiten befinden würden, derer es bedarf. Aber lassen es das parlamentarische Leben, die fortwährenden Kompromisse, sein Feilschen, seine Angst vor Verantwortung, seine Neigung zum puren Gerede zu, dass irgendein Abgeordneter diese männlichen Tugenden bewahrt? Das ist das ganze Problem.

Frankreich ist müde, trunken von Worten; es sucht einen Willen; man hat sich dessen so sehr entwöhnt, dass man nur ein Wort gefunden hat, um dieses Bedürfnis auszudrücken: die Diktatur.

Übers. nach: Ernest Mercier, in: Le Petit Journal, 25. März 1933; zit. nach: P. Machefer, Ligues et fascismes en France. Paris 1974, 9. 34.

### 4 Der 6. Februar 1934 – Staatsstreich oder Aufruhr?

*a) Eine Stimme aus dem linken Lager:*

Die Republik macht die schlimmsten Stunden durch, die sie seit ihrer Gründung in Friedenszeiten erlebt hat. Die rechtmäßige Regierung wurde gestern durch einen Aufruhr gestürzt. Die Abgeordnetenkammer, die von einer enormen Masse aufgebrachter Demonstranten belagert wurde, drohte von der Erhebung gestürmt zu werden. Die Ordnungskräfte, die sich der blinden Gewalt einer entfesselten Meute entgegenstellen mussten, mussten sich verteidigen. Auf dem Pflaster von Paris floss Blut. Es gab Tote und unzählige Verletzte. Das Ministerium, das sich hätte verteidigen können, glaubte, durch einen Rückzug die Gemüter beruhigen zu können. Aber der Aufruhr tost immer noch um die Parlamente. [...]

Die Anwesenheit einiger Tausend Kommunisten unter den Demonstranten kann nicht über die wirklichen Hintermänner des Attentats hinwegtäuschen. Diese Operation wurde von den Feinden der Republik, vor allem den Royalisten, geleitet.

Leitartikel des sozialistischen Abgeordneten A. Varenne in der Zeitung „La Montagne", Clermont-Ferrand, 8. Februar 1934, übers. nach: M. Chaulages et al., Textes historiques, 1914–1945. Paris 1977, S. 57.

*b) Eine Stimme aus dem rechten Lager:*

Am Abend des 8. Februar, als das furchtbarste Durcheinander im Palais Bourbon herrschte, entartete draußen die großartige Demonstration aufgebrachter Patrioten in einen Straßenkampf, wie Paris ihn seit langem nicht mehr erlebt hat. Durch die brutalen Anweisungen des Ministerpräsidenten und des Innenministers wurden die Polizei, die mobile Garde, auf die Frontsoldaten, die ihre Fahnen und Abzeichen trugen, auf die Jeunesses patriotes (patriotische Jugend), die von den Abgeordneten der Hauptstadt angeführt wurden, losgelassen. Tote, Hunderte von Verwundeten übersäten den Place de la Concorde und die angrenzenden Straßen. Von den Tuilerien sah man die rote Fahne und die finsteren Mienen ihrer Sektierer herankommen. Die Regierung Daladier, die Paris mit Blut besudelt hat, konnte Frankreich nicht regieren; es wird ihm nicht verzeihen, dass sie seine Armee verwendete, um die Feinde Staviskys zu retten [...]. Herr Daladier forderte in seiner Regierungserklärung dazu auf, ihn an seinen Taten zu messen. Seine ersten Taten waren verheerend: Er hatte keine andere Möglichkeit als abzutreten.

R. Pinon, Chronique de la quinzaine, in: Revue des Deux Mondes (15. Februar 1934), S. 954; übers. nach: M. Chaulanges et al., Textes historiques, 1914–1945. Paris: Delagrave 1977, S. 56 f.

## Fragen und Anregungen

1. Beschreiben Sie die Entwicklung der französischen Wirtschaft in den 1930er-Jahren. (VT)
2. Erläutern Sie die Auswirkungen der Wirtschaftskrise auf die Politik.
3. Erläutern Sie die Botschaft des Plakats und ordnen Sie es einer politischen Richtung zu. (M1)
4. Analysieren Sie, mit welchen Aussagen und rhetorischen Mitteln Ernest Mercier Kritik am Parlamentarismus übt. (M3)
5. Vergleichen Sie die verschiedenen Beschreibungen der Vorgänge des 6. Februar 1934. Klären Sie unter Bezugnahme auf den historischen Kontext, wie die unterschiedlichen Ansichten zustande kamen. (M4a, M4b)
6. Diskutieren Sie, inwiefern sich im Frankreich der 1930er-Jahre eine „Krise der Republik" zeigte.

# 3. Frankreich in der Volksfrontära

*Welchen Ausweg suchte das Bündnis der Linken aus der Krise?*

## Die Volksfront – eine Reaktion auf die Aufstände der Rechten

Der 6. Februar 1934 wirkte wie ein Schock auf die linken Parteien angesichts der Ereignisse in Deutschland, wo die Uneinigkeit der republiktreuen Parteien die Machtübernahme der Nationalsozialisten begünstigt hatte.

Französische Intellektuelle arbeiteten vor diesem Hintergrund auf eine Vereinigung der linken Kräfte hin. Die Kommunistische Partei (PCF) und die CGT verließen ihren üblichen Konfrontationskurs mit den „bürgerlichen" Parteien und stimmten einer Zusammenarbeit mit der sozialistischen Partei SFIO und dem Parti radical zu. So entstand am 14. Juli 1935 das Wahlbündnis der Volksfront unter Führung der Politiker Maurice Thorez (PCF), Léon Blum (SFIO) und Edouard Daladier (Radikale), das unter dem Slogan „Brot, Friede, Freiheit" für eine Verbesserung der sozialen Bedingungen und die Bekämpfung der Ligen eintrat.

Die Wahlen von 1936 brachten der Volksfront zwar den Sieg, dieser fiel jedoch nicht so überwältigend aus wie erhofft. Stärkste Partei wurde die SFIO, deren Führungspersönlichkeit Léon Blum die Regierungsbildung übernahm. Die Kommunisten beteiligten sich nicht direkt an der Regierung, unterstützten sie aber.

1

**Léon Blum (1872 – 1950)**

Der sozialistische Politiker Blum war die zentrale Führungsfigur der SFIO und ab 1936 Regierungschef der Volksfront.

## Streiks und Reformwelle: Der „Lichtblick" von 1936

Parallel zu den Wahlen war es im Mai 1936 zu Streikwellen und Fabrikbesetzungen bisher ungekannten Ausmaßes gekommen. Um diese zu beenden, verabschiedete die Regierung Blum ein umfassendes Reformprogramm, das zwar nicht von Anfang an vorgesehen war, aber zum Symbol für die Volksfront wurde.

Am 7. Juni wurde das Matignon-Abkommen von Vertretern der Arbeitgeber, der Gewerkschaften und zum ersten Mal auch von einem Repräsentanten der Regierung unterzeichnet (siehe M4); sie sahen Lohnerhöhungen und die flächendeckende Einführung von Tarifverträgen vor. Die Wochenarbeitszeit wurde durch wenig später verabschiedete Gesetze von 48 auf 40 Stunden gesenkt und jedem Arbeiter zwei Wochen bezahlter Urlaub zugestanden. Auf Initiative des Staatssekretärs für Sport und Freizeit, Léo Lagrange, wurden speziell ermäßigte Bahntickets für Arbeiter angeboten und die Gründung von Jugendherbergen vorangetrieben. Die Volksfront leitete zudem strukturelle Reformen ein, wie die Verstaatlichung der Rüstungsindustrie oder die Reform der Banque de France, um den Einfluss der „200 Familien", der 200 mächtigsten Großaktionäre, einzudämmen. Dem Verfall des Weizenpreises sollte eine Behörde für die Weizenversorgung (ONIB) entgegenwirken. Die Geschwindigkeit der Reformen führte zu einer allgemeinen Aufbruchstimmung, die Blum rückblickend als „Lichtblick" in der Krise bezeichnete.

## Das Scheitern der Volksfront

Wie in ihrem Programm angekündigt verbot die Volksfront die rechtsextremen Ligen, um die in ihren Augen faschistische Gefahr einzudämmen. Dennoch sah sich die Regierung einer Kampagne seitens der rechten Presse ausgesetzt, die auch vor antisemitischer Hetze gegen die Person Blums nicht Halt machte.

Auch im linken Lager stieß die Volksfront auf Widerstände. Außenpolitisch wurde der Spanische Bürgerkrieg zur Zerreißprobe für die Regierung Blum. Auf Druck Großbritanniens sowie seiner Koalitionspartner aus dem Parti radical verzichtete Blum darauf, in den Krieg einzugreifen, wofür ihn die Kommunisten kritisierten. Zudem konnte die Wirtschaftskrise durch die Reformen nicht überwunden werden. Angesichts der Bedrohung durch das nationalsozialistische Deutschland entschied Blum, die Aufrüstung zu beschleunigen und kündigte im Februar 1937 eine Pause der Reformen an.

Nachdem ihm die „radicaux" ihre Unterstützung entzogen hatten, trat Léon Blum im Juni 1937 zurück. Im April 1938 bildete schließlich Edouard Daladier eine Regierung der nationalen Einheit, der die Sozialisten nicht angehörten. Dies war das Ende der Volksfront.

### Begriffe

- **PCF** (Parti communiste français): 1920 auf dem Kongress von Tours als Abspaltung der sozialistischen SFIO entstandene kommunistische Partei.
- **CGT (Confédération Générale du Travail):** 1895 gegründeter französischer Gewerkschaftsbund; zu Beginn des 20. Jahrhunderts an der Idee des revolutionären Generalstreiks orientiert.
- **SFIO** (Section française de l'internationale ouvrière): Französische Sektion der Arbeiterinternationale (Zweite Internationale); 1905 aus dem Zusammenschluss der beiden größten sozialistischen Parteien entstanden.
- **Parti radical:** siehe S. 48
- **Die „200 Familien":** Der Begriff bezeichnete zur Zeit der Volksfront die Vertreter des in Industrie und Finanzwesen dominierenden Großbürgertums, dessen Einfluss die Linke kritisierte.
- **ONIB** (Office National Interprofessionnel du Blé): Zusammengesetzt aus Vertretern von Landwirten, Lebensmittelindustrie, Staat und Verbrauchern zur Festsetzung des Weizenpreises, um den Bauern ihr Einkommen zu garantieren.

2

**Der Eid der Volksfront**

Auf einer Demonstration am 14. Juli 1935 wurde das Wahlbündnis der Volksfront offiziell bestätigt. Die Demonstranten tragen ihr Programm auf dem Schild: „Wir schwören feierlich vereint zusammenzubleiben, um die aufrührerischen Ligen zu entwaffnen und aufzulösen, um die demokratischen Freiheiten zu verteidigen und weiterzuentwickeln und den Frieden der Menschheit zu sichern."

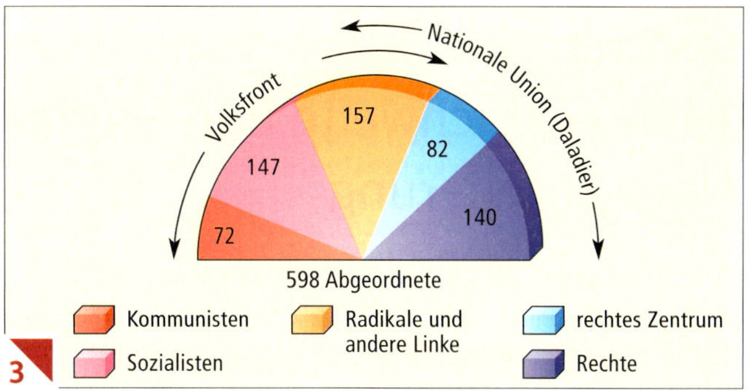


3

**Die Mehrheiten im französischen Abgeordnetenhaus 1936–1939**

## 4 Die Matignon-Abkommen

*Abkommen, das am 7. Juni 1936 während der Streiks von den Vertretern der Arbeitgeber, der Gewerkschaften und von der Regierung im Hôtel Matignon unterzeichnet wurde.*

**Art. 1:** Die Delegation der Arbeitgeber stimmt der sofortigen Einführung von Tarifverträgen zu.

**Art. 3:** Die Gesetze sind von allen Bürgern einzuhalten, die Arbeitgeber erkennen die Meinungsfreiheit an wie auch das Recht aller Arbeiter, frei einer Berufsgewerkschaft beizutreten und anzugehören [...].

**Art. 4:** Die für alle Arbeiter geltenden Reallöhne [...] werden nach einer absteigenden Skala, die für die niedrigsten Löhne bei 15 % liegt und bis auf 7 % für die höchsten Löhne ansteigt, angeglichen.

**Art. 5:** [...] In jedem Betrieb mit mehr als 10 Arbeitern [...] sollen zwei oder mehrere Vertreter eingesetzt werden; ihre Zahl hängt von der Größe des Betriebs ab. Diese Vertreter sind berechtigt, gegenüber der Betriebsleitung individuelle Beschwerden vorzubringen [...], die die Anwendung der Gesetze, Dekrete und Regulierungen des Code du travail (Arbeitsgesetzes), die Lohntarife sowie Hygiene- und Sicherheitsmaßnahmen betreffen.

**Art. 6:** Die Delegation der Arbeitgeber verpflichtet sich, dass wegen der Beteiligung am Streik keine Sanktionen verhängt werden. Die vereinigte Arbeiterdelegation fordert die Arbeiter auf, die Arbeit wieder aufzunehmen, sobald die Betriebe das getroffene Abkommen akzeptiert haben.

Übers. nach: La France au XXe siècle. Documents d'histoire, présentés par O. Wieviorka et C. Prochasson, Paris 1994, S. 337 f.

## 5 Die Politik nach der Volksfront

*Radioansprache Daladiers am 12. November 1938:*

Die Kraft eines Landes und die Gewährleistung seiner Unabhängigkeit bestätigen sich nicht nur in der Stärke seiner Armee, sondern zumindest genauso sehr in seinen täglichen Leistungen im Betrieb. [...] Wir müssen das Nationaleinkommen erhöhen. Frankreich muss dazu gebracht werden, dass es wieder arbeitet. In keinem Land der Welt lässt man einen oder zwei Tage in der Woche die Werkzeuge ruhen, die gerade dazu gemacht sind, das Leid der Menschen zu verringern. So lange die internationale Lage so schwierig bleibt, muss man über 40 Stunden arbeiten können, und in den Betrieben, die für die nationale Verteidigung wichtig sind, bis zu 48 Stunden. Es ist also nötig, dass jedes Unternehmen, das darauf angewiesen ist, ohne sinnlose Formalitäten und endlose Debatten nicht über 40 Stunden pro Woche, sondern über so viele Stunden verfügt, wie dies für seine Tätigkeit notwendig ist.

Übers. nach: La France au XXe siècle. Documents d'histoire, présentés par O. Wieviorka et C. Prochasson, Paris 1994, S. 209.

## Fragen und Anregungen

**1.** Formulieren Sie den Minimalkonsens, auf dem das Volksfrontbündnis beruhte. Erörtern Sie, inwiefern dies Chancen und Probleme in sich barg. (VT, M2, M3)

**2.** Zeigen Sie anhand der Reformen auf, mit welchen Mitteln die Volksfront die Wirtschaftskrise überwinden wollte. (VT, M4) In welchen Bereichen wurden vor allem Fortschritte erzielt?

**3.** Analysieren Sie, mit welchen Mitteln Daladier die Volksfront im Rückblick kritisierte. Gehen Sie darauf ein, auf welche Ängste angespielt werden sollte und inwieweit diese Anspielung real begründet war. (M5)

**4.** Zeigen Sie die Auswirkungen der Reformen auf dem Arbeitsmarkt auf. (VT) Erläutern Sie vor diesem Hintergrund den Kurswechsel Daladiers 1938. (M5)

# 4. Die Weimarer Republik (1919–1929)

*Wie setzte sich die parlamentarische Demokratie in Deutschland durch?*

1 **Gustav Stresemann (1878–1929)**

Seit 1907 nationalliberaler Politiker, 1918 Gründer der DVP, zunächst Anhänger der Monarchie, später „Vernunftrepublikaner". 1926 für seine Außenpolitik gemeinsam mit seinem französischen Amtskollegen Aristide Briand mit dem Friedensnobelpreis ausgezeichnet.

## Etablierung der Demokratie inmitten der Nachkriegskrise

Bei den Wahlen zur deutschen Nationalversammlung kam am 19. Januar 1919 erstmals das Frauenwahlrecht zur Anwendung. Die aufgrund der angespannten Lage in der Hauptstadt nach Weimar einberufenen Abgeordneten verabschiedeten am 31. Juli 1919 eine Verfassung, die in Deutschland eine parlamentarische Demokratie etablierte. Das über ein Jahrzehnt währende Bestehen dieser Republik muss angesichts der krisenhaften Nachkriegsjahre als ein überraschender Erfolg gelten. So erlebte die junge Demokratie schon im März 1920 einen monarchistischen Umsturzversuch (Kapp-Lüttwitz-Putsch), der jedoch an einem Generalstreik scheiterte. Außenpolitisch bedeutete der in Deutschland weithin als „Schanddiktat" empfundene Versailler Vertrag eine schwere Belastung (siehe S. 222 f.). Seine Umsetzung schädigte das Ansehen der republikanischen Regierung, der die äußerste Rechte „Erfüllungspolitik" vorwarf.

Die Krisen der Anfangsjahre fanden ihren Höhepunkt im Jahr 1923. Im Januar besetzten französische und belgische Truppen das Ruhrgebiet, da Deutschland mit den Reparationsleistungen im Rückstand war (siehe S. 366 f.). Durch die staatliche Finanzierung des passiven Widerstands beschleunigte sich die Geldentwertung zur Hyperinflation (siehe S. 92). Hinzu kamen im Herbst verschiedene Aufstände und Putschversuche politischer Extremisten. Als die thüringische KPD/SPD-Regierung versuchte, eine Räterepublik zu errichten (29. Oktober), setzte die Berliner Regierung diese mit Hilfe der Reichswehr ab. In München versuchte Adolf Hitler gemeinsam mit Erich Ludendorff – 1916–1918 neben Hindenburg Chef des deutschen Generalstabs – vergeblich einen Putsch gegen die Reichsregierung (8./9. November). Im Rheinland riefen separatistische Bewegungen vorübergehend eine autonome Republik aus (21.–23. Oktober), die ebenfalls nur von kurzer Dauer war (siehe S. 366 f.).

## Die „Ära Stresemann" – Jahre der Konsolidierung

Trotz dieser Bedrohungen der Republik gelang es der Regierung des Reichskanzlers Gustav Stresemann, durch Beendigung des passiven Widerstandes und eine radikale Währungsreform die Krise zu überwinden.

Als Außenminister arbeitete Stresemann seit Ende 1923 darauf hin, die Beziehungen Deutschlands zu den ehemaligen Kriegsgegnern, vor allem zu Frankreich, zu normalisieren. 1925 garantierte er der Französischen Republik im Vertrag von Locarno die zwischen beiden Staaten bestehenden Grenzen. Die Aufnahme Deutschlands in den Völkerbund im Jahr 1926 führte das Land weiter aus der Isolation (siehe S. 364 f.). Über eine Verständigungspolitik versuchte Stresemann eine partielle Revision des Versailler Vertrages, vor allem der Reparationen, zu erreichen. Dies gelang ihm in kleinen Schritten, die aber vor allem den nationalistischen Parteien nicht weit genug gingen, sodass seine Politik Anfeindungen ausgesetzt war. Dennoch war die Zeit von 1924 bis zu seinem Tod 1929 eine Phase relativer politischer Stabilität.

Diese zeigte sich auch im Fortschritt der seit 1919 begonnenen Sozialreformen. So wurden die Rechte von Arbeitnehmern durch die Einführung von Betriebsräten und den Achtstunden-Tag gestärkt, die Arbeitslosenversicherung sowie die Einrichtung einer staatlichen Armenfürsorge verbesserten den Schutz vor sozialen Notlagen. Der Wohnungsnot sollten soziale Wohnungsbauprogramme und Mieterschutzgesetze entgegenwirken. Die „Goldenen Zwanziger Jahre" stehen auch für großen kulturellen Reichtum (siehe S. 136 f. und 140 f.).

Als jedoch 1925 der kaiserliche Generalfeldmarschall und „Sieger von Tannenberg" (siehe S. 192) Paul von Hindenburg zum Reichspräsidenten gewählt wurde, zeigte sich, dass der Mythos eines starken Kaiserreiches noch immer politische Kraft besaß.

### Begriffe

- **Erfüllungspolitiker/Erfüllungspolitik:** Diffamierendes Schlagwort der politischen Rechten für die 1921 eingeleitete deutsche Politik, die Verpflichtungen des Versailler Vertrages nach Möglichkeit zu erfüllen, um damit die Grenzen der wirtschaftlichen Leistungsfähigkeit deutlich zu machen und eine Verringerung der Reparationen zu erreichen.
- **Passiver Widerstand:** Von der Regierung 1923 angeordneter und finanzierter Generalstreik im Ruhrgebiet, der den Besatzern die wirtschaftliche Nutzung der dortigen Ressourcen erschweren sollte.
- **Hyperinflation:** Rapide, unkontrollierbare Geldentwertung. Die bereits nach dem Krieg starke Inflation in Deutschland steigerte sich im Jahre 1923. So kostete z. B. ein Dollar im April 24 456 Reichsmark, im Juli 353 412 RM und im Oktober 25 260 000 000 RM. Mit der Einführung der Rentenmark wurde die Hyperinflation im November 1923 gestoppt.
- **Revision:** Überprüfung der Gültigkeit eines Urteils; in Bezug auf den Versailler Vertrag der Versuch, Bestimmungen aufzuheben oder abzumildern.

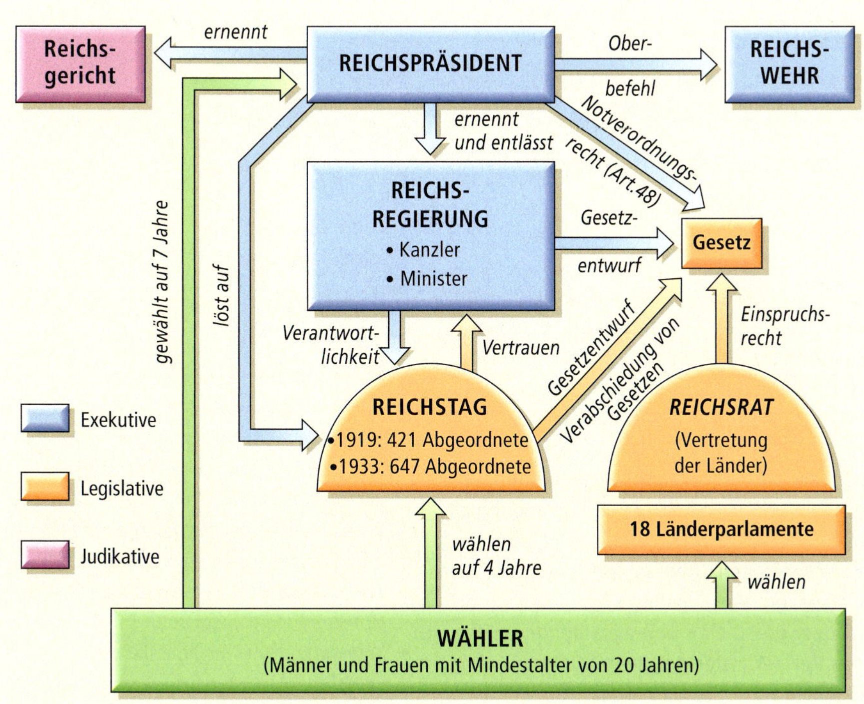


Quelle: Bundeszentrale für politische Bildung, Informationen zur politischen Bildung, Nr. 261. Bonn 2003, S. 16.

**2 Die Verfassung der Weimarer Republik**

## 3 Innere Freiheit braucht äußere Freiheit

*Der Staatsrechtler und Reichsinnenminister Hugo Preuß (1860–1925) war führend an der Ausarbeitung der Weimarer Reichsverfassung beteiligt. Am 24. Februar 1919 stellte er seinen Entwurf in einer Rede vor der Nationalversammlung vor:*

Einen geeinten, freien, nationalen Staat wollen wir organisieren, aber nicht in nationalistischer Abschließung. Wie einst die jungen Vereinigten Staaten von Nordamerika in den Kreis der alten Staatenwelt eintraten mit dem Bekenntnis zur bindenden Kraft des internationalen Rechts, so bekennt sich die junge deutsche Republik in Artikel 3 zur Geltung des Völkerrechts[1] […]. Die deutsche Demokratie kann nur einen Völkerbund begrüßen, der selbst eine wahrhaft demokratische Verfassung hat, der die Freiheit und Gleichberechtigung aller seiner Glieder ohne Rückhalt und Vorbehalt anerkennt. Wir wollen keine Bürger minderen Rechts in unserm Reich, aber wir wollen auch nicht ein Glied minderen Rechts in einem Völkerbunde sein. Ein Volk kann nicht im Inneren frei sein, wenn es nach außen unfrei ist. Das, glaube ich, müssen die älteren Demokratien endlich begreifen, wenn sie nicht den demokratischen Fortschritt der Menschheit freventlich verhindern wollen.

Geschichte in Quellen. Weltkriege und Revolutionen. München 1975 (2. Aufl.), S. 160.

[1] In der schließlich angenommenen Verfassung Artikel 4: „Die allgemein anerkannten Regeln des Völkerrechts gelten als bindende Bestandteile des deutschen Reichsrechts. […]"

## 4 Die Wahl Hindenburgs zum Reichspräsidenten – eine verlorene Schlacht für die Republik?

*Aus dem Leitartikel des „Berliner Tageblatts" vom 27. April 1925:*

Die Republikaner haben eine Schlacht verloren, der bisher monarchistische Feldmarschall von Hindenburg wird Präsident der deutschen Republik. Landbündler[1] und Offiziersbündler lassen heute die Sektpropfen knallen wie nach der Ermordung Rathenaus[2], und die in der gesellschaftlichen Rangordnung etwas tiefer stehenden Leserinnen und Leser des „Lokal-Anzeigers"[3] berauschen sich teils an Kaffee und teils an Bier. Sollen wir leugnen, dass, während jene trinken, uns andere ein Gefühl der Beschämung ergreift? Wir schämen uns nicht über die Niederlage […] aber wir empfinden Scham über die Unreife so vieler Millionen, die nun wieder den Augen der achselzuckenden Welt sich zeigt. Die gestrige Wahl war eine Intelligenzprüfung, und vor der zuschauenden Weltgalerie ist ungefähr die Hälfte des deutschen Volkes in dieser Prüfung durchgefallen. Was soll man, lautet das allgemeine Urteil, mit einem Volk anfangen, das aus seinem Unglück nichts lernt und sich immer wieder […] von den gleichen Leuten am Halfterbande führen lässt?

in: Berliner Tageblatt Nr. 197, 27. April 1925, zit. nach: H. Michaelis/E. Schraepler, Ursachen und Folgen, Bd. 6. Berlin 1961, S. 283.

[1] Landbund: Interessenvereinigung der Landbevölkerung mit engen Verbindungen zur Deutschnationalen Volkspartei (DNVP)

[2] Reichsaußenminister Walther Rathenau war am 24. Juni 1922 von Mitgliedern der rechtsextremistischen Geheimorganisation Condor ermordert worden, da er als „Erfüllungspolitiker" galt.

[3] Der konservativ-nationalistische Berliner „Lokal-Anzeiger" gehörte zum DNVP-nahen Hugenberg-Konzern.

## Fragen und Anregungen

**1.** Erklären Sie mit Hilfe des Schemas die Verfassung der Weimarer Republik. (M2)

**2.** Erläutern Sie den Zusammenhang zwischen innerer und äußerer Freiheit, auf den Hugo Preuß hinweist. Erörtern Sie vor diesem Hintergrund die Bedeutung des Versailler Vertrages für die innenpolitische Entwicklung Deutschlands. (M3, VT)

**3.** Erarbeiten Sie die positiven Errungenschaften der Weimarer Republik. (VT)

**4.** Arbeiten Sie heraus, welche politische Richtung der Kommentator der Hindenburgwahl vertritt und belegen Sie Ihre Einschätzung am Text. (M4)

# 5. Die Krise der Demokratie in Deutschland (1929 – 1933)

*Welche Entwicklungen führten zur Auflösung der demokratischen Strukturen?*

## Auswirkungen der Weltwirtschaftskrise

Mit dem Verfall der Aktienkurse an der New Yorker Börse ab Oktober 1929 geriet die ohnehin krisenanfällige deutsche Wirtschaft in einen wahren Teufelskreis der Rezession. Ein erheblicher Teil des deutschen Wirtschaftsaufschwungs war durch Kredite aus den USA gefördert worden. Diese Kredite, die nur kurzfristig gewährt, von den Unternehmen aber meist langfristig verplant worden waren, wurden nun plötzlich zurückgefordert. Dies führte zur Zahlungsunfähigkeit der Unternehmen. Die Folge waren Firmenzusammenbrüche, Entlassungen und Kurzarbeit, was wiederum eine sinkende Kaufkraft nach sich zog. Mittelständische Betriebe und Landwirte hatten unter einem starken Preisverfall zu leiden. Die Bankenkrise von 1931 führte zum Zusammenbruch mehrerer Großbanken. Die Arbeitslosenzahlen stiegen bereits Ende 1929 auf drei Millionen und betrugen 1931/32 etwa sechs Millionen. Angesichts dieser hohen Zahlen geriet die staatliche Arbeitslosenversicherung ins Defizit. Über die Streitfrage, ob die steigenden Ausgaben für die Arbeitslosen durch Kürzung der Leistungen begrenzt oder durch eine Beitragserhöhung aufgebracht werden sollten, zerbrach im März 1930 die von Reichskanzler Hermann Müller geführte Regierung, das letzte Kabinett mit parlamentarischer Mehrheit.

## Missbrauch der Verfassung

Nur drei Tage später ernannte der Reichspräsident Hindenburg den Zentrumspolitiker Heinrich Brüning zum Reichskanzler. Die neue Regierung, die keine Mehrheit mehr im Reichstag besaß, verstand sich als „Präsidialkabinett". Sie nutzte zur Durchsetzung ihrer Politik die verfassungsmäßigen Machtmittel des Reichspräsidenten. Mit Hilfe von Notverordnungen, die Gesetzeskraft hatten und an die Stelle der vom Parlament verabschiedeten Gesetze traten, konnten Reichskanzler und Reichspräsident den Reichstag bei Entscheidungen umgehen. Dies setzte jedoch das Vertrauen des Reichspräsidenten voraus, sodass Brüning zurücktreten musste, als Hindenburg ihm dieses im Mai 1932 entzog.

Seine aus Angst vor einer neuen Inflation durchgeführte rigide Deflationspolitik hatte letztlich das Elend in der Bevölkerung und die Wirtschaftskrise verschärft. Ob Brüning eine Alternative zu diesem Sparkurs gehabt hätte, ist bis heute umstritten. Die intensive Nutzung präsidialer Notverordnungen führte in jedem Fall zur Aushöhlung des parlamentarischen Systems.

## Politische Radikalisierung

Im Februar 1929 hatte der Youngplan die Dauer der Reparationszahlungen nach dem Versailler Vertrag auf 59 Jahre festgelegt. Die Empörung vieler Deutscher über diesen langen Zeitraum nutzten die NSDAP und DNVP für eine Hetzkampagne, die ihnen bei den Wahlen von 1930 und 1932 zu großen Stimmengewinnen verhalf. Einen Rechtsruck in der Wählerschaft zeigte auch die Reichspräsidentenwahl von 1932, die auf die Entscheidung „Adolf Hitler oder Hindenburg" hinauslief. Hindenburg, der 1925 als Kandidat der konservativen Parteien angetreten war, wurde nun als „kleineres Übel" erfolgreich von den demokratischen Parteien unterstützt. Auch wenn Hitler die Präsidentenwahl verlor, wuchs sein politischer Einfluss, vor allem unterstützt durch das Bündnis mit verschiedenen nationalistischen Verbänden in der Harzburger Front. Bestärkt durch seine Wahlerfolge forderte Hitler von Hindenburg die Ernennung zum Reichskanzler, was dieser aus persönlicher Abneigung gegen Hitler ablehnte. Der Reichspräsident stand in dieser Zeit bereits stark unter dem Einfluss einer Kamarilla deutschnationaler Wirtschaftsvertreter und Großagrarier. Diese drängten, in der Annahme, dass man sich die Popularität Hitlers für die eigenen Pläne zur Beseitigung der Republik zunutze machen könne, Hindenburg dazu, Hitler am 30. Januar 1933 zum Reichskanzler zu ernennen **(siehe S. 262)**.

### Begriffe

- **Notverordnung:** Gesetzesvertretende Verordnung, die nach Artikel 48 bei „Gefahr im Verzug" vom Reichspräsidenten erlassen werden konnte; sie bedurfte aber der Zustimmung des Reichstages. Falls diese verweigert wurde, konnte der Reichspräsident das Parlament auflösen und bis zur Neuwahl 60 Tage unkontrolliert mit Notverordnungen regieren.
- **Youngplan:** Von dem amerikanischen Experten Owen Young ausgearbeiteter Plan; im August 1929 angenommen. Er sah eine erneute Verringerung und Staffelung der Reparationszahlungen bis 1988 vor.
- **NSDAP** (Nationalsozialistische Deutsche Arbeiterpartei): 1919 unter dem Namen „Deutsche Arbeiterpartei" gegründete antidemokratische, antisemitische, völkische Partei; nach einem gescheiterten Putsch Adolf Hitlers am 9. November 1923 verboten, ab 1925 wieder aufgebaut. Seit 1930 massiver Mitglieder- und Stimmenzuwachs (1930 von 2,6 auf 18,3 %, 1932 dann stärkste Reichstagsfraktion mit 37,3 %) bis zur Machtübernahme 1933. (siehe S. 262)
- **DNVP** (Deutschnationale Volkspartei): 1918 gegründete Partei der Rechten, die nationalistische, monarchistische und konservativ-christliche Positionen vertrat; starker Rückhalt bei Bauern und Großagrariern.
- **Harzburger Front:** Am 11. Oktober 1931 in Bad Harzburg geschlossenes Bündnis zwischen NSDAP, DNVP und rechten Verbänden (z. B. Stahlhelm) als Aktionsgemeinschaft gegen die Republik.
- **Kamarilla:** (von spanisch „camarilla"/ „Kämmerchen"): Personenkreis um einen Politiker, der einen entscheidenden Einfluss auf dessen Handeln ausübt, ohne über offizielle Funktionen zu verfügen.

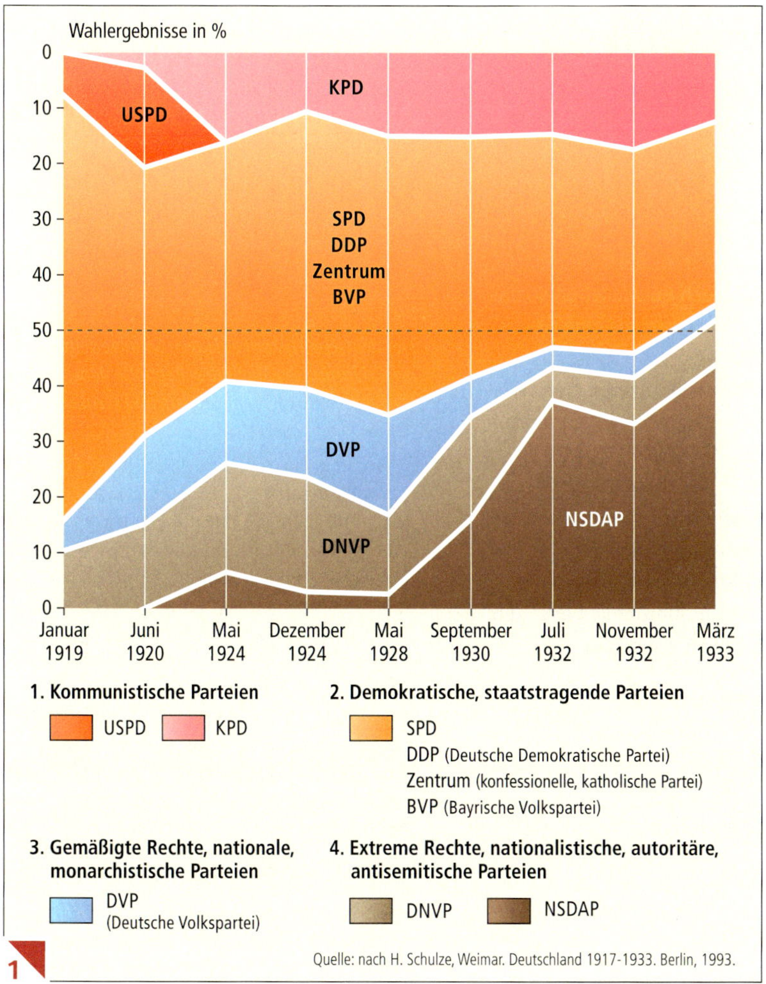


1

**Ergebnisse der Reichstagswahlen bis 1933**

2

**Das Volksbegehren gegen den Youngplan am 22. Dezember 1929**

Auf Initiative von Adolf Hitler und Alfred Hugenberg rief ein „Reichsausschuss für das Volksbegehren gegen den Youngplan" zur Abstimmung über eine Revision aller Verpflichtungen des Versailler Vertrages auf. Zudem sollten Gefängnisstrafen für alle Unterzeichner des Youngplans verhängt werden. Das Volksbegehren scheiterte.

## 3 Radikale Sparpolitik: die Regierung Brüning

*Am 15. Juli 1930 verteidigte Reichskanzler Brüning vor dem Reichstag ein Gesetzespaket, das zur Sanierung des Staatshaushalts umfangreiche Ausgabenkürzungen sowie Steuer- und Abgabenerhöhungen vorsah (Deckungsvorlage). In seiner Rede ließ er keinen Zweifel daran, dass er die Maßnahmen auch ohne parlamentarische Zustimmung per Notverordnung durchführen werde, was schließlich tatsächlich geschah.*

Ich glaube, es ist nicht notwendig, angesichts der gesamtpolitischen Lage und der wochenlangen Verhandlungen hier noch viele Worte zu machen. Das Volk verlangt eine Entscheidung und keine weiteren Reden und Verhandlungen. [...] Es gibt keine andere Möglichkeit, als diejenige Form der Deckung zu wählen, die die Reichsregierung vorgeschlagen hat. [...] Die Reichsregierung ist der festen Überzeugung, dass sich das hohe Haus dieser seiner Verantwortung trotz aller Schwierigkeiten bewusst sein wird. Es ist eine große Stunde für den deutschen Reichstag gekommen. [...] Bringt der Reichstag – worauf die Reichsregierung hofft – das notwendige Ausmaß an Verantwortlichkeitsgefühl auf, dann hat er meines Erachtens zur Sicherung des Parlamentarismus und der Demokratie mehr getan als in vielen früheren Jahren zusammen. Demokratie und Parlament werden mehr gesichert durch den Mut zur Verantwortung, auch zu unpopulären Maßnahmen [...] als durch Gesetze. [...] Sollte es nicht möglich sein, so muss ich gleich zu dieser Stunde erklären, dass die Reichsregierung dann im Interesse der Demokratie von allen verfassungsmäßigen Mitteln Gebrauch machen wird, die zur Abdeckung des Defizits im Reichshaushalt notwendig sind.

Geschichte in Quellen. Weltkriege und Revolutionen. München 1975 (2. Aufl.), S. 242.

## Fragen und Anregungen

**1.** Interpretieren Sie das Plakat zum Volksbegehren gegen den Youngplan im Hinblick auf seine radikalisierende Wirkung. (VT, M2)

**2.** Zeigen Sie auf, inwiefern die Wirtschaftskrise zur politischen Radikalisierung beitrug. Ziehen Sie dazu auch die Wahlergebnisse heran. (VT, M1 und M2)

**3.** Erläutern Sie Brünings Argumentation und beurteilen Sie seine Auffassung, der zufolge die Reichsregierung „im Interesse der Demokratie" die geplanten Maßnahmen auch ohne Reichtagsmehrheit durchführen kann. (M3)

**4.** Die Jahre ab 1929 bezeichnet man oft als „Auflösungsphase" der Weimarer Republik. Diskutieren Sie, inwiefern diese Bezeichnung gerechtfertigt ist.

**5.** Diskutieren Sie anhand der vorangehenden Kapitelseiten: Weshalb scheiterte trotz ähnlicher Entwicklungen in Deutschland und Frankreich in der Zwischenkriegszeit nur die Weimarer Republik? Worin lagen wesentliche Unterschiede in der Entwicklung beider Republiken?

IM BLICK DES HISTORIKERS

# War die Weimarer Republik zum Scheitern verurteilt?

Die Weimarer Republik war die erste deutsche Demokratie mit ausgeprägten parlamentarischen Strukturen und einem für Europa vergleichsweise hoch entwickelten Sozialsystem. Dennoch wird die Geschichte der Weimarer Republik in der Regel als eine Geschichte des Scheiterns gesehen, das schließlich den Nationalsozialismus ermöglichte. Dass die parlamentarische Demokratie trotz widriger Entstehungsbedingungen mehr als 10 Jahre Bestand hatte und wichtige Errungenschaften mit sich brachte (z. B. Frauenwahlrecht, Sozialpolitik), gerät dagegen häufig aus dem Blick.

Dennoch ist die Frage nach den Gründen für das Scheitern der Republik wichtig, da sie möglicherweise verallgemeinerbare Einsichten in die gesellschaftlichen Voraussetzungen moderner Demokratien ermöglicht. Die Vielfalt und Komplexität der Faktoren, die zur Zerstörung der Republik führten, ist seit langem anerkannt. Offen bleibt jedoch, ob die Republik zwangsläufig scheitern musste oder ob es nicht Handlungsalternativen gegeben hätte, durch die sich die nationalsozialistische Diktatur hätte verhindern lassen.

**1 „Sie tragen die Buchstaben der Firma – aber wer trägt den Geist?"**
Karikatur Thomas Theodor Heines aus der Satirezeitschrift „Simplicissimus" von 1927.

### 2 Hagen Schulze (1982): Scheitern durch falsches Handeln?

*Der deutsche Historiker Hagen Schulze geht bei der Erklärung der Weimarer Republik dem Einfluss menschlichen Handels und Denkens auf die Geschichte nach:*

Woran ist also Weimar gescheitert? Die Antwort ist nicht mit letzter wissenschaftlicher Präzision zu geben, aber einiges lässt sich doch ausmachen: Die wichtigsten Gründe liegen auf dem Feld der Mentalitäten, der Einstellungen und des Denkens. In der Mitte des Ursachenbündels finden sich eine Bevölkerungsmehrheit, die das politische System von Weimar auf die Dauer nicht zu akzeptieren bereit war, sowie Parteien und Verbände, die sich den Anforderungen des Parlamentarismus nicht gewachsen zeigten. Die Ursachen für diese Defekte dürften überwiegend in langfristigen, aus den besonderen Bedingungen der preußisch-deutschen Geschichte zu erklärenden Zusammenhängen zu suchen sein, verstärkt durch die Entstehungsbedingungen des Weimarer Staatswesens und seiner außenpolitischen Belastungen. […] Die antirepublikanischen Tendenzen in Armee, Bürokratie und Justiz waren grundsätzlich beherrschbar, eine Frage des Machtbewusstseins von Parteien und Regierung. Die gesellschaftlichen und wirtschaftlichen Rahmenbedingungen waren hauptsächlich langfristig wirksam, indem sie auf die Mentalitäten von Bevölkerung und einzelnen Gruppen einwirkten; aktuelle ökonomische Krisen verstärkten die destabilisierenden Momente, verursachten sie aber nicht.

Lapidar lässt sich also schließen: Bevölkerung, Gruppen, Parteien und einzelne Verantwortliche haben das Experiment Weimar scheitern lassen, weil sie falsch dachten und deshalb falsch handelten. Auch auf dem Umweg über die Strukturanalyse gelangt man so zu dem Schluss, dass Weimar nicht schicksalhaft oder bedingt durch anonyme Sachzwänge scheitern musste – die Chance der Gruppen wie der Einzelnen, sich für Weimar zu entscheiden und dem Gesetz der parlamentarischen Demokratie zu gehorchen, nach dem man angetreten war, hat immer bestanden.

H. Schulze, Weimar. Deutschland 1917–1933. Berlin 1994, S. 425. (Erstausgabe 1982).

## 3 Richard Bessel: Die Weimarer Republik als „Lehrstück“ für die Zerbrechlichkeit der Demokratie? (1990)

*Der britische Historiker Richard Bessel stellt die Weimarer Republik in einen europäischen Zusammenhang:*

Der Zusammenbruch der Weimarer Demokratie war zurückzuführen auf eine besondere Kombination lang- und kurzfristiger Belastungen. Diese Belastungen, von denen viele auch in anderen industriellen Gesellschaften zu finden sind, kamen in der Weimarer Republik mit besonderer Wucht zusammen. Andere Gesellschaften standen schwerwiegenden politischen und sozialen Spaltungen, extremen Konflikten zwischen Angestellten und Arbeitern, Massenarbeitslosigkeit, den Belastungen eines verlorenen Krieges, der Notwendigkeit, ein neues politisches System zu legitimieren gegenüber und den Widersprüchen, die die Expansion des modernen Sozialstaates, neue und verwirrende kulturelle Herausforderungen und der Wille auf der Seite einiger Eliten, demokratische Politik zu untergraben, mit sich brachten. Keine dieser Belastungen betraf nur Deutschland allein. Auch war Deutschland nicht das einzige Land, in dem ein demokratisches politisches System in der Zwischenkriegszeit zerfiel; in der Tat waren, abgesehen von den angelsächsischen Demokratien und Skandinavien, stabile demokratische Systeme in Europa eher die Ausnahme als die Regel. Vielleicht ist das Bemerkenswerte an der Weimarer Republik nicht, dass sie zusammenbrach, sondern dass sie so lange bestehen blieb. Das Einzigartige an Deutschland war die Wucht, mit der all diese Belastungen in besonders konzentrierter Form aufeinandertrafen: Die Weimarer Republik verfügte über die demokratischste Verfassung; sie entwickelte das fortschrittlichste Sozialsystem; sie litt unter der stärksten Inflation; sie verlor den zerstörerischsten Krieg, der bis dahin geführt worden war, und musste für ihn zahlen; aufgrund ihrer speziellen wirtschaftlichen Struktur und Stellung in der Weltwirtschaft war sie am stärksten von der Weltwirtschaftskrise betroffen. [...] Das politische System von Weimar wäre wohl jedem einzelnen dieser verschiedenen zerstörerischen Prozesse gewachsen gewesen. Aber als diese in der Treibhausatmosphäre Deutschlands zur Weimarer Zeit zusammentrafen, war die Republik verdammt.

Übers. nach: R. Bessel, Why did the Weimar Republic collapse? In: Ian Kershaw (Hrsg.), Weimar: Why did German democracy fail? New York 1990, S. 148 f.

## 4 Eberhard Kolb: Die Verantwortung der alten Eliten

*Der deutsche Historiker Eberhard Kolb betont die Verantwortung der traditionellen Eliten für den Untergang der Republik.*

Gewiss war die erste deutsche Republik im Ergebnis der Gründungsphase mit einer fundamentalen Schwäche behaftet. In ihrer 1919 konstituierten konkreten Gestalt wurde die parlamentarische Demokratie nur von einer Minderheit der Bevölkerung wirklich akzeptiert und mit kämpferischem Elan verteidigt, breite Bevölkerungsschichten verharrten in Distanz, Skepsis und offener Ablehnung, bereits im Verlauf der Gründungsphase organisierten sich auf der politischen Rechten und der äußersten politischen Linken die antidemokratischen Kräfte zum Kampf gegen die Republik. Unter diesen Umständen muss es als ein kleines Wunder – und als eine beachtliche Leistung – gelten, dass es den republikanischen Politikern gelang, die Weimarer Demokratie durch die von komplexen innen- und außenpolitischen Gefährdungen erfüllten Anfangsjahre hindurchzuretten und schließlich einen bemerkenswerten Grad von politischer und wirtschaftlicher „Normalisierung" zu erreichen. Aber schon in diesen Jahren einer relativen Stabilisierung setzte auch jene Entwicklung ein, die dann seit 1929 in eine rasch voranschreitende Desintegration des politischen Systems überging: die Abkehr großer Teile des Bürgertums und insbesondere der alten Führungseliten vom pluralistischen Sozialstaat Weimarer Prägung und damit vom „Gründungskompromiss" der Jahre 1918/19, durch den der Staat von Weimar auf einem politischen Zusammengehen von sozialdemokratischer Arbeiterschaft und demokratischem Bürgertum aufgebaut wurde. [...] In dieser Perspektive gewinnen die Vorgänge und Entscheidungen der Jahre 1929/30 ihre signifikante Bedeutung als eigentliche Weichenstellung auf dem Weg in die Katastrophe. Mit dem Übergang zum Präsidialsystem wurde nämlich eine Abwendung von der parlamentarischen Regierungsweise vollzogen und die Position gerade der republiktreuen und staatsbejahenden Kräfte empfindlich geschwächt, noch ehe die Auswirkungen der Weltwirtschaftskrise die sozialen Ängste ins Unermessliche steigerten und die Loyalität breiter Bevölkerungsschichten gegenüber der bestehenden Staatsordnung immer mehr schwinden ließen, sodass die extrem nationalistische und demokratiefeindliche NSDAP jenen Auftrieb erhielt, der sie zur Massenbewegung machte. Aber trotz aller Erfolge bei der Massenmobilisierung und an den Wahlurnen war die NSDAP nur deshalb schließlich siegreich, weil die alten Eliten in Großlandwirtschaft und Industrie, Militäraristokratie und Großbürgertum zur autoritären Abkehr von Weimar entschlossen waren und glaubten, die nationalsozialistische Massenbewegung für sich benutzen zu können.

E. Kolb, Die Weimarer Republik, München 1988, S. 140 f.

### Fragen und Anregungen

**1.** Erarbeiten Sie aus den Materialien die verschiedenen Gründe für das Scheitern der Republik und kategorisieren Sie diese.

**2.** Diskutieren Sie, inwiefern diese Gründe Möglichkeiten für Handlungsalternativen offen gelassen hätten.

**3.** Inwiefern werden die Leistungen der Weimarer Republik berücksichtigt?

**4** Die Weimarer Republik bzw. ihr Ende wird in Buchtiteln oft mit prägnanten Schlagworten belegt, z. B. „Eine unvollendete Demokratie“ (Horst Möller), „Selbstpreisgabe einer Demokratie“ (Karl Dietrich Bracher und Karl Dietrich Erdmann), „Die verspielte Freiheit“ (Hans Mommsen). Welche Einstellung zur Weimarer Demokratie lassen diese Titel erkennen? Welcher entspricht am ehesten Ihrer Ansicht? Überlegen Sie sich selbst einen Titel für ein Buch über die Weimarer Republik und begründen Sie ihre Wahl!

# 6. Der Faschismus in Italien

*Wie entwickelte sich die erste faschistische Bewegung in Europa?*

## Der Aufstieg einer neuen Partei

Am 28. Oktober 1922 reisten etwa 30000 eher schlecht bewaffnete Männer nach Rom, um ihren Führer Benito Mussolini auf revolutionärem Wege an die Macht zu bringen. Sie gehörten den Schwarzhemden an, der paramilitärischen Kampftruppe des 1921 gegründeten Partito Nazionale Fascista (PNF). Diese Partei verband extremen Nationalismus und Militarismus mit sozialistischen Vorstellungen von der Aufhebung der Klassenschranken und der Beteiligung aller Bürger am Staat, jedoch nicht in einem demokratischen Sinne. Vielmehr sollte der Einzelne sich dem Staat und dessen Führer unterordnen und in einer Massenbewegung aufgehen. Im vom Kriegsausgang enttäuschten und von sozialen Unruhen gezeichneten Italien fielen diese Ideen auf fruchtbaren Boden. Kriegsveteranen sahen im Faschismus den Retter der nationalen Ehre, Großgrundbesitzer und Industrielle begriffen ihn als Möglichkeit, die traditionellen Sozialisten und Gewerkschaften zu bekämpfen, von denen sie eine bolschewistische Revolution befürchteten. So war es keine Revolution, die König Viktor Emmanuel III. 1922 dazu brachte, Mussolini zum Ministerpräsidenten zu ernennen, sondern eher seine Unterstützung durch konservative Politiker.

## Der Ausbau der Diktatur

Seine Stellung als Regierungschef nutzte Mussolini für den Ausbau seiner Diktatur, stets begleitet von Terrorakten seiner Kampftruppe der „squadre" gegen die Sozialisten und andere Oppositionelle. 1924 wurde eine Wahlrechtsänderung verabschiedet. Fortan erhielt die Partei mit einer relativen Mehrheit mindestens zwei Drittel der Parlamentssitze. Als die Opposition protestierte, ermordeten die Faschisten den Sozialisten Giacomo Matteotti, der ihnen Wahlfälschung vorgeworfen hatte, und begannen mit der systematischen Unterdrückung politischer Gegner. 1927 wurde mit der OVRA eine Geheimpolizei gegründet. 1926 wurde der PNF zur alleinigen Staatspartei erklärt, seit 1928 konnten die Wähler lediglich über eine Einheitsliste abstimmen. Den Beschlüssen des Regierungschefs wurden Gesetzeskraft zugeschrieben. Mussolini regierte also fortan mit unbeschränkten diktatorischen Vollmachten als Duce (Führer), während die Monarchie formal weiter bestehen blieb. Die von ihm 1929 mit dem Heiligen Stuhl geschlossenen Lateranverträge stärkten den Rückhalt seines Regimes in der katholischen Bevölkerung beträchtlich.

Unter Ausnutzung der neuen Massenmedien wurde die faschistische Propaganda verbreitet, in der der Mythos des Duce ebenso betont wurde wie der totalitäre Anspruch des Faschismus, alle Lebensbereiche der Menschen bedingungslos seinen politischen Zielen zu unterwerfen.

## Imperiale Außenpolitik

Außenpolitisch verfolgte Mussolini das Ziel, das Prestige Italiens wieder herzustellen und ein neues römisches Imperium im Mittelmeerraum zu errichten. Mit diesem Ziel ließ er 1935 die italienische Armee in Abessinien einmarschieren. Dies führte zu Protesten Frankreichs und Großbritanniens sowie zu Sanktionen des Völkerbundes, die allerdings wirkungslos blieben. Nach der Annexion Abessiniens 1936 nahm der italienische König den Titel Kaiser von Äthiopien an.

Im selben Jahr trat Mussolini im Bündnis mit dem nationalsozialistischen Deutschland auf Seiten General Francos in den spanischen Bürgerkrieg ein, da er die Chance zur Erweiterung des italienischen Einflussbereiches im Mittelmeerraum sah. Gleichzeitig war dies für ihn eine Möglichkeit, den traditionellen Demokratien zu demonstrieren, dass der Faschismus die entscheidende Macht in Europa werden sollte.

1 **Benito Mussolini (1883–1945)**

Italienischer Politiker und Diktator. Er befürwortete den Eintritt Italiens in den Ersten Weltkrieg, wurde deshalb aus der sozialistischen Partei ausgeschlossen und begründete den Faschismus. 1945 wurde er von italienischen Widerstandskämpfern erschossen.

### Begriffe

- **Partito Nazionale Fascista** (PNF): Faschistische nationale Partei, gegründet im November 1921. Der Name geht ursprünglich auf die fasci (= Bünde) der Arbeiterbewegung im 19. Jahrhundert zurück; die Anhänger Mussolinis führten ihn auf die fasces zurück, die Rutenbündel, die im antiken Rom den Beamten als Zeichen ihrer Amtsgewalt vorangetragen wurden.
- **Squadra** (Pl. squadre, ital. „Trupp"): Aufgrund ihrer Uniformen auch „Schwarzhemden" genannte Mitglieder des paramilitärischen Kampfbundes der Faschisten, die als Miliz der Führung Mussolinis unterstanden.
- **OVRA** (Organizzazione per Vigilanza et la Repressione dell'Antifascismo): Die Organisation zur Überwachung und Unterdrückung des Antifaschismus entstand 1927 als Geheimpolizei.
- **Einheitsliste:** Wahlliste, auf der alle Kandidaten verzeichnet sind und die nur als Ganzes angenommen oder abgelehnt werden kann.
- **Lateranverträge:** 1929 geschlossene Verträge zwischen Italien und dem Heiligen Stuhl, durch die der Papst auf den durch die Einigung Italiens (bis 1870) verlorenen Kirchenstaat verzichtete (Beschränkung der Souveränität auf den Vatikan); im Gegenzug erkannte Italien die päpstliche Souveränität über die Vatikanstadt und den Katholizismus als Staatsreligion an.

## 2 Mussolini über die Grundgedanken des Faschismus (1932)

Als antiindividualistische Idee tritt der Faschismus für den Staat ein. Er ist auch für das Individuum, soweit es im Staate aufgeht, der das universale Bewusstsein und den Willen des Menschen in seiner geschichtlichen Existenz darstellt. Der Faschismus ist gegen den klassischen Liberalismus, der dem Bedürfnis, sich gegen den Absolutismus aufzulehnen, entsprungen ist und seine geschichtliche Sendung erfüllt hat, seitdem der Staat zum Bewusstsein und zum Willen des Volkes selbst geworden ist. Der Liberalismus negiert den Staat im Interesse des einzelnen Individuums; der Faschismus bejaht den Staat als die einzig wahre Realität des Individuums, und wenn Freiheit ein Recht des realen Menschen sein soll und nicht jenes abstrakten Gebildes, an das der individualistische Liberalismus dachte, so ist der Faschismus für die Freiheit. Er ist für die einzige Freiheit, die ernst genommen werden kann, nämlich für die Freiheit des Staates und des Individuums im Staate. Denn es liegt für den Faschismus alles im Staate beschlossen. Nichts Menschliches oder Geistiges besteht an sich, noch weniger besitzt dieses irgendeinen Wert außerhalb des Staates. In diesem Sinne ist der Faschismus totalitär, und der faschistische Staat als Zusammenfassung und Vereinheitlichung aller Werte gibt dem Leben des ganzen Volkes seine Deutung, bringt es zur Entfaltung und kräftigt es [...].

Benito Mussolini, Der Geist des Faschismus. Ein Quellenwerk, hrsg. von H. Wagenführ, München 1935, S. 5; zit. nach: Geschichte in Quellen, Weltkriege und Revolutionen 1914–1945. München 1970, S. 151.

3
### Die Matteotti-Affäre
Satirische Zeichnung der im Untergrund erscheinenden Zeitung „Il Becco giallo" („Der gelbe Schnabel"), 1924.

## 4 Ansprache Mussolinis zur Eroberung Addis Abebas

*Mussolini vom Balkon des Palazzo Venezia in Rom, am 9. Mai 1936:*

Offiziere, Unteroffiziere! Soldaten der bewaffneten Macht des Staates in Afrika und in Italien. Schwarzhemden der Revolution. Italiener und Italienerinnen im Vaterland und in der Welt. Hört mich!

Mit den Beschlüssen, die ich Euch gleich bekannt geben werde und die vom Großrat des Faschismus gebilligt wurden, vollzieht sich ein großes Ereignis; das Geschick Äthiopiens wird heute entschieden, am 9. Mai, im vierzehnten Jahr der faschistischen Ära.

Alle Knoten wurden von unserem leuchtenden Schwert zerhauen, und der afrikanische Sieg wird vollständig in die Geschichte des Vaterlandes aufgenommen, wie die gefallenen und die überlebenden Legionäre ihn erträumten und wollten. Endlich hat Italien sein Imperium, denn es trägt die unzerstörbaren Merkmale des Willens und der Macht des römischen Rutenbündels; denn dies ist das Ziel, auf das 14 Jahre lang die überschießenden und machtvollen Energien der tapferen jungen Generation Italiens gerichtet wurden. Ein Reich des Friedens [...]. Ein Reich der Zivilisation und der Humanität für alle Völker Äthiopiens. Das liegt in der Tradition Roms, welches nach dem Siege die Völker seinem Geschick gesellte.

Benito Mussolini, Opera Omnia, Firenze 1951ff., XXVII, S. 268f., zit. nach: E. Nolte, Der Faschismus von Mussolini zu Hitler. München 1968, S. 251f.

5
### Geschichtliche Anknüpfung an „ruhmreiche" Zeiten
Benito Mussolini 1935 auf einer Kundgebung mit Schwarzhemden vor einer Statue des römischen Kaisers Nerva (30–98 n. Chr.)

### Fragen und Anregungen

1. Skizzieren Sie den Aufstieg Mussolinis und die Festigung seiner Macht. (VT)
2. Stellen Sie die Elemente heraus, auf denen seine Macht beruhte. (VT)
3. Beschreiben Sie die Rolle, die das Individuum im faschistischen Staat einnehmen sollte. (VT, M2)
4. Stellen Sie dar, worauf der Führerkult Mussolinis beruhte. (M2 und M5)
5. Erläutern Sie die historischen Bezüge, die Mussolini herstellt, mit Blick auf sein Herrschaftsverständnis. (M4 und M5)

# Dossier
# Der Spanische Bürgerkrieg

Im Februar 1936 kam in Spanien die Frente Popular an die Macht. Aber ihre Machtbasis war brüchig, denn eine in Kommunisten, Anarchisten und Nationalisten gespaltene Linke stand einer konservativen Rechten gegenüber, die sich auf Kirche und Armee stützte. Jede Partei verfügte über eine bewaffnete Miliz; die gewaltsamen Zusammenstöße häuften sich.

Im Juli erhob sich die Armee, die unter dem Befehl Francos stand, gegen die Republik. Das Land stürzte dadurch in einen Bürgerkrieg, der im Ausland ein starkes Echo hervorrief. England und Frankreich entschieden sich, nicht einzugreifen. Die UdSSR unterstützte die Spanische Republik. Deutschland und Italien intervenierten dagegen militärisch auf Seiten der Franquisten, die schließlich am 1. April 1939 den Sieg errangen.

## 1 Die Rückkehr zu der von dem „Caudillo" Franco gewünschten Ordnung...

Die Nationale Bewegung setzt dem System der politischen Begehrlichkeiten und Klienteln die Interesselosigkeit und die Sittenstrenge seiner Mitglieder entgegen; auf die politische Unverantwortlichkeit der liberalen Parteien folgt die Einheit unseres Kreuzzuges, der als ein organisches Ganzes konstituiert ist; ein neutraler Staat ohne Ideale wird ersetzt werden durch einen missionarischen und totalitären Staat, der dem Volk eine Orientierung gibt, ihm den Weg zeigt und es ohne Zögern und ohne Rückschritte führt [...].

Rede des Führers des Nationalstaates anlässlich des Jahrestages der Erhebung, veröffentlicht in Heraldo de Aragon, am 19. Juli 1938.

## Chronologie

| | |
|---|---|
| **14. April 1931** | Ausrufung der Zweiten Republik, König Alphons XIII. ist gezwungen, ins Exil zu gehen. |
| **16. Februar 1936** | Sieg der Volksfront (Frente popular) bei den Parlamentswahlen. |
| **18. Juli 1936** | Militärischer Aufstand (pronunciamento) der Generäle Sanjurjo und Franco in Spanisch Marokko; Beginn des Bürgerkrieges. |
| **9. September 1936** | Londoner Konferenz über die Nichteinmischung in die Angelegenheiten Spaniens. |
| **September 1936** | Auf Anregung der Kommunistischen Internationale werden Internationale Brigaden gebildet, um die Spanische Republik zu unterstützen. |
| **1. Oktober 1936** | In Burgos wird eine von Franco geführte nationalistische Regierung eingerichtet. |
| **26. April 1937** | Bombardierung Guernicas durch deutsche Flugzeuge der Legion Condor. |
| **26. Januar 1939** | Einnahme Barcelonas durch die Franquisten. |
| **28. März 1939** | Die Republikaner ergeben sich in Madrid; Errichtung der Diktatur des „Caudillo" Franco. |

2 **... und ihre Interpretation durch die Republikaner**

Lithographie von Pedrero für die UGT (Allgemeine Arbeiterunion; eine Gewerkschaft, die der Sozialistischen Partei Spaniens nahe steht), November 1936.

3 **Internationale Mobilisierung zugunsten der Republik**

Siebdruck des katalanischen Malers Joan Miró, 1937 in der Zeitschrift „Cahiers d'art" erschienen.

## 4 Die Nichteinmischung der demokratischen Staaten

*Der Chef der französischen Regierung Léon Blum rechtfertigte die Nichteinmischung vor einer Versammlung von Mitgliedern der Sozialistischen Partei.*

Wenn einmal mit einer Rüstungskonkurrenz auf spanischem Boden begonnen worden ist, welche Folgen kann das für ganz Europa haben, für Europa in der heutigen Situation? [...]

Wundern Sie sich nicht, dass wir auf diesen Gedanken gekommen sind. Die Lösung, durch die vielleicht sowohl das Wohl Spaniens als auch der Frieden gesichert werden kann, liegt im Abschluss eines internationalen Übereinkommens, in dem sich alle Mächte zwar nicht dazu verpflichten, die Neutralität einzuhalten – es handelt sich nicht um dieses Wort, das hier nichts zu suchen hat – sondern in dem sie sich verpflichten, sich jeglicher Waffenlieferungen zu enthalten und die Ausfuhr von Kriegsmaterial nach Spanien zu verbieten.

Rede im Luna-Park, 6. September 1936.

## 5 Die Bildung der Internationalen Brigaden

Was uns auf eure Schlachtfelder getrieben hat, das ist vor allem die Gewissheit, dass eure Sache auch die unsere und die der freien Menschen auf der ganzen Welt ist, und schließlich der Wille, nicht nur theoretisch gegen die Intervention der faschistischen Regierungen Deutschlands und Italiens zu protestieren, die dem Spanischen Bürgerkrieg den Charakter einer generellen Auseinandersetzung zwischen Faschismus und Antifaschismus gegeben haben.

Auszug aus einem anonym erschienenen Artikel, Le peuple en Armes (Zeitschrift der Internationalen Brigaden in Spanien) Dezember 1936; übers. nach: R. Skoutelsky, L'espoir guidait leurs pas, Paris 1998.

## 6 Das Engagement antifaschistischer Intellektueller

*Der britische Schriftsteller George Orwell schloss sich 1936 der Miliz POUM (Arbeiterpartei der Marxistischen Einheit) an, die zur extremen Linken Spaniens gehörte.*

Wenn man aber gerade aus England kam, hatte der Anblick von Barcelona etwas Überraschendes und Überwältigendes. Zum ersten Mal war ich in einer Stadt, in der die arbeitende Klasse im Sattel saß. Die Arbeiter hatten sich praktisch jedes größeren Gebäudes bemächtigt und es mit roten Fahnen oder der rot und schwarzen Fahne der Anarchisten behängt. Auf jede Wand hatte man Hammer und Sichel oder die Anfangsbuchstaben der Revolutionsparteien gekritzelt. Fast jede Kirche hatte man ausgeräumt und ihre Bilder verbrannt. Hier und dort zerstörten Arbeitstrupps systematisch die Kirchen. [...]

Vor allen Dingen aber glaubte man an die Revolution und die Zukunft. [...]

Menschliche Wesen versuchten, sich wie menschliche Wesen zu benehmen und nicht wie ein Rädchen in der kapitalistischen Maschine.

George Orwell, Mein Katalonien. Bericht über den Spanischen Bürgerkrieg (1938). Zürich 1975, S. 8–10.

7 **Die Bombardierung Guernicas durch die deutsche Luftwaffe**

Anonyme Fotografie, am 1. Mai 1937 aufgenommen.

## Fragen und Anregungen

**1.** Charakterisieren Sie Francos politisches Projekt. Wie hat der republikanische Künstler dieses Projekt karikiert? (M1 und M2)

**2.** Aus welchen Gründen haben sich Intellektuelle für die Spanische Republik eingesetzt? Suchen Sie nach anderen renommierten Schriftstellern oder Künstlern, die sich auf Seiten der Republik oder der Franquisten engagiert haben. (M3, M5 und M6)

**3.** Welche Position nahmen die europäischen Regierungen gegenüber dem Spanischen Bürgerkrieg ein? (M4)

**4.** Erörtern Sie, inwiefern der Spanische Bürgerkrieg eine entscheidende Etappe auf dem Weg zum Ausbruch des Zweiten Weltkrieges war.

IM BLICK DES HISTORIKERS

# Der Faschismus – ein universelles Phänomen?

Kaum ein anderer politischer Begriff bestimmte die Zeit zwischen 1919 und 1945 so stark wie der des Faschismus. Der deutsche Historiker Ernst Nolte spricht gar von einer „Epoche des Faschismus“ in Europa. Die Bezeichnung „Faschismus“, abgeleitet vom italienischen Wort „fascio“, bedeutet lediglich „Bund“ oder „Bündnis“ und steht an sich für keine klare politische Idee. Seine Ausgestaltung erfuhr der Faschismus erst mit dem Partito Nazionale Fascita Mussolinis, von dem anschließend andere Bewegungen bestimmte Elemente übernahmen, ohne jedoch ihren individuellen Charakter deshalb zu verlieren. Angesichts der unterschiedlichen Ausprägung rechtsradikaler Strömungen und Regime treten manche Historiker dafür ein, den Begriff des Faschismus nur auf Italien anzuwenden. Dies wird noch dadurch verstärkt, dass der Faschismusbegriff vielfach unspezifisch für die extreme Rechte verwendet wird und dadurch als wissenschaftlicher Begriff an Bedeutung verliert.

a

b

**M1**

**Gleiche Erscheinungsformen – gleiches Phänomen?**
**2 Bilder:**

**a)** Benito Mussolini mit Anhängern vor einem Spalier der faschistischen Jugendorganisation Balilla, am 12. Jahrestag der faschistischen Revolution.

**b)** Adolf Hitler mit der NS-Führungsspitze auf dem Reichsparteitag in Nürnberg 1938.

## Fragen und Anregungen

1. Erstellen Sie ausgehend von den Bildern eine Liste Ihrer Assoziationen zu den Begriffen Faschismus und Nationalsozialismus. Tragen Sie Ihre Ergebnisse in kleinen Gruppen zusammen und verfassen Sie gemeinsam eine Definition des Begriffs „Faschismus“.
2. Vergleichen Sie Ihre Definition mit der Stanley Paynes. (M2) Diskutieren Sie Möglichkeiten und Schwierigkeiten einer solchen Definition.
3. Erläutern Sie die kriegerische Dimension, die der französische Historiker J. Winock im Faschismus feststellt. (M3)
4. Fassen Sie die Argumente Winocks und Brachers thesenartig zusammen. (M3, M4) Stellen Sie die Ansätze aller drei Historiker einander gegenüber. Simulieren Sie anschließend ein Streitgespräch zwischen Vertretern der drei verschiedenen Richtungen.
5. Diskutieren Sie Vor- und Nachteile eines universellen Faschismusbegriffs.

## 2 Der „typische“ Faschismus – Versuch einer Definition

*Der amerikanische Historiker Stanley Payne (1995) spricht sich in seiner „Geschichte des Faschismus“ für eine Arbeitsdefinition und eine typologische, das heißt an Merkmalen orientierte Beschreibung aus:*

**A. Ideologie und Ziele**

[...]

Errichtung eines neuen, nationalistischen, autoritären Staats, der nicht auf traditionellen Prinzipien oder Modellen beruht; Organisierung einer neuen, intensiv geregelten, sich auf mehrere Klassen stützenden nationalen Wirtschaftsstruktur [...]

positive Bewertung von Gewalt und Krieg sowie deren Einsatz oder Bereitschaft dazu; Anstreben eines Kolonialreichs, einer Expansion oder eines radikalen Wandels in den Beziehungen der Nation zu anderen Mächten

**B. Die faschistischen Negationen**

Antiliberalismus
Antikommunismus
Antikonservatismus

**C. Stil und Organisation**

Versuch einer Massenmobilisierung, zugleich Militarisierung der politischen Beziehungen und des politischen Stils, Ziel einer Parteimiliz als Massenorganisation;

Betonung der ästhetischen Struktur von Versammlungen, Symbolen und politischen Liturgien [...] extreme Betonung des maskulinen Prinzips und männlicher Herrschaft [...] Verherrlichung der Jugend [...] spezifische Neigung zu einem autoritären, charismatischen, persönlichen Stil der Befehlsgewalt, unabhängig davon, ob diese anfangs bis zu einem gewissen Grad auf Wahl beruht oder nicht.

S. Payne, Geschichte des Faschismus. Aufstieg und Fall einer europäischen Bewegung, München 2001, S. 15.

## 3 Der „Todestrieb“ als Merkmal des Faschismus

Wenn man den Faschismus von den klassischen Diktaturen unterscheiden will, die sich auf die Armee, die traditionellen Kräfte und die besitzenden Klassen stützen, dann ist es notwendig, neben seinen konterrevolutionären Elementen, auf die er keineswegs ein Monopol hat, sein revolutionäres Projekt zu sehen. Der Faschismus ist sowohl totalitär als auch imperialistisch. Er ist nicht nur die Zurückweisung der Demokratie, des Liberalismus, des Marxismus; er ist auch eine Projektion in die Zukunft, Utopie oder Gegenutopie, die eine Idee von der neuen Gesellschaft freisetzt, die die Pluralität ausschließt, homogen ist, geeint durch eine gemeinsame Weltanschauung. Gegen das reaktionäre Ideal einer stabilen Ordnung will der Faschismus Bewegung sein, ewige Revolution, die ihre Spannung aus dem Eroberungsgeist zieht.

Vielleicht ist es die Leidenschaft für den Krieg, die am deutlichsten den faschistischen Totalitarismus charakterisiert, für den Krieg, der als Leidenschaft der Seele betrachtet wird, als ethische, kollektive Leidenschaft und als Berufung der starken Völker. Der Krieg hat unter der Maske des Zivilisierten wieder die wahre Natur des Menschen erscheinen lassen. Als Produkt des Krieges, das den Krieg vorbereitet, wollte der Faschismus die Entfesselung des Elementaren gegen die Vernunft, diese künstliche Göttin, die aus dem Jahrhundert der Aufklärung hervorgegangen ist. Diese Komplizenschaft mit dem Krieg ist eine Komplizenschaft mit dem Tod: Der Faschismus wird von einem Todestrieb getragen. Hieraus ergibt sich seine Faszinationskraft, seine Außenpolitik und sein abschließendes Scheitern.

Übers. nach: M. Winock, Le fascisme, c'est la guerre!, in: L'Histoire 235, September 1999, S. 56.

## 4 Kann und darf man den Nationalsozialismus als Faschismus bezeichnen?

*Der deutsche Historiker Karl Dietrich Bracher warnt davor, den Nationalsozialismus als Faschismus zu bezeichnen (1991):*

Prinzipiell ist es von entscheidender Bedeutung, ob der italienische Faschismus den möglichst starken und großen „totalen“ Staat im Sinne römischer Vergangenheit als Ziel anstrebt oder der (deutsche) Nationalsozialismus im Staat nur das technisch perfektionierte Instrument zur Organisation eines höherwertigen, die Weltpolitik revolutionierenden Rasseimperiums der Zukunft sieht. Im einen Falle hat man es mit traditionellen Machtstaatambitionen im Stile des Vorkriegsimperialismus, im anderen Falle mit dem revolutionären Anspruch auf Durchsetzung und Erfüllung eines neuen Weltprinzips zu tun. [...] Auch das zeigt die Grenzen einer allgemeinen Faschismustheorie auf, in die ausgerechnet der mächtigste „Fall“ des Nationalsozialismus nicht passt. Diese Theorie verstummt gerade vor jenen Positionen und Widersprüchen, die erst die riesige Wirkung des Nationalsozialismus und seine äußerste Brutalität ausmachen: vor den revolutionären Akten des Rassismus, der Lebensraumidee, des totalitären Herrschafts- und Führerideals. [...]

Trotz neuer wissenschaftlicher Versuche bleiben Bedenken gegen einen Faschismusbegriff, der als italienische Eigenbezeichnung zur typologischen Generalisierung wenig leistet und dem unbegrenzten Klischeegebrauch ausgeliefert ist: Weder das Wort Faschismus noch die darin unterstellte Identität so verschiedener Phänomene sind sachgerecht. [...] Wenn trotzdem heute wieder vom „deutschen Faschismus“ oder „Hitlerfaschismus“ gesprochen wird und damit der Eindruck einer gesicherten Begrifflichkeit erweckt wird, so wiederholt man den Fehler jener Politiker und Theoretiker aus der Zeit um 1933, die Hitler und den Nationalsozialismus verhängnisvoll unterschätzt und dadurch noch zu seiner Stabilisierung beigetragen haben.

K. D. Bracher, Der Nationalsozialismus in Deutschland. Probleme der Interpretation, in: K. D. Bracher/L. Valiani (Hrsg.), Faschismus undNationalsozialismus. Berlin 1991, S. 37–40.

# Eine Karikatur oder ein Plakat kommentieren

**Beispiele:**

Das Bild des Kommunismus im Frankreich der Zwischenkriegszeit (1919 – 1936)

1 Plakat von Adrien Barrière, 1919

2 Plakat von Henri Petit für das „Propagandazentrum der nationalen Republikaner“, 1934

3 Plakat von Raoul Cabrol, 1936

## Allgemeine Hinweise

• Eine Karikatur ist ein Bild, das einzelne Züge einer Person überspitzt darstellt oder sich auf humorvolle Weise mit einem Ereignis beschäftigt. Sie betrachtet aktuelle Geschehnisse kritisch und polemisch, indem sie sich über einen Politiker oder eine politische Partei lustig macht, eine Regierung in Frage stellt, einen Gegner oder eine soziale Gruppe angreift. Mit dem Aufstieg der illustrierten Presse im 19. Jahrhundert fand die Karikatur große Verbreitung.

• Parallel zur Demokratisierung des politischen Lebens gegen Ende des 19. Jahrhunderts wurde das Plakat für die modernen politischen Parteien zu einem elementaren Propagandamittel. Im 20. Jahrhundert machten es auch Regierungen und vor allem totalitäre Regime zu einem bevorzugten Mittel politischer Kommunikation.

• Als gebrochene Spiegelbilder einer Epoche bilden Plakate und Karikaturen eine Quelle ersten Ranges, wenn erfasst werden soll, wie Zeitgenossen Ereignisse erlebten und interpretierten. Dabei ist Folgendes zu berücksichtigen:

- Der Auftraggeber des Bildes und der Zusammenhang, in dem es veröffentlicht wurde, sind vorzustellen.
- Die Techniken, durch die eine komische Wirkung erreicht oder eine politische Aussage übermittelt wurde, sind zu beschreiben.
- Die historische Aussage und Bedeutung des Bildes sind herauszuarbeiten: Was sagt es über die Stimmungslage zu einem bestimmten Zeitpunkt aus?

## Anwendung

### A. Vorstellung der Bilder

• 1919 war der Antikommunismus eines der zentralen Wahlkampfthemen des Nationalen Blocks, der sich aus Rechten und Radikalen zusammensetzte und im November desselben Jahres die Wahlen zur gesetzgebenden Nationalversammlung gewann. Die Regierung Clemenceau, die vor den Risiken einer revolutionären Welle für Europa warnte, wollte das neue bolschewistische Regime durch einen „cordon sanitaire" isolieren. Darüber hinaus war die soziale Situation in Frankreich durch zahlreiche Streiks, gegen die die Regierung vorging, gekennzeichnet. Das Plakat von 1919 gab das Titelbild einer Broschüre wieder, die von einer „Wirtschaftsgruppe", das heißt von einer Arbeitgeberorganisation aus den Pariser Vorortgemeinden (Banlieue) herausgegeben wurde.

• Für das Plakat von 1934 wird nur der Künstler genannt, aber der Slogan „Wählt national" weist darauf hin, dass es sich bei dem Auftraggeber um das „Centre de propagande des Républicains nationaux" handelte. Dieses hatte sich zur Aufgabe gemacht, die in den Wahlen von 1932 geschlagene parlamentarische Rechte wieder zu mobilisieren. Unmittelbar nach den Unruhen vom 6. Februar 1934 forderte es nämlich die Bildung einer Regierung der nationalen Einheit, die von den Rechten bis zu den Radikalen reichen und die marxistischen Parteien (Sozialisten und Kommunisten) zurückdrängen sollte.

• Das Plakat von 1936 zeigt deutlich, dass es der 1920 gegründeten Kommunistischen Partei Frankreichs (PCF) zuzuordnen ist. Auf Drängen Stalins gab der PCF ab 1934 die „Taktik Klasse gegen Klasse" auf und schloss sich in der Volksfront (Front Populaire) mit den anderen Linksparteien zu einem Wahlbündnis zusammen, das auf einem gemeinsamen Antifaschismus basierte.

### B. Analyse der Plakate

• Das Plakat von 1919 (M1) ist in Frankreich berühmt, weil es zum ersten Mal den Kommunismus als blutgierige Person mit einem Messer zwischen den Zähnen darstellte. Der Zeichner dieses Plakats, Adrien Barrière, war durch seine Furcht einflößenden Theaterplakate hervorgetreten. Einige Charakteristika dieser Plakate sind hier wiederzufinden, wie die zittrige Schrift oder der gewaltsame Kontrast zwischen Rot und Schwarz. Die struppige Person mit weit aufgerissenen Augen weist alle Merkmale eines jener verrückten Kriminellen auf, welche die skandalsüchtigen „vermischten Nachrichten" der Massenpresse bevölkerten. Der Slogan zeigt deutlich, dass es sich um ein Propagandamittel handelte, das die Kandidaten des nationalen Blocks unterstützen sollte. Damals kam in der politischen Sprache Frankreichs das Wort „Bolschewismus" auf, das mit einem negativen Beiklang verbunden war.

• Auf dem Plakat von 1934 (M2) wird der Kommunismus mit den Gesichtszügen Stalins dargestellt, der zu einer Art Inkarnation des Satans mit spitzen Ohren und Haaren, die wie Flammen aussehen, geworden ist. Die „Kofferträger Stalins" können durch die Symbole auf dem Messer identifiziert werden: Die drei Pfeile stehen für die Sozialistische Partei (SFIO), Hammer und Sichel für die Kommunistische Partei Frankreichs (PCF), Kompass und Winkelmaß für die Freimaurer.

• Das kommunistische Plakat von 1936 (M3) ahmte das ältere Plakat nach. Stalin wurde durch Hitler ersetzt, der als Witzfigur mit einer großen roten Nase, Ohren, die wie Kohlblätter aussehen, einer übertriebenen Haarsträhne und weit aufgerissenen runden Augen, deren Pupillen aus Hakenkreuzen bestehen, dargestellt ist. Der Schnurrbart in Form des Reichsadlers spielt mit deutschfeindlichen Elementen. Das „Das" („ça") weist auf die faschistische Gefahr hin, repräsentiert durch Hitler und die französischen Ligen der extremen Rechten, deren Embleme auf dem Messergriff dargestellt werden: der Totenkopf der Croix-de-feu, das Schwert und der Helm der Jeunesses patriotes, die Lilie der Action française. Schließlich kann man lesen, dass der Stahl für die Schneide des Messers von Wendel und Krupp, zwei großen Stahlproduzenten, die die pazifistische Linke als „Waffenhändler" anprangerte, geliefert wurde.

### C. Herausarbeiten der historischen Tragweite der Bilder

Wie hat sich das Bild des Kommunismus in Frankreich entwickelt?

• 1919 existierte die Kommunistische Partei in Frankreich noch nicht. Der Kommunismus wurde vor allem als äußere Gefahr angeprangert, als eine neue Art der „östlichen Barbarei", die den „christlichen Westen" zu überrollen drohte. 1934 begann der Kommunismus, sich in der französischen Gesellschaft zu verankern. Die soziale und politische Krise, die Frankreich damals erfasste, drohte dem Kommunismus in die Hände zu spielen. Er wurde nun als innere Gefahr, die von außen durch Stalin unterstützt wurde, hingestellt. Aber 1936 begann sich das Bild des Kommunismus in Frankreich zu verändern. Durch den Antifaschismus konnte der PCF sich den alten Kampf der französischen Linken für Frieden und Demokratie zu Eigen machen, womit er bereits auf seinen Kampf in der Résistance nach 1941 vorgriff.

# Kapitel 14

# Das nationalsozialistische Deutschland (1933 – 1939)



Nach der Ernennung Adolf Hitlers zum deutschen Reichkanzler (30. Januar 1933) gelang es den Nationalsozialisten innerhalb kurzer Zeit, in Deutschland eine menschenverachtende Diktatur zu etablieren.
Trotz des massiven Einsatzes von politischem Terror und Propaganda wurde das NS-Regime der deutschen Bevölkerung keineswegs „von oben" aufgezwungen. Es war vielmehr eine von der Gesellschaft weithin getragene Zustimmungsdiktatur, deren Popularität vor allem auf außenpolitischen Erfolgen bei der Demontage des verhassten „Systems von Versailles" (siehe S. 302 f.) und dem Gefühl zunehmender sozialer Sicherheit und neuer Aufstiegschancen beruhte.
Die seit 1933 vom Regime mit verbrecherischer Energie vorangetriebene Entrechtung und Verfolgung von Juden und anderen zu Feinden erklärten Gruppen wäre ohne die Akzeptanz und Mitwirkung weiter Teile der deutschen Gesellschaft nicht möglich gewesen.

- Welcher Mittel und Methoden bedienten sich die Nationalsozialisten, um die Macht im Staat zu erlangen?
- In welcher Weise beteiligte sich die deutsche Bevölkerung an der Etablierung und Aufrechterhaltung der Diktatur?

1933 1934 1935 1936 1937 1938 1939

- **30. Januar 1933** Reichspräsident Paul von Hindenburg ernennt Adolf Hitler zum Reichskanzler
- **28. Februar 1933** „Reichstagsbrandverordnung"
- **24. März 1933** „Ermächtigungsgesetz"
- **1. April 1933** Boykott jüdischer Geschäfte
- **2. Mai 1933** Auflösung der Gewerkschaften
- **Juni/Juli 1933** Selbstauflösung aller noch bestehenden Parteien und Verbot der SPD
- **12. November 1933** Plebiszit über den Austritt aus dem Völkerbund und „Reichstagswahlen"
- **30.Juni-2. Juli 1934** Ermordung Ernst Röhms und Ausschaltung der SA (Röhm-Affäre)
- **2. August 1934** Tod Hindenburgs, „Gesetz über das Oberhaupt des Deutschen Reiches"
- **15. Sept. 1935** „Nürnberger Rassegesetze"
- **1. August 1936** Eröffnung der Olympischen Spiele in Berlin
- **9. September 1936** Verkündigung des „Vierjahresplans"
- **9. und 10. November 1938** Reichspogromnacht

1

**Öffentliche Zustimmungsrituale ...**

Das Gemälde „Der 30. Januar 1933“ (1939) von Arthur Kampf (1864–1950) zeigt den Fackelzug von SA und Stahlhelm in Berlin zur Feier des Machtwechsels am 30. Januar 1933. Der Maler überhöhte im Sinne der NS-Propaganda die „Machtergreifung“ zu einem nationalen Erlösungsereignis.

2

**... und brutale Entrechtung Andersdenkender**

Fotografie „Häftlinge des KZ Oranienburg beim Frühsport“, Oranienburg um 1933.

# 1. Die nationalsozialistische Ideologie

*Welche Kernpunkte der Weltanschauung Hitlers definierten die nationalsozialistische Staatsdoktrin?*

## Hitlers Weltanschauung und die nationalsozialistische Staatsdoktrin

Die Radikalität und Brutalität des politischen und gesellschaftlichen Umbaus, der sich seit dem 30. Januar 1933 in Deutschland vollzog, ist nur erklärbar, wenn neben dem vorangehenden Verfallsprozess der deutschen Demokratie in der Weltwirtschaftskrise auch die ideologischen Zielvorstellungen des Nationalsozialismus in den Blick genommen werden. Die nationalsozialistische Ideologie konnte gerade deshalb in der Bevölkerung Rückhalt finden, weil sie vielfach seit dem 19. Jahrhundert vertraute Denkmuster aufgriff. Dieses Gedankengebäude fand seinen Ausdruck in Adolf Hitlers Bekenntnisbuch „Mein Kampf“ (1925/26), das im „Dritten Reich“ wie eine Bibel bei Trauungen überreicht wurde, aber auch im „Mythos des 20. Jahrhunderts“, in dem Alfred Rosenberg, der Chefredakteur der Parteizeitung „Völkischer Beobachter“, ein nationalsozialistisches Kultur- und Religionsmodell entwarf.

**1 Bilder deutscher „Rassen“**
Schautafel, um 1935.

## Rassegedanken, Antisemitismus und Lebensraumideologie

Im Zentrum der nationalsozialistischen „Weltanschauung“ standen die beiden von Hitler eng miteinander verknüpften Begriffe „Volk“ und „Rasse“. Die „reinste“ Form der „Rasse“ sah Hitler in der „Herrenrasse“ der „Arier“ verkörpert. Jegliche Vermischung ihres „Blutes“ mit dem von „Nicht-Ariern“ stellte für Hitler einen Verstoß gegen die Natur dar und war Grund für den gesellschaftlichen Verfall. In einem radikalen rassistischen Antisemitismus führte Hitler jegliche Bedrohung der „arischen Rasse“ auf die Juden zurück. Im Sinne der Rassenpolitik Hitlers bestand die „natürliche“ Hauptaufgabe der deutschen Frau darin, in ihrer Funktion als Mutter zur Verbreitung der „arischen Rasse“ beizutragen.

Hitlers Auffassungen zufolge herrschte zwischen den Völkern und Rassen zudem das Gesetz eines immerwährenden Kampfes, da sie bei einem Anwachsen ihrer Bevölkerung und angesichts der konsequenten Verknappung von Ressourcen bald an die Grenzen ihres „Lebensraumes“ stießen („Blut und Boden“). Die Verbindung dieser sozialdarwinistisch begründeten Lebensraumdoktrin mit dem Rassegedanken und einem radikalen und universalen Rassenantisemitismus macht den eigentlichen Unterschied der nationalsozialistischen „Weltanschauung“ gegenüber anderen Formen des Nationalismus aus.

## Die „Volksgemeinschaft“ und ihre „Feinde“

Hitlers Ideologie wandte sich von Anfang an aggressiv gegen die Juden, die für ihn paradoxerweise zugleich den „Weltkommunismus“ und den „Weltkapitalismus“ verkörperten. Damit verschmolz er unter Nutzung antisemitischer Ressentiments zwei angstbehaftete Phänomene zu einem Feindbild, zwischen denen in der Realität keinerlei Zusammenhang bestand.

Das frühe Parteiprogramm der NSDAP (1920) trug zwar auch antikapitalistische Züge, jedoch verlor die nationalsozialistische Linke an Bedeutung. Politisch handlungsleitend wurden für die Nationalsozialisten vor allem ein ausgeprägter Antiparlamentarismus (sichtbar in der radikalen Ablehnung gewählter Parlamente zugunsten des Führerprinzips) und Antiliberalismus (evident in der systematischen Missachtung von Grundrechten).

Dem demokratischen Verfassungsstaat und der insbesondere von den Kommunisten vertretenen Idee des Klassenkampfes stellte die NS-Ideologie das Ideal einer nationalen „Volksgemeinschaft“ unter Führung einer politischen Elite gegenüber, welche sich durch Glauben, Gehorsam, Tatkraft und Kampfeswillen auszeichnete. Die „Volksgemeinschaft“ definierte sich vor allem durch die radikale Ausgrenzung all derer, die angeblich aus „rassischen“ oder politischen Gründen nicht in sie hineinpassten oder als Bedrohung für sie wahrgenommen wurden.

### Begriffe

- **„Arier“:** Bezeichnung für die Träger des indoiranischen Zweigs der indogermanischen Sprachen; von den Nationalsozialisten als Bezeichnung für die „germanische Herrenrasse“ verwendet.
- **Antisemitismus:** Um 1880 zunächst in Deutschland aufkommender Begriff; bezeichnet neue Formen der Judenfeindschaft, die primär nicht mehr religiös, sondern nationalistisch, zunehmend auch rassenbiologisch geprägt waren.
- **„Blut und Boden“:** Nationalsozialistische Propagandaformel, die besagte, dass ein „gesunder Staat“ nur auf der Grundlage der Einheit von „reinem Blut“ („Rasse“) und eigenem Boden existieren könne.
- **Sozialdarwinismus:** Gesellschaftstheorie, die die Prinzipien der biologischen Evolutionstheorie Darwins auf Menschen überträgt. Auf diese Weise wurde eine „Hierarchie der Rassen“ behauptet.

## 2 Ein rassistisches Weltbild

*In seinem Buch „Mein Kampf" (1925/26) formulierte Hitler ideologische Prinzipien, die 1933 zu handlungsleitenden Maximen des deutschen Staates wurden:*

**A.** Demgegenüber erkennt die völkische Weltanschauung die Bedeutung der Menschheit in deren rassischen Urelementen. [...] Sie glaubt somit keineswegs an eine Gleichheit der Rassen, sondern erkennt mit ihrer Verschiedenheit auch ihren höheren oder minderen Wert und fühlt sich durch diese Erkenntnis verpflichtet, gemäß dem ewigen Wollen, das dieses Universum beherrscht, den Sieg des Besseren, Stärkeren zu fördern, die Unterordnung des Schlechteren und Schwächeren zu verlangen. Sie huldigt damit prinzipiell dem aristokratischen Grundgedanken der Natur und glaubt an die Geltung dieses Gesetzes bis herab zum letzten Einzelwesen.

**B.** Sie [die nationalsozialistische Bewegung] muss [...] den Mut finden, unser Volk und seine Kraft zu sammeln zum Vormarsch auf jener Straße, die aus der heutigen Beengtheit des Lebensraumes dieses Volk hinausführt zu neuem Grund und Boden und damit auch für immer von der Gefahr befreit, auf dieser Erde zu vergehen oder als Sklavenvolk die Dienste anderer besorgen zu müssen. Die nationalsozialistische Bewegung muss versuchen, das Missverhältnis zwischen unserer Volkszahl und unserer Bodenfläche – diese als Nährquelle sowohl wie auch als machtpolitischer Stützpunkt angesehen –, zwischen unserer historischen Vergangenheit und der Aussichtslosigkeit unserer Ohnmacht in der Gegenwart zu beseitigen. [...] Deutschland wird entweder Weltmacht oder überhaupt nicht sein. Zur Weltmacht aber braucht es jene Größe, die ihm in der heutigen Zeit die notwendige Bedeutung und seinen Bürgern das Leben gibt. Damit ziehen wir Nationalsozialisten bewusst einen Strich unter die außenpolitische Richtung unserer Vorkriegszeit. [...] Wir schließen endlich ab die Kolonial- und Handelspolitik der Vorkriegszeit und gehen über zur Bodenpolitik der Zukunft[1]. Wenn wir aber heute in Europa von neuem Grund und Boden reden, können wir in erster Linie nur an Russland und die ihm untertanen Randstaaten denken.

**C.** So ist der Jude heute der große Hetzer zur restlosen Zerstörung Deutschlands. Wo immer wir in der Welt Angriffe gegen Deutschland lesen, sind Juden ihre Fabrikanten. [...] Die Gedankengänge des Judentums dabei sind klar. Die Bolschewisierung Deutschlands, d.h. die Ausrottung der nationalen völkischen deutschen Intelligenz und die dadurch ermöglichte Auspressung der deutschen Arbeitskraft im Joche der jüdischen Weltfinanz, ist nur als Vorspiel gedacht für die Weiterverbreitung dieser Welteroberungstendenz. Werden unser Volk und unser Staat das Opfer dieser blut- und geldgierigen jüdischen Völkertyrannen, so sinkt die ganze Erde in die Umstrickung dieses Polypen; [...].

Adolf Hitler, Mein Kampf, 538.–542. Auflage, München 1940 (Erstausgabe 1925/1926), S. 420 f.; 732, 742; 702 f.

[1] Gemeint sind die Ausweitung des Lebensraumes nach Osteuropa und die damit verbundenen Germanisierungspläne.

3 **Bolschewismus und Judentum als ideologische Feindbilder**

Plakat zur „antibolschewistischen Ausstellung" der Reichspropagandaleitung der NSDAP in Wien, 1939.

4 **Nationalsozialistischer Mutterkult**

Im nationalsozialistischen Rollenverständnis kam der Frau die Rolle als Hausfrau und Mutter zu. Mütter mit vier und mehr Kindern erhielten das „Mutterkreuz". Mutterkreuzträgerin Liselotte Orgel-Köhne, 1940.

## Fragen und Anregungen

1. Fassen Sie die Kernpunkte der nationalsozialistischen Ideologie zusammen. (VT)
2. Welche Rolle spielte der „Rassegedanke" in der NS-Ideologie? (VT, M2a)
3. Was verstand Hitler unter seiner „Bodenpolitik der Zukunft"? (M2b)
4. Vergleichen Sie M2c und M3. Welche Gemeinsamkeiten und Widersprüche erkennen Sie?
5. Inwieweit war es möglich, die nationalsozialistischen Verbrechen auf der Grundlage von „Mein Kampf" vorauszusehen?

# 2. Die Entstehung der nationalsozialistischen Diktatur (1933 – 1939)

*Über welche Etappen sicherten sich die Nationalsozialisten die absolute Macht im Staat?*

## Auf dem Weg zur unumschränkten Macht

Am 30. Januar 1933 ernannte Reichspräsident Paul von Hindenburg Adolf Hitler zum Reichskanzler. Außer Hitler gehörten der neuen Regierung lediglich zwei weitere nationalsozialistische Minister an: Hermann Göring (Minister ohne Geschäftsbereich, kommissarischer Innenminister in Preußen) und Wilhelm Frick (Inneres). Die übrigen Minister waren dem konservativen Lager zuzurechnen, so der Wirtschafts- und Landwirtschaftsminister Alfred Hugenberg (Vorsitzender der Deutschnationalen Volkspartei, DNVP), Arbeitsminister Franz Seldte (Vorsitzender der Frontkämpfervereinigung „Stahlhelm") und der Vize-Reichskanzler Franz von Papen. Die konservativen Eliten glaubten, Hitlers Massenbewegung für ihre Ziele einsetzen zu können, indem sie die Nationalsozialisten im Kabinett „einrahmten".

19 Monate später zeigte sich, dass diese Rechnung in keiner Weise aufgegangen war: Am 2. August 1934 vereinigte Hitler nach dem Tod Hindenburgs die Kompetenzen des Reichspräsidenten und des Reichskanzlers unter der Bezeichnung „Führer und Reichskanzler" und ließ sich als Oberbefehlshaber von der Reichswehr Treue geloben.

1 **„Tag von Potsdam" (21. März 1933)**
Bei der feierlichen Eröffnung des am 5. März 1933 gewählten Reichstages warb Hitler um das Einvernehmen der konservativen Kräfte mit der NSDAP: Auf den Stufen der Potsdamer Garnisonkirche reichte er Reichspräsident Hindenburg ehrerbietig die Hand.

## Von der Phase der Scheinlegalität ...

Ausgangspunkt dieser scheinlegalen „Revolution" war das Notverordnungsrecht des Reichspräsidenten. Einen Tag nach dem Reichstagsbrand, den die NS-Propaganda als Auftakt eines kommunistischen Umsturzes darstellte, setzte die „Reichstagsbrandverordnung" vom 28. Februar 1933 die in der Verfassung garantierten Grundrechte außer Kraft. Das hiermit ermöglichte Vorgehen gegen politische Gegner (Verhaftungen, Zeitungsverbote, Durchsuchungen) trug erheblich dazu bei, dass am 23. März 1933 die nach der Verhaftung der Kommunisten verbliebenen Reichstagsfraktionen außer der sozialdemokratischen dem „Ermächtigungsgesetz" zustimmten. Durch dieses Gesetz räumte der Reichstag der Regierung eine Gesetzgebungskompetenz ein und entmachtete sich damit faktisch selbst (siehe M4). Die Hoffnung, das parlamentarische System durch ein zeitlich befristetes Zugeständnis zu retten, erwies sich als illusorisch.

## ... zur Phase der „Gleichschaltung"

Die nun einsetzende „Gleichschaltung", d. h. Durchsetzung des Nationalsozialismus in Staat und Gesellschaft, vollzog das Regime im Konsens mit weiten Teilen der Bevölkerung, obwohl es in Einzelbereichen (z. B. Kirchen) durchaus Widerstände gab. Am 31. März 1933 wurde die Sitzverteilung in den Landtagen durch das „Vorläufige Gesetz zur Gleichschaltung der Länder mit dem Reich" nach dem Reichstagswahlergebnis vom 5. März neu festgelegt. Dies bedeutete neben der Einsetzung von Reichsstatthaltern (7. April) eine Zentralisierung politischer Macht. Das „Gesetz zur Wiederherstellung des Berufsbeamtentums" vom 7. April 1933 ermöglichte die Entlassung von politischen Opponenten und Beamten jüdischer Herkunft. Am 2. Mai 1933 wurden die Gewerkschaften zerschlagen und in die „Deutsche Arbeitsfront" überführt. Alle Parteien außer der NSDAP wurden verboten oder lösten sich unter erheblichem Druck bis Anfang Juli selbst auf.

Ein parteiinterner Risikofaktor war die sozialrevolutionäre SA, die als Milizheer die von Hitler umworbene Reichswehr in sich aufnehmen wollte. Unter Verweis auf angebliche Putschpläne ließ er vom 30. Juni bis 2. Juli 1934 Mitglieder der SA-Führung um Ernst Röhm und konservative Gegner mithilfe von SS und Reichwehr ermorden. Seine Fortsetzung fand dieser Totalisierungsprozess am 27. September 1939, als alle polizeilichen und geheimdienstlichen Kräfte unter dem „Reichsführer SS" Heinrich Himmler im Reichssicherheitshauptamt (RSHA) vereinigt wurden.

### Begriffe

- ▶ **DNVP:** siehe S. 246
- ▶ **Stahlhelm:** siehe S. 212
- ▶ **Notverordnung:** siehe S. 246
- ▶ **Reichsstatthalter:** Vertreter des Reichskanzlers Adolf Hitler in den Ländern zur Durchsetzung einer zentralistischen Machtausübung im Bruch mit dem deutschen Föderalismus.
- ▶ **SA** (Abkürzung für „Sturmabteilung"): Bewaffnete Kampf-, Schutz- und Propagandatruppe der NSDAP.
- ▶ **SS** (Abkürzung für „Schutzstaffel"): Paramilitärischer Verband der NSDAP; nach der Entmachtung der SA entwickelte sie sich zu einem zentralen Machtfaktor im System.

2

**Verfolgung von Regimegegnern**

Kurt Magnus, Hans Flesch, Heinrich Giesecke und Alfred Braun vom Rundfunk sowie die Sozialdemokraten Friedrich Ebert jun. und Ernst Heilmann werden ins KZ Oranienburg eingeliefert, 1933.

3

**Das Plebiszit als Zustimmungsbeweis**

Am 12. November 1933 stimmten über 90 Prozent der Wahlberechtigten dem von Hitler erklärten Austritt aus dem Völkerbund zu und „wählten" einen rein nationalsozialistischen Reichstag. Manipulierte und echte Zustimmung sind unter den Bedingungen moderner Diktaturen kaum zu unterscheiden. Anstecknadel mit Blechplakette, 1933.

### 4 Auszug aus dem „Gesetz zur Behebung der Not von Volk und Reich" („Ermächtigungsgesetz") vom 24. März 1933

**§ 1.** Reichsgesetze können außer in dem in der Reichsverfassung vorgesehenen Verfahren auch durch die Reichsregierung beschlossen werden. […]

**§ 2.** Die von der Reichsregierung beschlossenen Gesetze können von der Reichsverfassung abweichen, soweit sie nicht die Einrichtung des Reichstags und des Reichsrats als solche zum Gegenstand haben. Die Rechte des Reichspräsidenten bleiben unberührt. […]

**§ 3.** Die von der Reichsregierung beschlossenen Reichsgesetze werden vom Reichskanzler ausgefertigt und im Reichsgesetzblatt verkündet. Sie treten, soweit sie nichts anderes bestimmen, mit dem auf die Verkündung folgenden Tage in Kraft. […]

**§ 5.** Dieses Gesetz tritt mit dem Tage seiner Verkündung in Kraft. Es tritt mit dem 1. April 1937 außer Kraft, es tritt ferner außer Kraft, wenn die gegenwärtige Reichsregierung durch eine andere abgelöst wird.

Reichsgesetzblatt Jahrgang 1933, Teil I, S. 141.

### 5 Zeugnis sozialdemokratischen Widerstandes

*Auszug aus der Reichstagsrede des SPD-Fraktionsvorsitzenden Otto Wels zum Ermächtigungsgesetz am 23. März 1933:*

Nach den Verfolgungen, die die Sozialdemokratische Partei in der letzten Zeit erfahren hat, wird billigerweise niemand von ihr verlangen oder erwarten können, dass sie für das hier eingebrachte Ermächtigungsgesetz stimmt. Die Wahlen vom 5. März haben den Regierungsparteien die Mehrheit gebracht und damit die Möglichkeit gegeben, streng nach Wortlaut und Sinn der Verfassung zu regieren. Wo diese Möglichkeit besteht, besteht auch die Pflicht. […] Noch niemals, seit es einen Deutschen Reichstag gibt, ist die Kontrolle der öffentlichen Angelegenheiten durch die gewählten Vertreter des Volkes in solchem Maße ausgeschaltet worden, wie es jetzt geschieht und wie es durch das neue Ermächtigungsgesetz noch mehr geschehen soll. Eine solche Allmacht der Regierung muss sich umso schwerer auswirken, als auch die Presse jeder Bewegungsfreiheit entbehrt. […] Wir Sozialdemokraten wissen, dass man machtpolitische Tatsachen durch bloße Rechtsverwahrungen nicht beseitigen kann. […] Wir deutschen Sozialdemokraten bekennen uns in dieser geschichtlichen Stunde feierlich zu den Grundsätzen der Menschlichkeit und der Gerechtigkeit, der Freiheit und des Sozialismus. Kein Ermächtigungsgesetz gibt Ihnen die Macht, Ideen, die ewig und unzerstörbar sind, zu vernichten. […] Das Sozialistengesetz hat die Sozialdemokratie nicht vernichtet. Auch aus neuen Verfolgungen kann die deutsche Sozialdemokratie neue Kraft schöpfen. Wir grüßen die Verfolgten und Bedrängten. Wir grüßen unsere Freunde im Reich. Ihre Standhaftigkeit und Treue verdienen Bewunderung; ihr Bekennermut, ihre ungebrochene Zuversicht verbürgen eine hellere Zukunft.

Zit. nach: W. Michalka (Hrsg.), Das Dritte Reich. Dokumente zur Innen- und Außenpolitik, Bd. 1. München 1985, S. 33 ff.

## Fragen und Anregungen

**1.** Recherchieren Sie die Hintergründe und Folgen des Reichstagsbrandes vom 27. Februar 1933. Inwiefern kam dieses Ereignis den Nationalsozialisten propagandistisch gelegen? (VT, M2 und M4)

**2.** Erörtern Sie die Tragweite der Beschlüsse in M4 vor dem Hintergrund der Weimarer Verfassung. (siehe S. 245)

**3.** Welche Ereignisse greift Otto Wels in seiner Rede auf und welche sieht er voraus? Wie bewerten Sie seine Rede? (M5)

**4.** Stellen Sie systematisch die Maßnahmen zusammen, mit denen sich die Nationalsozialisten die Macht im Staat verschafften und erörtern Sie deren jeweilige Wirkung auf die politischen Gegner.

# 3. NS-Herrschaftssystem und deutsche Gesellschaft

*Wie funktionierte das nationalsozialistische Herrschaftssystem und inwieweit durchsetzten seine Organisationen die deutsche Gesellschaft?*

**1 Auf dem Weg zur „Staatsjugend"**
HJ-Plakat aus dem Jahr 1935.

## Das nationalsozialistische Herrschaftssystem

Die Nationalsozialisten strebten bei der politischen und gesellschaftlichen Umgestaltung Deutschlands eine totalitäre Staats- und Gesellschaftsordnung an, die an den Grundsätzen einer allein herrschenden Ideologie nach dem Führerprinzip bzw. einer militärischen Hierarchiebildung ausgerichtet sein sollte. So war der „Führerwille" stets das höchste Gebot. Gerade die Berufung auf den „Führerwillen" ermöglichte jedoch auch „Initiativen von unten": Der Einzelne konnte sein Handeln durch die Behauptung rechtfertigen, dass er „dem Führer entgegenarbeiten" wolle. So ist es zu erklären, dass das „Dritte Reich" trotz des ideologisch fixierten „Führerprinzips" neben monokratischen auch polykratische Entscheidungsstrukturen aufwies **(siehe Dossier S. 274)**.

Ein Beispiel für Kompetenzüberschneidungen und Rivalitäten war die Wirtschaftspolitik: 1936 wurde Reichsluftwaffenminister Hermann Göring zum Beauftragten für den Vierjahresplan ernannt, der auf die wirtschaftliche Autarkie und forcierte Aufrüstung abzielte **(siehe S. 270 f.)**. Er stand damit in Konkurrenz zu Wirtschaftsminister Hjalmar Schacht, der die einseitige Fokussierung auf Aufrüstung und Autarkie zulasten einer besseren Integration Deutschland in die Weltwirtschaft für schädlich hielt. Göring setzte sich schließlich mit seinen Vorstellungen gegen Schacht durch, der sich 1937 aus dem Wirtschaftsministerium zurückzog.

## Die Durchdringung der Gesellschaft

Es greift zu kurz, in der deutschen Gesellschaft nur ein passives Objekt nationalsozialistischer Gleichschaltungspolitik zu sehen; die organisatorische Durchdringung der Bevölkerung durch Massenorganisationen der Partei wie die DAF (siehe unten), HJ und BDM war nur möglich, weil viele Menschen zu einer aktiven und vielfach begeisterten Mitwirkung bereit waren. Eine wesentliche Rolle spielten die „neuen Eliten", hoch qualifizierte Akademiker (u. a. Juristen, Ärzte, Wissenschaftler), die sich dem Regime verpflichteten, da es ihnen hervorragende Karriereperspektiven eröffnete.

Die mit Abstand größte unter den NS-Organisationen war die „Deutsche Arbeitsfront" (DAF). Sie wurde anstelle der im Zuge der Gleichschaltung aufgelösten Gewerkschaften von den Nationalsozialisten am 10. Mai 1933 gegründet und sollte alle „schaffenden Deutschen der Stirn und der Faust" (so Hitler 1934) erfassen. Ihre Unterorganisation „Kraft durch Freude" (KdF) trug durch preiswerte Angebote zur Freizeit- und Urlaubsgestaltung (Reisen, Tanzvergnügen etc.) erheblich zur Popularität des Regimes in der Bevölkerung bei.

Das Regime war zudem bestrebt, die gesellschaftlich einflussreichen Kirchen unter Kontrolle zu bringen. Aus diesem Grund unterstützte es innerhalb der evangelischen Landeskirchen die „Deutschen Christen", die auf eine Vereinigung von Christentum und Nationalsozialismus sowie die Schaffung einer zentralisierten Reichskirche hinarbeiteten. Die völlige Gleichschaltung der evangelischen Kirchen scheiterte jedoch an innerkirchlichen Widerstandskräften, die sich in der „Bekennenden Kirche" (Bezeichnung seit 1934) organisierten.

Mit dem Vatikan schloss das Regime am 20. Juli 1933 das „Reichskonkordat", das der katholischen Kirche u. a. das Recht zur Einrichtung und Unterhaltung von Bekenntnisschulen und den Religionsunterricht an staatlichen Schulen garantierte, im Gegenzug aber die völlige Entpolitisierung der Geistlichkeit verlangte. Damit konnte die Diktatur einen Konflikt mit der katholischen Kirche vermeiden; zugleich bedeutete dieses erste zwischenstaatliche Abkommen des „Dritten Reiches" einen internationalen Prestigeerfolg.

### Begriffe

- **Monokratisch/Monokratie** (Alleinherrschaft): Verständnis der nationalsozialistischen Diktatur als ein strikt hierarchisch aufgebautes System, das durch den „Führerwillen" von der Spitze aus gelenkt wurde; die politische Initiative lag dieser Vorstellung zufolge weitgehend beim „Führer".
- **Polykratisch/Polykratie** (Herrschaft vieler): Verständnis der nationalsozialistischen Diktatur als ein von unklaren Kompetenzzuweisungen und Konkurrenz zwischen Institutionen geprägtes System; die Initiative lag bei allen, die sich mit Erfolg auf den „Führerwillen" beriefen.
- **HJ** (Hitlerjugend): 1926 gegründete Organisation der NSDAP, deren Ziel die Erziehung und Schulung der Jugend im Sinne des Nationalsozialismus war. 1936 wurde sie zur Staatsjugend erklärt.
- **BDM** (Bund Deutscher Mädel): Teilorganisation der HJ, die 1930 gegründet wurde, um nationalsozialistisch orientierte Mädchengruppen zusammenzufassen. Ab 1932 die einzige von der Partei zugelassene Mädchenorganisation.

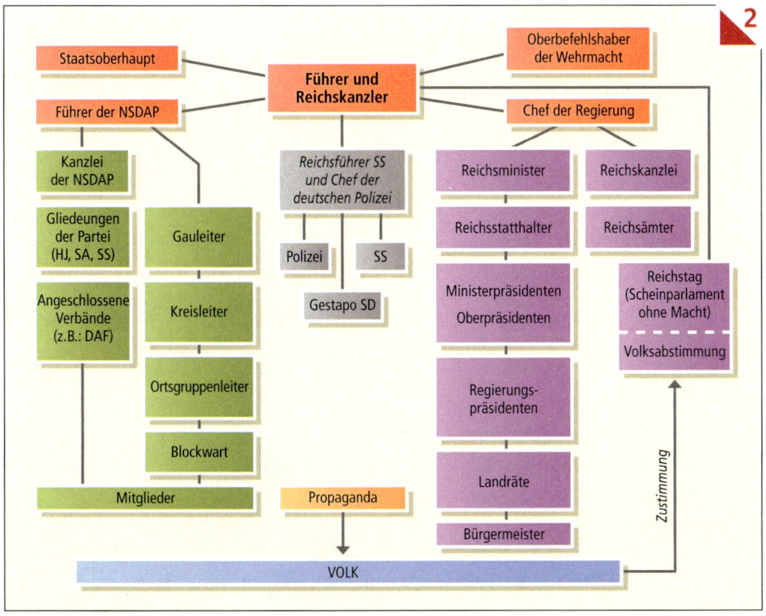


## 2 Die wichtigsten Institutionen der Diktatur

Quelle: B. Opfer (Hrsg.), Geschichte und Geschehen – Neuzeit. Leipzig 2005, S. 204.

## 3 Gewolltes Chaos statt Hierarchie?

*Joseph Goebbels kommentiert die Ernennung Fritz Sauckels zum „Generalbevollmächtigten für den Arbeitseinsatz“[1)] in seinem Tagebuch am 16. März 1943:*

Ein neuer Erlass des Führers gibt Sauckel die Verfügungsgewalt über die seiner Führung unterstehenden Abteilungen des Arbeitsministeriums. Es wird hier wiederum ein Ministerium Stück für Stück ausgehöhlt, ohne dass der Chef beseitigt wird. Es ist das ein sehr gefährliches und auf die Dauer der Autorität sehr abträgliches Verfahren. Wir leben in einem Staatswesen, in dem die Kompetenzen sehr unklar verteilt sind. Daraus entwickeln sich die meisten Zwistigkeiten unter den führenden Personen wie unter den führenden Behörden. [...] So wie hier ist es noch an vielen anderen Stellen. Die Folge ist eine völlige Direktionslosigkeit in der deutschen Innenpolitik.

E. Fröhlich (Hrsg.), Die Tagebücher von Joseph Goebbels, Teil II, Bd. 7. München u.a. 1993, S. 561.

1) In dieser Funktion war Sauckel für die Verschleppung von über fünf Millionen Menschen verantwortlich, die in Deutschland zur Zwangsarbeit gezwungen wurden.

## 4 „Kraft durch Freude“ – Zustimmung und Kritik

*1949 berichtet der ehemalige SPD-Politiker August Winning rückblickend auf ein Gespräch mit deutschen Arbeitern im Jahr 1935:*

Eines Morgens sagte einer: „[...] Die Nazis werden ja viel gescholten, aber ich kann nicht schelten. Wir haben volle Arbeit und es wird für uns gesorgt. Sehen Sie: Jetzt im Mai war ich zwölf Tage am Rhein; von Köln gings mit dem Schiff weiter: Loreley, Bingen, Mäuseturm – na, Sie werden das ja kennen. Aber nun frage ich Sie: Wer hat uns denn früher so etwas geboten? Wir logierten immer in den besten Hotels: Haben wir uns das früher gedacht?“ Der Mann sah zu seinem jungen Kameraden hinüber: „Man muss bei der Wahrheit bleiben; wir haben von dem Umschwung nur profitiert."

[Ein anderer Arbeiter erwiderte daraufhin:]

„[...] Was da heute dem Arbeiter vorgemacht wird und wie er sich dazu verhält, das ist eine Affenschande. Von Ehre weiß der heutige Arbeiter nichts mehr. War das zu Ihrer Zeit auch so? Ich meine, damals hatte der Arbeiter noch seine Ehre. Heute schmeißt er sie für eine Rheinreise weg.“

A. Winning, Aus Zwanzig Jahren. Hamburg 1949[2], S. 67 ff.; zit. nach: Geschichte in Quellen. Weltkriege und Revolutionen 1914–1945. München 1975[2], S. 342.

## 5 „Und sie werden nicht mehr frei ihr ganzes Leben“

*Hitler in einer Rede vor Angehörigen der HJ 1938:*

Diese Jugend, die lernt ja nichts anderes als deutsch denken, deutsch handeln, und wenn diese Knaben mit zehn Jahren in unsere Organisation hineinkommen und dort zum ersten Mal überhaupt eine frische Luft bekommen und fühlen, dann kommen sie vier Jahre später vom Jungvolk in die Hitler-Jugend, und dort behalten wir sie wieder vier Jahre. Und dann geben wir sie erst recht nicht zurück in die Hände unserer alten Klassen- und Standeserzeuger, sondern dann nehmen wir sie sofort in die Partei, in die Arbeitsfront, in die SA oder in die SS, in das NSKK [Nationalsozialistisches Kraftfahrerkorps] und so weiter. Und wenn sie dort zwei Jahre oder anderthalb Jahre sind und noch nicht ganze Nationalsozialisten geworden sein sollten, dann kommen sie in den Arbeitsdienst und werden dort wieder sechs und sieben Monate geschliffen, alles mit einem Symbol, dem deutschen Spaten. Und was dann nach sechs oder sieben Monaten noch an Klassenbewusstsein oder Standesdünkel da oder da noch vorhanden sein sollte, das übernimmt dann die Wehrmacht zur weiteren Behandlung auf zwei Jahre, und wenn sie nach zwei oder drei oder vier Jahren zurückkehren, dann nehmen wir sie, damit sie auf keinen Fall rückfällig werden, sofort wieder in die SA, SS und so weiter, und sie werden nicht mehr frei ihr ganzes Leben.

Zit. nach: A. Klönne, Jugend im Dritten Reich. Die Hitler-Jugend und ihre Gegner. Dokumente und Analysen. Düsseldorf/Köln 1982, S. 30.

## Fragen und Anregungen

1. Analysieren Sie M1 im Hinblick auf seine Botschaft und Wirkung sowie die hierzu verwandten darstellerischen Mittel.
2. Erläutern Sie Funktionsweise und die Grenzen polykratischer Herrschaft. (VT, M2, M3). Beurteilen Sie, inwieweit eine Grafik wie M2 die Machtmechanismen des Regimes wiedergeben kann.
3. Beschreiben Sie mögliche politische Wirkungen der KdF-Angebote. (M4)
4. Erklären Sie die organisatorische Erfassung der Bevölkerung im NS-Staat. (VT, M5)

# 4. Gewalt, Terror und Unterdrückung im nationalsozialistischen Deutschland (1933 – 1939)

*Mit welchen Methoden führte der nationalsozialistische Staat die organisierte Vernichtung von politisch und weltanschaulich Unerwünschten herbei?*

## Die Verfolgung unerwünschter Bevölkerungsgruppen

Die Nationalsozialisten erklärten ihnen verhasste Bevölkerungsgruppen zu „Volksschädlingen" und unterzogen sie bereits vor Kriegsbeginn brutalen Entrechtungs- und Verfolgungsmaßnahmen bis hin zum Mord. Die Motive der Verfolgung konnten politischer, ethnischer, religiöser oder sozialer Art sein. Opfer waren insbesondere Juden, Zeugen Jehovas, Sinti und Roma, Homosexuelle, als arbeitsunwillig („Arbeitsscheue") oder sozial auffällig geltende Menschen („Asoziale") und Alkoholiker.

Die pseudorechtliche Grundlage für das Vorgehen gegen Juden bildeten die „Nürnberger Gesetze" vom 15. September 1935, die den Ausschluss der jüdischen Bevölkerung aus der deutschen „Volksgemeinschaft" besiegelten (siehe Dossier S. 268 f.). Das „Gesetz zur Verhütung erbkranken Nachwuchses" vom 14. Juli 1933 sah Maßnahmen (unter anderem Zwangssterilisierungen) gegen Geistes- und Körperbehinderte vor, die die „Reinheit der deutschen Volksgemeinschaft zu gefährden drohten". Dies war die scheinlegale Basis der „Euthanasie".

## Akteure der Verfolgung: Staat und Gesellschaft

Zur Überwachung der Gesellschaft baute das NS-Regime ein Denunziations- und Bespitzelungssystem auf. Informanten versorgten den ab 1934 für den gesamten deutschen Nachrichten- und Abwehrdienst zuständigen „Sicherheitsdienst" (SD) stetig mit Informationen über nicht regimekonforme Vorgänge in der Bevölkerung. Die Selbstüberwachung der Gesellschaft funktionierte auch ohne staatlichen Auftrag, da Profilierungssucht, Rachewünsche oder einfach die Freude an der „kleinen Macht der Volksgenossen" (G. Diewald-Kerkmann) viele Menschen zu Denunzianten machten.

Als staatliche Instrumente der Unterdrückung und Verfolgung fungierten ein zentralisierter Polizeiapparat und die nationalsozialistischen Sonderinstitutionen der SS und Gestapo. Die von den Nationalsozialisten angewandten Mittel und Methoden zur Ausschaltung unliebsamer Gegner reichten vom Berufsverbot über den willkürlichen Freiheitsentzug („Schutzhaft"), die körperliche und seelische Misshandlung bis hin zur physischen Vernichtung.

Als Orte zur Internierung regimefeindlicher Gegner dienten ab Frühjahr 1933 die zunächst noch von der SA planlos überall in Deutschland errichteten und bald von der SS bewachten Konzentrationslager (unter anderem Dachau, Oranienburg und Sachsenhausen), später auch die Gestapo-Hauptquartiere. Das Klima dieser Lager war geprägt von Rechtlosigkeit, militärischem Drill, demütigenden Zwangsmaßnahmen, körperlicher wie psychischer Gewalt und Mord.

## Die Rolle von Rechtsprechung und Justiz

Neben der unkontrollierten Gewaltanwendung der SA war der Missbrauch von Rechtsprechung und Justiz zur Bekämpfung ideologischer Gegner charakteristisch für den Staat des „Dritten Reiches". Viele Richter schalteten sich selbst gleich, indem sie ihre Urteilspraxis an der nationalsozialistischen Ideologie ausrichteten. Am 14. Januar 1936 erklärte schließlich der „Reichsrechtsführer des NS-Juristenbundes" Hans Frank, dass die nationalsozialistische Weltanschauung und die Äußerungen des „Führers" Grundlage für die Auslegung aller Rechtsquellen und somit Leitsätze für die Richter seien.

Die Schaffung eines „neuen deutschen Rechts" ging mit der gesellschaftlichen Entrechtung und Ausgrenzung der oben genannten Bevölkerungsgruppen Hand in Hand. Zum Inbegriff dieser nationalsozialistischen Willkürjustiz wurden vor allem die ab März 1933 eingerichteten „Sondergerichte" und der 1934 geschaffene „Volksgerichtshof".

1

**Chef des Terrorapparates**

Heinrich Himmler (1900 – 1945) war als „Reichsführer SS" (ab 1929) und Chef der deutschen Polizei (ab 1936) maßgeblich für die Organisation der ab 1933 eingerichteten Konzentrationslager sowie den Aufbau des Terror- und Überwachungsapparates des SS-Staates verantwortlich.

## Begriffe

- **Sinti und Roma:** Eigenbezeichnung einer vor allem in Europa verbreiteten ethnischen Minderheit indischer Herkunft. Die Fremdbezeichnung „Zigeuner" wird in Deutschland als diskriminierend abgelehnt.
- **Euthanasie:** Die 1939 systematisch einsetzende Ermordung Behinderter und psychisch Kranker infolge der nationalsozialistischen Forderung nach „rassischer Reinhaltung" des deutschen Volkskörpers.
- **Gestapo:** Abkürzung für „Geheime Staatspolizei", die politische Polizei des NS-Regimes.
- **Konzentrationslager** (KZ, KL): Lager, in denen Häftlinge unter unmenschlichen Bedingungen zur Arbeit gezwungen, misshandelt und getötet wurden; sie befanden sich vor allem in Deutschland (z. B. Dachau, Buchenwald) sowie in den annektierten Gebieten des „Großdeutschen Reiches" (z. B. Struthof im Elsass, Theresienstadt) und sind zu unterscheiden von den im Zweiten Weltkrieg eingerichteten Vernichtungslagern, die ausschließlich dem Massenmord dienten.

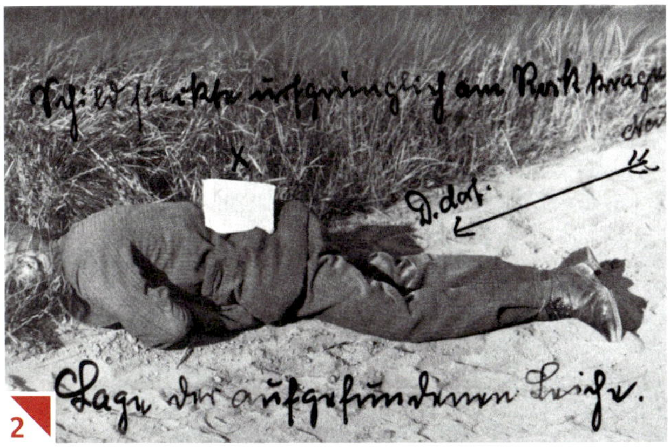


2

**Gewaltwelle im März 1933**

Polizeifoto des ermordeten Düsseldorfer Arbeiters Heinrich Kiepenheuer. Gewalttaten sind im Frühjahr 1933 an der Tagesordnung. Ihr Tatmotiv haben die Mörder auf ein Pappschild geschrieben: „Vertrieb gestern die ‚Freiheit'" (eine illegale KPD-Zeitung).

## 3 Terror und Anpassung

*Der Publizist und Historiker Sebastian Haffner erlebte als Rechtsreferendar Ende März 1933, wie die SA jüdische Juristen aus dem Lesesaal des Preußischen Kammergerichts in Berlin vertrieb. Er schildert dies im Rückblick:*

Die Tür wurde aufgerissen, braune Uniformen quollen herein und einer, offenbar der Anführer war, rief mit schallender, strammer Ausruferstimme: „Nichtarier haben sofort das Lokal zu verlassen!" […] Mir schlug das Herz: Was konnte man tun, wie wahrte man seine Haltung? Ignorieren, sich gar nicht stören lassen! Ich senkte mich auf mein Aktenstück. Ich las mechanisch irgendwelche Sätze […]. Keine Notiz nehmen!

Indem kam eine braune Uniform auf mich zu und machte Front vor mir: „Sind Sie arisch?" Ehe ich mich besinnen konnte, hatte ich geantwortet: „Ja." Ein prüfender Blick auf meine Nase – und er retirierte. Mir aber schoss das Blut ins Gesicht. Ich empfand, einen Augenblick zu spät, die Blamage, die Niederlage. Ich hatte „ja" gesagt! Nun ja, ich war ein „Arier", in Gottes Namen. Ich hatte nicht gelogen. Ich hatte nur viel Schlimmeres geschehen lassen. Welche Demütigung, Unbefugten auf Befragen pünktlich zu erklären, ich sei arisch – worauf ich übrigens keinen Wert legte. Welche Schande, damit zu erkaufen, dass ich hier hinter meinem Aktenstück in Frieden gelassen würde! Überrumpelt auch jetzt noch! Versagt in der ersten Prüfung! Ich hätte mich ohrfeigen können.

S. Haffner, Geschichte eines Deutschen. Die Erinnerungen 1914–1933. München 2003, S. 175.

## 4 Organisiertes Denunziantentum

*Auszug aus einem Spitzelbericht über einen Gottesdienst von Pastor Martin Niemöller, der am 1. Juli 1937 verhaftet und im KZ-Sachsenhausen inhaftiert wurde, in der Annenkirche zu Berlin-Dahlem vom 30. Januar 1937:*

Pastor Niemöller ging am Anfang seiner Predigt mit einer beispiellosen Frechheit auf die letzten 4 Jahre ein. Den Besuchern des Gottesdienstes wurden unter Fortlassung der wirklichen Gründe allgemeine Vorgänge aufgezählt, die auf den nicht unterrichteten Besucher aufhetzerisch im höchsten Grade wirken mussten.

Es war eine Schande, dass am Tage der nationalen Erhebung, da, wo jeder Deutsche mit Genugtuung und Stolz die Rede des Führers gehört hatte, dieser Pastor N. sich erlaubte, Gifte der Zersetzung und Gemeinheiten um sich zu spritzen. Niemöller äußerte sich zuerst im folgenden Sinne: Heute, am 30. Januar, wenn wir einen Rückblick auf die letzten 4 Jahre tun, so haben wir keine Freude gehabt, sondern nur Trübsal. Haben diese 4 Jahre nicht nur zur Folge gehabt, dass Tausende von Männern, die sonst nie etwas mit der Polizei zu tun hatten, von ihr festgenommen wurden und Hunderte ins Konzentrationslager kamen? Ist es ein Erfolg? […]

Zit. nach: Digitale Bibliothek, Band 49: Das Dritte Reich. Berlin 2001, S. 8468.

## 5 Eine Reaktion auf die Reichspogromnacht

*Ulrich von Hassel war eine Hauptfigur des konservativen Widerstandes und beteiligte sich an Plänen zum Putsch gegen Hitler. Am 25. November 1938 schrieb er in seinem Tagebuch:*

Ich schreibe unter dem schwerlastenden Eindruck der niederträchtigen Judenverfolgungen nach der Ermordung vom Raths[1]. Seit dem Weltkriege haben wir noch niemals so an Kredit in der Welt verloren wie dieses Mal. Aber meine Hauptsorge ist nicht die Auswirkung im Auslande […]. Die wirklich schwere Sorge bezieht sich auf unser inneres Leben, das immer vollständiger und eiserner von einem solcher Dinge fähigen System erfasst wird. Goebbels hat wohl selten mit einer Behauptung so wenig Glauben gefunden (obwohl es im Inlande sicher Leute gibt, die darauf hereingefallen sind), wie mit der, dass eine spontane Volkswut die Gewalttaten verübt und nach wenigen Stunden gestoppt worden sei. […] Tatsächlich unterliegt es keinem Zweifel, dass es sich um einen amtlich organisierten, zu ein und derselben Nachtstunde in ganz Deutschland losgelassenen Judensturm handelt – eine wahre Schande!

U. von Hassel, Vom anderen Deutschland. Aus den nachgelassenen Tagebüchern 1938–1944. Zürich 1946, S. 29 f.

[1] Diplomat, der in Paris von einem aus Deutschland abgeschobenen jüdischen Jugendlichen getötet wurde.

## Fragen und Anregungen

**1.** Welche Bevölkerungsgruppen waren Ziele der Verfolgung durch die Nationalsozialisten? Welcher Methoden bedienten sich die Nationalsozialisten dabei? (VT, M2, M3 und M4)

**2.** Erläutern Sie die Gefühle, die Sebastian Haffner im Rückblick auf sein Erlebnis im Jahr 1933 äußert. Diskutieren Sie, ob in der Situation ein weniger angepasstes Verhalten möglich gewesen wäre. (M3)

**3.** Charakterisieren Sie die von Niemöller geäußerten Vorwürfe. Inwieweit boten diese Anlass für Denunziationen? (M4)

**4.** Wie bewerten Sie die Aussagen von Ulrich von Hassels? Informieren Sie sich darüber, welche Formen von Widerstand es in Deutschland vor 1939 gab. (M5)

# Dossier
# Rassengesetzgebung und Rassendiskriminierung (1933 – 1939)

Der nationalsozialistischen Rassenverfolgungspolitik der 1930er-Jahre lag trotz einer stetigen Radikalisierung der Entrechtungs- und Verfolgungsmaßnahmen kein einheitliches und klares Konzept zugrunde. So existierten noch keine Pläne, die auf einen Genozid an den in Deutschland lebenden Juden abzielten.

Vielfältige Propagandainstrumente, wie das antijüdische Hetzblatt „Der Stürmer", verstärkten die gesellschaftlich vorhandenen Ressentiments und Vorurteile gegenüber Juden, und auch die antisemitische Gesetzgebung stieß auf weit reichende Zustimmung innerhalb der deutschen Bevölkerung, die vielfach von der vom Regime vorangetriebenen „Arisierung" jüdischen Eigentums profitierte (Zwangsverkäufe, Enteignungen). Gewaltaktionen wie die Reichspogromnacht von 1938 fanden hingegen geringere Akzeptanz.

1 **Boykott jüdischer Geschäfte**

Fotografie, Hamburg, 1. April 1933.

## 2 Etappen der Rassenverfolgung

| | |
|---|---|
| **1. April 1933: „Judenboykott"** | Die heftigen Reaktionen des Auslands auf erste antisemitische Ausschreitungen der SA Ende Februar veranlassten das NS-Regime zu einer revanchistischen Boykottaktion gegen jüdische Geschäfte. |
| **7. April 1933: „Gesetz zur Wiederherstellung des Berufsbeamtentums"** | Antisemitische „Säuberung" des öffentlichen Dienstes durch den „Arierparagraphen", der besagte, dass alle nicht „arischen" Beamten in den Ruhestand zu versetzen seien. |
| **15. September 1935: „Nürnberger Gesetze"** | Ausschluss der Juden von der deutschen Staatsbürgerschaft durch das „Reichsbürgergesetz" und „Sicherstellung der biologischen Reinheit der arischen Rasse" durch das „Gesetz zum Schutze des deutschen Blutes und der deutschen Ehre", das unter anderem Eheschließungen zwischen Juden und Nichtjuden verbot. |
| **9./10. November 1938: Reichspogromnacht** | Gemeinsam von SA und SS inszenierter antijüdischer Pogrom, bei dem Synagogen in ganz Deutschland brannten, Geschäfte und Wohnungen demoliert sowie jüdische Bürger misshandelt wurden. 91 Tote, 267 zerstörte Gottes- und Gemeindehäuser und 7 500 verwüstete Geschäfte waren die „offizielle" Bilanz des Terrors. Mehr als 30 000 männliche Juden wurden in Konzentrationslager verschleppt. |

3 **Öffentliche Demütigung wegen „Rassenschande"**

Fotografie, Cuxhaven, Juli 1933.
Aufschriften: „Ich bin am Ort das größte Schwein und laß mich nur mit Juden ein!" und „Ich nehm als Judenjunge immer nur deutsche Mädchen mit aufs Zimmer!"

## 4 Jüdischer Alltag

*Der Literaturwissenschaftler und Schriftsteller Victor Klemperer dokumentierte in seinen Tagebüchern akribisch seine Ausgrenzung als jüdischer Intellektueller aus der deutschen Gesellschaft zur Zeit des Nationalsozialismus:*

[Dresden] 3. April [1933], Montagabend: Am Sonnabend rote Zettel an den Geschäften: „Anerkannte deutschchristliche Unternehmen". Dazwischen geschlossene Läden, SA-Leute davor mit dreieckigen Schildern: „Wer beim Juden kauft, fördert den Auslandboykott und zerstört die deutsche Wirtschaft." [...] Das war der Boykott. „Vorläufig nur Sonnabend – dann Pause bis Mittwoch." Banken ausgenommen. Anwälte, Ärzte einbegriffen. Nach einem Tage abgeblasen – der Erfolg sei da und Deutschland „großmütig". Aber in Wahrheit ein unsinniges Schwenken. Offenbar Widerstand im Aus- und Inland, und offenbar von der anderen Seite Druck der nationalsozialistischen Straße.

10. April [1933], Montag: Die entsetzliche Stimmung des „Hurra, ich lebe". Das neue Beamten-„Gesetz" lässt mich als Frontkämpfer im Amt – wahrscheinlich wenigstens und vorläufig [...] Aber ringsum Hetze, Elend, zitternde Angst. Ein Vetter Dembers, Arzt in Berlin, aus der Sprechstunde geholt, im Hemd und schwer misshandelt ins Humboldtkrankenhaus gebracht, dort, 45 Jahre alt, gestorben.

17. September [1935], Dienstag: Während ich gestern schrieb, hatte der „Reichstag" in Nürnberg schon die Gesetze für das deutsche Blut und die deutsche Ehre angenommen: Zuchthaus auf Ehe und außerehelichen Verkehr zwischen Juden und „Deutschen", Verbot „deutscher" Dienstmädchen unter 45 Jahren, Erlaubnis, die „jüdische Flagge" zu zeigen, Entziehung des Bürgerrechtes. Und mit welcher Begründung und welchen Drohungen! Der Ekel macht einen krank.

H. Roth (Hrsg.), Victor Klemperer – Das Tagebuch 1933–1945. Eine Auswahl für junge Leser. Berlin 1997, S. 15 f. und 43.

6 Sichtung der Pogromschäden vom 10. November 1938

## 5 Maßnahmen gegen Juden in der Reichspogromnacht am 9./10. November 1938

*Auszug aus einem Blitzfernschreiben von Reinhard Heydrich (Leiter der Gestapo, des SD und der Sipo) aus München an alle Staatspolizei- und Sicherheitsdienststellen zur Reichspogromnacht, in deren Verlauf es zu massiven Zerstörungsaktionen und Misshandlungen deutscher Juden kam:*

**1.** [...] a) Es dürfen nur solche Maßnahmen getroffen werden, die keine Gefährdung deutschen Lebens oder Eigentums mit sich bringen (z.B. Synagogenbrände nur, wenn keine Brandgefahr für die Umgebung ist).

b) Geschäfte und Wohnungen von Juden dürfen nur zerstört, nicht geplündert werden. Die Polizei ist angewiesen, die Durchführung dieser Anordnung zu überwachen und Plünderer festzunehmen.

c) In Geschäftsstraßen ist besonders darauf zu achten, dass nicht jüdische Geschäfte unbedingt gegen Schäden gesichert werden.

**2.** Unter der Voraussetzung, dass die unter 1) angegebenen Richtlinien eingehalten werden, sind die stattfindenden Demonstrationen von der Polizei nicht zu verhindern, sondern nur auf die Einhaltung der Richtlinien zu überwachen. [...]

**5.** Sobald der Ablauf der Ereignisse dieser Nacht die Verwendung der eingesetzten Beamten hierfür zulässt, sind in allen Bezirken so viele Juden – insbesondere wohlhabende – festzunehmen, als in den vorhandenen Hafträumen untergebracht werden können. Es sind zunächst nur gesunde, männliche Juden nicht zu hohen Alters festzunehmen. Nach Durchführung der Festnahme ist unverzüglich mit den zuständigen Konzentrationslagern wegen schnellster Unterbringung der Juden in den Lagern Verbindung aufzunehmen. Es ist besonders darauf zu achten, dass die aufgrund dieser Weisung festgenommenen Juden nicht misshandelt werden.

Zit. nach: H.-J. Döscher, „Reichskristallnacht". Die Novemberpogrome 1938. München 2000, S. 95.

## Fragen und Anregungen

**1.** Welche Entwicklungstendenz lässt sich in der nationalsozialistischen Rassendiskriminierungspolitik erkennen? (VT, M1–M6)

**2.** Informieren Sie sich über Victor Klemperer. Welche besondere Bedeutung haben seine Tagebücher als Quelle für die Auseinandersetzung mit der NS-Diktatur? (M4)

**3.** Analysieren Sie das Fernschreiben von Reinhard Heydrich. (M5) Was erfährt man darin über den damaligen Zustand des deutschen Rechtssystems und die Absichten der Pogrominitiatoren?

**4.** Überlegen Sie, was die Passanten am Tag nach den Zerstörungen der Pogromnacht gefühlt haben mögen. (M6)

**5.** Diskutieren Sie: Welche Gründe könnten das NS-Regime dazu bewegt haben, seine propagandistischen Anfeindungen gegenüber Juden für die Zeit der Sommerolympiade in Berlin 1936 vorübergehend auszusetzen? (siehe S. 151, M3)

# Dossier
# Wirtschaft und Gesellschaft im Nationalsozialismus

Die gesellschaftliche Zustimmung zum Nationalsozialismus wurzelte wesentlich in einer Verbesserung der wirtschaftlichen Lage und in einer für breite Schichten entlastenden Sozial- und Steuerpolitik. Der spektakuläre Abbau der Massenarbeitslosigkeit (Anfang 1932 über 6 Millionen, 1933 noch 4,8, 1934 noch 2,7 und 1937 weniger als eine Million) ging allerdings nicht nur auf die nationalsozialistische Wirtschaftspolitik zurück, sondern vor allem auf einen weltweiten Konjunkturaufschwung und Konjunkturprogramme, die noch in der Weimarer Republik konzipiert worden waren (z. B. Autobahnbau).

Das NS-Regime behielt die Marktwirtschaft prinzipiell bei, ordnete sie seinen Zielen aber zunehmend unter. Angestrebt war das schnelle Erreichen der Kriegsfähigkeit durch eine intensive Aufrüstungs- und Autarkiepolitik, die 1936 durch den Vierjahresplan endgültig bestätigt wurde. Das Regime wäre nicht in der Lage gewesen, die insbesondere durch die Aufrüstung bedingte verdeckte Staatsverschuldung mit eigenen Mitteln zu überwinden. Hierzu nutzte es seit 1939 einen „Raub- und Rassenkrieg“ (Götz Aly), das heißt die Ausbeutung der eroberten Länder Europas sowie die systematische Enteignung der Juden.

**2 Autarkiepolitik**

Lehrwerkstatt für Werkzeugmacher, Gebr. Thiel GmbH in Thüringen, 1937/1938.

## 1 Stärkere Einflussnahme von Staat und Partei auf die Wirtschaft: der Vierjahresplan

*Hitlers geheime Denkschrift über den Vierjahresplan, August 1936:*

[…] ein Sieg des Bolschewismus über Deutschland würde nicht zu einem Versailler Vertrag führen, sondern zu einer endgültigen Vernichtung, ja Ausrottung des deutschen Volkes. […] Gegenüber der Notwendigkeit der Abwehr dieser Gefahr haben alle anderen Erwägungen als gänzlich belanglos in den Hintergrund zu treten!

[…] Die militärische Auswertung soll durch die neue Armee erfolgen. Das Ausmaß und das Tempo der militärischen Auswertung unserer Kräfte können nicht groß und nicht schnell genug gewählt werden! […] Wenn es uns nicht gelingt, in kürzester Frist die deutsche Wehrmacht in der Ausbildung, in der Aufstellung der Formationen, in der Ausrüstung und vor allem auch in der geistigen Erziehung zur ersten Armee der Welt zu entwickeln, wird Deutschland verloren sein! […]

Es haben sich daher dieser Aufgabe alle anderen Wünsche bedingungslos unterzuordnen.

[…] Wir sind übervölkert und können uns auf der eigenen Grundlage nicht ernähren. […] Die endgültige Lösung liegt in einer Erweiterung des Lebensraumes bzw. der Rohstoff- und Ernährungsbasis unseres Volkes. Es ist die Aufgabe der politischen Führung, diese Frage dereinst zu lösen. […] Die Erfüllung dieser Aufgaben in der Form eines Mehr-Jahres-Plans der Unabhängigmachung unserer nationalen Wirtschaft vom Ausland wird es aber auch erst ermöglichen, vom deutschen Volk auf wirtschaftlichem Gebiet und dem Gebiete der Ernährung Opfer zu verlangen […].

Es sind jetzt fast vier kostbare Jahre vergangen. Es gibt keinen Zweifel, dass wir schon heute auf dem Gebiet der Brennstoff-, der Gummi- und zum Teil auch in der Eisenerzversorgung vom Ausland restlos unabhängig sein könnten. […]

Ich stelle damit folgende Aufgabe: I. Die deutsche Armee muss in vier Jahren einsatzfähig sein. II. Die deutsche Wirtschaft muss in vier Jahren kriegsfähig sein.

Zit. nach: W. Michalka (Hrsg.), Das Dritte Reich. Dokumente zur Innen- und Außenpolitik, Bd. 1. München 1985, S. 188 f.

### 3 Propaganda als Bestandteil der Wirtschaftspolitik

*Im Sommer 1936 kam es während der sogenannten „Fettkrise" zu Schwierigkeiten in der Lebensmittelversorgung. Im Oktober 1936 appellierte Rudolf Heß daher an die Genügsamkeit der Bevölkerung:*

Wie ungeheuer sind doch die Leistungen des neuen Reiches allein auf wirtschaftlichem Gebiet! [...] Was bedeutete es doch, im Januar 1933 einen Staat zu übernehmen, der vor dem Zusammenbruch steht, mit einer Wirtschaft, die eigentlich längst hätte Konkurs ansagen müssen, und dann innerhalb kürzester Frist mittels dieses Staates, mittels dieser Wirtschaft die Gesundung herbeizuführen, Millionen wieder in Arbeit und Brot zu bringen, eine moderne Wehrmacht auszubauen und zugleich mit diesen gewaltigen Anstrengungen unserem Volke das Brot zu sichern! [...] Wir sind bereit, auch künftig – wenn notwendig, mal etwas weniger Fett [...] zu verzehren, weil wir wissen, dass dieses kleine Opfer ein Opfer bedeutet auf dem Altar der Freiheit unseres Volkes. Wir wissen, dass die Devisen, die wir dadurch sparen, der Aufrüstung zugute kommen. Auch heute gilt die Parole: „Kanonen statt Butter!"

Völkischer Beobachter (Berliner Ausgabe) vom 13. Oktober 1936; zit. nach: N. Frei, Der Führerstaat. Nationalsozialistische Herrschaft 1933 bis 1945. München 2002, S. 226 f.

4 **Wirtschaftsziel „Wehrhaftigkeit"**

Der „nationalsozialistische Musterbetrieb" Junkers-Flugzeugbau, 1939. Ab 1937 erhielten Betriebe, die ihre Leistung besonders steigerten, die Auszeichnung „Nationalsozialistische Musterbetriebe" und wurden bei öffentlichen Aufträgen bevorzugt behandelt.

5 **Kluft zwischen Propaganda und Wirklichkeit: Frauen im Kriegshilfsdienst**

Wurden Frauen zunächst aus der Wirtschaft gedrängt, so war man doch angesichts des bevorstehenden Krieges zunehmend auf ihre Arbeitskraft angewiesen. BDM-Führerin beim Einsatz in einer Munitionsfabrik.

### 6 Götz Alys These der Gefälligkeitsdiktatur

Wer die verbrecherische Dynamik des Nationalsozialismus verstehen will, sollte nicht länger auf Großbanken und Konzerne starren. Die im vergangenen Jahrzehnt modisch gewordenen Studien zur Geschichte einzelner Unternehmen und Institutionen [...] lassen die zentrale Frage offen, wie es Hitler gelang, sein höchst labiles Herrschaftsgefüge für zwölf kurze Jahre immer wieder, notdürftig zwar, doch hinreichend zu stabilisieren. Wer die Antwort sucht, tut gut daran, die Perspektive zu wechseln. Das Rätselhafte löst sich auf, wenn man die NS-Herrschaft als Gefälligkeitsdiktatur verstehen lernt. Zu den Begünstigten zählten 95 Prozent der Deutschen. Sie empfanden den Nationalsozialismus nicht als System der Unfreiheit und des Terrors, sondern als Regime der sozialen Wärme, als eine Art Wohlfühl-Diktatur. Sozialreformen, eine für den kleinen Mann rücksichtsvolle Steuerpolitik und die vielfach – oft auf Kosten anderer – gebotenen Möglichkeiten des Aufstiegs sorgten für steigende oder zumindest konstante Werte auf dem politischen Stimmungsbarometer. [...] Die materiellen Mittel dafür bezog sie aus zwei Quellen: Zum einen wurde den wohlhabenden Deutschen genommen und den wenig oder nur durchschnittlich Bemittelten gegeben; zum anderen, und das in höherem Maß, flossen die Gelder von beraubten „Fremdstämmigen" – den enteigneten Juden Europas, den Zwangsarbeitern, den Angehörigen unterworfener Völker – zu den gehätschelten Volksgenossen.

G. Aly, Die Wohlfühl-Diktatur. In: Der Spiegel, Nr. 10, 7. März 2005, S. 56 – 62.

## Fragen und Anregungen

1. Fassen Sie die Ziele der nationalsozialistischen Wirtschaftspolitik zusammen. (VT, M1 – M6)
2. Was sind die zentralen Forderungen des Vierjahresplans? (M1)
3. Erläutern Sie den Zusammenhang zwischen dem Vierjahresplan und der Rede von Rudolf Heß. (M1, M3)
4. Diskutieren und bewerten Sie Götz Alys These der Gefälligkeitsdiktatur. (M6) Welche Folgen hat Alys Ansatz für das Verständnis des nationalsozialistischen Systems?

# Dossier
# Propaganda- und Kulturpolitik des „Dritten Reiches"

Kunst, Kino und Radio waren hervorragende propagandistische Mittel zur Beeinflussung der Öffentlichkeit und Verbreitung der nationalsozialistischen Ideologie. Dabei setzten die Nationalsozialisten auf die Verführungskraft des „schönen Scheines" (Peter Reichel), besonders in Leni Riefenstahls Propagandafilmen über den Nürnberger Reichsparteitag und die Olympiade 1936.

Mit der Neugründung des „Reichsministeriums für Volksaufklärung und Propaganda" am 13. März 1933 schuf Goebbels ein allumfassendes Meinungs- und Informationsmonopol. Im September 1933 wurden Kulturschaffende durch das Reichskulturkammergesetz zur Zwangsmitgliedschaft in ihrer jeweiligen Berufskammer verpflichtet. Während unangepasste Künstler und Intellektuelle mit Berufsverboten belegt wurden und teilweise ins Exil gingen, waren andere ohne äußeren Zwang zur Anpassung bereit oder engagierten sich sogar für den Nationalsozialismus.

1 **„Der Führer spricht"**

NS-Propaganda-Gemälde von Paul Matthias Padua (1903 – 1981), 1939. Eine Familie lauscht über den „Volksempfänger", ein von Joseph Goebbels eingeführtes kostengünstigen Radiogerät (im Volksmund auch „Goebbels-Schnauze" genannt), dem ab 1933 nach den Vorschriften der Reichsrundfunkkammer produzierten Programm.

2 **Das Geheimnis der Propaganda**

*Joseph Goebbels in einer Ansprache an die Intendanten und Direktoren der Rundfunkgesellschaften am 25. März 1933:*

Das ist das Geheimnis der Propaganda: Den die Propaganda fassen will, ganz mit den Ideen der Propaganda zu durchtränken, ohne dass er überhaupt merkt, dass er durchtränkt wird. Selbstverständlich hat die Propaganda eine Absicht, aber die Absicht muss so klug und so virtuos kaschiert sein, dass der, der von dieser Absicht erfüllt werden soll, das überhaupt nicht bemerkt. [...] Und ich meine: Was wir auf dem Gebiet der politischen Agitation fertiggebracht haben, das müssen wir nun auch auf dem Gebiet der staatspolitischen Belehrung fertigbringen.

H. Heiber (Hrsg.), Goebbels Reden 1932 – 1939, Bd. 1. München 1972, S. 95.

3 **Totalitäre Filmästhetik**

Szenenbild aus dem Propagandafilm „Triumph des Willens", den die deutsche Regisseurin Leni Riefenstahl 1934 im Rahmen des Reichsparteitages der NSDAP drehte.

4

**Das nationalsozialistische Menschenbild in der Kunst**

„Bereitschaft", Bronzeskulptur von Arnold Breker, 1939. Auf der „Großen Deutschen Kunstausstellung" 1939 im Münchner „Haus der Kunst" zeigten die Nationalsozialisten, was aus ihrer Sicht unter „deutscher" Kunst zu verstehen war.

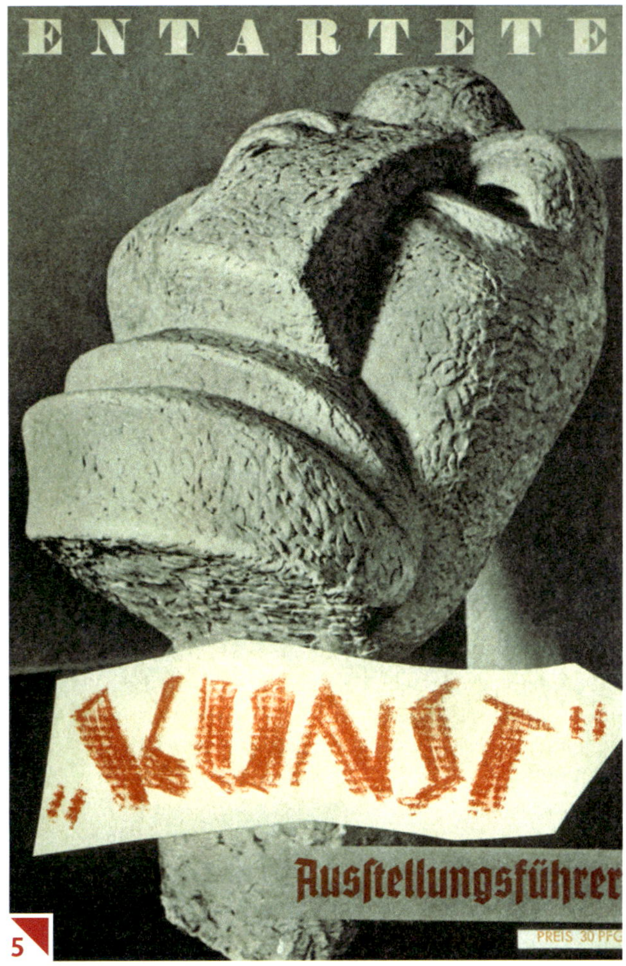


5

**„Entartete Kunst"**

Auf Weisung von Joseph Goebbels wurden Werke der Moderne in der 1936 erstmals gezeigten Propagandaausstellung diffamiert dargestellt.
Führer zur Ausstellung "Entartete Kunst", Verlag für Kultur und Wirtschaftswerbung, Berlin, 1937.

## 6 Ein undemokratisches Kultur- und Geschichtsverständnis

*Der Lyriker Gottfried Benn trat 1933 zunächst für den nationalsozialistischen Staat ein, distanzierte sich jedoch seit 1934. Für sein Bekenntnis zum Nationalsozialismus griffen ihn seine ins Ausland emigrierten Schriftstellerkollegen, darunter Heinrich Mann, scharf an. In seiner Antwort an Mann entwickelte er ein undemokratisches Kultur- und Geschichtsverständnis:*

Wie stellen Sie sich denn nun eigentlich vor, dass Geschichte sich bewegt? [...] Wie stellen Sie sich zum Beispiel das 12. Jahrhundert vor, den Übergang vom romanischen zum gotischen Gefühl, meinen Sie, man hätte sich besprochen? Meinen Sie, im Norden des Landes, aus dessen Süden Sie mir jetzt schreiben [Frankreich], hätte sich jemand einen neuen Baustil erdacht? Man hätte abgestimmt: Rundbogen oder Spitzbogen; [...]. Ich glaube, Sie kämen weiter, wenn Sie endlich diese novellistische Auffassung der Geschichte hinter sich ließen, um sie mehr als elementare, das stoßartige, das unausweichliche Phänomen zu sehen; [...] sie kennt ja Ihre Demokratie nicht, auch nicht Ihren vielleicht mühsam hochgehaltenen Rationalismus, sie hat ja keine andere Methode, sie hat ja keinen anderen Stil, als an ihren Wendepunkten einen neuen menschlichen Typ aus dem unerschöpflichen Schoß der Rasse zu schicken, der sich durchkämpfen muss, der die Idee seiner Generation und seiner Art in den Stoff der Zeit bauen muss, nicht weichend, handelnd und leidend, wie das Gesetz des Lebens es befiehlt. Natürlich ist diese Auffassung der Geschichte nicht aufklärerisch und nicht humanistisch, sondern metaphysisch, und meine Auffassung vom Menschen ist es noch mehr.

Erschienen in: „Deutsche Allgemeine Zeitung", 25. Mai 1933; zit. nach: Gottfried Benn, Prosa und Autobiographie, Frankfurt/M. 1984, S. 296.

## Fragen und Anregungen

1. Beschreiben Sie, wie das Propagandasystem der Nationalsozialisten funktionierte. (VT, M1, M2, M3 und M5)
2. Legen Sie anhand der Abbildungen in diesem Kapitel dar, welche Stilelemente die nationalsozialistische Ästhetik prägten. Welche Wirkung sollte damit erzielt werden? (M1, M3 und M4)
3. Beschreiben Sie, welches Kunstverständnis die Nationalsozialisten vertraten. Was lehnten Sie dagegen als „entartet" ab? (M1, M3, M4 und M5)
4. Erläutern Sie die Gedanken Gottfried Benns im politischen Kontext des Jahres 1933. Informieren Sie sich über seine Biographie im „Dritten Reich" und erörtern Sie an seinem Beispiel, weshalb sich auch Künstler und Intellektuelle vom Nationalsozialismus blenden ließen. (M6)

IM BLICK DES HISTORIKERS

# Die Rolle Hitlers im Spiegel der Forschung

Die Rolle Hitlers im nationalsozialistischen System wurde in der Forschung unterschiedlich beurteilt. Die Vorstellung, er sei ein „schwacher Diktator“ gewesen, dessen Handeln sich aus den gesellschaftlichen Strukturen der Zeit heraus erklären ließe, gilt mittlerweile weitgehend als überholt. Diskutiert wird allerdings weiterhin, in welchem Verhältnis seine direkte Machtausübung als Diktator einerseits und das Handeln der Staats- und Parteiinstitutionen andererseits standen. Ließ Hitler Kompetenzenchaos und Konkurrenz (Polykratie) unter den Institutionen bewusst zu, um seine persönliche Macht als überlegener Schiedsrichter zu sichern? Oder zeigt sich darin lediglich, dass es praktisch unmöglich war, das in der nationalsozialistischen Ideologie betonte „Führerprinzip“ in der politischen Praxis uneingeschränkt durchzusetzen?

## 1 Die zentrale Bedeutung Hitlers

*Alan Bullock schrieb in seiner Hitler-Biografie 1967:*

Viele Versuche sind unternommen worden, Hitlers Bedeutung wegzudeuteln, angefangen bei Chaplins brillanter Karikatur in „The great Dictator“ bis hin zu dem wenig überzeugenden Bild, nach dem Hitler lediglich eine Schachfigur im Dienste des deutschen Kapitalismus war. Andere haben argumentiert, als Persönlichkeit sei Hitler ein Nichts gewesen, nur ein Symbol für das rastlose Streben der deutschen Nation nach Beherrschung Europas, ein Geschöpf, das von der Flut des revolutionären Wechsels an die Spitze der Nation geschleudert wurde, die Verkörperung des kollektiven Dranges in einem Volk, das besessen war von Gewalttätigkeit und Tod. [...] Es mag stimmen, dass eine Massenbewegung, extrem nationalistisch, antisemitisch und radikal auch ohne Hitler in Deutschland aufgekommen wäre. Soweit es aber darum geht, was wirklich geschehen ist, und nicht um das, was hätte geschehen können, scheinen mir alle Zeugnisse keinen Zweifel daran zu lassen, dass kein anderer in der Nazi-Revolution oder in der Geschichte des Dritten Reiches eine auch nur im entferntesten vergleichbare Rolle wie Adolf Hitler gespielt hat. Die Konzeption der Nazi-Partei, die Propaganda, mit der sie sich an das deutsche Volk wenden musste und die Taktiken, mit denen sie an die Macht kam – dies alles war ohne Frage das Werk Hitlers. Nach 1934 gab es für ihn keinen Rivalen mehr und 1938 hatte er die letzten Hindernisse seiner Handlungsfreiheit beseitigt.

A. Bullock, Eine Studie über Tyrannei. Düsseldorf 1967, S. 793 f.

## 2 Das „gebändigte Chaos“

*Der deutsche Publizist und Historiker Sebastian Haffner urteilt 1978:*

Hitler hatte [...] absichtlich einen Zustand hergestellt, in dem die verschiedenen eigenständigen Machtträger unabgegrenzt, miteinander konkurrierend und einander überschneidend, nebeneinander und gegeneinander standen, und nur er selbst an der Spitze von allen. Nur so konnte er sich selbst die vollkommen unbeschränkte Handlungsfreiheit nach allen Seiten sichern, die er haben wollte. Denn er hatte das vollkommen richtige Gefühl, dass jede verfassungsmäßige Ordnung die Macht auch des mächtigsten Verfassungsorgans einschränkt: Mindestens stößt sich auch der mächtigste Mann eines Verfassungsstaats an Zuständigkeiten, er kann nicht allen alles befehlen; und mindestens ist dafür gesorgt, dass es auch ohne ihn weitergehen kann. Beides aber wollte Hitler nicht, und deswegen schaffte er jede Verfassung ersatzlos ab. Er wollte nicht der erste Diener eines Staates sein, sondern der Führer- ein absoluter Herr; und er erkannte richtig, dass absolute Herrschaft nicht in einem intakten Staatswesen möglich ist, sondern nur in einem gebändigten Chaos. Deswegen ersetzte er von Anfang an den Staat durch ein Chaos – und man muss ihm zugestehen, dass er es, solange er lebte, zu bändigen verstand.

S. Haffner, Anmerkungen zu Hitler. Frankfurt/Main 1991 (Erstausgabe 1978), S. 47.

## 3 Der Historiker Ian Kershaw plädiert für eine Synthese:

**SPIEGEL:** [...] Unter Historikern ist [...] umstritten, ob Hitler [die innenpolitische Radikalisierung] initiiert oder ob er dem Binnendruck der NSDAP-Ortsgruppen- und Gauleiter nachgibt. Hans Mommsen bezeichnet Hitler sogar als „schwachen Diktator“.

**KERSHAW:** Hitler war kein schwacher Diktator, auch wenn sich einige Beispiele für Entscheidungsschwäche finden lassen. Dass er den inkompetenten und morphiumsüchtigen Luftwaffenchef Hermann Göring nicht abgesetzt hat, ist sicherlich kein Beweis für Stärke. Ins Gewicht fällt aber vor allem, dass Hitler alle herausragenden Entscheidungen wie die über Außenpolitik oder Krieg selbst traf. Er strebte den Krieg mit Frankreich 1940 und mit der Sowjetunion 1941 an, er wollte die Juden – deutsche, ost- und westeuropäische – vernichten lassen, er stand unter keinerlei Druck von irgendjemandem.

**SPIEGEL:** Aber wie lässt sich das Zusammenspiel zwischen Hitler und der NSDAP, der Verwaltung oder der Wehrmacht erklären?

**KERSHAW:** Den Schlüssel fand ich in einer Rede, die Werner Willikens, ein Staatssekretär im preußischen Landwirtschaftsministerium, 1934 vor NS-Funktionären hielt. Er sagte, es gelte, „dem Führer entgegenzuarbeiten“. [...] Hitler hatte eine unveränderliche Vision, doch kein konkretes Programm etwa für die Ermordung der Juden oder für den Kampf um Lebensraum in Osteuropa. Da jedoch bekannt war, dass Hitler immer die radikalste Lösung wählte, wussten seine Mitarbeiter, aber auch die Verwaltungs- und Mordexperten in den besetzten Gebieten, dass sie selbst für radikalste Vorschläge Zustimmung aus Berlin erhielten, es sei denn, taktische Gründe sprachen zu diesem Zeitpunkt aus Hitlers Sicht dagegen.

**SPIEGEL:** Wie spielte sich das in der Praxis ab?

**KERSHAW:** Oberstleutnant Bernhard von Loßberg aus dem Wehrmachtsführungsamt zum Beispiel erfuhr im Sommer 1940, dass Hitler einen Angriff auf die Sowjetunion erwog. Aus eigenem Antrieb entwarf er eine Operationsstudie für den Russlandfeldzug. Als Hitler den Chef des Amtes, Alfred Jodl, um Operationspläne bat, konnte der stolz verkünden, dass sie schon vorlägen. [...] Die ideologischen Impulse kommen grundsätzlich von Hitler. Sie werden von Parteifunktionären, Beamten oder Militärs aufgegriffen, und zwar in der extremsten Ausprägung. Ihre Vorschläge lassen dann an Radikalität nichts zu wünschen übrig. Hitler musste nicht mehr viel tun. Was er wollte, geschah folgerichtig, ohne seine permanente Aufforderung.

**SPIEGEL:** Doch dass die letzte Entscheidung bei ihm lag, ziehen Sie nicht in Zweifel?

**KERSHAW:** Natürlich nicht. Als 1936 David Frankfurter, ein Jugoslawe jüdischen Glaubens, den NSDAP-Landesgruppenleiter in der Schweiz, Wilhelm Gustloff, ermordete, ließ Hitler erkennen, dass er derzeit kein Interesse an einer antisemitischen Welle im Reich hege, und es gab dann auch keine. Bei der sogenannten Reichskristallnacht 1938 war es umgekehrt. Hitler stimmte dem drängenden Goebbels zu, und dann brannten die Synagogen.

„Dem Führer entgegen arbeiten“, Interview mit Ian Kershaw.
In: Der Spiegel, Nr. 34, 21. August 2000, S. 56–63.

**Ian Kershaw**

Der britische Historiker Ian Kershaw, geboren 1943, betrachtete Hitler in seiner Hitler-Biografie nicht mehr als Mythos, sondern als ein gesellschaftliches Produkt.

**Alan Bullock (1914–2004)**

Die Hitler-Biographie (1952) des britischen Historikers galt lange Zeit als Standardwerk.

**Sebastian Haffner (1907–1999)**

Deutscher Publizist und Historiker, der die „Machtergreifung“ 1933 in Berlin erlebte.

### Fragen und Anregungen

**1.** Welche Bedeutung kam Hitler nach Ansicht von Alan Bullock, Sebastian Haffner und Ian Kershaw im NS-Regime zu? Fassen Sie die unterschiedlichen Betrachtungsweisen zusammen. (M1–M3)

**2.** Diskutieren Sie den Wert der Deutungsvorschläge Bullocks, Haffners und Kershaws für das Verständnis des nationalsozialistischen Systems. Ziehen Sie zur Beurteilung dieser Thesen Ihre historischen Kenntnisse aus dem vorliegenden Kapitel und eventuell weitere Ihnen zugänglichen Informationsquellen heran.

**3.** Welche Beurteilung der Funktionseliten des NS-Staates ergibt sich jeweils aus den drei Deutungsvorschlägen?

Kapitel 15

# Vom bolschewistischen Russland zum stalinistischen Regime (1921 – 1941)



Zu Beginn der 1920er-Jahre triumphierten die Bolschewiki über ihre Gegner und versuchten, ein vom Bürgerkrieg vollkommen zerstörtes Land wieder aufzubauen. Nach dem Tod Lenins im Januar 1924 errichtete Stalin in der UdSSR eine Diktatur und ein Terrorregime, das Millionen Opfer forderte. Seit 1928 führte er das Land in einen Prozess der forcierten Industrialisierung, die es in einen „sozialistischen Arbeiter- und Bauernstaat“ verwandeln sollte.

- Wie gelang es Stalin, seine uneingeschränkte Herrschaft in der UdSSR durchzusetzen?
- Inwieweit handelte es sich bei dem von Stalin etablierten System um ein totalitäres Regime?

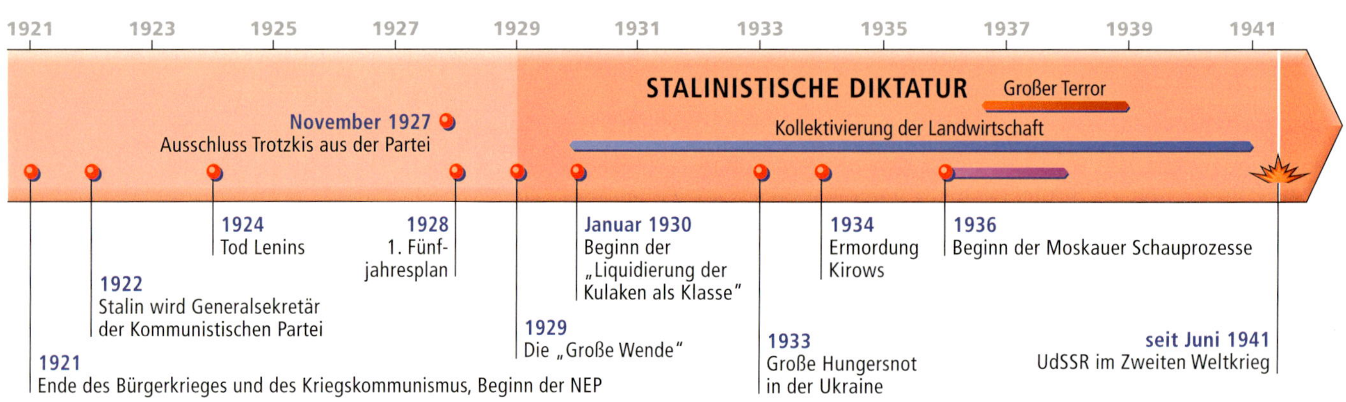

1

**Die UdSSR als Vaterland des „sozialistischen Realismus"**

Dieses Gemälde von Iraklij Moiseevic Toidze, das Stalin zusammen mit Eisenbahnarbeitern in Tiflis zeigt, wurde 1939 bei der Ausstellung über die sozialistische Industrie gezeigt. Größe und Aufbewahrungsort des Bildes sind unbekannt.

2

**Die verborgene Realität des sowjetischen Regimes – „Der Archipel Gulag" (Solschenizyn)**

Gefangene der Arbeitslager, die 1932 den Weißmeer-Ostseekanal im äußersten Norden Russlands bauen mussten.

# 1. Vom Ende des Bürgerkrieges bis zur „großen Wende" (1921 – 1929)

*Wie gelangte das bolschewistische Russland unter die Herrschaft Stalins?*

## Russland 1921 – ein ausgeblutetes Land

1921 war der Bürgerkrieg beendet, aber das Land befand sich in einer katastrophalen Lage. Die Wirtschaft war zerrüttet, gegenüber der Vorkriegszeit hatte sich die agrarische Produktion um die Hälfte verringert und die Industrieproduktion war um über 80 Prozent zurückgegangen. Die von den Bolschewiki im Zuge des Kriegskommunismus durchgesetzten Zwangsmaßnahmen riefen zahlreiche Widerstände hervor (siehe S. 214). Die Landbevölkerung begehrte gegen die Beschlagnahmungen auf und die Stadtbewohner protestierten gegen die unzureichende Versorgung und die Zunahme der Arbeitslosigkeit. Im März 1921 zeigte die Revolte der Matrosen von Kronstadt, der Helden der Revolution von 1917, die Brüchigkeit der neuen Regierung, die die Rote Armee entsenden musste, um den Aufstand niederzuschlagen.

Angesichts dieser Probleme entschied Lenin, beim Aufbau des Sozialismus eine Pause einzulegen, und verkündete anlässlich des 10. Parteitags im März 1921 die Einführung der NEP, der „Neuen Ökonomischen Politik". Die NEP versuchte die Bauern wieder mit dem Regime zu versöhnen, indem sie ihnen den freien Verkauf eines Teils ihrer Produktion gestattete. In der Industrie und im Handel erlaubte der Staat die Wiedereinrichtung eines privaten Sektors für kleine Unternehmen, während er sich bei der wirtschaftlichen Entwicklung des Landes auch weiterhin auf den verstaatlichten Sektor stützte. Lenin erklärte: „ Kommunismus ist Sowjetmacht plus Elektrifizierung des ganzen Landes."

## Die Geburt der UdSSR

Mit der NEP ging keineswegs eine Lockerung der Diktatur einher. Im Februar 1922 wurde die „Tscheka", die als politische Polizei tätige „Außerordentliche Kommission", unter der Bezeichnung GPU zu einem beständigen Organ des Regimes. Die Gründung der UdSSR (Union der Sozialistischen Sowjetrepubliken) im Dezember 1922 bestätigte die Vorrangstellung Russlands gegenüber den anderen Republiken und die politische Unterordnung der nationalen Minderheiten. Die 1924 verabschiedete neue Verfassung gab vor, die Diktatur des Proletariats auf der Macht der Sowjets zu gründen; in Wirklichkeit wurden diese jedoch von den Bolschewiki beherrscht, die seit 1918 mit der Kommunistischen Partei Russlands (KPR) ein Einparteiensystem etabliert hatten.

Trotz des Wiederanstiegs der Produktion stieß die Fortsetzung der NEP auf zahlreiche Widerstände. Der wachsende Preisunterschied zwischen Agrar- und Industrieprodukten, der zur „Scherenkrise" führte, schreckte die Bauern davon ab, ihre Produktion zu steigern und ihre Produkte zu niedrigen Preisen zu verkaufen. Die Versorgung der Städte blieb schwierig und die Behörden mussten im Winter 1927/1928 eine „Versorgungskrise" meistern. Die NEP führte im Übrigen zu einer derartigen Verschärfung der sozialen Ungleichheiten, dass sie innerhalb der Kommunistischen Partei erhebliche Kritik hervorrief.

## Stalins Aufstieg

Nach dem Tod Lenins im Januar 1924 brach ein Kampf um seine Nachfolge aus. Stalin, der seit 1922 Generalsekretär der Partei war, präsentierte sich als Erbe und treuen Schüler Lenins, für den er eine glanzvolle Bestattung und kultische Verehrung anordnete. Er konnte sich gegenüber seinen Konkurrenten als einzigen Garanten für Einheit in einer zersplitterten Partei durchsetzen. Zuerst schaltete er den von Leo Trotzki geführten „linken" Flügel aus, dann den „rechten" Flügel, der von Nikolai Bucharin verkörpert wurde und für die Fortsetzung der NEP eintrat.

Anlässlich des 12. Jahrestages der Revolution im November 1929 veröffentlichte Stalin in der „Prawda" seinen Artikel über die „Große Wende". Er beendete die NEP und führte die UdSSR in eine Politik mit weitreichenden Zielsetzungen, die auf den „Aufbau des Sozialismus in einem Land" hin ausgerichtet war.

1 **Stalin – der „Erbe" Lenins?**

Lenin und Stalin 1922 in Gorki, nahe Moskau. Dieses Foto, das nach dem Tod Lenins in der UdSSR und im Ausland in großer Zahl verbreitet wurde, trug mit vielen anderen Bildern zur Konstruktion des Mythos von Stalin als dem „Erben Lenins" bei – ein Mythos, der von Stalin eingesetzt wurde, um seinen Herrschaftsanspruch zu begründen.

### Begriffe

- **Kriegskommunismus:** siehe S. 214
- **NEP** (Neue Ökonomische Politik): Von 1921 bis 1929 verfolgte Politik des „Übergangs" zwischen Kapitalismus und Sozialismus, die durch eine Aufgabe der Zwangsrequisitionen und eine teilweise Rückkehr zur Privatinitiative gekennzeichnet war.
- **Tscheka** (russische Abkürzung für „Außerordentliche Allrussische Kommission zur Bekämpfung von Konterrevolution, Spekulation und Sabotage"): Im Dezember 1917 gegründete und von Felix Dserschinski geführte Staatssicherheitsorganisation.
- **GPU** (russische Abkürzung für „Staatliche Politische Verwaltung"): Politische Polizei, die ihre eigenen Richter zur Verurteilung „konterrevolutionärer Elemente" besaß und die Lager verwaltete. Sie wurde später durch das NKWD ersetzt.
- **UdSSR** (Union der Sozialistischen Sowjetrepubliken): Die am 30. Dezember 1922 gegründete UdSSR war eine Föderation, die die im Oktober 1917 entstandene RSFSR (Russische Sozialistische Föderative Sowjetrepublik), die Ukraine, Weißrussland und Transkaukasien vereinigte. Als weitere Sozialistische Sowjetrepubliken (SSR) innerhalb der UdSSR wurden später unter anderem Turkmenistan, Usbekistan (beide 1924) und Tadschikistan (1929) eingerichtet.
- **Scherenkrise:** Krise, die aus dem zunehmenden Unterschied zwischen den schneller steigenden Preisen für Industrieprodukte und den langsamer steigenden Preisen für Agrarprodukte entstand.

2

**Die Nationalbewegungen**

Während des Bürgerkrieges versuchte das bolschewistische Regime, die Unterstützung der nichtrussischen Völker des ehemaligen Zarenreiches zu gewinnen. Die Gründung der UdSSR stärkte jedoch die vorrangige Stellung Russlands und führte zur Unterdrückung aller Nationalbewegungen. „Der 1. Mai im Kaukasus", Plakat von Tiflis Kotschegin, um 1920.

## 3 Ein außenstehendes Urteil über die NEP – eine Rückkehr zur Demokratie?

*Auszug aus einer Rede, die der Franzose Edouard Herriot 1922 auf dem Kongress des „Parti Radical" hielt. Nach dem Sieg des „Linkskartells" 1924 wurde Herriot Ministerpräsident und erkannte die UdSSR offiziell an.*

Außerdem ist die Russische Revolution, Bürger, bereits Vergangenheit. Die russischen Revolutionäre, jene, die an die Macht gekommen sind, die Lenins, Trotzkis usw. haben sehr schnell diesen Kommunismus aufgegeben, in dessen Namen sie den Versuch 1917 unternommen haben [...]. [Die Situation] führt zur Demonstration der Unmöglichkeit des Kommunismus und [...] zum Konkurs des Kommunismus, zu einem Konkurs, der vom russischen Staatschef übrigens vollkommen zugegeben wird [...].

Zur Stunde gibt es im Osten Europas ein Volk, das ein großes Experiment versucht hat und das heute zugibt, dass es nicht erfolgreich war [...]. Dort gibt es ein Volk, das aus einer Nacht der Schmerzen, der Gewalt, der Qualen herauskommt, die es durchwandert hat, das sich der Sonne zuwendet, das Licht sucht! Dieses Licht, das ist die Freiheit! Wir, die wir sie besitzen, geben wir sie ihnen! Das ist die Tradition Frankreichs, das ist unsere Tradition!

Übers. nach: Congrès du Pasti rèpublicain radical-socialiste, Marseille, November 1922, S. 98 f.

## 4 Lenin rechtfertigt die NEP

Die totale wirtschaftliche Zerrüttung, verschärft durch die Missernte von 1920, hat diesen Übergang zu einer dringenden Notwendigkeit gemacht [...]. Die Kommunisten sollen sich nicht scheuen, bei den bürgerlichen Spezialisten, darunter auch bei den Händlern, den kleinkapitalistischen Genossenschaftlern und den Kapitalisten, in die „Lehre" zu gehen. Sie sollen von ihnen der Form nach anders, aber dem Wesen der Sache nach ebenso lernen, wie sie von den Militärspezialisten gelernt und mit Erfolg gelernt haben. Die Ergebnisse der „Lehre" sollen nur an Hand der praktischen Erfahrung geprüft werden: Mache es besser als die bürgerlichen Spezialisten an deiner Seite, erreiche so oder anders einen Aufschwung der Landwirtschaft, einen Aufschwung der Industrie, eine Entwicklung des Umsatzes zwischen Landwirtschaft und Industrie.

W. I. Lenin, Über die Naturalsteuer (Die Bedeutung der neuen Politik und ihre Bedingungen), in: ders., Werke, Bd. 32: Dezember 1920–August 1921. Berlin 1961, S. 379 f.

## 5 Stalin über den „Sozialismus in einem Land"

Die erste Frage ist die Frage der Möglichkeiten des Sieges des Sozialismus in einem Land, die Frage des siegreichen Aufbaus des Sozialismus. [...]

Die Partei beantwortet diese Frage positiv, denn sie geht davon aus, dass das Proletariat der UdSSR, die proletarische Diktatur in der UdSSR die Möglichkeit besitzt, die Bourgeoisie der UdSSR aus eigener Kraft zu besiegen. [...]

Denn eins von beiden:

Entweder können wir, indem wir unsere „nationale" Bourgeoisie überwinden, den Sozialismus aufbauen und ihn letzten Endes errichten – dann ist die Partei verpflichtet, an der Macht zu bleiben und den sozialistischen Aufbau im Lande zu leiten im Namen des Sieges des Sozialismus in der ganzen Welt;

oder wir sind nicht imstande, aus eigener Kraft unsere Bourgeoisie zu überwinden – dann müssen wir, unter Berücksichtigung der Tatsache, dass uns die sofortige Unterstützung von außen her, durch die siegreiche Revolution in anderen Ländern fehlt, offen und ehrlich von der Macht zurücktreten und den Kurs darauf nehmen, für die Zukunft eine neue Revolution in der UdSSR zu organisieren.

J. W. Stalin, Noch einmal über die sozialdemokratische Abweichung in unserer Partei. Referat, gehalten am 7. Dezember 1926, in: ders., Werke, Bd. 9: Dezember 1926–Juli 1927. Berlin 1953, S. 18–20.

## Fragen und Anregungen

1. Beschreiben Sie, wie es Stalin gelang, sich als Erbe Lenins durchzusetzen. (M1)
2. Erörtern Sie, inwiefern die Rede Herriots von der Unwissenheit innerhalb der französischen Linken gegenüber den Realitäten des sowjetischen Regimes zeugt. (M3)
3. Erklären Sie, inwiefern die von Lenin dargestellte NEP im Widerspruch zu den kommunistischen Prinzipien stand. (M4)
4. Fassen Sie die Argumente zusammen, mit denen Stalin seine Lehre vom Aufbau des „Sozialismus in einem Land" rechtfertigt. (M5)

# 2. Die stalinistische Diktatur (1929 – 1941)

*Welche besonderen Merkmale kennzeichneten die stalinistische Herrschaft?*

## Die „Große Wende"

Ende der 1920er-Jahre setzte Stalin ein radikales Programm zur wirtschaftlichen Modernisierung und zur Veränderung der Gesellschaft um. Er war bestrebt, die UdSSR in eine Industrienation zu verwandeln. Dies suchte Stalin mit Hilfe der Planwirtschaft zu erreichen, für die er überzogene Ziele formulierte. Der erste Fünfjahresplan, der im Oktober 1928 in Kraft trat, förderte mit der Errichtung riesiger Anlagen, wie dem Bau des größten Staudamms der Welt am Fluss Dnjepr, den Ausbau der Schwerindustrie.

Um die Landwirtschaft zu modernisieren, befahl Stalin im Oktober 1929 die Kollektivierung des Bodens, bei der die Familienbetriebe in Kolchosen und Sowchosen zusammengefasst werden sollten. Diese Politik stieß aber auf gewaltsamen Widerstand der Bauern, die Ernten vernichteten und ihre Herden schlachteten. 1930 kam es auf dem Land zu 14 000 Aufständen. Unter Rückgriff auf die bereits im Bürgerkrieg angewendeten Unterdrückungsmethoden befahl Stalin die „Liquidierung des Kulakentums als Klasse". Die „Entkulakisierung" stürzte das Land in Chaos und Gewalt. Hunderttausende Bauern wurden hingerichtet, zwei Millionen deportiert. Die Konfrontation zwischen Staatsmacht und Bauernschaft fand 1932/1933 ihren Höhepunkt: Eine entsetzliche Hungersnot, die von den Behörden absichtlich herbeigeführt wurde, forderte sechs Millionen Opfer, vor allem in der Ukraine.

## Der Terror als System

Angesichts der Widerstände, auf die Stalin traf, führte er umfassende „Säuberungen" durch, die sich sowohl gegen bedeutende Mitglieder der Kommunistischen Partei und einfache Bürger als auch gegen erklärte Gegner des Regimes richteten. Die stalinistische Macht stützte sich auf die politische Polizei, das NKWD, die unter der Leitung von Nikolai Jeschow und dann Lawrenti Berija die Parteiinstanzen umging und die Lager des Gulags verwaltete.

1934 wurde der Erste Sekretär der Kommunistischen Partei von Leningrad, Sergei Kirow, ermordet. Unter dem Vorwand, es handele sich um ein Komplott gegen die Partei, nutzte Stalin die Gelegenheit, die wichtigsten Mitglieder der „alten Garde" der Bolschewisten wie Grigori Sinowjew und Lew Kamenew zu eliminieren, die zunächst geholfen hatten, Trotzki zu entmachten, bevor sie sich ihm politisch wieder annäherten. Ab 1936 wurde der größte Teil der politischen, ökonomischen und militärischen Amtsträger des Landes in einer Reihe großer Prozesse angeklagt. So wurde die Hälfte des Politbüros der Partei verhaftet und erschossen. Aber der „Große Terror" von 1936 bis 1938 erfasste die gesamte sowjetische Gesellschaft, denn innerhalb von zwei Jahren wurden über 1,5 Millionen Menschen verhaftet und über 650.000 hingerichtet.

## Ein totalitäres Regime

Der Stalinismus trug alle Züge eines totalitären Systems. Die Partei, deren Mitgliederzahl von 1,5 Millionen 1928 auf 3,5 Millionen 1939 anstieg, wurde von Stalin auf allen Ebenen beherrscht. Die Säuberungen erlaubten eine Erneuerung der Kader durch Männer, die Stalin, um den sich ein Personenkult entwickelte, vollkommen ergeben waren. 1936 trat eine neue sowjetische Verfassung in Kraft, nach Stalin „die demokratischste der Welt": Sie führte das allgemeine Wahlrecht ein, wobei die Kandidaten jedoch durch die Partei bestimmt wurden, und garantierte Grundrechte, die in Wirklichkeit jedoch systematisch unterlaufen wurden.

Der Stalinismus wurde durch eine regelrechte Gesinnungskontrolle gestärkt. Das Erlernen der marxistisch-leninistischen Ideologie, die Stalin zum Dogma erhob, setzte überall die Vorstellung durch, dass die Partei und ihr Führer immer im Recht waren. Bei seinen Angriffen auf die orthodoxe Kirche rehabilitierte das Regime allerdings die Helden des russischen Nationalismus, als deren Nachfolger Stalin dargestellt wurde.

### Begriffe

- **Planwirtschaft:** Leitung der Wirtschaft durch den Staat, der autoritär Preise, Arbeitsnormen und die zu produzierenden Mengen festlegt.
- **Fünfjahresplan:** Plan, der die innerhalb von 5 Jahren zu erreichenden Produktionsziele festlegt.
- **Kolchose:** Genossenschaftlich aufgebauter landwirtschaftlicher Betrieb, dessen Produktion staatlichen Ablieferungsverpflichtungen unterworfen war und der von der Partei kontrolliert wurde.
- **Sowchose:** Staatlicher Landwirtschaftsbetrieb, der mit einem Industrieunternehmen zu vergleichen ist. Er verfügte über einen von der Verwaltung ernannten Direktor und bezahltes Personal.
- **Kulaken:** Im Grunde „reiche Bauern", aber ab 1929 wurde jeder Gegner der Kollektivierung des Bodens als „Kulak" bezeichnet.
- **NKWD** (Volkskommissariat für innere Angelegenheiten): Polizeiorganisation, die 1934 die GPU ablöste.
- **Gulag** („Hauptverwaltung der Besserungsarbeitslager"): Organisation zur Verwaltung der Zwangsarbeitslager in der UdSSR, die Stalin 1930 einrichtete und die der GPU unterstellt wurde. Der Begriff wurde zur Bezeichnung des gesamten Systems der sowjetischen Zwangsarbeits- und Straflager sowie Gefängnisse und Verbannungsorte verwendet.

### Fragen und Anregungen

1. Beschreiben Sie die Realität des Landlebens und seine Darstellung durch das Regime. (M1, M2 und M3)
2. Recherchieren Sie, wer Nikolai Bucharin war, und erklären Sie, inwiefern seine „Eliminierung" repräsentativ für den „großen Terror" war, den Stalin anordnete. (M4)
3. Erklären Sie, warum das gewaltige Staudammprojekt ein Sinnbild für die von Stalin angestrebte Modernität war und wie die Industrie zum Symbol der Macht des Regimes wurde. (M5)
4. Erläutern Sie, welche Argumente sich Ihrer Meinung nach anführen lassen, um die UdSSR in die Gruppe der totalitären Regime einzuordnen.

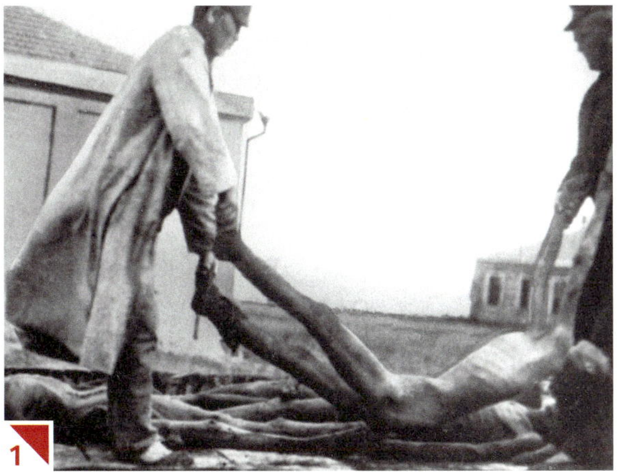

1 Die große Hungersnot in der Ukraine, 1932/1933

## 2 Ein Bauer als Opfer der Kulakenverfolgung

Was für ein übles Schicksal ich doch habe! Noch heute kann ich nicht glauben, dass man mir dies angetan hat, und ich verstehe nicht, warum man mich so foltert, ich würde es ja noch verstehen, wenn ich ein stinkreicher Mann wäre oder wenn ich jemandem Unrecht getan hätte; es sind Idioten und sie trinken unser Blut, und das ist alles. Wir haben Hunger, und es gibt nichts zu kaufen und nichts zu stehlen. Man macht mit uns, was man will, das ist doch unglaublich, die Gefangenen werden besser behandelt als wir, man gibt ihnen Arbeitskleidung und drei Pfund Brot, und uns gibt man nichts, da sieht man, was für Kriminelle sie aus uns machen, diese Schweine, sie werden uns hier krepieren lassen. Viele sind bereits vor Hunger gestorben. Die Schurken, die Verfluchten, die Leute bereiten Kummer, und man macht sich Sorgen, warum foltern sie uns?

Übers. nach: Viktor Danilov/Alexis Berelowitsch, Les documents de la CVK-OGPU-NKVD sur la campagne soviétique, in: La collectivisation des campagnes soviétiques, Documents et recherches, Cahiers du monde russe, Vol. XXVV (3), 1994.

3 Eine idealisierte Darstellung des sowjetischen Landlebens

„Kolchosenfest", Ölgemälde auf Leinwand von Sergej Garassimow, 1937, 235 x 370 cm, Galerie Tretjakow, Moskau.

5 Eine pharaonische Baustelle – der Dnjepr-Staudamm im Jahre 1930

## 4 Die „Eliminierung" der „alten Garde" der Bolschewisten

*Nikolai Bucharin, Führungsfigur der Bolschewiken und Opfer der großen stalinistischen Prozesse, schrieb kurz vor seiner Hinrichtung 1938 an seine Frau:*

Ich spüre, wie hilflos ich angesichts jener teuflischen Maschinerie bin, die sich offenbar mittelalterlicher Methoden bedient und über kolossale Kräfte verfügt, Verleumdungen fabriziert und frech und sicher vorgeht. […].

Seit meinem achtzehnten Lebensjahr gehöre ich der Partei an, und stets ist der Kampf für die Interessen der Arbeiterklasse, für den Sieg des Sozialismus das Ziel meines Lebens gewesen. In diesen Tagen nun druckt die Zeitung mit dem geheiligten Namen „Prawda[1]" die abscheuliche Lüge, dass ich, Nikolai Bucharin, angeblich die Errungenschaften der Oktoberrevolution zunichte machen und den Kapitalismus restaurieren wollte. Das ist eine bodenlose Unverschämtheit, […] Ich wende mich an Euch, die künftige Generation führender Parteifunktionäre, zu deren historischer Mission die Pflicht gehören wird, das ungeheuerliche Knäuel von Verbrechen zu entwirren, die in diesen schrecklichen Tagen immer größeres Ausmaß annehmen, wie eine Flamme auflodern und die Partei ersticken. […].

In: „Unpersonen" – wer waren sie wirklich?: Bucharin, Rykow, Trotzki, Sinowjew, Kamenew. Berlin 1990, S. 10 f.

[1] Auf Russisch: „Die Wahrheit".

# Dossier
# Der Personenkult um Stalin

Die Festigung des stalinistischen Regimes ging in den 1930er-Jahren mit einem ausgeprägten Personenkult um Stalin einher. Seit seinem 50. Geburtstag im Dezember 1929 wurde er in Lobreden gefeiert. 1932 wurde der Herrscher der Sowjetunion als „Lenin unserer Tage" bezeichnet. Beim 17. Parteitag 1934 galt Stalin als „der größte Führer aller Zeiten und aller Völker".

Stalin wurde zur verehrten Führungspersönlichkeit und zum unfehlbaren Visionär der Revolution. Die Zahl der ihm gewidmeten Ehrentitel und bildlichen Darstellungen nahm stetig zu – und die Propaganda sorgte für ihre weite Verbreitung. Die Porträts, Fotografien, Gedichte und groß angelegten Kundgebungen zu Ehren Stalins dienten der Pflege eines Mythos, der seine persönliche Macht von der Partei unabhängig werden ließ und den totalitären Charakter des sowjetischen Regimes stärkte.

1

**Der „Freund der Völker"**

Fotomontage von 1937, die Stalin als „Vater der Völker der UdSSR" darstellt.

2

**Stalin als Führer und Beschützer der Jugend**

Propagandaplakat, auf dem zu lesen ist: „Wir danken unserem lieben Stalin für unsere glückliche Kindheit."

**3 Stalin – der „große Steuermann“**

„Stalin am Ruder“, von der Zeitung „Prawda“ im Januar 1937 veröffentlicht.

**4 Stalin als Führer der Armeen**

Fotomontage von 1939, die Stalin als Führer der Roten Armee darstellt.

**5 „Ode an Stalin“**

*Anlässlich des 60. Geburtstages Stalins 1939 verfasstes Gedicht, das von dem Komponisten Sergej Prokofjew vertont wurde:*

Niemals gaben unsere fruchtbaren Böden eine solche Ernte.
Niemals erlebten unsere Dörfer ein solches Glück.
Niemals war das Leben so gut und die Geister so erhaben.
Niemals bis heute war der Roggen so grün.
Auf der ganzen Erde wirft die Sonne ein wärmeres Licht.
Weil das Gesicht Stalins sie stärker erstrahlen lässt.
Ich singe für mein Kind, das in meinen Arm ruht.
Wachse wie diese Blumen, befreit von jeder Angst
Wirst du den Quell dieser Sonne kennenlernen, die unser Land badet.
Und deine kleinen Hände werden das Bild Stalins zeichnen.

Übers. nach: S. Prokofjev/ A. Masistova, Zdravica. Kantata dlja smesannogo chora i simfoniceskogo orkestra; op. 85. Moskau 1984.

## Fragen und Anregungen

1. Erläutern Sie, weshalb die Propaganda Stalin inmitten von Kindern darstellte. (M1 und M2)
2. Betrachten Sie die Gesichter der in der Fotomontage abgebildeten Kinder und erläutern Sie, warum man die Unterschiede ihrer ethnischen Herkunft hervorhob. (M1)
3. Inwiefern konnte Stalin als Führer der Sowjetunion auftreten? (M3)
4. Erklären Sie den Zusammenhang zwischen der Darstellung Stalins im Jahre 1939 und den internationalen Entwicklungen. (M4)
5. Beurteilen Sie, inwieweit die Beschwörung des Landes in der „Ode an Stalin“ der Realität entspricht. (M5)
6. Bestimmen Sie auf der Grundlage sämtlicher Bilddokumente alle Funktionen und Eigenschaften, die Stalin zugesprochen werden, und vergleichen Sie diesen Führerkult mit dem Führerkult in anderen Regimen der 1930er-Jahre.

# 3. Die sowjetische Gesellschaft in den 1930er-Jahren

*Wurde das kommunistische Ideal einer klassenlosen Gesellschaft unter der Diktatur Stalins realisiert?*

## „Der Arbeiter- und Bauernstaat" – Mythos und Realität

Artikel 1 der Verfassung von 1936 definierte die UdSSR als einen „sozialistischen Staat der Arbeiter und Bauern". Die von der Propaganda verherrlichte Arbeiterklasse, der 1928 noch 11 und 1933 bereits 38 Millionen Menschen zuzurechnen waren, verkörperte das Versprechen einer neuen Welt. Mit der Gründung von Arbeiteruniversitäten, die eine neue Generation technischer Kader und Führungskräfte ausbildeten, förderte der Staat den sozialen Aufstieg.

Das von Stalin gepriesene Programm einer mit allen Mitteln voranzutreibenden Industrialisierung führte jedoch zu immer schwieriger werdenden Arbeitsbedingungen. Der Stachanowismus spornte die Arbeiter an, die Arbeitsnormen zu übertreffen. Um die Arbeiter zu kontrollieren, führte der Staat Arbeitsbücher ein: Abwesenheit, Verspätungen oder Mängel wurden schwer bestraft. Die Mindestarbeitszeit stieg von 46 auf 52 Stunden pro Woche.

Die Kollektivierung des Bodens hatte katastrophale Folgen, von denen sich die sowjetische Landwirtschaft niemals mehr erholte. In den 1930er-Jahren stagnierte die Getreideproduktion auf dem Niveau des Jahres 1913. Die schlecht bezahlten Bauern vernachlässigten die Bearbeitung des kollektiven Landes und widmeten den Hauptteil ihrer Energie der Bearbeitung ihrer privaten Parzellen.

## Mangel und soziales Chaos

Durch die Bevorzugung der Grundstoffindustrien (Kohle, Stahl, Öl, Metall) auf Kosten der Landwirtschaft und der Verbrauchsgüterindustrien fehlte es an lebenswichtigen Gütern. Es war zum Beispiel sehr schwierig, in den staatlichen Läden Kleidung oder Schuhe zu finden. Dieser allgemeine Mangel hatte ein starkes Aufblühen des Schwarzmarktes zur Folge, der sich auf allen Ebenen des Produktions- und Verteilungsapparates entwickelte.

Diese Versorgungsprobleme wurden durch die Folgen einer unkontrollierten Urbanisierung verschärft. Von 1926 bis 1939 wuchs die städtische Bevölkerung um 30 Millionen. Darunter waren viele Bauern, die durch die Kollektivierung vertrieben worden waren. Da auch der Bau von Wohnraum vernachlässigt wurde, mussten die Städter in gemeinschaftlichen Wohnungen oder in Behelfsbaracken leben. Unter Stalin wurde Russland zu einem Land der Vagabunden, in dem es zahlreiche ausgesetzte Kinder gab, die sich in Banden organisierten, um überleben zu können. Die Unsicherheit in den Städten nahm derart zu, dass sich die sowjetische Regierung 1935 veranlasst sah, die Todesstrafe für minderjährige Straftäter wieder einzuführen.

## Eine klassenlose Gesellschaft?

Das stalinistische Regime war weit davon entfernt, die egalitären Ideale des Kommunismus zu verwirklichen; es stützte sich vielmehr auf eine neue Klasse von Privilegierten. Es handelte sich um die Führungselite der Kommunistischen Partei, die die Nomenklatura bildete, sowie um Ingenieure, Gelehrte, Künstler und Schriftsteller, die bereit waren, sich den Normen des sozialistischen Realismus zu unterwerfen. Sie erhielten einen bevorzugten Zugang zu seltenen Gütern, konnten besser versorgte Spezialgeschäfte, für hohe Funktionäre reservierte Wohnhäuser, Zweitwohnungen im Moskauer Umland (Datschen) und Ferienhäuser nutzen. In Armee und Verwaltung wurden Titel, Dienstgrade und Uniformen wieder eingeführt.

Dagegen wurden mehrere Millionen Sowjetbürger im Namen des Ideals einer klassenlosen Gesellschaft aus der Gesellschaft ausgeschlossen: „Kulaken", Mitglieder des Klerus (zwischen 1929 und 1932 wurden 90 Prozent der Kirchen geschlossen), häufig fehlende Arbeiter, nachlässige Kolchosbauern. Durch den Verlust ihrer staatsbürgerlichen Rechte, Entlassungen oder den Entzug der Wohnung wurden diese Personen auf verschiedene Art und Weise ins soziale Abseits gedrängt. Ende der 1930er-Jahre bildeten sie einen großen Teil der Bevölkerung des Gulags.

1 **Alexej Stachanow (1905 – 1977) – ein „Held der sozialistischen Arbeit"**

Foto Stachanows und seiner Kolonne der „Stoßarbeiter" (1935).

### Begriffe

- **Stachanowismus:** Nach dem Bergmann Alexej Stachanow aus dem Don-Gebiet, der 14-mal mehr Kohle gefördert haben soll als die Norm vorgab (die Angabe zu seiner Leistung war allerdings manipuliert); Methode, durch die die Arbeiter zur Rationalisierung und Ertragssteigerung motiviert werden sollten.
- **Arbeitsbuch:** 1938 eingeführtes obligatorisches Büchlein, in das Informationen über das berufliche Verhalten seines Besitzers eingetragen wurden (Abwesenheiten, Eigenschaften und Verstöße).
- **Private Parzellen:** Kleine Landstücke (weniger als ein halber Hektar), die Stalin 1933 den bäuerlichen Familien zugestand. Die Parzellen umfassten vier Prozent des anbaufähigen Landes, aber 1938 wurden auf ihnen 45 Prozent der landwirtschaftlichen Produktion erwirtschaftet.
- **Nomenklatura:** Von der Kommunistischen Partei angelegte Liste von Personen, die für leitende Positionen in Frage kamen. Der Begriff wurde auf alle privilegierten Amtsträger der UdSSR ausgedehnt.
- **Sozialistischer Realismus:** siehe S. 136
- **Kulak:** siehe S. 280
- **Gulag:** siehe S. 280

2

**Die Verherrlichung des sowjetischen Arbeiters**

Plakat von 1930.

3

**Architektur und Propaganda**

Architektonisches Projekt des Sowjetpalastes, entworfen von Boris Iofan 1933/1934. Das 315 Meter hohe Gebäude, das von einer 80 Meter hohen Leninstatue überragt werden sollte, wurde allerdings niemals errichtet.

### 4 Die UdSSR – ein „Arbeiterstaat"

Erstens ist die Hauptsache für die Revolution das Vorhandensein einer sozialen Stütze. Diese Stütze für die Revolution ist die Arbeiterklasse.

Zweitens ist eine Hilfskraft notwendig, das, was die Kommunisten Partei nennen. Hierher gehören auch intelligente Arbeiter und jene Elemente aus der technischen Intelligenz, die eng mit der Arbeiterklasse verbunden sind. Stark kann eine Intelligenz nur sein, wenn sie sich mit der Arbeiterklasse vereinigt. Wenn sie gegen die Arbeiterklasse angeht, verwandelt sie sich in ein Nichts. […]

Ich trete nicht für jegliche Ordnung ein. Ich trete für eine Ordnung ein, die den Interessen der Arbeiterklasse entspricht.

Übers. nach: J. W. Stalin, Unterredung mit dem englischen Schriftsteller H.G. Wells, 23.7.1934, Bd. 19. Moskau 1936, S. 22.

### 5 Die Unsicherheiten des Alltagslebens

In Magnitogorsk[1] wurde ich mitten in die Schlacht gestürzt. Ich wurde an der Eisen- und Stahlfront eingesetzt. Zehntausende mussten die härtesten Leiden beim Bau der Hochöfen erdulden; viele trugen sie willig und mit grenzenloser Begeisterung, die auch mich vom ersten Tage an ergriff. […]

Das Magnitogorsk, das ich 1938 verließ, lieferte täglich etwa fünftausend Tonnen Stahl […].

Das russische Verteidigungsbudget wurde fast in jedem Jahr verdoppelt. Unendliche Reserven an Kriegsmaterial, Maschinen, Brennstoffen, Lebensmitteln und Vorräten wurden aufgespeichert. […]

Alle diese Neuanlagen saugten den vorher, wenn auch in geringem Maße vorhandenen, aber wachsenden Überschuss der Fabriken auf, der den Arbeitern von Magnitogorsk in den Jahren 1935 bis 1938 in Form von Fahrrädern, Armbanduhren, Radioapparaten […] und anderen Lebensmitteln zuteil geworden war. […] 1940 wurde die Brotkarte wieder eingeführt […]

John Scott, Jenseits des Ural. Kraftquellen der Sowjetunion. Stockholm 1944, S. 12, 300 f.

[1] Zentrum der Metallverarbeitung im Süden des Ural, das 1926 aus dem Boden gestampft wurde und das 1939 mehr als 100 000 Einwohner besaß.

## Fragen und Anregungen

1. Beschreiben Sie die Darstellung der Arbeiterwelt in der sowjetischen Propaganda. (M1 und M2)
2. Bestimmen Sie die typisch „stalinistischen" Elemente in diesem architektonischen Projekt. (M3)
3. Arbeiten Sie heraus, welche Rolle Stalin der Arbeiterklasse in der UdSSR zuweist. (M4)
4. Wie wirkte sich die Industrialisierung auf die Lebensbedingungen der Arbeiter in der UdSSR aus? (M5)

# Dossier
# Der Gulag

Der Gulag war die Organisation, der die Verwaltung der Zwangsarbeitslager in der UdSSR oblag. Bereits in der Zeit Lenins wurden Personen deportiert, die als gefährlich für das Regime galten; in den 1930er-Jahren kam diese Praxis im Zuge der „Entkulakisierung" und des „großen Terrors" systematisch zur Anwendung.

Offiziell sollte Arbeit die Umerziehung der Häftlinge fördern. Große Strafkomplexe wurden in der Nähe von Baustellen, Zentren des Bergbaus und der Metallverarbeitung sowie in den neu zu erschließenden Gebieten Sibiriens eingerichtet. Nach jüngsten Schätzungen, die durch die Öffnung der sowjetischen Archive möglich wurden, schwankte die Sterblichkeitsrate der Häftlinge in den 1930er-Jahren aufgrund der entsetzlichen Lebens- und Arbeitsbedingungen zwischen drei und acht Prozent.

## 1 Die Gefangenen

*Warlam Schalamow zeigt die soziale Vielfalt unter den Häftlingen in der Region von Kolyma, einem der Hauptbestimmungsorte der Gefangenen des Gulags, der im äußersten Osten Sibiriens liegt.*

Man muss sich nicht schämen, sich daran zu erinnern, dass man ein „Krepierender", ein Gerippe war, das in alle Richtungen gehetzt wurde und dem man in Abfallgruben die Taschen durchwühlte. […] Es gab im Lager keine Politischen. Es waren eingebildete und erfundene Feinde, mit denen die Regierung ihre Rechnung beglich wie mit den wirklichen Feinden, die sie erschoss, tötete und Hungers sterben ließ. Die tödliche Sense Stalins mähte ohne Unterschiede alle Menschen nieder, indem sie nach der Einteilung, nach Listen und einem zu erfüllenden Plan alle gleich machte. Unter den Menschen, die im Lager gelitten haben, gab es denselben Anteil an Schurken und Feiglingen wie unter den Menschen, die in Freiheit leben. Alle waren zufällig aus den Gleichgültigen, den Feiglingen, den Bourgeois und selbst den Henkern ausgewählt worden. Und sie sind aus Zufall Opfer geworden.

Übers. nach: Varlam Chalamov, Kolyma. Récits de la vie des camps. Paris 1980.

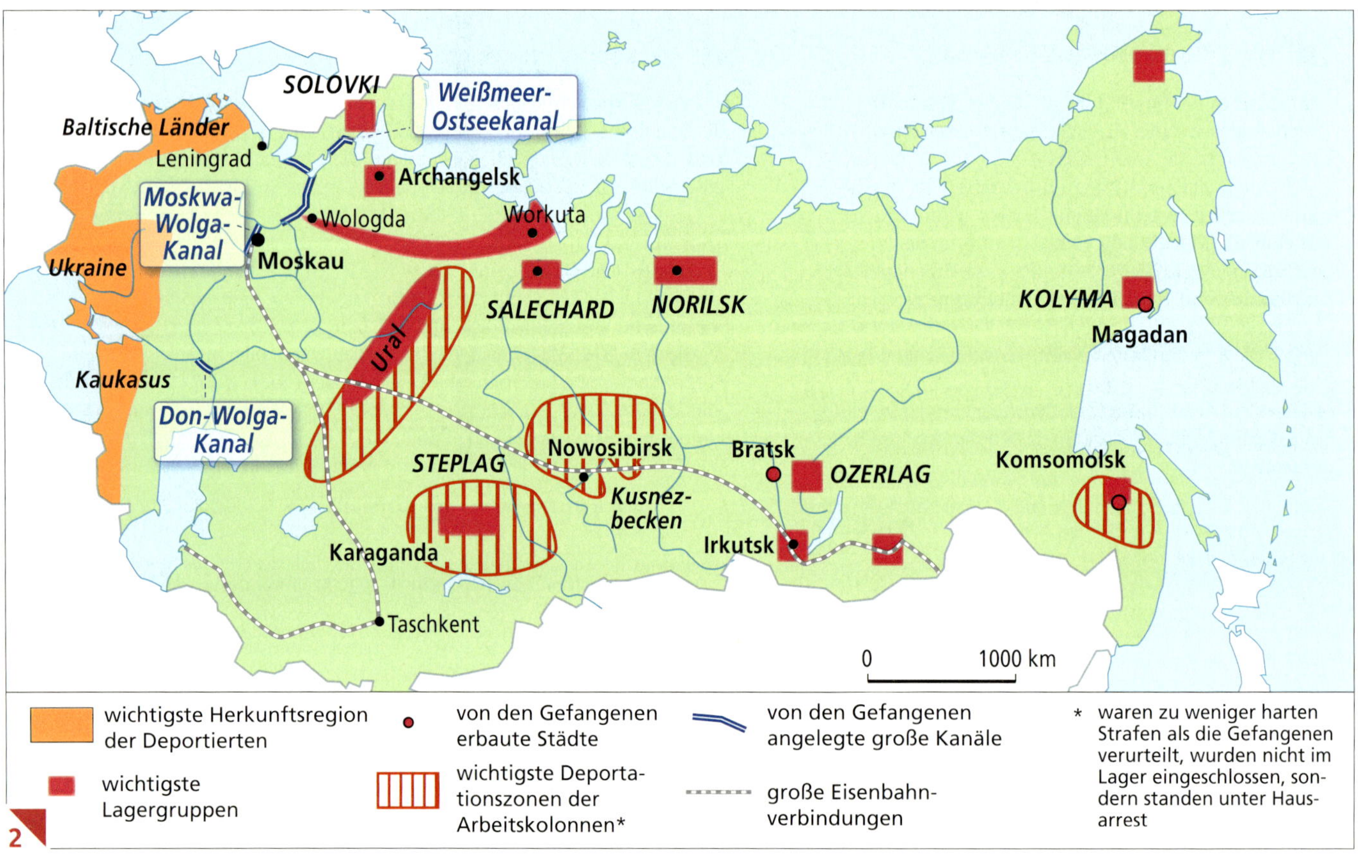


2 **Das System der sowjetischen Konzentrationslager in der Stalinzeit**

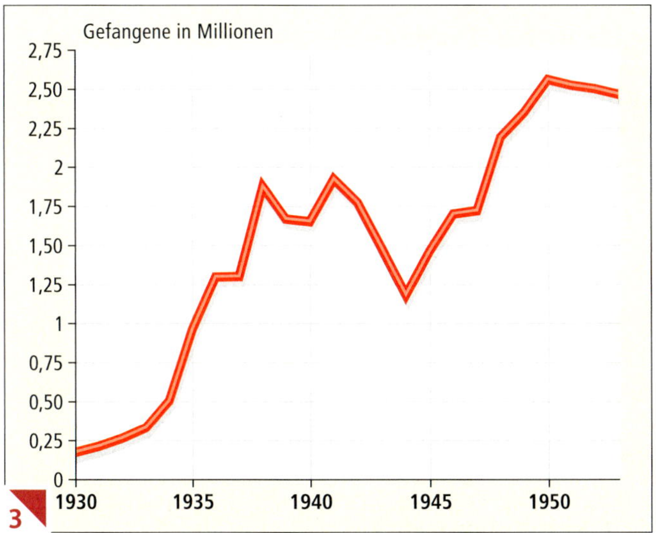


3 **Die Entwicklung der Gefangenenzahl im Gulag**

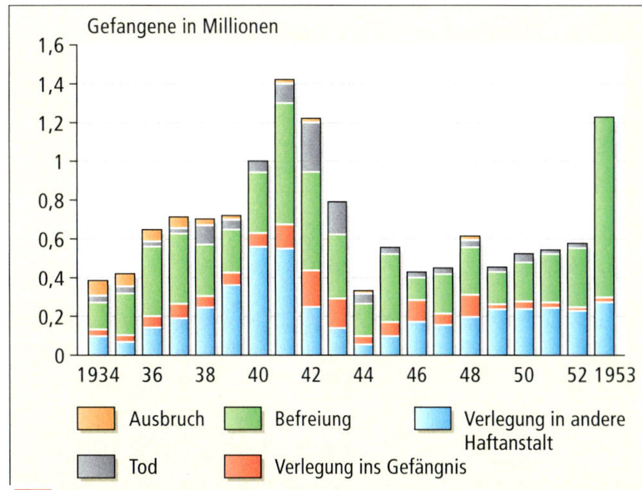


Quelle: J.P. Scott, La Russie de Pierre le Grand à nos jours. Paris, 2000.

4 **Eingänge und Abgänge aus dem Gulag**

5 **Eingang zu einem Lager in der Region der Kolyma**

Die Inschrift auf dem Schild lautet: „Die Arbeit in der UdSSR ist eine Angelegenheit von Rechtschaffenheit und Ehre."

## Fragen und Anregungen

**1.** Stellen Sie fest, welche Bevölkerungsgruppen von der Deportation betroffen waren. (M1)

**2.** Betrachten und erklären Sie die räumliche Lage der wichtigsten Lager des Gulags. (M2)

**3.** Stellen Sie eine Verbindung zwischen der Einführung des stalinistischen Terrors und dem Anstieg der Gefangenenzahl im Gulag her. (M3)

**4.** Welches Ziel verfolgten die sowjetischen Behörden offiziell? (M5)

**5.** Erklären Sie die Gründe für die hohe Sterblichkeitsrate unter den Gefangenen. (M4 und M6)

**6.** Kommen Sie zu einem eigenen Urteil: Lässt sich das Gulag-System mit den Terrormethoden anderer totalitärer Systeme vergleichen?

6 **Die grauenvollen Bedingungen der Deportation**

*Persönlicher Bericht über den tragischen Charakter der Deportation von Tausenden auf die Insel Nasino im Herzen Sibiriens zu Beginn der 1930er-Jahre:*

Mit dem ersten Zug kamen 5 070 und mit dem zweiten 1 044 Personen, insgesamt also 6 114. Die Transportbedingungen waren grauenhaft: Die Nahrung war schlecht und unzureichend, nicht genügend Luft und Platz und die Schwächsten wurden regelrecht schikaniert. [...] Folge: Eine Sterblichkeitsrate von 35 bis 40 Menschen pro Tag. Doch diese Lebensbedingungen waren noch der reinste Luxus, gemessen an dem, was die Deportierten auf der Insel Nasino erwartete [...]. Am 19. Mai, einen Tag nach der Ankunft des Zuges, fing es an zu schneien, und es kam Wind auf. Ausgehungert, abgemagert, ohne Dach und Werkzeug [...] befanden sich die Deportierten in einer ausweglosen Situation. Sie konnten nur Feuer anmachen und versuchen, sich vor der Kälte zu schützen. Die ersten Menschen starben.

Aus den Beständen des Archivs von Nowosibirsk; zit. in: N. Werth, Ein Staat gegen sein Volk. Das Schwarzbuch des Kommunismus – Sowjetunion. München/Zürich 2002, S. 129.

# Eine Fotografie analysieren

## Allgemeine Hinweise

### A. Merkmale der Fotografie

• Seit ihrer Erfindung 1826 bzw. 1837 ist die Fotografie zu einem heute weit verbreiteten Bildmedium geworden. Durch die Entwicklung von Kleinbildkameras (1924) waren Fotoapparate einfacher und damit mobiler einzusetzen. Nicht nur professionelle Fotografen sondern auch zunehmend Privatpersonen konnten sie bedienen.

• Seit Ende des 20. Jahrhunderts verbreitet sich immer mehr die Digitalfotografie. Ein Foto vermittelt den Eindruck einer verlässlichen und neutralen Quelle, da es die Wirklichkeit exakt wiederzugeben scheint. Allerdings ist das Foto nicht nur wie alle anderen Bilder als Produkt des Fotografen subjektiv geprägt, sondern es ist auch durch technische Verfahren in hohem Maße manipulierbar.

### B. Möglichkeiten der Verfremdung und Manipulation von Fotografien

#### ► Manipulation während der Aufnahme

• **Wahl des Ausschnitts:** Der Fotograf entscheidet, welchen Teil eines Geschehens er festhalten möchte.

• **Wahl der Perspektive:** Der Fotograf entscheidet, von welchem Standort aus er das Geschehen dokumentieren möchte und damit auch, wie ein späterer Betrachter das Geschehen wahrnehmen wird.

• **Lichteffekte:** Durch den Einsatz von zusätzlicher Beleuchtung oder durch Farbfilter, die vor das Objektiv geschoben werden, kann der Fotograf gezielte Lichtverhältnisse schaffen, die die Stimmung beeinflussen.

• **gestellte Szenen:** Der Fotograf nimmt sich vor, ein Ereignis auf eine bestimmte Art und Weise abzubilden bzw. hat ein Ereignis verpasst, möchte es trotzdem fotografieren und arrangiert die Szene neu.

#### ► Manipulationen am fertigen Bild

• **Veränderung des Bildausschnitts:** Durch Zuschnitte oder Ausschnittvergrößerungen werden gewünschte Bildteile hervorgehoben und unerwünschte entfernt.

• **Fotomontagen:** Personen und Gegenstände werden hinzugefügt oder vor andere Hintergründe montiert. Digitale Bilder können direkt verändert werden, manuell hergestellte Montagen werden in der Regel abfotografiert und neu entwickelt.

• **Retuschen:** Unerwünschte Personen, Gegenstände oder Hintergründe werden durch Übermalen oder Ausschneiden entfernt und durch andere ersetzt.

#### ► Manipulation bei der Veröffentlichung

• **Bildunterschrift:** Eine zusätzliche Erklärung zum Foto lenkt die Interpretation des Bildes durch den Betrachter.

• **Kontext:** Der Zusammenhang, in dem ein Bild veröffentlicht wird, beeinflusst ebenfalls die Art und Weise, wie der Betrachter die dargestellte Szene deutet.

### C. Interpretationsschritte

• **Einordnung des Bildes**
  - Titel (soweit explizit genannt)
  - Fotograf
  - Entstehungs- und Erscheinungsdatum
  - Historischer Hintergrund

• **Beschreibung des Gesamteindrucks**
  - Welche Szene ist auf dem Bild zu sehen?
  - Welche subjektive Wirkung hat das Foto auf den Betrachter?

• **Analyse der Einzelelemente**
  - Aus welcher Perspektive entstand die Aufnahme?
  - Welche Einzelheiten oder Personen lassen sich erkennen?
  - Lassen bestimmte Merkmale darauf schließen, dass das Foto arrangiert ist oder handelt es sich eher um einen Schnappschuss?
  - Gibt es Anhaltspunkte für eine Fälschung?

• **Deutung der Gesamtaussage und historische Einordnung**
  - Welchen Ausschnitt aus der historischen Realität zeigt das Foto? Was ist eventuell nicht abgebildet?
  - Welche Auskünfte liefern andere Quellen und Darstellungen zu diesem Sachverhalt?
  - In welcher Situation entstand das Foto? Wer hat es in Auftrag gegeben?
  - In welchem Zusammenhang wurde es verbreitet und mit welcher Absicht? Mit welchem Ziel wurden eventuell Manipulationen vorgenommen?
  - Welchen Einfluss haben diese Faktoren auf die Aussage des Fotos?

## **Beispiel:** Manipulation von Fotografien im Stalinismus: Drei Versionen von Lenins Rede auf dem Moskauer Swerdlow-Platz (5. Mai 1920)

### Anwendung

#### A. Professionelle Aufnahme

Das Foto stammt von dem Fotografen G. P. Goldstein und wurde am 5. Mai 1920 aufgenommen. Es zeigt Lenin, der auf dem Swerdlow-Platz eine Rede vor Soldaten der Roten Armee hält, bevor diese in eine Schlacht gegen Truppen des polnischen Marschalls Piłsudski ziehen, mit dem sich das revolutionäre Russland im Krieg befindet.

- Gesamteindruck

Das Foto erweckt den Eindruck einer engagierten Rede vor einer großen Menschenmenge.

- Einzelelemente

Im Zentrum des Bildes befindet sich das hölzerne Rednerpodest Lenins, rechts auf den Stufen stehen Kamenew und Trotzki. Der Fotograf hat das Bild aus der Menge heraus aufgenommen, von der nur ein Teil zu sehen ist.

- Gesamtaussage und historische Einordnung

Das Bild inszeniert Lenin als mobilisierenden Redner. Der Effekt, den seine Rede hatte, lässt sich nur erahnen. Über einen eventuellen Auftrag ist nichts bekannt, allerdings war dieses Foto in den 1920er-Jahren in der Sowjetunion weit verbreitet und wurde so zu einem Symbol der Revolution und zum Träger eines von Stalin inszenierten Leninkultes.

#### B. Anonyme Aufnahme

Kurz nach der Aufnahme von Goldstein entstand ein ähnliches Foto dieser Szene von einem anonymen Fotografen. Trotzki und Kamenew sind hier nur im Profil zu sehen. Dieses Bild diente später zur Zeit Stalins als Vorlage für eine Retusche.

#### C. Retuschiertes Foto

Trotzki und Kamenew sind in dieser Version verschwunden und durch Holzstufen ersetzt. Das Originalbild erschien 1927 zum letzten Mal, danach nur noch die Fälschung. Sie entstand im Zusammenhang der Machtkämpfe um die Führung der kommunistischen Partei (siehe S. 278). Stalin beseitigte seinen politischen Gegner Trotzki nicht nur durch Parteiausschluss (1927), Exil (1929) und später durch Ermordung (1940), sondern löschte auch die Erinnerung an ihn aus, indem er ihn aus diesem und anderen Bildern entfernen ließ. Das Bild diente Stalin zur Festigung seiner Machtbasis als alleiniger Führer der Kommunistischen Partei.

### Anregungen

**1.** Betrachten Sie das Bild von Lenin und Stalin auf S. 278. Es handelt sich dabei um eine Fotomontage. Analysieren Sie das Foto nach obigem Schema. Arbeiten Sie heraus, in welcher Absicht Stalin diese Fälschung vermutlich vornehmen ließ.

**2.** Die Wirkung von Manipulationen kann man am besten einschätzen lernen, indem man selbst versucht, ein Bild zu manipulieren. Wer einen Computer mit Bildbearbeitungsprogramm besitzt, kann dies relativ leicht ausprobieren. Wählen Sie ein historisches Foto aus und versuchen Sie, durch Montage oder Retusche die Wirkung des Bildes zu verändern. Lassen Sie Ihre Mitschüler Original und Fälschung Ihres Bildes herausfinden.

IM BLICK DES HISTORIKERS

# Totalitarismus – ein umstrittenes Analysemodell

*Ermöglicht das Totalitarismusmodell ein besseres Verständnis der Diktaturen des 20. Jahrhunderts?*

## Entstehung des Modells

1923 prägte der italienische Liberale Giovanni Amendola das Adjektiv „totalitär" („totalitario"), um den Faschismus als eine politische Strömung zu charakterisieren, die auf die Verwirklichung einer „absoluten und unkontrollierten Herrschaft" hin ausgerichtet sei. Bald darauf übertrug der Führer der faschistischen Partei Italiens, Benito Mussolini, diesen Begriff auf seine Bewegung. 1934 definierte er das faschistische Regime als einen totalitären Staat: „[...] es liegt für den Faschismus alles im Staate beschlossen. Nichts Menschliches oder Geistiges besteht an sich, noch weniger besitzt dieses irgendeinen Wert außerhalb des Staates."

Im Gegensatz zu diesem Bekenntnis zum totalitären Staat übernahm das Totalitarismusmodell eine kritische Funktion. Seit den 1930er-Jahren unterstrichen demokratische Wissenschaftler insbesondere in den USA die Parallelen zwischen Diktaturen unterschiedlichster ideologischer Ausrichtungen, wie etwa der stalinistischen Sowjetunion und dem nationalsozialistischen Deutschland. Im Anspruch des Staates auf die totale ideologische und politische Kontrolle der Gesellschaft sahen sie ein gemeinsames Merkmal dieser Regime.

## Behauptung und Infragestellung des Modells seit 1945

Nachdem das Totalitarismusmodell angesichts der Anti-Hitler-Koalition zwischen den westlichen Demokratien und der Sowjetunion an Bedeutung verloren hatte, erlebte es nach dem Zweiten Weltkrieg eine Renaissance. Schon 1945 schlug Carl J. Friedrich, Professor für öffentliches Recht an der Universität Harvard, ein Bündel von Kriterien vor, durch die sich ein totalitäres Regime definieren ließ (siehe M2). 1951 veröffentlichte Hannah Arendt „The Origins of Totalitarianism". Die amerikanische Philosophin und Historikerin deutscher Herkunft suchte in diesem Standardwerk nicht nur die Funktionsweise der stalinistischen und nationalsozialistischen Diktatur zu analysieren, sondern auch ihre ideologischen und sozialen Ursprünge zu erklären.

Seit den späten 1940er-Jahren standen sich im Kalten Krieg die liberalen Demokratien und die Sowjetunion mit ihren Satellitenstaaten gegenüber. Der Begriff des „Totalitarismus" ging in die politische Alltagssprache der westlichen Gesellschaften ein, aber das Konzept blieb umstritten. Kritiker warfen den Verfechtern des Totalitarismusmodells vor, die ideologische und entstehungsgeschichtliche Eigenständigkeit der verschiedenen Diktaturen zu ignorieren und das Modell politisch in der Auseinandersetzung mit dem Kommunismus zu instrumentalisieren.

## Der Prozess der „Historisierung" und seine Grenzen

Die Frage nach dem Verhältnis zwischen Kommunismus und Nationalsozialismus führte in Deutschland zum „Historikerstreit", einer heftigen Debatte über den politisch-gesellschaftlichen Umgang mit der nationalsozialistischen Vergangenheit. 1986 fragte der westdeutsche Historiker Ernst Nolte, ob nicht der „Klassenmord der Bolschewiki" dem „Rassenmord der Nationalsozialisten" „logisch und faktisch" vorangegangen sei. Nolte sah sich daraufhin dem Vorwurf ausgesetzt, die nationalsozialistische Barbarei zu relativieren.

Die vergleichende Betrachtung von Nationalsozialismus und Stalinismus ist mittlerweile insofern weithin akzeptiert, als sie nicht nur das Erfassen von Ähnlichkeiten, sondern auch das Herausarbeiten wesentlicher Unterschiede ermöglicht. Seit dem Ende des Ost-West-Konflikts sind die Diktaturen des 20. Jahrhunderts zunehmend einem Prozess der „Historisierung" unterworfen, deren Verfechter eine betont sachliche, nicht durch Tabus und Dämonisierungen eingeschränkte Erforschung dieser Regime fordern. Kritiker sehen mit der „Historisierung" des NS-Regimes jedoch weiterhin die Gefahr einer Relativierung der monströsen Singularität nationalsozialistischer Verbrechen verbunden.

1 **Hannah Arendt (1906–1975)**

Amerikanische Philosophin und Historikerin deutscher Herkunft. Als Jüdin entschloss sie sich 1933, das nationalsozialistische Deutschland zu verlassen, um nach Frankreich und dann in die Vereinigten Staaten zu emigrieren. Dort veröffentlichte sie ihr Buch „The Origins of Totalitarianism" (1951).

## Begriffe

- **Faschismus:** Ultranationalistische Bewegung, dann diktatorisches Regime in Italien (1922–1945), das sich auf die Größe des Römischen Reiches berief (*fasces*/Rutenbündel symbolisieren die Amtsgewalt der römischen Magistrate). Die Ideologie des Faschismus ist totalitär; die Frage, ob das totalitäre Projekt des Faschismus in Italien voll umgesetzt wurde, bleibt jedoch offen. In einem weiteren Sinne wird der Begriff des Faschismus auch zur Bezeichnung anderer rechtsextremer Diktaturen einschließlich des Nationalsozialismus verwendet; diese Verwendung wird aber nicht von allen Historikern anerkannt.
- **Totalitarismusmodell:** Typologisches Modell, das die Parallelen zwischen den Diktaturen des 20. Jahrhunderts unterstreicht (absolute Ideologie, Einparteiensystem, Führerkult, Polizeiterror, Monopol über die Kommunikationsmittel, ggf. zentralisierte Wirtschaftsplanung).
- **Kalter Krieg:** Ideologische und politische Spannung zwischen kommunistischen Staaten (unter Führung der Sowjetunion) und westlichen Demokratien (unter Führung der Vereinigten Staaten) zwischen 1947 und dem Ende der 1980er-Jahre.
- **„Historisierung":** Von dem deutschen Historiker Martin Broszat 1985 in die NS-Forschung eingeführter Begriff. Er bezieht sich auf den wissenschaftlichen Anspruch, auf die NS-Zeit dieselben Analysemethoden wie auf andere Perioden anzuwenden und sie im Gesamtzusammenhang der deutschen Geschichte zu sehen.

## 2 Totalitarismus: eine klassische Definition

*1945 versuchte Carl. J. Friedrich, ein aus Deutschland stammender Professor für öffentliches Recht an der Universität Harvard, die totalitären Regime durch fünf gemeinsame Kriterien zu beschreiben:*[1]

1. eine offizielle Ideologie, bestehend aus einem offiziellen, alle Hauptaspekte des menschlichen Lebens umfassenden Lehrsystem, woran sich jedes Mitglied dieser Gesellschaft mindestens passiv zu halten hat; im Mittelpunkt dieser Ideologie stehen [...] chiliastische[2] Forderungen für eine vollkommene Endgesellschaft der Menschheit. 2. eine einzige Massenpartei [...]; dabei ist die Partei gewöhnlich unter einem einzigen Führer streng hierarchisch und oligarchisch organisiert und [...] der staatlichen Bürokratie entweder übergeordnet oder völlig mit ihr verflochten. 3. ein technisch bedingtes, fast vollkommenes Monopol der Kontrolle [...] über alle entscheidenden Kampfmittel. 4. ein ähnlich technisch bedingtes, fast vollkommenes Monopol der Kontrolle (in denselben Händen) über alle entscheidenden Massenkommunikationsmittel [...]. 5. ein System terroristischer, in seiner Wirkung auf den Punkt 3 und 4 beruhender Polizeikontrolle, die sich bezeichnenderweise nicht nur gegen erwiesene Feinde des Regimes, sondern gegen willkürlich herausgegriffene Gruppen der Bevölkerung richtet.

[1] 1956 ergänzten Friedrich und sein Kollege Zbigniew K. Brzezinski diese Liste um ein sechstes Kriterium: die zentrale Steuerung der wirtschaftlichen Aktivitäten durch den Staat.
[2] chiliastisch – auf eine ideale Zukunft hin ausgerichtet

Carl. J. Friedrich, „The Unique Character of Totalitarian Society", in: ders., Totalitarianism, Cambridge/Mass., 1945, S. 47–60; deutsche Übers. zit. nach: C. Vollnhals, „Der Totalitarismusbegriff im Wandel", Aus Politik und Zeitgeschichte 39, 2006.

## 3 Die Allgegenwart des Führerwillens

*In ihrem Buch „Elemente und Ursprünge totaler Herrschaft" (englische Fassung 1951, von der Autorin übersetzte und veränderte deutsche Fassung 1955) versucht Hannah Arendt, nicht nur die totalitären Regime zu erklären, sondern auch ihre ideologische Entstehungsgeschichte seit dem 19. Jahrhundert nachzuvollziehen. Im zitierten Auszug erklärt die Autorin die sehr direkte Wirkung des Führerwillens, in der sie ein spezifisches Merkmal des Totalitarismus sieht:*

Das Führerprinzip etabliert so wenig eine Hierarchie in dem totalen Herrschaftsapparat wie in der totalitären Bewegung. [...] Die Vorstellung, dass „die Partei der Orden der Führer" sei, war eine ganz gewöhnliche Propagandalüge. Die unendliche Multiplikation von Instanzen und die anderthalb Millionen von Führern und Unterführern im Dritten Reich, die alle auf nichts und niemanden verpflichtet waren als auf die Person Hitlers selbst, schuf gerade wegen der ihr innewohnenden Konfusion eine Situation, in der sich jedermann mit dem Willen des Führers direkt konfrontiert fühlen musste. Diese direkte Abhängigkeit, die sich juristisch darin ausdrückte, dass nicht der Vollzug von Befehlen, die von dieser oder jener Instanz erlassen sein mochten, sondern das „Vollziehen des Willens der Führung" über Rechtmäßigkeit oder Rechtswidrigkeit einer Handlung entschied, war real wirksam, während der Hierarchie der Führer und Unterführer höchstens eine gesellschaftliche Bedeutung zukam [...]

Das absolute Macht- und Befehlsmonopol in der Person des Führers selbst war im stalinschen Russland sogar noch auffälliger, weil dort kein Polizeichef je eine Machtposition besessen hat, die sich mit der Himmlers in den letzten Jahren des Dritten Reiches vergleichen könnte.

Hannah Arendt, Elemente und Ursprünge totaler Herrschaft, deutsche Fassung erstmals erschienen 1955, hier zit. nach der Ausg. München 2006[11], S. 843.

## 4 „Nationalsozialismus und Stalinismus – Grenzen eines Vergleichs"

*Der britische Historiker Ian Kershaw erkennt die Notwendigkeit eines Vergleichs von Stalinismus und Nationalsozialismus an, betont aber zugleich die historische Singularität des Letzteren:*

Die Beziehungen zwischen Kommunismus und Faschismus – in geringerem Maße zwischen Stalinismus und Nationalsozialismus – fallen ins Auge. Beide sind sie aus einer widersprüchlichen Ablehnung der liberalen Gesellschaft heraus entstanden, wie sie vor dem Ersten Weltkrieg existierte – und dieser Krieg hat den gnadenlosen Gegensatz noch zusätzlich verschärft. [...]

All dies bedeutet in keiner Weise, dass der Nationalsozialismus und der Kommunismus einander anders ähneln als an der Oberfläche, und [es bedeutet] noch weniger, dass der Kommunismus die Ursache des Faschismus oder letztlich verantwortlich für den nationalsozialistischen Völkermord gewesen wäre. [...]

Innerhalb der faschistischen Familie bleibt der Nationalsozialismus ein einzigartiges Phänomen und der Vergleich mit dem Stalinismus kann diese Singularität nur unterstreichen. Man kann und darf diesen Vergleich nicht vermeiden. Aber man muss bei diesem Thema genau sein und ermessen, wie oberflächlich die durch den Vergleich entdeckten Ähnlichkeiten sind.

Eine der wesentlichen Aufgaben der vergleichenden Geschichtswissenschaft ist das Aufzeigen von Unterschieden ebenso wie der Nachweis von Ähnlichkeiten. Doch der Vergleich von Nationalsozialismus und Stalinismus endet damit nicht: Er zeigt vor allem die historische Einzigartigkeit des Nationalsozialismus. Die gesamte Geschichtswissenschaft zum 20. Jahrhundert muss diese Singularität zur Kenntnis nehmen und sie erklären.

Übers. nach: I. Kershaw, „Nazisme et stalinisme, les limites d'une comparaison", Le Débat, 89 (März–April 1996), S. 189.

## Fragen und Anregungen

**1.** Inwieweit erfüllen das nationalsozialistische Deutschland und die stalinistische Sowjetunion die von Carl J. Friedrich formulierten Kriterien zur Definition des totalitären Staates? Versuchen Sie, ausgehend von diesen Kriterien, eine Tabelle zum Vergleich der nationalsozialistischen und der stalinistischen Diktatur zu erstellen, in der Sie neben Parallelen auch Unterschiede erfassen. (M2, Kapitel 14 und 15)

**2.** Lassen sich weitere Gemeinsamkeiten erkennen, die Friedrichs Kriterien hinzugefügt werden müssten? (M2, Kapitel 14 und 15)

**3.** Erklären Sie Hannah Arendts These zur Umsetzung des Führerwillens in einem totalitären Staat. (M3) Inwiefern widerspricht diese These dem zweiten Kriterium Carl J. Friedrichs? (M2)

**4.** Erläutern Sie die Grenzen des Vergleichs von Stalinismus und Nationalsozialismus, auf die Ian Kershaw hinweist. Weshalb hält Kershaw diesen Vergleich dennoch für notwendig? (M4)

**5.** Diskutieren Sie folgende Frage: Inwieweit ist es heute möglich und sinnvoll, die Diktaturen des 20. Jahrhunderts zu „historisieren"?

# Dossier
# Das Thema des Totalitarismus in Literatur und Film

Seit den 1930er-Jahren fasziniert der Totalitarismus Schriftsteller und Filmschaffende, vor allem in Großbritannien und in den Vereinigten Staaten. Oft verwenden sie das Genre der „Dystopie" (negative Utopie), um totalitäre Regime ihrer Zeit oder einsetzende totalitäre Entwicklungen ins Bild zu setzen.

Schon 1932 stellte der britische Autor Aldous Huxley in seinem Science-Fiction-Roman „Brave New World" („Schöne neue Welt") eine Gesellschaft vor, deren Hierarchie durch ein System der biologischen und psychischen Manipulation der Bevölkerung aufrechterhalten wird. Noch expliziter waren die politischen Bezüge in dem Roman „1984", den sein Landsmann George Orwell 1949 veröffentlichte.

Mehr noch als die literarischen Werke selbst und vor allem stärker als die universitären Debatten über das Totalitarismusmodell haben Filme wie „The Dictator" („Der große Diktator") von Charlie Chaplin oder die filmische Adaptation von „1984" (1956) das Bild der totalitären Gefahr in den westlichen Demokratien geprägt.

1

**„Der große Diktator"**

1940 macht der britisch-amerikanische Schauspieler und Regisseur Charlie Chaplin die totalitäre Rhetorik des „Führers" und die servile Unterordnung der Massen gegenüber dem „großen Führer" lächerlich (die Figur des Diktators „Hynkel" wurde von Chaplin gespielt).

2

### „Brave New World" – auf dem Weg zu einer neuen Form des Totalitarismus ?

*1932 veröffentlichte der britische Schriftsteller Aldous Huxley „Brave New World", einen Science-Fiction-Roman über eine Gesellschaft, die durch die pränatale Konditionierung ihrer Mitglieder, durch die mittels Drogenkonsum ermöglichte Teilhabe aller am Glück und die vom Regime geförderte allgemeine Promiskuität vollständig kontrolliert wird. In einem nach dem Zweiten Weltkrieg (1946) ergänzten Vorwort denkt Huxley über die Möglichkeit eines neuen Totalitarismus nach:*

Es gibt natürlich keinen Grund, warum der neue Totalitarismus dem alten gleichen sollte. Ein Regieren mittels Knüppeln und Exekutionskommandos, mittels künstlicher Hungersnöte, Massenverhaftungen und Massendeportationen ist nicht nur unmenschlich (darum schert sich heutzutage niemand viel); es ist nachweisbar leistungsunfähig – und in einem Zeitalter fortgeschrittener Technik ist Leistungsunfähigkeit die Sünde wider den Heiligen Geist. Ein wirklich leistungsfähiger totalitärer Staat wäre ein Staat, in dem die allmächtige Exekutive politischer Machthaber und ihre Armee von Managern eine Bevölkerung von Zwangsarbeitern beherrscht, die zu gar nichts gezwungen zu werden brauchen, weil sie ihre Sklaverei lieben. Ihnen die Liebe zu ihr beizubringen, ist in heutigen totalitären Staaten die den Propagandaministerien, den Zeitungsredakteuren und Schullehrern zugewiesene Aufgabe. Aber deren Methoden sind noch immer plump und unwissenschaftlich.

Aldous Huxley, Brave New World. Frankfurt/Main 1981, S. 16.

## 3 Die Welt von „Oceania" – ein Albtraum

*In seinem 1949 erschienenen Roman „1984" entwirft George Orwell das Bild eines totalitären Regimes, das eine fast unbegrenzte Kontrolle über seine Bürger ausübt. Zahlreiche Anspielungen erlauben es, das Land „Oceania" mit der stalinistischen Sowjetunion in Verbindung zu bringen (zum Beispiel der Schnurrbart des Big Brother, der an Stalin denken lässt). Im ersten Kapitel beschreibt der Erzähler die beängstigende Umgebung, in der der künftige Dissident Winston leben muss:*

Das schwarzschnurrbärtige Gesicht starrte von jeder dominierenden Ecke herab. Eines hing an der Hauswand unmittelbar gegenüber. DER GROSSE BRUDER SIEHT DICH, verkündete die Unterzeile, und die dunklen Augen blickten tief in Winstons. [...]

In Winstons Rücken plapperte die Stimme aus dem Teleschirm noch immer von Roheisen und der Übererfüllung des IX. Dreijahresplans. Der Teleschirm war Sende- und Empfangsgerät zugleich. Jedes von Winston verursachte Geräusch, das über ein gedämpftes Flüstern hinausging, würde registriert werden; außerdem konnte er, solange er in dem von der Metallplatte kontrollierten Sichtfeld blieb, ebenso gut gesehen wie gehört werden. Man konnte natürlich nie wissen, ob man im Augenblick gerade beobachtet wurde oder nicht. Wie oft oder nach welchem System sich die Gedankenpolizei in jede Privatleitung einschaltete, darüber ließ sich bloß spekulieren. Es war sogar denkbar, dass sie ständig alle beobachtete. Sie konnte sich jedenfalls jederzeit in jede Leitung einschalten. Man musste folglich in der Annahme leben – und tat dies auch aus Gewohnheit, die einem zum Instinkt wurde –, dass jedes Geräusch, das man verursachte, gehört und, außer bei Dunkelheit, jede Bewegung beäugt wurde. Winston kehrte dem Teleschirm weiter den Rücken zu. Es war sicherer so; obgleich, wie er sehr wohl wusste, selbst ein Rücken verräterisch sein konnte. Einen Kilometer entfernt türmte sich das Ministerium für Wahrheit, seine Arbeitsstätte, weiß und gewaltig über der rußigen Landschaft auf.

[...]

Das Ministerium für Wahrheit – Miniwahr in Neusprech* – unterschied sich verblüffend von allem, was man sonst sah. Es war ein riesiges, pyramidales Gebilde aus schimmernd-weißem Beton, das, Terrasse auf Terrasse, dreihundert Meter hoch in die Luft stieg. Von Winstons Standort aus konnte man eben noch die von der weißen Front in eleganter Schrift farblich abgesetzten drei Parolen der Partei lesen:

KRIEG IST FRIEDEN
FREIHEIT IST SKLAVEREI
UNWISSENHEIT IST STÄRKE

George Orwell, 1984. Berlin 2004, S. 8 – 10.

* Neusprech ist die Amtssprache Oceanias.

4 **"Big Brother is watching you..."**

Szene aus dem Film „1984", der 1956 nach dem Roman von George Orwell unter der Regie Michael Andersons gedreht wurde. Während Orwell die totalitäre Pervertierung linker Ideen betonte, die er im Grunde billigte, neigte das Publikum des Kalten Krieges dazu, diese Botschaft in einem rein antikommunistischen Sinne zu vereinfachen.

## Fragen und Anregungen

1. Erörtern Sie, welche Rolle Komik in der Auseinandersetzung mit totalitären Regimen spielen kann? (M1)
2. Identifizieren Sie den Aspekt des Totalitarismus, für den die Figur des Big Brother steht. (M3 und M4)
3. Erläutern Sie die Funktion, die der Kunstsprache „Neusprech" („Newspeak") im System von „Oceania" zukommt. Kennen Sie reale Beispiele für den manipulatorischen Einsatz von Sprache in den totalitären Regimen des 20. Jahrhunderts? (M3, Kapitel 14 und 15)
4. Charakterisieren Sie den spezifischen Beitrag der in Literatur und Film ausgedrückten Totalitarismuskritik. Worin unterscheidet sie sich von der wissenschaftlichen Analyse des Totalitarismus? (M1 bis M4 und S. 290f.)

# Bilanz
# Demokratien und totalitäre Regime in der Zwischenkriegszeit

## Wichtige Daten

| | |
|---|---|
| **9. November 1918** | Revolution der Arbeiter- und Soldatenräte und Ausrufung der Republik in Deutschland |
| **März 1921** | Verkündung der Neuen Ökonomischen Politik |
| **28. Oktober 1922** | „Marsch auf Rom" |
| **1923** | Hyperinflation in Deutschland |
| **Oktober 1929** | Börsenkrach an der Wall Street und Beginn der Wirtschaftskrise in den USA |
| **November 1929** | Stalin verkündet die „Große Wende" |
| **30. Januar 1933** | Hitlers Ernennung zum Reichskanzler |
| **6. Februar 1934** | Demonstration der Ligen in Paris (Marsch auf das Palais Bourbon) |
| **15. September 1935** | Verkündung der Nürnberger Gesetze |
| **Mai 1936** | Wahlsieg des Front populaire in Frankreich |
| **18. Juli 1936** | Beginn des Spanischen Bürgerkrieges |
| **1936 – 1938** | „Der Große Terror" in der UdSSR |
| **9. November 1938** | Reichspogromnacht in Deutschland |

## Schlüsselbegriffe

| Deutsch | Französisch | Englisch |
|---|---|---|
| **Bolschewismus** | Bolchevisme | Bolshevism |
| **Zwangskollektivierung der Landwirtschaft** | Collectivisation forcée des campagnes | Compulsory collectivization of Soviet agriculture |
| **Fünfjahresplan** | Plan quinquennal | Five-year plan |
| **Volksfront** | Front populaire | Popular Front |
| **Faschismus** | Fascisme | Fascism |
| **Nationalsozialismus** | National-socialisme | National Socialism |
| **Volksgemeinschaft** | „Communauté du peuple" | „People's community" |
| **„Arische Rasse"** | „Race aryenne" | „Aryan race" |
| **Gleichschaltung** | „Mise au pas" | „Gleichschaltung" (wird im Englischen meist nicht übersetzt) |
| **Diktatur** | Dictature | Dictatorship |
| **Totalitarismus** | Totalitarisme | Totalitarianism |

## Im Spiegel des Anderen: Franzosen und Deutsche in den 1930er-Jahren

### Die Faszination des Nationalsozialismus

*Der Schriftsteller Robert Brasillach, Chefredakteur der rechtsextremen Zeitung „Je suis partout", war eine der wichtigsten Figuren des intellektuellen Faschismus im Frankreich der 1930er-Jahre. Nach der Befreiung (Libération) wurde er wegen seiner kollaborationistischen Schriften hingerichtet. 1937 hatte er am Reichsparteitag der Nationalsozialisten in Nürnberg teilgenommen.*

In dem Augenblick, da [Hitler] das Stadion betrat, flammten tausend Scheinwerfer entlang des Stadionrunds auf, die geradewegs in den Himmel gerichtet waren. Er wird nun von tausend blauen Pfeilern wie von einem geheimnisvollen Käfig umschlossen. Die ganze Nacht über wird man sie auf dem Gelände brennen sehen, sie kennzeichnen den heiligen Ort des nationalen Geheimnisses, eine berauschende Zauberei, der die Organisatoren den Namen „Lichtdom" gaben.

Da steht er nun, der Mann, auf seiner Rednertribüne. Kein Gesang, kein Trommelwirbel. Es herrscht das außerordentlichste Schweigen, als am Eingang des Stadions vor den einzelnen Zwischenräumen, die die braunen Gruppen voneinander trennen, die ersten Reihen der Standartenträger erscheinen. [...] Ein übernatürliches und mineralisches Schweigen wie bei einem astronomischen Schauspiel, auf einem anderen Planeten. [...] Ich glaube nicht, in meinem Leben eine großartigere Darbietung gesehen zu haben.

Übers. nach: Robert Brasillach, Notre avant-guerre. Paris 1941.

### Paris, Hauptstadt der deutschen Flüchtlinge

*Der junge Schauspieler Fritz Werner Prasuhn, der nach dem Krieg den Namen Claude Vernier annimmt, beschließt 1936, das nationalsozialistische Deutschland zu verlassen und nach Frankreich zu emigrieren, wo noch das Klima der Volksfront herrscht.*

[...] Bei den Treffen herrscht noch Feierstimmung; man muss nur erklären, warum man Deutschland verlassen hat, schon wird man mit offenen Armen empfangen. Alle stellen Fragen, wollen alles wissen. Stimmt es also, was man so sagt? Und ich berichte, spreche über Verfolgungen, Konzentrationslager. Sie hören mir zu, und sie glauben mir, und sie schwören, dass der Faschismus nicht siegen wird.

Am Ende eines Treffens zur Unterstützung der spanischen Republikaner begegne ich Jean Renoir[1]. Beim Hinausgehen aus der Huyghens-Turnhalle[2] spreche ich ihn auf der Straße an. Ich erläutere mein Anliegen: „Nazi-Gegner, gerade aus Deutschland gekommen, auf der Suche nach Arbeit [...]"

Renoir hat mich noch niemals gesehen, doch er hört mich an, als ob all dies von größter Wichtigkeit für ihn und das französische Kino wäre. Er vereinbart mit mir ein Treffen für den nächsten Tag in den Studios von Billancourt. Und kurze Zeit darauf befinde ich mich zum ersten Mal vor einer Kamera, verkleidet als preußischer Offizier, die Pickelhaube auf dem Kopf. Ich soll Erich von Stroheim die Ankunft französischer Gefangener melden: Jean Gabin, Pierre Fresnay und Marcel Dalio[3] [...]

Es war der Film „Die große Illusion" [...]

[1] Französischer Regisseur, Sohn des Malers Jean Renoir
[2] Ort, der für zahlreiche Treffen der Linken genutzt wurde.
[3] Hauptdarsteller des Films „Die große Illusion" (1937), der während des Ersten Weltkrieges spielt.

Zit. nach: A. Saint-Sauveur-Henn (Hrsg.), Fluchtziel Paris: Die deutschsprachige Emigration 1933 – 1940. Berlin 2002.

## DEUTSCH-FRANZÖSISCHER PERSPEKTIVENWECHSEL

### Demokratien in der Krise

• Nach 1945 haben Deutsche und Franzosen ihre Vorkriegs-Demokratien einem strengen Urteil unterworfen. In Frankreich wurde mit der „Libération" (Befreiung 1944) die republikanische Staatsform wieder hergestellt, doch lehnten es die Franzosen ab, schlichtweg zu den parlamentarischen Praktiken der Dritten Republik zurückzukehren, die man für den Niedergang des Landes verantwortlich machte. In jüngerer Zeit haben sich die Debatten über die Krise der liberalen Demokratie in den 1930er-Jahren darauf konzentriert, welches Echo der Faschismus in Frankreich gefunden hat. Dem israelischen Historiker Zeev Sternhell zufolge weist die faschistische Ideologie spezifisch französische Wurzeln auf und war weit über die intellektuellen Ligen und Zirkel hinaus verbreitet, die sich offen zu ihr bekannten. Diese These wird von französischen Historikern heftig bestritten, für die der Pazifismus, die Verwurzelung der republikanischen Werte und die Konkurrenz durch andere Formen des rechten Nationalismus erklären, weshalb der Faschismus in Frankreich ein Minderheitenphänomen geblieben ist.

• In der Bundesrepublik Deutschland hat die Vorkriegsgeneration die Verantwortung für Hitlers Zugang zur Macht den Funktionsschwächen der Weimarer Republik angelastet, die das Grundgesetz von 1949 durch entsprechende verfassungsrechtliche Vorkehrungen zu überwinden suchte. In der DDR wurde die Schuld am Niedergang der Weimarer Republik der kapitalistischen Bourgeoisie zugeschrieben. Hierdurch ließ sich die Rolle der Kommunistischen Internationale beim Scheitern der linken politischen Kräfte verschleiern, als es darauf ankam, gemeinsam gegen Hitler Front zu machen; allerdings gehörten die Kommunisten zu den Ersten, die gegen die Errichtung der nationalsozialistischen Diktatur Widerstand leisteten. In der Bundesrepublik hat die Problematik des deutschen Sonderwegs (siehe S. 60 f.) die Historiker dazu veranlasst, in einer weiter zurückliegenden Vergangenheit nach den Gründen zu suchen, welche die Erfolgschancen der liberalen Demokratie in Deutschland nach 1918 verminderten. Sie unterstreichen allerdings, dass die Weimarer Republik nicht von Anfang an zum Untergang verurteilt war und dass ihr Scheitern vor allem mit den großen Krisen erklärt werden kann, denen sie ausgesetzt war; diese lassen sich in ihrer Schwere nicht mit den Schwierigkeiten vergleichen, vor die sich die französische Demokratie zur gleichen Zeit gestellt sah.

### Faschismus und Nationalsozialismus

• Beim Vergleich zwischen italienischem Faschismus und Nationalsozialismus geht es in beiden Ländern um unterschiedliche Ansätze und Anliegen. Die westdeutschen Historiker mussten sich in erster Linie gegenüber der offiziellen Geschichtsschreibung in der DDR abgrenzen, die gemäß dem Dogma der marxistisch-leninistischen Ideologie das NS-Regime undifferenziert in die Kategorie der faschistischen Diktaturen einordnete und diese wiederum als Auswuchs der kapitalistischen Bourgeoisie betrachtete. Die Gleichsetzung von Nationalsozialismus und Faschismus ist in Deutschland auch deshalb immer noch umstritten, weil sie den absolut singulären Charakter des NS-Regimes überdeckt. In Frankreich führte der Antifaschismus von Anfang an zu einer gemeinsamen Verurteilung des faschistischen Italiens und des nationalsozialistischen Deutschlands. Faschismus und Nationalsozialismus werden so häufig als zwei nationale Varianten desselben Phänomens betrachtet, auch wenn man deren tiefer liegende Unterschiede berücksichtigt.

• Im Sinne einer Berücksichtigung dieser Unterschiede wird in deutschen Lehrbüchern die Geschichte des faschistischen Italiens, des nationalsozialistischen Deutschlands und der stalinistischen UdSSR getrennt betrachtet. Dagegen empfehlen die offiziellen Lehrpläne in Frankreich eine vergleichende Auseinandersetzung mit diesen totalitären Diktaturen.

### Nationalsozialismus und Stalinismus

• Der Vergleich zwischen Nationalsozialismus und Stalinismus hat in beiden Ländern lebhafte Auseinandersetzungen hervorgerufen, da er die Verführungskraft in Frage stellte, die die kommunistische Idee und der Marxismus unter linken Intellektuellen nach dem Zweiten Weltkrieg weithin ausstrahlten. So hat das 1997 veröffentlichte „Schwarzbuch des Kommunismus" zwar keine mit dem „Historikerstreit" in der Bundesrepublik vergleichbare Debatte ausgelöst (siehe S. 290 f.), dennoch gab es auch in Frankreich heftige Reaktionen darauf, da einer der Autoren glaubte, die Verbrechen des Kommunismus mit dem Völkermord an den Juden gleichsetzen zu können. Die meisten französischen und deutschen Historiker sind demgegenüber inzwischen überzeugt davon, dass der Vergleich der beiden mörderischen Diktaturen gerade für das Erfassen ihrer unterschiedlichen Merkmale hilfreich sein kann.

## WEITERFÜHRENDE HINWEISE

### Romane und Zeitzeugenberichte

- Margarete Buber-Neumann, Als Gefangene bei Stalin und Hitler: eine Welt im Dunkel. München: Ullstein-Taschenbuchverlag, 2002.
- Sebastian Haffner, Geschichte eines Deutschen. Die Erinnerungen 1914–1933. München: dtv, 2002.
- André Malraux, Die Hoffnung (L'Espoir, 1937). Aus dem Französischen von H. Kauders. München: dtv, 1986 (Roman des großen französischen Schriftstellers, der sich auf Seiten der spanischen Republikaner engagiert hatte).

### Darstellungen

- Wolfgang Benz u. a. (Hrsg.), Enzyklopädie des Nationalsozialismus. Stuttgart/München: Klett-Cotta/dtv, 2007[5].
- Hans-Ulrich Thamer, Der Nationalsozialismus. Stuttgart: Reclam, 2002.
- Moshe Zimmermann, Die deutschen Juden 1914–1945. Enzyklopädie Deutscher Geschichte, Bd. 43. München: Oldenbourg, 1997.
- Serge Berstein, Démocraties, régimes autoritaires et totalitarismes au XXe siècle. Paris: Hachette, 1999.
- Philippe Burrin, Fascisme, nazisme et communisme. Paris: Seuil, 2000.

### Internetseiten

- Deutsches Historisches Museum: Online-Ausstellung über den Nationalsozialismus: www.dhm.de/lemo/html/nazi/index.html (16.02.2008).
- www.shoa.de (16.02.2008): Internetseite zur Shoah und zum Nationalsozialismus insgesamt.

### Filme

- Charlie Chaplin, Der große Diktator (The Dictator), 1940.
- Sergej Michailowitsch Eisenstein, Oktober, 1927 (über die Oktoberrevolution von 1917).
- Joseph Vilsmaier, Comedian Harmonists, 1997 (Geschichte eines in der Zwischenkriegszeit sehr populären Sängerensembles mit jüdischen Mitgliedern, die schließlich aus Deutschland fliehen mussten).
- Luchino Visconti, Die Verdammten (La caduta degli dei), 1968 (NS-Deutschland im Spiegel einer deutschen Industriellenfamilie).

# Teil 7

## Der Zweite Weltkrieg

1

2

3

4

5

6

7

8

9

10

11

12

13

14

15

16

17

18

# Zur Orientierung
# Außenpolitik und Kriegsvorbereitung (1933 – 1939)

## Zur Orientierung

| | |
|---|---|
| **16. Februar 1933** | Abschluss des Bündnisses der „Kleinen Entente“ (Tschechoslowakei, Rumänien, Jugoslawien), zu deren Schutzmacht sich Frankreich erklärte. |
| **27. März 1933** | Austritt Japans aus dem Völkerbund. |
| **14. Oktober 1993** | Austritt Deutschlands aus dem Völkerbund. |
| **14. April 1935** | Unterzeichnung des Abkommens von Stresa zwischen Frankreich, Großbritannien und Italien, das die Verletzungen des Versailler Vertrages durch Deutschland verurteilte. |
| **3. Oktober 1935** | Italienischer Angriff auf Äthiopien. |
| **7. März 1936** | Besetzung des entmilitarisierten Rheinlandes durch deutsche Truppen. |
| **17. Juli 1936** | Beginn des Spanischen Bürgerkrieges. |
| **25. November 1936** | Unterzeichnung des Antikominternpaktes zwischen Deutschland und Japan. |
| **7. Juli 1937** | Japan erklärt China den Krieg. |
| **6. November 1937** | Beitritt Italiens zum Antikominternpakt. |
| **13. März 1938** | „Anschluss“ Österreichs an Deutschland. |
| **29. September 1938** | Münchner Konferenz. |
| **22. Mai 1939** | „Stahlpakt“ zwischen Deutschland und Italien, der garantiert, dass beide Staaten sich im Falle einer Aggression automatisch gegenseitig unterstützen. |
| **23. August 1939** | Deutsch-sowjetischer Nichtangriffspakt. |
| **1. September 1939** | Angriff Deutschlands auf Polen. |
| **3. September 1939** | Frankreich und Großbritannien erklären Deutschland den Krieg. |

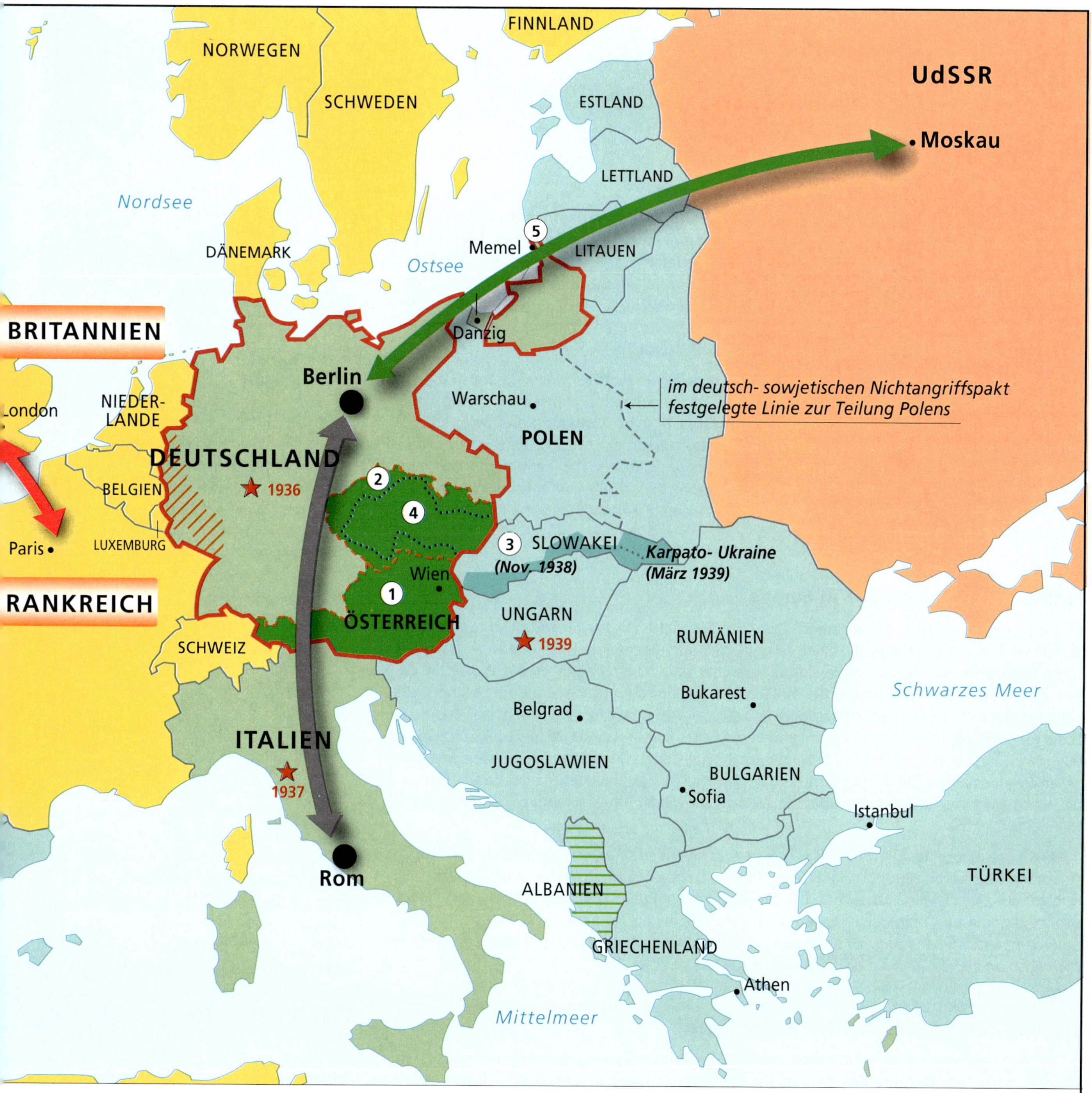


Besetzung des Rheinlands durch deutsche Truppen, 1936

1. „Anschluss" (Anschluss Österreichs an das Reich, 13. März 1938)
2. Annexion des Sudetenlandes, 30. Sept. 1938
3. Slowakei, Satellitenstaat Deutschlands, 14. März 1939
4. Protektorat Böhmen-Mähren, 16. März 1939
5. Annexion von Memel, 22. März 1939, und Danzig, 1. September 1939

**Andere Annexionen**

durch Ungarn (November 1938 und März 1939)

durch Italien (April 1939)

**Allianzen**

Achse Berlin-Rom (November 1936)

deutsch-sowjetischer Nichtangriffspakt (23. August 1939)

Unterzeichnerländer des Anti-Komintern-Paktes (1936 Deutschland und Japan gegen die UdSSR, bis 1939 Beitritt von Italien, Mandschukuo, Ungarn und Spanien)

französisch-britische Allianz und Garantieerklärung für Polen

# 1. Der Weg in den Krieg (1931 – 1939)

*Wie hat die deutsche und japanische Aggressionspolitik zum Ausbruch des Zweiten Weltkrieges geführt?*

## Japanische Ansprüche in Asien

Japan, das mit schweren ökonomischen Problemen und starkem demografischen Druck zu kämpfen hatte, stürzte sich in den 1930er-Jahren in eine militärische Expansionspolitik. Die 1931 besetzte chinesische Provinz Mandschurei, in der Japan starke wirtschaftliche Interessen verfolgte, wurde in ein Protektorat umgewandelt und erhielt den Namen Mandschukuo. Der Völkerbund verurteilte Japan zwar 1933, enthielt sich aber jeglicher Sanktionen. Die unter immer stärkerem Einfluss der Militärs stehende japanische Regierung näherte sich Deutschland und Italien an, mit denen sie 1936/1937 den Antikominternpakt schloss.

Ab dem 7. Juli 1937 führte Japan Krieg gegen China. Im August fielen Peking und Tianjin in die Hände der Japaner, im Oktober folgte Shanghai. Die chinesische Hauptstadt Nanking wurde am 13. Dezember 1937 eingenommen und verwüstet. Die von Tschiang Kai-schek geführte chinesische Regierung vermied jede direkte Konfrontation mit der besser ausgerüsteten japanischen Armee und zog sich ins Inland Chinas zurück. Im Oktober 1937 schlug der Präsident der Vereinigten Staaten Franklin D. Roosevelt vor, Japan zu isolieren. Aber da er die amerikanische Neutralität wahren wollte, konnte er keine wirksamen Maßnahmen zur Eindämmung des japanischen Expansionsdrangs ergreifen.

## Hitlers Aggressionspolitik in Europa

Entsprechend seiner in „Mein Kampf" 1925/26 präsentierten Vorstellungen, machte sich Hitler ab 1933 daran, die durch den Versailler Vertrag errichtete europäische Ordnung zu zerschlagen. Unter dem Vorwand des Selbstbestimmungsrechts der Völker nutzte er die Passivität der Demokratien und den Pazifismus in der öffentlichen Meinung dieser Länder aus. Im Oktober 1933 verließ das „Dritte Reich" den Völkerbund und die Abrüstungskonferenz. Nun hatte Hitler freie Hand für die Wiederaufrüstung Deutschlands. Nach einer Volksabstimmung, deren Resultat (über 90 Prozent Ja-Stimmen, siehe S. 263) die nationalsozialistische Propaganda zugunsten des deutschen Regimes ausnutzte, erfolgte im Januar 1935 die Wiederangliederung des Saargebiets an das Reich. Im selben Jahr führte Hitler die Wehrpflicht wieder ein und remilitarisierte 1936 das Rheinland.

Über die einfache Revision des Versailler Vertrages hinaus strebte Hitler danach, alle als deutsch geltenden Bevölkerungsgruppen in einem „Großdeutschen Reich" zu vereinigen. Im März 1938 erfolgte der „Anschluss Österreichs". Bei der Münchner Konferenz im September 1938 ließen Großbritannien und Frankreich ihren Verbündeten Tschechoslowakei fallen, indem sie Hitler erlaubten, das Sudetenland zu annektieren. In der öffentlichen Meinung dieser Länder hielt man noch an der Illusion fest, dass der Friede gerettet sei.

## Die Entfesselung des Zweiten Weltkrieges

Hitler ging davon aus, dass Großbritannien ihm in Europa freie Hand ließe, wenn er sich im Gegenzug dazu verpflichtete, den Bestand des Britischen Empires zu respektieren. In Verletzung des Münchner Abkommens zögerte er daher nicht, im März 1939 in die Tschechoslowakei einzumarschieren. Diesmal jedoch nahm die britische Regierung eine unnachgiebigere Position ein, und bot, gefolgt von Frankreich, den vom nationalsozialistischen Deutschland am meisten bedrohten Ländern, vor allem Polen, eine Beistandsgarantie an.

Indessen scheiterten die französischen und britischen Bemühungen um eine Annäherung an die UdSSR. Der von der Münchner Konferenz ausgeschlossene Stalin verdächtigte sie, die Ambitionen Hitlers gegen die UdSSR lenken zu wollen. Er zog es vor, am 23. August 1939 mit Deutschland einen deutsch-sowjetischen Nichtangriffspakt abzuschließen, zu dem ein geheimes Abkommen zur Aufteilung Polens gehörte. In dem Glauben, nicht an zwei Fronten kämpfen zu müssen, ließ Hitler am 1. September 1939 seine Truppen in Polen einmarschieren. Am 3. September erklärten Großbritannien und Frankreich Deutschland den Krieg.

1 **Die Bildung der Achse Rom – Berlin, 1937**
Hitler und Mussolini beim Betrachten einer nationalsozialistischen Parade anlässlich des Besuchs des „Duce" in München.

### Begriffe

- **Münchner Konferenz:** Auf Initiative Benito Mussolinis trafen sich am 29. September 1938 Vertreter Deutschlands, Englands, Frankreichs und Italiens; das am Tag darauf unterzeichnete Münchner Abkommen erlaubte Hitler, das in der Tschechoslowakei gelegene Sudetenland zu annektieren.
- **Abrüstungskonferenz:** Diese Konferenz wurde ab Februar 1932 vom Völkerbund abgehalten. An ihr nahmen auch die USA und die UdSSR teil, die beide nicht dem Völkerbund angehörten. Der Konferenz gelang es jedoch nicht, die Differenzen zwischen Frankreich und Deutschland, das die Gleichberechtigung forderte, zu überwinden. Im Oktober 1933 verließ Deutschland die Konferenz und zog sich aus dem Völkerbund zurück.
- **Antikominternpakt:** Am 25. November 1936 zwischen Deutschland und Japan geschlossener Vertrag, der sich gegen die UdSSR als Führungsmacht der Kommunistischen Internationale (Komintern) richtete. Im November 1937 schloss sich Italien dem Pakt an.
- **Deutsch-sowjetischer Nichtangriffspakt:** Am 23. August 1939 von den Außenministern Deutschlands (Joachim von Ribbentrop) und der UdSSR (Wjatscheslaw Molotow) unterschriebener Nichtangriffspakt; ein Geheimprotokoll sah zwischen beiden Ländern eine Aufteilung Polens und der baltischen Staaten in Einflusszonen vor.
- **Völkerbund:** siehe S. 176
- **Sudetenland:** Grenznahes Gebiet in der Tschechoslowakei, in dem eine deutschsprachige Minderheit von drei Millionen Einwohnern lebte, die 1938 ihre Wiederangliederung an Deutschland forderte.

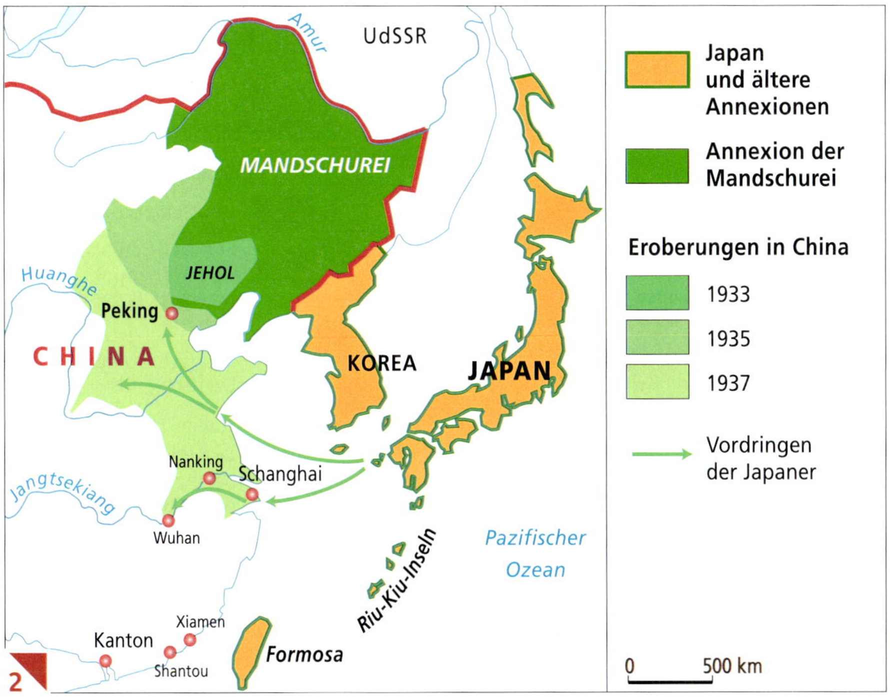


2 Das Vordringen der Japaner in China

## 3 Am Vorabend der Münchner Konferenz – eine „fatale Illusion"

Die unter dem Druck Englands und Frankreichs durchgeführte Teilung der Tschechoslowakei kommt einer vollständigen Kapitulation der westlichen Demokratien vor der nationalsozialistischen Bedrohung gleich […]. Ein solches Einknicken wird weder Frieden noch Sicherheit bringen […]. Im Gegenteil, es versetzt diese beiden Länder in eine noch schwächere und gefährlichere Lage. Die einfache Tatsache, dass die Tschechoslowakei ausgeschaltet ist, führt zur Freisetzung von 25 deutschen Divisionen, die die Front im Westen bedrohen werden […]. Zu glauben, man könne die Sicherheit erhalten, indem man einen kleinen Staat dem Wolf zum Fraß vorwirft, ist eine fatale Illusion.

Rede Winston Churchills (damals Abgeordneter der Konservativen) am 21. September 1938.

## 4 Der deutsch-sowjetische Nichtangriffspakt vom 23. August 1939

**Artikel 1** – Die beiden vertragschließenden Teile verpflichten sich, sich jeden Gewaltakts, jeder aggressiven Handlung und jeden Angriffs gegeneinander, und zwar sowohl einzeln als auch gemeinsam mit anderen Mächten, zu enthalten.

**Artikel 2** – Falls eine der vertragschließenden Parteien Gegenstand kriegerischer Handlungen seitens einer dritten Macht werden sollte, wird der andere vertragschließende Teil in keiner Form diese dritte Macht unterstützen.

**Artikel 3** – Die Regierungen der beiden vertragschließenden Teile werden künftig fortlaufend zwecks Konsultationen in Fühlung miteinander bleiben, um sich gegenseitig über Fragen zu informieren, die ihre gemeinsamen Interessen berühren.

**Artikel 4** – Keiner der beiden vertragschließenden Teile wird sich an irgendeiner Mächtegruppierung beteiligen, die sich mittelbar oder unmittelbar gegen den anderen richtet.

**Geheimes Zusatzprotokoll:**

1. Für den Fall einer territorial-politischen Umgestaltung in den zu den baltischen Staaten (Finnland, Estland, Lettland und Litauen) gehörenden Gebieten bildet die nördliche Grenze Litauens zugleich die Grenze der Interessensphäre Deutschlands und der UdSSR. […]

2. Für den Fall einer territorial-politischen Umgestaltung der zum polnischen Staat gehörenden Gebiete werden die Interessensphären Deutschlands und der UdSSR ungefähr durch die Flüsse Pissa, Narew, Weichsel und San abgegrenzt. […]

3. Hinsichtlich des Südostens Europas wird von sowjetischer Seite das Interesse an Bessarabien betont. Von deutscher Seite wird das völlige politische Desinteresse an diesen Gebieten erklärt.

Zit. nach: H.-A. Jacobsen, 1939 – 1945. Der Zweite Weltkrieg in Chronik und Dokumenten. Darmstadt 1959, S. 101 – 103.

5 NS-Propagandaplakat zur Saarabstimmung von 1935

## Fragen und Anregungen

**1.** Arbeiten Sie die Argumente Churchills im Vorfeld der Münchner Konferenz heraus. Erklären Sie die Haltung Großbritanniens und Frankreichs auf der Konferenz. Erörtern Sie, ob man aus diesem historischen Beispiel noch Lehren ziehen kann. (M3)

**2.** Analysieren Sie die veröffentlichten Artikel und die Geheimklauseln. Stellen Sie fest, welche Absichten Hitler und Stalin jeweils mit diesem Vertrag verfolgten. (M4)

# Von den Siegen der Achsenmächte zu den Siegen der Alliierten

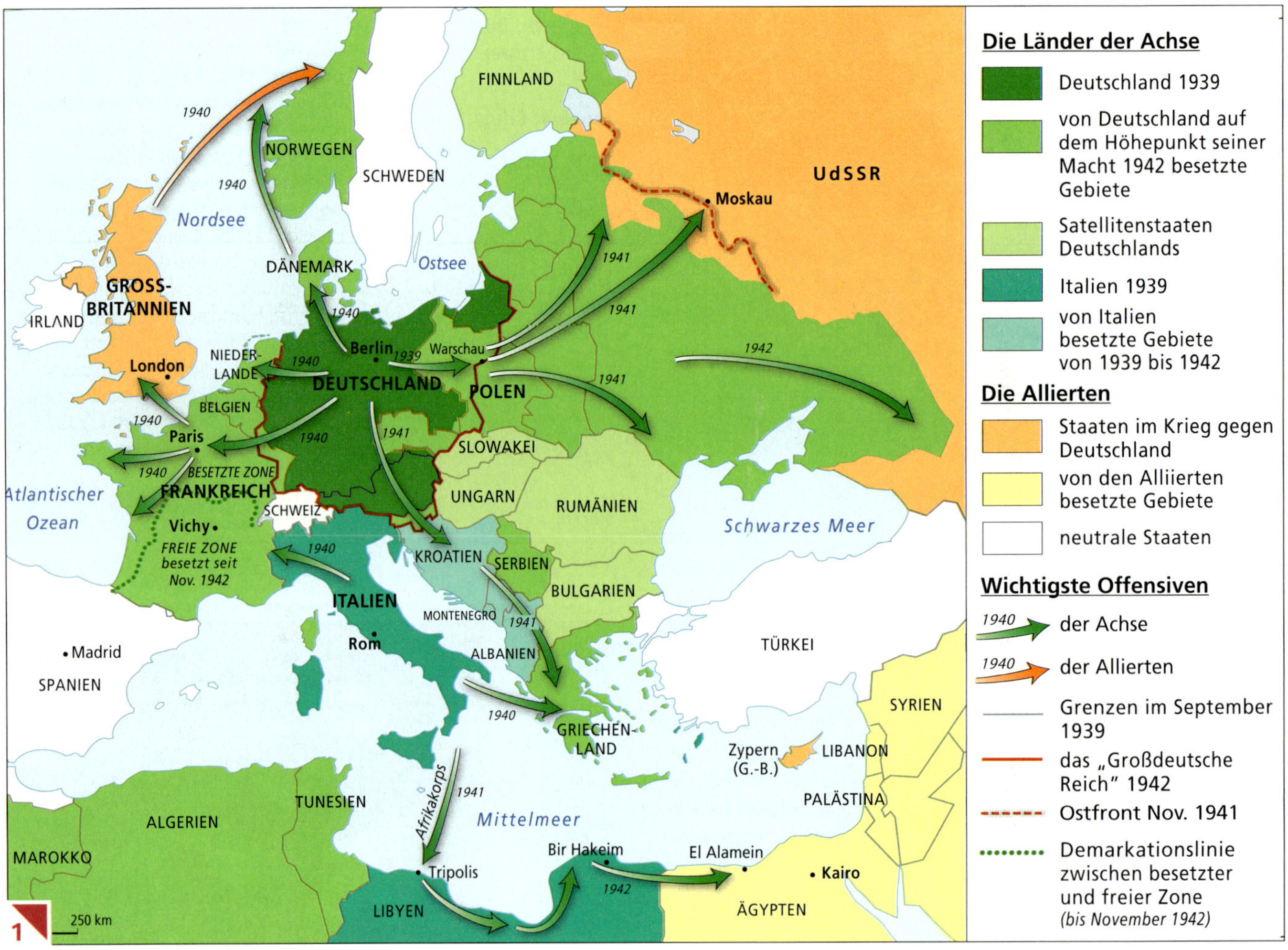


1 Die Siege Deutschlands (1939 – 1942)

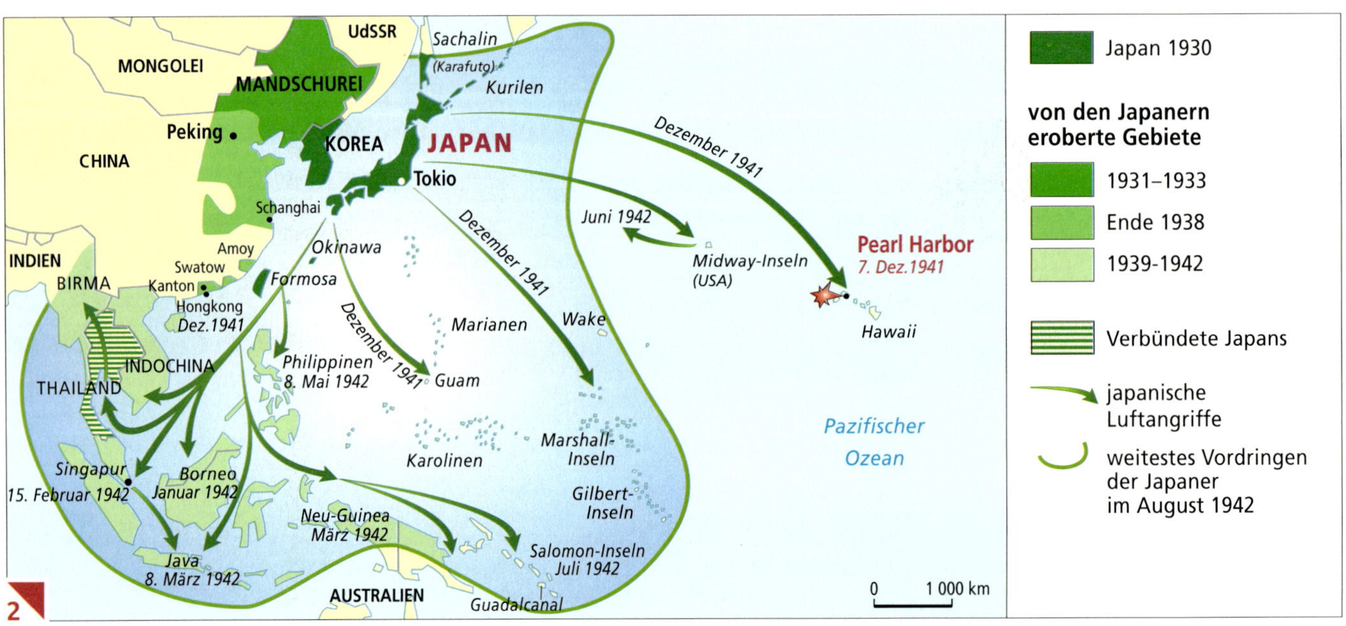


2 Die japanische Expansion (1931 – 1942)

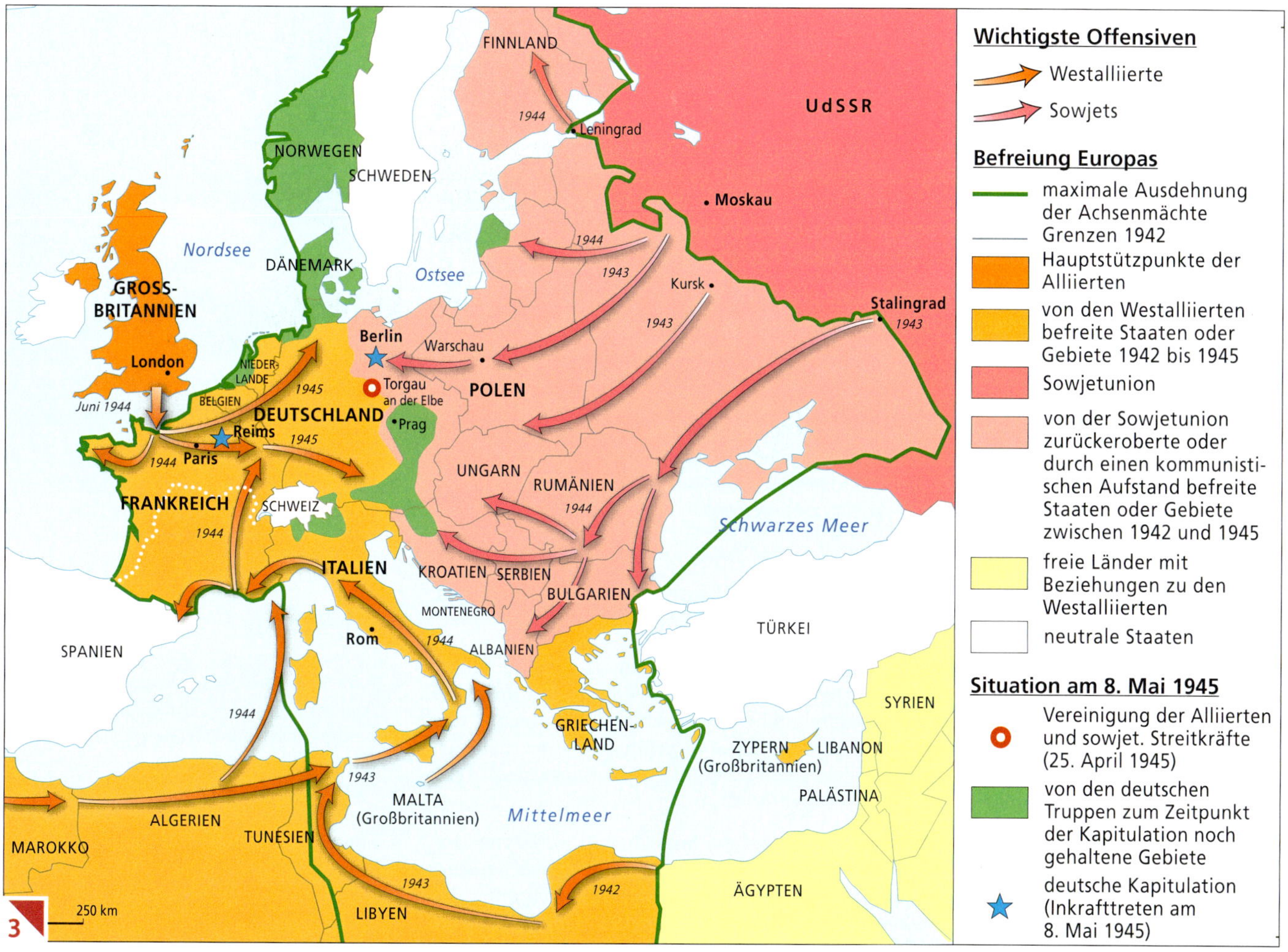


Die Siege der Alliierten in Europa (1942 – 1945)

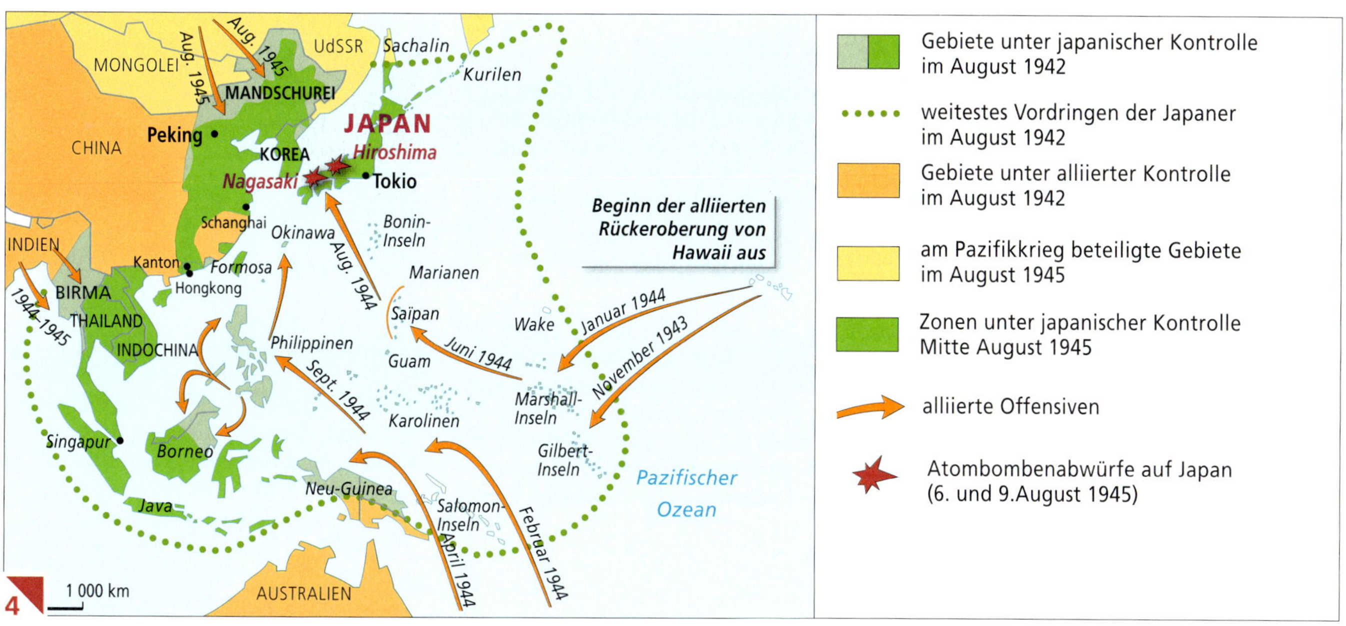


Der Sieg der Alliierten über Japan (1942 – 1945)

# 2. Die Siege der Achsenmächte (1939 – 1942)

*Wie sind die Erfolge der deutschen und japanischen Armeen in der ersten Kriegsphase zu erklären?*

## Der „Blitzkrieg" in Europa

Hitler und sein Generalstab setzten auf eine offensive Strategie. Die Taktik des Blitzkrieges, die auf einer Verbindung von Panzern und Flugzeugen beruhte, erlaubte es, Beweglichkeit und Feuerkraft zu kombinieren. Die aus Panzern und motorisierten Truppen zusammengesetzten Panzerdivisionen konnten die gegnerische Front durchbrechen und tief in die feindlichen Linien eindringen. Allerdings gehörten 1940 nur 10 der 160 deutschen Divisionen dieser Kategorie an.

Polen, das am 1. September 1939 von Deutschland und am 17. September von der UdSSR angegriffen wurde, musste nach wenigen Wochen kapitulieren. Die französischen und britischen Truppen begnügten sich mit einer Intervention in Norwegen (Narvik), um Deutschland von der Versorgung mit schwedischem Stahl abzuschneiden. Im Gegenzug drang Deutschland von April bis Mai 1940 in Dänemark und dann in Norwegen ein. Ab dem 10. Mai 1940 führte Hitler eine große Offensive gegen die Niederlande, Belgien und Frankreich durch. Die Panzer des Generals Heinz Guderian überquerten die Ardennen und durchbrachen die französische Front bei Sedan, womit sie die Pläne des französischen Generalstabs durchkreuzten. Am 22. Juni 1940 unterzeichnete Frankreich ein Waffenstillstandsabkommen. Großbritannien war nun im Krieg auf sich allein gestellt.

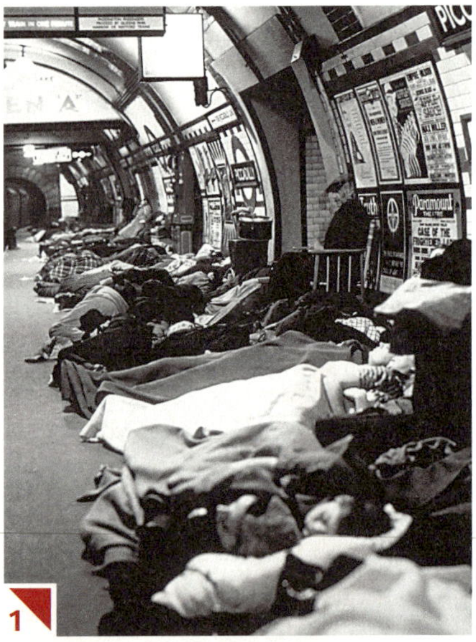

1 **Die „Schlacht um England" (1940)**

Londoner Flüchtlinge während des „Blitz" in der U-Bahn-Station „Piccadilly Circus".

## Der Kampf gegen Großbritannien und die Ausdehnung des Konfliktes ins Mittelmeergebiet

Hitler plante eine Landung deutscher Truppen auf britischem Boden. Die „Schlacht um England" begann im August 1940. Die deutsche Luftwaffe erhielt den Auftrag, die „Royal Air Force" zu neutralisieren. Auf die britischen Städte ging ein wahrer Bombenteppich – der „Blitz" – nieder. Dennoch stand die britische Bevölkerung fest hinter ihrem Premierminister Winston Churchill. Durch die Erfindung des Radars und die Überlegenheit seiner Jagdflieger („Spitfire") hielt Großbritannien den deutschen Angriffen stand.

Die Achsenmächte dehnten daraufhin die Kämpfe auf die britischen Einflusszonen im Mittelmeergebiet aus: Italien griff im September 1940 Ägypten und im Oktober Griechenland an. Die italienischen Misserfolge zwangen Deutschland, auf dem Balkan einzugreifen. Im April 1941 wurden Jugoslawien und Griechenland besetzt. Im Februar 1941 landete General Erwin Rommel an der Spitze des Afrikakorps in Nordafrika, um die Italiener, die sich in Libyen in Schwierigkeiten befanden, zu unterstützen.

## Der Kriegseintritt der UdSSR und der Vereinigten Staaten

Der Kampf gegen den Bolschewismus und die Ausdehnung Deutschlands nach Osten waren immer die Hauptanliegen Hitlers gewesen. Am 22. Juni 1941 begann Hitler mit dem Unternehmen Barbarossa, dem Plan zur Invasion der UdSSR. Es sah vor, im Osten die Siege des Blitzkrieges zu wiederholen. Trotz militärischer Anfangserfolge (etwa 3,35 Millionen Sowjetsoldaten wurden bis Februar 1942 gefangen genommen), wurde die Offensive der Wehrmacht im Dezember 1941 gestoppt. Die enorme Weite des Landes, das unzureichende Straßennetz und der Beginn des Winters zwangen die Deutschen, auf einer breiten Front von Leningrad bis zum Kaukasus zu einer klassischen Kriegsführung zurückzukehren.

In Asien nahmen die Spannungen zwischen Japan und den Vereinigten Staaten zu. Seit der Verabschiedung des „Leih- und Pachtgesetzes" im März 1941 lieferten die Vereinigten Staaten auch Waffen an Großbritannien und dann an die UdSSR. Nach der Besetzung Französisch-Indochinas durch Japan im Juli 1941 setzte Roosevelt ein Embargo für Erdöl in Kraft, das gegen Japan gerichtet war. Da seine Versorgung bedroht war, entschied Japan sich zu einer Verschärfung des Konfliktes. Am 7. Dezember 1941 zerstörte Japan ohne vorherige Kriegserklärung die amerikanische Pazifikflotte in Pearl Harbor auf Hawaii. Durch den Kriegseintritt der Vereinigten Staaten war der Konflikt zu einem Weltkrieg geworden.

## Begriffe

- **Blitzkrieg:** Taktik, die darin bestand, die feindlichen Linien durch die Kombination moderner Kampfmittel (Panzer, Flugzeuge und Funk) zu durchbrechen.
- **Panzerdivision:** Mit Panzern ausgestattete Einheit des deutschen Heeres.
- **„Blitz":** Von den Briten verwendete Bezeichnung für nächtliche Luftangriffe in Großbritannien; gezielter Terror gegen die Zivilbevölkerung.
- **Achsenmächte:** Die „Achse" wurde durch die Länder Deutschland, Italien und Japan gebildet, die am 27. September 1940 den Dreimächtepakt zur gegenseitigen wirtschaftlichen, politischen und militärischen Unterstützung geschlossen hatten. Ihm schlossen sich im November 1940 die Slowakei, Ungarn und Rumänien und im März 1941 Bulgarien an.
- **Afrikakorps:** Name des deutschen Expeditionskorps, das von Hitler im Februar 1941 nach Afrika geschickt wurde.
- **Unternehmen Barbarossa:** Codename für den Überfall auf die UdSSR. Er bezieht sich auf den alten Mythos, nach dem der deutsche Kaiser Friedrich I. Barbarossa 1190 nicht gestorben sei, sondern zurückkommen werde, um Einheit und Macht des Reiches wiederherzustellen.
- **Leih- und Pachtgesetz:** Am 11. März 1941 verabschiedetes Gesetz, das den Präsidenten der Vereinigten Staaten dazu ermächtigte, einem Land Material zu verkaufen oder zu leihen, dessen Unterstützung als unerlässlich für die Sicherheit der USA eingestuft wurde.

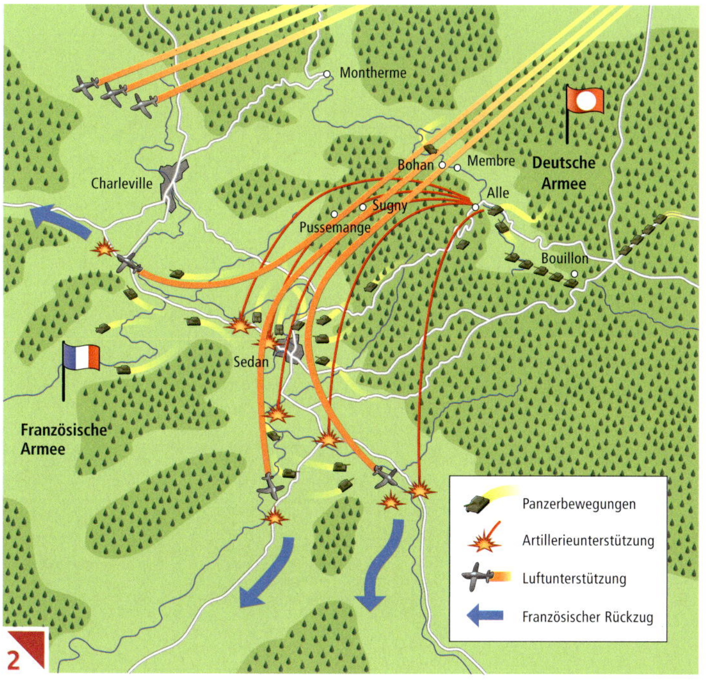


2 Der Durchbruch in den Ardennen, Mai 1940

## 3 „Blut, Mühsal, Tränen und Schweiß" (Churchill)

*Der konservative Abgeordnete Winston Churchill (1874–1965), der im September 1939 zum Ersten Lord der Admiralität ernannt worden war, wurde nach dem Rücktritt Chamberlains am 10. Mai 1940 Premierminister.*

Ich möchte dem Hause dasselbe sagen, was ich den Mitgliedern dieser Regierung gesagt habe: „Ich habe nichts zu bieten als Blut, Mühsal, Tränen und Schweiß."

Uns steht eine Prüfung von allerschwerster Art bevor. Wir haben viele, viele lange Monate des Kämpfens und des Leidens vor uns: Sie werden fragen: Was ist unsere Politik? Ich erwidere: Unsere Politik ist, Krieg zu führen, zu Wasser, zu Lande und zur Luft, mit aller Macht und mit aller Kraft, die Gott uns verleihen kann; Krieg zu führen gegen eine ungeheuerliche Tyrannei, die in dem finsteren, trübseligen Katalog des menschlichen Verbrechens unübertroffen bleibt. Das ist unsere Politik. Sie fragen: Was ist unser Ziel? Ich kann es in einem Wort nennen: Sieg – Sieg um jeden Preis, Sieg trotz allem Schrecken, Sieg, wie lang und beschwerlich der Weg dahin auch sein mag; denn ohne Sieg gibt es kein Weiterleben.

Rede Churchills im Unterhaus am 13. Mai 1940. In: Winston S. Churchill, Reden 1938-1940 (Into Battle), gesammelt von R. S. Churchill. New York 1941, S. 325–327, hier S. 327.

## 4 Beginn des Unternehmens Barbarossa, 22. Juni 1941

Die Ausschaltung Russlands bedeutet gleichzeitig eine ungeheure Entlastung Japans in Ostasien und damit die Möglichkeit einer viel stärkeren Bedrohung des amerikanischen Vorgehens durch eine japanische Intervention. […] So habe ich, wie schon erwähnt, unter diesen Umständen beschlossen, dem heuchlerischen Theater des Kreml ein Ende zu bereiten. […] ich zweifle keine Sekunde an einem großen Erfolg. Ich hoffe vor allem, dass es uns dann möglich ist, in der Ukraine auf längere Sicht hin eine gemeinsame Ernährungsbasis zu sichern […].

Abschließend darf ich Ihnen noch etwas sagen, Duce. Ich fühle mich, seit ich mich zu diesem Entschluss durchgerungen habe, innerlich wieder frei. Das Zusammengehen mit der Sowjetunion hat mich bei aller Aufrichtigkeit des Bestrebens, eine endgültige Entspannung herbeizuführen, doch oft schwer belastet, denn irgendwie schien es mir doch ein Bruch mit meiner ganzen Herkunft, meinen Auffassungen und meinen früheren Verpflichtungen zu sein. Ich bin glücklich, dass ich diese Seelenqualen nun los bin.

Brief Hitlers an Mussolini vom 21. Juni 1941. In: W. Bußmann (Hrsg.), Akten zur deutschen auswärtigen Politik 1918–1945, Serie D: 1937–1941, Band XII. 2. Die Kriegsjahre, Fünfter Band, Zweiter Halbband: 6. April bis 22. Juni 1941. Göttingen, S. 889–892, hier S. 891 f.

## 5 Die Konsequenzen aus Pearl Harbor

Aber wir von den Vereinten Nationen bringen dieses Opfer an menschlichen Anstrengungen und Menschenleben nicht, um zu der Art von Welt zurückzukehren, die wir nach dem letzten Weltkrieg hatten. Wir kämpfen heute für Sicherheit, für Fortschritt, für Frieden, nicht nur für uns, sondern für alle Menschen, nicht nur für eine Generation, sondern für alle Generationen. Wir kämpfen um die Welt von alten Übeln und alten Krankheiten zu säubern. Unsere Feinde lassen sich von brutalem Zynismus leiten, von unheiliger Verachtung gegenüber dem Menschengeschlecht.

Wir sind erfüllt von einem Glauben, der durch die Jahre zurück bis zum ersten Kapitel des Buches Genesis reicht: „Gott schuf den Menschen zu seinem Bilde." Auf unserer Seite streben wir danach, diesem göttlichen Erbe gerecht zu werden. Wir kämpfen, wie unsere Väter gekämpft haben, um die Lehre aufrechtzuerhalten, dass alle Menschen im Angesicht Gottes gleich sind. Diejenigen, die auf der anderen Seite stehen, streben danach, diesen tiefen Glauben zu zerstören und eine Welt nach ihrem eigenen Bild zu schaffen – eine Welt der Tyrannei, der Grausamkeit und der Sklaverei.

Dies ist der Konflikt, der nun Tag und Nacht über unserem Leben stehen wird. Kein Kompromiss kann diesen Konflikt beenden. Es hat nie einen gelungenen Kompromiss zwischen Gut und Böse gegeben – und es kann ihn auch niemals geben. Nur totaler Sieg kann die Streiter für Toleranz, Anstand, Freiheit und Glauben belohnen.

Franklin D. Roosevelt, State of the Union Address, 6. Januar 1942; übers. nach: The American Presidency Project, www.presidency.ucsb.edu (26.02.2008)

## Fragen und Anregungen

**1.** Inwiefern verdeutlicht die Ardennenschlacht die Veränderungen in der Kriegführung? (M2)

**2.** Überlegen Sie, welches Ziel Churchill mit dieser Rede verfolgte. (M3)

**3.** Arbeiten Sie heraus, warum sich Hitler zur Invasion in die UdSSR entschied. (M4)

**4.** Erläutern Sie Roosevelts Rechtfertigung für den Kriegseintritt der USA. (M5)

# Dossier
# Der totale Krieg

In der 1936 veröffentlichten Broschüre „Der totale Krieg" zog der deutsche General Erich Ludendorff die Lehren aus dem Ersten Weltkrieg. Danach hing der Sieg nicht mehr alleine von der Tapferkeit der Männer oder der Wirksamkeit der Waffen ab, sondern von der Fähigkeit der Staaten, die gesamte Nation für den Krieg zu mobilisieren. Der Krieg der Jahre 1939 bis 1945 war noch stärker als der Erste Weltkrieg von der Verwendung einer vorher nie da gewesenen Menge an Material und Anzahl von Menschen für die Waffenproduktion geprägt.

Die Vereinigten Staaten wurden als erste Industriemacht der Welt zur „Waffenkammer der Demokratie" (Roosevelt). Die geistige Mobilisierung erfolgte über eine intensive Propagandaarbeit, die alle Mittel der Massenkommunikation nutzte. Im totalen Krieg lieferten sich die Kriegsgegner einen tödlichen Kampf, dessen Opfer in gleichem Maße Zivilisten wie Militärangehörige waren.

1

**Totaler Krieg und Mobilisierung**

Kanadisches Plakat von Hubert Rogers aus dem Jahr 1942, das im Auftrag des Wartime Information Board erstellt wurde.

2

**Der Krieg in der Zeit der Massenkultur**

Zeichentrickfilm von Tex Avery, 1942. In dieser anti-nationalsozialistischen Parodie der Geschichte von den „Drei kleinen Schweinchen" ist Hitler der Wolf.

## 3 Goebbels' „totaler Krieg"

Der Ansturm der Steppe gegen unseren ehrwürdigen Kontinent ist in diesem Winter mit einer Wucht losgebrochen, die alle menschlichen und geschichtlichen Vorstellungen in den Schatten stellt. [...]

Im Osten tobt ein Krieg ohne Gnade. [...]

Es werden aus ihm nicht Sieger und Besiegte, sondern nur noch Überlebende und Vernichtete hervorgehen. [...]

Hinter den vorstürmenden Sowjetdivisionen sehen wir schon die jüdischen Liquidationskommandos, hinter diesen aber erhebt sich der Terror, [...]

Der Krieg der mechanisierten Roboter gegen Deutschland und gegen Europa ist auf seinen Höhepunkt gestiegen. [...]

Im Osten wird ein ganzes Volk zum Kampfe gezwungen, hier werden Männer, Frauen, Kinder nicht nur in die Rüstungsfabriken, sondern auch in den Krieg getrieben. Zweihundert Millionen stehen uns hier, teils unter dem Terror der GPU, teils befangen in einer teuflischen Anschauung, mit wilder Stumpfheit gegenüber. Die Massen von Panzern, die in diesem Winter unsere östliche Front berennen, sind das Ergebnis eines fünfundzwanzigjährigen sozialen Unglücks und Elends des bolschewistischen Volkes. [...]

Ich frage Euch: Wollt ihr den totalen Krieg? Wollt ihr ihn, wenn nötig, totaler und radikaler, als wir ihn uns heute überhaupt erst vorstellen können? [...]

Zit. nach: I. Fetscher, Rede im Berliner Sportpalast 1943: Joseph Goebbels: „Wollt ihr den totalen Krieg?". Hamburg 1998, S. 65 ff.

## 4 Die Produktion in drei Krieg führenden Staaten

| | | 1940 | 1942 | 1943 | 1944 |
|---|---|---|---|---|---|
| Deutschland | Stahl[1] | 21,5 | 32,1 | 34,6 | 28,5 |
| | Flugzeuge[2] | 10.200 | 15.400 | 24.800 | 38.000 |
| | Panzer[2] | 2.200 | 9.400 | 19.900 | 27.300 |
| Vereinigte Staaten | Stahl | 60,0 | 76,0 | 79,0 | 80,0 |
| | Flugzeuge | 2.100 | 47.900 | 85.900 | 97.000 |
| | Panzer | 350 | 25.000 | 30.000 | 17.500 |
| UdSSR | Stahl | 18,3 | 4,8 | 8,4 | 10,8 |
| | Flugzeuge | – | 25.500 | 34.900 | 40.300 |
| | Panzer | 2.800 | 24.700 | 24.000 | 29.000 |

[1] In Millionen Tonnen [2] In Stückzahl

Quelle: Y. Durand, Histoire générale de la Seconde Guerre mondiale. Brüssel 1997, S. 314 f.

5

**Die Vereinigten Staaten – das „Waffenlager der Demokratie"**

9 zur Auslieferung an die US-Armee bereitstehende Schiffe im Dezember 1943, Werft der California Shipbuilding Corporation. Im Rahmen des von den Vereinigten Staaten zu Beginn des Jahres 1942 aufgelegte „Victory Program" konnten in Rekordzeit 1 283 als „Liberty ships" bezeichnete 8 000-Tonnen-Frachter in Großserie gebaut werden. 1941 benötigte man für ihren Bau noch ein Jahr, 1942 waren es 56 Tage und 1944 nur noch 14 Tage.

## Fragen und Anregungen

**1.** Stellen Sie fest, inwiefern dieses Plakat die Mobilisierung der gesamten Nation für den Krieg bezeugt. (M1)

**2.** Listen Sie die von der Kriegspropaganda verwendeten Hilfsmittel auf und vergleichen Sie die von Demokratien und totalitären Regimen verwendeten Propagandamittel. (M1 – M3)

**3.** Recherchieren Sie Informationen zu Joseph Goebbels. Arbeiten Sie heraus, wie er den sowjetischen Feind beschreibt und den Eintritt in den totalen Krieg rechtfertigt. (M3)

**4.** Analysieren Sie die Entwicklung der Produktion der drei Krieg führenden Staaten. Welche Verbindung ziehen Sie zwischen dieser Entwicklung und den großen Phasen des Krieges? (M4)

**5.** Welche Waffentypen wurden während des Zweiten Weltkriegs in großer Menge hergestellt? Inwiefern entsprechen sie den Veränderungen in der Kriegsführung? (M4 und M5)

**6.** Arbeiten Sie die verschiedenen Formen der Mobilisierung der Kriegsgesellschaften heraus und erklären Sie, warum der Zweite Weltkrieg ein „totaler" Krieg war.

# Die Welt und Europa 1945

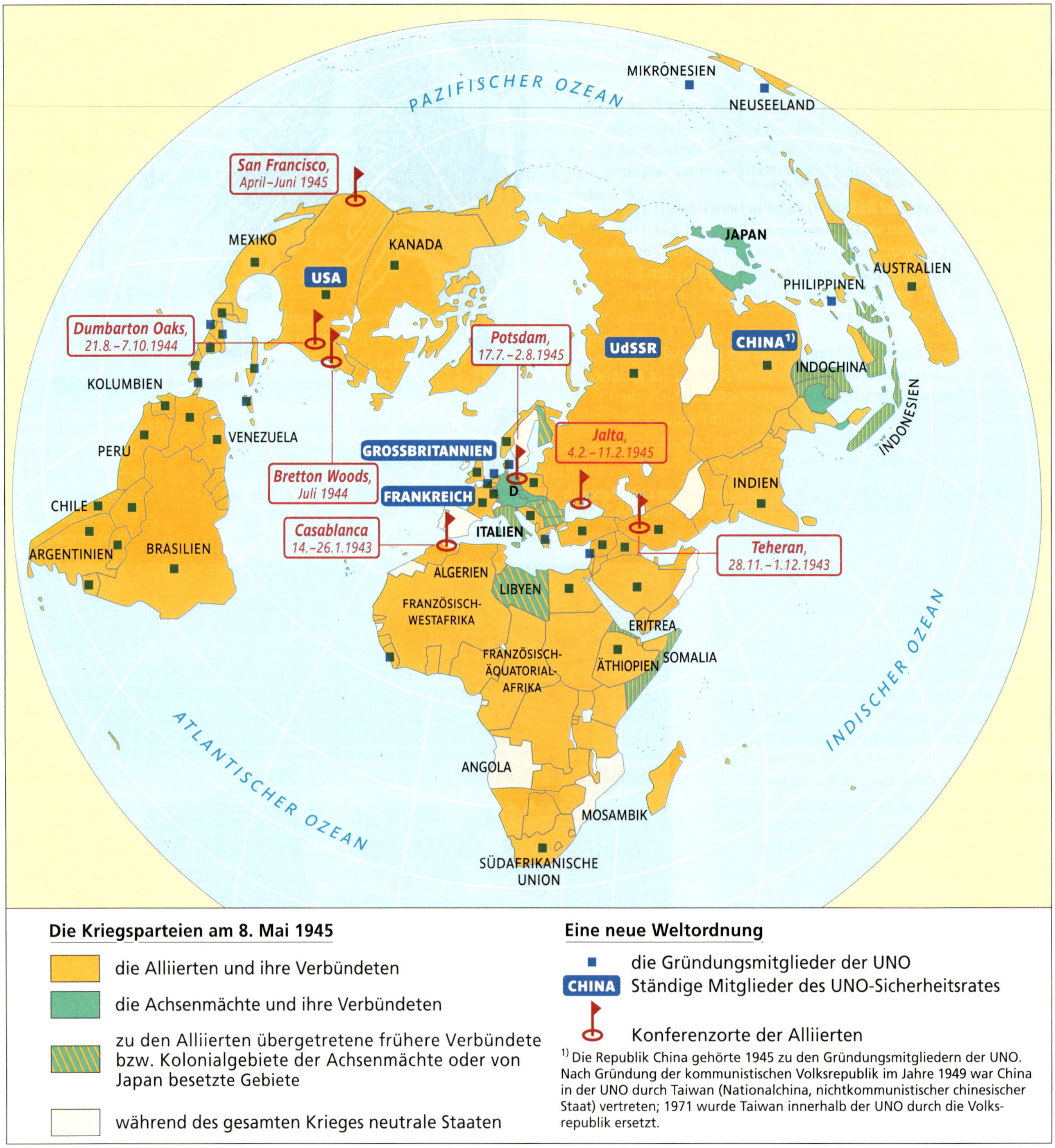


[1] Die Republik China gehörte 1945 zu den Gründungsmitgliedern der UNO. Nach Gründung der kommunistischen Volksrepublik im Jahre 1949 war China in der UNO durch Taiwan (Nationalchina, nichtkommunistischer chinesischer Staat) vertreten; 1971 wurde Taiwan innerhalb der UNO durch die Volksrepublik ersetzt.

**1 Die Welt im Jahr 1945**

# Opfer des Zweiten Weltkrieges

Die Ermittlung der zivilen und militärischen Gesamtopferzahlen einzelner europäischer Länder ist auf verlässlicher Quellenbasis außerordentlich schwierig. Die in der Literatur zu findenden Angaben sind unsicher und lassen sich teilweise nicht mit Erhebungen zur Zahl der Opfer der Shoah in Einklang bringen (so etwa im Fall Ungarns). Die hier genannten Zahlen basieren auf den oben genannten Quellen. Weitere, teilweise hiervon und auch voneinander erheblich abweichende Schätzungen bieten:

I. C. B. Dear, The Oxford Companion to the Second World War. Oxford/New York 1995, S. 290f.; Art. „World War II. Costs of the War", in: Encyclopaedia Britannica 2001 (CD-ROM). London 1994 – 2001; A. Hillgruber/J. Dülffer (Hrsg.), Ploetz. Geschichte der Weltkriege. Mächte, Ereignisse, Entwicklungen 1900 – 1945. Freiburg im Breisgau 2002, S. 152. Weitere Angaben und Überlegungen zur Problematik der Schätzungen: P. Lagrou, Les guerres, les morts et le deuil: bilan chiffré de la Seconde Guerre mondiale. In: S. Adouin-Rouzeau/A. Becker/Ch. Ingrao/H. Rousseau (Hrsg.), La violence de guerre 1914 – 1945. Approches comparées des deux conflits mondiaux. Brüssel/Paris 2002, S. 313 – 327.

### 1 Geschätzte Opferzahlen in Europa (ausgewählte Länder)

| Land | Zivilisten insgesamt | Soldaten | ermordete Juden (insgesamt ca. 6 Millionen)[2] |
|---|---|---|---|
| **UdSSR** | 16.000.000[1]<br>6.700.000[3] | 8.000.000 – 9.000.000[1]<br>11.000.000[3] | 2.100.000[2] |
| **Jugoslawien** | 1.200.000[1] | 305.000[1] | 60.000 – 65.000[2] |
| **Großbritannien** | 92.673[1] | 264.443[1]<br>305.800[3] | k. A. |
| **Frankreich** | 350.000[1]<br>470.000[3] | 213.324[1]<br>92.000 (1940)[3]<br>30.000 (Exilstreitkräfte)[3] | 76.134<br>(einschl. fremde Staatsbürgerschaft)[2] |
| **Polen** | 5.675.000[1]<br>(ohne Staatsbürger, die 1939 zur Annahme der sowjetischen Staatsbürgerschaft gezwungen wurden)<br>5.300.000 (davon 4.800.000 in Lagern umgekommen)[3] | 123.178[1]<br>66.300 (1939)[3]<br>4.500 (Westeuropa)[3]<br>mind. 40.000 (im Bündnis mit UdSSR, Verletzte eingerechnet)[3] | 2.700.000[2] |
| **Griechenland** | 325.000[1]<br>415.000[3] | 88.300[1]<br>18.300[3] | 59.185[2] |
| **Belgien** | 76.000[1]<br>12.000[3] | 12.000[1]<br>7.500 (1940)[3]<br>500 (Exilstreitkräfte)[3] | 28.518<br>(einschl. fremde Staatsbürgerschaft)[2] |
| **Tschechoslowakei** | 215.000[1]<br>215.000[3] | 10.000[1]<br>k.A.[3] | 143.000[2]<br>(„Reichsprotektorat Böhmen und Mähren" und Slowakei) |
| **Niederlande** | 200.000[1]<br>150.000 (mit Asien)[3] | 7.900[1]<br>2.900 (1940) +<br>10.800 (Exilstreitkräfte)[3] | 102.000[2] |
| **Deutschland** | 780.000[1]<br>2.050.000 (durch alliierte Kriegsführung)[3]<br>300.000 (durch Deutsche[3] | 3.500.000[1]<br>3.250.000[3]<br>3.546.000 (Gebiet der späteren BRD)[4]<br>4.456.000<br>(Deutschland in den Grenzen von 1937)[4] | 165.000[2] |
| **Rumänien** | 200.000[1]<br>340.000[3] | 300.000[1]<br>170.000 (mit Verwundeten)[3] | 211.214[2] |
| **Italien** | 152.941[1]<br>60.000[3] | 242.232[1]<br>226.900[3] | 6.513[2] |
| **Ungarn** | 290.000[1]<br>300.000[3] | 200.000[1]<br>136.000[3] | 550.000[2] |

### 2 Geschätzte Opferzahlen in Ostasien und im Pazifik (ausgewählte Länder)

| Land | Zivilisten insgesamt | Soldaten |
|---|---|---|
| **USA** | – | 405.400[3] |
| **Japan** | 393.400 (nur Tote)[3]<br>mindestens 400.000[5] | 1.740.000[3]<br>2.600.000[5] |
| **China** | 8.000.000[3]<br>11.000.000 – 12.000.000[5] | 1.400.000[3]<br>3.000.000 – 4.000.000[5] |

[1] Norman Davies, Europe. A History. Oxford University Press. New York 1997 (verbesserter Nachdruck der Ausgabe von 1996), S. 1328. Davies gibt jweils ein Minimum an.
[2] Wolfgang Benz (Hrsg.), Dimension des Völkermords. Die Zahl der jüdischen Opfer des Nationalsozialismus. München 1996, S. 15f.
[3] John Ellis, World War II. A Statistical Survey. New York 1993, S. 253 f. Soweit nicht anders vermerkt beziehen sich diese Zahlen auf Tote und Vermisste.
[4] Rüdiger Overmans, Deutsche militärische Verluste im Zweiten Weltkrieg, München 2000, S. 228.
[5] Jean-Louis Margolin, L'Armeé de l'empereur. Violences et crimes du Japon en guerre 1937 – 1945. Paris 2007, S. 10.

# 4. Vom Krieg zum Frieden

*Wie haben die Sieger der Anti-Hitler-Koalition die Rückkehr zum Frieden geplant?*

## Ein Sieg der Demokratie?

Während der gesamten Dauer des Konfliktes gelang es den Alliierten, ihre Meinungsverschiedenheiten zu überwinden und gemeinsam gegen den Feind zu kämpfen. Die UdSSR wurde von den USA durch Lieferungen ohne unmittelbare Zahlungsverpflichtung unterstützt. Im Gegenzug löste Stalin im Juni 1943 die Komintern auf. Aber die Alliierten gingen nicht vom selben Verständnis der Demokratie oder des Selbstbestimmungsrechts der Völker aus. Stalin nutzte das von der UdSSR im Kampf gegen den Nationalsozialismus erworbene Ansehen, um sich in den von der Roten Armee besetzten Ländern eine Einflusssphäre zu sichern.

Auf der Konferenz von Jalta im Februar 1945 arbeiteten die „Großen Drei" eine Erklärung über das befreite Europa aus, in der sie festlegten, dass die Völker ihre Regierung frei wählen konnten. Neben der Annexion Ostpolens durch die UdSSR erreichte Stalin auch, dass die zukünftige polnische Regierung aus dem Lubliner Komitee hervorging, das aus prosowjetischen Führungskräften bestand. Trotzdem war Jalta keine „Aufteilung der Welt". Roosevelt wollte die UdSSR dazu bewegen, in den Krieg gegen Japan einzutreten (sie griff erst am 8. August 1945 ein). Er war ebenso bemüht, sie auch in die neue Organisation der Vereinten Nationen einzubeziehen, deren Gründungskonferenz am 25. April 1945 in San Francisco eröffnet wurde.

1 **„Die Vereinten Nationen kämpfen für Freiheit"**

Von der amerikanischen Regierung verbreitetes Plakat, Mai 1942.

## Europa neu denken

Durch den Krieg spitzte sich der Widerstand in den europäischen Kolonialreichen weiter zu. In Asien förderten die Japaner die nationalistischen Bewegungen, denen sie zum Beispiel in Indochina und Indonesien die Unabhängigkeit versprachen. In Indien verabschiedete die Kongresspartei im August 1942 die Resolution „Quit India", die „das Ende der britischen Herrschaft" forderte. Nach der alliierten Landung in Nordafrika schlossen sich 1943 die marokkanischen Nationalisten in einer Unabhängigkeitspartei („Istiqlal") zusammen, während Ferhet Abbas ein „Manifest des algerischen Volkes" verfasste, das für Algerien eine „eigene Verfassung" forderte.

Aber während die Sicherung ihres Kolonialreiches das Hauptziel Frankreichs und Großbritanniens blieb, dachten einige Zeitgenossen bereits an andere Mittel, um Europa wieder herzustellen. 1942 schlug der Sozialist und Außenminister der belgischen Exilregierung in London Paul-Henri Spaak das Projekt einer Wirtschaftsunion vor, das später in die Gründung des Benelux mündete. Eine im Juli 1944 in Genf verabschiedete Deklaration der europäischen Widerstandsbewegungen plädierte für die „Gründung einer föderalen Union zwischen den europäischen Völkern", um den Frieden und die Demokratie auf dem alten Kontinent wiederherzustellen.

## Die Menschheit in Trauer

Nach dem Krieg trauerte die Menschheit um ihre Toten, deren Zahl sich auf über 50 Millionen belief. Aufgrund der Bombardierungen, Hinrichtungen von Geiseln oder Widerstandskämpfern, wie auch durch den Völkermord, dem drei Viertel der jüdischen Bevölkerung in Europa zum Opfer gefallen waren, war der Anteil der Opfer unter der Zivilbevölkerung sehr viel größer als im Ersten Weltkrieg.

Mit Hiroshima trat die Welt in das Nuklearzeitalter ein. Dennoch hatte die Atombombe 1945 noch nicht dieselbe Bedeutung, die sie später haben sollte, als die UdSSR ebenfalls in ihrem Besitz war. So ließ sich Stalin nicht davon abhalten, die osteuropäischen Staaten zu seinen Satelliten zu machen. Mit der Befreiung der Konzentrations- und Vernichtungslager entdeckte die Welt das ganze Ausmaß des Völkermordes. Am 27. Januar 1945 befreiten die Sowjets das Lager Auschwitz, die Amerikaner im April das Lager Ohrdruf. Als General Eisenhower dieses Lager am 12. April besuchte, erklärte er: „Man sagt uns, dass der amerikanische Soldat nicht weiß, warum er kämpft. Jetzt weiß er zumindest, gegen was er kämpft."

### Begriffe

- **Konferenz von Jalta:** Konferenz der „Großen Drei" auf der Krim vom 4. bis 11. Februar 1945; dort entschieden sie vor allem über die Aufteilung Deutschlands in Besatzungszonen, die Festlegung seiner Grenze auf der Oder-Neiße-Linie und darüber, dass die ständigen Mitglieder des Sicherheitsrates der Vereinten Nationen ein Vetorecht erhalten sollten.
- **Lubliner Komitee:** „Polnisches Komitee der Nationalen Befreiung", 1944 unter Stalin in Konkurrenz zur polnischen Exilregierung in London gegründet. In Jalta wurde beschlossen, dass dieses von Kommunisten geführte Komitee auch den übrigen demokratischen Führern offen stehen solle.
- **Kongresspartei:** 1885 gegründete Partei, welche die nationale Unabhängigkeit Indiens anstrebte. Ihre führenden Repräsentanten, unter ihnen Mahatma Gandhi, wurden im August 1942 von den Briten inhaftiert.
- **Benelux:** 1958 auf der Basis einer Wirtschaftsunion gebildeter Länderverband.
- **Völkermord (Genozid):** siehe S. 200

2

**Die „Großen Drei" bei der Konferenz von Teheran am 1. Dezember 1943**

Von links nach rechts: Stalin, Roosevelt, Churchill.

Bei diesem ersten Gipfeltreffen wurde Stalin versprochen, dass eine zweite Front eröffnet wird und dass die Grenzen Polens zugunsten der UdSSR geändert werden. Die Alliierten verständigten sich darüber hinaus über die Aufteilung Deutschlands und die Schaffung einer neuen internationalen Organisation.

4

**Hiroshima – der Anbruch des Atomzeitalters**

Hiroshima zwei Monate nach der Explosion der am 6. August 1945 von dem B 29-Bomber „Enola Gay" abgeworfenen Bombe, die die Stadt vollständig zerstörte. Bis Dezember 1945 starben durch sie etwa 140 000 Personen (+/– 10 000), in den darauffolgenden Jahren mehrere Zehntausend.

## 5 Resolution „Quit India"

Am 8. August 1942 von der indischen Kongresspartei angenommene Resolution:
Der Besitz eines Empire hat sich zu einer Last und einem Fluch entwickelt, statt der herrschenden Großmacht mehr Stärke zu verleihen. Indien, das klassische Land des modernen Imperialismus, ist zu einem Schlüssel in dieser Frage geworden, denn durch die Freiheit Indiens werden Großbritannien und die Vereinten Nationen beurteilt und die Völker Asiens und Afrikas mit Begeisterung erfüllt. Das Ende der britischen Herrschaft in diesem Land ist daher eine lebenswichtige und unmittelbare Frage, von der die Zukunft des Krieges und der Erfolg von Freiheit und Demokratie abhängen. Ein freies Indien wird diesen Erfolg sicherstellen, indem es all seine großen Ressourcen in diesen Kampf um Frieden und gegen die Aggression des Nazismus, Faschismus und Imperialismus wirft. Dies wird nicht nur in materieller Hinsicht das Kriegsgeschick bestimmen, sondern die gesamte unterworfene und unterdrückte Menschheit auf die Seite der Vereinten Nationen bringen, deren Verbündeter Indien die moralische und spirituelle Führung der Welt übernehmen würde. Indien wird in Fesseln ein Symbol des britischen Imperialismus bleiben und der Makel dieses Imperialismus wird die Geschicke der gesamten Vereinten Nationen beeinflussen.

Die Freiheit Indiens muss das Symbol und Vorspiel zu seiner Freiheit und der aller anderen asiatischen Nationen unter fremder Herrschaft sein.

Zit. nach: http://www.aicc.org.in/the_congress_and_the_freedom_movement.htm#quit (20.02.2008)

## 3 Jalta – eine Aufteilung der Welt

Die Herstellung der Ordnung in Europa und der Wiederaufbau eines nationalen Wirtschaftslebens müssen in einer Weise zu Wege gebracht werden, die es den befreiten Völkern gestattet, die letzten Spuren des Nationalsozialismus und Faschismus zu beseitigen und demokratische Einrichtungen nach eigener Wahl zu schaffen.

Der Grundsatz der Atlantik-Charta – das Recht aller Völker, sich die Regierungsform, unter der sie leben werden, selbst zu wählen – ist die Rückgabe der souveränen Rechte und der Selbstverwaltung an diejenigen Völker, die dieser durch die Angriffsvölker mit Gewalt beraubt worden sind.

Zur Schaffung von Bedingungen, unter denen die befreiten Völker diese Rechte ausüben können, werden die drei Regierungen, wo immer es die Umstände ihrer Ansicht nach erfordern, die Völker der befreiten europäischen Staaten […] in Folgendem unterstützen:

a) bei der Wiederherstellung von Friedensverhältnissen;

b) bei der Durchführung von Notmaßnahmen zwecks Unterstützung Hilfsbedürftiger;

c) bei der Schaffung vorläufiger Regierungsgewalten, die eine umfassende Vertretung aller demokratischen Elemente der Bevölkerung darstellen und die zur baldestmöglichen Errichtung von dem Volkswillen entsprechenden Regierungen auf dem Wege freier Wahlen verpflichtet sind;

d) nötigenfalls bei der Durchführung solcher Wahlen.

Erklärung über das befreite Europa, 11. Februar 1945; zit. nach: C. Gasteyger, Europa zwischen Spaltung und Einigung 1945 – 1993. Bonn 1994, S. 36 f.

## Fragen und Anregungen

**1.** Erläutern Sie, welche für den künftigen Frieden fundamentalen Beschlüsse von den Alliierten während des Krieges gefasst wurden. Diskutieren Sie, ob in Jalta die „Welt aufgeteilt" wurde. (M3)

**2.** Besprechen Sie, warum sich die Vereinigten Staaten zum Abwurf der Atombombe entschieden. Beurteilen Sie, inwiefern die Bombardierung von Hiroshima einen Wendepunkt in der Geschichte der Menschheit bildete. (M4)

**3.** Erklären Sie die antikoloniale Argumentation in M5 im Kontext des Krieges.

# Dossier
# Japan im Krieg (1937 – 1945)

Die Zerstörung der amerikanischen Flotte am 7. Dezember 1941 in Pearl Harbor erlaubte es Japan, seine Hegemonie in ganz Südostasien durchzusetzen und Indien, das „Kleinod" des britischen Empires, zu bedrohen. Seinen alten Kolonien (Korea, Formosa) fügte Japan neue Gebiete hinzu (Hong Kong) und richtete japanfreundliche Protektorate ein (Mandschurei, Birma, Philippinen). In ihrer Gesamtheit bildeten sie die „Großostasiatische Wohlstandssphäre", deren ökonomischen Ressourcen vollständig in den Dienst der japanischen Kriegsanstrengungen gestellt wurden.

Die Japaner, die zunächst als Befreier vom europäischen Kolonialismus begrüßt wurden, richteten eine Besatzungsherrschaft von äußerster Brutalität ein. Ab 1942 geriet Japan mit seiner imperialistischen Politik in die Defensive, aber erst mit dem Abwurf der Atombomben über Hiroshima und Nagasaki im August 1945 willigte es schließlich in die Kapitulation ein.

**1** 
### Das neue japanische Reich – die „Großostasiatische Wohlstandssphäre"

*Am 2. Juli 1941 versammelten sich in einer kaiserlichen Konferenz die Mitglieder der Regierung und die militärischen Befehlshaber um den Kaiser.*

**1.** Die Kaiserliche Regierung ist entschlossen, eine Politik zu verfolgen, die zu der Einrichtung einer „Großostasiatischen Wohlstandssphäre" und zum Weltfrieden führen wird, gleich wie sich die internationale Situation entwickeln wird.

**2.** Die Kaiserliche Regierung wird ihre Anstrengungen fortsetzen, eine Übereinkunft hinsichtlich des chinesischen Zwischenfalls zu erreichen und die Etablierung einer soliden Grundlage für die Sicherheit und Erhaltung der Nation anzustreben. Dies wird ein Vordringen in die südlichen Regionen einschließen und, je nach den zukünftigen Entwicklungen, auch eine Übereinkunft in der sowjetischen Frage.

http://www.ibiblio.org/hyperwar/PTO/Dip/IR-410702.html (20.02.2008)

**2**
**Kamikaze-Angriffe**

Angriff auf den amerikanischen Flugzeugträger „Hornet" während des Krieges im Pazifik, 1945. Seit Oktober 1944 wurden Tausende von Kamikaze-Piloten (vom japanischen Wort für „göttlicher Wind") in Selbstmordmissionen eingesetzt, deren militärische Wirkung begrenzt blieb.

3

**Das Martyrium der Kriegsgefangenen**

Etwa 300.000 Soldaten westlicher Armeen (darunter etwa 180.000 Asiaten) wurden von Japan unter entsetzlichen Bedingungen festgehalten. 27 % von ihnen starben in der Gefangenschaft. Japan hatte die Genfer Konvention von 1929 nicht unterzeichnet.

4

**Der Abwurf der Atombombe über Hiroshima – Bericht eines Augenzeugen**

Was kam zuerst, der Blitz (Pika!) oder der gewaltige Donnerschlag (Don!), der uns bis in unsere tiefsten Eingeweide erschütterte? Ich wurde mit Wucht vornüber auf den Boden geworfen. Im selben Augenblick fiel ein Regen aus Gegenständen auf meinen Kopf und meinen Rücken. Geblendet tauchte ich in tiefe Finsternis ein. [...] Plötzlich spürte ich einen Schwefelgestank in der Luft. „Das muss eine Brandbombe sein ...“ Mechanisch rieb ich mit dem Tuch, das ich am Gürtel trug, meine Nase und meinen Mund kräftig ab. In diesem Augenblick spürte ich zum ersten Mal ein seltsames Gefühl im Gesicht. Ich erschauerte, als ich spürte, wie sich meine Haut mit einem Mal von meinem Gesicht löste. [...] Über Trümmer und Schutt springend stürzte ich mich wie eine Verrückte zur Brücke. Was für ein Anblick! Im Wasser unter der Brücke wimmelte es von einer unüberschaubaren Menschenmenge. Alle – waren es Männer oder Frauen? – hatten ausnahmslos ein graues und geschwollenes Gesicht, gesträubte Haare, warfen die Arme in die Luft, stießen erstickte Klagelaute aus, drängten nach vorne: Jeder wollte sich so schnell als möglich ins Wasser stürzen.

Übers. nach: „Pika Don! La leçon de Hiroshima“, Groupe du 6 août. Paris 1985.

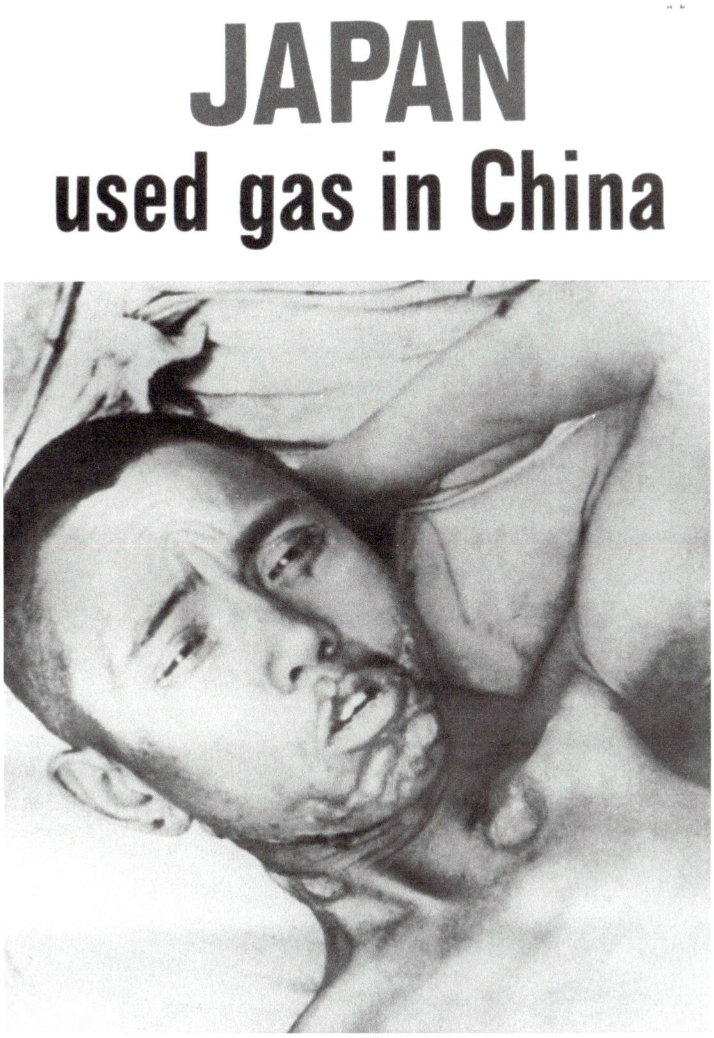


5

**Die Brutalität der Kriegsführung**

Amerikanisches Plakat, das den Einsatz chemischer Waffen durch Japan anprangert (entstanden zwischen 1941 und 1945).

## Fragen und Anregungen

**1.** Nennen Sie die von Japan verfolgten Kriegsziele und beschreiben Sie, worin die „Großostasiatische Wohlstandssphäre“ bestand. (M1)

**2.** Beschreiben Sie, welche Form die Kämpfe im Pazifikkrieg annahmen und wie es den Vereinigten Staaten gelang, ihre militärische Überlegenheit durchzusetzen. (M2)

**3.** Charakterisieren Sie die von Japan während des Zweiten Weltkrieges begangenen Verbrechen und überlegen Sie, ob sie mit den Verbrechen des nationalsozialistischen Deutschland zu vergleichen sind. (M3 und M5)

**4.** Entnehmen Sie dem Augenzeugenbericht, welche Wirkung die Atombombe hatte. Forderte der Abwurf der Atombombe mehr Todesopfer als konventionelle Bombardierungen? (M4)

# Eine Geschichtskarte lesen und kommentieren

## I. Allgemeine Hinweise

### 1. Ein didaktisches Medium

• In den meisten Fällen ist die Geschichtskarte keine Primärquelle (zeitgenössisches Dokument über den Gegenstand oder Zeitraum der Betrachtung), sondern ein **didaktisches Medium:** Es ist ein von einem Historiker lange nach den Ereignissen auf der Grundlage verschiedener Daten erstelltes Synthesedokument.

### 2. Interpretation einer Karte

• Mit der Karte will der Historiker etwas darlegen, analog zu einer Abhandlung oder einem Referat. Die **Kartenlegende** entspricht der Gliederung seiner Abhandlung, der **Kartentitel** verweist häufig auf die Problemstellung. Der einzige Unterschied liegt in der Wahl der verwendeten Mittel: Es handelt sich um Angaben, die kartografiert und somit in ihren **räumlichen Zusammenhängen** dargestellt werden können.

### 3. Darstellungsformen

• Damit eine Karte lesbar ist, konzentriert sich der Historiker auf einige Indikatoren (eine Legende beinhaltet selten mehr als acht Rubriken). Verwendet werden **drei Darstellungsformen:**

- **flächige Darstellungselemente:** Farb- oder Schraffurflächen, die beispielsweise die Zugehörigkeit eines Staates zu einer Organisation angeben
- **linienförmige Darstellungselemente:** Pfeile, die Ströme, Migrationsbewegungen, Militärinterventionen darstellen; durchgehende oder gestrichelte Linien zur Darstellung von Grenzen
- **punktförmige Darstellungselemente:** verschiedene Symbole, die zur Darstellung eines Phänomens (Militärstützpunkt, Krieg, Attentat usw.) dienen

• Sind die Angaben quantifizierbar, können sie hierarchisch gegliedert werden (Größenvariation eines Darstellungselements). Farben ein und derselben Farbskala (warme oder kalte Töne) können Zusammenhänge zwischen mehreren Erscheinungen verdeutlichen.

### 4. Räumliche Abgrenzung

• Da die Karte einen **geografischen Raum abgrenzt,** ist der **verwendete Maßstab** zu ermitteln: lokal, national, kontinental, global. Dabei stellt sich möglicherweise die Frage nach dem Zusammenhang zwischen dem gewählten Maßstab und dem behandelten Thema.

### 5. Bestimmung des zeitlichen Rahmens

• Die Karte bezieht sich auf eine **bestimmte Zeit.** Zumeist ist eine historische Karte eine Momentaufnahme, die zusammenhängende Phänomene zu einem bestimmten Zeitpunkt darstellt. Manchmal soll die Karte eine Entwicklung zwischen zwei Daten verdeutlichen (für den Kartografen nicht immer leicht zu bewerkstelligen).

### 6. Empfehlungen für die Interpretation einer Karte

• Die Analyse des Kartentitels, die Anlage der Legende und die Auswahl der Darstellungselemente erlauben es, die **Problemstellung** herauszuarbeiten. Dabei kann man entweder die Karte kommentieren oder/und auf die gestellten Fragen antworten. Die Antworten dürfen sich nicht auf eine Paraphrase der Bildlegende beschränken. Zu vermeiden ist eine bloße Aufzählung aller von einem Phänomen betroffenen Länder, ohne sie entsprechend zu gruppieren und Erklärungen abzugeben.

## II. Anwendung

• Diese Karte stellt Europa im Oktober 1942 dar. Sie zeigt das Kräfteverhältnis zwischen den Achsenmächten und den Alliierten zu einem präzisen Zeitpunkt innerhalb des Zweiten Weltkrieges, als die deutsche Hegemonie auf dem europäischen Kontinent ihren Höhepunkt erreichte. Die Betrachtung beschränkt sich auf Europa; der pazifische Raum als weiterer Hauptschauplatz des Krieges ist nicht berücksichtigt (Krieg zwischen den USA und Japan).

• Die Karte gibt einerseits eine Momentaufnahme wieder, enthält aber andererseits auch ein dynamisches Element, da sie Deutschland im Jahr 1937 zeigt. Der Vergleich mit dem „Großdeutschen Reich" erlaubt es, eine Entwicklung zu analysieren, die sich zwischen 1937 und 1942 vollzogen hat. Die Kommentierung der Karte setzt einen Rückblick voraus: Es muss erklärt werden, wie die Situation des Jahres 1942 entstanden ist. Dabei sind Kenntnisse über die erste Phase des Zweiten Weltkrieges heranzuziehen.

• Die Reihenfolge der Einträge in der Legende kann als Grundlage für die Gliederung des Kommentars dienen. Man beginnt damit, die Entwicklung des eigentlichen deutschen Staatsgebietes (im Verständnis der Nationalsozialisten) zu analysieren. Die Expansion setzte bereits vor dem Zweiten Weltkrieg mit dem „Anschluss" Österreichs und der Annexion des Sudetenlandes im Jahr 1938 ein. Sie wurde durch die nationalsozialistische Ideologie gerechtfertigt, die alle Deutschen in ein „Großdeutsches Reich" integrieren und ihnen „Lebensraum" zur Verfügung stellen wollte. Die Grenzen des „Großdeutschen Reiches" schlossen 1942 Elsass-Lothringen, slowenische Gebiete und den westlichen Teil Polens ein. Östlich davon befanden sich jedoch Territorien, die ebenfalls unter deutscher Fremdherrschaft standen: das „Protektorat Böhmen und Mähren", das „Generalgouvernement" (Teile Polens) und die baltischen Staaten.

• Anschließend kann man zeigen, dass Deutschland im Oktober 1942 den größten Teil Europas beherrschte. Die Legende legt eine typologische Einordnung der Staaten nach ihrem Status nahe. Auf dieser Grundlage ist es möglich, über die Organisation des „deutschen Europas" nachzudenken.

- Die mit dem Reich verbündeten Staaten unterstützten die Errichtung einer „neuen Ordnung" in Europa und nahmen teilweise auf deutscher Seite an Kriegshandlungen teil (vor allem im Rahmen des Angriffs auf die UdSSR seit Juni 1941). Ihre Regime standen der nationalsozialistischen Ideologie oft nahe, so etwa das faschistische Italien unter der Diktatur Mussolinis.

- Staaten, die im Rahmen deutscher Offensiven besiegt wurden, befanden sich unter einem militärischen Besatzungsregime Deutschlands oder seiner Verbündeten. Dies traf unter anderem für Dänemark, die Niederlande, Belgien, Luxemburg, Serbien, Griechenland und einen Teil der Balkanländer (Serbien, Albanien, Griechenland) sowie einen Teil der UdSSR zu.

- Eine Zwischenkategorie ist die Gruppe der „Vasallenstaaten": Die Deutschen unterstützten hier die Machtübernahme faschistischer und zur Kollaboration bereiter Regime (Quisling in Norwegen, Pavelic in Kroatien). Die Nationalsozialisten konnten also auf „Marionettenregime" zählen, die theoretisch unabhängig waren, tatsächlich aber eng mit den Besatzungstruppen zusammenarbeiteten. Frankreich nahm eine Sonderstellung ein: Die nördliche Zone befand sich unter deutscher Besatzung; die südliche Zone unterstand der Autorität des Vichy-Regimes (Pétain), das mit Deutschland kollaborierte. Die südliche Zone wurde als „frei" bezeichnet, da sie bis November 1942 nicht von den Deutschen besetzt war. Die französischen Kolonien Nordafrikas unterstanden bis November 1942 ebenfalls der Autorität des Vichy-Regimes (amerikanische Landung in Algerien und Marokko im November 1942).

• Nur ein kleiner Teil Europas konnte sich der deutschen Fremdherrschaft entziehen. Die neutralen Staaten waren bestrebt, nicht in den Krieg einzutreten; sie stellten oft eine Rettungshoffnung für Verfolgte dar (z. B. die Schweiz, Spanien). Die einzigen im Oktober 1942 noch gegen Deutschland Krieg führenden europäischen Staaten waren Großbritannien (seit September 1939) und die UdSSR (seit Juni 1941). Die Briten waren im Mittelmeerraum dank ihrer Kolonie Zypern präsent und halfen den „Forces françaises libres" (Freie Französische Streitkräfte) des Generals de Gaulle, im Sommer 1941 die Kontrolle über Syrien und den Libanon zu übernehmen. Island löste sich von Dänemark (seit 1940 von den Deutschen besetzt) und entwickelte sich zu einem wichtigen Stützpunkt amerikanischer und britischer Kräfte, der im Nordatlantik eine Schlüsselrolle spielte (amerikanische Geleitzüge nach Großbritannien, die auf der Karte nicht angezeigt sind).

• Die Karte hat es ermöglicht, die deutsche Hegemonie in Europa im Oktober 1942 und die gegen sie ankämpfenden Kräfte zu analysieren (Großbritannien mit amerikanischer Unterstützung im Westen, die UdSSR im Osten). Man kann jedoch feststellen, dass ein zentraler Aspekt der nationalsozialistischen „Ordnung Europas" nicht auf der Karte erscheint: die Konzentrations- und Vernichtungslager als Orte des Genozids an Juden und Sinti und Roma sowie des Massenmordes an Widerstandskämpfern und anderen von den Nationalsozialisten verfolgten Gruppen.

Kapitel 17

# Europa unter deutscher Herrschaft



Der von Hitler herbeigeführte Zweite Weltkrieg gab ihm die Möglichkeit, seine Expansionspläne umzusetzen. Unter Anwendung beispielloser Gewalt etablierten die deutschen Besatzungstruppen eine „neue europäische Ordnung". Millionen von Europäern wurden Zwangsarbeit, Hunger, Exekutionen und massiven Repressalien unterworfen. Die Nationalsozialisten planten die Vernichtung der gesamten jüdischen Bevölkerung Europas – ein Vorgang, für den es in der Geschichte keine Parallele gibt.

- Worin unterschied sich die deutsche Herrschaft von der klassischen Form militärischer Besatzung?
- Wie lange haben die Deutschen das Hitlerregime trotz seines Kriegskurses unterstützt?
- In welchem Kontext stand die Planung und Durchführung des Völkermordes an den europäischen Juden?

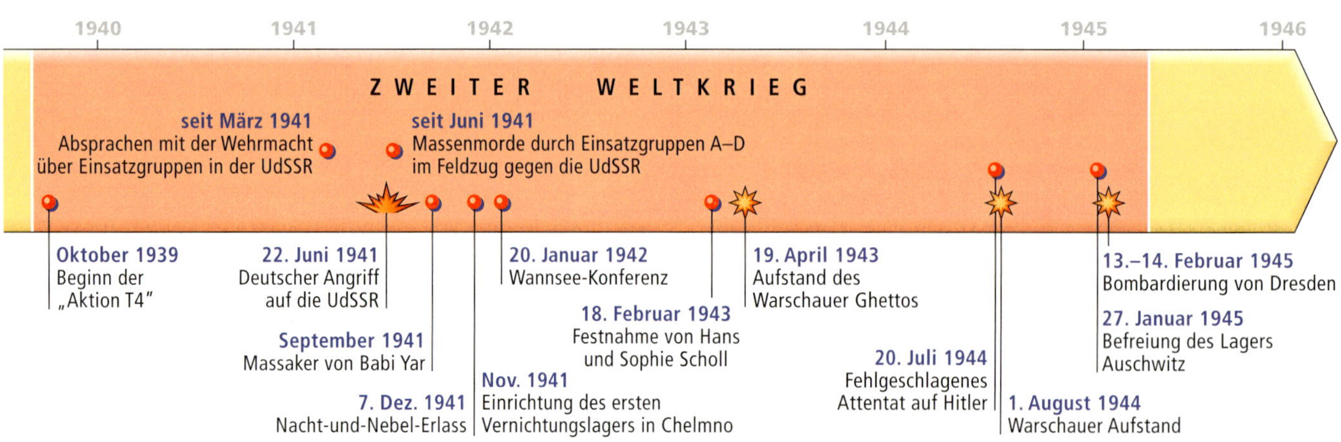

1

**Eine terrorisierte Bevölkerung – Massenhinrichtungen in Jugoslawien**

In der Nacht vom 20. auf den 21. April 1941 wurde bei Belgrad auf einen SS-Soldaten ein Attentat verübt. Um ein Exempel zu statuieren, wurden daraufhin 36 serbische Zivilisten von einem Militärgericht zum Tode verurteilt. Dieses Foto zeigt, dass nicht nur die SS für Morde und Misshandlungen an der Bevölkerung Ost- und Südosteuropas verantwortlich war, sondern auch die Wehrmacht.

2

**Eine gequälte Bevölkerung – die Räumung des Warschauer Ghettos**

Abtransport von Juden während des Aufstandes des Warschauer Ghettos (19. April bis 16. Mai 1943). Dieses weltweit bekannte Foto wurde zum Symbol für das Martyrium des jüdischen Volkes im Zweiten Weltkrieg.

# 1. Eine neue Ordnung in Europa

*Auf welchen Grundlagen und nach welchen Prinzipien haben die nationalsozialistischen Führer versucht, den europäischen Kontinent zu reorganisieren?*

## Das Großdeutsche Reich und seine Satelliten

Für die Nationalsozialisten sollte der Krieg die dauerhafte Vorherrschaft der „arischen Rasse" in Europa sichern. So annektierte und kolonisierte Deutschland diejenigen Territorien, die es als deutsches Siedlungsgebiet einstufte (siehe S. 319). Die übrigen eroberten Gebiete wurden einem Militärkommandanten unterstellt (das besetzte Frankreich) oder in Protektorate umgewandelt (Ostpolen, sowjetische Gebiete).

Aus politischem Kalkül gewährte Hitler bestimmten europäischen Staaten eine scheinbare Souveränität (Dänemark, Vichy-Frankreich, Jozef Tisos Slowakische Republik, Ante Pavelic Kroatien). Die deutschen Besatzer verließen sich jedoch nie ganz auf die ideologisch motivierten Kollaborateure (im Französischen als „collaborationnistes" bezeichnet, z. B. Léon Degrelle in Belgien, Vidkun Quisling in Norwegen, Jacques Doriot in Frankreich), da sie um deren Unbeliebtheit in der Bevölkerung ihrer Länder wussten.

## Ausgebeutete und unterjochte Völker

Gegenüber der als „minderwertig" eingestuften slawischen Bevölkerung war die deutsche Besatzung besonders brutal. Der im Oktober 1939 zum „Reichskommissar für die Festigung deutschen Volkstums" ernannte Heinrich Himmler führte im westlichen Teil Polens, das dem Deutschen Reich angegliedert wurde, „ethnische Säuberungen" durch. Hunderttausende von Polen, Juden wie Nichtjuden, wurden in das von Hans Frank regierte „Generalgouvernement" abgeschoben. Die polnische Intelligenz und die polnischen Geistlichen wurden gezielt verfolgt und ermordet.

Mit Beginn der Invasion in die UdSSR im Jahr 1941 (Unternehmen „Barbarossa"), die nach Hitler ein „Vernichtungskrieg" gegen den Kommunismus (Bolschewismus) sein sollte, kam es zu einer weiteren Radikalisierung der deutschen Fremdherrschaft. Vier Einsatzgruppen ermordeten Hunderttausende von Zivilisten, Juden und Kommunisten, die als „Reichsfeinde" betrachtet wurden. In diesem Zusammenhang wurde auch die „Endlösung der Judenfrage" vorbereitet (siehe S. 334).

Im Westen Europas führten die deutschen Beschlagnahmungen zu großem Mangel und einem regen Schwarzmarkt; im Osten ließ man die Bevölkerung absichtlich Hunger leiden. Die Besatzer deportierten massenweise Zwangsarbeiter nach Deutschland; SS und Gestapo errichteten eine Herrschaft des Polizeiterrors. Je besser sich der Widerstand organisierte, desto häufiger kam es zu Repressalien und desto mehr Geiseln wurden hingerichtet. Im Dezember 1941 ordnete der „Nacht-und-Nebel-Erlass" die Deportation und das Verschwindenlassen aller „Reichsfeinde" an.

## Europäische Widerstandsbewegungen

Da der militärische Widerstand gefährlich und schwer zu organisieren war, blieb er auf kleine Gruppen beschränkt. London, wo sich die Exilregierungen niederließen, wurde zur Hauptstadt der europäischen Widerstandsbewegungen. In Ost- und Südosteuropa (Griechenland, Jugoslawien) nahm der Widerstand die Form eines Partisanenkrieges an. Da sich das Gelände im Westen weniger für einen Guerillakrieg eignete, versorgten die dortigen Widerstandsnetze die angelsächsischen Alliierten mit Informationen, behinderten durch Sabotageakte die Bewegungsfähigkeit der deutschen Truppen und versuchten, die Bevölkerung durch die heimliche Verbreitung von Flugblättern und Zeitschriften kampfbereit zu halten. Ab 1943 nahm der Widerstand in Frankreich („Maquis") und Italien stark an Umfang zu.

Der Widerstand trug dazu bei, den gesellschaftlichen Rückhalt der kommunistischen Parteien zu stärken, da sich ihr antifaschistischer Kampf in vielen Ländern mit großen nationalen Befreiungsbewegungen verband. Dies führte zu einer Verstärkung des kommunistischen Einflusses. In Polen hingegen, wo man die Teilung des Landes durch den deutsch-sowjetischen Nichtangriffspakt nicht vergessen hatte, versuchte die Untergrundarmee (A. K.) eine erneute Besetzung des Landes durch die UdSSR zu vermeiden. Am 1. August 1944 löste sie allein den Warschauer Aufstand gegen die deutschen Besatzer aus. Da Stalin jedoch jede Unterstützung versagte, konnte die Erhebung von den Deutschen niedergeschlagen werden.

**1 Tito – Kommunismus und Widerstand in Jugoslawien**

Der Kroate Josip Broz, genannt Tito, (1892 – 1980), der seit 1937 Generalsekretär der Kommunistischen Partei Jugoslawiens war, verkörperte den Partisanenkampf gegen die deutsche Besatzung und die Kollaborationsregierung der „Ustascha". Nach der Befreiung Jugoslawiens regierte er das Land bis zu seinem Tod.

### Begriffe

- **Collaborationnistes:** Französische Bezeichnung für Personen, die im Unterschied zu nicht ideologisch motivierten Kollaborateuren die nationalsozialistische Ideologie befürworteten und eine vollständige, auch militärische Zusammenarbeit mit den Besatzern wünschten.
- **Einsatzgruppen:** Einheiten der Sicherheitspolizei (Sipo) und des SD (dem SS-Komplex zugehörige Organisationen), deren Aufgabe es war, die „Reichsfeinde" zu ermorden.
  **SS:** siehe S. 262
- **Gestapo:** siehe S. 266
- **Maquis (franz. „Busch(wald)"):** Abgelegene Region, in der sich der geheime bewaffnete Widerstand ausbildete. Der Begriff wurde auf bewaffnete Widerstandsgruppen („maquisards") ausgedehnt.
- **Partisanen** und **Maquisards**: Bewaffnete Widerstandskämpfer, die sich in abgelegenen oder schwer zugänglichen Gebieten (Gebirgen) zusammenschlossen und Guerillaoperationen gegen die deutschen Besatzungstruppen durchführten.
- **Deutsch-sowjetischer Nichtangriffspakt:** siehe S. 302
- **A.K.** („Armia Krajowa"): Polnische Untergrundarmee, die die Londoner Exilregierung unterstützte.

## 2 Himmler über die Ziele des nationalsozialistischen Krieges, 1943

Ich halte es für notwendig, heute schon in Gedanken das Ziel weit hinauszustecken. Das Ziel – ich habe es schon einmal erwähnt – lautet: Bildung des 120-Millionen-Volkes der Germanen, Herausschieben der deutschen Volkstumsgrenze um 500 km nach Osten, Siedlungsarbeit in nimmermüdem Fleiß während der zwanzig Jahre nach dem Kriege, dann Aufbau der Stützpunkte machtmäßiger und volkstumsmäßiger Art in Siedlungsperlen, so weit das deutsche Machtgebiet in Europa, im Südosten, im Osten und im Westen reicht, die innerliche und äußerliche, vor allem aber die nach Qualität und Zahl blutsmäßige Vorbereitung unseres Volkes für die Auseinandersetzungen, die nach diesem Kriege für unsere Enkel oder für spätere Generationen kommen, wenn einstmals nicht Völker, sondern ganze Rassen organisiert und ganze Kontinente gegeneinander marschieren und sich auseinandersetzen.

Rede Himmlers vom 6. Oktober 1943 in Posen, in: Heinrich Himmler, Geheimreden 1933 bis 1945 und andere Ansprachen, hrsg. von B. F. Smith/A. F. Peterson. Frankfurt/Main 1974, S. 183.

| Staatsangehörigkeit | Männer | Frauen | Gesamt | Gesamt (in %) |
|---|---|---|---|---|
| Belgien | 170.058 | 29.379 | 199.437 | 3,34 |
| Frankreich | 603.767 | 42.654 | 646.421 | 10,8 |
| Italien | 265.030 | 22.317 | 287.347 | 4,81 |
| Ehem. Jugoslawien (ohne Kroatien) | 29.192 | 8.415 | 37.607 | 0,63 |
| Kroatien | 43.071 | 17.082 | 60.153 | 1,01 |
| Niederlande | 233.591 | 20.953 | 254.544 | 4,26 |
| Slowakei | 20.857 | 16.693 | 37.550 | 0,63 |
| Ungarn | 17.206 | 7.057 | 24.263 | 0,41 |
| Altsowjetisches Gebiet | 1.062.507 | 1.112.137 | 2.174.644 | 36,39 |
| Generalgouvernement und Bezirk Bialystok[1] | 684.328 | 368.699 | 1.053.027 | 17,62 |
| Sonstige | 856.699 | 344.981 | 1.201.680 | 20,1 |
| **Total** | **3.986.306** | **1.990.367** | **5.976.673** | **100** |

Quelle: Hamburger Institut für Sozialforschung (Hrsg.), Verbrechen der Wehrmacht. Dimensionen des Vernichtungskrieges 1941–1944. Ausstellungskatalog. Hamburg 2002, S. 368.

[1] Polen

### 3 Die Ausbeutung der Arbeitskraft

Die Zahl der Zwangsarbeiter in Deutschland am 30. September 1944.

### 4 Der Partisanenkrieg

Der Text lautet: „Entfacht den Partisanenkrieg im faschistischen Hinterland! Vernichtet Nachrichtenverbindungen, Brücken, Straßen, Treibstoff, Vorratslager, die feindlichen Banden!"

### 5 Warschau – Stadt des Martyriums des polnischen Widerstands

Der Warschauer Aufstand, den der polnische Widerstand am 1. August 1944 begann, dauerte 63 Tage und kostete mindestens 16.000 Kämpfern und 150.000 Zivilisten das Leben. 80 Prozent der Gebäude der polnischen Hauptstadt, die bereits seit 1939 stark beschädigt waren, wurden zerstört.

## Fragen und Anregungen

1. Erläutern Sie, worin nach Himmler das Ziel des Krieges bestand. Arbeiten Sie aus dem Text die Elemente heraus, in denen Himmler die Hauptthemen der nationalsozialistischen Ideologie aufgreift. (M2)
2. Entnehmen Sie der Tabelle, welche besetzten Länder der deutschen Wirtschaft die meisten Arbeitskräfte geliefert haben. (M3)
3. Beschreiben Sie die Charakteristika des Partisanenkrieges und stellen Sie fest, in welchen europäischen Ländern es vor allem zum Partisanenkrieg kam. (M4)

# Dossier
# Im Osten Europas – ein Vernichtungskrieg gegen den Kommunismus

Schon vor dem Unternehmen Barbarossa im Juni 1941 bereitete Hitler seinen Führungsstab darauf vor, einen Vernichtungskrieg gegen den Kommunismus zu führen. Die ideologische Dimension des Konflikts gewann jetzt gegenüber der militärischen Dimension des Eroberungskrieges die Oberhand.

Die SS erhielt für die Exekution der politischen Kommissare der Roten Armee und der der Kommunistischen Partei angehörenden Juden vollkommen freie Hand. Auch die Wehrmacht war an den im Osten begangenen Gräueltaten beteiligt. Zwei Drittel der sowjetischen Kriegsgefangenen starben in der Gefangenschaft. Als Antwort auf den in der UdSSR, Griechenland und Jugoslawien entstehenden Partisanenkrieg verstärkten die deutschen Machthaber massiv ihre Vergeltungsmaßnahmen gegenüber der Zivilbevölkerung.

2

**Entsetzliche Bedingungen für sowjetische Kriegsgefangene**

Erdhöhlen im Lager Wietzendorf, südlich von Hamburg, ohne Datum. Vor dem Bau von Baracken mussten die Gefangenen in diesen Erdhöhlen ihr Leben fristen. Viele kamen dabei um.

1

### Hitler – „Ein Kampf zweier Weltanschauungen“, März 1941

*Ein Kampf zwischen zwei Weltanschauungen.* Vernichtendes Urteil über Bolschewismus ist gleich asoziales Verbrechertum. Kommunismus ungeheure Gefahr für die Zukunft. Wir müssen von dem Standpunkt des soldatischen Kameradentums abrücken. Der Kommunist ist vorher kein Kamerad und nachher kein Kamerad. Es handelt sich um einen Vernichtungskampf. [...] *Kampf gegen Russland:* Vernichtung der bolschewistischen Kommissare und der kommunistischen Intelligenz. [...]

Der Kampf muss geführt werden gegen das Gift der Zersetzung. Das ist keine Frage der Kriegsgerichte. Die Führer der Truppe müssen wissen, worum es geht. Sie müssen in den Kampf führen. Die Truppe muss sich mit den Mitteln verteidigen, mit denen sie angegriffen wird. Kommissare und GPU-Leute[1] sind Verbrecher und müssen als solche behandelt werden. [...]

Der Kampf wird sich sehr unterscheiden vom Kampf im Westen. Im Osten ist Härte mild für die Zukunft.

Hitlers Ausführungen vor der deutschen Generalität, März 1941; zit. nach: Generaloberst Halder, Kriegstagebuch, Bd. II: Von der geplanten Landung in England bis zum Beginn des Ostfeldzuges (1. Juli 1940 – 21. Juni 1941), bearb. von H.?A. Jacobsen. Stuttgart 1963, S. 336 f.

[1] GPU: politische Polizei in der UdSSR (siehe S. 278)

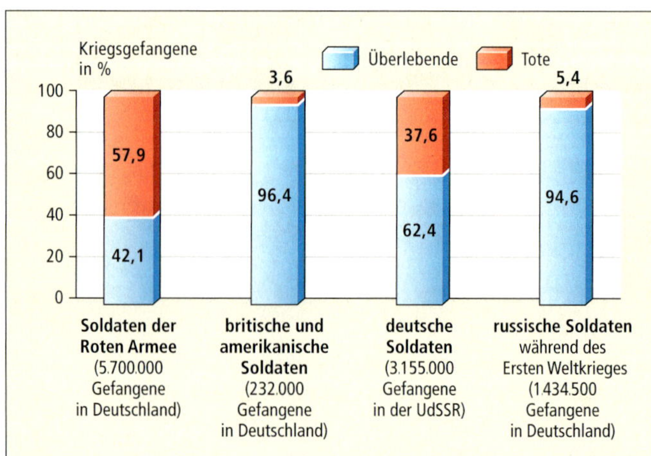


Quelle: Verbrechen der Wehrmacht, Dimensionen des Vernichtungskrieges 1941–1944, Hamburger Institut für Sozialforschung, 2002, S. 188.

3

**Sterblichkeitsrate von Kriegsgefangenen während der beiden Weltkriege**

## 4 Die den Einsatzgruppen gegebenen Anweisungen für Massenhinrichtungen

**4. Exekutionen**
Zu exekutieren sind alle:
- Funktionäre der Komintern (wie überhaupt die kommunistischen Berufspolitiker schlechthin)
- die höheren, mittleren und radikalen unteren Funktionäre der Partei, der Zentralkomitees, der Gau- und Gebietskomitees
- Volkskommissare[1]
- Juden in Partei und Staatsstellungen
- sonstigen radikalen Elemente (Saboteure, Propagandeure, Heckenschützen, Attentäter, Hetzer usw.)

soweit sie nicht im Einzelfall nicht oder nicht mehr benötigt werden, um Auskünfte in politischer oder wirtschaftlicher Hinsicht zu geben, die für die weiteren sicherheitspolizeilichen Maßnahmen oder für den wirtschaftlichen Wiederaufbau der besetzten Gebiete besonders wichtig sind.

Insbesondere ist Bedacht zu nehmen, dass Wirtschafts-, Gewerkschafts- und Handelsgremien nicht restlos liquidiert werden, sodass keine geeigneten Auskunftspersonen mehr vorhanden sind.

Den Selbstreinigungsversuchen antikommunistischer oder antijüdischer Kreise in den neu zu besetzenden Gebieten sind keine Hindernisse zu bereiten. Sie sind im Gegenteil, allerdings spurenlos, zu fördern, ohne dass sich diese örtlichen „Selbstschutz"-Kreise später auf Anordnungen oder gegebene politische Zusicherungen berufen können.

Schreiben des Chefs der Sicherheitspolizei und des SD, Reinhard Heydrich, vom 2. Juli 1941 über die Aufgaben der Einsatzgruppen; zit. nach: Hamburger Institut für Sozialforschung (Hrsg.), Verbrechen der Wehrmacht. Dimensionen des Vernichtungskrieges 1941 – 1944. Hamburg 2002, S. 63.

[1] Von der Kommunistischen Partei ernannte Kader der Roten Armee, die die Loyalität der Offiziere und die strikte Umsetzung der Befehle überprüfen sollten.

6 **Repressalien und Sammelhinrichtungen – eine öffentliche Erhängung in Minsk**

Am 26. Oktober 1941 wurden in Minsk (Weißrussland) zwölf Personen öffentlich erhängt. Sie wurden fälschlicherweise beschuldigt, auf deutsche Soldaten geschossen zu haben, hatten jedoch lediglich versucht, verletzten Soldaten der Roten Armee bei der Flucht zu helfen.

## 5 Der Kampf gegen die Partisanen – die Schaffung von „Wüstenzonen" in der UdSSR

*Die „Unternehmen Dreieck" und „Viereck" wurden im Frühling 1942 durchgeführt, um die Partisanenstützpunkte auszulöschen: Umfangreiche „Wüstenzonen" wurden definiert, innerhalb deren Grenzen die Dörfer niedergebrannt und die Bevölkerung deportiert, zur Zwangsarbeit gezwungen oder auf der Stelle erschossen wurde.*

Schaffung einer „Wüstenzone"

Die gegebenen Anordnungen für das Schaffen einer „Wüstenzone" durch Zerstörung der Lager, Niederbrennen der Dörfer usw. sind überall rücksichtslos durchgeführt worden. Eine Bergung der zahlreichen Erntevorräte usw. konnte durch die Truppe selbst aus Mangel an ausreichenden Kräften nicht erfolgen.

Es müssen daher bei Beginn eines Unternehmens Bergungskolonnen (Zivilbevölkerung, Miliz usw.) unter einer energischen Führung zusammengestellt werden, die aus dem von der Truppe gesäuberten Gebiet alle Vorräte usw., die sonst vernichtet werden müssen, abtransportieren. [...]

Zusammenfassend kann gesagt werden, dass in dem Gebiet „Dreieck" und „Viereck" dem Gegner
**1.** durch die hohen Verluste,
**2.** durch die restlose Vernichtung sämtlicher Dörfer und zahlreicher Lager und
**3.** durch die Evakuierung der Bevölkerung, durch die er insbesondere für die Herbst- und Frühjahrsbestellung seine Arbeitskräfte verloren hat,
für die nächste Zeit die Existenzmöglichkeit – zumindest in größerem Umfange – auf alle Fälle genommen worden ist.

Gefechtsbericht über „Unternehmen Dreieck" und „Viereck" vom 17. September bis 2. Oktober 1942; zit. nach: Hamburger Institut für Sozialforschung (Hrsg.), Verbrechen der Wehrmacht. Dimensionen des Vernichtungskrieges 1941 – 1944. Hamburg 2002, S. 491.

## Fragen und Anregungen

**1.** Erklären Sie, warum der Krieg im Osten für Hitler eine ganz andere Natur und Bedeutung hatte als der Krieg im Westen. (M1)
**2.** Erläutern Sie, wieso die Behandlung der sowjetischen Kriegsgefangenen beispiellos war. (M2, M3)
**3.** Beschreiben Sie, worum es sich bei den „Einsatzgruppen" handelte und wozu sie eingesetzt wurden. (M4)
**4.** Benennen Sie die Maßnahmen, die ergriffen wurden, um dem Partisanenkrieg zu begegnen. Lassen sie sich ihrem Charakter nach als rein militärisch bezeichnen? (M5, M6)
**5.** Inwiefern war die Invasion in die UdSSR ein Wendepunkt in der Entwicklung des Krieges in Europa?

# 2. Die deutsche Gesellschaft während des Zweiten Weltkrieges

*Wie ist die Popularität Hitlers bis zum Ende des Krieges und der nur schwache Widerstand gegen das Regime in Deutschland zu erklären?*

## Ein vergleichsweise hoher Lebensstandard

Hitler war getrieben von der Erinnerung an die Niederlage von 1918, die er fälschlicherweise damit erklärte, dass die „Heimat" die kämpfenden Frontsoldaten im Stich gelassen habe. Deshalb unternahm er alles, um Deutschland eine ähnliche Hungersnot wie 1916/1917 zu ersparen. Die durchschnittliche Lebensmittelration wurde 1939 auf 2 400 Kalorien festgesetzt und erreichte Anfang 1945 immer noch 2 000 Kalorien. Das war sehr viel mehr, als die Menschen in den übrigen europäischen Ländern erhielten. Erst in den letzten Kriegsmonaten spitzte sich die Situation zu.

Auf Druck von Fritz Todt, der seit März 1940 Reichsminister für Rüstung und Kriegsproduktion war, verstärkte der Staat die Kontrolle der Wirtschaft. Ab Februar 1942 führte sein Nachfolger Albert Speer diese Politik fort, wobei er insbesondere die Konzentration und Rationalisierung der Produktion förderte. Aber vor allem durch die systematische Ausbeutung der besetzten Gebiete und die Deportation von über sechs Millionen Arbeitskräften nach Deutschland versuchte das Regime der deutschen Bevölkerung die Illusion zu vermitteln, dass sie auch weiterhin ein fast normales Leben führte.

## Eine leidende Bevölkerung im Kampfgeschehen

Dennoch wurde Deutschland anders als Frankreich im Zweiten Weltkrieg schwerer mitgenommen als im Ersten Weltkrieg. Nach der Eröffnung der Ostfront, wo über die Hälfte der insgesamt gefallenen deutschen Soldaten während des Krieges starben, nahmen die Verluste an Menschenleben beträchtlich zu; die Zahl der Toten stieg auf möglicherweise über 3,5 Millionen an. 40 Prozent der Männer, die in den Jahren um 1925 geboren worden waren, wurden getötet.

Die großen Städte waren intensiven Bombardierungen durch die alliierte Luftwaffe ausgesetzt, deren tödliche Wirkung durch die Verwendung von Brandbomben verstärkt wurde. Vom 24. Juli bis 2. August 1943 („Unternehmen Gomorra") starben allein bei der Bombardierung Hamburgs 41.500 Einwohner. Der letzte große alliierte Luftangriff am 13. und 14. Februar 1945 auf Dresden forderte 35.000 Tote.

Die verbrecherische Gewalt, die das „Dritte Reich" während des Krieges im Osten angewendet hatte, schlug nun zurück auf die Bevölkerung in den östlichen Teilen Deutschlands, die ohne Schutz zurückgelassen wurde und sich gezwungen sah, vor den Repressalien der sowjetischen Truppen zu fliehen. Dabei verloren während der letzten Kriegsmonate im Osten 500 000 Zivilpersonen ihr Leben.

## Ein isolierter und nur von Minderheiten getragener Widerstand

Obwohl die Bevölkerung den Krieg 1939 ohne Begeisterung aufnahm, kam es zu einer starken Bewegung nationaler Solidarität, die auch durch die ständige Abfolge von Niederlagen ab 1943 nicht erschüttert wurde. Als Goebbels im Februar 1943 alle Deutschen aufrief, sich für einen „totalen Krieg" bereit zu machen, wusste er, dass er auf die nach wie vor vorhandene große Beliebtheit des „Führers" bauen konnte.

Durch den Krieg wurde jede Form des organisierten Widerstands (siehe S. 328 f.) noch unpopulärer und gefährlicher. Im Unterschied zu ihren europäischen Kampfgefährten waren die deutschen Widerstandskämpfer damit konfrontiert, dass sie als Verräter und nicht als Befreier galten. Die Studenten der Weißen Rose, die im Februar 1943 hingerichtet wurden, stießen mit ihren Aktionen nur auf ein geringes Echo in der Öffentlichkeit. Die Verschwörung vom 20. Juli 1944 war für das Regime zwar weitaus gefährlicher, denn sie hätte Hitler das Leben kosten können, aber an ihr war nur ein kleiner Teil der militärischen und konservativen Elite beteiligt.

Weitaus zahlreicher waren die Handlungen zivilen Ungehorsams (Resistenz) oder oppositionelle Akte, die sich gegen bestimmte Aspekte der nationalsozialistischen Politik wandten, ohne gleich in einen aktiven Widerstand zu münden. So gelang es dem protestantischen Bischof Theophil Wurm und dem Bischof Clemens August Graf von Galen, durch die öffentliche Verurteilung der Aktion T4 das Regime kurzfristig zum Nachgeben zu bewegen. Dagegen rief das Schicksal der Juden nur vereinzelte individuelle Reaktionen hervor.

1 **Frauenarbeit in der Waffenindustrie**
Im Heinkel-Flugzeugwerk dienstverpflichtete Frau.

## Begriffe

- **Widerstand** und **Resistenz**: Der (auch im Französischen in der deutschen Form verwendete) Begriff „Widerstand" dient zur Bezeichnung des aktiven Widerstands gegen die nationalsozialistische Herrschaft. Der (gleichfalls im Französischen verwendete deutsche) Begriff „Resistenz" charakterisiert abweichende Verhaltensweisen, die nicht bis zur direkten Opposition gegenüber den Nationalsozialisten gingen.
- **Weiße Rose:** Studentische Widerstandsgruppe an der Universität München. Zu ihrem Kern gehörten die Geschwister Hans und Sophie Scholl, die 1943 hingerichtet wurden (siehe S. 328 f.).
- **Aktion T4:** Vom Chef der „Kanzlei des Führers", Philipp Bouhler, geleitetes Euthanasieprogramm, in dessen Rahmen seit 1940 etwa 120.000 psychisch Kranke und Behinderte ermordet wurden (siehe S. 330). Die Morde wurden bis Kriegsende weitergeführt.

## Fragen und Anregungen

1. Erörtern Sie, ob dieses Bild der Frauenrolle entspricht, die das nationalsozialistische Regime in der Gesellschaft propagierte. (M1)
2. Überlegen Sie, an welche soziale Gruppe sich dieses Propagandaplakat richtete und zu welchem Zweck. (M2)
3. Legen Sie die Ziele dar, die die Alliierten bei der Bombardierung der deutschen Städte verfolgten. (M3)
4. Besprechen Sie, welche Tragweite der Protest Bischof von Galens besaß. (M5)
5. Stellen Sie sich vor, Sie würden am Ende des Krieges Tagebuch schreiben. Was würden Sie am 8. Mai 1945 notieren?

2

**Die andere Front – die Deutschen im „totalen Krieg"**

„Alle Kraft gespannt!" Nationalsozialistisches Propagandaplakat, 1943.

3

**Die Bombardierung von Dresden, 13. bis 14. Februar 1945**

## 4 „Den Krieg vor Augen" – die Russen in Berlin, April bis Mai 1945

*Dieses Tagebuch mit dem Untertitel „Chronik, die an dem Tag begonnen wurde, als Berlin zum ersten Mal den Krieg vor Augen hatte", wurde 1945 von einer dreißigjährigen Berlinerin geschrieben und erstmals 1954 in den Vereinigten Staaten veröffentlicht.*

Sonntag, 29. April 1945 ...

Sonst erfüllt uns stets und ständig das Gefühl des völligen Preisgegebenseins. Sind wir allein, so schreckt uns jeder Laut, jeder Tritt. [...] Iwan hat uns tief unten. Zum Teil wörtlich; denn es gibt in unserem Block noch unentdeckte Hausgemeinschaften, Familien, die seit Freitag im Keller leben und nur frühmorgens ihre Wasserholer ausschicken. Unsere Männer, so scheint es mir, müssen sich noch schmutziger fühlen als wir besudelten Frauen. In der Pumpenschlange erzählte eine Frau, wie in ihrem Keller ein Nachbar ihr zugerufen habe, als die Iwans an ihr zerrten: „Nu gehen Sie doch schon mit. Sie gefährden uns ja alle!" [...]

Rückkehr am Montag, 30. April 1945 ...

Immer noch Krieg draußen. Und unser neues Morgen- und Abendgebet: „Dies alles verdanken wir dem Führer." Ein Satz, der in den Friedensjahren tausendmal als Lob und Dank auf Plakate gemalt, in Reden ausgesprochen wurde.

Anonyma, Eine Frau in Berlin. Tagebuch-Aufzeichnungen vom 20. April bis 22. Juni 1945. München 2005, S. 85 f., 96 f.

## 5 Die katholische Opposition gegen das Euthanasieprogramm, August 1941

*Predigt des Bischofs von Münster, Clemens August Graf von Galen, am 3. August 1941:*

Seit einigen Monaten hören wir Berichte, dass aus Heil- und Pflegeanstalten für Geisteskranke auf Anordnung von Berlin Pfleglinge, die schon länger krank sind und vielleicht unheilbar erscheinen, zwangsweise abgeführt werden. [...] Allgemein herrscht der an Sicherheit grenzende Verdacht, dass diese zahlreichen unerwarteten Todesfälle von Geisteskranken nicht von selbst eintreten, sondern absichtlich herbeigeführt werden, dass man dabei jener Lehre folgt, die behauptet, man dürfe sog. „lebensunwertes Leben" vernichten, also unschuldige Menschen töten, wenn man meint, ihr Leben sei für Volk und Staat nichts mehr wert [...].

Wer aber fortfahren will, Gottes Strafgericht herauszufordern, wer unsern Glauben lästert, wer Gottes Gebote verachtet, wer gemeinsame Sache macht mit jenen, die unsere Jugend dem Christentum entfremden, die unsere Ordensleute berauben und vertreiben, mit jenen, die unschuldige Menschen, unsere Brüder und Schwestern, dem Tode überliefern, mit dem wollen wir jeden vertrauten Umgang meiden, dessen Einfluss wollen wir uns und die Unsrigen entziehen, damit wir nicht angesteckt werden von seinem gottwidrigen Denken und Handeln, damit wir nicht mitschuldig werden und somit anheimfallen dem Strafgericht, das der gerechte Gott verhängen muss und verhängen wird über alle, die gleich der undankbaren Stadt Jerusalem nicht wollen, was Gott will.

Bischof Clemens August Graf von Galen, Akten, Briefe und Predigten 1933–1946, Bd. 2: 1933–1946, bearbeitet von P. Löffler. Paderborn u. a. 1996, S. 876, 882.

# Dossier
# Der deutsche Widerstand gegen den Nationalsozialismus während des Zweiten Weltkrieges

Die seit 1933 unterdrückten linken Parteien waren zu geschwächt, um eine breite Widerstandsbewegung ins Leben zu rufen. Der kommunistische Widerstand wurde Ende 1942 zerschlagen. Intellektuelle wie Thomas Mann oder sozialdemokratische Aktivisten der 1933 in Prag gegründeten SOPADE (Sozialdemokratische Partei Deutschlands) führten den Kampf gegen den Nationalsozialismus vom Ausland aus.

Daher wurde der deutsche Widerstand gegen den Nationalsozialismus während des Krieges vor allem von Männern aus dem konservativen Milieu getragen, die zu großen Teilen nach anfänglicher Unterstützung von Hitlers Außenpolitik nun zu der Überzeugung gelangt waren, dass es für das Wohl Deutschlands nötig sei, sich seiner zu entledigen. Die Studenten der Weißen Rose standen für einen Widerstand gegen das nationalsozialistische Regime, der seine Grundlage im Gefühl einer moralischen und staatsbürgerlichen Verpflichtung hatte.

## 1 Flugblatt der Roten Kapelle

*Die Rote Kapelle bildete Anfang 1940 das bedeutendste Widerstandsnetz. In dieser Gruppe vereinigten sich 150 Personen mit sehr unterschiedlichen sozialen und politischen Hintergründen (nicht nur Kommunisten). Sie wurden Ende 1942/Anfang 1943 hingerichtet, nachdem sie der UdSSR Informationen übermittelt hatten. Das folgende Flugblatt wurde im Februar 1942 mehreren hundert Personen zugeschickt.*

Vergeblich müht sich Minister Goebbels, uns immer neuen Sand in die Augen zu streuen. Die Tatsachen sprechen eine harte, warnende Sprache. Niemand kann mehr leugnen, dass sich unsere Lage von Monat zu Monat verschlechtert. Niemand kann noch länger die Augen verschließen vor der Ungeheuerlichkeit des Geschehens, vor der uns alle bedrohenden Katastrophe der nationalsozialistischen Politik. [...]

Das deutsche Volk braucht eine sozialistische Regierung der Arbeiter, der Soldaten und der werktätigen Intelligenz. [...] Sobald sich das Volk eine neue Regierung gegeben hat, muss es sich nach neuen Freunden und Bundesgenossen in der Welt umsehen. [...] Mit Hass, Demagogie und rückschrittlicher Gesinnung wird keine Zukunft gezimmert. Freunde unseres Volkes finden sich vielmehr unter den fortschrittlichen Kräften Europas und der UdSSR. Die Zusammenarbeit mit diesen Kräften muss die kommende deutsche Regierung suchen. [...] Auf dieser Basis wäre ein Friede möglich, bei dem die Unversehrtheit des Deutschen Reiches in den Grenzen vom Frühjahr 1939 gewahrt bleiben könnte. [...] Wir dulden nicht länger, dass dem Volke die Wahrheit vorenthalten wird. Wir dulden es nicht länger, dass eine Hand voll anmaßender und durch den Gang der Ereignisse tausendmal kompromittierter Personen weiterhin die wachsten Kräfte der Nation zu gängeln trachtet. Wir müssen endlich Schluss machen mit dem alten deutschen Irrglauben, der Staat sei ein höheres Wesen, dem man sich blind anvertrauen dürfe. Der Staat ist heute nichts als ein großer Apparat, der in die Hände einiger Ehrgeizig-Skrupelloser gefallen ist.

Die Sorge um Deutschlands Zukunft geht durch das Volk; zit. nach: P. Steinbach/J. Tuchel (Hrsg.), Widerstand in Deutschland 1933–1945. Ein historisches Lesebuch. München 1994, S. 268, 271–273.

## 2 Die Weiße Rose – „Aufruf an alle Deutschen"

*Die ersten mit „Weiße Rose" signierten Flugblätter erschienen im Sommer 1942. Zum Kern der Gruppe gehörten die Münchner Medizinstudenten Alexander Schmorell und Hans Scholl sowie seine Schwester Sophie. Hans und Sophie Scholl wurden am 18. Februar 1943 festgenommen, in einem Eilverfahren verurteilt und am 22. Februar 1943 hingerichtet. Der folgende Aufruf wurde nach London übermittelt. Die BBC strahlte ihn aus, und die englische Luftwaffe warf Millionen Flugblätter unter dem Titel „Manifest der Münchner Studenten" ab.*

Der Krieg geht seinem sicheren Ende entgegen. Wie im Jahre 1918 versucht die deutsche Regierung alle Aufmerksamkeit auf die wachsende U-Bootgefahr zu lenken, während im Osten die Armeen unaufhörlich zurückströmen, im Westen die Invasion erwartet wird. [...] Mit mathematischer Sicherheit führt Hitler das deutsche Volk in den Abgrund. Hitler kann den Krieg nicht gewinnen, nur noch verlängern! [...]

Deutsche! Wollt Ihr und Eure Kinder das Schicksal erleiden, das den Juden widerfahren ist? Wollt Ihr mit dem gleichen Maße gemessen werden wie Eure Verführer? Sollen wir auf ewig das von aller Welt gehasste und ausgestoßene Volk sein? Nein! Darum trennt Euch von dem nationalsozialistischen Untermenschentum! Beweist durch die Tat, dass Ihr anders denkt! Ein neuer Befreiungskrieg bricht an. Der bessere Teil des Volkes kämpft auf unserer Seite. Zerreißt den Mantel der Gleichgültigkeit, den Ihr um Euer Herz gelegt habt! Entscheidet Euch, ehe es zu spät ist! [...]

Der imperialistische Machtgedanke muss, von welcher Seite er auch kommen möge, für alle Zeit unschädlich gemacht werden. Ein einseitiger preußischer Militarismus darf nie mehr zur Macht gelangen. Nur in großzügiger Zusammenarbeit der europäischen Völker kann der Boden geschaffen werden, auf welchem ein neuer Aufbau möglich sein wird. Jede zentralistische Gewalt, wie sie der preußische Staat in Deutschland und Europa auszuüben versucht hat, muss im Keime erstickt werden. Das kommende Deutschland kann nur föderalistisch sein. Nur eine gesunde föderalistische Staatsordnung vermag heute noch das geschwächte Europa mit neuem Leben zu erfüllen. Die Arbeiterschaft muss durch einen vernünftigen Sozialismus aus ihrem Zustand niedrigster Versklavung befreit werden. Das Truggebilde der autarken Wirtschaft muss in Europa verschwinden. Jedes Volk, jeder Einzelne hat ein Recht auf die Güter der Welt!

Zit. nach: W. Hofer (Hrsg.), Der Nationalsozialismus. Dokumente 1933–1945. Frankfurt/M.: Fischer Bücherei 1960[8], S. 327 f.

3
**Hans und Sophie Scholl**

Die Mitglieder der Widerstandsbewegung Weiße Rose Hans und Sophie Scholl sowie Christoph Probst, München 1942.

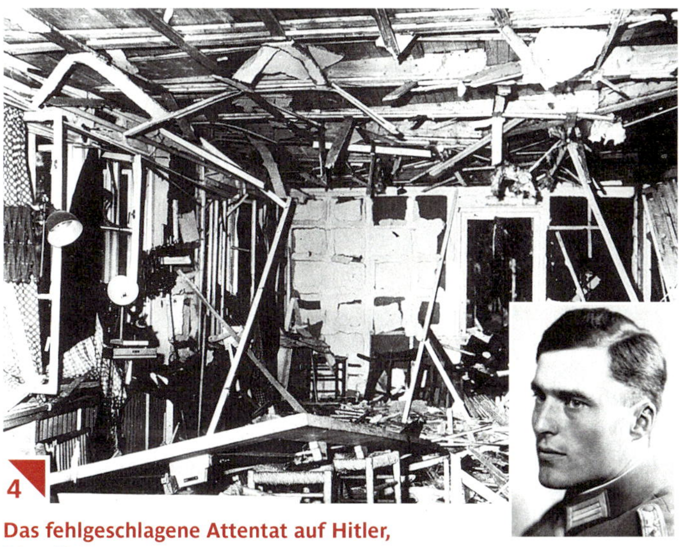

4
**Das fehlgeschlagene Attentat auf Hitler, 20. Juli 1944**

Der Besprechungsraum im „Führerhauptquartier Wolfsschanze" nach dem Bombenattentat. Der aus altem katholischem Adel stammende Claus Schenk Graf von Stauffenberg (siehe oben, Porträt) war der führende Kopf der Verschwörung vom 20. Juli 1944. Am 1. Juli 1944 in den Führungsstab berufen, gelang es ihm, in dem Saal, in dem Hitler eine Sitzung leiten sollte, eine Bombe zu deponieren. Aber im letzten Augenblick stellte ein Offizier die Aktentasche mit der Bombe an eine andere Stelle. Trotz der Wucht der Explosion wurde Hitler nur leicht verletzt. Stauffenberg wurde noch in derselben Nacht erschossen.

5
## Der konservative Widerstand – das Programm des Kreisauer Kreises

*Den Namen „Kreisauer Kreis" erhielt die Gruppe von der Gestapo im Zuge ihrer Untersuchung des Attentats vom 20. Juli 1944. Sie hatte sich um Graf Helmuth James von Moltke, den Großneffen des Generalstabschefs von 1914, gebildet. Von den 20 Mitgliedern des Kreises wurden acht nach dem Scheitern des Attentats hingerichtet. Moltke, der nicht direkt daran teilgenommen hatte, wurde später, im Januar 1945, hingerichtet.*

Die Regierung des Deutschen Reiches sieht [nach dem Sturz des NS-Regimes] im Christentum die Grundlage für die sittliche und religiöse Erneuerung unseres Volkes, für die Überwindung von Hass und Lüge, für den Neuaufbau der europäischen Völkergemeinschaft. [...] Die Reichsregierung ist daher entschlossen, folgende nach innen und außen unverzichtbare Forderungen mit allen ihr zur Verfügung stehenden Mitteln zu verwirklichen:

**1.** Das zertretene Recht muss wieder aufgerichtet und zur Herrschaft über alle Ordnungen des menschlichen Lebens gebracht werden. Unter dem Schutz gewissenhafter, unabhängiger und von Menschenfurcht freier Richter ist es Grundlage für alle zukünftige Friedensgestaltung.

**2.** Die Glaubens- und Gewissensfreiheit wird gewährleistet. Bestehende Gesetze und Anordnungen, die gegen diese Grundsätze verstoßen, werden sofort aufgehoben.

**3.** Brechung des totalitären Gewissenszwangs und Anerkennung der unverletzlichen Würde der menschlichen Person als Grundlage der zu erstrebenden Rechts- und Friedensordnung. Jedermann wirkt in voller Verantwortung an den verschiedenen sozialen, politischen und internationalen Lebensbereichen mit. Das Recht auf Arbeit und Eigentum steht ohne Ansehen der Rassen-, Volks- und Glaubenszugehörigkeit unter öffentlichem Schutz. [...]

**4.** Die besondere Verantwortung und Treue, die jeder Einzelne seinem nationalen Ursprung, seiner Sprache, der geistigen und geschichtlichen Überlieferung seines Volkes schuldet, muss geachtet und geschützt werden. Sie darf jedoch nicht zur politischen Machtzusammenballung, zur Herabwürdigung, Verfolgung oder Unterdrückung fremden Volkstums missbraucht werden.

Grundsätze für die Neuordnung Deutschlands, Kreisau, den 9. August 1943; zit. nach: B. Scheurig (Hrsg.), Deutscher Widerstand 1938 – 1944. Fortschritt oder Reaktion? München 1984, S. 196 – 198.

## Fragen und Anregungen

**1.** Arbeiten Sie die von der Roten Kapelle angeführten Motive für den Widerstand gegen das nationalsozialistische Regime heraus. Erscheint Ihnen die Rückkehr zu den „Grenzen vom Frühjahr 1939" als ein realistisches Ziel? (M1)

**2.** Erläutern Sie, aus welchen Motiven und mit welchen Mitteln die Studenten der Weißen Rose die Deutschen zum Widerstand gegen Hitler aufriefen. Welche politischen Ideen werden im letzten Absatz des Flugblatts aus der Verurteilung des Nationalsozialismus abgeleitet? (M2, M3)

**3.** Erörtern Sie, ob der Einsatz Stauffenbergs repräsentativ für sein Herkunftsmilieu ist. (M4)

**4.** Arbeiten Sie die Positionen heraus, die offen das nationalsozialistische Regime angreifen. Welche Werte bildeten die Grundlage für das Programm des Kreisauer Kreises? Wie sollte der Wiederaufbau Deutschlands nach dem Krieg erfolgen? (M5)

**5.** Legen Sie die Unterschiede zwischen den deutschen Widerstandsbewegungen gegen den Nationalsozialismus während des Zweiten Weltkrieges dar und versuchen Sie einzuschätzen, welche Aufmerksamkeit sie in der deutschen Bevölkerung erhalten konnten.

# 3. Die Vernichtung der Juden in Europa

*Wann und wie fasste die Führung des „Dritten Reiches“ den Beschluss, die gesamte jüdische Bevölkerung Europas zu vernichten?*

## Der Krieg und die Radikalisierung der Rassenpolitik des „Dritten Reiches“

Die Nationalsozialisten übertrugen Darwins Theorie über die Evolution der Tierarten auf die menschliche Gesellschaft: Sie reduzierten die Geschichte der Menschheit auf einen Kampf, an dessen Ende die überlegenen Rassen siegen würden. Die Kriegführung erforderte aus ihrer Sicht die Eliminierung der Schwachen und „Parasiten“. Im Oktober 1939 sollte im Rahmen der Aktion T4 die Euthanasie der in deutschen psychiatrischen Kliniken untergebrachten Kranken und der Behinderten erfolgen. Bei dieser Aktion wurden die Techniken einer Vernichtung durch Gas „erprobt“: Zwischen Januar 1940 und August 1941 wurden 70.000 (nach anderen Einschätzungen sogar bis zu 120.000) durch Gas oder Injektionen ermordet.

Schon im Januar 1939 hatte Hitler „prophezeit“, dass ein neuer Krieg zur „Vernichtung der jüdischen Rasse in Europa“ führen werde. Allerdings war bis 1941 noch kein Völkermord geplant. Man erwog, im Osten Europas oder auf der damals französischen Insel Madagaskar große „Reservate“ einzurichten. Die Juden sahen sich in Deutschland und dann im ganzen besetzten Europa Entrechtungs- und Ausgrenzungsmaßnahmen ausgesetzt (z. B. Konfiszierung des Besitzes und Verpflichtung, den gelben Stern zu tragen). Im Osten wurden sie zu Zwangsarbeiten genötigt und in Ghettos konzentriert, in denen sie zu einem langsamen Hungertod verurteilt waren. Im Warschauer Ghetto wurden etwa 500.000 Juden eingepfercht, die eine tägliche Ration von nur 185 Kalorien erhielten.

## Die „Endlösung der Judenfrage“

Die Shoah war nicht von langer Hand geplant worden. Sie entwickelte sich aus immer radikaleren Aktionen, die ab Juni 1941 im Rahmen des „Vernichtungskrieges“ gegen die UdSSR durchgeführt wurden. Die Einsatzgruppen erhielten zunächst den Befehl, alle „jüdisch-bolschewistischen“ Agenten, das heißt die politischen Kommissare und die der Kommunistischen Partei angehörenden Juden, zu exekutieren. Bald wurden allerdings ganze jüdische Familien massakriert. Im September 1941 wurden in Babi Yar 33 771 Kiewer Juden erschossen. Damit begann die Vernichtung der Juden, die aber zunächst noch auf die aus der UdSSR stammenden Juden beschränkt war (siehe S. 332).

Da der Blitzkrieg im Herbst 1941 scheiterte, konnte der bisherige Plan, die polnischen Juden nach Osten zu deportieren, nicht mehr umgesetzt werden. Vermutlich haben Hitler und sein Umfeld in dieser Situation den Entschluss gefasst, die jüdische Bevölkerung in Europa vollständig auszulöschen. Im November 1941 kündigte der Leiter des RSHA, Reinhard Heydrich, die Einberufung einer Versammlung an, die sich mit der „Endlösung der Judenfrage“ beschäftigen sollte. Auf der Wannseekonferenz vom 20. Januar 1942 wurde die Deportation von elf Millionen Juden nach Osten koordiniert, wobei klar zum Ausdruck gebracht wurde, dass niemand dies überleben sollte.

## Die Bürokratie im Dienst eines Völkermordes

Ab 1942 waren die Vernichtungslager „einsatzbereit“. Von nun an lösten die deutschen Behörden im Rahmen der „Aktion Reinhardt“ die Ghettos des Generalgouvernements auf. Ab Sommer 1942 wurden die aus Westeuropa stammenden Juden in die Vernichtungslager transportiert. Dennoch setzten die Einsatzgruppen ihre „mobilen Mordaktionen“ (Raul Hilberg) bis 1943 fort, denen schätzungsweise 1,25 Millionen Menschen zum Opfer fielen.

Die Deportation der Juden aus allen Ländern Europas erfolgte durch eine immense bürokratische Maschinerie unter der Leitung von Adolf Eichmann, dem Leiter des Büro IV-B-4 des RSHA. Den Völkermord führte im Wesentlichen die SS durch, es waren aber auch andere gesellschaftliche Gruppen (militärische Führung, Unternehmen, Ärzte, Universitäten, Polizisten, Reichsbahn) sowie die Verwaltungen derjenigen Staaten, die mit Deutschland kollaborierten, beteiligt.

1

**Reinhard Heydrich**

Reinhard Heydrich, der Leiter der Sicherheitspolizei (Gestapo und Kripo) und des SD (Sicherheitsdienst, Nachrichtendienst der NSDAP), war als rechte Hand Himmlers einer der Architekten der „Endlösung“. Er starb im Juni 1942 bei einem Attentat des tschechischen Widerstands.

## Begriffe

- **Völkermord (Genozid):** siehe S. 200
- **Shoah:** Seit den 1970er-Jahren erscheint das von dem hebräischen Wort für „Katastrophe“ abgeleitete Wort „Shoah“ als besser geeignet, um dem singulären Charakter des Völkermordes an den Juden Rechnung zu tragen. Die Anwendung des in den Vereinigten Staaten und in Deutschland verwendeten Wortes „Holocaust“ wurde immer wieder kritisiert, weil es in der Bibel die Opfer einer religiösen Opferhandlung bezeichnet.
- **Einsatzgruppen:** siehe S. 322
- **RSHA** (Reichssicherheitshauptamt): Zentrale Sicherheitsbehörde des Reiches, die 1939 gebildet wurde, um sämtliche Nachrichtendienste (Sicherheitsdienst oder SD) und die Sicherheitspolizei, zu der auch die Gestapo gehörte, unter der Amtsgewalt der SS zusammenzufassen.
- **Aktion Reinhardt:** Codename für die Operation zur Ermordung der Juden des Generalgouvernements (deutsch besetztes Zentralpolen). Die Namensgebung bezog sich zunächst wahrscheinlich auf Fritz Reinhardt (Staatssekretär im Finanzministerium), später jedoch als „posthume Ehrung“ auf Reinhard Heydrich, der im Juni 1942 bei einem Attentat in Prag ums Leben kam.

## 2 Eine düstere Prophezeiung – Hitler und die Vernichtung der jüdischen Rasse

*Auszug aus einer von Hitler im Reichstag am 30. Januar 1939 gehaltenen Rede:*

Und eines möchte ich an diesem vielleicht nicht nur für uns Deutsche denkwürdigen Tage nun aussprechen: Ich bin in meinem Leben sehr oft Prophet gewesen und wurde meistens ausgelacht. In der Zeit meines Kampfes um die Macht war es in erster Linie das jüdische Volk, das nur mit Gelächter meine Prophezeiungen hinnahm, ich würde einmal in Deutschland die Führung des Staates und damit des ganzen Volkes übernehmen und dann unter vielen anderen auch das jüdische Problem zur Lösung bringen. Ich glaube, dass dieses damalige schallende Gelächter dem Judentum in Deutschland unterdes wohl schon in der Kehle erstickt ist.

Ich will heute wieder ein Prophet sein: Wenn es dem internationalen Finanzjudentum in und außerhalb Europas gelingen sollte, die Völker noch einmal in einen Weltkrieg zu stürzen, dann wird das Ergebnis nicht die Bolschewisierung der Erde und damit der Sieg des Judentums sein, sondern die Vernichtung der jüdischen Rasse in Europa.

*Hitler kommt in einer am 30. September 1942 gehaltenen Rede auf diese „Prophezeiung" zurück:*

Die Juden haben einst auch in Deutschland über meine Prophezeiungen gelacht. Ich weiß nicht, ob sie heute noch lachen oder ob ihnen nicht das Lachen bereits vergangen ist. Ich kann aber auch jetzt nur versichern: Es wird ihnen das Lachen überall vergehen. Und ich werde auch mit diesen Prophezeiungen Recht behalten.

Zit. nach: M. Domarus, Hitler. Reden und Proklamationen 1932–1945. Kommentiert von einem deutschen Zeitgenossen, Bd. 2/1: 1939–1940 und Bd. 2/2, Wiesbaden 1973, S. 1058, 1920.

## 3 Das „Wannseeprotokoll" (Auszüge)

*Die Konferenz über die „Endlösung der Judenfrage in Europa" wurde am 20. Januar 1942 in einer Villa abgehalten, die 1940 in das Eigentum der SS übergegangen war. Sie lag an den Ufern des Wannsees, in einem südlichen Vorort von Berlin. Hochrangige Vertreter des Dritten Reiches versammelten sich dort unter Leitung von Reinhard Heydrich. Das „Wannseeprotokoll" ist das von Adolf Eichmann angefertigte Protokoll der Konferenz, dessen Authentizität dieser während seines Prozesses in Israel 1960 bestätigte.*

[Stempel:] Geheime Reichssache!
Besprechungsprotokoll

An der am 20. Januar 1942 in Berlin, Am Großen Wannsee Nr. 56–58, stattgefundenen Besprechung über die Endlösung der Judenfrage nahmen teil [es folgen die Namen der 12 hohen Amtsträger]

Chef der Sicherheitspolizei und des SD, SS-Obergruppenführer Heydrich, teilte eingangs seine Bestallung zum Beauftragten für die Vorbereitung der Endlösung der europäischen Judenfrage durch den Reichsmarschall [Göring] mit und wies darauf hin, dass zu dieser Besprechung geladen wurde, um Klarheit in grundsätzlichen Fragen zu schaffen. [...]

Die Federführung bei der Bearbeitung der Endlösung der Judenfrage liege ohne Rücksicht auf geografische Grenzen zentral beim Reichsführer-SS und Chef der Deutschen Polizei [Himmler]. [...]

An Stelle der Auswanderung ist nunmehr als weitere Lösungsmöglichkeit nach entsprechender vorheriger Genehmigung durch den Führer die Evakuierung der Juden nach dem Osten getreten. Diese Aktionen jedoch lediglich als Ausweichmöglichkeiten anzusprechen, doch werden hier bereits jene praktischen Erfahrungen gesammelt, die im Hinblick auf die kommende Endlösung der Judenfrage von wichtiger Bedeutung sind.

Im Zuge dieser Endlösung der europäischen Judenfrage kommen rund 11 Millionen Juden in Betracht, die sich wie folgt auf die einzelnen Länder verteilen: *[Es folgt eine Liste der Länder].*

[...]

Unter entsprechender Leitung sollen nun im Zuge der Endlösung die Juden in geeigneter Weise im Osten zum Arbeitseinsatz kommen. In großen Arbeitskolonnen, unter Trennung der Geschlechter, werden die arbeitsfähigen Juden straßenbauend in diese Gebiete geführt, wobei zweifellos ein Großteil durch natürliche Verminderung ausfallen wird.

Der allfällig verbleibende Restbestand wird, da es sich bei diesen zweifellos um den widerstandsfähigsten Teil handelt, entsprechend behandelt werden müssen, da dieser, eine natürliche Auslese darstellend, bei Freilassung als Keimzelle eines neuen jüdischen Aufbaues anzusprechen ist. (siehe die Erfahrung der Geschichte.)

Im Zuge der praktischen Durchführung der Endlösung wird Europa von Westen nach Osten durchkämmt.

Zit. nach: K. Pätzold/E. Schwarz, Tagesordnung: Judenmord. Die Wannseekonferenz am 20. Januar 1942. Eine Dokumentation zur Organisation der „Endlösung". Berlin 1992, S. 103, 105 f.

4 **Antisemitische Verfolgungen in Polen**

Ein SS-Soldat lässt sich dabei fotografieren, wie er einem Juden den Bart abschneidet.

### Fragen und Anregungen

1. Stellen Sie fest, welche Stellung Heydrich in der Hierarchie des nationalsozialistischen Staates einnahm. Warum haben die ihm unterstellten Dienste eine zentrale Rolle bei der Umsetzung der „Endlösung" gespielt? (M1)
2. Arbeiten Sie aus dem Text heraus, was Hitler zu seinem Hass gegen die Juden antrieb: Erklären Sie vor allem die Verbindung, die er zwischen dem angeblichen Einfluss des „Finanzjudentums" und der „Bolschewisierung der Erde" zog. Überlegen Sie, wie man zu dem Zeitpunkt, als er die Rede hielt, den Ausdruck „Vernichtung der jüdischen Rasse" verstehen musste. (M2)
3. Was stand im Rahmen der Wannseekonferenz auf der Tagesordnung? Trifft es zu, dass diese Konferenz der Auftakt zum Völkermord an den Juden war? (M3)

# Dossier
# Ghettos, Pogrome und Hinrichtungen – die erste Phase des Völkermordes an den Juden

Bevor der Massenmord im Laufe des Jahres 1942 in den Vernichtungslagern begann, war bereits mehr als eine Million Juden ermordet worden. Im Zuge ihrer Politik der „Rassensäuberung" begannen die Nationalsozialisten damit, die Juden in Ghettos einzuschließen, die von Judenräten verwaltet wurden. Solche Ghettos bestanden in den großen polnischen Städten Lodz und Warschau (1940) sowie Krakau und Lublin (1941). Dort starben Hunderttausende an Hunger und Krankheiten.

In den zunächst – gemäß dem Hitler-Stalin-Pakt – sowjetisch besetzten und dann 1941 von der Wehrmacht eroberten Gebieten ließen die Deutschen von lokalen Nationalistenbewegungen antisemitische Aufstände (Pogrome) schüren. Im Herbst 1941 fand die „Endlösung" darin ihren Niederschlag, dass die seit Juni von den „Einsatzgruppen" an der Ostfront durchgeführten Massenexekutionen auf die gesamte jüdische Bevölkerung ausgedehnt wurden.

1

**Der angeordnete Hungertod**

Ein sterbendes Kind auf einem Bürgersteig im Warschauer Ghetto (auf den 19. September 1941 datiertes Foto).

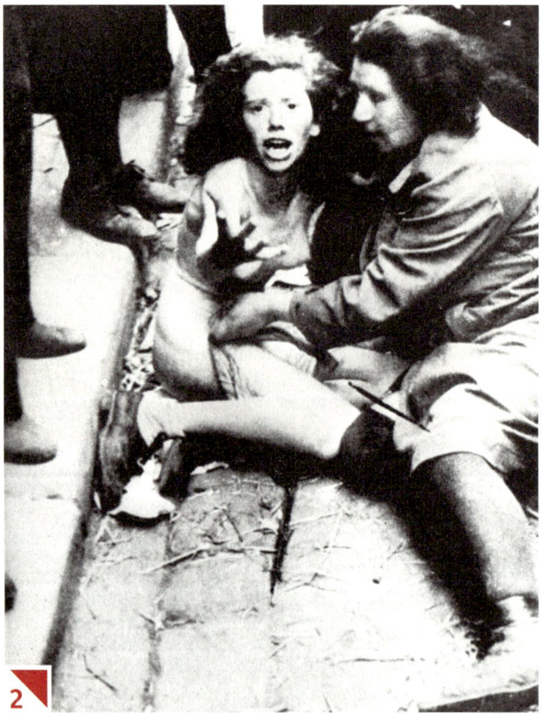

2

**Der Pogrom von Lwiw, 30. Juni bis 3. Juli 1941**

Dieses Mädchen war Opfer von Gewalttaten, die von der Bevölkerung verübt wurden. Lwiw (Lemberg), das sowohl Polen als auch Ukrainer beanspruchten, wurde nach dem Ersten Weltkrieg von Polen annektiert. Nach der Unterzeichnung des deutsch-sowjetischen Nichtangriffspakts wurde es zunächst durch die UdSSR und ab Juni 1941 durch die Deutschen besetzt. Letztere stachelten die Gruppen ukrainischer Nationalisten, die die Juden als kommunistische Agenten betrachteten, zu antisemitischen Gewalttaten an. 4.000 Personen fielen den Massakern zum Opfer.

3

**Massenmord an Juden in der Ukraine, zwischen Juni und September 1941**

Dieses Foto wurde in der Uniform eines deutschen Soldaten gefunden.

## 4 Die mobilen Todeskommandos – der Jäger-Bericht, Dezember 1941

*Im Juni 1941 kommandierte Karl Jäger das „Einsatzkommando 3“ der „Einsatzgruppe A“ (EK.3). Ende 1941 bis September 1943 befehligte er die Sicherheitspolizei und den SD (Sicherheitsdienst, Nachrichtendienst der SS) im Generalbezirk Litauen. Nach 1945 war er als Landarbeiter in der Region um Heidelberg tätig. Er wurde im April 1959 verhaftet und erhängte sich in seiner Zelle am 22. Juni 1959.*

**Gesamtaufstellung der im Bereich des EK.3 bis zum 1. Dezember 1941 durchgeführten Exekutionen**

Nach Aufstellung eines Rollkommandos unter Führung des SS-Ostuf. (SS-Obersturmführer) Hamann und 8 bis 10 bewährten Männern des EK.3 wurden nachfolgende Aktionen in Zusammenarbeit mit lit. Partisanen durchgeführt:

*[Es folgt auf sechs Seiten Ort für Ort eine grauenvolle Bilanz der Exekutionen]*

Summe: 137 346

Ich kann heute feststellen, dass das Ziel, das Judenproblem für Litauen zu lösen, vom EK.3 erreicht worden ist. In Litauen gibt es keine Juden mehr, außer den Arbeitsjuden incl. ihrer Familien. [...]

Die Durchführung solcher Aktionen ist in erster Linie eine Organisationsfrage. Der Entschluss, jeden Kreis systematisch judenfrei zu machen, erforderte eine gründliche Vorbereitung jeder einzelnen Aktion und Erkundung der herrschenden Verhältnisse in dem betreffenden Kreis. Die Juden mussten an einem Ort oder an mehreren gesammelt werden. Anhand der Anzahl musste der Platz für die erforderlichen Gruben ausgesucht und ausgehoben werden. Der Anmarschweg von der Sammelstelle zu den Gruben betrug durchschnittlich vier bis fünf Kilometer. Die Juden wurden in Abteilungen zu 500, in Abständen von mindestens zwei Kilometern, an den Exekutionsplatz transportiert. [...]

Ich betrachte die Judenaktionen für das EK.3 in der Hauptsache als abgeschlossen. Die noch vorhandenen Arbeitsjuden und Jüdinnen werden dringend gebraucht, und ich kann mir vorstellen, dass nach dem Winter diese Arbeitskräfte dringendst weiter gebraucht werden. Ich bin der Ansicht, dass sofort mit der Sterilisation der männlichen Arbeitsjuden begonnen wird, um eine Fortpflanzung zu verhindern. Wird trotzdem eine Jüdin schwanger, so ist sie zu liquidieren.

Zit. nach: E. Klee/W. Dressen/V. Rieß (Hrsg.), „Schöne Zeiten“. Judenmord aus der Sicht der Täter und Gaffer. Frankfurt/M.: S. Fischer 1988, S. 52, 59–61.

## 5 Das „Erntefest“-Massaker, November 1943

*Im November 1943 ordnete Himmler im Rahmen der von ihm als „Erntefest“ bezeichneten großen Aktion die Liquidierung der jüdischen Arbeitslager Majdanek und Poniatowa an. Mit 42 000 Opfern war diese Aktion das größte von den Nationalsozialisten während des Krieges begangene Massaker. Sie wurde zum Teil durch die Männer des Reserve-Polizeibataillons 101 durchgeführt. Die Überlebenden aus diesem Bataillon wurden in der Bundesrepublik Deutschland in den 1960er-Jahren von der Justiz verfolgt. Das folgende Dokument ist die Aussage eines dieser Männer (seine Anonymität ist gesetzlich geschützt):*

„Ich selbst habe mit meiner Gruppe Sperrposten unmittelbar vor der Grube gestellt. Bei der Grube handelte es sich um große zickzackförmig angelegte Splittergräben, die etwa 3 m breit und 3 bis 4 m tief waren. Von meinem Posten aus konnte ich beobachten, wie sich die Juden in der letzten Baracke [...] entkleiden und aller Wertsachen entledigen mußten und dann durch unser Postenspalier in die Gräben getrieben wurden, deren Öffnungen angeschrägt waren. Durch SD-Leute, die an den Grabenrändern standen, wurden die Juden nun bis zur Exekutionsstelle vorgetrieben und hier von anderen SD-Leuten mit Maschinenpistolen vom Grabenrand aus erschossen. Da ich mich als Gruppenführer freier bewegen konnte, bin ich einmal direkt zur Exekutionsstelle hingegangen und habe hier gesehen, daß sich die jeweils neuankommenden Juden auf ihre bereits erschossenen Vorgänger legen mußten und dann mit einer Salve aus der MP gleichfalls erschossen wurden. Dabei achteten die SD1)-Leute darauf, daß die Juden so erschossen wurden, daß es im Leichenstapel Abstufungen gab, die es den Neuhinzukommenden auch ermöglichten, sich noch in 3 m Höhe auf den Leichenstapel zu legen. [...]

Die ganze Angelegenheit war aber das Grausigste, was ich jemals in meinem Leben gesehen habe, denn ich habe häufig beobachten können, dass nach Abgabe einer Salve Juden nur verletzt waren und mehr oder weniger lebendigen Leibes mit den Körpern anderer Erschossener begraben wurden, ohne daß auf diese Verletzten sogen. Gnadenschüsse abgegeben wurden. So habe ich in Erinnerung, daß die SS-Leute [sic] noch aus dem Leichenstapel heraus von Verwundeten beschimpft wurden.“

Zit. nach: C. R. Browning, Ganz normale Männer. Das Reserve-Polizeibataillon 101 und die „Endlösung“ in Polen, übers. von J. P. Krause. Reinbek bei Hamburg 1999, S. 187.

1) der als „Sicherheitsdienst“ bezeichnete Nachrichtendienst

## Fragen und Anregungen

**1.** Erörtern Sie, weshalb die deutschen Behörden die jüdische Bevölkerung in Polen zum Leben in Ghettos zwang und welche Konsequenzen dies hatte. (M1)

**2.** Überlegen Sie, welches Interesse die Nationalsozialisten daran hatten, den ukrainischen Nationalisten die Verfolgung der Juden zu gestatten. (M2)

**3.** Erläutern Sie, zu welchem Zeitpunkt und zu welchem Zweck die „Einsatzgruppen“ zusammengestellt wurden. Warum wurden auch Frauen und Kinder ermordet? (M4)

**4.** Beschreiben Sie, wie die Massenexekutionen organisiert wurden. Besprechen Sie, weshalb der ehemalige Angehörige des Reserve-Polizeibataillons 101 (M5) es als nötig ansieht, die Verantwortung für das Massaker der SS zuzuschieben. (M3–M5)

**5.** Fassen Sie zusammen, wie der Ablauf der Vernichtung der europäischen Juden im Laufe des Jahres 1941 geplant und umgesetzt wurde.

# 4. Die Welt der Konzentrationslager

*In welcher Hinsicht waren die nationalsozialistischen Lager in der Geschichte singulär?*

## Als Sklaven gehaltene Häftlinge – Konzentrationslager (KL/KZ)

Die sich während des Krieges verstärkende Unterdrückung spiegelte sich in einer beachtlichen Steigerung der Häftlingszahlen in den Konzentrationslagern wider. In den etwa 20 Hauptlagern und mehr als 1.000 Nebenlagern, in denen „Reichsfeinde" jeglicher Art (aus politischen oder rassischen Gründen Deportierte, „Asoziale", Homosexuelle) inhaftiert waren, stieg die Zahl der Häftlinge von 21.000 im September 1939 auf über 700.000 im Januar 1945.

Die Haftbedingungen waren unmenschlich: Die Häftlinge starben an Hunger, Kälte, Krankheiten (Ruhr, Tuberkulose, Typhus) sowie an schweren Misshandlungen. Auf Anregung von Oswald Pohl, dem Leiter des SS-Wirtschaftsverwaltungshauptamtes (WVHA), wurden die Häftlinge einem erbarmungslosen Arbeitsrhythmus unterworfen („Vernichtung durch Arbeit"). Allein in den Lagern innerhalb des Reiches sollen 450.000 Menschen den Tod gefunden haben.

## Die „Todeslager" (Raul Hilberg) – Vernichtungslager

Anders als die Konzentrationslager wurden die Vernichtungslager außerhalb des Reiches errichtet: Treblinka, Sobibór, Majdanek und Belzec im Generalgouvernement, Chelmno und Auschwitz im annektierten Teil Polens. Die Deportierten, zum Großteil Juden, wurden nur dorthin transportiert, um schon einige Stunden nach ihrer Ankunft vergast zu werden. Lediglich Auschwitz war zugleich ein großes Konzentrationslager.

Die Ermordung durch Gas wurde gewählt, weil sie im Vergleich zu Erschießungen als „effizienter" galt und die Mörder seelisch weniger belastete. So setzte sich die Gaskammer als „zufriedenstellendste" technische Lösung durch. Die giftigen Abgase eines Dieselmotors oder das von Zyklon B produzierte Gas führten innerhalb von zwanzig Minuten zum Erstickungstod. Jüdische Häftlinge (die Sonderkommandos) wurden damit beauftragt, alle weiter verwertbaren Dinge (Kleidung, Haare, Goldzähne) zu sammeln, die Körper in den Krematoriumsöfen zu beseitigen und die Asche zu verteilen, um alle Spuren des Völkermordes zu vernichten.

Durch die Gaskammer erhielt die Shoah den singulären Charakter eines Völkermordes, der in industriellem Maßstab durchgeführt wurde, um ein ganzes Volk auszulöschen. Zur Zahl der Juden, die der Shoah zum Opfer gefallen sind, liegen unterschiedliche Schätzungen vor. Je nach Autor schwanken sie zwischen 5,1 und über 6 Millionen. Hinzu kommen noch mindestens 200.000 Sinti und Roma, die ebenfalls Opfer rassenideologischer Verfolgung waren.

## Das Verhalten der Welt gegenüber dem Genozid

Der Genozid sollte verborgen bleiben. Die Gaskammern waren als Duschen getarnt. Verschlüsselte Begriffe wie „Endlösung" oder „Sonderbehandlung" verdeckten die Grausamkeit des Verbrechens und entlasteten das Gewissen der Ausführenden. Aber die meisten polnischen Juden wussten, was ihnen bevorstand. Die Ankündigung etwa, dass die letzten Warschauer Juden deportiert werden sollten, führte am 19. April 1943 zum Aufstand im Warschauer Ghetto.

Aufgrund der Informationen von Flüchtlingen hatten die Alliierten zwar von den Lagern Kenntnis, sie gaben aber militärischen Zielen den Vorrang und planten keine gezielte Rettungsaktion. Papst Pius XII. weigerte sich bis zuletzt, die Neutralität des Vatikans aufzugeben und die antisemitischen Verbrechen des Dritten Reiches offiziell zu verurteilen; er hatte allerdings im September 1943 viel zur Rettung Tausender italienischer Juden vor der Deportation beigetragen.

Zahlreiche Juden verdankten ihr Leben dem mutigen Einsatz von Männern und Frauen, die seit 1963 in Israel mit dem Titel „Gerechte unter den Völkern" geehrt werden. 1944 rettete der schwedische Diplomat Raoul Wallenberg über 20 000 ungarische Juden, indem er ihnen schwedische Pässe ausstellte.

| | |
|---|---|
| Juden: | 5.100.000[1] (zwischen 54 % und 64 % der jüdischen Bevölkerung Europas im Jahr 1939) |
| Ghettoisierung und allgemeine Entbehrungen: | über 800.000 |
| Erschießungen im Freien: | über 1.300.000 |
| Lager: | bis zu 3.000.000 |
| Sinti und Roma: | über 200.000 (ungefähr 30 % der Gesamtbevölkerung) |

Quelle: Für die Juden: Raul Hilberg, Die Vernichtung der europäischen Juden, Bd. 3. Frankfurt/M. 1994, S. 1299.

[1] Jüngere Berechnungen, wie jene des Holocaust Memorial Museums (USHMM) in Washington, führen höhere Zahlen an: nach I. Gutman/R. Rozett (Encyclopedia of the Holocaust, Macmillan 1990) liegt die Zahl der Opfer zwischen 5.596.000 und 5.860.000, nach W. Benz (Dimension des Völkermords. München 1996) liegt sie zwischen 5.290.000 und knapp über 6.000.000.

**1 Allgemeine Schätzung der Anzahl der Genozidopfer**

Die überwiegende Mehrheit der Juden, die bei ihrer Ankunft in den Lagern sofort vergast werden sollten, wurde nicht registriert. Die Opferzahlen beruhen daher auf unterschiedlichen Grundlagen und sind ungenau.

### Begriffe

- **Konzentrationslager (KL/KZ):** siehe S. 266
- **WVHA** (Wirtschaftsverwaltungshauptamt): Zentrale Behörde der SS für die ökonomische Verwaltung. Ab 1942 unterstand ihr die Leitung der Lager.
- **Zyklon B:** Vorher als Insektizid verwendetes Gift, das in Kristallform gelagert wird und sich bei Kontakt mit der Luft in Gas verwandelt. Es wurde vor allem in Auschwitz verwendet.
- **Sonderkommandos:** Sie wurden aus jüdischen Häftlingen gebildet, die in den Krematorien grauenvolle Aufgaben zu erledigen hatten. Nur sehr wenige haben überlebt.
- **Völkermord:** siehe S. 200
- **Shoah:** siehe S. 330
- **„Gerechte unter den Völkern":** Auszeichnung, die seit 1963 durch die Gedenkstätte Yad Vashem in Jerusalem den Männern, Frauen und Gruppen verliehen wird, die während des Krieges Juden das Leben gerettet haben. Am 1. Januar 2006 betrug ihre Zahl 21.310.

**2** **Das System der Konzentrationslager**

Die Karte bildet die Konzentrations-Hauptlager und die Vernichtungslager nach den Forschungsergebnissen von Gudrun Schwarz ab.[1] Nach Schätzungen von Wolfgang Benz wurden allein in den Vernichtungslagern auf polnischen Territorium – neben Angehörigen anderer vom NS-Regime verfolgter Gruppen – fast drei Millionen Juden ermordet (Bełżec 600.000, Ausschwitz-Birkenau 1.000.000, Chełmno 152.000, Lublin-Majdanek 60.000 – 80.000, Sobibór 250.000, Treblinka 900.000). Die Zahl er ermordeten Juden wird insgesamt auf etwa 6 Millionen geschätzt.[2]

[1] G. Schwarz, Die nationalsozialistischen Lager. Frankfurt am Main 1996, S. 6 ff.
[2] W. Benz, Dimensionen des Völkermordes. Die Zahl der jüdischen Opfer des Nationalsozialismus. München 1996, S. 17.

## 3 Ein systematisches Unternehmen der Entmenschlichung

*Primo Levi (1919–1987) wurde im Dezember 1943 nach Auschwitz deportiert. Das 1947 erstmals publizierte Buch „Ist das ein Mensch?" wurde zu einem der bedeutendsten literarischen Zeugnisse der Shoah. Das folgende Dokument ist der Auszug aus einem Anhang, der 1976 für die Schulausgabe dieses Werkes veröffentlicht wurde.*

In der alltäglichen Praxis der Vernichtungslager fanden der Hass und das Misstrauen, die die nationalsozialistische Propaganda verbreitet hatten, ihre vollständige Entfaltung. Dort ging es nicht mehr allein um den Tod, sondern um eine Unzahl krankhafter und symbolischer Details, die alle zeigen sollten, dass Juden, Zigeuner und Slawen nichts weiter als Vieh, Dreck, Abfall sind. Man denke nur an den Akt des Tätowierens in Auschwitz, bei dem die Menschen wie Rinder gekennzeichnet wurden, oder an die Reisen in den Viehwaggons, die niemals geöffnet wurden, so dass die Deportierten (Männer, Frauen und Kinder) gezwungen waren, sich tagelang mitten zwischen ihren eigenen Exkrementen aufzuhalten, oder an die Häftlingsnummern, die man anstelle eines Namens trug […]; oder man denke schließlich an die niederträchtige Ausschlachtung der Körper, die wie irgendein Rohstoff behandelt wurden, der Zahngold, Haare zum Anfertigen von Tüchern und Asche, die man als Dünger verwenden konnte, lieferte, oder an die zu Versuchskaninchen degradierten Männer und Frauen, an denen man vor ihrer Ermordung Medikamente ausprobierte.

Auch das Mittel selbst, das (nach akribischen Versuchen) ausgewählt wurde, um die Massaker durchzuführen, war von großer Symbolkraft. Man wollte das Giftgas benutzen, das bereits für die Desinfektion von Viehcontainern und von Orten, die von Wanzen und Läusen befallen waren, verwendet worden war – und so geschah es dann auch. Im Laufe der Jahrhunderte hat man viel grausamere Todesarten erfunden, aber keine war so voller Hass und Missachtung.

Übers. nach: Primo Levi, Si c'est un homme. Paris 1988, S. 259.

**4** **Die Deutschen im Angesicht des Grauens der Lager, April 1945**

Bei der Befreiung der Konzentrationslager zwangen die Alliierten die deutsche Bevölkerung, die Leichen der Lager zu begraben, so wie hier in dem nahe der Stadt Weimar gelegenen Konzentrationslager Buchenwald.

## Fragen und Anregungen

**1.** Erklären Sie, weshalb die genaue Opferzahl der Shoah nur schwer bestimmt werden kann. (M1)

**2.** Suchen Sie auf der Karte die jeweiligen Standorte der Konzentrations- und der Vernichtungslager und erklären Sie deren räumliche Verteilung. (M2)

**3.** Legen Sie dar, wie die deutsche Gesellschaft bei Kriegsende mit der Realität der Konzentrationslager konfrontiert wurde. (M4)

**4.** Diskutieren Sie, weshalb man sagen kann, dass die nationalsozialistischen Verbrechen beispiellos in der Geschichte waren. (M3)

# Dossier Auschwitz

Der Komplex des Konzentrationslagers Auschwitz (nach dem deutschen Namen der polnischen Stadt Oświęcim) umfasste drei Hauptlager und über 40 Nebenlager. Ab 1940 waren darin polnische Gefangene inhaftiert, später kamen sowjetische Kriegsgefangene hinzu, an denen im Dezember 1941 erstmals das Gas Zyklon B getestet wurde. Ab 1942 wurden im Lager Birkenau Gaskammern errichtet, um hier die aus ganz Europa deportierten Juden zu ermorden.

Auschwitz-Birkenau wurde zum größten Vernichtungslager, in dem eine Million Juden und 23.000 Sinti und Roma starben. Das Lager wurde am 27. Januar 1945 durch die Rote Armee befreit. Die Täter hatten das Lager schon vorher verlassen und die Gaskammern zerstört, um jede Spur des Völkermordes auszulöschen.

**1 Die Selektion der Deportierten bei der Ankunft der Züge**

Dieses Foto wurde von einem SS-Mann bei der Ankunft eines Transportes ungarischer Juden im Mai/Juni 1944 aufgenommen. Im Hintergrund ist der Eingang zum Lager Birkenau (vom Innern des Lagers aus gesehen) zu erkennen. Diese heute nicht mehr existierende Rampe wurde 1944 errichtet. Zuvor befand sich die „Judenrampe" außerhalb des Lagers, zwischen Auschwitz und Birkenau.

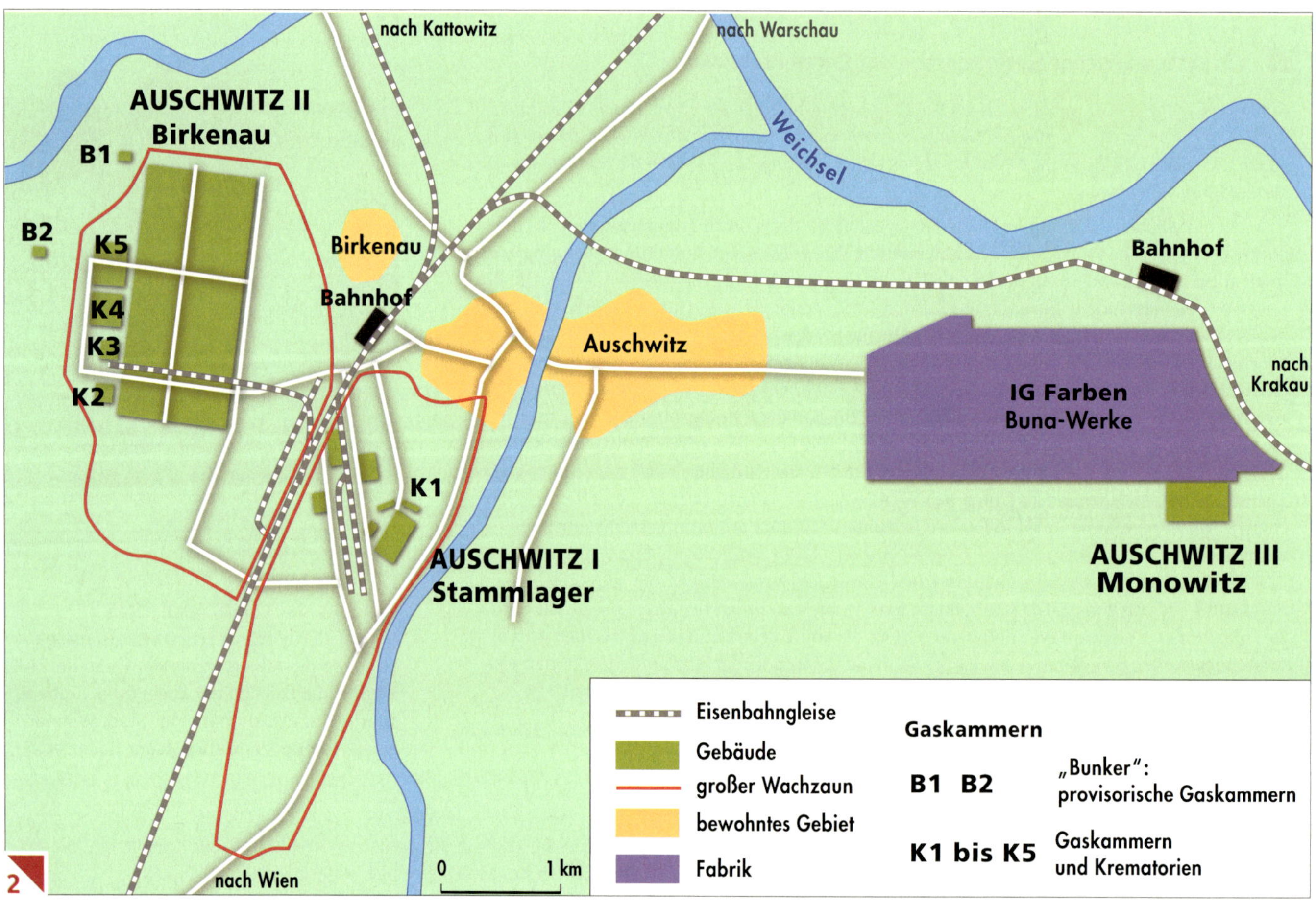


**2 Auschwitz: ein großer Lagerkomplex**

## 3 Die Tötung der Opfer

*Aussage des Mitglieds des Sonderkommandos Szlama Dragon vor der Untersuchungskommission über die Verbrechen der Nationalsozialisten in Auschwitz vom 11. Mai 1945. Bei dem Zeugen handelte es sich um einen 1920 geborenen polnischen Juden, der im Dezember 1942 nach Auschwitz deportiert wurde.*

Ich arbeitete beim Krematorium Nr. V. [...] Das Krematorium war genauso gebaut wie das Krematorium IV. Diese beiden Krematorien hatten auf beiden Seiten jeweils 4 Öfen. In jeden Ofen gingen 3 Leichen. Der Auskleideraum und die Gaskammern (Bunker) lagen ebenerdig. [...] Die Menschen wurden mit Autos zu den Krematorien gebracht, und nach der Inbetriebnahme des Eisenbahngleises nach Birkenau wurden sie auch von der Eisenbahnrampe zu Fuß zu den Krematorien IV und V getrieben. [...] Zuerst gab es 3 dieser Kammern, in der letzten Zeit wurde eine vierte hergerichtet. Die erste hatte ein Fassungsvermögen von 1 500 Personen, die zweite von 800 Personen, die dritte von 600 Personen und die vierte von 150 Personen. Aus dem Auskleideraum gingen die Menschen durch einen engen Korridor in die Kammer. In den Kammern befanden sich Aufschriften „Zur Desinfektion". [...] Dann gab Moll Scheinmetz[1] den Befehl, der wie bei den Bunkern zu dem Kraftfahrzeug mit dem Zeichen des Roten Kreuzes ging, die Büchse mit dem Gas herausholte, sie öffnete und den Inhalt der Büchse durch die Öffnung an der Seitenwand in die Kammer schüttete. [...] Moll öffnete dann die Tür zu der Gaskammer, wir zogen die Masken an und schleppten die Leichen aus den einzelnen Kammern durch den kleinen Korridor in den Auskleideraum und durch den Auskleideraum und den anschließenden kleinen Korridor zu den Öfen. In dem ersten Korridor bei den Ausgangstüren schoren die Friseure die Köpfe, in dem zweiten Korridor brachen die Dentisten die Zähne heraus. Vor den Öfen legten wir die Leichen auf eiserne Tragen, die wir dann auf an die Türen zu den Öfen montierten Rollen in den Ofen schoben. [...] Die Asche aus dem Ofen des Krematoriums wurde zuerst in besonders zu diesem Zweck ausgehobenen Gräben vergraben. Nach dem Beginn der russischen Offensive ordnete Höß[2] jedoch an, die Krematoriumsasche aus diesen Gruben herauszuholen und ebenfalls zur Sola[3] abzufahren.

Zit. nach: F. Piper, Die Zahl der Opfer von Auschwitz. Aufgrund der Quellen und der Erträge der Forschung 1945 bis 1900. Oświęcim 1993, S. 209–211.

[1] Scheinmetz und Moll waren die SS-Angehörigen, die das Sommerkommando befehligten.

[2] Rudolf Höß, Kommandant des Lagers Auschwitz

[3] in der Nähe des Lagers vorbeifließender Fluss

## 4 In der Hölle der Gaskammer, ein Hoffnungslied ...

*Zwischen 1945 und 1980 wurden im Boden von Birkenau die Manuskripte von fünf Mitgliedern des Sonderkommandos von Auschwitz-Birkenau gefunden, darunter ein 1952 entdeckter anonymer Text, der Lejb Langfus zugeschrieben wurde. Der aus Warschau stammende Jude Langfus wurde im Dezember 1942 nach Auschwitz deportiert und in das Sonderkommando abgestellt. Sein genauer Todeszeitpunkt ist nicht bekannt, möglicherweise starb er Ende 1944. Der Text ist in Jiddisch verfasst, einem dem Deutschen ähnlichen Dialekt der zentraleuropäischen Juden.*

Gegen Ende des Jahres 1943 ereignete sich folgender Vorfall: Man brachte aus der Umgebung 164 Polen, darunter 12 junge Frauen – alle Mitglieder einer geheimen Organisation. Es kam eine Reihe von SS-Persönlichkeiten an. Gleichzeitig führte man einige hundert holländischer Juden, Häftlinge aus dem Lager, zum Vergasen. Eine junge Polin hielt in der Gaskammer vor allen nackt ausgezogenen Anwesenden eine ganz kurze, aber feurige Rede, worin sie die Naziverbrechen und die Bedrückung brandmarkte und folgendermaßen schloss: „Wir werden jetzt nicht sterben, uns wird die Geschichte unseres Volkes verewigen, unser Wille und unser Geist werden leben und aufblühen, das deutsche Volk wird so teuer für unser Blut bezahlen, wie wir es uns nur vorstellen können; weg mit dem Barbarentum in Form von Nazi-Deutschland! Es lebe Polen!" [...] Daraufhin knieten die Polen auf der Erde nieder und sprachen feierlich ein Gebet, in einer Stellung, die auf alle einen ungeheuren Eindruck machte, dann erhoben sie sich und sangen gemeinsam im Chor die polnische Nationalhymne, die Juden sangen die Hatikwa[1]. Das gemeinsame grausame Schicksal verschmolz an diesem abgelegenen, verfluchten Ort die lyrischen Töne der verschiedenen Hymnen in ein Ganzes. Mit tief bewegender Herzlichkeit drückten sie auf diese Weise ihre letzten Gefühle und ihre Hoffnung sowie den Glauben an die Zukunft ihres Volkes aus. Dann sangen sie noch gemeinsam die Internationale. Während des Gesanges kam das Auto des Roten Kreuzes angefahren, das Gas wurde in die Kammer geworfen, und alle gaben ihren Geist unter Gesang und Ekstase auf, von der Verbrüderung und der Verbesserung der Welt träumend.

Inmitten des grauenvollen Verbrechens. Handschriften von Mitgliedern des Sonderkommandos. Oświęcim 1996², S. 179 f.

[1] „Die Hoffnung", ein im 19. Jahrhundert komponiertes zionistisches Lied, das später zur Nationalhymne Israels wurde.

## Fragen und Anregungen

**1.** Lokalisieren Sie auf der Karte den Teil des Lagers, in den die Deportierten direkt geführt wurden, um sie durch Gas zu ermorden. (M2 und S. 335)

**2.** Erklären Sie das Vorhandensein und die Bedeutung der Eisenbahnlinie. Überlegen Sie, aus welchen Gründen sich die IG-Farben in Monowitz niedergelassen hat. Zu welcher Kategorie von Lagern gehörte Auschwitz im Vergleich zu anderen Lagern? (M2)

**3.** Stellen Sie fest, wo die Deportationszüge in Auschwitz ankamen und woher sie kamen. Unter welchen Bedingungen wurden die Menschen transportiert? Identifizieren Sie die Häftlinge an ihren Uniformen (im Vordergrund links) und überlegen Sie, weshalb sie sich dort befinden. (M1, M2)

**4.** Inwiefern wird in M3 der spezifische Charakter der Shoah deutlich?

**5.** Heben Sie den außergewöhnlichen Charakter von M4 hervor: Weshalb ist dieses Zeugnis heute so wertvoll? Was war am Verhalten der Opfer so ungewöhnlich? Welche Nachricht will der Autor der Nachwelt übermitteln?

**6.** Erklären Sie, weshalb Auschwitz zum Symbol der Shoah geworden ist.

# Zeitzeugen befragen (oral history)

## I. Allgemeine Hinweise

### A. Warum Zeitzeugen befragen?

• Die Zeitzeugenbefragung erlaubt eine als „unmittelbar“ empfundene Begegnung mit historischen Sachverhalten und motiviert in der Regel zu einer intensiveren Auseinandersetzung mit ihnen, als dies im häufig sehr rational und kognitiv akzentuierten Unterricht möglich ist.

• Anders als bei anderen Zugangsweisen (über Quellen, Sekundärtexte oder Dokumentarfilme) ist das Zeitzeugeninterview kein „fertiges“ Werk, das den Schülerinnen und Schülern zur Rezeption vorgelegt wird. Sie sind es vielmehr selbst, die durch ihre Fragen maßgeblich an der Entstehung eines neuen Mosaiksteins mitwirken, das Teil ihres Geschichtsbildes werden kann.

• Die individuellen Erinnerungen der Zeitzeugen werden durch die Zeitzeugenbefragung und die anschließende Auswertung Teil eines „kollektiven Gedächtnisses“, das eine notwendige Ergänzung und gegebenenfalls ein Korrektiv der Geschichtsübermittlung durch „klassische“ Quellengattungen darstellen kann.

### Beispiel:

*Aussage des Gustav M.* über sein Verhalten bei einer Massenexekution seiner Polizeieinheit in Polen 1943:*

„Es wurde hier keine scharfe Kontrolle durchgeführt. Ich blieb also bei den ankommenden Lkws und betätigte mich auch an der Ankunftsstelle, jedenfalls gab ich meinem Verhalten einen solchen Anschein. [...] Ich muß erwähnen, daß ich nicht der einzige war, der sich von der Beteiligung an den Exekutionskommandos fernhielt.“

* Name aus juristischen Gründen anonymisiert.

Christopher R. Browning, Ganz normale Männer. Das Reserve-Polizeibataillon 101 und die „Endlösung“ der Judenfrage in Polen, übers. von J. P. Krause.Reinbeck bei Hamburg 2005, S. 99.

### B. Welche Probleme sind bei der Zeitzeugenbefragung zu beachten?

• Die Aussagen der Befragten sind **subjektiv.** Sie repräsentieren eine durch die eigene Situation während des Geschehens und individuelle Erfahrung geprägte Sichtweise, die gegebenenfalls den Erkenntnissen der historischen Forschung widerspricht. Dies ist zunächst zwar Anlass zur Verifizierung auch der Aussagen der Fachliteratur, jedoch muss manchmal festgestellt werden, dass der Interviewpartner aus seinen Erlebnissen eine eigene Deutung entwickelt hat, die in die Irre führen kann.

• Die Aussagen der Befragten sind **fragmentarisch.** Die zur Verfügung stehenden Zeitzeugen konnten in der Regel das Geschehene nicht analytisch und vollständig erfassen, wie es im Nachhinein möglich ist. Sie können oft über Teilaspekte berichten, manchmal nur über vermeintlich unwesentliche Details. Daraus können sich Akzentsetzungen ergeben, die (oft ungewollt) ein „schiefes“ Bild vermitteln.

• Die Aussagen der Befragten sind **selektiv.** In der Regel liegt das Thema der Befragung mehrere Jahrzehnte zurück. Im Laufe der Zeit ändert sich die Erinnerung an das Geschehene, indem Teile des Wahrgenommenen vergessen oder verdrängt werden.

• Die Aussagen der Befragten sind **intentional.** Der Interviewpartner kann durch Auslassungen (s. o.) oder durch die Art der Darstellung versuchen, bei seinen Interviewpartnern eine bestimmte Wirkung zu erzielen. Ebenso kann er im Laufe der Zeit eine Sicht auf die Dinge entwickelt haben, mit der er sich selbst am besten arrangieren kann. Dies kann geschehen, weil er seine eigenen Handlungen legitimieren oder in einem positiven Licht erscheinen lassen möchte oder auch, um die Handlungsweisen anderer zu disqualifizieren.

► **Fragen einer sachlichen Überprüfung:**

• Konnten sich die Polizisten dem Einsatz tatsächlich entziehen? Ist dies anderweitig belegt?

• Was ist über den Ablauf der Tat bekannt? Hat der Zeuge seine Rolle an der Ankunftsstelle falsch eingeschätzt und dort vielleicht ebenfalls eine wichtige Rolle für den Ablauf der Exekution wahrgenommen?

• Hat Gustav M. weitere Funktionen übernommen, über die er nicht spricht?

• Hat Gustav M. seine Rolle bewusst verharmlost, um einer juristischen oder moralischen Anklage zu entgehen?

• Ist die Aussage glaubhaft?

## II. Das Zeitzeugeninterview im Unterrichtszusammenhang

- Zeitzeugeninterviews ermöglichen einen persönlichen, oft empathischen Zugang zur Geschichte und insbesondere zu den individuellen Erfahrungen. Sie können so eine Bereicherung des Unterrichts bilden, ohne dass dafür Unterrichtsreihen umgestellt werden müssen. Dabei stellen inhaltliche Vor- und Nachbereitung zugleich die Erarbeitung des Stoffes dar, die ohnehin erfolgt.
- Weil Zeitzeugeninterviews für Schülerinnen und Schüler sehr attraktiv und motivierend sind und der Ertrag oft sehr hoch ist, bieten sich Zeitzeugeninterviews aber besonders an, im Rahmen von Unterrichtsprojekten durchgeführt zu werden. Somit können die Ergebnisse auch im Rahmen von Ausstellungen (beispielsweise als Videoinstallation), in Lokal- oder Schülerzeitungen veröffentlicht werden. Die Dokumentation des Gesprächs durch Film- oder Tonaufnahmen und eine spätere Veröffentlichung muss in jedem Fall mit dem Zeitzeugen abgesprochen sein.

## III. Vorbereitung

- Vorwissen: Wenn der Zeitzeuge keinen Vortrag (beispielsweise zur Hinführung zu einem Thema) halten soll, sondern die Schülerinnen und Schüler ein ertragreiches Interview führen möchten, sollte das Gespräch sehr sorgfältig vorbereitet sein. Das über Unterrichtsmaterial und Schulbücher zugängliche Wissen muss präsent sein, damit der Interviewer qualifizierte Fragen stellen und auf Antworten angemessen reagieren kann.
- Auswahl des Interviewpartners: Der Zeitzeuge muss in der Lage und bereit sein, über eigene Erlebnisse zum historischen Gegenstand zu sprechen. Dazu sollte in einem Vorgespräch präzise geklärt werden, welche Gegenstände im Interview thematisiert werden können und welche Rolle der Gesprächspartner selbst in der historischen Situation gespielt hat.
- Fragen vorbereiten: Die Schülerinnen und Schüler müssen sich im Klaren sein, was sie vom Gesprächspartner wissen möchten, und sollten in einer Liste Fragen sammeln. Dabei sollte grundsätzlich im Vordergrund stehen, welche Auswirkungen allgemeine historische Entwicklungen, Ereignisse oder Konstellationen auf das individuelle Leben (des Gesprächspartners, seiner Familie etc.) hatten bzw. welche Handlungen oder Sichtweisen diese in den historischen Kontexten entwickelten. Für reine Wissensfragen beispielsweise über die Reihenfolge von Ereignissen ist der Aufwand eines Interviews (auch für den Zeitzeugen!) zu groß, zudem sind hierfür andere Informationsquellen verlässlicher.

## IV. Durchführung

- In der Regel werden Zeitzeugengespräche zu besonders relevanten und oft bewegenden Themen durchgeführt. Entsprechend der Rolle des Zeitzeugen im historischen Geschehen muss damit gerechnet werden, dass das Interview den Gesprächspartner aufwühlt und dass das Antworten auf bestimmte Fragen schwer fällt. Bei der Durchführung muss darauf geachtet werden, dass
  - die Gesprächsführung sensibel und rücksichtsvoll ist
  - die Schülerinnen und Schüler nicht richtend oder besserwisserisch wirken (aber dennoch kritisch fragen!)
  - der Zeitzeuge möglichst nicht unterbrochen wird
  - die Fragen offen genug gestellt sind, dass der Zeitzeuge zum Erzählen animiert wird.

Sollte im Extremfall der Eindruck entstehen, dass das Gespräch den Zeitzeugen zu sehr belastet, muss eine Pause oder ein Abbruch angeboten werden.

## V. Auswertung

- **Inhaltliche Analyse:** Wesentliche Aussagen/ Argumente werden herausgearbeitet. Im Kern steht dabei die Frage: Welche historischen Informationen/ Zusammenhänge oder Interpretationen wurden im Gespräch geliefert?
- **Sachliche Überprüfung:** Wie bei einer Quelleninterpretation ist die Überprüfung des Aussagegehalts unter Heranziehung anderer Informationsquellen unerlässlich. Sind die Aussagen haltbar/korrekt? Sind sie einseitig/tendenziös? Überlagern Subjektivität und Intentionalität die Aussagen?
- **Historische Einordnung:** Welche allgemeinen, „großen" historischen Ereignisse und Entwicklungen stehen mit dem Berichteten in Verbindung?
- **Historische Auswertung:** Hier steht die Frage nach dem Erkenntnisgewinn im Vordergrund. (Wodurch) ergänzen die Aussagen das Vorwissen? (Worauf) ergibt sich eine differenziertere Sichtweise?

### Anregungen

1. Überlegen Sie, ob es in Ihrem Familien- oder Bekanntenkreis Zeitzeugen gibt, die sie zu aktuell im Geschichtsunterricht behandelten Themen befragen können (z. B. Großeltern).
2. Führen Sie ausgehend von den Hinweisen dieser Doppelseite Interviews durch, werten Sie diese aus und präsentieren Sie die Ergebnisse im Unterricht. Holen Sie hierfür jedoch vorab die ausdrückliche Zustimmung der Zeitzeugen ein.

# Kapitel 18

# Frankreich im Zweiten Weltkrieg (1939 – 1945)



Frankreich wurde nach seiner vernichtenden Niederlage im Juni 1940 von Deutschland besetzt. Die Dritte Republik überlebte dieses „Debakel" nicht. Das im Juli 1940 gebildete und von Marschall Philippe Pétain geführte Vichy-Regime wollte eine „nationale Revolution" verwirklichen und kollaborierte offiziell mit dem nationalsozialistischen Deutschland.

Die Résistance, für die symbolhaft der Aufruf General Charles de Gaulles vom 18. Juni 1940 stand, kämpfte somit nicht nur gegen eine Besatzungsarmee, sondern auch gegen einen „französischen Staat", der des Verrats an der Nation beschuldigt wurde. Auch wenn nur eine kleine Minderheit der Franzosen aktiv mit den Besatzern kollaborierte oder sich ihnen widersetzte, belastet die Erinnerung an die Konfrontation der „schwarzen Jahre" noch heute das nationale Gedächtnis der Franzosen.

- Wie war das Regime beschaffen, das an die Stelle der Dritten Republik trat: War es ein faschistisches Regime oder eine autoritäre Diktatur?
- Welchen Anteil hatte die Résistance an der Befreiung Frankreichs?

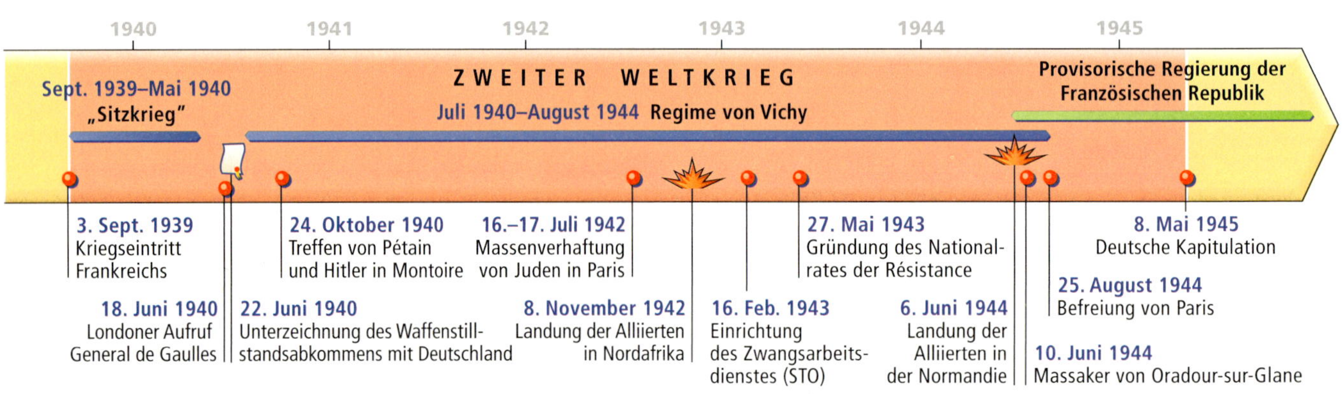

1

Das besetzte Paris, Juni 1940

2

Das befreite Paris, August 1944

# 1. Niederlage und Besetzung Frankreichs (1939 – 1940)

*Warum hat die Niederlage Frankreichs das Ende der Dritten Republik eingeleitet?*

## Die „drôle de guerre" - ein „komischer Krieg"

Obwohl Frankreich zusammen mit Großbritannien am 3. September 1939 Deutschland den Krieg erklärt hatte, griff es bis Mai 1940 nicht wesentlich in die Kriegshandlungen ein und ließ zu, dass Polen in nur wenigen Wochen von der deutschen Armee vernichtend geschlagen wurde. Von der Erinnerung an den Ersten Weltkrieg (1914 – 1918) beherrscht, hielt der französische Generalstab unbeirrbar an einer strikt defensiven Strategie fest. Ein Teil der französischen Streitkräfte wurde hinter die Befestigungen der Maginot-Linie zurückgezogen. Das war die „drôle de guerre".

Der deutsche Angriff vom 10. Mai 1940 durchkreuzte die französischen Pläne. Die deutschen Streitkräfte stießen nach Belgien und in die Niederlande vor, während die Panzerdivisionen des Generals Guderian die Ardennen überquerten und die alliierten Streitkräfte in der Flanke angriffen. Großbritannien führte seine Truppen überstürzt aus Dünkirchen, das am 4. Juni 1940 eingenommen wurde, nach Großbritannien zurück. Paris wurde am 14. Juni besetzt. In einem allgemeinen Chaos und unter dem Feuer der Luftwaffe flohen sechs Millionen Menschen vor der deutschen Invasion.

## Waffenstillstand oder Kapitulation?

Der Erfolg des „Blitzkrieges" führte trotz erbitterter Gegenwehr zur Auflösung der französischen Armee. Die Auseinandersetzungen dauerten 45 Tage und forderten ebenso viele Todesopfer (92 000) wie die ersten Monate des Ersten Weltkrieges. Mehr als eineinhalb Millionen französische Soldaten gerieten in Gefangenschaft. Sieht man von der Luftwaffe ab, war die französische Niederlage nicht durch einen Mangel an Soldaten und an Material zu erklären, wie die Führer des Vichy-Regimes glauben machen wollten, sondern durch strategische Fehler des Generalstabs.

Der Regierungschef Paul Reynaud strebte eine militärische Kapitulation in Frankreich an, die den Franzosen die Möglichkeit lassen sollte, an der Seite der Briten den Krieg vor allem in Nordafrika fortzusetzen. Er fand jedoch für seine Politik keine Mehrheit in der Regierung und musste am 16. Juni 1940 Marschall Philippe Pétain den Platz räumen, der seinerseits für einen Waffenstillstand eintrat. Für ihn, den „Sieger von Verdun", war die französische Niederlage, für die er die Regierung und nicht die Armee verantwortlich machte, endgültig. Es besteht kein Zweifel, dass die überwiegende Mehrheit der Franzosen den Abbruch der Kämpfe begrüßte. Nur wenige unter ihnen schenkten dem Aufruf von General de Gaulle aus London vom 18. Juni 1940 Gehör, in dem er zum Widerstand („résistance") gegen die deutsche Besatzungsmacht aufrief.

Der Waffenstillstand wurde am 22. Juni 1940 in Rethondes in demselben Salonwagen unterzeichnet, in dem die Deutschen am 11. November 1918 den Waffenstillstand unterschrieben hatten. Frankreich wurde entwaffnet, zur Zahlung hoher Besatzungskosten gezwungen und in zwei Zonen aufgeteilt: in eine besetzte Zone und in eine sogenannte „freie Zone". Die französische Souveränität erstreckte sich allerdings theoretisch noch auf das ganze Land.

## Das Ende der Dritten Republik

Für Pétain und seine Umgebung war der Waffenstillstand nur eine Zwischenlösung. Er eröffnete die Möglichkeit, unverzüglich das „Wiedererstarken Frankreichs" in die Wege zu leiten, das seiner Meinung nach über die Beseitigung der parlamentarischen Republik führte. Die beiden Kammern, die am 10. Juli 1940 in Vichy als Nationalversammlung zusammengetreten waren, verabschiedeten mit 569 gegen 80 Stimmen einen Text, der Marschall Pétain die „Vollmacht" übertrug, „eine neue Verfassung für den französischen Staat" auszuarbeiten.

Von diesem Tag an begründete Pétains Verfassungsgebung durch „konstitutionelle Akte" eine echte Diktatur, die als „Vichy-Regime" bezeichnet wird. Der „Führer des französischen Staates" Marschall Pétain erhielt die vollständige exekutive und legislative Gewalt, die Minister waren nur ihm verantwortlich. Die Parlamentssitzungen wurden bis auf Weiteres ausgesetzt. Das neue Regime ging nicht aus einem Staatsstreich hervor. Dem Beispiel der Parlamentarier folgend, legten die durch die Niederlage hilflos gewordenen Franzosen ihr Schicksal in die Hände eines alten Marschalls, der seine Popularität nutzte, um das republikanische Regime zu zerstören.

| Zahl | Frankreich | Großbritannien | Deutschland |
|---|---|---|---|
| **Divisionen** | 94 | 10 | 135 |
| *davon:* gepanzerte Division | 3 | 1 | 10 |
| **Panzer** | 2.400 | 600[1] | 2.600 |
| **Panzerwagen** | 800 | — | 700 |
| **Flugzeuge** | 2.176 | 550 | 4.500 |
| *davon:* Bomber | 242 | 160 | 1.680 |

*Dictionnaire de la Seconde Guerre mondiale. Larousse 1979.*
[1] Inklusive der Maschinengewehrwagen.

**1 Das Kräfteverhältnis an der Westfront im Mai 1940**

Diese Tabelle berücksichtigt nicht die 22 belgischen und acht niederländischen Divisionen.

### Begriffe

- **Maginotlinie:** Befestigungssystem, das ab 1930 auf Initiative des Kriegsministers André Maginot errichtet wurde und von der Schweizer Grenze bis zu den Ardennen reichte. Man ging davon aus, dass die feindlichen Panzer sie nicht durchbrechen konnten.
- **„Drôle de guerre":** Ein von dem Schriftsteller Roland Dorgelès in einem Artikel vom Oktober 1939 popularisierter Ausdruck. Er war abgeleitet vom englischen „phoney war" („unechter Krieg"), das zu „funny war" („komischer Krieg"/„drôle de guerre") abgewandelt wurde. Bezeichnung für den kampflosen Zeitabschnitt von September 1939 bis Mai 1940, der im Deutschen „Sitzkrieg" genannt wurde.
- **Panzerdivision:** siehe S. 306
- **Blitzkrieg:** siehe S. 306
- **Kapitulation:** Militärischer Vertrag, in dem sich eine Armee einem Feind ergibt, ohne dass daraus eine politische Verpflichtung für Sieger oder Besiegte entsteht.
- **Waffenstillstand:** Abkommen zwischen zwei Regierungen, das in Erwartung von Friedensverhandlungen die Einstellung der Kampfhandlungen regelt.
- **Vichy-Regime:** Von Marschall Pétain ausgeübte Diktatur, die nach der als Regierungssitz dienenden Kurstadt Vichy benannt ist. Vichy wurde wegen seiner zahlreichen Hotels gewählt und weil es klein genug war, um nicht mit Paris in Konkurrenz zu treten.

**2** **Das besetzte und zerschlagene Frankreich, 1940 – 1942**

## 3 Der Aufruf vom 18. Juni 1940

*Charles de Gaulle, der seit dem 4. Juni 1940 Unterstaatssekretär im Kriegsministerium war, erreichte London am 17. Juni. Sein von der BBC am Folgetag gesendeter Aufruf markierte die Geburt der „France libre", des „Freien Frankreichs".*

Die führenden Männer, die seit vielen Jahren an der Spitze der französischen Armee stehen, haben eine Regierung gebildet. Diese Regierung hat sich unter dem Vorwand der Niederlage unserer Armeen mit dem Feind in Verbindung gesetzt, um den Kampf einzustellen. Gewiss waren und sind wir überwältigt von der mechanischen Übermacht des Feindes zu Lande und in der Luft.

Unendlich viel mehr noch als ihre Zahl haben uns die Panzer, die Flugzeuge, die Taktik der Deutschen zurückweichen lassen.

Die Panzer, die Flugzeuge, die Taktik der Deutschen haben unsere Heerführer so überrascht, dass sie nicht mehr ein noch aus wissen.

Aber ist das letzte Wort gesprochen? Muss die Hoffnung weichen? Ist die Niederlage endgültig? Nein! Glauben Sie mir, denn ich weiß, wovon ich rede und sage Ihnen, dass für Frankreich nichts verloren ist. Dieselben Mittel, die uns überwältigt haben, können eines Tages den Sieg herbeiführen.

Denn Frankreich ist nicht allein! Es ist nicht allein! Es ist nicht allein! Es hat ein großes Weltreich hinter sich. Es kann zusammengehen mit dem britischen Weltreich, das die Meere beherrscht und weiterkämpft. Wie England kann es von der unermesslichen Industrie der Vereinigten Staaten uneingeschränkten Gebrauch machen.

Dieser Krieg ist nicht auf unser unglückliches Mutterland beschränkt. Dieser Krieg ist durch die Schlacht von Frankreich nicht entschieden. Dieser Krieg ist ein Weltkrieg. Allen Fehlern, allem Nachhinken, allen Leiden zum Trotz gibt es in der weiten Welt doch die Mittel, eines Tages unsere Feinde zu vernichten. Wie uns heute die mechanische Übermacht zu Boden warf, können wir morgen durch überlegene technische Macht siegen. Hierin liegt das Schicksal der Welt.

Ich, General de Gaulle, zurzeit in London, fordere die französischen Offiziere und Soldaten, die sich unbewaffnet oder bewaffnet in England befinden oder dorthin kommen, fordere die Ingenieure und Facharbeiter der Rüstungsindustrie, die sich auf britischem Boden befinden oder befinden werden, auf, sich mit mir in Verbindung zu setzen.

Was auch geschieht: Die Flamme des französischen Widerstandes darf und wird nicht erlöschen.

Übers. nach: O. Wieviorha/C. Proonasson, La France du XX^e siècle. Paris 1994, S. 368 f.

## Fragen und Anregungen

**1.** Beschreiben Sie den Verlauf der „Schlacht um Frankreich" und untersuchen Sie die Folgen des Waffenstillstands vom 22. Juni 1940. (M2)

**2.** Wie erklärte General Charles de Gaulle die französische Niederlage von 1940? Vergleichen Sie seine Erklärung mit der von Marschall Pétain angeführten Begründung. (siehe S. 351, M3) Beurteilen Sie, welche Erklärung der historischen Realität näher ist. (M3)

**3.** Verfassen Sie eine Kurzbiografie von General de Gaulle. Beurteilen Sie dabei die Bedeutung seines Aufrufs vom 18. Juni 1940.

# 2. Vichy-Frankreich (1940 – 1944)

*Worin bestand die „nationale Revolution" und die vom Vichy-Regime praktizierte Kollaborationspolitik?*

## Die nationale Revolution

Unmittelbar nach der Niederlage rief Marschall Pétain die Franzosen dazu auf, „die Notwendigkeit einer nationalen Revolution anzuerkennen". Diese stand in der Tradition des Vorgehens der nationalistischen Rechten gegen die antiklerikale Republik, die parlamentarische Regierungsform und die Volksfront. Juden und Freimaurer wurden ab 1940 diskriminierenden Maßnahmen unterworfen (siehe S. 346 f.).

An die Stelle republikanischer Prinzipien trat der Dreiklang „Arbeit, Familie, Vaterland". Das Regime verherrlichte die Werte des bäuerlichen Frankreich und betrieb eine Politik der Rückbesinnung auf das Land. Es verurteilte den Klassenkampf, löste die Gewerkschaften auf und ersetzte sie durch korporative Institutionen, die im Rahmen der Arbeitscharta eingerichtet wurden. Die Hausfrau und Mutter sowie die Großfamilie bildeten das Zentrum ihres Familienideals. Das Vichy-Regime war eine reaktionäre Diktatur, die von einem alten Militärführer verkörpert wurde und in die ab 1943 auch erklärte Faschisten wie der Chef der Miliz Joseph Darnand eintraten.

1 **Der Mythos Pétain**

Der Kult um Marschall Pétain, der 1940 schon 84 Jahre alt war, baute auf einer intensiven Propaganda auf. Dieses weit verbreitete Bild wurde bearbeitet, damit der „Schnurrbart durch zusätzliche weiße Stellen aufgehellt" werden konnte.

## Die Kollaboration

Die beim Treffen zwischen Pétain und Hitler am 24. Oktober 1940 in Montoire offiziell verkündete staatliche Kollaboration („collaboration d'Etat") ging auf eine französische Initiative zurück. Die Führer von Vichy, Marschall Pétain und sein „Dauphin" („Thronfolger") Pierre Laval, hofften zudem, dass sie als Gegenleistung für die Neutralität der Flotte und des Kolonialreiches Deutschland überzeugen konnten, sie nicht mehr als geschlagenen Gegner, sondern als Partner in Europa zu behandeln. Die staatliche Kollaboration grenzte sich zwar von der Politik der „collaborationistes" ab, die von den in Paris ansässigen faschistischen Organisationen wie dem „Rassemblement national populaire" (RNP) von Marcel Déat und dem „Parti populaire français" (PPF) von Jacques Doriot vertreten wurde, aber die gemeinsamen Interessen, wie zum Beispiel der Kampf gegen den Bolschewismus nach 1941, überwogen gegenüber den Differenzen.

Trotzdem war die staatliche Kollaboration zum Scheitern verurteilt, denn Hitler sah darin nur ein Mittel, um Frankreich mit möglichst geringen Kosten maximal auszubeuten. Unmittelbar nach der Landung der Alliierten in Nordafrika im November 1942 verlor Vichy sein Kolonialreich. Die Flotte versenkte sich in Toulon, damit sie nicht in die Hände Deutschlands fiel, das im November 1942 die südliche Zone besetzte. Die französische Industrie wurde regelmäßig von den Besatzern geschröpft: Die von Frankreich zwischen 1941 und 1944 erfolgenden Zahlungen machten fünf bis neun Prozent des Bruttosozialprodukts des Reiches aus. Nach der Einrichtung des obligatorischen Arbeitsdienstes (STO) am 16. Februar 1943 wurden 650 000 Arbeitskräfte nach Deutschland deportiert. Unter dem Vorwand, die französische Souveränität wiederherzustellen, hat sich das Vichy-Regime zum eifrigen Helfer der Besatzer gemacht, indem es diesen die Unterstützung der französischen Polizei bei der Deportation der Juden und bei der Verfolgung der Widerstandskämpfer gewährte.

## Ein diskreditiertes Regime

Die wachsenden Abgaben an die Besatzer verschlechterten die Lebensbedingungen; die Beschaffung von Lebensmitteln wurde zur Hauptbeschäftigung der Franzosen. Die Lebensmittelkarten versorgten die Menschen nur mit dem absolut Notwendigen – je nach Altersgruppe 1 200 bis 1 800 Kalorien pro Tag. Während des Krieges verdreifachten sich die offiziellen Preise. Aufgrund des Mangels entstand ein reger Schwarzmarkt; die Industrieproduktion ging zwischen 1939 und 1944 um 60 Prozent zurück. Dennoch konnte der Krieg der Begeisterung der Franzosen für Sport, das Radio und Kino nichts anhaben; in diesen Angeboten, die damals alle Besucherrekorde brachen, fanden sie kurze Momente der Ablenkung.

Da das Vichy-Regime für seine Zugeständnisse von den Besatzern keine Gegenleistung erhalten hatte, verlor es ab 1941 bei den Franzosen einen großen Teil seiner Glaubwürdigkeit. Dennoch blieb Marschall Pétain bis zum Schluss sehr beliebt, da viele Franzosen – zu Unrecht – glaubten, dass er mit den Besatzern ein doppeltes Spiel spielen würde.

## Begriffe

- **Nationale Revolution:** Bezeichnung, die dem von Marschall Pétain 1940 vorgestellten Programm für den Wiederaufbau Frankreichs gegeben wurde. Das Programm richtete sich gegen die Prinzipien von 1789.
- **Arbeitscharta:** Am 4. Oktober 1941 verabschiedet; sie ersetzte die aufgelösten Gewerkschaften durch berufsständische Organisationen, in denen die Vertreter der Arbeitgeber und der Arbeitnehmer zusammengeschlossen waren.
- **Miliz:** Politische und militärische Organisation, die am 30. Januar 1943 von Joseph Darnand gegründet wurde. Darnand wurde zum „Generalsekretär zur Aufrechterhaltung der Ordnung" ernannt.
- **Staatliche Kollaboration:** Zusammenarbeit mit Deutschland in Politik, Wirtschaft und im militärischen Bereich, die sogar über die Wünsche der Deutschen hinausging, aber die Neutralität Frankreichs im Krieg zu bewahren suchte.
- **Collaborationnistes:** siehe S. 322
- **STO:** („Service du Travail Obligatoire"): Obligatorischer Arbeitsdienst von zwei Jahren, der am 16. Februar 1943 für die jungen Männer zwischen 21 und 23 Jahren eingerichtet wurde.

2

**Die Devise des französischen Staates – „Arbeit, Familie, Vaterland“**

„Arbeit – Die Arbeit der Franzosen ist die höchste Ressource des Vaterlandes.“
„Familie – Die französischen Familien bleiben die Bewahrer einer langen, ehrenvollen Vergangenheit.“
„Vaterland – Folgt mir! Bewahrt euer Vertrauen in das ewige Frankreich.“

## 3 Die Kollaboration aus der Sicht Hitlers

Was Frankreich anbetrifft, so ist der Führer nach wie vor der Meinung, dass wir mit ihm auf gütliche Meinung niemals zu einer Einigung kommen. Das Gerede von Kollaboration ist nur für den Augenblick gedacht. Im Übrigen will er jetzt zuerst Taten sehen und keine Worte hören. Möge der Krieg, so sagt er, auslaufen, wie er wolle, Frankreich wird teuer bezahlen müssen, denn es hat ihn ja verursacht und eingeleitet. Es wird auf seine Grenzen von 1500 zurückgeworfen werden; das heißt also, dass Burgund wieder zum Reichsgebiet kommt.

Auszug aus den Tagebüchern von Joseph Goebbels vom 26. April 1942; zit. nach: H.-A. Jacobsen, 1939-1945. Der Zweite Weltkrieg in Chronik und Dokumenten. Darmstadt 1959, S. 280.

## 4 Die Kollaboration aus der Sicht Lavals

*Pierre Laval, der ehemalige Ministerpräsident der Dritten Republik, war die treibende Kraft bei der Übertragung der Macht an Marschall Pétain, dessen offizieller „Dauphin“(„Kronprinz“) er wurde. Von Pétain im Dezember 1940 von seinem Posten als stellvertretender Ministerpräsident abgesetzt, wurde er auf Befehl der Deutschen am 18. April 1942 wieder in die Regierung zurückberufen. Er wurde zum Tode verurteilt und am 15. Oktober 1945 hingerichtet.*

Aus diesem Krieg wird unweigerlich ein neues Europa hervorgehen.

Es wird oft von Europa gesprochen; das ist ein Wort, an das man in Frankreich noch nicht gewöhnt ist. Man liebt sein Land, weil man sein Dorf liebt. Ich meinerseits, Franzosen, möchte, dass wir morgen ein Europa lieben können, in dem Frankreich einen seiner würdigen Platz besitzt. Deutschland schlägt im Augenblick gewaltige Schlachten, um dieses Europa zu errichten. Es muss, mit den anderen, immense Opfer dafür bringen. Und es schont nicht das Blut seiner Jugend. Es sucht sie in den Fabriken und auf den Feldern, um sie in die Schlacht zu werfen. Ich wünsche den Sieg Deutschlands, denn ohne ihn wird morgen überall der Bolschewismus herrschen.

So sind wir also [...] vor diese Alternative gestellt: Entweder uns in ein neues und befriedetes Europa zu integrieren, in dem unsere Ehre und unsere vitalen Interessen respektiert werden, oder uns mit dem Verschwinden unserer Zivilisation abzufinden.

Pierre Laval, Rede vom 22. Juni 1942; übers. nach: Les Nouveaux Temps, 24. Juni 1942.

## Fragen und Anregungen

**1.** Erklären Sie die Popularität Marschall Pétains im Jahr 1940. Welchen Aspekt seiner Persönlichkeit suchte die Vichy-Propaganda hervorzuheben? (M1 und M2)

**2.** Analysieren Sie die großen Stränge der Politik der nationalen Revolution. Identifizieren Sie die dargestellten Szenen: Auf welches Bild Frankreichs beziehen sie sich? Was leiten Sie daraus hinsichtlich der ideologischen Einflüsse von Vichy ab? (M2)

**3.** Stellen Sie dar, wie Laval die staatliche Kollaboration rechtfertigte. Beurteilen Sie, ob die von ihm verfolgten Ziele mit den Intentionen Hitlers zu vereinbaren waren. (M3 und M4)

# Dossier
# Antisemitische Verfolgungen in Frankreich

Im Oktober 1940 und im Juni 1941 erließ das Vichy-Regime selbstständig Judenstatute und inhaftierte einen Teil der Juden fremder Nationalität in Lagern. Die Deutschen erließen ihrerseits in der besetzten Zone Entrechtungsmaßnahmen, die im alltäglichen Leben noch sichtbarer waren, wie zum Beispiel das Tragen des gelben Sterns.

Ab 1942 übte die Besatzungsmacht Druck auf die französischen Behörden aus, damit diese die Juden in die Vernichtungslager deportierten. In der Hoffnung, im Gegenzug politische Konzessionen zu erhalten, unterstützte das Vichy-Regime diese Politik mit seiner Verwaltung und Polizei. Eine große Zahl der 350.000 in Frankreich lebenden Juden konnte dennoch mit der Unterstützung eines Teils der französischen Bevölkerung rechnen. Das galt vor allem dann, wenn Kinder zu verstecken waren. Dennoch wurden etwa 75.000 Juden – ein Drittel davon französischer Nationalität – aus Frankreich, vor allem nach Auschwitz, deportiert; nur etwa 2.500 haben überlebt.

## Chronologische Bezugspunkte

| | |
|---|---|
| **3./4. Oktober 1940** | Erstes Judenstatut. |
| **29. März 1941** | Schaffung eines Generalkommissariats für Judenfragen. |
| **2. Juni 1941** | Zweites Judenstatut (das die Liste der den Juden untersagten Berufe ausdehnte). |
| **22. Juli 1941** | Beginn der „Arisierung der jüdischen Unternehmen" (Zwangsverkauf, bei dem es sich faktisch um eine Konfiszierung handelte) in der besetzten Zone. |
| **27. März 1942** | Der erste Transport mit Deportierten verlässt Drancy mit dem Ziel Auschwitz. |
| **29. Mai 1942** | In der besetzten Zone wird das Tragen des Judensterns obligatorisch. |
| **16./17. Juli 1942** | Massenverhaftung in Paris („rafle du Vel' d'Hiv"). |

### 1 Gesetze vom 3. und 4. Oktober zur Einführung des „Judenstatuts"

*Gesetz vom 3. Oktober 1940:*

**Art. 1** – Als Jude wird jede Person betrachtet, die von drei jüdischen Großeltern oder zwei Großeltern der jüdischen Rasse abstammt, wenn ihr Ehegatte selber Jude ist.

**Art. 2** – Den Juden ist der Zugang zu den unten aufgezählten öffentlichen Ämtern verboten:

**a)** Staatschef, Regierungsmitglieder, Staatsrat, Vorstand des Ordens der Ehrenlegion, Kassationsgerichtshof, Rechnungshof, Bergbaukorps, Brücken- und Straßenbauverwaltung, allgemeines Finanzinspektorat, Appellationsgerichtshöfe, erstinstanzliche Gerichte, Friedensrichterämter, Gewerbegerichte und alle aus Wahlen hervorgegangenen Körperschaften. [...]

**d)** die Lehrämter jeder Stufe

**e)** Offiziere der Land-, Luft- und Seestreitkräfte [...]

**Art. 5** – Unter keinen Umständen dürfen Juden folgende Berufe ausüben: Direktoren, Geschäftsführer, Redakteure von Zeitungen und Zeitschriften ausgenommen Veröffentlichungen streng wissenschaftlicher Natur; [...]

*Gesetz vom 4. Oktober 1940:*

**Art. 1** – Die ausländischen Angehörigen der jüdischen Rasse können ab dem Zeitpunkt der Verkündung dieses Gesetzes durch Entscheidung des Präfekten des Departements, in dem ihr Wohnort liegt, in Spezialager interniert werden.

Zit. nach: Archiv der Gegenwart. Dokumentation aus Politik und Wirtschaft, 1. Juli 1931 bis 31. Dezember 2003, S. 4741.

### 2 Eine französische Reaktion auf das Tragen des gelben Sterns

*Der Bericht von Jacques K., der 1942 ins Collège (Sekundarstufe I) ging, zeugt von den zahlreichen Sympathie- und Solidaritätsbezeugungen gegenüber den Juden, die zum Tragen des gelben Sterns gezwungen waren. Der Antisemitismus erschien damals als alleinige Angelegenheit der deutschen Besatzer und trug zur wachsenden Unbeliebtheit ihrer französischen Komplizen bei.*

Heute Morgen kann ich mich nur beklommenen Herzens in die Klasse am Collège begeben, mit diesem infamen Zeichen auf meiner Kleidung, dem gelben Stern. Voller Angst drücke ich mich vor der Tür des Gebäudes herum. Ich komme als Letzter in die Klasse. Der Lehrer ist bereits in der Klasse, er sitzt an seinem Tisch auf dem kleinen Podest. Ich traue mich nicht, zu meinem Platz zu gehen, ich spüre die Blicke auf mich oder auf meinen Stern gerichtet. Der Lehrer erhebt sich und geht auf mich zu, und dann gibt er mir die Hand. Ich bin erleichtert, Tränen treten in meine Augen, denn die ganze Klasse ist aufgestanden und kommt auch, um mir die Hand zu reichen. In diesem Augenblick habe ich die Devise der Republik „Freiheit, Gleichheit, Brüderlichkeit" verstanden.

Übers. nach: Aussage von Jacques K. (Privatarchiv)

### 3 Ausstellung „Der Jude und Frankreich", September 1941

Die Ausstellung „Der Jude und Frankreich" öffnete am 6. September 1941 seine Pforten in Paris. Sie wurde vom Institut zur Erforschung von Judenfragen, einer der Gestapo unterstellten französischen Einrichtung, organisiert und hatte über 300 000 Besucher.

### 4 Die Verpflichtung, in der besetzten Zone den gelben Stern zu tragen

Nach einer deutschen Verordnung vom 29. Mai 1942 mussten in der besetzten Zone alle Juden über sechs Jahre den gelben Stern tragen, doch Vichy sah davon ab, diese Maßnahme auf die südliche Zone auszudehnen. Victor Fajnzilber wurde als Verwundeter des Krieges von 1914 bis 1918 vom Tragen des gelben Sterns befreit.

### 5 Protest des Bischofs von Toulouse, Monseigneur Jules Saliège, gegen die Deportation der Juden

*Dieser Brief von Monseigneur Saliège wurde am 22. August 1942 in den Kirchen der Diözese Toulouse verlesen.*

Es gibt eine christliche Moral. Es gibt eine menschliche Moral, die Pflichten auferlegt und Rechte anerkennt. Diese Pflichten und Rechte beruhen auf der menschlichen Natur. Sie kommen von Gott. Man kann sie nicht verletzen. Es steht nicht in der Macht irgendeines Sterblichen, sie abzuschaffen. Dass Kinder, Männer, Frauen, Väter, Mütter wie eine Herde wilder Tiere behandelt werden, dass die Mitglieder einer Familie voneinander getrennt werden und in Transporte mit unbekanntem Ziel verfrachtet werden – dieses traurige Schauspiel hat es nur in unserer Zeit gegeben. Warum existiert das Asylrecht in unseren Kirchen nicht mehr? Warum sind wir Besiegte? Herr, habe Mitleid mit uns. Mutter Gottes, bete für Frankreich. In unserer Diözese haben sich in den Lagern von Noé und Récébédou[1] entsetzliche Szenen abgespielt. Juden sind Männer, Jüdinnen sind Frauen. Ausländer sind Männer, Ausländerinnen sind Frauen. Man darf nicht alles mit ihnen machen, mit diesen Männern, mit diesen Frauen, mit diesen Familienvätern und -müttern. Sie sind ein Teil der Menschheit. Es sind unsere Brüder, wie so viele andere auch. Ein Christ kann das nicht vergessen. Frankreich, du geliebtes Vaterland, Frankreich, das im Bewusstsein aller seiner Kinder den Respekt gegenüber der menschlichen Person trägt, du ritterliches und großzügiges Frankreich, ich bezweifle es nicht. Du bist für diese Schrecken nicht verantwortlich.

[1] Internierungslager im Département Haute-Garonne, die Anfang 1941 eingerichtet wurden und insbesondere für die Aufnahme älterer Personen und Behinderter gedacht waren.

## Fragen und Anregungen

**1.** Nennen Sie die wichtigsten Bestimmungen des Judenstatuts. Vergleichen Sie diese mit den Nürnberger Gesetzen von 1935. (siehe S. 268 f.) Warum stellte sich der französische Staat ab 1940 gegen die jüdische Bevölkerung? (M1)

**2.** Inwiefern zeigt der Inhalt der Ausstellung „Der Jude und Frankreich" den direkten Einfluss der antisemitischen Propaganda der Nationalsozialisten? (M3)

**3.** Überlegen Sie, mit welchem Ziel die deutschen Behörden das Tragen des gelben Sterns durchgesetzt haben. (M2 und M4)

**4.** Datieren Sie die ersten Deportationen von Juden. Erörtern Sie, warum sich ab 1942 Franzosen zunehmend gegen das Schicksal der Juden auflehnten. Im Namen welcher Werte wurde der Antisemitismus verurteilt? (M2 und M5)

**5.** Legen Sie dar, welche Rolle das Vichy-Regime bei den Verfolgungen spielte, denen die französischen Juden unter der Besatzung zum Opfer fielen.

# 3. Das Frankreich des Widerstands

*Welchen Rückhalt fand die Résistance bei den Franzosen?*

## Entstehung der Résistance

Der von London aus verbreitete Aufruf General de Gaulles vom 18. Juni 1940 war der Gründungsakt des „Freien Frankreichs". Sein Ziel war es, die außerhalb des Landes versprengten Kräfte zu sammeln. Die Anfänge gestalteten sich schwierig: So verpflichteten sich von den 130000 nach Großbritannien geflüchteten Personen nicht mehr als 7000 in den Freien Französischen Streitkräften (FFL). Obwohl sich der Gouverneur des Tschad Felix Eboué im August 1940 der Résistance anschloss, war man in den Kolonien ebenfalls erfolglos. Dennoch betrachtete sich General de Gaulle als einzigen Repräsentanten des legitimen Frankreichs, des kämpfenden Frankreichs. Er wurde zwar vom britischen Premierminister Winston Churchill unterstützt, konnte sich aber gegenüber dem amerikanischen Präsidenten Franklin D. Roosevelt nur mühsam durchsetzen.

In Frankreich selbst beruhte die Résistance zunächst nur auf dem Engagement einzelner Personen und vereinzelter Initiativen. So demonstrierten 5000 Studenten und Gymnasiasten am 11. November 1940 spontan vor dem Triumphbogen in Paris. Doch mit der Zeit bildeten sich Widerstandsbewegungen in der südlichen Zone („Combat", „Franc-Tireur", „Libération") und in der nördlichen Zone („Libération-Nord", „Organisation civile et militaire", „Défense de la France"). Im Mittelpunkt ihrer Aktionen standen Propaganda und die Verbreitung von Untergrundzeitungen. Dazu arbeiteten sie mit „réseaux" (Netzwerke) zusammen, die die Alliierten unter anderem durch Sabotage, Fluchthilfe und Informationen unterstützten.

Die Mitglieder des Inlandswiderstands stammten aus allen Milieus: Es waren Nationalisten, Christen und Sozialisten. Ab 1940 beteiligten sich auch einige Kommunisten auf eigene Faust an der Résistance, obwohl ihre Partei den deutsch-sowjetischen Nichtangriffspakt billigte. Nach der deutschen Invasion in die UdSSR schloss sich die Kommunistische Partei Frankreichs (PCF) dem Widerstand an. Im April 1942 gründete sie die Gruppe „Francs-tireurs partisans" (FTP).

## Die Vereinigung der Résistance (1942 - 1944)

Im Januar 1942 sprang Jean Moulin in Frankreich mit dem Fallschirm ab, um die Résistance organisatorisch zu vereinigen. Ihm gelang es im Mai 1943, einen Nationalen Rat der Résistance (CNR) zu bilden, der unter der Befehlsgewalt General de Gaulles sowohl die Résistancebewegungen als auch die politischen Parteien von der gemäßigten Rechten bis zur Kommunistischen Partei (PCF) und die im Untergrund neu gebildeten Gewerkschaften (darunter die CGT) zusammenfasste. Das im März 1944 veröffentlichte Programm des CNR forderte nicht nur die Wiederherstellung der republikanischen Rechte, sondern auch tiefgreifende ökonomische und soziale Reformen (Verstaatlichungen, Sozialversicherung).

Der Widerstand wurde unbarmherzig unterdrückt. Die Attentate gegen deutsche Soldaten, wie jenes durch „Colonel Fabien" in der Pariser Metrostation Barbès am 21. August 1941, veranlassten die Deutschen, zur Vergeltung französische Geiseln hinzurichten. Die Zahl der verhafteten und grausam gefolterten Widerstandskämpfer ist hoch. Man geht von 45.000 aufgrund ihrer Tätigkeit im Widerstand Deportierten (von insgesamt 88.000 nichtjüdischen Deportierten) und 35.000 erschossenen oder während der Deportation umgekommenen Widerstandskämpfern aus.

## Das Engagement einer Minderheit

Nur eine Minderheit der Franzosen engagierte sich in der Résistance. Ab 1943 wurden ihre Reihen durch die Verweigerer des obligatorischen Arbeitsdienstes verstärkt, aber nur ein kleiner Teil schloss sich dem „Maquis" an, der sich in einigen isolierten oder gebirgigen Regionen wie den Massiven von Vercours oder Glières bildete. Im April 1943 zählten die Truppen der Freien Französischen Streitkräfte 55.000 Mann, davon waren 66 Prozent in den Kolonien rekrutierte Soldaten.

Die geringe Zahl der Widerstandskämpfer ist sowohl durch die Risiken zu erklären, die man durch die Beteiligung am Kampf gegen die Deutschen einging, als auch durch den Umstand, dass Vichy die legale Staatsgewalt repräsentierte. Die Opposition gegen die Besatzer und Vichy zeigte sich auch im passiven Widerstand, der ebenfalls gefährlich war. So beteiligte sich im protestantischen Chambon-sur-Lignon (Auvergne) das ganze Dorf daran, mehrere tausend Juden zu verstecken.

1

**Jean Moulin (1899 - 1943)**

1940 war er Präfekt des Departements Eure-et-Loir. Nachdem er durch das Vichy-Regime seines Amtes enthoben worden war, begab er sich 1941 zu General de Gaulle nach London. 1943 gelang es ihm, den französischen Widerstand zusammenzufassen. Er wurde am 21. Juni 1943 in Caluire bei Lyon festgenommen und von Klaus Barbie, dem Gestapochef von Lyon, zu Tode gefoltert.

### Begriffe

- **FFL** („Forces françaises libres"): Durch General de Gaulle 1940 gebildete Legion von Freiwilligen. Aus ihr gingen die 1. Französische Division und die „2e division blindée" (gepanzert) hervor, die sich an der Befreiung Frankreichs beteiligten.
- **Widerstandsbewegung:** Widerstandsorganisation, die über den im eigentlichen Sinne militärischen Kampf hinaus auch Propagandaaktivitäten durchführte (Verbreitung von Flugblättern, Zeitungen und anderes).
- **Réseau** (Netzwerk): Widerstandsorganisation, die sich – in Zusammenarbeit mit den Nachrichtendiensten des Freien Frankreichs und den Alliierten – auf die Übermittlung militärischer Nachrichten spezialisierte.
- **CNR** („Conseil national de la Résistance"): Im Mai 1943 gegründeter Nationaler Rat der Résistance, der zuerst von Jean Moulin und nach dessen Verhaftung vom Christdemokraten Georges Bidault geführt wurde.
- **Maquis:** siehe S. 322

## 2 Das Engagement der Frauen in der Résistance

*Jacqueline Péry d'Alincourt, alias „Violaine" in der Résistance, wurde von der Gestapo im September 1943 festgenommen und dann im April 1944 ins KZ Ravensbrück deportiert, aus dem sie im April 1945 durch das Eingreifen des schwedischen Roten Kreuzes befreit wurde.*

Im Frühjahr 1942, im besetzen Paris, bin ich zweiundzwanzig Jahre alt. Jeden Tag verschwinden Männer, Frauen und Kinder. Wie kann man da den Kopf abwenden? Ich begreife, dass ich lieber sterben will. Dieser Schock lässt in mir einen unerschütterlichen Entschluss reifen. Der Feind besitzt keine Macht über denjenigen, der den Tod nicht fürchtet.

Ich spreche darüber mit meiner Freundin Claire Chevrillon, die, ohne dass ich es weiß, schon in der Résistance ist. Sie stellt mich Gautier vor [Jean Ayral, zu diesem Zeitpunkt Regionalchef des Büros für Luftoperationen („Bureau des opérations aériennes", BOA)]. Gautier untersteht direkt Max [Jean Moulin]. Ich engagiere mich vollständig – zuerst als Mitglied der BOA, dann als Mitglied des Sekretariats der „délégation générale" –, um mit ihnen einen Feind zu bekämpfen, der das absolut Böse verkörpert, um die Ehre der Menschheit zu retten.

Für die aus London kommenden Agenten sind Unterkünfte zu besorgen und das alltägliche Leben zu regeln – Ausweispapiere, Lebensmittelkarten, berufliche Tarnungen. Es müssen „Briefkästen" gefunden werden (um die aus ganz Frankreich geschickt geheime Post zu sammeln). Es müssen Wohnungen gefunden werden. Wir befinden uns in ständiger Alarmbereitschaft. Das ist gefährlich.

Am 24. September 1943 erwartet mich die Gestapo zu Hause.

Es folgt der Weg einer in die Falle gegangenen Widerstandskämpferin: Vernehmungen […], Isolationshaft im Gefängnis von Fresnes […]. Im April 1944 erfasst uns eine neue Angst: 500 von uns werden für die Abfahrt bestimmt – mit unbekanntem Ziel.

Nach fünf Tagen in Viehwaggons befinden wir uns in dieser öden Region Mecklenburgs, im Lager Ravensbrück.

Persönlicher Bericht; übers. nach: E. Morin-Rotureau (Hrsg.), 1939–1945: combats de femmes. Françaises et Allemandes, les oubliées de la guerre. Paris 2001.

BEKANNTMACHUNG

1. Der Jude SZMUL TYSZELMAN aus Paris
2. Der HENRY GAUTHEROT aus Paris

sind wegen Begünstigung des Feindes, begangen durch Teilnahme an einer gegen die deutschen Besatzungstruppen gerichteten kommunistischen Kundgebung, zum Tode verurteilt und erschossen worden.

Paris, den 19. August 1941.

Der Militärbefehlshaber in Frankreich.

AVIS

1. Le Juif SZMUL TYSZELMAN de Paris
2. Le nommé HENRY GAUTHEROT de Paris

ont été condamnés à mort pour aide à l'ennemi, ayant pris part à une manifestation communiste dirigée contre les troupes d'occupation allemandes. Ils ont été fusillés aujourd'hui.

Paris, le 19 Août 1941.

Der Militärbefehlshaber in Frankreich.

**3 Bekanntmachung einer Hinrichtung, 19. August 1941**

Die zweisprachigen Bekanntmachungen der Hinrichtung von gaullistischen Widerstandskämpfern waren auf hellem Grund gedruckt, diejenigen für kommunistische Widerstandskämpfer auf rotem Grund.

**4 Flugblatt der Résistance**

Dieses Flugblatt wurde von den Vereinigten Widerstandsbewegungen („Mouvements unis de la Résistance", MUR) gedruckt. Sie waren im Januar 1943 durch die Vereinigung der drei großen Bewegungen in der südlichen Zone „Combat", „Franc-Tireur" und „Libération" entstanden. Es zeigt ein Lothringer Kreuz, das seit 1940 das Emblem der Freien Französischen Streitkräfte war.

## 5 Ein Kommunist, der für Frankreich gestorben ist

*Das Mitglied der Kommunistischen Jugend Joseph Dolobel wurde im Juli 1942 von einem deutschen Militärgericht zum Tode verurteilt und in Arras erschossen. Diesen Brief schrieb er am Abend vor seiner Hinrichtung:*

An meine Familie, an unsere große Partei und an die Kommunistische Jugend, es fällt mir nicht leicht, euch diese letzten Zeilen im Namen aller meiner Kameraden, den Opfern der teutonischen[1] Barbarei, zu schreiben […].

Meine lieben Kameraden, ihr könnt gewiss sein, dass wir unsere Pflicht erfüllt haben und dass wir das nicht bedauern. Wir waren gute Soldaten der Partei und Frankreichs. Dieses Beispiel soll nicht nutzlos gewesen sein, denn Frankreich muss leben und unsere Partei soll ihren Platz in einem besseren Regime einnehmen, in dem das arbeitende Volk seinen Willen durchsetzen soll.

Wir gehen mit dem Trost, gesehen zu haben, dass Hitler seine Offensive nicht durchführen konnte und dass die beherzten Roten Armeen ihn in Atem halten und so allmählich erschöpfen.

Der Triumph ist sicher, der Nationalsozialismus und der Faschismus sind kurz davor, für immer zu sterben.

Kameraden, gute Freunde, ich sage euch Lebewohl, euch versichernd, dass wir mit allen Brüdern des Elends erhobenen Hauptes zum Erschießungspfahl gehen werden, die Fäuste geballt mit aller Kraft rufend: Es lebe die große Kommunistische Partei! Es lebe Frankreich!

Briefe von Erschossenen; übers. nach: H. Rousso, Les Années noires. Vivre sous l'Occupation. Paris 1992, S. 179 f.

[1] Der Begriff „Teutonen" bezeichnet einen alten germanischen Stamm und wurde – mit einem deutschfeindlichen Unterton – auf die gesamte deutsche Bevölkerung übertragen.

## Fragen und Anregungen

**1.** Nennen Sie die wichtigsten Aktivitäten der Widerstandsbewegungen. (M2 und M4)

**2.** Listen Sie die Gemeinsamkeiten und Unterschiede in diesen beiden Beispielen für das Engagement in der Résistance auf. (M2 und M5)

**3.** Erklären Sie anhand vergleichbarer Quellen, die in diesem Werk abgedruckt sind, welche Bedeutung Zeugenaussagen für das Verständnis und das Schreiben der Geschichte haben. (M2 und siehe S. 338 f.)

# 4. Die Befreiung Frankreichs (1944 – 1945)

*Wie wurde Frankreich befreit und welches war die Bilanz des Krieges?*

## Die Landungen der Alliierten

Die Befreiung Frankreichs begann ab November 1942 mit der Landung der Alliierten in Nordafrika. General de Gaulle übernahm die Führung des Französischen Rats der nationalen Befreiung („Comité français de libération nationale", CFLN), der am 3. Juni 1943 in Algier gebildete wurde. Er wurde durch den Inlandswiderstand unterstützt, der von nun an im CNR zusammengefasst war. Am 3. Juni 1944 wandelte sich der CFLN in die Provisorische Regierung der Französischen Republik um („Gouvernement provisoire de la République française", GPRF).

Die Landung der Alliierten in der Normandie am 6. Juni 1944 zwang die deutsche Armee zum Rückzug. Am 15. August erfolgte eine zweite Landung in der Provence, an der die französischen Truppen des Generals de Jean Lattre de Tassigny teilnahmen. Die Einheiten der Résistance, die seit Februar 1944 in den Französischen Inlandsstreitkräften („Forces françaises de l'intérieur", FFI) zusammengefasst waren, unterstützten den Kampf durch Sabotage- und Störoperationen. Diese führten wiederholt zu blutigen Vergeltungsschlägen der Besatzer gegen die Zivilbevölkerung: So ermordete am 10. Juni 1944 die SS-Division „Das Reich" 642 Bewohner des Dorfs Oradour-sur-Glane (Departement Haute-Vienne).

Während die Alliierten Paris umgehen wollten, begann dort am 19. August auf Initiative der von Oberst Henri Rol-Tanguy befehligten FFI der Aufstand. Er wurde von der „2ᵉ division blindée" (gepanzerte Division) des Generals Philippe Leclerc unterstützt, dem der deutsche General Dietrich von Choltitz am 25. August 1944 die Stadt übergab. Am Tag darauf wurde General de Gaulle an der Spitze eines feierlichen Zuges von einer jubelnden Menge auf den Champs-Élysées begrüßt.

## „Frankreich kehrt heim" (Charles de Gaulle)

Die von General de Gaulle geleitete Provisorische Regierung setzte gegenüber den Alliierten und den aus der Résistance hervorgegangenen lokalen Regierungen mehr und mehr ihre Autorität durch. Die Verordnungen über die „Wiederherstellung der republikanischen Rechte" schafften alle Anordnungen des Vichy-Regimes ab, dessen Führer nach Deutschland geflohen waren. Im September 1944 gaben die Alliierten schließlich den Plan auf, Frankreich direkt durch die AMGOT verwalten zu lassen. Die von der Regierung ernannten Kommissare der Republik verdrängten die Befreiungskomitees der Résistance. Nach der Rückkehr des Generalsekretärs der Kommunistischen Partei, Maurice Thorez, aus der UdSSR willigte diese in die Auflösung der patriotischen Milizen ein.

De Gaulle war sehr an der Aufnahme Frankreichs in den Kreis der Sieger gelegen. Die durch die Eingliederung der FFI gestärkte französische Armee schloss die Befreiung des Landes ab und war am Sieg über das nationalsozialistische Deutschland beteiligt. An der Konferenz von Jalta im Februar 1945 nahm Frankreich zwar noch nicht teil, dafür aber an der Unterzeichnung der Kapitulationsurkunde am 7. Mai 1945 in Reims und am 9. Mai in Berlin-Karlshorst.

## Bilanz der „schwarzen Jahre"

Die französischen Verluste im Zweiten Weltkrieg werden auf mehr als 500 000 Tote geschätzt; aufgrund der Bombardements und Deportationen waren auch zahlreiche Zivilisten unter den Opfern. Die Befreiung beendete noch nicht die Rationierungen, die nach dem Krieg mehrere Jahre fortdauerten. Wirtschaft und Infrastruktur des Landes mussten wieder aufgebaut werden. 1,5 Millionen Wohnhäuser waren durch die Bombardierungen beschädigt worden, eine Million Menschen waren obdachlos. Mehr als eintausend Brücken waren zerstört worden, die Hälfte der Eisenbahnstrecken und ein großer Teil des Straßennetzes konnten nicht genutzt werden.

Auch wenn es in Frankreich nicht zum Bürgerkrieg kam, hat der Befreiungskrieg die nationale Einheit belastet. Frauen, die man der Beziehung mit einem Besatzer beschuldigte, wurden öffentlich geschoren. 8 000 bis 9 000 Milizionäre und Kollaborateure wurden hingerichtet, bevor die Provisorische Regierung geregelte Verfahren der „épuration" durchsetzte. Am längsten dauerte es jedoch, die Wunden der kollektiven Kriegserinnerung zu heilen.

1 **Empfang der Befreier**
Eine Bewohnerin aus Saint-Mère-Église (Normandie) bietet einem amerikanischen Fallschirmspringer etwas zu trinken an, 10. Juni 1944.

### Begriffe

- **CNR:** siehe S. 348
- **AMGOT** („Allied Military Government for Occupied Territories"): Die Alliierte Militärregierung für besetzte Gebiete war ursprünglich von den USA dafür vorgesehen, das befreite Frankreich zu verwalten.
- **Patriotische Milizen:** Sie wurden im März 1944 vom CNR gegründet, um unter der Autorität der Befreiungskomitees als Polizeikräfte zu dienen. Die kommunistischen Widerstandskämpfer besaßen in ihnen großen Einfluss.
- **Konferenz von Jalta:** siehe S. 314
- **Kapitulation:** siehe S. 342
- **Épuration:** Beseitigung oder Verurteilung von Personen, die mit dem deutschen Besatzer oder der Vichy-Regierung kollaboriert hatten. Auf eine erste „wilde épuration", die zu Hinrichtungen ohne Gerichtsurteil führte, folgte eine gesetzlich geregelte; diese übernahmen Gerichte (darunter ein Sondergericht), die von der provisorischen Regierung eingerichtet worden waren.

### Fragen und Anregungen

**1.** Zeigen Sie auf, welche Bedeutung General de Gaulle der Befreiung von Paris gab. (M2)

**2.** Wie beurteilte Marschall Pétain seine eigene Rolle seit 1940? Erklären Sie, warum die These von „Schild" und „Schwert" heute nicht glaubwürdig erscheint. (M3)

## 2 „Paris ist befreit!"

*Am Abend des 25. August 1944, dem Tag der Befreiung von Paris, begab sich General de Gaulle ins Rathaus der Stadt, wo er vor dem CNR, dem Pariser Befreiungskomitee, Kämpfern und einer riesigen Menge, die zu seiner Begrüßung gekommen waren, folgende Rede hielt:*

Wozu die Rührung verhehlen, die uns allen in der Kehle würgt, all den Männern und Frauen, die nun hier sind, zu Hause, in unserem Paris, das sich zu seiner Befreiung erhoben und sie eigenhändig vollzogen hat. Nein, diese tiefe und heilige Rührung verhehlen wir nicht! Dies ist einer der Augenblicke, die das armselige Leben eines jeden übersteigen.

Paris! Geschändetes Paris! Zerschlagenes Paris! Gemartertes Paris! Aber befreites Paris! Befreit aus eigener Kraft, befreit durch sein Volk unter Mitwirkung der Armeen Frankreichs, mit Unterstützung und Mithilfe ganz Frankreichs, eines Frankreichs, das kämpft, dieses einen, wahren, ewigen Frankreichs.

Wohlan! Nun, da sich der Feind, der Paris in seinen Fängen hielt, in unsere Hand ergeben hat, kehrt Frankreich nach Paris zurück, kehrt heim. Blutüberströmt zieht es ein, zugleich aber entschlossen. Es kehrt heim, um eine gewaltige Lektion reicher, zugleich aber seiner Pflichten und Rechte bewusst.

Übers. nach: Charles de Gaulle, Discours et messages, Bd. 1, 1940 – 1946. Paris 1970.

## 3 Die Abschiedsbotschaft Marschall Pétains, 11. August 1944

*Diese Nachricht wurde an einigen Stellen plakatiert, aber angesichts der Umstände niemals veröffentlicht.*

Franzosen,

ich wende mich heute ein letztes Mal an Euch.

Seit dem Tag, an dem ich von der Nationalversammlung den Auftrag erhalten habe, Frankreich zwischen Waffenstillstand und Friedensschluss am Leben zu erhalten, haben wir gemeinsam gehofft, haben wir auf demselben Boden gelitten. Indem ich meine Person gab, opferte ich nicht nur meine Ruhe. Verurteilt, das Gesetz eines Gegners zu ertragen, den ich einstmals besiegt hatte, habe ich mein ganzes Prestige, das ich durch den ehemaligen Sieg unserer Armeen errungen hatte, dafür hingegeben, von Euch die bitteren Konsequenzen der Fehler anderer fernzuhalten.

Meine Mission erforderte, dass ich mich opferte. Als Erbe der Niederlage, gebunden durch den Waffenstillstand, habe ich versucht, den Körper und Geist Frankreichs zu bewahren. Die Geschichte wird beurteilen, ob ich erfolgreich war. […]

Euer Unglück resultierte nicht aus dem Waffenstillstand, sondern aus der Niederlage. Was habe ich nicht seit vier Jahren getan, um die Franzosen, die den Boden der Nation nicht verlassen konnten oder wollten, in jedem Augenblick vor den Folgen einer Schlacht, die andere begonnen und verloren hatten, zu beschützen? […]

Wenn es zutrifft, dass de Gaulle das Schwert Frankreichs kühn erhoben hat, dann wird die Geschichte nicht vergessen, dass ich den Schild der Franzosen geduldig gehalten habe.

Übers. nach: M. Ferro, Pétain. Paris 1994, S. 593 – 596.

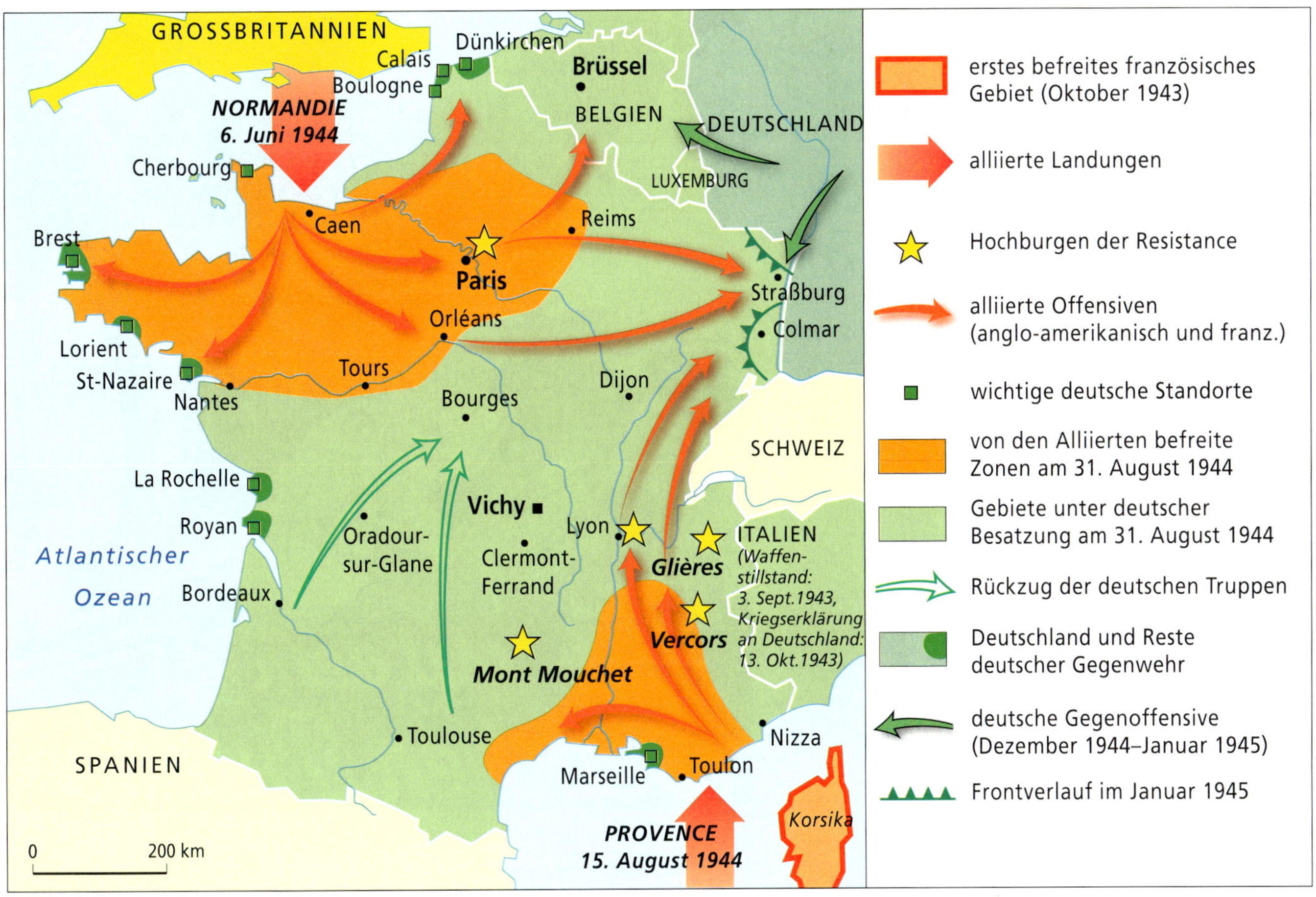


4 Die Befreiung Frankreichs

# Dossier
# Das annektierte Elsass-Lothringen (1940 – 1944)

Elsass-Lothringen wurde von Deutschland 1940 faktisch annektiert. Dies bedeutete einen Bruch der Waffenstillstandsvereinbarung, der zufolge die territoriale Integrität Frankreichs gewahrt bleiben sollte. Das Departement Moselle erhielt seinen alten Namen „Lothringen" wieder und wurde dem „Gau Westmark" mit dem Saarland und der Pfalz angegliedert. Das Elsass wurde dem „Gau Baden" angegliedert, das von Robert Wagner, einem Nationalsozialisten der ersten Stunde, geleitet wurde.

Die elsässische Bevölkerung wurde einer intensiven Germanisierungspolitik unterworfen. Eine Verordnung vom 26. August 1942 führte für die Elsässer und Lothringer die Wehrpflicht in der Wehrmacht oder in der Waffen-SS ein. Von den 130 000 zwangsweise einberufenen Soldaten starben 30 000 bis 40 000 im Kampf und mehr als 10 000 infolge ihrer Inhaftierung in sowjetischen Kriegsgefangenenlagern.

**1 Eine systematische „Entwelschungspolitik"**

[Stempel:] Bürgermeisteramt Kolmar, 13. Mai 1941

Volksgenossen im Kreis Kolmar!

Bald wird es ein Jahr, seit das Elsass deutsch wurde.

Im Kreis Kolmar steht heute ein hoher Prozentsatz der Einwohner aktiv in der Partei oder einer ihrer Gliederungen. Der überwiegende Teil der Bevölkerung bekennt sich treu und pflichtbewusst zum deutschen Volk und seinem Führer [...]

Neben diesem Aufbauwerk steht allerdings auch eine kleine Clique von Schwätzern, Querulanten und boshaften Dummköpfen, die zu allem, was ihre beschränkten Hirne nicht begreifen wollen, nein sagen, oder dagegen stänkern. Ihr Beitrag zum Wiederaufbau gesunder Verhältnisse auf allen Lebensgebieten besteht in boshaften Sticheleien, im Tragen von französischen Abzeichen und Gehirnverdunklungskappen (sogenannte Baskenmützen), im öffentlichen Gebrauch der französischen Sprache, die sie noch dazu miserabel sprechen, und im Abhören des feindlichen Nachrichtendienstes.

Wir haben diesen Dingen über ein halbes Jahr zugesehen. Jetzt ist es aus damit. Ab 15. Mai wird jeder, der öffentlich französisch spricht, wer eine Gehirnverdunklungskappe trägt, wer im Betrieb, im Wirtshaus, in der Bahn, auf der Straße über Partei, Staat und Führer schimpft, festgenommen und ins Konzentrationslager gebracht. Gendarmerie, Polizei und Parteiangehörige sind mit der Durchführung von der zuständigen Stelle beauftragt.

[...]

Heil Hitler!
Der Kreisleiter
gez. K. Glas
Bereichsleiter der NSDAP

Zit. nach: Archives Municipales de Colmar, Série OA, Boîte 2/001-30.

**2 „Hinaus mit dem welschen Plunder", 1940**

Dieses von Alfred Späty stammende Propagandaplakat wurde in den „Straßburger Neuesten Nachrichten" abgedruckt und auf den Mauern von Straßburg, Colmar und Mülhausen plakatiert. Im Hintergrund ist der Turm des Straßburger Münsters zu sehen.

3

**Die Germanisierung des öffentlichen Raums**

Die „Entwelschung der Fassaden“ wurde durch einen Erlass vom 27. Juli 1940 vorgeschrieben. Die Place Kléber wurde in „Karl-Roos-Platz“ umbenannt, nach einem elsässischen Autonomisten, der 1939 wegen Spionage in Frankreich hingerichtet worden war.

5

**Die Befreiung Straßburgs, 23. November 1944**

Die „2e division blindée“ (gepanzerte Division) kämpfte in erster Frontlinie bei der Befreiung des Elsass mit. Nach der Befreiung Straßburgs ließ ihr Chef, General Leclerc, die Truppen auf der Place Kléber in einer Parade vorbeiziehen.

## 4 Die Einziehung der jungen Elsässer und Lothringer – die „Malgré-nous“ („Gegen unseren Willen“)

*Die jungen Elsässer und Lothringer wurden ab August 1942 zum Dienst in der Wehrmacht gezwungen. Das stellte eine Verletzung der Haager Konvention von 1907 dar, die die Einziehung der Bevölkerung eines besetzten Territoriums verbietet. In der Folge wurden sie die „Malgré-Nous“ genannt, wie vor ihnen schon die in die deutsche Armee 1914 bis 1918 eingezogenen Elsass-Lothringer.*

**23. Oktober 1943**

Bestürzende und furchtbare Nachricht: Die verantwortlichen Kriegsgerichte haben drei junge Männer, die sich dem Militärdienst entzogen haben, zum Tode verurteilt.

**26. Oktober 1943**

Neue Bekanntmachung zu Deserteuren: „Einige Lothringer, die sich dem Militärdienst entziehen wollten, wurden in Frankreich gefangen genommen. Sie wurden den Militärbehörden übergeben, um vor ein Kriegsgericht gestellt zu werden.“ Erfunden oder wahr?

**7. November 1943**

Man feiert in unseren Gemeinden die Helden dieses Krieges und alle Familien, aus denen einer stammt, sind gehalten, daran teilzunehmen. Ich nehme die Zeitungen der letzten drei Monate zur Hand und stelle eine Liste der Lothringer zusammen, die an der Ostfront gefallen sind. Ihre Zahl beläuft sich im Département Moselle auf fünfundachtzig. Was für eine Schmach für die Väter und Mütter, hören zu müssen, dass ihre Kinder den „Heldentod“ für ihren „Gauleiter Führer“ gestorben sind; voller Wut sehen sie, dass jene, die sie in der Straße beschimpft und geschlagen haben, weil sie französisch sprachen und das béret (französische Mütze) getragen haben, nun das Gedenken an ihre Söhne feiern.

Adrien Prinz, Chronique lorraine (1940 – 1944); übers. nach: H. Rousso, Les Années noires. Vivre sous l’Occupation. Pairs 1992, S. 135.

## Fragen und Anregungen

**1.** Beschreiben Sie, auf welche Weise die Nationalsozialisten versuchten, das Elsass und das Departement Moselle in das Deutsche Reich zu integrieren? (M1 – M3)

**2.** Bestimmen Sie anhand dieses Plakats die französischen Symbole, die die nationalsozialistische Propaganda beseitigt sehen wollte. (M2)

**3.** Welches Schicksal erlitten die zwangsweise in die deutsche Wehrmacht Eingezogenen während des Krieges? (M4)

**4.** Erläutern Sie die Rolle General Leclercs bei der Befreiung Frankreichs seit 1940. Warum hatte die Befreiung Straßburgs einen hohen symbolischen Wert? (M5)

**5.** Versuchen Sie nachzuvollziehen, wie die Bewohner des Elsass und Lothringens die Kriegsjahre erlebt haben.

# Bilanz
# Der Zweite Weltkrieg

## Wichtige Daten

| | |
|---|---|
| **7. Juli 1937** | Kriegserklärung Japans an China |
| **23. August 1939** | Deutsch-sowjetischer Nichtangriffspakt |
| **3. September 1939** | Frankreich und Großbritannien erklären Deutschland den Krieg |
| **18. Juni 1940** | Aufruf General de Gaulles über die BBC |
| **22. Juni 1940** | Waffenstillstand zwischen Deutschland und Frankreich |
| **22. Juni 1941** | Deutscher Überfall auf die UdSSR |
| **7. Dezember 1941** | Japanischer Angriff auf Pearl Harbor |
| **20. Januar 1942** | Wannsee-Konferenz |
| **September 1942 – 2. Februar 1943** | Schlacht um Stalingrad |
| **6. Juni 1944** | Landung der Alliierten in der Normandie |
| **20. Juli 1944** | gescheitertes Attentat auf Hitler |
| **4.–11. Februar 1945** | Konferenz der Alliierten in Jalta |
| **7./9. Mai 1945** | Unterzeichnung der deutschen Kapitulation in Reims, die am 8. Mai in Kraft tritt, Wiederholung am 9. Mai in Berlin-Karlshorst (Hauptquartier der Sowjetischen Armee) |
| **6. und 9. August 1945** | Abwurf der Atombomben auf Hiroshima und Nagasaki |
| **2. September 1945** | Japanische Kapitulation |

## Schlüsselbegriffe

| Deutsch | Französisch | Englisch |
|---|---|---|
| **Waffenstillstand** | Armistice | Armistice |
| **Kapitulation** | Capitulation | Surrender |
| **Kollaboration** | Collaboration | Collaboration |
| **Widerstand** | Résistance | Resistance |
| **Konzentrationslager** | Camp de concentration | Concentration camp |
| **Vernichtungslager** | Camp d'extermination | Extermination camp |
| **„Endlösung"** | „Solution finale" | "Final solution" |
| **Völkermord (oder Genozid)** | Génocide | Genocide |

## Die „schwarzen Jahre" der deutsch-französischen Beziehungen in Bildern

**Die Unterzeichnung des Waffenstillstandes im Salonwagen von Rethondes, 22. Juni 1940**

Hitler (rechts zwischen Göring und Keitel) kurz vor der Unterzeichnung des Waffenstillstandes. Im selben Wagen war der Waffenstillstand von 1918 unterzeichnet worden.

**24. Oktober 1940**

Hitler und Pétain trafen sich an der Demarkationslinie in Montoire (Loir-et-Cher) und verkündeten offiziell die Kollaboration zwischen beiden Staaten.

**Die Kirche von Oradour-sur-Glane nach dem Massaker des 10. Juni 1944**

**Die Befreiung von Paris**

Deutsche Gefangene im Jardin du Luxembourg, Paris, 25. August 1945.

## DEUTSCH-FRANZÖSISCHER PERSPEKTIVENWECHSEL

### Deutsche und Franzosen im Krieg

• Die Besetzung Frankreichs begann nicht mit dem Massaker von Oradour-sur-Glane. Nach der Niederlage von 1940 waren die Franzosen zu niedergeschlagen, als dass sie Hass gegenüber den deutschen Soldaten empfinden konnten. Sie versuchten, den Besatzer auf Distanz zu halten, indem sie den Kontakt zu ihm so weit wie möglich begrenzten. Das schreckliche Schauspiel der nach der Befreiung kahl geschorenen Frauen zeugt in extremer Weise von der Verurteilung, die Beziehungen zwischen französischen Staatsangehörigen und Besatzern galt (aus solchen Beziehungen sind etwa 50.000 Kinder hervorgegangen). Die Deutschen wiederum hatten ein Interesse daran, Zurückhaltung zu zeigen, zumal Hitler für Frankreich eine ganz andere Behandlung vorgesehen hatte, als jene, die er etwa Polen auferlegte. Als jedoch 1941 die Hinrichtung von Geiseln, die Jagd auf Widerstandskämpfer und Juden, der obligatorische Arbeitsdienst in Deutschland (STO, Service du Travail Obligatoire) und schließlich Massaker an der Zivilbevölkerung einsetzten, löste dies eine tiefe Abneigung der Franzosen gegenüber den Deutschen aus, die noch lange nach dem Zusammenbruch des nationalsozialistischen Regimes anhalten sollte.

• Der Nachhall des Krieges war in beiden Ländern sehr unterschiedlich. In Deutschland hatte er viel mehr Menschenleben gefordert. Die Generationen, die den Krieg erlebt haben, erinnern sich in Frankreich vor allem an die Kämpfe der Résistance und die harten Lebensbedingungen unter der deutschen Besatzung, während in Deutschland die Trauer in den Familien, die Angehörige an der Ostfront oder durch Städtebombardierungen verloren haben, sowie die Vertreibung der Zivilbevölkerung aus den Ostgebieten im Vordergrund steht. Im deutschen Gedächtnis hat die Erinnerung an den Zweiten Weltkrieg so zum großen Teil diejenige an den Ersten Weltkrieg überlagert.

### Zwischen Zustimmung und Widerstand: ein breites Spektrum von Haltungen

• Nach dem Krieg hat die Glorifizierung des Widerstands gegen den Nationalsozialismus dazu beigetragen, dass die Popularität, über die Hitler und Marschall Pétain verfügten, heruntergespielt wurde. In Frankreich ermöglichte das idealisierte Bild eines in der Résistance geeinten Landes, dass man die Erinnerung an die Niederlage von 1940 und die Zeit des Vichy-Regimes verdrängte. Und doch ist der Widerstand, nicht zuletzt weil er unerbittlich bekämpft wurde, eher eine Randerscheinung geblieben – in Deutschland mehr noch als in Frankreich: Der deutsche Widerstand kämpfte gegen ein Regime, das bestrebt war, sich selbst mit der deutschen Nation im Kriegszustand gleichzusetzen, während die französischen Widerstandskämpfer einen ausländischen Besatzer und ein Regime bekämpften, das mit diesem kollaborierte.

• Die historische Forschung hat sich seit den 1960er-Jahren bemüht, das breite Spektrum an Haltungen während des Krieges in der deutschen und in der französischen Bevölkerung auszuleuchten, die sich nicht pauschal in die Kategorien „Zustimmung" oder „Widerstand" gegenüber den Diktaturen einordnen lassen. Das Vertrauen, das Marschall Pétain genoss, hielt die Mehrheit der Franzosen nicht davon ab, bereits seit Ende 1940 die Politik der Kollaboration zu missbilligen. Es gab Deutsche, die aus einem Gefühl des Patriotismus heraus die Anstrengungen der Nation im Krieg unterstützten und doch gleichzeitig die mörderischen Dimensionen des Nationalsozialismus ablehnten, auch wenn diese Ablehnung nur selten in aktivem Widerstand zum Ausdruck kam.

### Deutschland, Frankreich und die Shoa

• Seit den 1960er-Jahren führte die Beurteilung der Verantwortlichkeiten für den Völkermord an den Juden in beiden Ländern zu historischen Kontroversen, die in der Öffentlichkeit ein breites Echo hervorriefen.

• Das „Judenstatut", das die Vichy-Regierung aus eigener Initiative bereits 1940 in der Südzone eingeführt hatte, rief daher nur wenige Reaktionen hervor. Als jedoch erkennbar wurde, dass dieses Statut den Besatzern die Deportation von Juden erleichterte, führte dies zu heftigen Protesten. Die französische Verwaltung und Polizei hatten aktiven Anteil an der Deportation: Diese Verantwortung des französischen Staates (und nicht nur der Vichy-Regierung) wurde von Frankreich offiziell erst 1995 anerkannt.

• Entgegen der These, die der amerikanische Politologe Daniel Goldhagen vertrat („Hitlers willige Vollstrecker. Ganz gewöhnliche Deutsche und der Holocaust", 1996), kann man nicht behaupten, dass aufgrund des deutschen Antisemitismus in der Bevölkerungsmehrheit der Weg zur Vernichtung der Juden zwangsläufig vorgezeichnet gewesen wäre. Allerdings ist nun klar erwiesen, dass die fehlende Reaktion der Deutschen auf das schreckliche Schicksal der europäischen Juden nicht damit zu erklären ist, dass man von den Massakern im Osten nichts gewusst hätte; zudem ist belegt, dass nicht nur die SS, sondern auch die zivile und die militärische Verwaltung in großem Umfang am Völkermord beteiligt waren.

## WEITERFÜHRENDE HINWEISE

### Zeitzeugenberichte

- Lucie Aubrac, Heldin aus Liebe: eine Frau kämpft gegen die Gestapo. Übers. v. A. Spingler. München: dtv, 2000.
- Anne-Frank-Tagebuch. Fassung von O. H. Frank und M. Pressler. Übers. v. M. Pressler. Frankfurt/M.: Fischer-Taschenbuch-Verlag, 2000.
- Primo Levi, Ist das ein Mensch? Übers. v. H. Riedt. München/Wien: Hanser, 2002.
- Art Spiegelman, Maus: die Geschichte eines Überlebenden. Übers. v. Ch. Brinck und J. Joffe. Reinbek bei Hamburg: Rowohlt, 1999.

### Darstellungen

- Wolfgang Benz, Der Holocaust. Beck'sche Reihe. München: C. H. Beck, 2005[6].
- Paul Hilberg, Die Vernichtung der europäischen Juden. Übers. v. Ch. Seeger u. a. Frankfurt/Main: Fischer-Taschenbuch-Verlag, 1994.

### Museen und Dokumentationszentren

- Mémorial pour la Paix in Caen: www.memorial-caen.fr (16.02.2008).
- United States Holocaust Memorial Museum, Washington: www.ushmm.org (16.02.2008).
- Gedenkstätte Yad Vashem, Israel: www.yadvashem.org (16.02.2008).

### Filme

- Roberto Rossellini, Deutschland im Jahre 0 (Germania anno zero), 1947/1948.
- Marcel Ophüls, Das Haus nebenan – Chronik einer französischen Stadt im Kriege (Le Chagrin et la pitié), 1969.
- Rainer Werner Fassbinder, Lili Marleen, 1980.
- Claude Lanzmann, Shoah, 1985.
- Louis Malle, Auf Wiedersehen, Kinder (Au revoir les enfants), 1987.
- Steven Spielberg, Schindlers Liste, 1994.
- Roman Polanski, Der Pianist, 2002.
- Marc Rothemund, Sophie Scholl. Die letzten Tage, 2005.

Kapitel 19

# Europa und seine Nationen: Konflikte und Herausforderungen (1815 – 1945)



Das 19. Jahrhundert war in Europa das Zeitalter der Nationen. Auch wenn es bereits seit der ersten Hälfte des 19. Jahrhunderts zu Konflikten zwischen den Nationalbewegungen kam, schuf der Kampf um nationale Selbstbestimmung dennoch eine europäische Solidarität, die im „Völkerfrühling" der Revolutionen von 1848/49 ihren Höhepunkt erreichte. Angesichts des Aufloderns der Nationalismen, die den Krieg und den Niedergang des „Alten Kontinents" verursachten, erschien die europäische Einheit vielen Zeitgenossen als dringend erforderlich.

- War die Herausbildung nationaler Identitäten mit Plänen für eine Einigung Europas vereinbar?
- Wie entwickelte sich die europäische Idee unter den besonderen Bedingungen der beiden Weltkriege?
- Weshalb spielten die deutsch-französischen Beziehungen in diesem Zusammenhang eine zentrale Rolle?

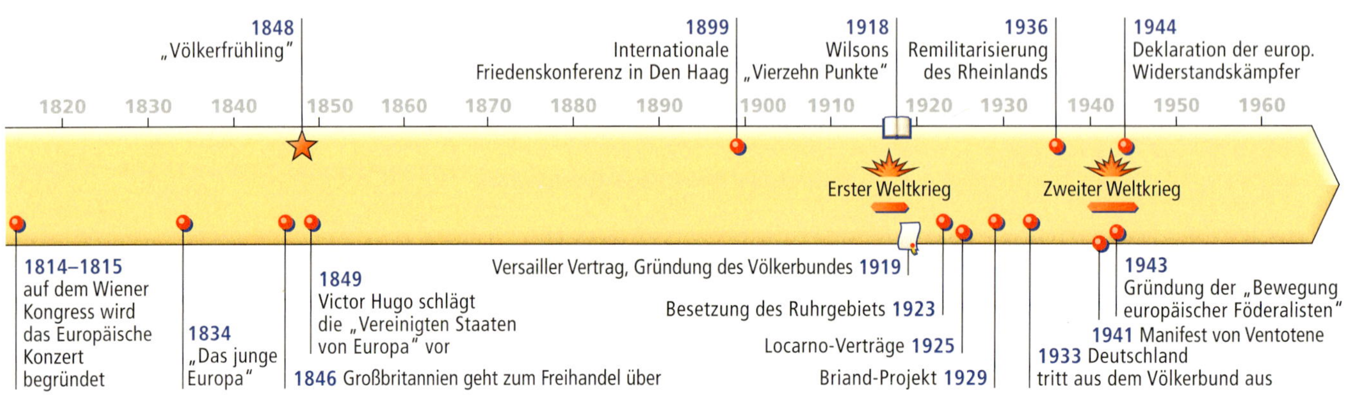

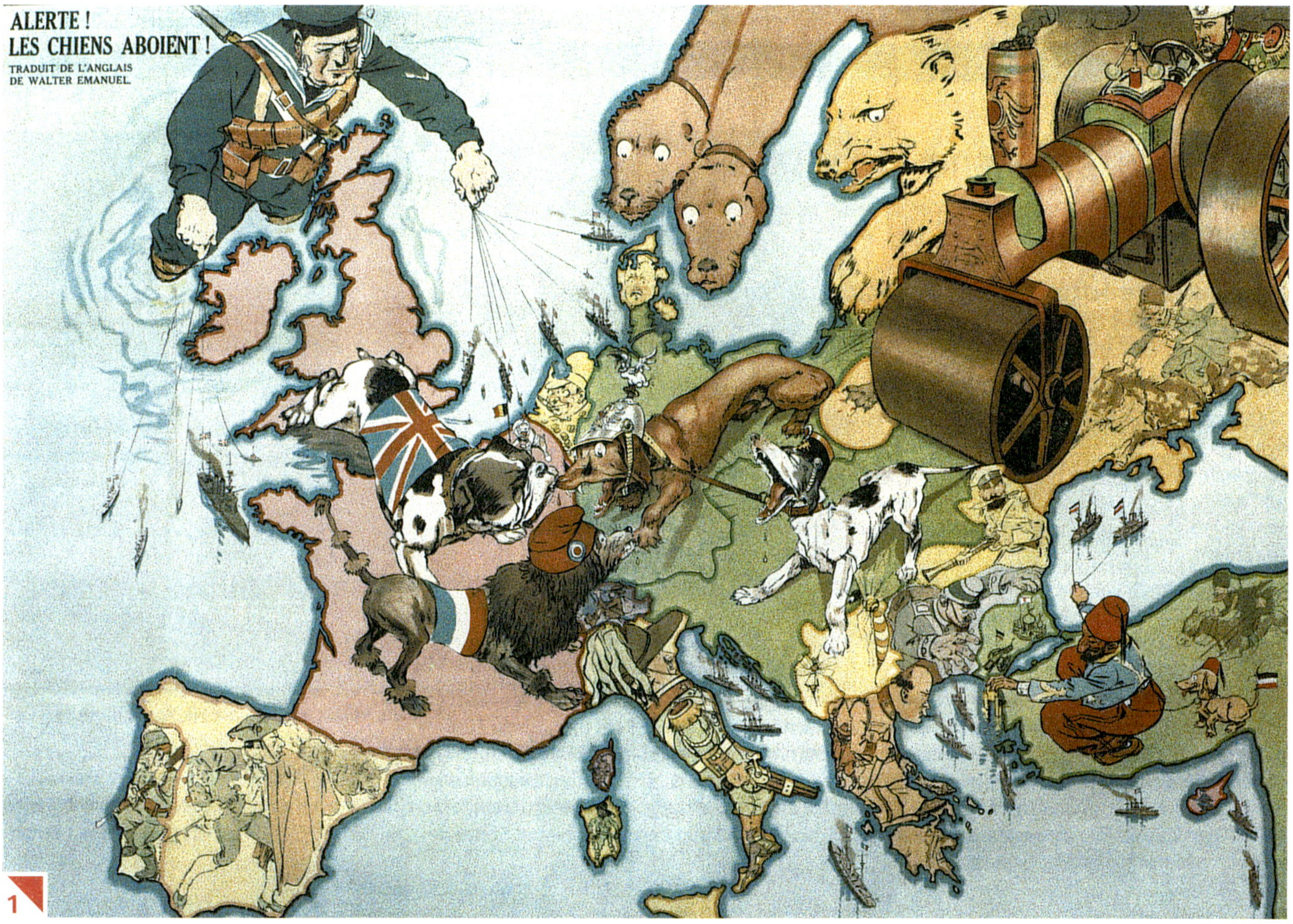


1

**Das von den Nationalismen bedrohte Europa?**

Satirische Darstellung Europas aus dem Jahre 1914.

2

**Das im Völkerbund versöhnte Europa**

Eröffnungssitzung der Genfer Konferenz, Titelseite der Wochenzeitung „La Domenica del Corriere", 23. – 30. April 1922.

# Dossier
# Nationale Identität und europäisches Bewusstsein

Heute ist die Einigung Europas aus der Sicht vieler Beobachter mit einer partiellen Überwindung der nationalen Souverenität verknüpft. Im 19. Jahrhundert sahen hingegen zahlreiche Zeitgenossen keinen Widerspruch zwischen dem Nationalitätenprinzip und dem Ideal eines auf der Basis demokratischer Prinzipien geeinten Europas. Im Gegenteil, die Verteidiger der Nationalitäten wie Mazzini und Hugo waren die ersten Streiter für die europäische Sache.

Indessen führten am Ende des Jahrhunderts die Spannungen zwischen den Mächten zum Erstarken des Nationalismus, der die nationale Identität auf aggressive Weise zum Ausdruck brachte. Wie der Erste Weltkrieg gezeigt hat, war dies eine Bedrohung für Europa. Dieser Krieg wurde von zahlreichen Intellektuellen als ein „Bürgerkrieg" oder ein „Selbstmord" erlebt, weil sie an die Brüderlichkeit zwischen den europäischen Nationen glaubten.

## 1 Die Vereinigten Staaten von Europa

*Der französische Schriftsteller Victor Hugo wurde dazu bestimmt, auf dem Internationalen Friedenskongress, der im August 1849 in Paris abgehalten wurde, den Vorsitz zu führen. Er ging auf Initiative der „Société des Amis de la Paix" (Gesellschaft der Friedensfreunde) zurück, die 1847 von dem Engländer Richard Cobden gegründet wurde, um vor allem durch den Freihandel eine Annäherung zwischen den Völkern zu erreichen.*

Ein Tag wird kommen, wo die Waffen Euch aus den Händen fallen werden! Ein Tag wird kommen, wo ein Krieg zwischen Paris und London, zwischen Petersburg und Berlin, zwischen Wien und Turin ebenso absurd erscheinen und unmöglich sein wird, wie er heute absurd erschiene zwischen Rouen und Amiens, zwischen Boston und Philadelphia. Ein Tag wird kommen, wo ihr, Frankreich, Russland, Ihr, Italien, England, Deutschland, all Ihr Nationen des Kontinents, ohne die besonderen Eigenheiten Eurer ruhmreichen Individualität einzubüßen, Euch eng zu einer höheren Gemeinschaft zusammenschließen und die große europäische Bruderschaft begründen werdet, genauso wie die Normandie, die Bretagne, Lothringen, Elsass und alle unsere Provinzen sich zu Frankreich verschmolzen haben. Ein Tag wird kommen, wo es keine anderen Schlachtfelder mehr geben wird als die Märkte, die sich dem Handel öffnen, und die Geister, die für die Ideen geöffnet sind. Ein Tag wird kommen, wo die Kugeln und Granaten von dem Stimmrecht ersetzt werden, von der allgemeinen Abstimmung der Völker, von dem ehrwürdigen Schiedsgericht eines großen souveränen Senats, der für Europa das sein wird, was das Parlament für England, was die Nationalversammlung für Deutschland, was die Gesetzgebende Versammlung für Frankreich ist. Ein Tag wird kommen, wo man in den Museen eine Kanone zeigen wird, wie man heute dort ein Folterwerkzeug zeigt, voll Staunen, dass es so etwas gegeben hat. Ein Tag wird kommen, wo man sehen wird, wie die beiden ungeheuren Ländergruppen, die Vereinigten Staaten von Amerika und die Vereinigten Staaten von Europa, Angesicht in Angesicht sich gegenüberstehen, über die Meere sich die Hand reichen, ihre Produkte, ihren Handel, ihre Industrien, ihre Künste, ihre Genien austauschen, den Erdball urbar machen, die Einöden kolonisieren [...].

Victor Hugos Eröffnungsrede zum Pariser Friedenskongress, 21. August 1849.
Zit. nach: http://books.google.com/books (20.02.2008).

## 2 Das Vaterland soll sich auf die Menschheit stützen

Er [der Grund für das Scheitern des Völkerfrühlings] tritt im Geist des Nationalismus überall an die Stelle des Geistes der Nationalität, in dem verrückten Anspruch, dass jedes Volk die Macht gehabt hat, die politischen, ökonomischen und sozialen Probleme in sich selbst und mit seinen eigenen Kräften zu lösen. Dabei vergisst er diese große Wahrheit: dass die Sache der Völker eine einzige ist; dass das Vaterland sich auf die Menschheit stützen soll; [...] dass die Heilige Allianz der Nationen das Ziel unseres Kampfes ist, die einzige Kraft, die die Liga der Mächte, die aus Privilegien und dem Interessenegoismus entstanden ist, niederwerfen kann.

Übers. nach: Guiseppe Mazzini, Foi et avenir. Paris 1850
(in französischer Sprache verfasst).

## 3 Verteidigung der kleinen Nationalitäten

*Der russische Fürst und Anarchist Pjotr A. Kropotkin (1842–1921) verließ Russland vor allem, weil er sich der Unterdrückung der Polen widersetzte. Er lebte im Exil in der Schweiz, in Frankreich und England.*

Die Nationalitäten, die für ihre Unabhängigkeit kämpfen, genießen meine ganze Sympathie. Es gibt keine Nationalität, so klein sie auch zahlenmäßig sein mag, die nicht die entwickeltsten Züge des menschlichen Charakters verkörperte, die sie nur in sich selbst beleben kann, aber nicht innerhalb anderer Nationalitäten. [...] Daher, so denke ich, besteht der Fortschritt ganz und gar nicht darin, dass die kleinen Nationalitäten von den großen absorbiert werden – das wäre ein Verbrechen gegen die Menschlichkeit –, sondern vielmehr in dem freien und vollkommenen Erscheinen des Charakters, der Einrichtungen und der Sprache jeder Nationalität, sei sie klein oder groß, vor allem wenn die kleine von der Integration bedroht wird. Erst wenn diese Freiheit der freien und vollständigen Entwicklung errungen ist, können wir durch die Föderation freier nationaler Einheiten, Einheiten von Individuen in diesen ersten Zellen des menschlichen Bienenstocks, einen wirklichen internationalen Fortschritt erreichen.

Pjotr Kropotkin, 1910 erschienener Artikel über den serbischen Nationalismus;
übers. nach: P. Salyetal, Nations ét nationalités en Europe, 1848 – 1914, Paris 1996, S. 242.

4 **Die „Straße der Nationen"**

Die „Paläste der Nationen" wurden am Seineufer für die Pariser Weltausstellung von 1900 errichtet, an der 39 Länder, darunter zahlreiche europäische Nationen, teilnahmen.

5 **Ein friedlicher Wettkampf der Nationen?**

Um die Wunder der Künste, der Wissenschaft, der Industrie und der Landwirtschaft zu feiern, lud Frankreich alle Nationen zur Teilnahme an der Weltausstellung, die es in Paris organisierte, ein. Alle antworteten auf diese Einladung; sie wollten den Fortschritt ihrer Industrie mit jenem der anderen Nationen messen. […] Auf den Quais des linken Seineufers standen vom Pont Alexandre III bis zum Pont d'Iéna die Paläste der Nationen, die jeweils in ihrer nationalen Architektur errichtet waren. […] Angesichts der Pracht, welche die Nationen in den immensen Ausstellungsgalerien zusammengetragen hatten, schien es, dass die Völker sich von nun an nicht mehr hassen konnten, dass die Vereinigung der gegenseitigen Anstrengungen von einem Geist universellen Friedens angeregt wurde.

Übers. nach: Jeanne Bouvier, Mes mémoires, une syndicaliste féministe (1875 – 1935). 1936.

6 **Der Großmacht-Nationalismus gegen Europa?**

„Der Schrecken Europas. Mutter Europa: Flieht Kinder, der schwarze Mann kommt!" In „Der Wahre Jacob" am 5. Januar 1909 veröffentlichte Karikatur. „Der Wahre Jacob" war eine satirische deutsche Wochenzeitschrift, die den Sozialdemokraten nahestand und eine Auflage von mehr als 100 000 Exemplaren hatte. Der Michel mit der Schlafmütze repräsentiert den kleinkarierten Durchschnittsdeutschen. Hier hat er sich in einen Krieger verwandelt.

## Fragen und Anregungen

**1.** Von welchen beiden Modellen sollten sich Victor Hugo zufolge die zukünftigen Vereinigten Staaten von Europa inspirieren lassen? Welches sind seiner Auffassung nach die drei Grundlagen der Vereinigten Staaten von Europa? (M1)

**2.** Fassen Sie zusammen, wie die Nationalitäten nach Mazzini und Kropotkin ihren Kampf führen sollten. Erklären Sie den Unterschied, den Mazzini zwischen dem „Geist des Nationalismus" und dem „Geist der Nationalität" macht. (M2 und M3)

**3.** Beschreiben Sie das Bild, das hier von Deutschland gezeichnet wurde. Bestimmen Sie die verschiedenen Elemente der Macht, auf die der Zeichner verweist. Wie wird Europa hier dargestellt? (M6)

**4.** Stellen Sie sich unter Verwendung von M4 und M5 sowie anhand eigener Überlegungen verschiedene Ausdrucksformen nationaler Identität vor, die Ihnen mit einer europäischen Einheit vereinbar scheinen.

# 2. Europa – von einem Weltkrieg zum anderen (1914 – 1945)

*Weshalb ist das europäische Ideal durch die Erfahrungen der beiden Weltkriege gestärkt worden?*

## Paneuropa und Völkerbund

Der Erste Weltkrieg zeigte die zerstörerische Macht der Nationalismen und beschleunigte den Niedergang Europas gegenüber den neuen Mächten, wie zum Beispiel den Vereinigten Staaten. In diesem neuen Kontext wurde Europa nicht mehr mit der Welt gleichgesetzt und trat in Widerspruch zum Prinzip der Nationalstaaten. Zahlreiche Intellektuelle waren damals angesichts der „Dekadenz" Europas beunruhigt. Einige wollten dieser Entwicklung durch die Gründung pro-europäischer Bewegungen entgegentreten. Daher veröffentlichte Richard Coudenhove-Kalergi 1923 ein programmatisches Buch mit dem Titel „Paneuropa" und gründete die paneuropäische Union. Diese Organisation wollte mit Hilfe von Intellektuellen und Politikern die öffentliche Meinung beeinflussen.

Zur selben Zeit musste der europäische Kontinent neu geordnet werden. Diese Neuordnung stand im Mittelpunkt der 1919 in Paris eröffneten Friedenskonferenz, bei der der US-amerikanische Präsident Woodrow Wilson die Umsetzung seiner Vierzehn-Punkte erreichen wollte (siehe S. 222 f.). Die Grenzen Europas, die vor allem durch die Auflösung Österreich-Ungarns in Bewegung geraten waren, mussten neu gezogen werden. Ferner waren friedliche Beziehungen zwischen Deutschland und Frankreich herzustellen (siehe S. 364).

In diesem Kontext trat der Völkerbund als neuer Akteur in die internationale Politik ein. Die in Genf eingerichtete Organisation, an der sich die Vereinigten Staaten nicht beteiligen wollten, war trotz ihrer weltumspannenden Funktion vor allem europäisch geprägt.

## Das Briand-Projekt

Vor der 10. Generalversammlung des Völkerbundes am 7. September 1929 schlug der damalige französische Ministerpräsident Aristide Briand „eine Art föderativer Bindung" zwischen den europäischen Staaten vor. Um sein Projekt genauer darzulegen, sandte die französische Regierung am 1. Mai 1930 den 26 anderen europäischen Mitgliedern des Völkerbundes ein „Memorandum" zu. Es war sehr vorsichtig formuliert, zumal die Weltwirtschaftskrise kaum die internationale Kooperation förderte. Briand schlug eine „Europäische Union" vor, die eine regionale Unterabteilung des Völkerbundes bilden würde und aus einer „Europäischen Konferenz" sowie einem „Ständigen politischen Ausschuss" bestehen sollte.

Die europäischen Regierungen antworteten am 15. Juli 1930. Ihre Reaktionen waren sehr reserviert. Die Niederlande waren das einzige Land, das ausdrücklich bereit war, eine Begrenzung seiner Souveränität zugunsten einer Konföderation oder einer Föderation zu akzeptieren. Die übrigen Länder schlugen weichere Formeln vor: „Entente", „Zusammenarbeit" und „moralische Union". Schweden und die Schweiz erklärten, dass der Völkerbund einen ausreichenden Rahmen für eine europäische Zusammenarbeit bieten würde. Deutschland machte die Rücknahme der Friedensverträge zur Bedingung. Schließlich wurde das Projekt begraben. Als Briand 1932 starb, war nichts mehr davon übrig geblieben.

## Enttäuschungen und Neuanfang

Der Aufstieg totalitärer und autoritärer Regierungen im Europa der 1930er-Jahre lähmte den Völkerbund und unter den Europa-Aktivisten begann sich Pessimismus auszubreiten. Hitlers „neues Europa", das auf Rassenhierarchie und deutscher Vorherrschaft beruhte, war das genaue Gegenteil Paneuropas, das auf humanistischen Werten und der Kooperation zwischen gleichberechtigten Nationen gründete. Coudenhove-Kalergi rief die liberalen Demokratien 1939 in Paris dazu auf, Europa gegen die zweifache Bedrohung des Nationalsozialismus und des Stalinismus zu verteidigen.

Im Laufe des Zweiten Weltkrieges betonte Reichspropagandaminister Joseph Goebbels immer wieder, dass „der Zweck dieses Krieges Europa" sei. Er stellte Deutschland als das einzige Land dar, das Europa vor dem Bolschewismus und dem amerikanischen Imperialismus beschützen könne. Diese „neue Ordnung" faszinierte einige fehlgeleitete Pro-Europäer. Die Europa-Mystik lebte jedoch im Widerstandskampf gegen den Nationalsozialismus wieder auf. Europa musste sich nach dem Krieg vereinigen, wenn es nicht die tragischen Fehler der Vergangenheit wiederholen wollte.

**1 Richard Coudenhove-Kalergi (1894 – 1972)**

Als Sohn einer Japanerin und eines böhmischen Aristokraten wuchs Coudenhove-Kalergi in Österreich-Ungarn auf. 1919 wurde er Bürger der Tschechoslowakei und 1939 nahm er die französische Staatsbürgerschaft an.

**Begriffe**

- **Völkerbund:** siehe S. 176
- **Konföderation:** Zusammenschluss mehrerer Staaten, die auf verschiedenen Gebieten zusammenarbeiten, ohne ihre volle Souveränität aufzugeben.
- **Föderation:** Zusammenschluss mehrerer Staaten, die auf einen Teil ihrer Souveränität zugunsten einer föderalen, supranationalen Einrichtung verzichten.

## 2 Wilsons „Vierzehn Punkte"

*Am 8. Januar 1918 hielt Wilson folgende Ansprache vor dem Kongress der Vereinigten Staaten:*

Die Welt soll so geordnet und gesichert werden, dass man in ihr leben kann. Besonders soll sie für alle friedliebenden Nationen, die [...] ihr eigenes Leben zu führen, ihre eigenen Einrichtungen zu bestimmen wünschen, die Sicherheit des Rechtes und des ehrlichen Handelns der andern Völker der Erde herstellen gegen Gewalt und selbstsüchtige Überfälle. [...]. Das Programm des Weltfriedens ist daher unser Programm.

Zit. nach: Committee on Public Information of the United States of America (Hrsg.), Die Reden Woodrow Wilsons. Englisch und Deutsch. Bern 1919, S. 121.

*Die 14 Punkte dieses Programms lassen sich folgendermaßen zusammenfassen:*

- eine transparente Diplomatie ohne Geheimabkommen (1) und Schaffung eines Bundes der Nationen (14)
- vereinbarte Begrenzung der Bewaffnung (4)
- Freiheit der Meere (2) und des internationalen Handels (3)
- Rückgabe Elsass-Lothringens an Frankreich (8), Korrektur der italienischen Grenzen nach dem Nationalitätenprinzip (9)
- Schaffung eines polnischen Staates mit einem freien Zugang zum Meer (13)
- Räumung und Wiederaufbau „Russlands" (6), Belgiens (7), Rumäniens, Serbiens und Montenegros (11)
- Unabhängigkeit der Völker des ehemaligen österreich-ungarischen Reiches (10), Autonomie der nicht-türkischen Völker im ehemaligen Osmanischen Reich (12)
- „unparteiische" Regelung der „kolonialen Forderungen", bei der „die Interessen der betroffenen Völker berücksichtigt werden" (5)

## 3 Ein europäisches Gefühl schaffen

Um auf der politischen Landkarte zu entstehen, muss Pan-Europa erst Wurzeln schlagen in den Herzen und Köpfen der Europäer. Brücken des Verständnisses, der Interessen und der Freundschaft müssen geschlagen werden von Volk zu Volk, von Industrie zu Industrie, von Gewerkschaft zu Gewerkschaft, von Literatur zu Literatur. Das paneuropäische Gemeinschaftsgefühl, der europäische Patriotismus muss Platz greifen als Krönung und Ergänzung des Nationalgefühls.

Europa kann nicht warten, bis seine Regierungen und Parteiführer die Notwendigkeit seiner Einrichtung erkennen: Jeder Mann und jede Frau, die von der Notwendigkeit Pan-Europas durchdrungen sind, müssen sich in den Dienst dieses Werkes stellen, von dessen Ausgang das Schicksal eines Erdteiles, das Schicksal seiner Kultur abhängt. [...] Durch Agitation in Wort und Schrift soll die europäische Frage als Lebensfrage von Millionen Menschen von der öffentlichen Meinung aller Völker aufgerollt werden, bis jeder Europäer sich gezwungen sieht, zu ihr Stellung zu nehmen.

Es muss eine klare Scheidung eintreten zwischen Pan-Europäern und Anti-Europäern, zwischen Freunden und Gegnern der Föderation. Sobald die Pan-Europäer in allen Parlamenten des Erdteils die Mehrheit erlangen, ist die Durchführung des Zusammenschlusses gesichert.

Richard von Coudenhove-Kalergi, Paneuropa. Wien/Leipzig, 1924, S. 166 f.

## 4 Das Briand-Projekt

*Dieser Text wurde von dem Diplomaten Alexis Léger verfasst, einem Mitarbeiter Briands, der besser bekannt ist unter seinem Dichterpseudonym Saint-John Perse (1887–1975).*

Es handelt sich keineswegs darum, eine europäische Gruppe außerhalb des Völkerbundes zu schaffen, sondern im Gegenteil darum, die europäischen Interessen unter der Aufsicht und im Geiste des Völkerbundes miteinander in Einklang zu bringen, und zwar dadurch, dass in das Universalsystem des Völkerbundes ein umgrenztes und darum nur umso wirksameres System eingefügt wird. [...]

Es gibt tatsächlich gewisse Fragen, die Europa besonders angehen, und in denen die europäischen Staaten das Bedürfnis nach einem gesonderten, schnelleren und unmittelbareren Vorgehen im Interesse des Friedens selbst empfinden können, und in denen sie außerdem den Vorteil eines besonderen Sachverständnisses haben, das auf ihre Gleichartigkeit auf dem Gebiet der Technik und auf ihre gemeinsame Zivilisation zurückzuführen ist. [...]

Die Verständigung zwischen europäischen Staaten muss auf dem Boden unbedingter Souveränität und völliger politischer Unabhängigkeit erfolgen. Es wäre übrigens unvorstellbar, im Rahmen einer Organisation, die nach reiflicher Erwägung unter die Aufsicht des Völkerbundes gestellt ist, im Geringsten an politische Herrschaft zu denken, denn die beiden Grundprinzipien des Völkerbundes sind gerade die Souveränität der Staaten und die Gleichheit ihrer Rechte. Und kann nicht, wenn die Souveränitätsrechte gewahrt bleiben, jede Nation gerade Gelegenheit finden, sich in der Mitarbeit am gemeinsamen Werk noch bewusster auswirken in einem Bundessystem, das mit der Achtung vor den Überlieferungen und der Eigenart eines jeden Volkes vereinbar ist?

Memorandum über die Organisation einer europäischen Bundesverfassung vom 1. Mai 1930, Paris; in: Europa-Archiv 4 (1949) 17, S. 2435–2440.

5

**Eine euroskeptische Meinung?**

„Graf Coudenhove-Kalergi auf dem Kostümball: endlich Paneuropa!" Karikatur aus der deutschen Satirezeitschrift „Kladderadatsch", 1932.

## Fragen und Anregungen

1. Erläutern Sie, inwiefern Wilsons „Vierzehn Punkte" als Antwort auf den Imperialismus der Großmächte und dessen militärisch Konsequenzen betrachtet werden können. (M2)
2. Legen Sie den Vorschlag Briands dar und bewerten Sie diesen. (M4)
3. Bestimmen Sie das Hauptziel der paneuropäischen Bewegung. (M3) Diskutieren Sie, ob es leicht zu verwirklichen war. Stützen Sie Ihre Antwort auf die Analyse der Karikatur. (M5)

# 3. Spannungsgeladene Beziehungen zwischen Deutschland und Frankreich (1919 – 1939)

*Wie entwickelten sich die Beziehungen zwischen den beiden ehemaligen Hauptkriegsgegnern?*

## Der „Kalte Krieg" zwischen Deutschland und Frankreich (1919 – 1924)

Seit 1919 waren die Friedensverhandlungen von starken Spannungen zwischen Deutschland und Frankreich geprägt. Frankreich, das zwar den Sieg errungen hatte, aber ausgeblutet war, vertrat eine Politik, die die strikte Umsetzung der Bestimmungen des Versailler Vertrages zum Ziel hatte. Dieser wurde jedoch von Deutschland als „Diktat" betrachtet, was die deutsche Revisionspolitik erklärte.

Im Zentrum dieses „Kalten Krieges" zwischen Deutschland und Frankreich stand die Frage der Reparationen. Die vom Nationalen Block unterstützten französischen Regierungen kannten nur ein Motto: „Deutschland wird zahlen". Die deutschen Regierungen führten ihre geringe Zahlungsfähigkeit an, ein Argument, das in London und Washington auf gewisse Resonanz stieß. Als der französische Ministerpräsident Raymond Poincaré 1923 entschied, das Ruhrgebiet als „produktives Pfand" zu besetzen (siehe S. 366), erreichte die Krise ihren Höhepunkt. Deutschland antwortete mit dem „Ruhrkampf", den die junge Weimarer Republik nicht erfolgreich beenden konnte, weil sie mit einer Hyperinflation und starken innenpolitischen Spannungen zu kämpfen hatte.

Der von Großbritannien und den Vereinigten Staaten ausgeübte Druck und ein Regierungswechsel in Frankreich ermöglichten einen Ausweg aus der Krise. 1924 wurde der Dawesplan angenommen; im Jahr darauf kam es zur Räumung des Ruhrgebiets.

## „Der Geist" von Locarno und Genf (1924 – 1932)

Gustav Stresemann und Aristide Briand waren das erste deutsch-französische „Paar", das die Entspannung zwischen Deutschland und Frankreich verkörperte. Beide Männer unterzeichneten die Locarno-Verträge, in denen Deutschland seine Westgrenzen anerkannte und auf dessen Grundlage es 1926 dem Völkerbund beitreten konnte. Im Jahre 1926 erhielten beide den Friedensnobelpreis, der die Bedeutung der deutsch-französischen Aussöhnung hervorhob. Diese erlaubte Briand, die europäische Idee wieder auf die politische Tagesordnung zu setzen.

Für einige Jahre herrschte der „Geist von Locarno" und Genf (Sitz des Völkerbundes) vor – eine Einstellung, die auf Dialog setzte und die durch den erneuten wirtschaftlichen Aufschwung erleichtert wurde. Aber es fehlte nicht an Kritikern: In Deutschland und Frankreich geißelte die nationalistische Rechte die „Verräter". Die Reaktion auf diese Kritik fiel in beiden Ländern unterschiedlich aus. Briand verteidigte aufrichtig eine neue Diplomatie, die auf das Recht und nicht auf Macht gegründet war, in dem Wissen, dass es für das geschwächte Frankreich keine Alternative gab. Stresemann, der sich immer als Verteidiger der nationalen Sache präsentierte, hielt seine Politik für das beste Mittel, um eine Revision des Versailler Vertrages zu erreichen.

Der Youngplan erlaubte eine vorgezogene Räumung des Rheinlandes im Jahre 1930, aber seine Umsetzung wurde durch die Weltwirtschaftskrise erschwert. Die Reparationszahlungen wurden schließlich 1932 ganz eingestellt. Jedes Land konzentrierte sich nun auf seine inneren Probleme.

## Der Rückschritt (1933 – 1939)

Hitlers Machtantritt im Januar 1933 gefährdete die deutsch-französische Annäherung erheblich. Im Oktober 1933 zog sich Deutschland aus der Genfer Abrüstungskonferenz und dem Völkerbund zurück.

Im Januar 1935 sprachen sich bei der durch den Versailler Vertrag vorgesehenen Saarabstimmung 90 Prozent der teilnehmenden Stimmberechtigten für eine Angliederung an Deutschland aus. Dieser Erfolg war für Hitler der Anstoß, unter Anführung immer neuer Vorwände den Vertrag zu brechen. Im März 1935 diente ihm die Verlängerung des Wehrdienstes in Frankreich als Anlass, die Wiedereinführung der Wehrpflicht zu verfügen. Im März 1936 stellte er den sowjetisch-französischen Vertrag von 1935 als Verletzung der Locarno-Verträge dar, um das Rheinland zu remilitarisieren. Die schwachen Reaktionen in Paris und London veranlassten ihn daraufhin, seine Gewaltpolitik zu verstärken und den Krieg vorzubereiten (siehe S. 302 f.).

1

**Die Männer der Entspannung**

Karikatur von Karl Arnold, erschienen im deutschen satirischen Wochenblatt „Simplicissimus" am 11. Oktober 1926. Bei diesem Handschlag zwischen Aristide Briand (links) und Gustav Stresemann denkt jeder, „gewonnen" zu haben.

### Begriffe

- **Revisionspolitik:** Der Begriff bezeichnet die Haltung der Staaten, die nach 1919 eine Revision der Friedensverträge und eine Wiederherstellung des Vorkriegszustandes wünschten.
- **Reparationen:** Kriegsentschädigungen, die Deutschland aufgrund des Versailler Vertrages leisten sollte, weil es für den Krieg verantwortlich gemacht wurde.
- **Nationaler Block (Bloc national):** Französische Mitte-Rechts-Koalition, die bei den Parlamentswahlen von 1919 eine große Mehrheit erhielt.
- **Ruhrkampf:** Bezeichnung für die Politik des Widerstands gegen die Besatzung des Ruhrgebiets durch französisch-belgische Truppen.
- **Dawesplan:** Von dem amerikanischen Experten Charles Dawes ausgearbeiteter Plan, der im August 1924 angenommen wurde. Er passte die Reparationen an die deutsche Zahlungsfähigkeit an.
- **Locarno-Verträge:** Am 16. Oktober 1925 von Frankreich, Belgien und Deutschland unterzeichnetes Vertragswerk, in dem sie – mit einer Garantie durch Großbritannien und Italien – die vom Versailler Vertrag festgelegten gemeinsamen Grenzen anerkannten. Deutschland erkannte seine Ostgrenze nicht an, verpflichtete sich aber, bei Streitfällen mit Polen und der Tschechoslowakei ein Schiedsgericht anzurufen.
- **Youngplan:** Von dem amerikanischen Experten Owen Young ausgearbeiteter Plan; im August 1929 angenommen. Er sah eine erneute Verringerung und Staffelung der Reparationszahlungen bis 1988 vor.

2

**Das von den Vereinigten Staaten verhätschelte Deutschland?**

Karikatur von Del Marle, veröffentlicht in dem französischen satirischen Wochenblatt „Le Rire", 10. April 1920.

## 3 Eine Lektion des politischen Realismus

*In diesem an den Kronprinzen (den Sohn des ehemaligen Kaisers Wilhelm II.) adressierten Brief, der erst 1932 bekannt wurde, erklärte Stresemann ganz unverblümt seine Politik.*

Die deutsche Außenpolitik hat nach meiner Auffassung für die nächste absehbare Zeit drei große Aufgaben: einmal die Lösung der Reparationsfrage in einem für Deutschland erträglichen Sinne und die Sicherung des Friedens, die die Voraussetzung für die Wiedererstarkung Deutschlands ist.

Zweitens rechne ich dazu den Schutz der Auslandsdeutschen, jener zehn bis zwölf Millionen Stammesgenossen, die jetzt unter fremdem Joch in fremden Ländern leben.

Die dritte große Aufgabe ist die Korrektur der Ostgrenzen: die Wiedergewinnung von Danzig, vom polnischen Korridor und eine Korrektur der Grenze in Oberschlesien. [...]

Wollen wir diese Ziele erreichen, so müssen wir uns aber auch auf diese Aufgaben konzentrieren. Daher der Sicherheitspakt, der uns einmal den Frieden garantieren und England [...] als Garanten der deutschen Westgrenze festlegen soll. Der Sicherheitspakt birgt andererseits in sich den Verzicht auf eine kriegerische Auseinandersetzung mit Frankreich wegen der Rückgewinnung Elsass-Lothringens, ein deutscher Verzicht, der aber insoweit nur theoretischen Charakter hat, als keine Möglichkeit eines Krieges gegen Frankreich besteht. [...] Das Wichtigste ist [...] das Freiwerden deutschen Landes von fremder Besatzung. Wir müssen die Würger erst vom Halse haben.

Gustav Stresemann, Brief an Kronprinz Wilhelm, 7. September 1925. In: Gustav Stresemann, Schriften. Hrsg. von A. Hartung. Berlin 1976, S. 337 und 339.

## 4 „Wir haben europäisch miteinander gesprochen"

[...] energische Reden führen, leidenschaftliche Reden, erfüllt von glühendster, aufrichtiger Vaterlandsliebe, selbst mit Wärme, mit Liebe vom Frieden sprechen, das alles ist leicht. Aber tatsächlich einen Schritt näher zum Frieden machen, wirklich zum Frieden beitragen, dies ist schwerer; es ist auch gefährlich für den Staatsmann, der sich darauf einlässt. Ich übertreibe nicht die Bedeutung des Locarnowerkes. [...] Das Beste an ihm ist, [...] dass es den Völkern Zuversicht gegeben, dass es in einer Umgebung von Finsternis, in einer Atmosphäre der Spannung das kleine Licht ist, an dem sich die Völker mit ihren Hoffnungen emporrichten können. Was der Locarnovertrag in diesem Lande Gutes getan, das so viele Tote zu beklagen hat, das so viele kriegsbeschädigte junge Menschen zählt, die in ihrem Berufsleben behindert sind, was er hier Gutes getan hat, besteht vor allem darin, dass er den Müttern gestattet, ihre Söhne mit der Hoffnung anzublicken, dass diese nicht auch einst auf den Schlachtfeldern zerrissen werden. [...]

Glauben Sie [...], dass ich ohne Erregung zu diesem Zusammentreffen gegangen bin, bei dem ich den deutschen Ministern begegnen sollte? Glauben Sie nicht, dass ich sehr gemischte Gefühle hatte, dass ich tief erregt war? Doch ich bin hingegangen, – sie sind hingekommen –, und wir haben europäisch miteinander gesprochen. Eine neue Sprache, die man lernen sollte! [...] Locarno bedeutet die Notwendigkeit zu verhandeln. Es hindert die Völker, blind übereinander herzufallen.

Aristide Briand, Rede vor der Abgeordnetenkammer am 26. Februar 1926, in: Ders., Frankreich und Deutschland, mit einer Einleitung von Gustav Stresemann. Dresden 1928, S. 138 f. und 144–146.

5 **Das von Frankreich bedrohte Deutschland?**

Plakat der nationalistischen DNVP für die Parlamentswahlen vom 20. Mai 1928.

### Fragen und Anregungen

**1.** Analysieren Sie durch einen Vergleich der beiden Zeichnungen das Bild, das die beiden Länder jeweils von sich selbst und vom Nachbarland hatten. (M2 und M5)

**2.** Erläutern Sie die besondere Bedeutung von Stresemanns Brief für Historiker. (M3)

**3.** Scheint Ihnen die Analyse der Locarno-Verträge durch Briand in vollständigem Widerspruch zur Analyse Stresemanns zu stehen? (M4)

**4.** Erklären Sie, warum die Reparationsfrage den Groll zwischen Deutschland und Frankreich besonders deutlich zu Tage treten ließ.

# Dossier
# Das Rheinland und das Ruhrgebiet im Zentrum der deutsch-französischen Spannungen (1919 – 1923)

Gemäß dem Versailler Vertrag musste Deutschland Reparationszahlungen leisten und die Besetzung der linksrheinischen Gebiete durch die Sieger akzeptieren. Darüber hinaus besetzten diese 1921 einen Teil des rechten Rheinufers, um auf die deutsche Regierung Druck auszuüben. Poincaré wurde der Haltung Berlins überdrüssig, die er als Weigerung interpretierte, die Reparationsleistungen zu erbringen. 1923 entschloss er sich zur Besetzung des Ruhrgebiets.

Dieses Vorgehen, das von London missbilligt wurde, verschärfte die Probleme der Weimarer Republik, die insbesondere mit einem von Frankreich geförderten rheinischen Separatismus konfrontiert war. Vor allem durch einen politischen Richtungswechsel in Deutschland (Gustav Stresemann) und Frankreich (Édouard Herriot) fanden Berlin und Paris schließlich wieder zu einem Weg der Verhandlungen zurück.

## Chronologische Anhaltspunkte

| | |
|---|---|
| **März 1921** | Französische, belgische und britische Truppen besetzen als Sanktion das Gebiet von Düsseldorf, Ruhrort und Duisburg. |
| **Mai 1921** | Deutschland muss unter der Androhung der Besetzung des Ruhrgebiets akzeptieren, dass die Höhe der Reparationszahlungen auf 132 Milliarden Goldmark festgesetzt wird. |
| **1922** | Die Spannungen zwischen Frankreich und Deutschland, das ein Moratorium (Zahlungsaufschub) der Reparationszahlungen beantragt, nehmen zu. |
| **11. Januar 1923** | Französische und belgische Truppen besetzen das Ruhrgebiet. |
| **13. Januar 1923** | Die Regierung Cuno ruft in Deutschland zum „passiven Widerstand“ auf. |
| **26. September 1923** | Die Regierung Stresemann verkündet das Ende des „passiven Widerstands“. |
| **Oktober 1923** | Extreme Separatisten (Hans Adam Dorten) proklamieren eine Rheinische Republik. Stresemann verhandelt mit Konrad Adenauer über eine Loslösung des Rheinlandes vom Reich. |
| **1924** | Die französische Regierung unter Herriot akzeptiert die Räumung des Ruhrgebiets, während der Dawesplan über die Reparationen in Kraft tritt. |
| **August 1925** | Die letzten französischen und belgischen Truppen ziehen sich aus dem Ruhrgebiet und den 1921 besetzten Gebieten zurück. |

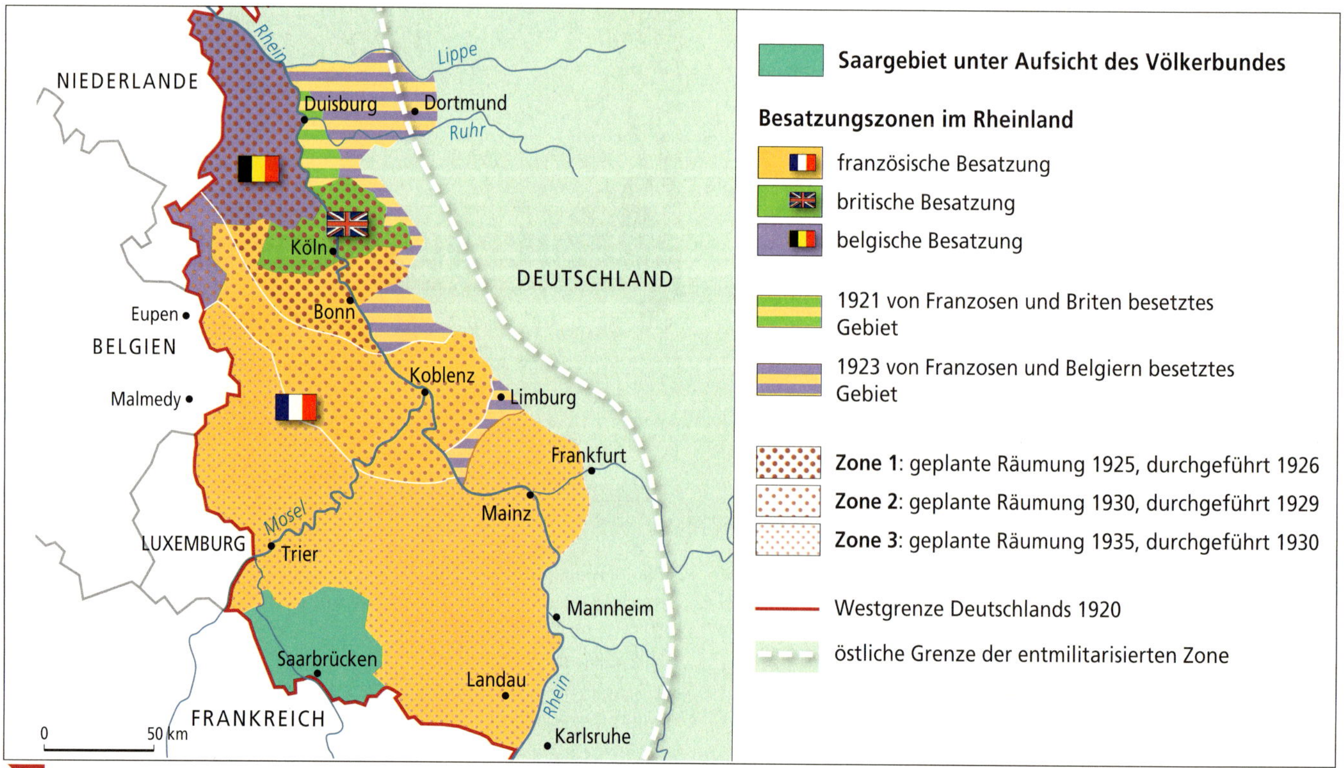


**1** **Eine komplexe Situation**

2

**Eine legitime Besetzung...**

„Damit Deutschland zahlt. Die Besetzung des Industriegebiets an der Ruhr erfolgte kampflos. An den Türen aller öffentlichen Gebäude und aller Fabriken erinnern die blauen Mäntel unserer Soldaten die vergesslichen Deutschen an die legitimen Forderungen und den entschlossenen Willen Frankreichs."
Titelseite der illustrierten Beilage des „Petit Journal" vom 28. Januar 1923.

3

**... oder eine barbarische Plünderung?**

„Frankreich im Rheinland. Da müssen noch viele verhungern, ehe ich satt werde." Die deutschen Bilder stellten die französischen Kolonialtruppen als „Wilde" dar, die für die schlimmsten Ausschreitungen im Rheinland verantwortlich gemacht wurden. Zeichnung von Karl Arnold, die am 10. Dezember 1923 in dem satirischen Wochenblatt „Simplicissimus" erschienen ist.

## 4 Auf Berlin Druck ausüben

Der Tag, an dem Deutschland es will, der Tag, an dem es seine Ausgaben auf die Höhe seiner Einnahmen begrenzen wird, was leicht ist in einem Land, das keine Militärausgaben mehr hat und keine anderen Schulden als die Reparationen mehr haben wird, an diesem Tag wird es vor dem am stärksten von Lasten befreiten Steuerzahler stehen, der am wohlhabendsten auf der ganzen Welt sein wird. Diese Situation beunruhigt uns, auch wenn sie England nicht zu beunruhigen scheint. Dieses sieht nichts als die Gegenwart, eine verfallende Mark, eine so große Instabilität auf den Märkten, dass alle Welt scheinbar dadurch berührt wird; es denkt nicht an die Zukunft; es machte sich nicht die wirklich erschreckende Gefahr bewusst, die nicht nur Frankreich und Belgien bedroht, sondern England und ganz Europa; eine ökonomische Hegemonie, die plötzlich auftreten wird, und die Deutschland all das erreichen lassen wird, was es sich vom Krieg erwartete, wenn es ihn gewonnen hätte. […]

Wir müssen die deutsche Regierung und das deutsche Volk zu dem festen Willen bewegen, die Reparationen zu bezahlen. Dieser Wille wird nur unter dem Druck der Notwendigkeit entstehen und Bestand haben; darum ist es unabdingbar, dass die deutsche Regierung dem Druck nachgibt, den wir auf das Ruhrgebiet ausüben […].

Raymond Poincaré (Ministerpräsident und Außenminister), Brief an Herrn de Saint-Aulaire (Französischer Botschafter in London) vom 29. Juni 1923; übers. nach: D. Artaud, La reconstruction de l'Europe, 1919–1929. Paris 1973, S. 49 f.

## 5 Das Ende des „Ruhrkampfs"

An das deutsche Volk!

Am 11. Januar haben französische Truppen wider Recht und Vertrag das deutsche Ruhrgebiet besetzt. Seit dieser Zeit haben Ruhrgebiet und Rheinland schwerste Bedrückungen zu erleiden. Über 180 000 deutsche Männer, Frauen, Greise und Kinder sind von Haus und Hof vertrieben worden, für Millionen Deutsche gibt es den Begriff der persönlichen Freiheit nicht mehr. Gewalttaten ohne Zahl haben den Weg der Okkupation begleitet. […]

Die einstige Produktion des Rheinlandes und des Ruhrgebietes hat aufgehört. Das Wirtschaftsleben im besetzten und unbesetzten Deutschland ist zerrüttet. Mit furchtbarem Ernst droht die Gefahr, dass bei Festhaltung an den bisherigen Verfahren die Schaffung einer geordneten Währung, die Aufrechterhaltung des Wirtschaftslebens und damit die Sicherung der nackten Existenz für unser Volk unmöglich gemacht wird. Diese Gefahr muss im Interesse der Zukunft Deutschlands ebenso wie im Interesse von Rhein und Ruhr abgewendet werden. Um das Leben von Volk und Staat zu erhalten, stehen wir vor der bitteren Notwendigkeit, den Kampf abzubrechen.

Nachricht von Kanzler Stresemann an das deutsche Volk, vom 26. September 1923; zit. nach: Deutsche Geschichte in Quellen und Darstellung, Bd. 9, hrsg. von H. Hürten. Stuttgart 1995, S 83 f.

## Fragen und Anregungen

**1.** Analysieren Sie durch einen Vergleich der beiden in der Presse erschienenen Zeichnungen die Wahrnehmung desselben Ereignisses in Deutschland und Frankreich. (M2 und 3)

**2.** Legen Sie dar, welches Bild Poincaré und Stresemann 1923 von Deutschland zeichneten. Wie erklären Sie diese unterschiedlichen Standpunkte? (M4 und M5)

**3.** Untersuchen Sie auf der Grundlage von S. 362 f. und eigener Recherchen die Rolle Großbritanniens bei der Lösung der Ruhrkrise.

# Dossier
# Europa im Sturm (1939 – 1945)

„Die große Idee von Europa wird heutzutage in schlimmster Form pervertiert und entweiht. [...] Von all den Lügen Hitlers ist die verabscheuungswürdigste die ‚europäische Lüge' [...]", erklärte der im New Yorker Exil lebende deutsche Schriftsteller Thomas Mann im Januar 1943. Die Nationalsozialisten gaben nämlich vor, Europa auf der Basis einer rassistischen und antikommunistischen „neuen Ordnung" neu zu gründen.

Aber gerade der Kampf gegen den Nationalsozialismus gab der europäischen Idee ihre Lebenskraft wieder zurück. Ein großer Teil der Widerstandsbewegungen schlug für die Zeit nach dem Krieg die Organisation eines föderalen Europas vor. Dieser Standpunkt wurde jedoch nicht von allen geteilt. Einige hoben die transatlantische Solidarität mit den Vereinigten Staaten hervor. Andere hielten an der nationalen Souveränität fest. Dies galt vor allem für die kleinen Länder, die argwöhnisch über ihre Unabhängigkeit wachten.

## 1 Das Manifest von Ventotene

*Die antifaschistischen Aktivisten Altiero Spinelli (1907–1986) und Ernesto Rossi (1897–1967) waren auf der Insel Ventotene inhaftiert, wo sie dieses Manifest abfassten, das die Schaffung Europas zum Hauptanliegen der Nachkriegszeit machte. Spinelli und Rossi gründeten 1943 die Bewegung der Europäischen Föderalisten.*

Das Problem, das in erster Linie zu lösen und ohne dessen Bewältigung jeder andere Fortschritt nur Schein ist, ist die endgültige Beseitigung der Teilung Europas in souveräne Nationalstaaten. Der Zusammenbruch der meisten Staaten des deutschen Kontinents unter der deutschen Dampfwalze hat das Schicksal der europäischen Völker bereits gleichgemacht, indem nämlich entweder alle der Hitlerherrschaft unterliegen werden oder aber alle zusammen bei Hitlers Sturz in eine revolutionäre Krise eintreten, in der sie sich nicht als starre und klar unterscheidbare, solide staatliche Strukturen wiederfinden werden. Die Geister sind schon jetzt viel besser als früher auf eine föderative Neuordnung Europas eingestellt.

[...] Es hat sich jetzt erwiesen, wie nutzlos, ja sogar schädlich Organe von der Art des Völkerbundes sind, der für sich in Anspruch nahm, ein internationales Recht zu garantieren, ohne eine Streitmacht zu besitzen, mit deren Hilfe er seine Entscheidungen hätte durchsetzen können, und der eine „absolute Souveränität" seiner Mitgliedstaaten weitergelten ließ.

Altiero Spinelli und Ernesto Rossi, Manifest von Ventotene, Juli 1941; zit. nach: W. Lipgens, Europa-Föderationspläne der Widerstandsbewegungen 1940 – 1945. München 1968, S. 41.

2 **Frankreich und die „europäische Familie"**

Zeichnung von Ralph Soupault in „Je suis partout", vom 20. Dezember 1941. „Je suis partout" war ein antisemitisches und kollaborationistisches Wochenblatt. Das Baby Europa liegt zwischen dem nationalsozialistischen Deutschland (rechts, mit dem Hakenkreuz) und dem faschistischen Italien (links, mit dem Rutenbündel).

## 3 Europa und die Vereinigten Staaten

*Dieser Artikel wurde vom „comité d'experts de la France libre" (Expertenkomitee des Freien Frankreich) verfasst, das 1942 von Jean Moulin in Lyon gegründet und damit beauftragt wurde, die Zeit nach dem Krieg vorzubereiten.*

Was war in der Zeit nach dem Abschluss des Versailler Vertrages die wesentliche Ursache für die europäische Verwirrung, wenn nicht der Umstand, dass sich die Vereinigten Staaten immer deutlicher vom ihm [das heißt Europa, d. Ü.] abwandten? Dieselbe Gefahr wird morgen unsere mühsam zurückgewonnene Sicherheit bedrohen, [...] wenn wir Europa als eine unabhängige und autonome Gemeinschaft planen. Wir sind nicht in der Lage, mit unseren eigenen Mitteln das Herrschaftsstreben zu zügeln, das von einer Generation zur nächsten im deutschen Volk erwacht. Um es in Schach zu halten, ist die Präsenz Amerikas nötig, ohne das wir den Krieg 1918 nicht gewonnen hätten, und ohne das wir dieses Mal endgültig versklavt worden wären. Unsere einzige Garantie, dass der neue Frieden nicht genauso zerrissen wird wie der letzte, besteht darin, dass die Vereinigten Staaten sich weiterhin ernsthaft für die europäischen Angelegenheiten interessieren.

Comité général d'études de la Résistance, La France et l'idée d'Europe; übers. nach: Les Cahiers politiques, Nr. 1, April 1943.

**4 Hält die Angst vor den „Roten" Europa zusammen?**

„Das geeinte Europa gegen den Bolschewismus", Deutsches Propagandaplakat, 1943.

## 5 Vom Widerstand zur europäischen Föderation

*Dieser Text wurde im Mai 1944 von Mitgliedern der Bewegung der Europäischen Föderalisten verfasst, die in Genf Widerstandskämpfer aus zahlreichen europäischen Ländern versammelten (Italien, Frankreich, Deutschland, Niederlande, Dänemark, Norwegen, Polen, Tschechoslowakei, Jugoslawien).*

Der Widerstand gegen die nationalsozialistische Unterdrückung, der die Völker Europas in einem gemeinsamen Kampfe verbindet, hat zwischen ihnen eine Solidarität sowie eine Gemeinschaft der Ziele und Interessen geschaffen, die ihre ganze Bedeutung und ihre ganze Tragweite in der Tatsache sich niederschlagen lassen, dass die Delegierten der europäischen Widerstandsbewegungen sich zusammengefunden haben, um die gegenwärtige Deklaration zu formulieren, […]. […]

Der Frieden in Europa stellt den Schlüssel zum Frieden in der Welt dar. Tatsächlich ist Europa im Zeitraum einer einzigen Generation das Auslösezentrum zweier Weltkriege geworden, wobei hierfür wesentlich maßgebend war, dass auf diesem Kontinent 30 souveräne Staaten existieren. Es ist unerlässlich, gegen diese Anarchie anzugehen, indem eine föderale Union für die europäischen Völker geschaffen wird.

Nur ein föderativer Zusammenschluss wird die Teilnahme des deutschen Volkes am europäischen Leben gestatten, ohne dass es wieder zur Gefahr für andere Völker wird.

Nur ein föderativer Zusammenschluss wird es gestatten, die Probleme der Grenzziehung in Gebieten mit gemischter Bevölkerung zu lösen, und zwar dadurch, dass diese Gebiete aufhören, Gegenstand irrer nationalistischer Begehrlichkeit zu sein […].

Nur ein föderativer Zusammenschluss wird die Erhaltung der demokratischen Institutionen in solcher Weise gestatten, dass die politisch noch nicht voll gereiften Völker die allgemeine Ordnung nicht gefährden können.

Nur ein föderativer Zusammenschluss wird den wirtschaftlichen Wiederaufbau des Kontinents und die Ausschaltung der Monopole sowie der nationalen Autarkie gestatten.

Genfer Konferenz von Widerstandskämpfern, Deklaration II zugunsten europäischer Föderation, 20. Mai 1944; zit. nach: W. Lipgens, Europa-Föderationspläne der Widerstandsbewegungen 1940 – 1945. München 1968, S. 394 – 396.

## 6 Ein Projekt aus dem deutschen Widerstand

*Im Kreisauer Kreis schlossen sich 1942 bis 1943 Gegner Hitlers aus unterschiedlichen politischen Richtungen zusammen. Wie dieses Projekt zeigt, beabsichtigten sie, nach dem Krieg Europa so wiederaufzubauen, dass der Nationalstaat (siehe S. 329) überwunden wurde.*

Europa ist in historisch gewordene Selbstverwaltungskörper unterteilt, die in ihrer Größe etwas aufeinander abgestimmt sind, untereinander aber gruppenweise Sonderverbindungen haben. Dadurch ist das absolute Übergewicht der bisherigen großen Staaten Deutschland und Frankreich gebrochen, ohne dass daraus Ressentiments übrig geblieben sind. […]

Die innerstaatlichen Verfassungen sind vollständig verschieden. Die übereinstimmende Haltung ist die einer Förderung aller kleinen Gemeinschaften, denen auch öffentlich-rechtliche Befugnisse und gewisse Ansprüche auf die Zuteilung von Mitteln zugestanden werden.

Der oberste Gesetzgeber des europäischen Staates ist den einzelnen Staatsbürgern verantwortlich, nicht den Selbstverwaltungskörpern. Aktives und passives Wahlrecht werden grundsätzlich nicht mit der Erreichung bestimmter Altersgrenzen erworben, sondern mit der Ausübung gewisser gemeinschaftsfördernder Tätigkeiten.

Denkschrift Helmut James Graf von Moltkes, erste Fassung, vom 24. Januar 1941; zit. nach: G. v. Roon, Neuordnung im Widerstand. Der Kreisauer Kreis innerhalb der deutschen Widerstandsbewegung. München 1967, S. 513.

## Fragen und Anregungen

**1.** Fassen Sie zusammen, welche Lehren die Widerstandsbewegungen aus der Vergangenheit ziehen wollten. Welches Bild der Vorkriegszeit und vor allem der Rolle des Völkerbundes hatten sie? (M1, M3 und M5)

**2.** Charakterisieren Sie das föderalistische Projekt. (M1, M5 und M6)

**3.** Arbeiten Sie heraus, wie die nationalsozialistische Propaganda das Thema Europa verwendete. (M2 und M4)

**4.** Inwiefern unterschied sich die von den Experten des Freien Frankreichs vorgeschlagene Lösung von der, die die Föderalisten befürworteten ? (M3)

## Hannah Arendt
(1906 – 1975)

Sie stammte aus einer deutsch-jüdischen Familie und studierte bei Martin Heidegger, Edmund Husserl und Karl Jaspers, den großen Denkern ihrer Zeit, Philosophie. Auf der Flucht vor dem Nationalsozialismus ließ sie sich 1933 in Frankreich und 1941 in den Vereinigten Staaten nieder. 1951 veröffentlichte sie ihr Hauptwerk, „The Origins of Totalitarianism" (deutsche Fassung „Elemente und Ursprünge totaler Herrschaft", 1955). In einem Vergleich von Nationalsozialismus und Stalinismus entwickelte sie das Konzept des Totalitarismus.

## Hubertine Auclert
(1848 – 1914)

Sie stammte aus einer wohlhabenden Familie in der Provence. Nach dem Tod ihrer Eltern lebte sie von ihren Kapitalerträgen und ließ sich in Paris nieder, wo sie mit den gemäßigten Feministinnen zusammenarbeitete, die vor allem die rechtliche Gleichheit der Frauen anstrebten. 1876 brach sie mit ihnen und gründete die „Société du droit des femmes" (Gesellschaft der Rechte der Frauen), die für das Frauenwahlrecht kämpfte. 1879 sprach sie auf dem Arbeiterkongress in Marseille, auf dem die erste Sozialistische Partei Frankreichs gegründet wurde und der einen Antrag zur Gleichheit der Geschlechter verabschiedete. Mit ihrer Zeitschrift „La Citoyenne" (1881) und ihrer Gruppe, die 1883 in „Le Suffrage des femmes" (Das Frauenwahlrecht) umbenannt wurde, verkörperte sie in Frankreich einen radikalen Feminismus, der als „Suffragismus" bezeichnet wurde. Noch vor den britischen „Suffragetten" entwickelte sie eine medienorientierte Strategie, bei der sie auf zahlreiche spektakuläre Aktionen setzte: Sie veranstaltete Demonstrationen und Petitionen, rief zum Steuerstreik auf, schlug Frauen zur Wahl vor usw.

## Otto von Bismarck
(1815 – 1898)

Der Spross einer altmärkischen Junkerfamilie wurde 1847 Abgeordneter des preußischen Landtags. Als Konservativer unterstützte er die Niederschlagung der liberalen Bewegung von 1848/1849. 1851 wurde er zum preußischen Gesandten für den Bundestag in Frankfurt gewählt und 1862 durch König Wilhelm I. zum preußischen Ministerpräsidenten und Außenminister ernannt. Durch die militärischen Erfolge Preußens (1864 gegen Dänemark, 1866 gegen Österreich) konnte er sich als Vorkämpfer der deutschen Einheit präsentieren und das Zögern der Liberalen überwinden. Nachdem er die deutschen Staaten durch den Sieg über Frankreich 1870/1871 zusammengeschweißt hatte, ließ er Kaiser Wilhelm I. am 18. Januar 1871 in Versailles zum Kaiser proklamieren. Als deutscher Reichskanzler kämpfte er gegen die Katholiken (Kulturkampf) und die Sozialdemokraten und führte eine fortschrittliche Sozialgesetzgebung ein. Um Deutschlands Hegemonie in Europa zu sichern, richtete er ein Allianzsystem mit Österreich und Russland ein, das Frankreich isolierte. 1890 entließ ihn der neue Kaiser Wilhelm II., weil er in Abkehr von Bismarcks Diplomatie eine Weltpolitik verfolgte. Danach widmete sich der „Eiserne Kanzler" der Abfassung seiner Memoiren.

## Léon Blum
(1872 – 1950)

Der aus dem jüdischen Bürgertum stammende Intellektuelle begann sich während der Dreyfus-Affäre politisch zu engagieren und beteiligte sich mit Jaurès an der Gründung der SFIO. Auf dem Kongress von Tours 1920 verteidigte er die SFIO gegen die Mehrheit ihrer Mitglieder, die sie verließen, um die Kommunistische Partei zu gründen. 1936 wurde er der erste sozialistische Regierungschef Frankreichs und für die Nachwelt verkörperte er Hoffnung und Scheitern der Volksfrontregierung. 1940 weigerte er sich, Pétain die unumschränkte Macht zu übertragen, und wurde verhaftet. Trotz seiner brillanten Verteidigung im Prozess von Riom (1942) wurde er an die Deutschen ausgeliefert und deportiert. Nach seiner Befreiung 1945 kehrte er in die Politik zurück.

## Aristide Briand
(1862 – 1932)

Aus kleinen Verhältnissen stammend, wurde er zu einem der bedeutendsten Politiker Frankreichs. Er war 22-mal Minister und 10-mal Ministerpräsident. Briand verteidigte streikende Arbeiter und sozialistische Abgeordnete; 1905 machte er als Referent des Gesetzes zur Trennung von Staat und Kirche auf sich aufmerksam. Er bewegte sich auf die Mitte zu, wurde 1906 Minister und 1909 Ministerpräsident. Nach dem Ersten Weltkrieg trat er für eine am Völkerbund und der Versöhnung mit Deutschland orientierte Außenpolitik ein, die sich ab 1924 durchsetzte. Von April 1925 bis Januar 1932 war er Außenminister und wurde als „Friedenspilger" bezeichnet. 1926 erhielt er zusammen mit Stresemann den Friedensnobelpreis. 1928 veranlasste er, dass 60 Staaten den „Briand-Kellog-Pakt" zur Ächtung des Krieges unterzeichneten. 1929 schlug er als erster Staatsmann offiziell ein Projekt für eine europäische Einigung vor. Das durch die ökonomische Krise bedingte Wiederaufleben der Nationalismen bereitete dem Projekt aber ein schnelles Ende.

## Camillo Benso Graf von Cavour
(1810 – 1861)

Der Spross einer piemontesischen Adelsfamilie widmete sich zunächst der Bewirtschaftung der Familiengüter, reiste in Frankreich und Großbritannien und begeisterte sich für die moderne Ökonomie. Als Liberaler gründete er 1847 die Zeitschrift „Il Risorgimento", die für eine konstitutionelle Monarchie in Piemont-Sardinien eintrat, wobei er zu den radikalen Vertretern der Nationalbewegung wie Mazzini Abstand hielt. Von November 1852 bis zu seinem Tod im Juni 1861 amtierte er als Premierminister des Königs Victor-Emmanuel II. von Piemont-Sardinien und modernisierte das Land. 1857 schloss er sich der Idee an, die Einheit Italiens auf der Basis des Königreichs Piemont-Sardinien zu verwirklichen. 1858 schloss er mit Napoleon III. ein Geheimabkommen ab (Treffen von Plombières). Danach sollte Frankreich als Gegenleistung für seine Intervention gegen Österreich Savoyen und Nizza erhalten. Durch Frankreichs Sieg gegen Österreich 1859 und die danach erfolgende geheime Unterstützung Garibaldis konnte er sein Ziel erreichen: Am 14. Mai 1861 wurde Victor-Emmanuel II. zum italienischen König ausgerufen.

## Winston Churchill
(1874 – 1965)

Der aus der englischen Hocharistokratie stammende politische Freischärler erlebte ab 1900 eine bewegte politische Karriere zwischen Liberaler und Konservativer Partei. Seit 1911 Erster Lord der Admiralität (Marineminister) musste er 1915 wegen des Fehlschlags der Dardanellenexpedition (durch die eine neue Front gegen das Osmanische Reich eröffnet werden sollte) zurücktreten. Als Schatzkanzler (Finanzminister) führte er 1925 den Goldstandard für das Pfund wieder ein. Sehr früh warnte er vor der Gefahr, die vom Nationalsozialismus ausging, und opponierte gegen das Münchner Abkommen von 1938. Am 10. Mai 1940 übernahm er die Regierung und fünf Jahre lang verkörperte er den unnachgiebigen Kampf Großbritanniens gegen Hitlerdeutschland.

## Georges Clemenceau
(1841 – 1929)

Der Arzt begann sich ab den 1870er-Jahren politisch zu engagieren und wurde in den 1880er-Jahren die Führungsfigur des „Parti radical", der die Politik der „opportunistischen" (d. h. gemäßigten) Republikaner kritisierte. Als begnadeter Redner brachte er zahlreiche Minister zu Fall. Durch den Panamaskandal (1892) war seine Karriere für einen Augenblick gefährdet. Als Ministerpräsident (1906 – 1909) unterdrückte er Streiks mit harter Hand, gründete aber das Arbeitsministerium. 1917 wurde er von Präsident Poincaré an die Spitze der Regierung berufen und seine Energie brachte ihm den Beinamen „Tiger" ein. Der „Vater des Sieges" handelte 1919 mit den Alliierten den Versailler Vertrag aus.

## Richard Coudenhove-Kalergi
(1894 – 1972)

Der Sohn einer Japanerin und eines österreichisch-ungarischen Diplomaten wuchs im Schloss seiner Familie in Böhmen auf und studierte in Wien. Nach der Auflösung Österreich-Ungarns wurde er 1919 Bürger der Tschechoslowakei. Durch das Aufleben der Nationalismen und die Abkapselung Europas beunruhigt, veröffentlichte er 1923 sein Manifest „Paneuropa" und gründete die Paneuropa-Union. 1926 organisierte er in Wien den ersten paneuropäischen Kongress, an dem zahlreiche bedeutende Persönlichkeiten wie Briand, Stresemann, Herriot und Adenauer teilnahmen. Er regte Briands europäisches Projekt von 1929 an, aber der Aufstieg des Nationalsozialismus durchkreuzte seine Aktivitäten. 1938 floh er aus Österreich und ließ sich in der Schweiz nieder. Als die Tschechoslowakei 1939 von Hitler zerschlagen wurde, nahm er die französische Staatsbürgerschaft an. 1940 bis 1946 ging er in die Vereinigten Staaten und kehrte danach wieder nach Europa zurück, wo er die ersten Schritte zur europäischen Einigung anregte.

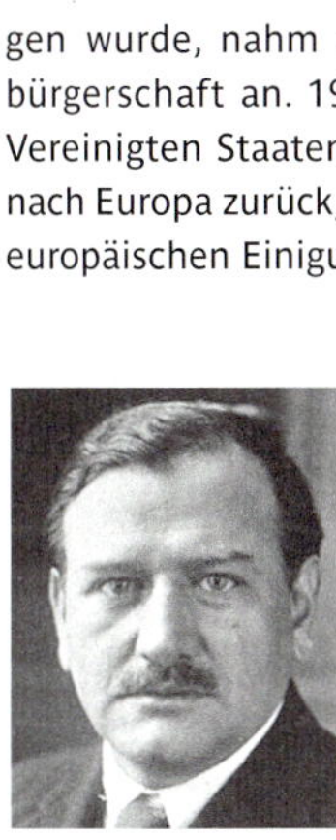

## Edouard Daladier
(1884 – 1970)

Der Führer des „Parti radical" (Partei der republikanischen Linken) musste nach der gewaltsamen Demonstration der radikalen Rechten am 6. Februar 1934 als Ministerpräsident zurücktreten. Er trug zum Sieg der Volksfront bei und wurde im Kabinett Léon Blum Verteidigungsminister. In dieser Funktion trieb er die Wiederbewaffnung Frankreichs voran. Mit seiner Regierungsübernahme im April 1938 endete die Volksfront. Im September 1938 unterzeichnete er das Münchner Abkommen und führte dann im September 1939 Frankreich in den Krieg. Nach seiner Verhaftung durch das Vichy-Regime wurde er mit Léon Blum im Prozess von Riom (1942) verurteilt und deportiert. 1945 kehrte er in die Politik zurück.

## Charles Darwin
(1809 – 1882)

Auf einer großen Reise nach Südamerika, Australien und zu den Galapagosinseln (1831 – 1836) begann sich der englische Naturforscher für die verschiedenen Pflanzen- und Tierarten zu interessieren. Seine Beobachtungen veranlassten ihn zur Ausarbeitung seiner „Evolutionstheorie". Darwin zufolge entwickeln sich die Arten in einem Prozess natürlicher Selektion; Mensch und Affe haben gemeinsame Vorfahren. Sein Hauptwerk „Die Entstehung der Arten durch natürliche Zuchtwahl" (1859) stieß auf beträchtlichen Widerstand, vor allem weil er der biblischen Schöpfungsgeschichte widersprach.

## Alfred Dreyfus
(1859 – 1935)

Der aus dem jüdischen Bürgertum im Elsass stammende Hauptmann wurde zu Unrecht angeklagt, Deutschland militärische Geheimnisse verraten zu haben. Ein Kriegsgericht verhandelte seinen Fall in einem Schnellverfahren und verurteilte ihn 1894 zu lebenslanger Verbannung auf die Teufelsinsel (Guyana). Einige Männer, die davon überzeugt waren, dass er unschuldig und das Opfer antisemitischer Vorurteile war, forderten eine Wiederaufnahme des Prozesses. Diese erfolgte 1899 in Rennes. Die Dreyfus-Affäre spaltete Frankreich. Dreyfus wurde wieder verurteilt, doch wegen mildernder Umstände nur zu zehn Jahren Festungshaft; darauf begnadigte ihn der französische Präsident Émile Loubert. Erst 1906 wurde er rehabilitiert und wieder in die Armee aufgenommen.

## Friedrich Ebert
(1871 – 1925)

Der Sattler engagierte sich seit 1889 für die Sozialdemokraten, erklomm die Sprossen der Parteileiter und wurde 1913 zum Vorsitzenden der SPD gewählt. Der Befürworter des Revisionismus und des Burgfriedens kämpfte gegen die revolutionären Tendenzen innerhalb der SPD. Als starker Mann der provisorischen Regierung des Rates der Volksbeauftragten (seit November 1918) ließ er im Januar 1919 mit Hilfe der Obersten Heeresleitung den „Spartakusaufstand" der äußersten Linken niederschlagen. Ebert, der die von den radikalen Linken geforderte Räterepublik ablehnte, war einer der Verteidiger der parlamentarischen Demokratie. Am 11. Februar 1919 wählte ihn die Nationalversammlung zum ersten Präsidenten der Weimarer Republik. Diese Funktion hatte er bis zu seinem Tod am 28. Februar 1925 inne.

## Albert Einstein
(1879 – 1955)

Der deutsche Physiker, der die Schweizer Staatsbürgerschaft angenommen hatte, veröffentlichte 1905 seine Arbeiten über die Relativitätstheorie, die die Wissenschaft tiefgreifend veränderten. 1914 folgte er einem Ruf an die Preußische Akademie der Wissenschaften in Berlin, wo er seine Forschungen fortsetzte; 1921 erhielt er den Nobelpreis für Physik. Aus Protest gegen die Menschenrechtsverletzungen und den Antisemitismus des NS-Regimes kehrte er 1933 nicht mehr von einer Vortragsreise in den Vereinigten Staaten zurück, deren Staatsbürgerschaft er 1940 annahm. In dem Bestreben, zum Sieg über den Nationalsozialismus beizutragen, unterzeichnete er 1939 einen Brief, in dem Präsident Roosevelt zur Entwicklung von Atomwaffen aufgerufen wurde (Ursprung des Manhattan-Projekts). Nach 1945 setzte er sich gegen eine militärische Nutzung der Atomenergie ein.

## Jules Ferry
(1832 – 1893)

Der Anwalt und Journalist begann seine politische Karriere in der republikanischen Opposition gegen Napoleon III. 1870 gehörte er als Bürgermeister von Paris der Regierung der nationalen Verteidigung an, aber die Commune verjagte ihn. Von 1879 bis 1882 hatte er als Bildungsminister und Ministerpräsident großen Einfluss. Er ließ die Gesetze über die Pressefreiheit und die laizistische Grundschule verabschieden. Vor allem während seiner zweiten Regierung 1883 bis 1885 führte er Frankreich auf den Weg der kolonialen Expansion. Seine abenteuerliche Politik in Tonkin (Nordvietnam) führte zu seinem Sturz durch das Parlament im März 1885 und schadete seiner politischen Karriere. Ferry verkörperte die opportunistischen Republikaner, die für die liberale Demokratie, den Laizismus und die „zivilisatorische Mission" Frankreichs eintraten.

# Biographien

## Sigmund Freud
(1856 – 1939)

Er lebte als Nervenarzt in Wien. Um 1900 entwickelte er die Psychoanalyse, eine neue Methode zur Analyse psychischer Krankheiten, nach der das Individuum nicht nur durch sein bewusstes Ich bestimmt wird, sondern auch durch sein Unterbewusstsein. Mit seinen Schülern versuchte er, durch die Analyse von Träumen, Fehlern und Ängsten die Mechanismen des Unterbewusstseins zu verstehen. Er arbeitete beständig an der Verbesserung der psychotherapeutischen Methoden. Nachdem er wegen seiner jüdischen Herkunft von den Nationalsozialisten aus Wien vertrieben worden war, flüchtete er 1938 nach London. Seine Arbeiten erschütterten den Rationalismus und übten einen starken Einfluss auf das Denken und die Kunst aus (Surrealismus).

## Leo Gambetta
(1838 – 1882)

Der Sohn italienischer Einwanderer und Anwalt engagierte sich in der republikanischen Opposition gegen Napoleon III. 1869 war er der Führer der „Radicaux" (republikanische Linke). Als Innenminister der Regierung der Nationalen Verteidigung (1870) verfolgte er mit unbeugsamer Energie eine Fortsetzung des Krieges gegen Preußen. Aus Protest gegen den Waffenstillstand trat er zurück. Nach dem Ende der Commune kehrte er in die Politik zurück und spielte eine entscheidende Rolle im Kampf gegen die regierende monarchistische Rechte und bei der „Gewinnung" der Landbevölkerung „für die Republik". Damals schloss er sich den „opportunistischen" (d. h. gemäßigten) Republikanern von Jules Ferry an. Seine starke Persönlichkeit brachte ihm viele Feindschaften ein. Daher leitete er die Regierung nur für kurze Zeit (November 1881 bis Januar 1882). Kurz darauf starb er bei einem Unfall.

## Mohandas Karamchand (gen. Mahatma) Gandhi
(1869 – 1948)

Er stammte aus dem indischen Bürgertum und studierte in London Jura. 1893 ließ er sich als Anwalt in Südafrika nieder. Dort engagierte er sich im Kampf für die Rechte der indischen Einwanderer. Auf der Grundlage der Lehren des Hinduismus und anderer religiöser Traditionen entwickelte er eigene Formen des passiven Widerstands, der Gewaltlosigkeit und des bürgerlichen Ungehorsams. 1915 nach Indien zurückgekehrt, wandte er sie auch dort an. Als politische Führungspersönlichkeit und moralische Instanz verkörperte er unter dem Beinamen Mahatma („Große Seele") den Widerstand gegen die Kolonialherrschaft. Als Indien 1947 unabhängig wurde, konnte er nicht die Teilung des Landes verhindern; 1948 ermordete ihn ein hinduistischer Extremist, der ihm seine moderate Haltung gegenüber den Muslimen vorwarf.

## Giuseppe Garibaldi
(1807 – 1882)

Seit 1833 war er Mitglied in Mazzinis „Jungem Italien". Nach seiner Verurteilung wegen eines Aufstandsversuchs in Genua ging er von 1836 bis 1848 nach Südamerika ins Exil. Er engagierte sich mit den „Rothemden", einer Legion italienischer Freiwilliger, in Bürgerkriegen. Nach seiner Rückkehr 1848 nach Italien beteiligte er sich an den Kämpfen gegen Österreicher und dann gegen Franzosen, die den Papst wieder einsetzten und die Römische Republik stürzten. Nach erneutem Exil in New York (1849 – 1854) unterstützte er Cavours Politik und kämpfte im Krieg von 1859 gegen Österreich. 1860 führte er den berühmten „Zug der Tausend" an, in dem die „Rothemden" die Bourbonen aus Sizilien und Neapel vertrieben und durch den Victor Emmanuel II. italienischer König wurde. Danach versuchte er mit seinen Männern, Rom aus der Vormundschaft des Papstes zu „befreien", aber er wurde zweimal (1862, 1867) zurückgeschlagen. 1870 kämpfte er mit Frankreich gegen Preußen; mit seinen Freiwilligen konnte er als einziger militärischer Befehlshaber einen Sieg erringen. Ohne kandidiert zu haben, wurde er im Februar 1871 zum Abgeordneten von Paris gewählt, lehnte aber das Angebot der Commune, die Führung der Nationalgarde zu übernehmen, ab. Danach spielte er keine bedeutende politische Rolle mehr.

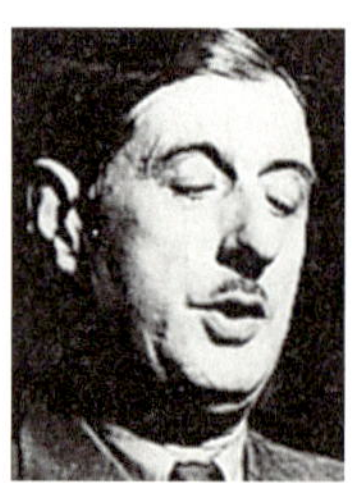

## Charles de Gaulle
(1890 – 1970)

In den 1930er-Jahren kämpfte er als Armeeoffizier erfolglos für den Ausbau der französischen Panzerarmee. Im Mai 1940 errang er zwei Siege gegen die Deutschen und wurde daraufhin zum General und Unterstaatssekretär für Verteidigung im Kabinett Paul Reynaud ernannt (6. Juni 1940). Weil er den von Pétain vorgeschlagenen Waffenstillstand ablehnte, begab er sich nach London, wo er die Franzosen am 18. Juni 1940 zur Fortsetzung des Kampfes aufrief. Als Führer des „Freien Frankreich" bemühte er sich, die verschiedenen Widerstandsbewegungen unter seiner Leitung zu vereinigen. 1943 ging er nach Algier, und nachdem er seinen Rivalen Giraud verdrängt hatte, erkannten ihn die Alliierten 1944 als Chef des GPRF (Provisorische Regierung der Französischen Republik) an. Am 25. August 1945 zog er im Triumph in Paris ein; nun begann seine politische Karriere.

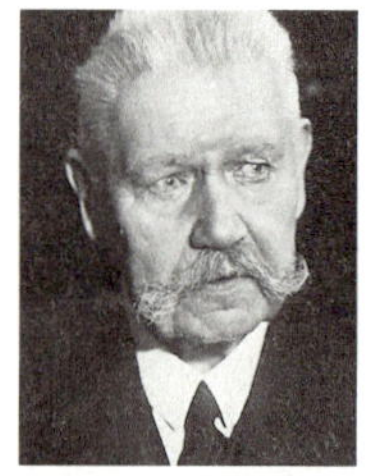

## Paul von Hindenburg
(1847 – 1934)

Er stammte aus einer preußischen Militärfamilie und nahm als Offizier an den Feldzügen von 1866 und 1870/1871 teil. Im August 1914 stoppte er die russische Offensive (Sieg bei Tannenberg) und wurde im November 1914 zum Oberbefehlshaber Ost und Generalfeldmarschall ernannt. Im August 1916 wurde er Chef des Generalstabs des Feldheeres. Mit Ludendorff als Erstem Generalquartiermeister leitete er die militärischen Operationen und übte immer größeren politischen Einfluss aus. Da er das Scheitern der Offensiven von 1918 nicht eingestehen wollte, wälzte er die Verantwortung für den Waffenstillstand auf die Zivilisten ab. 1919 wurde er in den Ruhestand versetzt. 1925 begann seine politische Karriere, als er sich von den Rechten zum Reichspräsidenten wählen ließ. Nach seiner Wiederwahl gegen Hitler 1932 ernannte er diesen am 30. Januar 1933 zum Kanzler. Er starb am 2. August 1934, ohne sich der „Gleichschaltung" Deutschlands durch die Nationalsozialisten widersetzt zu haben.

## Adolf Hitler
(1889 – 1945)

Der gescheiterte Maler österreichischer Herkunft traf 1908 in Wien auf die antisemitische Rechte. Danach ging er nach München und verpflichtete sich 1914 im deutschen Heer. 1919 trat er in eine kleine Gruppe ein, aus der die NSDAP hervorging. Nach dem Scheitern des Münchner Putsches von 1923 wurde er inhaftiert und schrieb „Mein Kampf". Durch die Weltwirtschaftskrise gewann seine Partei großen Einfluss, während er zugleich die deutsche Staatsbürgerschaft annahm. Am 30. Januar 1933 ernannte ihn Reichspräsident Hindenburg zum Reichskanzler. Innerhalb weniger Monate verwandelte der „Führer" Deutschland in eine Diktatur und führte es in Krieg und Völkermord. Am 30. April 1945 nahm er sich in seinem Bunker in Berlin das Leben.

## Victor Hugo
(1802 – 1885)

Der Sohn einer royalistischen Mutter und eines republikanischen Generals begann seine Karriere als Hofdichter. Politisch war er Legitimist (Anhänger der Bourbonen) und ab 1829 Orleanist. In der Literatur setzt er sich leidenschaftlich für die Romantik ein, deren führende Persönlichkeit er in Frankreich wurde (Schlacht um „Hernani" 1830). 1848/1849 schloss er sich der Republik an, kämpfte mit den Demokraten und rief zur Gründung der „Vereinigten Staaten von Europa" auf. Aus Opposition gegen den Staatsstreich vom 2. Dezember 1851 ging er ins Exil (nach Jersey und 1855 nach Guernsay) und geißelte „Napoleon den Kleinen" („Les Châtiments", 1853). Er veröffentlichte zahlreiche Werke, darunter den Roman „Die Elenden" (1862), der die soziale Frage behandelte. Nach seiner Rückkehr nach Frankreich 1870 wurde er im Februar 1871 zum republikanischen Abgeordneten von Paris gewählt. Er lehnte die Commune ab, verurteilte aber ihre grausame Unterdrückung. Danach setzte er sich unablässig für eine laizistische und soziale Republik ein. 1885 wurde er durch nationale Trauerfeierlichkeiten geehrt.

## Jean Jaurès
(1859 – 1914)

Der Professor für Philosophie begann sich 1885 politisch als moderater Republikaner zu engagieren. Damals war er der jüngste Abgeordnete Frankreichs. Vor allem durch seine Unterstützung des Kampfes der Bergarbeiter von Camaux in seinem Wahlbezirk Tarn wandte er sich dem Sozialismus zu. Er verwandte seine ganze Energie auf die Vereinigung der französischen Sozialisten, die 1905 mit der Gründung der SFIO realisiert wurde. In seiner Zeitung „L'Humanité" (gegründet 1904) versuchte er Sozialismus und parlamentarische Demokratie zu versöhnen. Ferner verteidigte er den Pazifismus gegen die nationalistische Rechte. Aus diesem Grund wurde er am 31. Juli 1914 von einem Extremisten ermordet.

## John Maynard Keynes
(1883 – 1946)

Der brillante Ökonom arbeitete als Experte in der obersten britischen Verwaltung. 1919 sprach er sich gegen den Versailler Vertrag aus, der nach seiner Meinung die ökonomischen Realitäten nicht berücksichtigte („Die wirtschaftlichen Folgen des Friedensvertrages"). Sein Hauptwerk erschien 1936 („Allgemeine Theorie der Beschäftigung, des Zinses und des Geldes"), als der Kapitalismus eine seiner schwersten Krisen erlebte. Er hielt an den Prinzipien des Liberalismus fest, trat aber für eine größere Rolle des Staates ein, um den Konsum zu fördern. Bei der Konferenz von Bretton Woods (1944), die das internationale Währungssystem reorganisierte, vertrat er Großbritannien. Nach dem Ende des Zweiten Weltkrieges übte der „Keynesianismus" großen Einfluss auf die Wirtschaftspolitik aus.

## Pierre Laval
(1883 – 1945)

Der aus kleinbäuerlichem Milieu stammende Anwalt stand zuerst der pazifistischen und antimilitaristischen äußersten Linken nahe. Er begann seine politische Karriere in den 1920er-Jahren und näherte sich den Moderaten an. 1923 gewann er das Bürgermeisteramt von Aubervilliers gegen die Kommunisten. Als Ministerpräsident verfolgte er 1935 eine sehr harte Deflationspolitik und eine konfuse Außenpolitik, die Mussolini gegen Hitler auszuspielen versuchte. Von der Volksfront abgelöst, kam er 1940 an die Macht zurück: Er organisierte die Übertragung der vollständigen Macht an Pétain (10. Juli) und wurde als „Thronfolger" Pétains bezeichnet, aber von Darlan in einer „Palastrevolution" verdrängt (13. Dezember). Im April 1942 kam er an die Macht zurück („la Relève") und verstärkte wieder die Kollaboration mit den Deutschen. Im Oktober 1945 wurde er verurteilt und hingerichtet.

## Lenin
(1870 – 1924)

Der marxistische Anwalt Wladimir Iljitsch Uljanow wurde 1895 vom Zarenregime verhaftet und nach Sibirien deportiert. Der Fluss Lena inspirierte ihn dazu, sich Lenin zu nennen. Nach seiner Freilassung lebte er von 1900 bis 1905 und erneut 1907 bis 1917 im Exil (u.a. in London, Paris, Genf und Zürich). Er wurde die Führungsfigur der „Mehrheitler" (Bolschewiki) der Sozialdemokratischen Arbeiterpartei Russlands, nach deren Vorstellung Berufsrevolutionäre die Diktatur des Proletariats errichten sollten. In Zürich erfuhr er von der Februarrevolution 1917 und kam nach der Durchquerung Deutschlands im April nach Petrograd. Er organisierte die Oktoberrevolution, die die Bolschewiki an die Macht brachte, schloss den Friedensvertrag mit den Deutschen ab und führte den „Kriegskommunismus" ein. Nach der siegreichen Beendung des Bürgerkrieges initiierte er 1921 die NEP (Neue Ökonomische Politik), ohne jedoch die Diktatur der Kommunistischen Partei zu beenden.

## Leo XIII.
(1810 – 1903)

Vincenzo Gioacchino Pecci, Papst von 1878 bis 1903, war – mit der Politik seines Vorgängers Pius IX. brechend – der Papst des Ausgleichs und der Öffnung zur Moderne. Er normalisierte die Beziehungen des Vatikans zu mehreren Staaten (Deutschland, Großbritannien, Russland) und rief die französischen Katholiken dazu auf, sich der Republik anzuschließen (Enzyklika von 1892). In der Enzyklika „Rerum Novarum" definierte er 1891 den sozialen Katholizismus durch seine Opposition zum Sozialismus und zu den Auswüchsen des Liberalismus. Er förderte die Aktivitäten der Gewerkschaften und des Staates, um den Arbeitern angemessene Arbeitsbedingungen zu garantieren.

## Karl Liebknecht
(1871 – 1919)

Der Sohn Wilhelm Liebknechts, einer der Gründer der SPD, wurde 1912 sozialdemokratischer Reichstagsabgeordneter und Führungsfigur des äußersten linken Flügels der Partei. Er stimmte ab Dezember 1914 als einziger Abgeordneter gegen die Kriegskredite und wurde nach einer pazifistischen Demonstration 1916 verhaftet. Nach seinem Ausschluss aus der SPD gründete er 1917 die USPD (Unabhängige Sozialdemokratische Partei Deutschlands). Innerhalb dieser Partei führte er mit Rosa Luxemburg die Spartakusgruppe an. Am 9. November 1918 proklamierte er die „Freie Sozialistische Republik". Mit Rosa Luxemburg gründete er 1919 die Kommunistische Partei Deutschlands (KPD) und organisierte den Spartakistenaufstand in Berlin. Er wurde am 15. Januar 1919 von Soldaten der rechten Freikorps ermordet.

## Rosa Luxemburg
(1871 – 1919)

Die Tochter jüdischer Händler aus dem russischen Polen kämpfte seit ihrem 16. Lebensjahr für die Revolution und musste 1889 ins Exil. Sie ließ sich in Zürich nieder, wo sie unter anderem politische Ökonomie studierte. 1898 erhielt sie die deutsche Staatsbürgerschaft und wurde ein bedeutendes Mitglied des linken Flügels der SPD und der II. Internationale. Während des Ersten Weltkrieges führte sie mit Karl Liebknecht die pazifistische Opposition an. Sie wurde mehrmals inhaftiert und war die Theoretikerin der Spartakusgruppe. Sie unterstützte zwar die bolschewistische Revolution, verurteilte aber ihre autoritären Züge. Wie Karl Liebknecht, mit dem sie die KPD gründete, wurde sie am 15. Januar 1919 bei der Niederschlagung des Spartakistenaufstands ermordet.

## Thomas Mann

(1875 – 1955)

Der Sohn eines Kaufmanns und Senators in Lübeck wurde 1901 durch die Publikation des Gesellschaftsromans „Die Buddenbrooks", der den Niedergang einer Familie aus dem deutschen Großbürgertun erzählt, berühmt. Anders als sein Bruder Heinrich Mann (1871 – 1950), der sich in der Linken gegen die Nationalisten engagierte, stand er während des Ersten Weltkrieges solidarisch zur deutschen Regierung. In der Weimarer Republik näherte er sich den Demokraten an. 1924 erschien der Roman „Der Zauberberg"; 1929 erhielt er den Nobelpreis für Literatur. Mann wurde in der ganzen Welt zum Repräsentanten einer deutschen humanistischen Kultur. Als Kritiker des Nationalsozialismus verließ er wie sein Bruder Heinrich und seine Söhne Klaus und Golo 1933 Deutschland. Er lebte überwiegend in der Schweiz (1933 – 1938) und dann in den USA (1938 – 1952), wo er ab 1940 Radiosendungen an die Deutschen aufnahm, die gegen die nationalsozialistische Propaganda kämpften. Obwohl er bedrängt wurde, Präsident der Bundesrepublik Deutschland zu werden, weigerte er sich, nach Deutschland zurückzukehren, und ließ sich 1952 in der Schweiz nieder.

## Karl Marx

(1818 – 1883)

Der deutsche Philosoph, Nationalökonom und Leser Hegels wollte eine wissenschaftliche Theorie der historischen Entwicklung ausarbeiten und zugleich auf deren Basis die Aktivitäten der Sozialisten organisieren. Er forderte das Proletariat auf, sich seiner Ausbeutung durch die Bourgeoisie bewusst zu werden und den Klassenkampf voranzutreiben, um die Macht zu erobern. Mit seinem Freund Friedrich Engels veröffentlichte er 1848 das „Manifest der Kommunistischen Partei". 1849 ließ er sich in London nieder, wo er an seinem theoretischen Werk arbeitete („Das Kapital", erster Band 1867) und die Arbeiterbewegung zu organisieren versuchte. Er spielte eine bedeutende Rolle in der Internationalen Arbeiterassoziation (Erste Internationale, 1864 – 1876), in der er sich gegen die Anarchisten stellte.

## Giuseppe Mazzini

(1805 – 1872)

Er verkörperte die erste Generation des Risorgimento und den Traum von der „Heiligen Allianz der Völker". Nach seiner Beteiligung am Kampf der Carbonari ging er 1831 nach Frankreich ins Exil und gründete die Bewegung „Junges Italien". Er versuchte, die italienischen Revolutionäre und die kämpfenden Nationalitäten zu vereinigen (Bewegung „Junges Europa", 1834). Seine Strategie des Aufstands wurde von denen immer stärker kritisiert, die die Einheit Italiens auf anderem Weg zu erreichen suchten. Nach dem Scheitern der Römischen Republik 1849 verlor er im Exil an Einfluss.

## Metternich

(1773 – 1859)

Klemens Wenzel, Fürst von Metternich, war erstaunlich lange ein einflussreicher Staatsmann (1809 – 1848). Er verkörperte die 1815 eingerichtete Ordnung, die oft als „System Metternich" bezeichnet wird. Als österreichischer Außenminister (ab 1809) suchte er einen Ausgleich mit Napoleon und beteiligte sich dann an der Koalition gegen Frankreich. Er war der große Organisator des Wiener Kongresses, der die Prinzipien des Europäischen Konzerts durchsetzte. 1821 zum Haus-, Hof- und Staatskanzler erhoben, verlor er seit 1826 vor allem innenpolitisch zunehmend an Einfluss und wurde schließlich während der Revolution von 1848 aus Wien vertrieben.

## Jean Moulin

(1899 – 1943)

1937 war er der jüngste Präfekt Frankreichs, zuständig für das Departement Eure-et-Loir. Am 17. Juni 1940 weigerte er sich in Chartres, den deutschen Besatzern nachzugeben (er sollte ein Dokument unterschreiben, das den französischen Kolonialtruppen Gräueltaten anlastete) und versuchte sich das Leben zu nehmen. Im November 1940 wurde er vom Vichy-Regime seines Amtes enthoben. Im Oktober 1941 traf er General de Gaulle in London. Dieser beauftragte ihn, die innere Résistance unter der Führung des Freien Frankreichs zusammenzuschließen. Moulin sprang in der südlichen Zone mit dem Fallschirm ab und ließ sich in der Hauptstadt der Résistance, Lyon, unter dem Pseudonym „Max" nieder. Mit der Leitung der ersten Zusammenkunft des CNR (Nationalrat der Résistance) in Paris am 27. Mai 1943 gelang es ihm, die innere und äußere Résistance erfolgreich zu verbinden. Durch Verrat konnte ihn die Gestapo von Lyon (deren Chef Klaus Barbie war) am 21. Juni 1943 in Caluire verhaften. Nach Folterungen starb er am 8. Juli 1943 auf dem Transport nach Deutschland (siehe S. 336).

## Benito Mussolini

(1883 – 1945)

Der Lehrer, der aus einfachen Verhältnissen stammte, war einer der Führer der Sozialistischen Partei Italiens. 1914 brach er mit seinen Kameraden und warb für den Kriegseintritt Italiens. 1919 gründete er die „Kampfbünde" und entwickelte – die damalige Krise Italiens nutzend – ein Programm, das Sozialismus und Nationalismus vermischte. Durch seinen Marsch auf Rom zwang er König Victor Emmanuel III., ihn zum Regierungschef zu ernennen (1922). Innerhalb weniger Jahre organisierte der „Duce" das erste faschistische Regime Europas. Nach einigem Zögern trat er an der Seite des nationalsozialistischen Deutschland in den Krieg ein. Er wurde am 28. April 1945 von italienischen Widerstandskämpfern hingerichtet.

## Napoleon III.

(1808 – 1873)

Louis-Napoléon Bonaparte, der Neffe Napoleons I., führte das Leben eines Abenteurers und Verschwörers, wobei er sich in seinen Schriften als Erbe des Bonapartismus präsentierte. Die Revolution von 1848 ermöglichte es ihm, auf die französische Bühne zurückzukehren. Von den Politikern unterschätzt, wurde er dank seines prestigeträchtigen Namens zum Präsidenten der Republik gewählt (10. Dezember 1848). Mit dem Staatsstreich vom 2. Dezember 1851 bereitete er die Erneuerung des Kaisertums als Napoleon III. vor (2. Dezember 1852). Von nun an stand er als Person für das Zweite Kaiserreich, ein zugleich autoritäres und modernisierungsorientiertes Regime, das sich zu liberalisieren begann, bevor er 1870 wegen seiner militärischen Niederlage gegen Preußen gestürzt wurde. Er starb im Exil in Großbritannien.

## Louise Otto-Peters

(1819 – 1895)

Die in Meißen (Königreich Sachsen) geborene Frau verlor mit 16 Jahren ihre Eltern. Von Freunden aufgenommen, konnte sie die königliche Bibliothek in Dresden nutzen und sich autodidaktisch bilden. 1843 veröffentlichte sie einen ersten Roman, für den sie sich von der berühmten französischen

Literatin George Sand inspirieren ließ; bis 1845 brachte sie unter dem Pseudonym Otto Stern viele Artikel heraus. Während der Revolution von 1848 kämpfte sie für eine bessere Ausbildung der Mädchen, bessere Arbeitsbedingungen der Arbeiterinnen und die deutsche Einheit. 1849 gründete sie die „Frauen-Zeitung“, aber weil das sächsische Recht verbot, dass eine Frau eine Zeitung leitete, ließ sie diese bis 1852 in Gera (Territorium des Hauses Reuß) publizieren. 1849 traf sie den Journalisten August Peters, der damals wegen seiner revolutionären Aktivitäten in Haft saß. Sie heiratete ihn 1858 und ließ sich 1860 in Leipzig nieder, wo Peters 1864 starb. 1865 organisierte sie in Leipzig eine deutsche Frauenkonferenz, die den Allgemeinen Deutschen Frauenverein gründete. Dies war die erste deutsche feministische Bewegung, die mit einer Zeitung und vielen Publikationen für das Recht der Frauen auf Bildung, Arbeit und Stimmrecht kämpfte. Kurz vor ihrem Tod konnte sie 1894 an der Eröffnung eines Mädchengymnasiums in Leipzig teilnehmen.

## Louis Pasteur

(1822 – 1895)

Der französische Chemiker, der aus einfachen Verhältnissen stammte, galt ab den 1850er-Jahren wegen seiner Arbeiten über die Kristallografie als großer Gelehrter. Seiner Nachwelt blieb er in Erinnerung, weil er die Existenz von Mikroben und ab den 1880er-Jahren die Wirksamkeit von Impfungen gegen ansteckende Krankheiten nachwies. 1885 rettete er auf diese Weise den jungen Joseph Meister vor der Tollwut. Sein Werk, das er fortsetzte, obwohl er seit 1868 halbseitig gelähmt war, wurde 1888 mit der Gründung des Institut Pasteur gekrönt.

## Philippe Pétain

(1865 – 1951)

Mit 60 Jahren wurde er als der General berühmt, der die deutsche Offensive bei Verdun (1916) stoppte. 1917 beendete er die Meutereien, indem er eine Taktik einführte, die zu geringeren Verlusten unter den Soldaten führte. 1918 zum Marschall ernannt und von seiner Aura als „Sieger von Verdun“ profitierend, galt er als Retterfigur. In der Regierung der nationalen Einheit (1934) war er Kriegsminister. Er bildete 1940 die Regierung, die den Waffenstillstand unterzeichnete. Am 10. Juli 1940 erhielt er die unumschränkte Macht und wurde zum Chef des „Französischen Staates“. Er führte Frankreich in die Kollaboration mit dem nationalsozialistischen Deutschland und strebte eine „nationale Revolution“ an. 1945 wurde er zum Tod verurteilt, begnadigt und auf die Ile d'Yeu verbannt.

## Pablo Picasso

(1881 – 1973)

1904 ließ sich der spanische Maler in Paris nieder. 1907 malte er mit den „Demoiselles d'Avignon“ ein Bild, das als eines der Manifeste der modernen Kunst gilt. Zwischen 1908 und 1914 entwickelte er mit Georges Braque den Kubismus. In der Folgezeit von allen Strömungen der modernen Kunst beeinflusst, wurde er der von den Medien seiner Zeit am stärksten beachtete Künstler. 1937 klagte er in seinem Bild „Guernica“ (das er für den spanischen Pavillon auf der Pariser Weltausstellung malte) die Gräueltaten der nationalsozialistischen Luftwaffe im Spanischen Bürgerkrieg an. 1944 trat er der Kommunistischen Partei bei, ohne sich jedoch den Regeln des „sozialistischen Realismus“ zu unterwerfen.

## Pius IX.

(1792 – 1878)

Goivanni Mastai Ferretti, Papst von 1846 bis 1878, wurde mit den Folgen der Einheit Italiens auf den Kirchenstaat konfrontiert. Von den italienischen Republikanern aus Rom vertrieben, kehrte er mit Hilfe der französischen Armee, die Louis-Napoléon Bonaparte 1849 entsandt hatte, nach Rom zurück. 1860 verlor der Vatikanstaat einen großen Teil seines Gebiets. 1870 stimmten die Einwohner Roms für den Anschluss an das Königreich Italien, und von nun an betrachtete sich der Papst als „Gefangener“ im Vatikan. Diese Schwierigkeiten erklären zum Teil seine Ablehnung der modernen Welt, deren „Irrtümer“ er im „Syllabus“ von 1864 auflistete. 1870 ließ er durch das I. Vatikanische Konzil das Dogma der Unfehlbarkeit des Papstes verkünden.

## Pius XI.

(1857 – 1939)

Achille Ratti, Papst von 1922 bis 1939, regelte die „Römische Frage“ durch die Unterzeichnung der Lateranverträge (1929) mit Mussolini. Der Papst erkannte den italienischen Staat an und verfügte von nun über einen auf die Vatikanstadt begrenzten Staat. Pius XI. verabschiedete mit vielen Ländern Konkordate, darunter mit Deutschland im Juli 1933. Dennoch verurteilte er die nationalsozialistische Rassenpolitik in der Enzyklika „Mit brennender Sorge“ (1937). In der Enzyklika „Divini Redemptoris“ (1937) verurteilte er auch den Kommunismus. Der „Papst der Missionen“ förderte – vor allem in Asien – die Ordination indigener Bischöfe.

## Raymond Poincaré

(1860 – 1934)

Der aus Lothringen stammende Anwalt begann 1893 seine politische Karriere. Er wurde schnell einer der Führungsfiguren der rechten Mitte. 1912 verteidigte er als Ministerpräsident eine Politik der Härte gegenüber Deutschland. Als Präsident der Republik von 1913 bis 1920 rief er 1914 zur Union Sacrée auf und forderte für Deutschland die härtesten Friedensbedingungen. Wieder zum Ministerpräsidenten gewählt, ließ er 1923 das Ruhrgebiet von französischen Truppen besetzen. Er kam 1926 erneut an die Macht und wurde zum „Retter des Franc“, den er 1928 auf dem Fünftel des Wertes von 1914 stabilisierte (der „Franc Poncaré“).

## Franklin Delano Roosevelt

(1882 – 1945)

Die politische Karriere des Anwalts begann 1910 mit seiner Wahl zum demokratischen Senator des Staates New York. 1921 erkrankte er an Kinderlähmung, konnte aber seine Karriere trotz der Behinderung fortsetzen. Im November 1932 wurde er triumphal zum Präsidenten der Vereinigten Staaten gewählt. Zur Überwindung der Krise legte er 1933 die Politik des „New Deal“ auf. Dreimal zum Präsidenten wiedergewählt (1936, 1940, 1944), beteiligte er die Vereinigten Staaten immer stärker am Kampf gegen den Nationalsozialismus, zunächst durch ökonomische Hilfe für Großbritannien und dann, nach dem japanischen Angriff auf Pearl Harbor (Dezember 1941), durch den Eintritt in den Krieg. Er ließ die Atombombe bauen, um Japan zur Kapitulation zu zwingen. Er starb am 12. April 1945, als er mit Churchill und Stalin den Frieden vorbereitete.

## Sophie Scholl

(1921 – 1943)

Sie wuchs in einem christlichen und dem Nationalsozialismus ablehnend gegenüberstehenden Milieu auf und distanzierte sich vom Hitler-Regime, nachdem sie für kurze Zeit von den gemeinschaftlichen Idealen begeistert war, die die Propaganda verbreitete. Sie begann 1942 in München, Biologie und Philosophie zu studieren. Ihr Bruder, der an der Ostfront Sanitäter war, informierte sie über die an Juden und Slawen verübten Verbrechen. Mit ihrem Bruder Hans, anderen Studenten und Professor Kurt Huber gründete sie im Frühling 1942 die Widerstandsgruppe „Weiße

Rose", die Flugblätter gegen das nationalsozialistische Regime und den Krieg verteilte. Aufgrund der Denunzierung durch den Hausmeister der Universität wurde sie mit ihrem Bruder Hans am 18. Februar 1943 verhaftet. Am 22. Februar 1943 wurde sie vom Volksgerichtshof wegen „landesverräterischer Feindbegünstigung, Vorbereitung zum Hochverrat und Wehrkraftzersetzung" zum Tod verurteilt und am selben Tag in München hingerichtet. Als Symbole des deutschen Widerstands gegen den Nationalsozialismus sind viele Schulen nach Sophie und Hans Scholl benannt.

## Stalin
(1879 – 1953)

Joseph Wissarianowitsch Dschugaschwili, der aus einer armen georgischen Familie stammte, verließ 1899 das Priesterseminar und wurde einer der aktivsten Kämpfer der sozialdemokratischen Partei im Kaukasus. Lenin veranlasste 1912 seine Aufnahme in das Zentralkomitee der bolschewistischen Partei; Dschugaschwili nannte sich nun Stalin („Der Stählerne"). 1913 wurde er vom Zarenregime verhaftet; nach seiner Freilassung 1917 unterstützte er die Oktoberrevolution und wurde Spezialist für Nationalitätenfragen. 1922 wurde er Generalsekretär der Partei und eliminierte nach Lenins Tod 1924 allmählich seine Gegner. Von 1929 bis 1953 regierte er die UdSSR mit Terror. Durch die Mobilisierung der Bevölkerung im „Großen Vaterländischen Krieg" gegen Hitler von 1941 bis 1945 besaß er großes Prestige.

## Gustav Stresemann
(1878 – 1929)

Er hatte enge Beziehungen zur Industrie und war seit 1907 Reichstagsabgeordneter. 1918 gründete er die Deutsche Volkspartei (DVP, rechtsliberal). In Namen des „Vernunftrepublikanismus" trat er dafür ein, dass die Monarchisten sich der Weimarer Republik anschlossen, und propagierte eine versöhnliche Außenpolitik, durch die Deutschland seine volle Souveränität wieder erlangen konnte. 1923 beendete er als Reichskanzler einer Koalitionsregierung (DVP/Zentrum/DDP/SPD) den „passiven Widerstand" im Ruhrgebiet; unter seiner Kanzlerschaft wurde der Hitler-Putsch in München niedergeschlagen. Als Außenminister spielte er von 1923 bis 1929 eine zentrale Rolle, denn er verkörperte mit Briand die deutsch-französische Aussöhnung und teilte sich mit ihm 1926 den Friedensnobelpreis. Durch seine Politik kam es vor allem zur Unterzeichnung der Verträge von Locarno (1925), zum Eintritt Deutschlands in den Völkerbund (1926) und zur Annahme des Dawesplans (1924) und des Youngplans (nach seinem Tod 1930 vom Reichstag angenommen) über die Regelung der Reparationen.

## Adolphe Thiers
(1797 – 1877)

Trotz seiner einfachen Herkunft gelang es ihm, einer der bedeutendsten Politiker seiner Zeit zu werden. Obwohl er dem Anschein nach viele Wendungen vollzog, agierte er immer auf derselben politischen Linie, als Politiker der Mitte und Liberaler, der sowohl die Revolution als auch die Reaktion ablehnte. Nachdem er unter Louis-Philippe Minister gewesen war, wurde er in der Zweiten Republik zum Führer der „Partei der Ordnung". In Opposition zu Napoleon III. forderte er 1864 die „notwendigen Freiheiten" und trug dazu bei, dass das Regime liberaler wurde. Als provisorischer Präsident Frankreichs 1871 schlug er die Commune nieder, aber er drängte danach seine orleanstischen Freunde, sich der Republik anzuschließen. Bei seinem Tod wurde der ehemalige Royalist als ein Gründervater der 3. Republik gefeiert.

## Leo Trotzki
(1879 – 1940)

Lew Dawidowitsch Bronstein, der Sohn eines jüdischen Bauern aus der Ukraine, kämpfte unter dem Namen Trotzki für die Revolution. Er nahm 1905 an der russischen Revolution teil und begab sich danach nach Wien ins Exil. Er war lange Zeit gegen den Bolschewismus, bevor er sich ihm 1917 anschloss. Mit Lenin organisierte er die Oktoberrevolution und handelte mit Deutschland den Frieden von Brest-Litowsk aus. Als Kriegskommissar führte er seit 1918 die Rote Armee zum Sieg über die Weißen. 1927 wurde der Führer der linken Opposition gegen Stalin aus der Partei ausgeschlossen und 1929 aus der UdSSR ausgewiesen. Im mexikanischen Exil wurde er durch einen Agenten Stalins ermordet. Der Trotzkismus beansprucht, den wahren Bolschewismus, den Stalin pervertierte, zu verteidigen.

## Wilhelm II.
(1859 – 1941)

Der Enkel Wilhelms I. (über seinen Vater) und der englischen Königin Victoria (über seine Mutter) wurde 1888 preußischer König und deutscher Kaiser. 1890 entließ er Bismarck und ernannte Caprivi zum Kanzler, um der deutschen Außenpolitik eine „neue Richtung" zu geben. Seine „Weltpolitik" führte Deutschland in einen Wettkampf um Kolonien und Seeherrschaft. Dies brachte starke Spannungen mit Frankreich (Marokkokrisen von 1905 und 1911) und Großbritannien mit sich. Nach dem Attentat von Sarajewo sagte er Österreich im Falle eines Krieges mit Serbien die bedingungslose Unterstützung Deutschlands zu, was zum Ausbruch des Ersten Weltkrieges führte. Am 9. November 1918 veröffentlichte Kanzler Max von Baden ohne Zustimmung des Kaisers dessen Abdankung. Wilhelm II. floh in die Niederlande. Die Alliierten machten ihn für den Krieg verantwortlich (Artikel 227 des Versailler Vertrages) und forderten erfolglos seine Auslieferung.

## Thomas Woodrow Wilson
(1856 – 1924)

Der Professor für politische Ökonomie und demokratische Gouverneur von New Jersey wurde im November 1912 zum Präsidenten der Vereinigten Staaten gewählt und führte große demokratische Reformen durch. Nach seiner Wiederwahl 1916 traf er die historische Entscheidung, die Vereinigten Staaten 1917 an der Seite der Entente in den Krieg eintreten zu lassen. Sein in den „Vierzehn Punkten" (8. Januar 1918) formuliertes Ziel war es, einen definitiven Frieden zu verwirklichen, der auf der kollektiven Sicherheit basierte. Er war der erste amtierende amerikanische Präsident, der nach Europa reiste, wo er 1919 in den Friedensverhandlungen zu den maßgeblichen Staatsmännern gehörte und die Gründung des Völkerbundes erreichte. Aber er traf zu Hause auf Widerstand, denn der amerikanische Kongress weigerte sich, den Versailler Vertrag zu ratifizieren. Sein einziger Trost war der Friedensnobelpreis, den er 1920 erhielt.

## Emile Zola
(1840 – 1902)

1858 verließ er seine bescheidene Familie, „stieg nach Paris auf" und arbeitete in der Presse und in Verlagen. In der Überzeugung, dass die Wissenschaft der Motor des Fortschritts sei, schuf er den „experimentellen Roman". In den 1870er-Jahren wurde er durch seine Romane, die ihn zur Schlüsselfigur des Naturalismus machten, berühmt. Der politisch engagierte Schriftsteller war einer der ersten Intellektuellen, die Dreyfus unterstützten. Im Januar 1898 veröffentlichte er in der Zeitschrift „L'Aurore" seinen Artikel „J'accuse" (Ich klage an), für den er verurteilt wurde. Er zog den Hass der Anti-Dreyfusards auf sich, die möglicherweise für seinen Tod (Ersticken durch einen verstopften Kamin) verantwortlich sind.

## A

**Abgeordnetenhaus:** Zweite Kammer des preußischen Landtags, nach dem Dreiklassenwahlrecht gewählt (siehe S. 34).

**Abrüstungskonferenz:** Diese Konferenz wurde ab Februar 1932 vom Völkerbund abgehalten. An ihr nahmen auch die USA und die UdSSR teil, die beide nicht dem Völkerbund angehörten. Der Konferenz gelang es jedoch nicht, die Differenzen zwischen Frankreich und Deutschland, das die Gleichberechtigung forderte, zu überwinden. Im Oktober 1933 verließ Deutschland die Konferenz und zog sich aus dem Völkerbund zurück (siehe S. 302).

**Achsenmächte:** Die „Achse" wurde durch die Länder Deutschland, Italien und Japan gebildet, die am 27. September 1940 den Dreimächtepakt zur gegenseitigen wirtschaftlichen, politischen und militärischen Unterstützung geschlossen hatten. Ihm schlossen sich im November 1940 die Slowakei, Ungarn und Rumänien an und im März 1941 Bulgarien (siehe S. 306).

**ADAV (Allgemeiner Deutscher Arbeiterverein):** 1863 von Ferdinand Lassalle gegründete erste sozialdemokratische Partei Deutschlands (siehe S. 52).

**Afrikakorps:** Name des deutschen Expeditionskorps, das von Hitler im Februar 1941 nach Afrika geschickt wurde (siehe S. 306).

**A.K. („Armia Krajowa"):** Polnische Untergrundarmee, die die Londoner Exilregierung unterstützte (siehe S. 322).

**Akademismus:** Kunststil, der durch die Regeln der klassischen Ästhetik bestimmt war und von offiziellen Institutionen, wie den Akademien der Schönen Künste, unterrichtet und verbreitet wurde (siehe S. 132).

**Akkulturation:** Prozess, in dem eine Gruppe von Menschen die Kultur (verstanden als Gesamtheit der Werte und Handlungsweisen) einer anderen Gruppe von Menschen übernimmt, oft im Rahmen eines Herrschaftsverhältnisses (siehe S. 178).

**Aktion Reinhardt:** Codename für die Operation zur Ermordung der Juden des Generalgouvernements (deutsch besetztes Zentralpolen) (siehe S. 330).

**Aktion T4:** Vom Chef der Kanzlei des Führers, Philipp Bouhler, geleitetes Euthanasieprogramm, in dessen Rahmen seit 1940 etwa 120.000 psychisch Kranke und Behinderte ermordet wurden (siehe S. 326).

**Alldeutscher Verband:** Völkisch-nationalistischer Agitationsverband (1891/94–1939) mit bis zu 23 000 Mitgliedern, der für eine deutsche Hegemonie in Kontinentaleuropa und ein großes Kolonialreich eintrat (siehe S. 54 und 70).

**Allgemeines Wahlrecht (franz. suffrage universel):** Wahlrecht, das allen Staatsbürgern unter gleichen Bedingungen zusteht. Im 19. und in zahlreichen Ländern auch bis weit ins 20. Jahrhundert hinein auf die Männer beschränkt (siehe S. 24).

**Alphabetisierung:** Der Erwerb der Fähigkeiten zum Lesen und Schreiben (siehe S. 146).

**AMGOT („Allied Military Government for Occupied Territories")** (siehe S. 350).

**Anarchismus:** Strömung, die jede Form des Staates ablehnt und den genossenschaftlichen Zusammenschluss von Arbeitern propagiert. Der Anarchismus beeinflusste die französische Gewerkschaftsbewegung erheblich (siehe S. 66 und 120).

**Antiklerikalismus:** Ablehnung des Einflusses der katholischen Kirche in Staat und Gesellschaft; bezeichnet darüber hinaus allgemein Formen der Feindseligkeit gegenüber Geistlichen (siehe S. 68).

**Antikominternpakt:** Am 25. November 1936 zwischen Deutschland und Japan geschlossener Vertrag, der sich gegen die UdSSR als Führungsmacht der Kommunistischen Internationale (Komintern) richtete. Im November 1937 schloss sich Italien dem Pakt an (siehe S. 302).

**Antisemitismus:** Um 1880 zunächst in Deutschland aufkommender Begriff; bezeichnet neue Formen der Judenfeindschaft, die primär nicht mehr religiös, sondern nationalistisch, zunehmend auch rassenbiologisch geprägt waren (siehe S. 260).

**Arbeitsbuch:** 1938 eingeführtes obligatorisches Büchlein, in das Informationen über das berufliche Verhalten seines Besitzers eingetragen wurden (Abwesenheiten, Eigenschaften und Verstöße) (siehe S. 284).

**Arbeitscharta:** Am 4. Oktober 1941 verabschiedet; sie ersetzte die aufgelösten Gewerkschaften durch berufsständische Organisationen, in denen die Vertreter der Arbeitgeber und der Arbeitnehmer zusammengeschlossen waren (siehe S. 344).

**„Arier":** Bezeichnung für die Träger des indoiranischen Zweigs der indogermanischen Sprachen; von den Nationalsozialisten als Bezeichnung für die „germanische Herrenrasse" verwendet (siehe S. 260).

**Assimilation:** Eine Politik, deren Ziel es ist, durch Angleichung der (administrativen, fiskalischen und sozialen) Strukturen jeden Unterschied zwischen den Kolonien und dem „Mutterland" aufzuheben (siehe S. 176).

**Aufschwung:** Phase starken Wirtschaftswachstums. Nachfrage und Produktion steigen, es wird in Produktionsanlagen investiert (siehe S. 92).

**Aussperrung:** Häufige Reaktionen der Arbeitgeber auf Streiks, die in der Schließung der Betriebe bestand (siehe S. 118).

**Autoritäres Regime:** Regime, das die demokratischen Partizipationsmöglichkeiten, die Meinungs- und Versammlungsfreiheit und die Vertretung von Gruppeninteressen (z.B. durch Gewerkschaften) unter Berufung auf das Gemeinwohl einschränkt (siehe S. 236).

**Avantgarde:** Zu Beginn des 20. Jahrhunderts entstandene künstlerische Bewegungen, deren wagemutigen und experimentellen Werke ihrer Zeit weit voraus sein wollten (siehe S. 134).

## B

**Bagdadbahn:** Eisenbahn, die Konstantinopel mit Damaskus verband. Ihr Bau erfolgte ab 1903 im Auftrag des Sultans und wurde von der Deutschen Bank finanziert (siehe S. 166).

**Balfour-Deklaration:** Ein von dem britischen Außenminister Lord Balfour am 2. November 1917 an Lord Rothschild, einen führenden Vertreter des Zionismus, adressierter Text zur „... Errichtung einer nationalen Heimstätte für das jüdische Volk in Palästina ..." (siehe S. 178).

**Bauhaus:** 1919 von Walter Gropius in Weimar gegründete Kunst- und Architekturschule, die 1925 nach Dessau umzog und dort als „Hochschule für Gestaltung" wieder aufgebaut wurde (siehe S. 136).

**BDM (Bund Deutscher Mädel):** Teilorganisation der HJ, die 1930 gegründet wurde, um nationalsozialistisch orientierte Mädchengruppen zusammenzufassen (siehe S. 264).

**„Befreiungskriege":** Kriege einer europäischen Fürstenkoalition gegen das napoleonische Kaiserreich (1813–1815); schon von zeitgenössischen Intellektuellen, insbesondere aber nach 1815 zu einer nationalen Erhebung der Deutschen stilisiert (siehe S. 16).

**Benelux:** 1958 auf der Basis einer Wirtschaftsunion gebildeter Länderverband.

**Big Labour:** Name, der den amerikanischen Gewerkschaften nach dem Wagner-Gesetz von 1935 gegeben wurde, das ihre Position gegenüber den Arbeitgebern (Big Business) stärkte (siehe S. 118).

**„Blitz":** Von den Briten verwendete Bezeichnung für nächtliche Luftangriffe in Großbritannien; gezielter Terror gegen Zivilbevölkerung (siehe S. 306).

**Blitzkrieg:** Taktik, die darin bestand, die feindlichen Linien durch die Kombination moderner Kampfmittel (Panzer, Flugzeuge und Funk) zu durchbrechen (siehe S. 306 und 342).

**Blockade:** Bündel von Maßnahmen, die ein Staat anwandte, um einen anderen Staat von seinen Versorgungsquellen und seinem Außenhandel abzuschneiden (siehe S. 196).

**„Blut und Boden":** Nationalsozialistische Propagandaformel, die besagte, dass ein „gesunder Staat" nur auf der Grundlage der Einheit von „reinem Blut" („Rasse") und eigenem Boden existieren könne (siehe S. 260).

**Bolschewiki:** Während des Kongresses der Sozialdemokratischen Partei im Jahr 1903 schloss sich die Mehrheit („Bolschewiki") den Lehren Lenins an, der für eine sofortige Revolution eintrat, die durch professionelle revolutionäre Kämpfer geführt werden sollte (siehe S. 214).

**Boom:** Der höchste Auslastungsgrad der Wirtschaft ist erreicht, die Wirtschaft droht mehr zu produzieren als abgesetzt werden kann (siehe S. 92).

**Boxer:** Name für die chinesische Gesellschaft „In Rechtschaffenheit vereinigten Milizen“, deren Mitglieder eine Spielart des Boxens ausübten (siehe S. 164).

**Break-up of China:** Dieser englische Begriff bezeichnet die Zerstückelung Chinas durch die Zugriffsansprüche der imperialistischen Mächte (siehe S. 164).

**Burschenschaften:** Studentische Nationalbewegung. Die Urburschenschaft wurde 1815 in Jena gegründet (siehe S. 16).

## C

**Cäsarismus:** Herrschaftssystem, in dem die von der Volkssouveränität ausgehenden Machtbefugnisse zumeist durch ein Plebiszit direkt auf das Staatsoberhaupt übertragen werden (siehe S. 36 und 64).

**CGT (Confédération générale du Travail):** 1895 gegründeter französischer Gewerkschaftsverband; zu Beginn des 20. Jahrhunderts an der Idee des revolutionären Generalstreiks orientiert (siehe S. 66 und 240).

**Charte constitutionnelle:** Bezeichnung für die Verfassungsurkunde von 1814. Die für mittelalterliche Königsurkunden gebräuchliche Bezeichnung „Charte“ soll verdeutlichen, dass der König die konstitutionelle Monarchie aus eigener Machtvollkommenheit oktroyiert hat (siehe S. 14).

**CNR („Conseil national de la Résistance“):** Im Mai 1943 gegründeter Nationaler Rat der Résistance, der zuerst von Jean Moulin und nach dessen Verhaftung vom Christdemokraten Georges Bidault geführt wurde (siehe S. 348).

**Code d'Indigénat:** Juristisches Regelwerk, das nur die „Eingeborenen“ betraf; sie wurden als eine Kategorie eingestuft, die unter den französischen Bürgern stand (erweiterte Liste von Delikten, schwere Strafen und anderes; siehe S. 176).

**Collaborationnistes:** Französische Bezeichnung für Personen, die im Unterschied zu nicht ideologisch motivierten Kollaborateuren die nationalsozialistische Ideologie befürworteten und eine vollständige, auch militärische Zusammenarbeit mit den Besatzern wünschten (siehe S. 322 und 344).

**Commonwealth:** 1931 gegründete „Gemeinschaft“, die zur Aufrechterhaltung rechtlicher und vor allem kultureller Bindungen zwischen der britischen Krone und ihren alten Kolonien diente (siehe S. 176).

## D

**Dada-Bewegung:** In Zürich 1916 um Tristan Tzara (1896–1963) gegründete literarische und künstlerische Avantgarde-Bewegung (siehe S. 136).

**Dampfmaschine:** Anlage, die Dampfdruck in mechanische Energie verwandelt und somit unabhängig von natürlichen Energiequellen Maschinen in Industrie und Landwirtschaft antreiben konnte (siehe S. 86).

**Dawesplan:** Von dem amerikanischen Experten Charles Dawes ausgearbeiteter Plan, der im August 1924 angenommen wurde. Er passte die Reparationen an die deutsche Zahlungsfähigkeit an (siehe S. 364).

**Deflationspolitik:** Reduzierung der öffentlichen Ausgaben zur Stabilisierung des Staatshaushalts (siehe S. 238).

**Démocrates-socialistes:** Während der Julimonarchie entstandene frühsozialistische Strömung um Louis Blanc, die das allgemeine Wahlrecht forderte und für die Organisation des Wirtschaftslebens durch den Staat im Rahmen einer „sozialen Republik“ eintrat (siehe S. 24).

**Demografischer Übergang:** Übergang von einem ersten Zustand eines Bevölkerungsgleichgewichts, das durch hohe Geburten- und Sterblichkeitsraten gekennzeichnet war, zu einem zweiten Gleichgewichtszustand mit niedrigen Raten (siehe S. 104).

**Depression:** Phase verlangsamter wirtschaftlicher Entwicklung, die von Produktionsrückgang und Arbeitslosigkeit geprägt ist (siehe S. 92).

**Desertion:** Absichtliches Verlassen der Einheit durch einen Soldaten, ohne dass ihm dies befohlen oder erlaubt wurde (siehe S. 206).

**Design:** Sowohl ästhetische als auch gebrauchsorientierte Konzeption von Nutzgegenständen (Möbel, Lampen und anderes), die für eine industrielle Herstellung gedacht sind (siehe S. 136).

**Deutscher Bund:** 1815 auf dem Wiener Kongress gebildeter lockerer Zusammenschluss der deutschen Fürsten und freien Städte (siehe S. 16).

**Deutscher Zollverein:** 1833 auf Betreiben des württembergischen Volkswirtschaftlers Friedrich List (1789–1846) verwirklichte Zollunion der deutschen Staaten ohne Österreich (in Kraft getreten zum 1. Januar 1834) (siehe S. 16 und 86).

**Deutsch-sowjetischer Nichtangriffspakt:** Am 23. August 1939 von den Außenministern Deutschlands (Joachim von Ribbentrop) und der UdSSR (Wjatscheslaw Molotow) unterschriebener Nichtangriffspakt; ein Geheimprotokoll sah zwischen beiden Ländern eine Aufteilung Polens und der baltischen Staaten in Einflusszonen vor (siehe S. 302 und 322).

**Die 200 Familien:** Der Begriff bezeichnete zur Zeit der Volksfront die Vertreter des in Industrie und Finanzwesen dominierenden Großbürgertums, dessen Einfluss die Linke kritisierte (siehe S. 240).

**Direkte Demokratie:** Form der Demokratie, in der das Volk direkt seinen politischen Willen in Mehrheitsentscheidungen zum Ausdruck bringen kann, ohne auf gewählte Vertreter angewiesen zu sein (siehe S. 40).

**DNVP (Deutschnationale Volkspartei):** 1918 gegründete Partei der Rechten, die nationalistische, monarchistische und konservativchristliche Positionen vertrat; starker Rückhalt bei Bauern und Großagrariern (siehe S. 246 und 262).

**Dolchstoßlegende:** Legende, der zufolge die deutsche Armee nicht militärisch besiegt, sondern von den Zivilisten verraten bzw. von Revolutionären hinterrücks „erdolcht“ worden sei (siehe S. 220).

**Dominion:** Britische Kolonie, die nach dem Vorbild Kanadas von 1867 ihre innere Autonomie (self-government) erhielt (siehe S. 176).

**Dreibund:** 1882 zwischen dem Deutschen Reich, Österreich-Ungarn und Italien geschlossenes Verteidigungsbündnis; es sah eine militärische Unterstützung vor, falls eines der dem Bündnis angehörenden Länder angegriffen werden sollte (siehe S. 166 und 192).

**Dreiklassenwahlrecht:** Form des Zensuswahlrechts. Die Wähler werden in drei Steuerklassen eingeteilt. Jede dieser Klassen wählt dieselbe Zahl von Wahlmännern, die ihrerseits dann die Abgeordneten wählen (siehe S. 34, 54 und 64).

**Drittes Deutschland:** Selbstbezeichnung der deutschen Mittel- und Kleinstaaten sowie der vier freien Städte, die versuchten, eine selbstständige Politik gegenüber den beiden Großmächten zu gestalten (siehe S. 34).

**„Drôle de guerre“:** Ein von dem Schriftsteller Roland Dorgelès in einem Artikel vom Oktober 1939 popularisierter Ausdruck. Bezeichnung für den kampflosen Zeitabschnitt von September 1939 bis Mai 1940, der im Deutschen „Sitzkrieg“ genannt wurde (siehe S. 342).

**Dualismus:** Seit der Gründung des Deutschen Bundes 1815 aufkommende Rivalität zwischen den beiden Großmächten Preußen und Österreich um die politische und wirtschaftliche Vormachtstellung im Deutschen Bund (siehe S. 34).

**Duma:** Gesetzgebende Versammlung, die erstmals 1906 infolge der Revolution von 1905 gewählt wurde (siehe S. 214).

## E

**Einheitsliste:** Wahlliste, auf der alle Kandidaten verzeichnet sind und die nur als Ganzes angenommen oder abgelehnt werden kann (siehe S. 250).

**Einsatzgruppen:** Einheiten der Sicherheitspolizei (Sipo) und des SD (dem SS-Komplex zugehörige Organisationen), deren Aufgabe es war, die „Feinde des Reiches“ zu ermorden (siehe S. 322 und 330).

**Emser Depesche:** Das Telegramm, mit dem ein Begleiter Wilhelms I. Bismarck über die Unterredung des preußischen Königs mit dem französischen Botschafter Benedetti informierte, wurde im Kurort Bad Ems abgeschickt, wo sich Wilhelm I. zu dem Zeitpunkt aufhielt (siehe S. 38).

**Englisches Modell:** Vorwiegend von Liberalen vertretenes Verfassungsideal, das sich an der parlamentarischen Monarchie Englands orientierte (siehe S. 14).

**Entente cordiale:** Am 8. April 1904 unterzeichnetes Abkommen, das vor allem vorsah, dass Frankreich seine Ansprüche auf Ägypten aufgab und im Gegenzug von Großbritannien die Anerkennung seines Protektorats über Marokko erhielt (siehe S. 166).

**Entkonfessionalisierung:** Entwicklung in deren Verlauf Einrichtungen dem Einflussbereich der Kirche, der sie bisher zugehörten, entzogen werden (Entkonfessionalisierung des Unterrichts, der Heirat und der Beerdigung) (siehe S. 124).

**Épuration:** Beseitigung oder Verurteilung von Personen, die mit dem deutschen Besatzer oder der Vichy-Regierung kollaboriert hatten (siehe S. 350).

**Erfüllungspolitiker/Erfüllungspolitik:** Schlagwort der politischen Rechten für die 1921 eingeleitete deutsche Politik, die Verpflichtungen des Versailler Vertrages nach Möglichkeit zu erfüllen, um damit die Grenzen der wirtschaftlichen Leistungsfähigkeit deutlich zu machen und eine Verringerung der Reparationen zu erreichen (siehe S. 244).

**Europäisches Konzert:** Politische Ordnung Europas, die auf der führenden Rolle der fünf Großmächte (Großbritannien, Preußen, Österreich, Russland und Frankreich) basierte. Kongresse dienten der regelmäßigen Abstimmung ihrer Politik. In Deutschland ist auch der Begriff „Pentarchie" („Herrschaft der Fünf") üblich (siehe S. 12 und 358).

**Euthanasie:** Die 1939 systematisch einsetzende Ermordung Behinderter und psychisch Kranker infolge der nationalsozialistischen Forderung nach „rassischer Reinhaltung" des deutschen Volkskörpers (siehe S. 266).

**Exotismus:** Im 19. Jahrhundert geprägter Begriff; Vorliebe für Kunst und Sitten entfernt lebender Völker (siehe S. 160).

## F

**Faschismus:** Ultranationalistische Bewegung, dann diktatorisches Regime in Italien (1922 – 1945), das sich auf die Größe des Römischen Reiches berief (*fasces*/Rutenbündel symbolisieren die Amtsgewalt der römischen Magistrate). In einem weiteren Sinne wird der Begriff des Faschismus auch zur Bezeichnung anderer rechtsextremer Diktaturen einschließlich des Nationalsozialismus verwendet; diese Verwendung wird aber nicht von allen Historikern anerkannt (siehe S. 290).

**Februar- und Oktoberrevolution:** Die Bezeichnung der russischen Revolutionen erfolgte anhand der Zählung des Julianischen Kalenders, der damals in Russland verwendet wurde, und der um 13 Tage von dem in Westeuropa geltenden gregorianischen Kalender abwich (siehe S. 214).

**FFL („Forces françaises libres"):** Durch General de Gaulle 1940 gebildete Legion von Freiwilligen. Aus ihr gingen die 1. Französische Division und die „2e division blindée" (gepanzert) hervor, die sich an der Befreiung Frankreichs beteiligten (siehe S. 348).

**Flottenverein:** 1898 gegründete nationalistische Massenorganisation zur Förderung des Flottenbaus als Grundlage einer deutschen Großmachtpolitik (siehe S. 70).

**Föderation:** Zusammenschluss mehrerer Staaten, die auf einen Teil ihrer Souveränität zugunsten einer föderalen, supranationalen Einrichtung verzichten (siehe S. 362).

**Föderativer Bund/Konföderation:** Verbindung mehrerer Staaten, die in verschiedenen Bereichen zusammenarbeiten, ohne ihre Souveränität aufzugeben (siehe S. 26 und 362).

**Folklorisierung:** Umwandlung (meist ländlicher) traditioneller Praktiken in ein Schauspiel, wie z. B. ein Fest zu Ehren des Schutzheiligen eines Dorfes (siehe S. 124).

**Fortsetzungsroman:** Erzähltext, der so verfasst wird, dass am Ende einer Folge eine hohe Motivation zum Kauf der nächsten Folge entsteht – z.B. durch ein dramatisches oder rätselhaftes Ereignis (siehe S. 146).

**Freihandel:** Internationaler Handel, der nicht (oder kaum) durch Zollschranken behindert wird; Gegenteil des Protektionismus, der die nationale Produktion durch Zölle auf ausländische Importe zu schützen sucht (siehe S. 36 und 358).

**Freikorps:** Auf freiwilliger Basis von nationalistischen Offizieren zusammengestellte Verbände, die aus Frontsoldaten und jüngeren Männern bestanden. Sie wurden gegründet, um in Deutschland gegen revolutionäre Kräfte zu kämpfen und die Grenzen zu verteidigen (siehe S. 220).

**Freizeitgestaltung:** Zeitgenössischer Begriff für Strategien, um die Massen zu einer „vernünftigen", „kulturvollen" und gesunden Nutzung ihrer Freizeit zu führen (siehe S. 148).

**Frontsoldaten (oder Kriegsteilnehmer):** Bezeichnung für die Männer, die am Ersten Weltkrieg teilnahmen und die sich ab 1917 in Verbänden organisierten, um ihre Interessen zu vertreten (siehe S. 212).

**Fünfjahresplan:** Plan, der die innerhalb von 5 Jahren zu erreichenden Produktionsziele festlegt (siehe S. 280).

**Funktionalismus:** Theorie, nach der die Form eines Gebäudes oder eines Objekts sich seiner Funktion anpassen soll (anstelle des Strebens nach Dekoration und Verzierung mit Ornamenten) (siehe S. 134).

**„Für Frankreich gestorben" („mort pour la France"):** Durch diesen Vermerk in den Standesamtregistern konnten jene offiziell identifiziert werden, die im Kampf gefallen waren (siehe S. 226).

## G

**Garde nationale:** 1789 gegründete französische Bürgermiliz (siehe S. 40).

**„Gerechte unter den Völkern":** Auszeichnung, die seit 1963 durch die Gedenkstätte Yad Vashem in Jerusalem den Männern, Frauen und Gruppen verliehen wird, die während des Krieges Juden das Leben gerettet haben. Am 1. Januar 2006 betrug ihre Zahl 21 310 (siehe S. 334).

**Gesetz über die dreijährige Militärdienstzeit:** Im Jahre 1913 verabschiedetes Gesetz über die Rekrutierung der Armee, das die militärische Dienstzeit von zwei auf drei Jahre anhob, um die Präsenzstärke der französischen Armee zu erhöhen (siehe S. 166 und 192).

**Gestapo:** Abkürzung für „Geheime Staatspolizei", die politische Polizei des NS- Regimes (siehe S. 266 und 322).

**GPU (russische Abkürzung für „Staatliche Politische Verwaltung"):** Politische Polizei, die ihre eigenen Richter zur Verurteilung „konterrevolutionärer Elemente" besaß und die Lager verwaltete. Sie wurde später durch die NKWD ersetzt (siehe S. 278).

**Griechischer Unabhängigkeitskrieg (1821 – 1830):** Konflikt, in dessen Verlauf sich das griechische Volk von der osmanischen Herrschaft befreite (siehe S. 132).

**Gründerjahre:** Jahre der Hochkonjunktur 1871 – 1873, auch angeheizt durch die französische Kriegsentschädigung (siehe S. 52).

**Grundrechte des deutschen Volkes:** Im Dezember 1848 von der Nationalversammlung verabschiedeter Grundrechtskatalog (u. a. Meinungs-, Presse- und Vereinsfreiheit, Schutz des Einzelnen vor willkürlicher Verhaftung etc.) (siehe S. 26).

**Gulag („Hauptverwaltung der Besserungsarbeitslager"):** Organisation zur Verwaltung der Zwangsarbeitslager in der UdSSR, die Stalin 1930 einrichtete und die der GPU unterstellt wurde. Der Begriff wurde zur Bezeichnung des gesamten Systems der sowjetischen Zwangsarbeits- und Straflager sowie Gefängnisse und Verbannungsorte verwendet (siehe S. 280, 284 und 290).

## H

**Harzburger Front:** Am 11. Oktober 1931 in Bad Harzburg geschlossenes Bündnis zwischen NSDAP, DNVP und rechten Verbänden (z.B. Stahlhelm) als Aktionsgemeinschaft gegen die Republik (siehe S. 246).

**Haussmannisierung:** Modernisierung der Städte nach dem von Baron Haussmann während des Zweiten Kaiserreiches in Paris entwickelten Modell. Sie erfolgte vor allem über die Anlage großer Straßen, die auf zentrale Plätze zulaufen und von Mietshäusern in einheitlicher Höhe und Aussehen gesäumt wurden (siehe S. 112).

**Heilige Allianz:** 1815 in Paris begründetes Bündnis zwischen den Monarchen Preußens, Österreichs und Russlands, das die Solidarität der Monarchen auf der Basis christlicher Werte betonte (mit deutlich antirevolutionärer Tendenz) (siehe S. 10 und 18).

**Hilfsdienstpflichtgesetz:** Das Gesetz vom Dezember 1916 führte für alle nicht diensttauglichen Männer zwischen 17 und 60 Jahren eine Arbeitspflicht in kriegswichtigen Betrieben ein (siehe S. 200).

**„Historisierung":** Von dem deutschen Historiker Martin Broszat 1985 in die NS-Forschung eingeführter Begriff. Er bezieht sich auf den wissenschaftlichen Anspruch, auf die NS-Zeit dieselben Analysemethoden wie auf andere Perioden anzuwenden und sie im Gesamtzusammenhang der deutschen Geschichte zu sehen (siehe S. 290).

**HJ (Hitlerjugend):** 1926 gegründete Organisation der NSDAP, deren Ziel die Erziehung und Schulung der Jugend im Sinne des Nationalsozialismus war. 1936 wurde sie zur Staatsjugend erklärt (siehe S. 264).

**Hochindustrialisierung:** In Deutschland gebräuchlicher Begriff zur Bezeichnung der zweiten Industrialisierungsphase (franz.: deuxième industrialisation) (siehe S. 88).

**Hohenzollern:** Deutsches Herrschergeschlecht, aufgeteilt in eine fränkischprotestantische Linie, der seit 1701 die preußischen Könige entstammten, und eine schwäbisch-katholische Linie (Hohenzollern-Sigmaringen) (siehe S. 38).

**Honoratioren:** Personen, die durch ihre beruflichen Aufgaben in den Dörfern oder kleinen Städten eine gewisse Autorität in öffentlichen

Angelegenheiten erlangen, wie zum Beispiel Rechtsanwälte, Ärzte, Apotheker (siehe S. 108).

**Hyperinflation:** Rapide, unkontrollierbare Geldentwertung. Die bereits nach dem Krieg starke Inflation in Deutschland steigerte sich im Jahre 1923 (siehe S. 244).

## I

**Impressionismus:** Bezeichnung für die Gruppe französischer Maler, die 1874 im Atelier des Fotografen Nadars ihre eigene Ausstellung organisierte, in der Claude Monets Gemälde „Impression, soleil levant" („Impression, aufgehende Sonne") ausgestellt wurde (siehe S. 132).

**Imperialismus:** Politik eines Staates, der sich durch Dominanz über andere Staaten ein „Imperium" (Reich) schaffen will. Die marxistischen Theoretiker betonen die ökonomische Herrschaft und stufen den Imperialismus als das „höchste Stadium des Kapitalismus" (Lenin) ein (siehe S. 160 und 358).

**Imperial preference:** Zollpolitik, die 1932 auf der Konferenz von Ottawa beschlossen wurde, um die Bindungen zwischen Großbritannien und den Dominions zu stärken, indem es mit dem Commonwealth einen wirtschaftlichen Block bildete (siehe S. 176).

**Indirect rule:** System indirekter Verwaltung der Kolonialgebiete, das dem französischen Protektorat ähnelte (siehe S. 176).

**Industriegesellschaft:** Gesellschaft, in der ein großer Teil der erwerbstätigen Bevölkerung in der industriellen Produktion arbeitet und industriell gefertigte Produkte konsumiert (siehe S. 88).

**Inflation:** Eine über das Wirtschaftswachstum hinausgehende Ausweitung der Geldmenge (Inflation = „Aufblähung"), was den Wert der einzelnen Geldeinheit sinken lässt (siehe S. 92 und 108).

**Internationale:** Organisation, deren Ziel es war, die sozialistischen Parteien der einzelnen Länder zu vereinigen. Die Erste Internationale (Internationale Arbeiterassoziation), 1864 in London gegründet, wurde 1876 aufgelöst, die Zweite Internationale 1889 gegründet (siehe S. 358).

**Isolationismus:** Doktrin, nach der die Vereinigten Staaten sich in erster Linie nur um ihre inneren Angelegenheiten kümmern sollten (siehe S. 162).

## J

**Jugendstil („Art nouveau", „Modern Style"):** Bewegung, die Kunst in den Dienst der industriellen Zivilisation und der breiten Bevölkerung stellen wollte. Sie verbreitete sich von 1890 bis 1905 in ganz Europa (siehe S. 134).

**Jungtürkisch/Jungtürken:** Ultranationalistische Bewegung (auch als „Komitee für Einheit und Fortschritt" bezeichnet), die 1909 die Macht übernahm, um das Osmanische Reich zu reformieren (siehe S. 200).

## K

**Kaiser-Wilhelm-Gesellschaft:** 1910/11 gegründete Gesellschaft, die naturwissenschaftliche Forschungsinstitute einrichtete und unterhielt; durch kaiserliches Mäzenatentum gefördert und zu großen Teilen von der Industrie sowie vom Großbürgertum finanziert (siehe S. 64).

**Kalter Krieg:** Ideologische und politische Spannung zwischen kommunistischen Staaten (unter Führung der Sowjetunion) und westlichen Demokratien (unter Führung der Vereinigten Staaten) zwischen 1947 und dem Ende der 1980er-Jahre (siehe S. 290).

**Kamarilla (von spanisch „camarilla"/„Kämmerchen"):** Personenkreis um einen Politiker, der einen entscheidenden Einfluss auf dessen Handeln ausübt, ohne über offizielle Funktionen zu verfügen (siehe S. 246).

**Kamikaze (japanisch „göttlicher Wind"):** Japanische Piloten, die im Zuge von Selbstmordoperationen freiwillig ihre mit Sprengstoff gefüllten Flugzeuge auf amerikanische Flugzeugträger abstürzen ließen (siehe S. 310).

**Kapitulation:** Militärischer Vertrag, in dem sich eine Armee einem Feind ergibt, ohne dass daraus eine politische Verpflichtung für Sieger oder Besiegte entsteht (siehe S. 342 und 350).

**Karlsbader Beschlüsse:** 1819 auf Betreiben Metternichs verabschiedetes Gesetzespaket des Deutschen Bundes zur Unterdrückung der National- und Freiheitsbewegung durch Pressezensur, Verfolgung oppositioneller Professoren und Studenten und Verbot der Burschenschaften (siehe S. 16).

**Katholische Aktion:** Durch das Papsttum in den 1930er-Jahren aufgebaute Strukturen, die der Betreuung der Gläubigen in besonderen, nach Altersgruppen, Geschlecht und Beruf untergliederten Organisationen dienen (siehe S. 124).

**Klerikal/Klerikalismus:** Strömung, die für eine starke Rolle der katholischen Kirche in Staat und Gesellschaft eintritt (von lat. Klerus – Geistlichkeit) (siehe S. 24).

**Kolchose:** Genossenschaftlich aufgebauter landwirtschaftlicher Betrieb, dessen Produktion staatlichen Ablieferungsverpflichtungen unterworfen war und der von der Partei kontrolliert wurde (siehe S. 280).

**Kollektive Sicherheit:** Friedenssicherung durch Übertragung der Sicherheitsverantwortung auf eine Staatengemeinschaft und durch eine Diplomatie, die auf der Achtung des Internationalen Rechts und der Anwendung der Schiedsgerichtsbarkeit beruht (siehe S. 220).

**Kolonialismus:** Doktrin, deren Ziel es ist, die Kolonisation zu rechtfertigen. Im Deutschen bezeichnet der Begriff eher die koloniale Expansion insgesamt (siehe S. 174).

**Kolportage:** Im Unterschied zur traditionellen Buchhandlung, die man aufsuchen muss, gehen sogenannte Kolporteure von Tür zu Tür und liefern die Lektüre direkt ins Haus (siehe S. 146).

**Konferenz von Jalta:** Konferenz der „Großen Drei" auf der Krim vom 4. bis 11. Februar 1945; dort entschieden sie vor allem über die Aufteilung Deutschlands in Besatzungszonen, die Festlegung seiner Grenze auf der Oder-Neiße-Linie und darüber, dass die ständigen Mitglieder des Sicherheitsrates der Vereinten Nationen ein Vetorecht erhalten sollten (siehe S. 314 und 350).

**Konföderation:** Verbindung mehrerer Staaten, die in verschiedenen Bereichen zusammenarbeiten, ohne ihre Souveränität aufzugeben (siehe S. 26 und 362).

**Kongresspartei:** 1885 gegründete Partei, welche die nationale Unabhängigkeit Indiens anstrebte. Ihre führenden Repräsentanten, unter ihnen Mahatma Gandhi, wurden im August 1942 von den Briten inhaftiert (siehe S. 314).

**Kongo-Freistaat:** Dieser Staat war von 1885 bis 1908 der persönliche Besitz des belgischen Königs Leopold II. Die Gräuel bei Zwangsarbeit, die durch eine internationale Pressekampagne angeprangert wurden, zwangen Leopold, das Gebiet 1908 Belgien zu übergeben (siehe S. 178).

**Kongokonferenz:** Auf Initiative Bismarcks versammelten sich vom 15.November 1884 bis 26. Februar 1885 in Berlin 13 europäische Länder und die Vereinigten Staaten, um die Regeln für die Kolonisation Afrikas festzulegen. So sollte eine Macht, die ein neues Territorium beanspruchte, dessen „effektive Besetzung" sichern (siehe S. 174).

**Kongregationen:** Religiöse Vereinigungen, in denen sich Geistliche zusammenschließen, die sich vor allem in erzieherischen und sozialen Bereichen engagieren (siehe S. 124).

**Konkordat:** Abkommen zwischen Staat und Kirche. 1801 zwischen der französischen Republik (unter dem Ersten Konsul Napoleon Bonaparte, seit 1799) und dem Heiligen Stuhl geschlossenes Konkordat (siehe S. 68).

**Konzentrationslager (KZ, KL):** Lager, in denen Häftlinge in großer Zahl unter unmenschlichen Bedingungen zur Arbeit gezwungen, misshandelt und getötet wurden; zu unterscheiden von den im Zweiten Weltkrieg eingerichteten Vernichtungslagern, die ausschließlich dem Massenmord dienten (siehe S. 266 und 334).

**Kriegskommunismus:** Bündel von Zwangsmaßnahmen, die die Bolschewiki während des Bürgerkrieges ergriffen (Beschlagnahmungen auf dem Land, Massenfestnahmen und -exekutionen, Zwangseinberufungen in die Rote Armee) (siehe S. 214 und 278).

**Kriegskultur:** Bilder und Vorstellungen, die eine im Krieg befindliche Gesellschaft teilt und die in ihren Augen ihre Teilnahme an diesem Krieg rechtfertigen (siehe S. 200).

**Kubismus:** 1907 in Paris um die Maler Georges Braque (1882–1963) und Pablo Picasso (1881–1973) entstandene Strömung. Sie wurde so genannt, seitdem ein Kritiker sie als eine Kunst verworfen hatte, „die die Form missachtet und alles auf geometrische Formen, auf Kuben, reduziert" (siehe S. 134).

**Kulaken:** Im Grunde „reiche Bauern", aber ab 1929 wurde jeder Gegner der Kollektivierung des Bodens als „Kulake" bezeichnet (siehe S. 280 und 284).

**Kulturelle Abrüstung:** Der Begriff wurde von dem Historiker John Horne geprägt. Er bezieht sich auf das Verschwinden der Kriegskultur innerhalb der vom Krieg betroffenen Bevölkerung beim Übergang zum Frieden. Die Kriegskultur kann auch im Frieden fortbestehen (siehe S. 226).

**Kulturkampf:** Auseinandersetzung zwischen römisch-katholischer Kirche und Staat im Deutschen Reich (1871 bis Anfang der 1880er-Jahre) (siehe S. 52 und 68).

**„Kulturnation":** Nation, die sich auf die Vorstellung einer kulturellen Gemeinsamkeit und gemeinsamer historischer Ursprünge gründet (siehe S. 70).

**Kunstgewerbe:** Auf Gebrauchsgegenstände (Möbel, Keramik, Tapeten, Goldschmiedekunst und anderes) angewandte Kunst (siehe S. 134).

**Kyffhäuserbund:** Gemäßigt nationalistischer Zusammenschluss deutscher Kriegervereine; erreichte 1913 2,8 Millionen Mitglieder (siehe S. 70).

## L

**Laizismus:** Strikte Trennung von Staat und Religion; in Frankreich abschließend 1905 durch das Gesetz über die Trennung von Staat und Kirche verwirklicht (keine Anerkennung oder finanzielle Unterstützung von Glaubensgemeinschaften durch den Staat, siehe S. 48, 64 und 68).

**Landesherrliches Kirchenregiment:** Aus der Reformation hervorgegangene Oberhoheit der deutschen Landesherrn (z.B. Herzog von Württemberg) über die evangelischen Kirchen in ihren Staaten; bestand bis 1918 (siehe S. 68).

**Landflucht:** Definitive Abwanderung der Landbevölkerung in Städte und ins Ausland (siehe S. 104).

**Ländliche Gesellschaft:** Gesamtheit der Personen und Gruppen, die auf dem Land leben: Landwirte, Schlossherren, Landhandwerker, Landärzte usw. (siehe S. 108).

**Lateranverträge:** 1929 geschlossene Verträge zwischen Italien und dem Heiligen Stuhl, durch die der Papst auf den durch die Einigung Italiens (bis 1870) verlorenen Kirchenstaat verzichtete (siehe S. 250).

**„La Voie sacrée" („Heilige Straße"):** Symbolische Bezeichnung für die Straße, die Verdun mit seinem Hinterland verband. Nach ihrem Ausbau wurde sie zu einem Transportweg von vitaler Bedeutung, auf dem Menschen und Material herangeführt wurden (siehe S. 196).

**Leih- und Pachtgesetz:** Am 11. März 1941 verabschiedetes Gesetz, das den Präsidenten der Vereinigten Staaten dazu ermächtigte, einem Land Material zu verkaufen oder zu leihen, dessen Unterstützung als unerlässlich für die Sicherheit der USA eingestuft wurde (siehe S. 306).

**Liberale:** Gruppierung, die in der Tradition von 1789 die Freiheit des Individuums betonte und sich zu einem parlamentarischen Regierungssystem, nicht jedoch zur Demokratie bekannte (siehe S. 14).

**Liberalismus:** Ideengeschichtliche Strömung, die davon ausgeht, dass nicht der Staat, sondern das freie Individuum am besten in der Lage ist, durch sein (wirtschaftliches und politisches) Handeln das Gemeinwohl zu fördern (siehe S. 84).

**Ligues (Pl. Ligen):** Nationalistisch-antisemitische und antiparlamentarische Bewegungen (siehe S. 70 und 283).

**Locarno-Verträge:** Am 16. Oktober 1925 von Frankreich, Belgien und Deutschland unterzeichnetes Vertragswerk, in dem sie – mit einer Garantie durch Großbritannien und Italien – die vom Versailler Vertrag festgelegten gemeinsamen Grenzen anerkannten. Deutschland erkannte seine Ostgrenze nicht an, verpflichtete sich aber, bei Streitfällen mit Polen und der Tschechoslowakei ein Schiedsgericht anzurufen (siehe S. 364).

**Lochkarte:** Von Herman Hollerith für die amerikanische Volkszählung von 1890 optimierter Datenträger aus Pappe (siehe S. 88).

**Lubliner Komitee:** „Polnisches Komitee der Nationalen Befreiung", 1944 unter Stalin in Konkurrenz zur polnischen Exilregierung in London gegründet (siehe S. 314).

## M

**Maginotlinie:** Befestigungssystem, das ab 1930 auf Initiative des Kriegsministers André Maginot errichtet wurde und von der Schweizer Grenze bis zu den Ardennen reichte. Man ging davon aus, dass die feindlichen Panzer sie nicht durchbrechen konnten (siehe S. 342).

**Malthusianismus:** Lehre des englischen anglikanischen Pfarrers Thomas Robert Malthus von 1798. Ihm zufolge wächst die Bevölkerung schneller als die Nahrungsgrundlage. Er sprach sich daher für eine Verringerung der Geburtenzahlen durch spätere Heirat und Enthaltsamkeit aus (siehe S. 104).

**Mandat:** Gebiet, das den Siegern von 1918 durch den Völkerbund übertragen wurde, damit sie dessen Übergang in die Unabhängigkeit vorbereiteten. Es handelte sich um die ehemaligen deutschen Kolonien und die arabischen Gebiete des Osmanischen Reiches (siehe S. 176).

**„Manifest der Kommunistischen Partei" (Februar 1848):** Revolutionäre Kampfschrift, in der Karl Marx und Friedrich Engels die Proletarier der Welt zur internationalen Solidarität im Klassenkampf gegen die kapitalistische Bourgeoisie aufrufen (siehe S. 22).

**Maquis (franz. „Busch(wald)"):** Abgelegene Region, in der sich der geheime bewaffnete Widerstand ausbildete. Der Begriff wurde auf bewaffnete Widerstandsgruppen („maquisards") ausgedehnt (siehe S. 322 und 348).

**Massenkultur:** Gesamtheit der kulturellen Angebote und Praktiken, die in modernen Gesellschaften vor allem durch Kommunikations- und Unterhaltungsindustrien breiten Bevölkerungsschichten zugänglich gemacht werden (siehe S. 146).

**Materialschlacht:** Schlacht, bei der (ab Ende 1915) die schwere Artillerie und die Verwendung von Granaten eine entscheidende Rolle spielte (siehe S. 196).

**Medialisierung:** Die historische Entwicklung, in der Massenmedien mit ihrer Darstellung von Ereignissen und Personen, etwa aus Politik und Sport, zunehmend die Öffentlichkeit bestimmen (siehe S. 148).

**Meiji („Erleuchtete Regierung"):** Bezeichnung für die Herrschaft des Kaisers Mutsu Hito (1868–1912), die durch eine beschleunigte Modernisierung Japans gekennzeichnet war (siehe S. 162).

**Meridian von Greenwich:** Nach der Aufteilung der Welt in 24 Zeitzonen im Jahre 1875 wurde er 1885 als Nullmeridian festgelegt. Er verläuft durch das alte Observatorium im Londoner Vorort Greenwich (siehe S. 160).

**Merkantilismus:** Wirtschaftsform des 17. und 18. Jh. Ihre Grundidee war die Förderung einheimischer Unternehmen mittels Exportförderung und Einfuhrbeschränkung. Dem Staat kam die Rolle einer zentralen Lenkungsinstanz für wirtschaftliche Entwicklungen zu (siehe S. 84).

**Meuterei:** Kollektive Verweigerung des Gehorsams innerhalb einer Armee (siehe S. 206).

**Militärdiktatur:** Autoritäres Regime, an dessen Spitze ein Offizier oder eine Gruppe von Offizieren steht, meist durch einen Putsch errichtet (siehe S. 236).

**Militarismus:** Militärische Verhaltensweisen und Wertvorstellungen durchdringen auch das zivile Leben. Das Militär hat großen Einfluss auf die Regierung und nimmt eine bevorzugte Stellung in der Öffentlichkeit ein (siehe S. 54).

**Miliz:** Politische und militärische Organisation, die am 30. Januar 1943 von Joseph Darnand gegründet wurde. Darnand wurde zum „Generalsekretär zur Aufrechterhaltung der Ordnung" ernannt (siehe S. 344).

**Missionar(in):** Geistlicher oder Laie, der/die mit der Verbreitung seiner/ihrer Religion beauftragt ist (siehe S. 160 und 174).

**Monarchische Legitimität:** Politisches Prinzip, das allein den traditionellen Fürstenhäusern (im Gegensatz zu Napoleon, der sich auf die Volkssouveränität berufen hatte) ein Herrschaftsrecht zuerkannte (siehe S. 10).

**Monarchisten:** Befürworter einer monarchischen Staatsform. Die französischen Royalisten waren gespalten in Legitimisten, die den Enkel Karls X. aus der älteren Linie der Bourbonen als Thronanwärter unterstützten, und Orléanisten, die den Comte de Paris, den Enkel Louis- Philippes, bevorzugten. Die Bonapartisten wünschten einen Angehörigen der Familie Napoleons auf dem Thron (siehe S. 46).

**Monokratisch/Monokratie (Alleinherrschaft):** Verständnis der nationalsozialistischen Diktatur als ein strikt hierarchisch aufgebautes System, das durch den „Führerwillen" von der Spitze aus gelenkt wurde; die politische Initiative lag dieser Vorstellung zufolge weitgehend beim „Führer" (siehe S. 264).

**Monroe-Doktrin (1823):** Von Präsident James Monroe 1823 im Kongress verkündet, gebot sie den europäischen Mächten, auf jede Intervention auf dem amerikanischen Kontinent zu verzichten. Umgekehrt verpflichteten sich die Vereinigten Staaten, nicht in europäische Angelegenheiten einzugreifen (siehe S. 162).

**Münchner Konferenz:** Auf Initiative Benito Mussolinis trafen sich am 29. September 1938 Vertreter Deutschlands, Englands, Frankreichs und Italiens; das am Tag darauf unterzeichnete Münchner Abkommen erlaubte Hitler, das in der Tschechoslowakei gelegene Sudetenland zu annektieren (siehe S. 302).

**Mur des Fédérés (Mauer der Verbündeten):** Eine Mauer auf dem Pariser Friedhof Père Lachaise, an der viele Kämpfer der Commune am 28. Mai 1871 hingerichtet wurden (siehe S. 40).

## N

**Nationale Revolution:** Bezeichnung, die dem von Marschall Pétain 1940 vorgestellten Programm für den Wiederaufbau Frankreichs gegeben wurde. Das Programm richtete sich gegen die Prinzipien von 1789 (siehe S. 344).

**Nationaler Block (Bloc national):** Französische Mitte-Rechts-Koalition, die bei den Parlamentswahlen von 1919 eine große Mehrheit erhielt (siehe S. 364).

**Nationalistisch/Nationalismus:** Radikale Form des Nationalbewusstseins, die häufig von der Höherwertigkeit einer bestimmten Nation ausgeht und aggressive Züge annehmen kann. Der französische Begriff „nationalisme" weist diese negative Konnotation in geringerem Maße auf (siehe S. 18, 70 und 358).

**Nationalitäten:** Im 19. Jahrhundert bezeichnete der Begriff staatenlose Nationen, das heißt Völker, die ihre Anerkennung als souveräne Nationen anstrebten. Das Nationalitätenprinzip ist das Recht der Völker, über sich selbst zu bestimmen (siehe S. 358).

**Nationalwerkstätten:** Von der französischen Republik im März 1848 eingerichtete öffentliche Baustellen zur Beschäftigung von Arbeitslosen zu Niedriglöhnen (siehe S. 24).

**Naturalismus:** Von Émile Zola in den 1870er-Jahren begründete literarische Strömung, die der Kunst den Anspruch zuwies, die Natur zu imitieren und die Realität getreu nachzubilden (siehe S. 132).

**NEP (Neue Ökonomische Politik):** Von 1921 bis 1929 verfolgte Politik des „Übergangs" zwischen Kapitalismus und Sozialismus, die durch eine Aufgabe der Zwangsrequisitionen und eine teilweise Rückkehr zur Privatinitiative gekennzeichnet war (siehe S. 278).

**Neue Ära:** Schlagwort der preußischen Liberalen für die Politik Wilhelms I., die durch die Aufhebung der Verfolgungen von Liberalen und die Berufung liberaler Minister gekennzeichnet war (siehe S. 34).

**Neue Länder:** Unabhängige Länder Amerikas und Ozeaniens, die im Vergleich zum dicht bewohnten und wirtschaftlich genutzten „alten Kontinent" Europa im 19. Jahrhundert dünn besiedelt waren (siehe S. 104 und 160).

**Niemandsland:** Bezeichnete die Zone zwischen den ersten Linien der Grabensysteme gegnerischer Armeen (siehe S. 196).

**NKWD (Volkskommissariat für innere Angelegenheiten):** Polizeiorganisation, die 1934 die GPU ablöste (siehe S. 280).

**Nomenklatura:** Von der Kommunistischen Partei angelegte Liste von Personen, die für leitende Positionen in Frage kamen. Der Begriff wurde auf alle privilegierten Amtsträger der UdSSR ausgedehnt (siehe S. 284).

**Notverordnung:** Gesetzesvertretende Verordnung, die nach Artikel 48 bei „Gefahr im Verzug" vom Reichspräsidenten erlassen werden konnte; sie bedurfte aber der Zustimmung des Reichstages. Falls diese verweigert wurde, konnte der Reichspräsident das Parlament auflösen und bis zur Neuwahl 60 Tage unkontrolliert mit Notverordnungen regieren (siehe S. 246 und 262).

**NSDAP (Nationalsozialistische deutsche Arbeiterpartei):** 1919 unter dem Namen „Deutsche Arbeiterpartei" gegründete antidemokratische, antisemitische, völkische Partei; nach einem gescheiterten Putsch Adolf Hitlers am 9. November 1923 verboten, ab 1925 wieder aufgebaut (siehe S. 246).

## O

**Offizielle Kandidatur (franz. „candidature officielle"):** Kandidatur bei Parlamentswahlen, die offiziell von der Regierung Napoleons III. unterstützt wurde (siehe S. 36).

**Oktroyierte Verfassung (oktroyieren: auferlegen):** Kritische Bezeichnung für eine Verfassung, die einseitig vom Staatsoberhaupt erlassen wird. Dies galt 1849 vor allem für die preußische und österreichische Verfassung (siehe S. 34).

**ONIB (Office National interprofessionnel du blé):** Zusammengesetzt aus Vertretern von Landwirten, Lebensmittelindustrie, Staat und Verbrauchern zur Festsetzung des Weizenpreises, um den Bauern ihr Einkommen zu garantieren (siehe S. 240).

**Opportunisten:** Gemäßigte Republikaner, die schrittweise Reformen durchsetzen wollen, wenn sich die Gelegenheit („opportunité") dazu bietet. Hauptvertreter: Jules Ferry (siehe S. 48).

**Ordre moral:** Bezeichnung für die konservative Politik nach 1873, die auf Verwirklichung traditioneller moralischer Werte zielte, wie sie von der katholischen Kirche und der Armee vertreten wurden (siehe S. 46).

**OVRA (Organizazzione per Vigilanza et la Repressione dell'Antifascismo):** Die Organisation zur Überwachung und Unterdrückung des Antifaschismus entstand 1927 als Geheimpolizei (siehe S. 250).

## P

**Pandemie:** Epidemie von weltweitem Ausmaß (siehe S. 212).

**Panzerdivision:** Mit Panzern ausgestattete Einheit des deutschen Heeres (siehe S. 306 und 342).

**Parlamentarisches Regierungssystem (franz. régime parlementaire):** Politisches System, in dem die Regierung (Exekutive) von der Unterstützung des Parlaments (Legislative) abhängig und dieser gegenüber verantwortlich ist (siehe S. 14, 34, 36, 46, 52 und 64).

**Partisanen und Maquisards:** Bewaffnete Widerstandskämpfer, die sich in abgelegenen oder schwer zugänglichen Gebieten (Gebirgen) zusammenschlossen und Guerillaoperationen gegen die deutschen Besatzungstruppen durchführten (siehe S. 322).

**Passiver Widerstand:** Von der Regierung 1923 angeordneter und finanzierter Generalstreik im Ruhrgebiet, der den Besatzern die wirtschaftliche Nutzung der dortigen Ressourcen erschweren sollte (siehe S. 244).

**Pasteur-Revolution:** Nach dem französischen Chemiker und Mikrobiologen Louis Pasteur (1822–1895) benannte medizinische Revolution, die während des letzten Viertels des 19. Jahrhunderts erfolgte und die auf der Entdeckung von Mikroorganismen wie Mikroben oder Bakterien beruhte, die man durch Hygienemaßnahmen und Impfungen zu bekämpfen lernte (siehe S. 104)

**Patriotismus (lat. „patria"/„Vaterland"):** emotionale Bindung an die Nation und Verpflichtung ihr gegenüber (siehe S. 70).

**Patriotische Milizen:** Sie wurden im März 1944 vom CNR gegründet, um unter der Autorität der Befreiungskomitees als Polizeikräfte zu dienen. Die kommunistischen Widerstandskämpfer besaßen in ihnen großen Einfluss (siehe S. 350).

**Pauperismus:** Vom lateinischen „pauper" („arm") abgeleiteter politisch-sozialer Schlüsselbegriff der 1840er-Jahre, der die Verelendung breiter Bevölkerungsschichten bezeichnet (siehe S. 22).

**Pazifismus:** Lehre, die sich für die Verweigerung des Krieges und die Verteidigung des Friedens einsetzt (siehe S. 226).

**PCF (Parti communiste Français):** 1920 auf dem Kongress von Tours als Abspaltung der sozialistischen SFIO entstandene kommunistische Partei (siehe S. 240).

**Personalunion:** Verbindung von zwei Staaten in der Person eines Monarchen. So war der russische Zar gleichzeitig König von Polen (siehe S. 18).

**Philhellenentum:** Politisch-intellektuelle Strömung in Europa, die ausgehend von der Bewunderung der klassischen griechischen Sprache und Kultur den griechischen Freiheitskampf gegen das Osmanische Reich unterstützte (siehe S. 18).

**Planwirtschaft:** Leitung der Wirtschaft durch den Staat, der autoritär Preise, Arbeitsnormen und die zu produzierenden Mengen festlegt (siehe S. 280).

**Plebiszit:** Befragung des Volkes (nach dem allgemeinen Wahlrecht) durch die Exekutive, die dazu auffordert, eine Frage mit Ja oder Nein zu beantworten. Man unterscheidet zwischen dem Plebiszit, das als Bestätigungs- und Legitimationsinstrument in autoritären Regimen eingesetzt wird, und dem Referendum (Volksabstimmung), das eine freiheitlich-demokratische Form der Befragung ist (siehe S. 24 und 36).

**Partito Nazionale Fascista (PNF):** Faschistische nationale Partei, gegründet im November 1921. Der Name geht ursprünglich auf die fasci (= Bündel) der Arbeiterbewegung im 19. Jahrhundert zurück; die Anhänger Mussolinis führten ihn auf die fasces zurück, die Rutenbündel, die im antiken Rom den Beamten als Zeichen ihrer Amtsgewalt vorangetragen wurden (siehe S. 250).

**Pogrom:** Aus dem Russischen stammender Begriff, der gewaltsame, zumeist antisemitische

Ausschreitungen bezeichnet, die oft mit dem Einverständnis der Regierung erfolgten (siehe S. 160).

**Polenbegeisterung:** Politische Strömung, die seit 1830 die Solidarität der europäischen National- und Freiheitsbewegungen mit dem polnischen Freiheitskampf betonte (siehe S. 18).

**Politik der offenen Tür (open door policy):** Doktrin des amerikanischen Staatssekretärs John Hay (1838 - 1905), der forderte, dass die Existenz von „Einflusszonen" nicht der Handelsfreiheit auf dem chinesischen Markt schaden dürfe (siehe S. 164).

**Polykratisch/Polykratie (Herrschaft vieler):** Verständnis der nationalsozialistischen Diktatur als ein von unklaren Kompetenzzuweisungen und Konkurrenz zwischen Institutionen geprägtes System; die Initiative lag bei allen, die sich mit Erfolg auf den „Führerwillen" beriefen (siehe S. 264).

**Positivismus:** Von dem Franzosen Auguste Comte (1798 - 1857) begründete philosophische Lehre, die die Theorie eines heraufziehenden „positiven Zeitalters" entwickelte, das von wissenschaftlichem Geist und Fortschrittsglaube beherrscht wird (siehe S. 64 und 132).

**Preußische Reformen:** Nach der Niederlage Preußens gegen Napoleon (1806/07) von der preußischen Regierung eingeleitete „Revolution von oben" zur Modernisierung von Staat (Bildungswesen, Verwaltung, Armee), Gesellschaft und Wirtschaft (siehe S. 10).

**Private Parzellen:** Kleine Landstücke (weniger als ein halber Hektar), die Stalin 1933 den bäuerlichen Familien zugestand (siehe S. 284).

**Pro-Europäer:** Anhänger einer Form der europäischen Einigung (siehe S. 358).

**Propaganda:** Bündel von Maßnahmen, durch die die öffentliche Meinung beherrscht und gelenkt werden soll (siehe S. 200).

**Protektionismus:** Politik, durch welche der Staat Zollschranken (Abgaben und anderes) errichtet, um den nationalen Markt vor ausländischen Importen zu schützen (siehe S. 174).

**Protektorat:** Durch einen internationalen Vertrag begründeter Rechtszustand. Aufgrund des Vertrages verzichtet ein Staat auf bestimmte Elemente seiner Souveränität (Verteidigung, Außenpolitik, Zoll) zugunsten eines anderen Staates (siehe S. 176).

**Protoindustrialisierung:** Herausbildung von Gewerbelandschaften, die für überregionale oder internationale Märkte produzieren (siehe S. 84).

**Psychoanalyse:** Von Freud entwickelte Untersuchungsmethode, dem Patienten Dinge ins Bewusstsein zu rufen, die in seinem Unterbewusstsein versteckt waren und die Ursache seiner psychischen Probleme sind (siehe S. 134).

## R

**„Radicaux" (Plural von „radical"):** Linker Flügel der Republikaner, denen die Politik der Opportunisten zu zögernd war. Sie waren strikt antiklerikal eingestellt, bejahten konsequent die parlamentarische Demokratie und forderten mehr soziale Gerechtigkeit (siehe S. 48 und 240).

**Räterepublik:** Regierung nach dem Vorbild der russischen Sowjetrepublik (siehe S. 236).

**Rationalisierung:** Leistungssteigerung durch Erhöhung des Arbeitstempos, Vorschreiben zeitsparender Bewegungsabläufe (Taylorismus, Fließbandproduktion) oder Ersetzen von Menschen durch Maschinen (siehe S. 148).

**Realismus:** Literarische und künstlerische Bewegung, die die Idealisierung der realen Welt ablehnte und sich für die minutiöse Beschreibung von Gegenständen und Personen aussprach (siehe S. 132).

**Realpolitik:** Politisches Handeln, das sich im Gegensatz zu einer werteorientierten Politik an den gegebenen Möglichkeiten orientiert (siehe S. 34).

**Reichsstatthalter:** Vertreter des Reichskanzlers Hitler in den Ländern zur Durchsetzung einer zentralistischen Machtausübung im Bruch mit dem deutschen Föderalismus (siehe S. 262).

**Reparationen:** Kriegsentschädigungen, die Deutschland aufgrund des Versailler Vertrages leisten sollte, weil es für den Krieg verantwortlich gemacht wurde (siehe S. 364).

**Republik:** von lat. „res publica", öffentliche Angelegenheit", Gemeinwesen. Die Staatsgewalt geht, anders als in der Monarchie, im Prinzip von der Gesamtheit der Staatsbürger aus. Seit der Aufklärung ist der Begriff eng mit der demokratischen Idee der Volkssouveränität verknüpft (siehe S. 46).

**Republik von Salo:** Name der „Italienischen Sozialen Republik", die von September 1943 bis März 1945 von Mussolini regiert wurde (siehe S. 310).

**Réseau (Netzwerk):** Widerstandsorganisation, die sich - in Zusammenarbeit mit den Nachrichtendiensten des Freien Frankreichs und den Alliierten - auf die Übermittlung militärischer Nachrichten spezialisierte (siehe S. 348).

**Restauration:** Politische Zielvorstellung einer Wiederherstellung der vorrevolutionären Staats- und Gesellschaftsordnung seit 1814; bezeichnet in Frankreich einerseits die Rückkehr der Bourbonen auf den Thron (1814/15), andererseits aber auch den gesamten Zeitraum bis zu ihrem endgültigen Sturz (1814/15 - 1830) (siehe S. 10).

**Revision:** Überprüfung der Gültigkeit eines Urteils; in Bezug auf den Versailler Vertrag der Versuch, Bestimmungen aufzuheben oder abzumildern (siehe S. 244).

**Revisionismus:** Reformorientierte Richtung innerhalb der deutschen Sozialdemokratie, die sich von der Idee des revolutionären Klassenkampfes in der Praxis distanzierte; führender Theoretiker: Eduard Bernstein (1850 - 1932 (siehe S. 66).

**Revisionspolitik:** Der Begriff bezeichnet die Haltung der Staaten, die nach 1919 eine Revision der Friedensverträge und eine Wiederherstellung des Vorkriegszustandes wünschten (siehe S. 364).

**Rheinkrise:** Durch französische Forderungen nach einer Abtretung der linksrheinischen deutschen Gebiete 1840 (Rhein als „natürliche Grenze") bedingte Krise zwischen Frankreich und dem Deutschen Bund (siehe S. 18).

**Romantik:** Literarische und künstlerische Strömung, die in Deutschland und England am Ende des 18. Jahrhunderts entstand und sich in der ersten Hälfte des 19. Jahrhunderts in ganz Europa verbreitete (siehe S. 132 und 358).

**Rote Zone:** Auf den Karten des „Service de la reconstitution foncière" (Behörde zur Wiederherstellung des Bodens) waren die Gebiete, in denen die Kosten für den Wiederaufbau den Wert des Bodens überstiegen, rot eingezeichnet (siehe S. 212).

**RSHA (Reichssicherheitshauptamt):** Zentrale Sicherheitsbehörde des Reiches, die 1939 gebildet wurde, um sämtliche Nachrichtendienste (Sicherheitsdienst oder SD) und die Sicherheitspolizei, zu der auch die Gestapo gehörte, unter der Amtsgewalt der SS zusammenzufassen (siehe S. 330).

**Ruhrkampf:** Bezeichnung für die Politik des Widerstands gegen die Besatzung des Ruhrgebiets durch französisch-belgische Truppen (siehe S. 364).

## S

**SA (Abkürzung für „Sturmabteilung"):** Bewaffnete Kampf-, Schutz- und Propagandatruppe der NSDAP (siehe S. 262).

**Säkularisierung:** Ausdehnung des nichtreligiösen auf Kosten des religiösen Bereichs, der allmählich in das Privatleben abgedrängt wird (siehe S. 124).

**Saint-Simonismus:** Von dem französischen Philosophen und Ökonomen Claude Henri de Rouvroy, Comte de Saint-Simon (1760 - 1825) begründete frühsozialistische Strömung mit christlicher Orientierung (siehe S. 36 und 358).

**Scherenkrise:** Krise, die aus dem zunehmenden Unterschied zwischen den schneller steigenden Preisen für Industrieprodukte und den langsamer steigenden Preisen für Agrarprodukte entstand (siehe S. 278).

**Schiedsgerichtsbarkeit:** Lösung von Konflikten über die Anrufung einer schiedsrichterlichen Instanz wie der Völkerbundsversammlung oder des Ständigen Internationalen Gerichtshofs in Den Haag (siehe S. 220).

**Schwarz-Rot-Gold:** Farben der Jenaer Burschenschaft; irrtümlich als Fahne des Alten Reiches interpretiert; Symbol der deutschen Nationalbewegung. 1848/49 erstmals Staatsflagge (siehe S. 16).

**SDAP (Sozialdemokratische Arbeiterpartei):** 1869 von August Bebel und Wilhelm Liebknecht gegründete Arbeiterpartei, die großdeutsch (siehe S. 26) ausgerichtet war und im Gegensatz zum ADAV ein taktisches Bündnis zwischen Arbeiterschaft und preußischem Staat gegen das kapitalistisch-liberale Bürgertum ablehnte (siehe S. 52).

**Selbstbestimmungsrecht der Völker:** Prinzip, nach dem jedes Volk sein eigener Souverän ist, über sich selbst bestimmen, frei seine Regierungsform festlegen und über seine ökonomische, soziale und kulturelle Entwicklung entscheiden kann (siehe S. 220).

**Separatismus:** Bestrebungen politischer Gruppierungen, die zumeist unter Berufung auf nationale

Zusammengehörigkeit gegenüber einem Staat Autonomierechte, die Unabhängigkeit oder die Angliederung an einen anderen Staat fordern (siehe S. 236).

**Shoah:** Seit den 1970er-Jahren erscheint das von dem hebräischen Wort für „Katastrophe" abgeleitete Wort „Shoah" als besser geeignet, um dem singulären Charakter des Völkermordes an den Juden Rechnung zu tragen. Die Anwendung des in den Vereinigten Staaten und in Deutschland verwendeten Wortes „Holocaust" wurde immer wieder kritisiert, weil es in der Bibel die Opfer einer religiösen Opferhandlung bezeichnet (siehe S. 330).

**SFIO (Section française de l'Internationale ouvrière):** Französische Sektion der Arbeiterinternationale (Zweite Internationale); 1905 aus dem Zusammenschluss der beiden größten sozialistischen Parteien entstanden (siehe S. 48, 66 und 240).

**Siedlungskolonien:** Kolonien mit einem starken Anteil aus Europa stammender Bevölkerung, in denen die Wertschöpfung – in Unterschied zu den Ausbeutungskolonien – durch die Europäer selbst erfolgte (siehe S. 104 und 108).

**Sinti und Roma:** Eigenbezeichnung einer vor allem in Europa verbreiteten ethnischen Minderheit indischer Herkunft. Die Fremdbezeichnung „Zigeuner" wird in Deutschland als diskriminierend abgelehnt (siehe S. 266).

**Sonderkommandos:** Sie wurden aus jüdischen Häftlingen gebildet, die in den Krematorien grauenvolle Aufgaben zu erledigen hatten (siehe S. 334).

**Sowchose:** Staatlicher Landwirtschaftsbetrieb, der mit einem Industrieunternehmen zu vergleichen ist. Er verfügte über einen von der Verwaltung ernannten Direktor und bezahltes Personal (siehe S. 280).

**Sowjet:** Das Wort, das im Russischen „Rat" bedeutet, tauchte während der Revolution von 1905 auf und bezeichnete die Volksversammlungen der Bauern, Arbeiter und Soldaten (siehe S. 214).

**Sozialdarwinismus:** Gesellschaftstheorie, die die Prinzipien der biologischen Evolutionstheorie Darwins auf Menschen überträgt (siehe S. 260).

**Sozialisten/Sozialismus:** In Frankreich in den 1830er-Jahren aufkommender Begriff. Der Sozialismus war am Ende des 19. Jahrhunderts ein breites Spektrum politischer Ideen und Organisationen, die im Allgemeinen eine Vergesellschaftung der Produktions- und Tauschmittel mit dem Ziel einer gerechteren Gesellschaft anstreben (siehe S. 66).

**Sozialistischer Realismus:** In der UdSSR gegenüber den Künstlern durchgesetzter offizieller Kunststil, der dazu dienen sollte, die Errungenschaften des Sozialismus zu feiern (siehe S. 136 und 284).

**Sozialstaat (franz. Etat-providence):** Staat, der wichtige soziale Funktionen übernimmt, indem er seine Bevölkerung auf der Basis obligatorischer Beitragszahlungen vor der Verelendung durch Krankheit, Arbeitslosigkeit und Alter schützt (siehe S. 118).

**Spartakisten:** Linker Flügel der USPD, der von Karl Liebknecht und Rosa Luxemburg geführt wurde und der für eine Räterepublik nach sowjetischem Modell eintrat (siehe S. 218).

**SPD (Sozialdemokratische Partei Deutschlands):** 1875 durch den Zusammenschluss des „Allgemeinen Deutschen Arbeitervereins" (ADAV) und der „Sozialdemokratischen Arbeiterpartei" (SDAP) entstandene Partei (siehe S. 52, 64, 66 und 218).

**Splendid isolation:** Ausdruck des britischen Premierministers Lord Salisbury (1885–1902), mit dem er die Weigerung Großbritanniens beschrieb, sich durch einen Bündnisvertrag an ein anderes Land zu binden (siehe S. 166).

**Squadra (Pl. squadre, ital. „Trupp"):** Aufgrund ihrer Uniformen auch „Schwarzhemden" genannte Mitglieder des paramilitärischen Kampfbundes der Faschisten, die als Miliz der Führung Mussolinis unterstanden (siehe S. 250).

**SS (Abkürzung für „Schutzstaffel"):** Paramilitärischer Verband der NSDAP; nach der Entmachtung der SA entwickelte sie sich zu einem zentralen Machtfaktor im System (siehe S. 262, 322).

**Staatenlosigkeit:** Situation, in der ein Individuum seine Staatsangehörigkeit verloren hat (siehe S. 220).

**Staatliche Kollaboration:** Zusammenarbeit mit Deutschland in Politik, Wirtschaft und im militärischen Bereich, die sogar über die Wünsche der Deutschen hinausging, aber die Neutralität Frankreichs im Krieg zu bewahren suchte (siehe S. 344).

**„Staatsnation":** Nation, die sich durch gemeinsame politische Grundwerte und Institutionen definiert; häufig auf der Idee eines freiwilligen Zusammenschlusses basierend (siehe S. 70).

**Stachanowismus:** Nach dem Bergmann Alexej Stachanow aus dem Don-Gebiet, der 14-mal mehr Kohle gefördert haben soll als die Norm vorgab (die Angabe zu seiner Leistung war allerdings manipuliert); Methode, durch die Arbeiter zur Rationalisierung und Ertragssteigerung motiviert werden sollten (siehe S. 284).

**Stahlhelm (Deutschnationaler Frontsoldatenbund):** Wichtigste Organisation der deutschen Frontsoldaten, die von der Armee kontrolliert wurde und über etwa 1 Million männliche Mitglieder verfügte (siehe S. 212 und 262).

**Stavisky-Affäre:** Skandal um den Betrüger Alexandre Stavisky, der, wie 1933 bekannt wurde, seine Geschäfte durch gute Kontakte zu Abgeordneten der radikalen Partei führen konnte (siehe S. 238).

**STO („Service du Travail Obligatoire"):** Obligatorischer Arbeitsdienst von zwei Jahren, der am 16. Februar 1943 für die jungen Männer zwischen 21 und 23 Jahren eingerichtet wurde (siehe S. 344).

**Strategischer Durchbruch:** Militärische Operation, bei der man mit einem Durchbruch durch die gegnerische Front versuchte, einen entscheidenden strategischen Vorteil zu erlangen (siehe S. 196).

**Stützpunkte:** Orte, an denen sich die Schiffe in vollkommener Sicherheit mit Proviant, vor allem mit Trinkwasser, versorgen können (siehe S. 160 und 174).

**Sturz des Dow Jones:** Der Fall des New Yorker Aktienindex Dow Jones 1929 wird als „Börsencrash" bezeichnet. Obwohl die stärksten Kursverluste an einem Donnerstag (24. September) und dem folgenden Dienstag (29. September) verzeichnet wurden, ist er in Deutschland als „schwarzer Freitag" bekannt.

**Sudetenland:** Grenznahes Gebiet in der Tschechoslowakei, in dem eine deutschsprachige Minderheit von drei Millionen Einwohnern lebte, die 1938 ihre Wiederangliederung an Deutschland forderte (siehe S. 302).

**Surrealismus:** Literarische und künstlerische Bewegung, die André Breton im „Manifest des Surrealismus" (1924) so definierte: „[...] reiner, psychischer Automatismus, durch welchen man, sei es mündlich, sei es schriftlich, sei es auf jede andere Weise, den wirklichen Ablauf des Denkens auszudrücken sucht ..." (siehe S. 136).

**Szientismus:** Ideologie, die in der Wissenschaft (Science) den Motor für Fortschritt sieht (siehe S. 134).

## T

**Tarifvertrag:** Ein durch eine Übereinkunft zwischen den Organisationen der Arbeitgeber und der Arbeitnehmer geschlossener Vertrag, der genaue Regeln für Arbeitsbedingungen und Entlohnung festlegt (siehe S. 118).

**Technokratie:** Gesamtheit der Führungskräfte, die aufgrund ihrer technischen Kompetenzen die Macht innehaben (siehe S. 112).

**Territoriale Konzessionen:** Parzellen, die sich immer in einem Stadtbezirk befanden. Sie wurden auf der Grundlage von Verträgen, die mit der chinesischen Regierung im 19. Jahrhundert abgeschlossen wurden, einer westlichen Macht auf Zeit abgetreten (siehe S. 164).

**„The Frontier" („Die Grenze"):** Westliche Grenze der Vereinigten Staaten, die im Zuge der Eroberung des Westens immer weiter vorgeschoben wurde, bis 1910 der Pazifik erreicht war (siehe S. 162).

**Totalitarismusmodell:** Typologisches Modell, das die Parallelen zwischen den Diktaturen des 20. Jahrhunderts unterstreicht (absolute Ideologie, Einparteiensystem, Führerkult, Polizeiterror, Monopol über die Kommunikationsmittel, ggf. zentralisierte Wirtschaftsplanung) (siehe S. 290).

**Triple-Entente:** Zwischen Großbritannien, Frankreich und Russland seit 1907 bestehendes Bündnis; Großbritannien ging jedoch keine Verpflichtung ein, im Falle eines Angriffs militärisch einzugreifen (siehe S. 166 und 192).

**Tscheka** (russische Abkürzung für „Außerordentliche Allrussische Kommission zur Bekämpfung von Konterrevolution, Spekulation und Sabotage"): Am 20. September 1917 gegründete und von Felix Dserschinski geführte Staatssicherheitsorganisation (siehe S. 278).

## U

**UdSSR (Union der Sozialistischen Sowjetrepubliken):** Die am 30. Dezember 1922 gegründete UdSSR war eine Föderation, die die im Oktober 1917 entstandene RSFSR (Russische

Sozialistische Föderative Sowjetrepublik), die Ukraine, Weißrussland und Transkaukasien vereinigte (siehe S. 278).

**Ultimatum:** Diplomatische Note eines Staates, in der von einem anderen Staat unter Androhung der Kriegserklärung die Erfüllung bestimmter Forderungen verlangt wird (siehe S. 192).

**Ultramontanismus:** Polemischer Sammelbegriff für katholische Strömungen, die sich uneingeschränkt an der Autorität des Papstes orientieren und somit als von „jenseits der Alpen" her (ultra montes) fremdbestimmt gelten (siehe S. 68).

**Ultraroyalisten:** Politische Gruppierung, die eine möglichst weitgehende Wiederherstellung der vorrevolutionären Verhältnisse forderte (siehe S. 14).

**Unfehlbarkeit:** 1870 durch das Erste Vatikanische Konzil beschlossenes Dogma, dem zufolge der Papst nicht irren kann, wenn er eine Lehrentscheidung trifft (ex cathedra) (siehe S. 68).

**Ungleiche Verträge:** Im Laufe des 19. Jahrhunderts von den europäischen Mächten durchgesetzte Verträge, die ihnen im Handel und bei territorialen Konzessionen sowie hinsichtlich der Privilegien für ihre Staatsangehörigen einseitige Vorteile gewährten (siehe S. 162).

**Unternehmen Barbarossa:** Codename für den Überfall auf die UdSSR (siehe S. 306).

**USPD (Unabhängige Sozialdemokratische Partei Deutschlands):** In ihr schlossen sich 1917 die Sozialdemokraten zusammen, die aus der SPD ausgeschlossen worden waren, weil sie sich geweigert hatten, Kriegskrediten zuzustimmen (siehe S. 218).

## V

**Verlagssystem (franz. „fabrique"):** Unternehmer stellten unabhängig voneinander arbeitenden Familienbetrieben Rohstoffe und z. T. auch Maschinen zur Verfügung, nahmen die oft in Heimarbeit produzierten Fertigprodukte (z. B. Stoffe) ab und vermarkteten sie (siehe S. 86).

**Versailler:** Bezeichnung für die aus Paris geflohene Regierung, die während der Aufstände ihren Sitz in Versailles hatte, und ihre Anhänger (siehe S. 40).

**Vichy-Regime:** Von Marschall Pétain ausgeübte Diktatur, die nach der als Regierungssitz dienenden Kurstadt Vichy benannt ist. Vichy wurde wegen seiner zahlreichen Hotels gewählt und weil es klein genug war, um nicht mit Paris in Konkurrenz zu treten (siehe S. 342).

**Victory-Program:** Programm zur Umstellung der amerikanischen Wirtschaft, das die Ziele der Rüstungsproduktion unter der Leitung des dem Bundesstaat unterstehenden „War Production Board" festlegte (siehe S. 310).

**Völkerbund:** Er wurde 1919 im Rahmen des Versailler Vertrages gegründet. Sein Ziel war die Aufrechterhaltung des Friedens auf der Grundlage der Prinzipien kollektiver Sicherheit (Gleichheit der Staaten, Transparenz der internationalen Beziehungen) (siehe S. 176, 302 und 362).

**Völkerfrühling:** In der ersten Hälfte des 19. Jahrhunderts aufkommender Begriff, der das Erwachen der europäischen National- und Freiheitsbewegungen und die Solidarität zwischen ihnen bezeichnet; im engeren Sinne auf den Frühling des Revolutionsjahres 1848 bezogen (siehe S. 22 und 358).

**Völkermord (Genozid):** Der Begriff bezeichnet Handlungen, die in der Absicht begangen werden, eine nationale, ethische, rassische oder religiöse Gruppe als solche ganz oder teilweise zu zerstören (Definition der UNO vom 9. Dez. 1948). Der Terminus Genozid wurde 1944 geprägt (R. Lemkin) (siehe S. 200, 314, 330 und 334).

**Vormärz:** In Deutschland Phase zwischen der Julirevolution von 1830 und der Märzrevolution von 1848. Manchmal wird auch die gesamte Periode zwischen 1815 und 1848 als Vormärz bezeichnet (siehe S. 16).

**Vororte:** Jenseits der Vorstädte errichtete Viertel (siehe S. 112).

**Vorstädte:** An der Stadtgrenze errichtete Viertel, die oft jenseits des Stadtwalls lagen (siehe S. 112).

## W

**Waffenstillstand:** Abkommen zwischen zwei Regierungen, das in der Erwartung von Friedensverhandlungen die Einstellung der Kampfhandlungen regelt (siehe S. 206 und 342).

**Waffenstillstand von Malmö (26. August 1848):** Waffenstillstand zwischen Dänemark und Preußen. Dänemark hatte Schleswig annektiert, woraufhin Preußen vom Deutschen Bund mit der Rückeroberung beauftragt worden war. Im Waffenstillstand von Malmö verzichtete Preußen auf die Rückeroberung, was die Frankfurter Nationalversammlung schließlich billigte (siehe S. 26).

**Wehrpflichtarmee:** Armee, die aus Einberufenen besteht, die einen obligatorischen Militärdienst ableisten müssen (siehe S. 192).

**Weiße Rose:** Studentische Widerstandsgruppe an der Universität München. Zu ihrem Kern gehörten die Geschwister Hans und Sophie Scholl, die 1943 hingerichtet wurden (siehe S. 326).

**Weltpolitik:** Von Wilhelm II. 1890 verkündet, zielte sie darauf ab, die ökonomische und politische Präsenz Deutschlands in der Konkurrenz zu anderen imperialistischen Mächten weltweit zu verstärken (siehe S. 166).

**„Wettlauf" (um Afrika):** Ausdruck, der für den englischen Begriff „steeple chase" steht. Er bezeichnete den Wettkampf um die Kolonien, der mit einem Pferderennen verglichen wurde (siehe S. 174).

**Widerstandsbewegung:** Widerstandsorganisation, die über den im eigentlichen Sinne militärischen Kampf hinaus auch Propagandaaktivitäten durchführte (Verbreitung von Flugblättern, Zeitungen und anderes) (siehe S. 348).

**Widerstand und Resistenz:** Der (auch im Französischen in der deutschen Form verwendete) Begriff „Widerstand" dient zur Bezeichnung des aktiven Widerstands gegen die nationalsozialistische Herrschaft. Der (gleichfalls im Französischen verwendete deutsche) Begriff „Resistenz" charakterisiert abweichende Verhaltensweisen, die nicht bis zur direkten Opposition gegenüber den Nationalsozialisten gingen (siehe S. 326).

**WVHA (Wirtschaftsverwaltungshauptamt):** Zentrale Behörde der SS für die ökonomische Verwaltung. Ab 1942 unterstand ihr die Leitung der Lager (siehe S. 334).

## Y

**Youngplan:** Von dem amerikanischen Experten Owen Young ausgearbeiteter Plan; im August 1929 angenommen. Er sah eine erneute Verringerung und Staffelung der Reparationszahlungen bis 1988 vor (siehe S. 246 und 364).

## Z

**Zensur:** Bündel von Maßnahmen, durch die Veröffentlichungen, Aufführungen und Korrespondenzen einer Genehmigungspflicht unterworfen oder vor der Veröffentlichung von den Behörden kontrolliert werden (siehe S. 200).

**Zensuswahlrecht:** Wahlrecht, das nur Bürgern eine Teilnahme an Wahlen erlaubt, die eine bestimmte Steuersumme erreichen (der Zensus) (siehe S. 14 und 22).

**Zentrum:** Partei des politischen Katholizismus in Deutschland; errang bereits bei den Reichstagswahlen von 1871 über 18 Prozent der Stimmen; 1881 bis 1912 stärkste Fraktion im Reichstag (siehe S. 52, 64 und 68).

**Zollverein:** Zusammenschluss mehrerer (deutscher) Staaten zu einem gemeinsamen Handelsgebiet ohne Zollschranken. Bildung des Preußisch-Hessischen, des Mitteldeutschen und des Süddeutschen Zollvereins, bevor sich 1833 der Preußisch-Hessische und der Süddeutsche Zollverein und schließlich 1834 alle drei zum Deutschen Zollverein zusammenschlossen (siehe S. 16 und 86).

**Zunft:** Organisation, in der Arbeitgeber und Beschäftigte desselben Gewerbebereichs teilweise bis weit ins 19. Jahrhundert hinein zusammengeschlossen waren (siehe S. 118).

**Zweite Internationale:** 1889 gegründeter, marxistisch ausgerichteter Zusammenschluss sozialistischer Parteien und Gewerkschaften verschiedener Länder (siehe S. 66).

**Zyklon B:** Vorher als Insektizid verwendetes Gift, das in Kristallform gelagert wird und sich bei Kontakt mit der Luft in Gas verwandelt. Es wurde vor allem in Auschwitz verwendet (siehe S. 334).

**Bildnachweis**

**11.1 (9.1):** Bridgeman Giraudon; **11.2 (9.2):** BPK, Berlin; **12.1:** AKG, Berlin; **14.1:** BPK/RMN, Berlin; **17.2 (9.3):** AKG, Berlin; **19.1 (9.4):** AKG, Berlin; **19.3:** BPK, Berlin; **20.1 (9.5):** AKG, Berlin; **22.1:** Interfoto, München; **23.2:** AKG, Berlin; **24.1:** DR; **25.2:** laif (Rapho/Mainbourg), Köln; **26.1:** Germanisches Nationalmuseum Nürnberg; **27.2 (9.6):** BPK, Berlin; **31.1 (9.7):** AKG, Berlin; **31.2 (9.8):** BPK (RMN/Lewandowski), Berlin; **34.1:** AKG, Berlin; **35.2:** Deutsches Historisches Museum, Berlin; **36.1:** AKG, Berlin; **38.1:** AKG, Berlin; **39.2:** ullstein bild/Lombard, Berlin; **39.5 (9.9):** AKG, Berlin; **40.1:** ullstein bild, Berlin; **41.4:** Bridgeman Giraudon/Lauros; **42.1:** AKG/Schöning, Berlin; **42.2 (9.10):** AKG, Berlin; **45.1 (9.11):** Bridgeman Giraudon © VG Bild Kunst 2008/Adagp, Paris 2008; **45.2 (9.12):** BPK, Berlin; **46.1:** BPK/RMN, Berlin; **47.3:** Kharbine- Tapabor; **48.1:** ullstein bild, Berlin; **49.3 (9.13):** Archives Larbor; **50.1:** AKG, Berlin; **51.3:** BPK/SBB, Berlin; **51.4:** AKG, Berlin; **52.1:** BPK, Berlin; **53.5:** BPK, Berlin; **54.1:** AKG, Berlin; **55.4:** AKG, Berlin; **56.2 (9.14):** Roger Viollet/Harlingue; **57.4:** BPK/Dietmar Katz, Berlin; **59.4:** Karl Stehle, München; **63.1 (9.15):** ullstein bild, Berlin; **63.2:** AKG, Berlin; **65.1 (9.16):** Georg Waltenberger; **65.3:** Roger Viollet; **66.1:** Rue des Archives/The Granger Collection NYC; **67.3:** AKG, Berlin; **69.1:** © Musée Jean Jaurès Castres/P. Bru; **69.3 (9.17):** ullstein bild/Archiv Gerstenberg, Berlin; **70.1:** Mairie du XIV$^{e}$, Paris; **71.3:** Universitätskasse/Unibibliothek (histopics) Heidelberg; **71.4 (9.18):** AKG, Berlin; **72.2:** Universitätsbibliothek Heidelberg; **73.4:** Universitätsbibliothek Frankfurt a. M.; **81.1:** Historisches Museum Frankfurt; **81.2 (79.1):** Coll. Musée de l'île de France, Sceaux; **85.1 (79.2):** AKG, Berlin; **85.3:** Universitätsbibliothek Frankfurt a. M./Lutz Braun; **87.2A (79.3):** RMN/ Phillip Bernard. Musée Buffon, Montbard; **87.2B:** Leemage. Musée Buffon, Montbard; **87.4 (79.4):** AKG, Berlin; **88.1:** Daimler AG, Stuttgart; **89.2:** AKG, Berlin; **89.4 (79.5):** AKG, Berlin; **89.6 (79.6):** RMN/Gérard Blot; **90.3 (79.7):** unbekannter Lieferant, Stuttgart; **91.4 (79.8):** Interfoto, München; **93.1:** AKG, Berlin; **93.5:** AKG, Berlin; **94.1:** Ben und Beatrice Goldstein Foundation Collection (Library of Congres); **95.3 (79.9):** Rolf Ballhause, Plauen; **97.3:** Roosevelt Library (PD); **97.6:** AKG, Berlin; **101.1 (79.10):** Musée d'art et d'histoire, Genf; **101.2:** Kharbine-Tapabor © VG Bild Kunst 2008/ Adagp, Paris 2008;**105.5 (79.11):** Roger Viollet/ Gaston Paris; **107.4:** Archives Nathan; **108.1:** La Collection/Artothek © VG Bild Kunst 2008/ Adagp, Paris 2008; **109.3 (79.12):** Bridgeman Giraudon/ Yale Center for British Art, Paul Mellon collection; **109.4:** Roger Viollet/Jacques Boyer; **111.5:** Rue des Archives/CCI; **113.2:** Das Fotoarchiv; **113.3:** Cosmos/SSPL-Photo de Thomas Annan; **113.4 (79.13):** Roger Viollet; **113.5 (79.14):** Rue des Archives; **114.1:** Bridgeman Giraudon; **114.2 (79.15):** Bridgeman Giraudon; **115.3:** Musée d'art moderne, Saint-Etienne Métropole/Yves Bresson; **115.4:** Bridgeman Giraudon; **115.5 (79.16):** AKG, Berlin; **116.1:** AKG, Berlin; **116.2:** unbekannter Lieferant, Stuttgart; **117.3:** Roger Viollet; **117.4:** © F. L. C. /VG Bild Kunst 2008/Adagp, Paris 2008; **117.5:** Eyedea/Mary Evans PL; **119.2:** Privatsammlung; **120.1:** Wilhelm Stöckle, Filderstadt; **121.3:** Süddeutscher Verlag (Rue des Archives), München; **121.4:** IISG, Amsterdam; **123.3:** CNAC/MNAM. Distr. RMN/Jean-Claude Planchet © VG Bild Kunst 2008/Adagp, Paris 2008; **123.4:** Kharbine-Tapabor/Coll. Lou; **124.1 (79.17):** Archives Nathan; **125.4:** Leemage/Selva; **125.5 (79.18):** Privatsammlung; **126.OB:** AKG, Berlin; **126.UN:** AKG/Erich Lessing, Berlin; **131.1 (129.1):** Archives Larbor/Ralph Kleinhempel © VG Bild Kunst 2008/Adagp, Paris 2008 ; **131.2:** Archives Nathan; **132.1 (129.2):** Bridgeman Giraudon/Christie's Images; **133.3 (129.3):** Bridgeman Giraudon; **133.4 (129.4):** Archives Larbor; **133.5 (129.5):** Bridgeman Giraudon; **134.1:** Coll. Sirot-Angel; **135.2:** Bridgeman Giraudon; **135.3 (129.6):** Photos12.com/ARJ; **135.4:** AKG, Berlin © by Ingeborg & Dr. Wolfgang Henze-Ketterer, Wichtrach/Bern; **135.5 (129.7):** Bridgeman Giraudon/Peter Willi © VG Bild Kunst 2008/Adagp, Paris 2008; **137.1:** AKG, Berlin © VG Bild Kunst 2008/Adagp, Paris 2008; **137.2:** Bridgeman Giraudon/Lauros © 2008 Mondrian/Holtzman Trust c/o HCR International Virginia USA; **137.3 (129.8):** Bridgeman Giraudon © Salvador Dali, Fondation Gala-Salvador Dali/VG Bild Kunst 2008/Adagp, Paris 2008; **137.4:** Tate Gallery, London 2008, Reproduced by permission of the Henry Moore Foundation, The Henry Moore Foundation archive; **138.1:** Getty/De Agostini Editore; **138.2:** Roger Viollet/PMVP © L&M Services; **139.4 (129.9):** Photononstop/Rosine Mazin; **139.5 (129.10):** Bridgeman Giraudon; **140.1:** AKG, Berlin; **140.2:** Bridgeman Giraudon © VG Bild Kunst 2008/Adagp, Paris 2008; **141.3 (129.11):** AKG-Images/Erich Lessing © VG Bild Kunst 2008/Adagp, Paris 2008; **141.5 (129.12):** Roger Viollet/ullstein bild © VG Bild Kunst 2008/Adagp, Paris 2008; **141.6:** Archives Larbor/DR; **142.OB:** Rue des Archives; **142.2:** AKG, Berlin/ Erich Lessing © Succession Picasso, Paris 2008; **143.3:** AKG, Berlin © Succession Picasso, Paris 2008; **143.4 (129.13):** Archives Larbor © Succession Picasso, Paris 2008; **145.1 (129.14):** Corbis, Düsseldorf; **145.2 (129.15):** BPK, Berlin; **146.1:** unbekannter Lieferant, Stuttgart; **147.3:** aus: Lesesucht, Schund und gute Schriften, Rosmarie Ernst, Zürich 1991; **147.4:** Universitätsbibliothek Frankfurt a. M.; **148.1:** Wilhelm Stöckle, Filderstadt; **149.2 (129.16):** ullstein bild, Berlin; **149.3:** Coll. Kharbine-Tapabor; **149.5 (129.17):** AKG, Berlin; **150.1:** Coll. Kharbine-Tapabor; **150.2 (129.18):** AKG, Berlin; **151.4:** © VG Bild Kunst 2008/Adagp, Paris 2008; **152.3:** Österreichische Nationalbibliothek, Wien; **153.5:** Cinetext, Frankfurt; **159.1 (157.1):** Bridgeman Giraudon/Archives Charmet; **159.2 (157.2):** Bridgeman Giraudon/Archives Charmet; **160.1:** Bridgeman Giraudon; **163.1 (157.4):** Oasis; **165.3 (157.5):** Leemage/Selva; **165.4 (157.6):** Archives Nathan; **167.4 (157.7):** Photo Josse; **169.5 (157.8):** Archives Larbor/J. L. Charmet; **171.1 (157.9):** Archives Nathan © VG Bild Kunst 2008/Adagp, Paris 2008; **171.2 (157.10):** AKG, Berlin/ullstein bild; **175.2:** Archives Larbor/Coll. Jeanbor; **175.4 (157.12):** Archives Larbor; **177.2 (157.13):** Bridgeman Giraudon/Roger Perrin; **178.1 (157.14):** Rue des Archives/FIA; **179.2 (157.15):** Leemage/Bianchetti; **180.1 (157.16):** Archives Larbor; **181.3 (157.17):** Deutsches Historisches Museum, Berlin; **189.1 (187.1):** Rue des Archives; **189.2 (187.2):** Deutsches Historisches Museum, Berlin; **192.1:** Getty/Hulton Archive/Central Press; **194.1 (187.3):** Deutsches Historisches Museum, Berlin; **197.3 (187.4):** Imperial War Museum; **197.4 (187.5):** Deuxième territoire; **198.1A:** Historial de la Grande Guerre, Péronne; **198.1B:** Deutsches Historisches Museum, Berlin; **199.4 (187.6):** Getty/Hulton Archive/ Henry Guttmann; **200.1:** AKG, Berlin/ullstein bild; **201.3:** Corbis; **201.5:** AKG, Berlin/ullstein bild; **202.1:** Historial de la Grande Guerre, Péronne/J. P. Barbare; **202.2 (187.7):** Collection Musée de Montmartre, Paris - Dessin de M. Horn; **203.5:** Historial de la Grande Guerre, Péronne/J. L. Boutillier; **204.2 (187.8):** Photothèque CICR; **205.5:** Editions du Cerf/Yves Congar; **206.1:** Archives Nathan; **207.3:** AKG, Berlin/ullstein bild; **211.1 (187.9):** Bridgeman Giraudon; **211.2 (187.10):** AKG, Berlin/ullstein bild; **212.1:** AKG, Berlin/ullstein bild; **213.4:** Roger Viollet/Harlingue; **213.5 (187.11):** RMN/Jean-Gilles Berizzi; **214.1:** Roger Viollet; **215.5 (187.12):** AKG, Berlin/ullstein bild; **216.1A:** Coll. Kharbine-Tapabor; **216.1B (187.13):** AKG, Berlin/ullstein bild; **217.2:** Rue des Archives; **219.3:** AKG, Berlin/ullstein bild; **219.4 (187.14):** AKG, Berlin; **221.2 (187.15):** L'Illustration; **221.4:** AKG, Berlin/ullstein bild; **223.3A:** AKG, Berlin; **223.3B:** Deutsches Historisches Museum, Berlin; **226.1:** AKG, Berlin © VG Bild Kunst 2008/Adagp, Paris 2008; **227.2:** Imperial War Museum/The Royal British Legion; **227.3 (187.16):** Rapho/Sioen; **228.1:** Roger Viollet/Gaston Paris; **228.2 (187.17):** AKG, Berlin/ullstein bild; **228.3:** Historial de la Grande Guerre, Péronne; **229.6 (187.18):** Michel Petzold; **230.LI:** BPK/Hans Maria Lindloff, Berlin; **230.RE:** DR; **235.1 (233.1):** ullstein bild, Berlin; **235.2 (233.2):** ullstein bild, Berlin; **236.1:** ullstein bild/Roger Viollet, Berlin; **237.4 (233.3):** ullstein bild, Berlin; **238.1:** Archives Nathan; **239.3:** Rue des Archives; **240.1:** Robert Capa - 2001 By Cornell Capa/Magnum Photos/Agentur Focus; **241.2:** Bridgeman/Charmet; **242.1:** Le Nouvel Observateur, photo Eyedea/Rapho/Willy Ronis; **242.2 (233.4):** Photos12.com/Oasis; **243.5:** CIRIP; **244.1:** AKG, Berlin; **247.1:** ullstein bild/Archiv Gerstenberg, Berlin; **248.1:** VG Bild Kunst, Bonn; **250.1:** AKG, Berlin; **251.3:** Picture-Alliance (KPA/TopFoto), Frankfurt; **251.5:** AKG, Berlin; **252.2:** Bridgeman Giraudon/Archives Charmet; **253.3:** Succession Miro/© VG Bild Kunst 2008/Adagp, Paris 2008; **253.7:** Eyedea/Keystone; **254.1A:** BPK, Berlin; **254.1B (233.5):** BPK, Berlin; **256.1:** Rue des Archives; **256.2:** Kharbine-Tapabor/Coll. Jonas © VG Bild Kunst 2008/Adagp, Paris 2008; **256.3:** Kharbine-Tapabor/Coll. Jonas; **259.1 (233.6):** AKG, Berlin; **259.2 (233.7):** Deutsches Historisches Museum, Berlin; **260.1:** Deutsches Historisches Museum, Berlin; **261.3:** Karl Stehle, München; **261.4 (233.8):** BPK, Berlin; **262.1:** AKG, Berlin; **263.2 (233.9):** ullstein bild, Berlin; **263.3:** AKG, Berlin; **264.1:** Bundesarchiv Koblenz; **266.1:** Deutsches Historisches Museum, Berlin; **267.2:** Bildarchiv Heinz Bergschicker, Leipzig; **268.1:** ullstein bild, Berlin; **268.3 (233.10):** Süddeutscher Verlag, München; **269.6:** AKG, Berlin; **270.2 (233.11):** BPK, Berlin; **271.4 (233.12):** AKG, Berlin; **271.5:** ullstein bild, Berlin; **272.1:** Interfoto, München; **272.3:** AKG/Album, Berlin; **273.4:** AKG, Berlin; **273.5:** AKG, Berlin; **274.1:** ullstein bild/Camera Press Ltd., Berlin; **274.2:** ullstein bild/dpa, Berlin; **275.3:** ullstein bild/Fromm, Berlin; **277.1 (233.13):** David King Collection; **277.2 (233.14):** Rue des Archives; **278.1 (233.15):** Getty/Hulton Archives; **279.2:** Photos12.com/Oasis; **281.1:** RMN/BPK; **281.3 (23316):** AKG, Berlin/ullstein bild © VG Bild Kunst 2008/Adagp, Paris 2008; **281.5:** RIA Novisti; **282.1:** Roger Viollet/Lapi; **282.2:** Sipa Press/ERL; **283.3 (233.17):** David King Collection; **283.4:** David King Collection; **284.1:** RIA Novisti; **285.2:** Archives Larbor/Jeanbor; **285.3:** Corbis Sygma/Thomas Johnson; **287.5:** Sipa Press/Laski; **289.A:** AKG, Berlin; **289.B:** unbekannter Lieferant, Stuttgart; **289.C:** Interfoto/Archiv Friedrich, München; **290.1:** ullstein bild, Berlin; **292.1:** Interfoto, München; **293.4 (233.18):** AKG, Berlin; **299.1:** Sipa Press/AP/Joe Rosenthal; **299.2 (297.1):** ullstein bild, Berlin; **302.1:** Corbis/Bettmann; **303.5:** La Collection/Interfoto; **306.1:** Getty/Hulton Archive/Turnbridge; **308.1:** Mémorial de Caen; **308.2:** Rue des Archives; **309.5 (297.2):** Corbis; **310.1:** RIA Novosti; **311.3:** Archives Nathan; **311.5:** Getty/Hulton Archive/Robert F. Sargent; **314.1:** Cirip/A. Gesgon; **315.2 (297.3):** Eyedea/Keystone; **315.4 (297.4):** Photos12.com/Oasis; **316.2:** Rue des Archives; **317.3:** Getty/Time & Life Pictures/Carl Mydans; **317.5:** Corbis; **321.1 (297.5):** Deutsches Historisches Museum, Berlin; **321.2 (297.6):** Roger Viollet; **322.1:** Archives Labor; **323.4:** Mémorial de Caen; **323.5:** Roger Viollet; **324.2:** Staatsarchiv Hamburg; **325.6 (297.7):** RIA Novosti; **326.1:** Deutsches Historisches Museum, Berlin; **327.2:** Deutsches Historisches Museum, Berlin; **327.3 (297.8):** Roger Viollet/Bilderwelt; **329.3 (297.9):** Roger Viollet; **329.4A:** AKG, Berlin/ullstein bild; **329.4B:** AKG, Berlin; **330.1:** Rue des Archives; **331.4 (29710):** Mémorial de la Shoah/CDJC; **332.1:** USHMM; **332.2:** AKG, Berlin; **332.3:** USHMM; **335.4:** USHMM; **336.1:** Archives Nathan; **341.1 (297.11):** Eyedea/Keystone; **341.2 (297.12):** Eyedea/Keystone; **343.3:** Eyedea/Keystone; **344.1:** Archives Nathan © VG Bild Kunst 2008/Adagp, Paris 2008; **345.1-3:** Bridgeman Art Library; **347.3 (297.13):** Roger Viollet; **347.4:** Mémorial de la Shoah/CDJC; **348.1:** Eyedea/Keystone; **349.3:** Archives Larbor; **349.4:** IFHTP/F. Hanoteau pour Nathan; **350.1:** Getty/Hulton Archive; **352.2:** Rue des Archives/Tallandier; **353.3A:** Roger Viollet/Lapi; **353.3B:** Stadtarchiv Straßburg; **353.5 (297.14):** Roger Viollet/ND; **354.A:** Rue des Archives; **354.B:** Roger Viollet; **354.C:** Roger Viollet/Lapi; **354.D:** Interfoto/Alinari, München; **357.1 (297.15):** Cirip/A. Gesgon; **357.2 (297.16):** Eyedea/Mary Evans PL; **358.1:** The Picture Desk/Dagli-Orti; **359.2 (297.17):** Musée Royal des Beaux-Arts de Belgique, Brüssel; **361.4 (297.18):** Leemage/Bianchetti; **361.6:** AKG, Berlin; **362.1A:** AKG, Berlin; **362.1B:** Privatsammlung; **363.5:** Universitätsbibliothek Heidelberg; **364.1:** Leemage/Selva; **365.2:** Coll. Kharbine-Tapabor; **365.5:** ullstein bild, Berlin; **367.2:** Archives Larbor; **367.3:** Eyedea/Mary Evans PL; **368.2:** BDIC Nanterre © VG Bild Kunst 2008/Adagp, Paris 2008; **369.4:** Archives Larbor/Jeanbor; **370.OLI:** ullstein bild/AKG Pressebild, Berlin; **370.MLI:** Picture-Alliance, (maxppp/Leonard de Selva), Frankfurt; **370.ULI:** AKG, Berlin; **370.MMI:** Magnum Photos; **370.UMI:** AKG, Berlin; **370.ORE:** Ph.Tomsich; **370.URE:** Getty/Hulton Archives; **371.OLI:** Roger Viollet; **371.MLI:** AKG, Berlin; **371.ULI:** Roger Viollet; **371.OMI:** Bridgeman Giraudon; **371.MMI:** Roger Viollet/Harlingue; **371.UMI:** Archives Larbor; **371.ORE:** Roger Viollet; **371.URE:** Roger Viollet/ND; **372.OLI:** Getty/Hulton Archives; **372.MLI:** AKG, Berlin; **372.ULI:** Roger Viollet/Harlingue; **372.OMI:** ullstein bild, Berlin; **372.UMI:** Keystone; **372.ORE:** AKG, Berlin; **372.URE:** BPK, Berlin; **373.OLI:** Roger Viollet/Harlingue; **373.MLI:** Josse; **373.ULI:** Roger Viollet/Lapi; **373.OMI:** Getty/Hulton Archives; **373.UMI:** Rue des Archives; **373.ORE:** Roger Viollet; **373.MRE:** Rue des Archives; **373.URE:** AKG, Berlin; **374.OLI:** AKG, Berlin; **374.ULI:** ullstein bild/imagno, Berlin; **374.OMI:** Roger Viollet/Lapi; **374.MMI:** BPK; **374.UMI:** AKG, Berlin; **374.ORE:** Keystone; **374.MRE:** Roger Viollet; **374.URE:** Bridgeman Giraudon; **375.OLI:** BPK, Berlin; **375.ULI:** Roger Viollet; **375.OMI:** Roger Viollet; **375.MMI:** Getty/Hulton archives; **375.UMI:** Dagli Orti G.; **375.ORE:** Roger Viollet; **375.MRE:** Roger Viollet; **375.URE:** Gamma; **376.OLI:** ullstein bild, Berlin; **376.ULI:** Getty/Hulton Archives; **376.OMI:** ullstein bild/Atelier Binder, Berlin; **376.MMI:** Roger Viollet; **376.UMI:** Getty/Hulton Archives, München; **376.ORE:** Getty/Hulton Archives; **376.URE:** Roger Viollet

**Umschlag vorne:**
**OLI:** BPK, Berlin;
**ORE:** laif (Rapho/Robert Doiseneau), Köln;
**ULI:** Rue des Archives;
**URE:** Keystone

**Umschlag hinten:**
**LI:** BPK, Berlin;
**RE:** AKG/Schöning, Berlin



**Unter Mitarbeit von:** Isabelle Macé, Françoise Laurent, Anne-Sophie Aurich, Dirk Haupt, Isabel Kirsche, Klaus Pflügner
**Projektleitung:** Delphine Dourlet, Ilas Körner-Wellershaus
**Redaktion:** Agnès Botrel, Mathilde Keene, Silke Minning und Peter Geiss
**Layoutgestaltung/Umschlaggestaltung:** Katy Müller
**Satz:** Meyle+Müller GmbH+Co. KG, Pforzheim
**Bildrecherche:** Electron libre Valérie Delchambre; Ernst Klett Verlag Katrin Schäflein
**Kartografie:** AFDEC; Ingenieurbüro für Kartografie Joachim Zwick, Gießen
**Zeitleisten und Schemata:** Renaud Scapin